气股份有限公司辽河油田分公司

党委书记：刘振军

中国石油天然气股份有限

书记、总经理：马云才

和谐发展
油地共荣

公司东北销售盘锦分公司

中国石油天然气股份有限公司东北销售盘锦分公司系中国石油天然气股份有限公司东北销售分公司下辖单位，主要担负着对辽河石化公司生产的成品油（汽油、柴油）、燃料油、沥青统一收购、调运，及对盘锦石油化工厂、盘锦北方沥青厂等 12 家地方小炼厂成品油销售业务的规范管理。公司现有员工 58 人，年调运量 190 余万吨。

盘锦分公司销售的“昆仑——欢喜岭”品牌沥青由辽河石化公司（国家经贸委确定的国内首家百万吨级优质道路沥青生产基地）采取分采、分输、分储、分炼等作业方式对辽河地区得天独厚的低凝环烷基稠油精雕细刻而成。经国内外沥青权威机构检测认定，“昆仑——欢喜岭”品牌沥青各项性能指标在世界 200 多种沥青中名列前茅。自 1988 年以来，已成功应用于北京平安大街、敦煌机场跑道、嫩江尼尔基水利枢纽、红旗渠水库坝面、新沈大高速公路等实体工程建设，市场拓展到公路、航空、水利、建筑、水电等领域，成为“国产沥青第一品牌”。

盘锦分公司本着“和谐发展、油地共荣”的宗旨，围绕成品油收购调运和道路沥青销售这两大核心任务，带领全体员工发奋图强，锐意进取，脚踏实地，埋头苦干，为中国石油的持续有效较快协调发展和盘锦市经济的繁荣做出新的更大的贡献。

满意100
栋梁
全球通VIP俱乐部
GOTONE VIP CLUB
全球通VIP俱乐部

盘锦市绿化管理处

处长：李晓辉

书记：孟宪连

市绿化管理处是从事绿化建设管理的专业职能部门，在承担城市绿化规划、城市绿地设计施工、苗木花卉引种驯化、园林绿化科研、绿化监督管理、检查评定绿化成果等工作的同时，还负责市区内交通绿地和公共绿地的养护管理，组织城镇全民义务植树活动。多年来，市绿化管理处党委始终坚持学习和实践“三个代表”重要思想和党的十六大精神，树立和落实科学发展观，强化职工素质、外树行业形象，先后获得了盘锦市精神文明建设标兵，盘锦市“五一“奖状，辽宁省绿叶杯先进集体，辽宁省精神文明建设先进单位，辽宁省学雷峰先进集体，辽宁省“三八”红旗集体，全国建设系统基层思想政治工作先进单位等殊荣。

群艺广场

美丽盘锦

中国共产党

盘锦年鉴

（2007）

中共盘锦市委党史研究室 编

中共党史出版社

图书在版编目(CIP)数据

中国共产党盘锦年鉴(2007) / 中共盘锦市委党史研究室编. 北京:中共党史出版社,2007.11

ISBN 978-7-80199-787-6

Ⅰ.中… Ⅱ.中… Ⅲ.中国共产党-工作-盘锦市-2007-年鉴 Ⅳ.D235.313-54

中国版本图书馆CIP数据核字(2007)第150373号

书　　名:中共盘锦年鉴(2007)

编　　者:中共盘锦市委党史研究室

责任编辑:姚建萍　陈红旗　谢文雄　魏雪莲

出版发行:中共党史出版社

社　　址:北京市海淀区芙蓉里南街6号院1号楼

邮　　编:100080

经　　销:新华书店

印　　刷:北京雅彩印刷有限责任公司

开　　本:210mm×285mm　1/16

字　　数:620千字

印　　张:36个

印　　数:1-1000册

版　　次:2007年11月第1版

印　　次:2007年11月第1次印刷

ISBN 978-7-80199-787-6

定　　价:180元

此书如有印制质量问题,请与中共党史出版社发行部联系
电话:82517249,82517244

《中共盘锦年鉴》(2007)编委会

景士秋　葛玉山　董学春　蒋立和　蒋景晨　裴国庆　路　武
翟鹏飞　管海明　雒　波　潘　辉　樊红艳　霍春元

主　　编 张恩仲
副 主 编 马德宝　黄永清
编　　辑 杨宝侠　刘　娇　李　让　刘　野
编　　务 李　伟　马　勇

《中共盘锦年鉴》(2007)撰稿人

（按供稿时间先后为序）

王　力	任振平	符廷华	赵庆举	吉振伟	王朝红	刘　宇
娄　伟	刘　伟	王忠政	郑　红	王伟科	吕成军	贾金光
陶　洪	李彦庆	李　勇	耿迎清	吕忠武	史志军	周慧君
刘　询	王德忠	张　双	于秋梅	刘　辉	闫　岗	李树民
朱立中	张　娟	沈洪利	焦　锐	冯哲光	李向荣	周军伟
卢庆久	赵　艳	王　才	徐　波	刘冰心	杨玉成	刘　林
纪　磊	范海勇	刘　丽	郝述良	宁大伟	郭　勇	周明东
董　娜	孙维彬	齐力民	薛长生	解　淼	王宏伟	李雅静
鞠成军	孟　超	朱长杰	孙　庚	朱光华	王强力	刘冬丰
李　波	张　忱	赵　耕	侯振华	孟云云	鲁胜田	王肆友
贾　非	李　博	刘昌福	李　娜	王　彤	张志敏	李晓波
田景泉	程跃飞	刘建新	景耀军	曲　娟	张　诩	蔡允强
徐耀志	王志刚	许华勇	郝丽丽	张桂敏	金　旭	王文春
孙百红	刘英杰	陈万雨	谷士学	李　茹	付　红	耿明礼
吕　刚	李　伟	赵　珩	黄国瑞	张　琳	王树尧	李体信
张　涛	任延俊	徐　勇	刘建峰	方　健	宋秋明	于艳珍
黄永清	刘凤杰	石丽环	刘金辉			

5月11日，省委书记、省人大常委会主任李克强在省委常委、秘书长曾维及省直有关部门负责同志的陪同下来盘锦市调研。市委书记陈海波，市委副书记、代市长陈淑珍等市领导陪同李克强一行先后来到利是米业有限公司、华锦集团、辽滨经济区和盘锦经济开发区及部分重点企业，进行了实地考察。

11 月 17 日，省委副书记、省长张文岳带领省相关部门负责同志来盘锦市调研。张文岳在调研中强调，盘锦要抓住老工业基地振兴和沿海经济带开发、开放的双重机遇，进一步加快经济结构的战略性调整，全面推进资源型城市的转型和经济社会发展。

4月18日，中央党史研究室副主任、机关党委书记谷安林带领中央党史研究室党务干部赴辽宁学习考察团一行 20 人，在省委党史研究室有关领导的陪同下，来盘锦市参观考察。市委书记陈海波，市委常委、秘书长宋文利陪同考察团先后考察了油田特油公司、鼎翔集团和辽河碑林。

7月28日，中共盘锦市第五届委员会第五次全体会议召开。会议坚持以科学发展观统领经济社会发展全局，总结上半年工作，分析面临的形势，部署安排下半年的工作任务，动员全市广大党员、干部和群众，抢抓机遇，埋头苦干，乘势而上，为全面完成“十一五”开局之年各项工作任务，推进经济社会协调健康可持续发展而努力奋斗。

12月29日，中共盘锦市第五届委员会第六次全体会议召开。会议认真贯彻落实党的十六届五中、六中全会和省第十次党代会、省委十届二次全会精神，讨论并审议通过了市委书记陈海波所作的题为《抢抓机遇，乘势而上，努力实现全市经济社会又快又好发展》的报告。

目　录

热切关注

要闻特载

决策信息

·重要批示·

· 重要活动 ·

·重要会议·

·重要文件·

发展战略

·结构优化·

·开放牵动·

·油地融合·

发展举措

·生态立市·

·科教兴市·

·产业强市·

·财政·税收·

·金　融·

·国有资产管理·

·城建·交通·

·劳动和社会保障·

·人事人才·

·民政工作·

·土地·人口·生育·

·住房公积金管理·

·地震·气象·

干部任免

党的建设

·机关党建·

·基层党建·

宣传动态

·理论教育·

·社会宣传·

·文明之光·

反腐倡廉

统战要事

·统战工作·

·民族宗教·

依法治市

·政府法制·

·司法行政管理·

·工商行政管理·

维护稳定

·综合治理·

·打击犯罪·

·队伍建设·

新闻视角

·报社工作·

·广播电视·

教研大观

·党建研究·

·政策研究·

·党校工作·

社会科学

·党史编研与宣传·

· 档案管理 ·

· 地方志工作 ·

群团新绩

· 市总工会 ·

· 团市委 ·

· 市妇联 ·

· 市社科联 ·

· 科协工作 ·

· 市文联 ·

· 市工商联 ·

· 残联工作 ·

老干部之家

文体卫生

·文　化·

·体　育·

·卫　生·

信访之桥

县区委大事

·盘山县·

·大洼县·

·双台子区·

·兴隆台区·

乡镇亮点

·盘山县·

·大洼县·

·双台子区·

·兴隆台区·

党管武装

·军分区·

·武警支队·

·边防支队·

·消防支队·

·人民防空·

企业党建

中省直企业

·中油辽河石油勘探局·

·中油辽河油田公司·

·中国石油辽宁盘锦销售分公司·

·华锦集团·

·九化公司·

·盘锦北方沥青股份有限公司·

民营企业

·盘锦中润化工有限公司·

·禹王集团·

·盘锦辽河防腐建安工程有限公司·

光荣园地

概况要览

热切关注

中央巡视组来盘锦市巡视

6月30日至7月1日，以中央委员、十届全国政协常委、经济委员会副主任阎海旺为组长的中央巡视组一行来盘锦市巡视。7月1日上午，与盘锦市市级领导干部举行了见面会。阎海旺在会议上作重要讲话。

巡视组副组长王炜，中央纪委、中组部巡视工作办公室主任王伟两位领导同志及巡视组全体成员出席见面会。

市委书记陈海波，市委副书记、代市长陈淑珍等市几大领导班子成员及市法院院长参加了见面会。

阎海旺在讲话时说，盘锦是我国重要的工业城市，在我国石油、天然气、石化工业方面占有重要地位，大米和水产也享誉国内外，对辽宁乃至全国经济社会发展有着重要的贡献。

他在讲话时着重阐述了开展巡视工作的重大意义、指导思想、主要任务和工作方法。并指出，开展巡视工作是党中央在新的历史时期加强党的执政能力建设和先进性建设，强化党内监督，严肃党的纪律，改进党的作风做出的重大举措。我们要把思想统一到中央对领导巡视工作的指示精神上来，共同努力把工作做得更好。

他指出，建立和完善巡视制度，是党中央在新的历史时期为推进党的建设新的伟大工程，进一步强化党内监督，严肃党的纪律，加强党的制度建设做出的重大举措。中央领导同志对巡视工作十分重视，多次就开展好巡视工作做出重要指示。实践证明，巡视工作是加强和改进对党员领导干部监督的有效形式，对于保证中央政令畅通，促进地方党委贯彻党的路线、方针、政策和决议、决定的执行，贯彻民主集中制，加强党风廉政建设和反腐败斗争都发挥了重要作用。

阎海旺强调，巡视工作的主要任务是根据党内监督条例和中央关于巡视工作的要求，对省部级领导班子及成员进行监督，主要包括五个方面：一是遵守党章和党的政治纪律，执行党的路线、方针、政策、决议、决定和工作部署的情况，全面贯彻落实科学发展观情况；二是贯彻执行民主集中制的情况；三是落实党风廉政建设责任制和廉政勤政的情况；四是选拔任用干部的情况；五是妥善处理改革发展稳定的关系特别是维护人民群众切身利益的情况。巡视组主要采取听取汇报、列席有关会议、召开座谈会、听取各方意见、进行个别谈话、调阅有关文件资料、受理来信来访、深入了解有关情况等方法开展工作。

市委书记陈海波主持见面会，并就盘锦市发展情况和“十一五”期间的重点工作向巡视组做了汇报。陈海波表示，一定要按巡视组的要求，扎扎实实做好各项工作。他说，“十一五”将是盘锦经济社会发展非常关键的时期，我们全市上下将用科学发展观统领经济社会发展全局，抓住东北老工业基地振兴和辽宁沿海“五点一线”扩大开放双重战略机遇，突出大力发展接续产业、建设社会主义新农村和构建和谐盘锦三大重点任务，进一步增强加快发展的紧迫感和责任感，坚定信心，负重前行，奋力构筑多元产业结构支撑区域经济发展的新格局，力争在“十一五”末基本实现资源型城市可持续发展。

中央巡视组在盘锦市期间，安排与部分市、县区领导干部谈话，并深入基层单位实地考察。

（原载《盘锦日报》2006 年 7 月 1 日 记者 朱丽华 原文略有改动）

省委书记、省人大常委会主任李克强到盘锦市调研时要求

保持良好发展势头　在发展县域经济和构建和谐辽宁过程中走在全省前列

5 月 11 日，省委书记、省人大常委会主任李克强在省委常委、秘书长曾维及省直有关部门领导同志陪同下来盘锦市调研。

在市委书记陈海波，市委副书记、代市长陈淑珍，市委常委、秘书长宋文利，副市长刘家升等市领导的陪同下，李克强一行先后来到利是米业有限公司、华锦集团、辽滨经济区和盘锦经济开发区及部分重点企业，进行了实地考察。

利是米业有限公司是在农垦集团太平优质米加工厂基础上成立的中外合资企业，主要从事大米精深加工及其它粮油贸易的经营业务，被省政府授予“省级农业产业化重点龙头企业”称号，所生产的“利是”大米在第四届稻博会上被评为“中国十大金奖大米”，在详细询问了大米的产量、市场占有率、品种等有关情况后，李克强指出，要树立品牌意识，在保证质量的同时，不断扩大企业规模，打开市场销路，做成真正的名牌产品，通过政府等有关部门的积极扶持，努力把企业做大做强。

随后，李克强一行又来到华锦集团，听取了集团“十一五”重点工程总体规划的情况介绍。

在大洼县辽滨经济区，李克强认真听取了县委领导对开发建设情况介绍后，前往辽河油田装备制造业基地进行了实地考察，并给予了充分肯定。

辽宁宏冠船业有限公司是辽滨经济区引进的一家以生产出口船舶为主的股份制中型现代化造船企业，由浙江 4 家实力雄厚的民营企业共同投资创建，分三期建设，占地面积 1447 亩，项目建设总投资 4.5 亿元，是 2006 年全市招商引资的重点项目。李克强详细询问了企业的建设进程以及发展规划和企业一期工程建设生产情况以及企业的技术和管理人才现状，当听说企业三期工程建设完成后，可具备建造世界一流高速船舶和豪华游艇的能力时，李克强高兴地说，游艇产业带动力强，发展前景十分看好，要加快建设步伐，抓紧规划，省、市政府都要给予大力支持，帮助企业尽快发展起来，带动配套产业的发展。

李克强一行还到坐落在盘锦经济开发区的天龙药业集团和飞马汽车零配件制造有限公司进行了调研。

当日下午，陈海波在人民剧场主持召开汇报会，代表市几大班子向李克强一行作了情况汇报。陈海波简要介绍了盘锦市前 4 个月主要经济指标完成情况以及项目建设、园区建设及工业经济和非公有制经济发展等方面情况，并对全市全年工作重点以及辽滨经济区需要解决的问题等情况做了详细汇报。

2006 年，全市将重点坚持以项目建设为载体，大力发展接续产业，积极支持中省直企业上大项目，积极推进地方骨干企业的项目建设，全面推进国有企业改革，加大招商引资力度，鼓励全民创业；要坚持城乡一体，通过加快县域经济发展、促进农民持续增收，着力解决农民群众最关心、要求最迫切的问题，推进社会主义新农村

建设;要继续做好“零就业家庭”的扶持就业工作,开展好棚户区改造工作,坚持以人为本,推进和谐盘锦建设。

李克强在听取汇报后,对盘锦市前一段工作给予了充分肯定,他说,总体感觉盘锦的发展势头良好,园区建设进展很快,超乎预料。这预示着,盘锦的经济发展具有强劲的发展后劲。盘锦虽然处于油气资源递减的情况,但全市上下团结一致,共同奋斗,呈现出政通人和的政治局面,国民经济保持着强劲发展势头。在推进经济发展的同时,社会事业、和谐盘锦建设、保持共产党员先进性教育等方面都取得了显著成效。

李克强要求,要着力深化改革,以产业结构调整为主线,推进投资主体多元化,完善建立现代企业制度,增强企业发展的动力。他强调,要深化改革就必须大力发展非公有制经济,对盘锦而言,以油田为主的国有企业仍然占据着经济发展的主导地位,要实现经济社会的可持续发展,就要放手发展非公有制经济,制定激励的政策措施,加快非公有制经济发展步伐,为接续产业发展提供根本动力。

李克强要求,要着力打造沿海经济带,通过发展沿海经济带,形成沿海和腹地相互支撑、良性互动的新格局,这是发展的潜力所在。“五点一线”是一个重点提法,总体上讲是打造沿海经济带,其中,包括盘锦。盘锦属于辽西沿海经济区的一个组成部分,考虑到盘锦特殊区位,省里在区域规划上还要作适当的调整。盘锦要抓住打造“五点一线”沿海经济带的机遇,利用自身区位优势,大力发展沿海、临港经济,不断培育新的经济增长点。

李克强指出,发展县域经济,盘锦要走在全省前列。要进一步发展壮大县域经济,在推进工业化、城镇化、加快农业现代化方面都要有所突破。进一步提高城镇化水平,尤其要以工业化带动城镇化,加快工业园区建设,尽快形成集聚效应。要在建设和谐辽宁中走在全省前列,他指出,构建和谐盘锦,要给人民群众带来安居感、安全感和正义感。要把领导班子建设作为关键,不断巩固先进性教育成果,树立正确用人导向,形成团结一致、共同奋斗的良好局面。

对于辽滨经济区建设,李克强强调,在临港工业建设中,一定要抓住机遇,加快临港工业园区发展,做好规划,重点发展船舶制造业及其配套产业,尽快形成规模,形成产业集聚效应。

市几大班子领导,辽河油田、华锦集团主要领导以及县区党政主要负责同志,市直经济综合部门等负责同志参加了汇报会。

(原载《盘锦日报》2006 年 5 月 12 日 记者 朱丽华 原文略有改动)

省委副书记、省长张文岳率慰问团到盘锦走访慰问

省长看我们来了

1 月 18 日,刚刚经历过两天严寒袭击的鹤乡大地,天气晴好,阳光暖人,省委副书记、省长张文岳带领由省政府秘书长冯韧及省直有关部门领导同志组成的慰问团,来到盘锦市,在市领导程亚军、陈海波、齐继慧、李素芳、喻国伟、宋文利、王秉宽、刘家升和市政府秘书长张广宽的陪同下,走访慰问武警部队官兵及贫困户,看望老荣军,并深入节日前夕的城乡市场,向广大群众致以节日的问候和祝福。

走进军营:叙叙鱼水情 在武警 8610 部队,官兵们精神抖擞,军容整洁,欢迎省领导的到来。张文岳代表省委、省政府向全体官兵拜年,向他们表示崇高的敬意和节日的祝福。张文岳说,武警 8610 部队是一支有着优良革命传统的部队,无论在抗战年代还是在和平建设时期,这支英雄的部队都为民族解放事业和新中国的建设做出了突出的贡献,在抗击洪水、扑灭禽流感战役中为保卫当地人民群众生命财产安全发挥了重要

的作用,功不可没。在简要回顾了全省2005年振兴老工业基地取得的可喜成绩后,张文岳说,在新的历史时期,摆在全省人民面前的任务是艰巨而光荣的,我们辽宁的发展还要依靠驻辽部队的大力支持,我们也会继续支持部队建设,按照中央的要求,推进经济建设和国防建设同步全面发展,全力解决军队现代化建设中出现的问题,做好拥军工作,重点解决部队转业干部的安置,解决照顾好军队家属工作安排和子女就学,竭尽全力帮助部队排忧解难。张文岳希望部队能够不断加强自身建设,不断适应新形势变化的要求,保一方平安,军民共建,鱼水情深,在新的一年里取得更大的成就。

随后,张文岳一行来到部队战士的宿舍和活动室,与战士们亲切攀谈。当听说一名小战士是南方人时,张文岳笑着说:"我是福建人,我们离得很近啊。"

走进百姓家:嘘寒问暖　离开了部队,不顾旅途劳累,张文岳一行又来到兴隆台区创新街道军民社区的残疾困难户许开颜家中,亲切地询问她的生活情况。虽然肢体残疾,丈夫去世,还有14岁的女儿患病,但是许开颜精神很振奋,她高兴地告诉张文岳:"市里各级领导知道了我的困难都尽力帮助我,从冬季取暖到日常生活,城市低保待遇都一一落实了,省残联还帮我安装了假肢,真真正正让我感受到了党和政府的关怀和温暖。"张文岳听后很高兴,鼓励她要自强自立,战胜困难。张文岳说,残疾人事业是构建和谐社会的一项重要内容,各级党委、政府都要给予足够的重视和关注,争取让全省160万残疾人过上安定幸福的生活。体现我们和谐社会的进步和温暖。

随后,张文岳一行又走访了贫困户杨新军家中,为他送去了节日的祝福。

屋外数九寒天,屋内却是春意融融。在市光荣院,身着盛装的老荣军激动地迎来了省领导。张文岳亲切地和老人握手,送上新春的祝福,他深情地说,你们在革命战争年代为全国人民的解放事业,为抗美援朝和社会主义革命做出了巨大的贡献,立下了不朽的功勋,党和人民会永远铭记在心。在参观了食堂和老人们的起居室后,张文岳笑着对老红军说:"你们满意我就高兴。"临走时,他又详细叮嘱工作人员,一定要不负党和政府的重托,像照顾亲人一样照顾好老荣军的生活,让他们感受到家的温暖。

走进商场:唠唠家常嗑　虽然行程匆忙,但当天下午,张文岳又来到兴隆大厦,了解节日市场情况,并向前来置办年货的市民拜年。兴隆台区杨家村民刘淑凯怎么也没想到面前站的居然是省长,显得十分紧张,但是张文岳唠家常般亲切的询问很快就打消了她的顾虑,"家里生活怎么样? 有没有工作?"刘淑凯回答,"比较困难,但是已经给我落实低保待遇了。"张文岳笑着说,有什么困难就反映,直接给我打电话也可以。一席话说得大家都笑了起来,随后,张文岳又和前来置办年货的市民握手,亲切地给大家拜年,人群中有人高喊了一声,"省长来了!"大家都笑了起来。一时间气氛融洽而热闹。

在高升镇雷家村,张文岳一行来到双益百货公司诚信超市。小小超市里,欢声笑语,洋溢着欢乐的气氛。得知来人是省长,村民们渐渐围拢过来,张文岳高兴地和大家攀谈,一一握手,谈农村的教育,谈农民的收入,谈农村的医疗保障,面对平易近人的省长,村民们有人说,现在的领导,把百姓利益放在心上,一点作派都没有,真的平易近人。张文岳说,农民增收,农民看病难,农村的义务教育都是我们要高度关注和解决的问题,建设社会主义新农村,城乡差距会逐渐缩小,这些问题都会逐步得到解决。

临上车时,张文岳一一和村民们握手,在村民们留恋的目光中踏上了归途。

(原载《盘锦日报》2006年1月19日
记者　李凤燕　原文略有改动)

省委副书记、省长张文岳参加省十届人大四次会议盘锦代表团讨论时指出

大力支持油田建设　重点解决三农问题　加快发展县域经济

1月22日下午,省委副书记、省长张文岳来到盘锦代表团驻地看望参加省十届人大四次会议的代表,听取代表们对省政府工作报告和“十一五”规划纲要的意见和建议,和代表们共商辽宁发展大计,并对代表们提出的关于盘锦市油田勘探开发建设和“三农”问题提出具体要求。

代表唐士宝在发言时介绍了盘山县新县城建设情况以及希望省政府帮助解决的问题。农村基层代表金龙范从如何加大农民的教育培训工作力度、立法解决拖欠农民工工资等角度谈了自己的意见和建议。辽河石油勘探局代表张凤山向省长简要介绍了在盘锦资源型城市转型过程中,发挥国有大企业作用,以及“十一五”期间辽河石油勘探局的主要发展思路。

在听取代表的发言后,张文岳说,省委、省政府对盘锦的工作是满意的,盘锦正处在朝气蓬勃、向上发展的良好阶段。支持辽河油田加大勘探开发力度,不仅是关系到盘锦也是关系到全省的大事,涉及到全省经济发展的长远战略,省委、省政府要一如既往、竭尽全力支持油田加大勘探开发力度,帮助油田实现可持续发展。针对“三农”问题,张文岳指出,一定要解决好拖欠农民工工资的问题,及时清欠工程款,必须要严格落实,件件落实。农村教育问题一定要落实好“两免一补”政策,同时,要解决好农村教师工资拖欠问题。要加快发展农村的职业教育,不断提高农民的素质,要加快农村新型医疗合作制度的步伐。

张文岳强调,加快县域经济发展是社会主义新农村建设的重中之重,同时也是有效载体。要把县域经济的发展作为一件大事来抓,省委、省政府将继续深入贯彻落实发展县域经济的持续、快速发展策略。农业比重较大的地区,也将制定相应的扶持政策,加快发展步伐。

(原载《盘锦日报》2006年1月23日 记者 朱丽华 原文略有改动)

省委副书记、省长张文岳在参加省十次党代会盘锦代表团讨论时指出

加快产业结构调整　深化改革扩大开放　全面构建和谐社会

10月24日上午,省委副书记、省长张文岳来到盘锦代表团,与盘锦市代表共同审议讨论省委书记李克强代表中共辽宁省第九届委员会所作的工作报告。张文岳在讲话中指出,盘锦是辽宁经济发展中有特殊重要位置的城市,要把经济结构的战略性调整放在重要位置,大力发展非油产业,以提高经济增长的质量和效益为中心,深化改革、扩大开放,加快第三产业发展步伐,全面构建和谐社会。

在听取盘锦代表团团长、市委书记陈海波关于盘锦市代表团的讨论审议情况后,张文岳强调,这次党代会是在新的历史时期召开的一次重要会议,是一次鼓舞号召全省人民团结一致,努力拼搏,坚持不懈,努力实现新目标的重要会议。省委书记李克强代表九届省委所作的工作报告,从辽宁实际出发,全面部署今后一个时期辽宁老工业基地振兴的任务及政策措施,描绘出今后5年乃至更长一个时期的发展蓝图,是一个理论性、实践性、科学性很强的报告。要全面贯彻落实好会议

精神。他指出，盘锦是辽宁经济发展中有特殊重要位置的城市，在辽宁振兴的进程中，盘锦作出了特殊的贡献。盘锦市是个“因油而生，因油而兴”的城市，经济社会保持了快速发展的态势，取得了成就。特别是城镇和农村居民的收入始终位居全省前列。社会事业发展迅速，科技、教育、卫生都加快了发展步伐，历届市委、市政府关心人民疾苦，做了大量的工作，解决了大量民生问题，构建和谐社会取得了显著成效。盘锦有信心、有实力、也有能力在新的历史时期取得更大的成就。

对盘锦今后一个时期的重点工作，张文岳指出，经济结构的战略性调整是盘锦目前最重要的一项工作，必须抓住战略机遇期，大力发展非油经济和民营经济，拉长石化产业链，发展越早、步伐越快、力度越大，盘锦得益就越多，今后的困难就会越小。要转变经济增长方式，以提高经济增长的质量和效益为中心，有重点地发展具有较高科技含量的产业，降低能源的消耗。要进一步深化改革、扩大开放，大力推进以国企为中心的经济体制改革，加快开放步伐。要充分利用作为沿海城市所享受的“五点一线”的优惠政策，做大开放文章。要继续做好构建和谐社会各方面工作，力争取得更大的突破。张文岳强调，对于盘锦来说，一定要处理好地方和油田的关系，地方要支持油田的开发建设，油田也要大力支持地方经济发展，支持地方大力发展非油产业，加快发展第三产业，特别是现代服务业，不断增加第三产业的比重，把加快发展现代服务业作为盘锦的大文章做好。

（原载《盘锦日报》2006 年 10 月 25 日
记者　朱丽华　原文略有改动）

省长张文岳来盘锦调研时强调

全力加快结构调整　不断扩大沿海开放
推进资源型城市转型和经济社会发展

11 月 17 日，省长张文岳带领省直相关部门的负责同志到盘锦市调研。张文岳在调研中强调，盘锦要抓住老工业基地振兴和沿海经济带开发、开放的双重机遇，进一步加快经济结构的战略性调整，全面推进资源型城市的转型和经济社会发展。

在市委书记陈海波，市委副书记、代市长陈淑珍，市委常委、秘书长宋文利，副市长刘家升、李淑云、徐吉生，市政府秘书长张广宽等陪同下，张文岳先后到盘锦船舶工业区、大洼县荣兴朝鲜族乡、华锦集团和盘锦经济开发区进行了考察。

上午，在盘锦船舶工业区建设之窗，张文岳一行听取了园区规划建设和项目引进等方面情况的汇报，并来到辽河油田装备制造业基地和辽宁宏冠船业有限公司进行了现场考察。辽河油田装备制造业基地是由辽河石油勘探局装备工程总公司投资建设的一家大型现代化石油钻井平台及相关设备制造企业，项目建设总投资 20 亿元人民币，一期工程目前正在建设中。张文岳详细了解了有关情况后，希望企业在做强做大建造海上钻井平台的同时，逐步向与造船相关的产业延伸，为地方经济发展做出积极的贡献。辽宁宏冠船业公司一期工程主要产品为出口欧美的 1100 箱集装船、12000 吨散货船及 16800 吨成品油轮、16500 吨化学品船，建设完成后，年生产能力达到 10 万载重吨，产值 10 余亿元人民币，税收 0.5 亿元人民币。公司总经理许巨林在汇报时说，公司董事会已经决定，加快投资建设进度，在 3 年内达到 50 万载重吨的造船能力，明年将启动 30 万吨项目。公司还将建造高速船舶和豪华游艇。张文岳在听取汇报后指出，宏冠船业要在市场竞争中占有优势，必须要打特色牌，要根据市场需求，努力提高企业的技术创新能力，研发具有自主知识产权和自有品牌的产品，不断提高产品的国产化率。要把游艇项目做大，把相关产业做起来。

大洼县是全省新型农村合作医疗首批试点县，试点工作从 2004 年 7 月 1 日正式启动，2004

年、2005年两年平均“参合”率为87.66%，受益人数达到13837人。在大洼县荣兴朝鲜族乡，张文岳来到村民陈明生家。陈明生2005年先后患上了脑血栓和肾囊肿，每次都花掉1万多元钱治病，因为参加了新型农村合作医疗，医药费都报销了一半，极大地减轻了个人负担。村民袁玉荣也是新型农村合作医疗的受益者，年初，她做了心脏支架手术，花了5万元，按照规定，报销了1.3万元。坐在炕头上，张文岳问陈明生，“新型合作医疗好不好啊？还有什么问题？”陈明生说：“真是太好了，不搞新型合作医疗，我也治不起病。要是能再提高标准，就更好了。”张文岳笑着说：“这个愿望也是我的愿望，我巴不得老百姓多报一点，但什么事情都得一步步来。”张文岳对市县领导说：“这钱不要剩，今年都要通通用完，都要用在农民身上。农村医疗是个大问题，必须把合作医疗工作做好，逐步提高保障标准和运行质量。乡镇要进一步加强医疗基础设施建设，不断提高医疗卫生水平。”

下午，张文岳一行来到辽宁华锦化工集团46万吨乙烯改扩建工程现场，听取了公司改革发展情况及46万吨乙烯和500万吨原料工程的施工准备工作情况汇报。张文岳指出，华锦集团的重组，实现了产权主体多元化，逐步建立起现代企业制度和规范的法人治理结构，为全省大型特大型国有企业改革起到了示范作用。华锦集团要继续在原料深加工、提高产品科技含量和附加值上下工夫，早日重振雄风。华锦集团46万吨乙烯项目建设，不仅对集团自身，也对盘锦市和全省石化产业发展意义重大。集团要加快项目的设计和建设进度，早日开工，早日达产。盘锦市要以此为契机，鼓励本地企业特别是民营企业积极参与石化工业的发展，承接华锦集团生产的乙烯原料，发展下游石化产业，生产合成树脂等基本原料，做好精深加工，华锦集团也要继续延长产业链，生产高端产品，增加产品附加值。真正做到深加工、高科技、高附加值。

张文岳还来到盘锦经济开发区，考察了辽宁健丰食品工业有限公司。张文岳在考察时指出，要高度重视产品质量，打出品牌，占领市场。

张文岳听取了盘锦市工作汇报。市几大班子领导及辽河油田和华锦集团领导等参加汇报会。陈淑珍代表市委、市政府就前10个月经济运行情况、存在的问题以及后两个月的工作安排做了汇报。2006年以来，全市紧紧围绕实现资源型城市可持续发展，建设社会主义新农村和构建和谐盘锦这三大重点任务，开拓创新，努力工作，实现了全市经济社会的稳定健康发展。1到10月份，全市实现生产总值420.2亿元，同比增长7.4%。税收收入完成84.7亿元，同比增长23.4%。地方财政一般预算收入完成20.4亿元，同比增长27.6%。城市人均可支配收入10193元，同比增长9.9%；农民人均现金收入6070元，同比增长6.7%。

张文岳对盘锦市经济社会发展所取得的成绩给予了高度评价，他指出，2006年以来，在市委、市政府的领导下，盘锦市在原有的基础上有了新的变化，各项工作取得了新进展。工作抓得实，成效显著。他指出，盘锦市的经济结构调整取得了新的进展，工作力度进一步加大；经济保持了持续健康平稳的发展。改革开放有新的举措，取得了新的成就，特别是国有企业改革体现了解放思想和从实际出发；对外开放步伐加快，对外开放水平全面提高，盘锦的沿海经济带的开发已经粗具规模，有了一个很好的开端。各项民生工程落实得比较好。领导班子团结，全市上下政通人和。

就如何做好今后的工作，张文岳要求，要认真贯彻落实党的十六届六中全会精神和省第十次党代会精神，以科学发展观为统领，深入基层、发动群众、依靠群众、齐心协力，把工作进一步抓实、抓细、抓好，为盘锦经济社会稳定、健康、可持续发展和辽宁老工业基地全面振兴作出新的贡献。张文岳指出，辽河油田的持续稳产事关全局，盘锦市委、市政府和各级干部一定要从全局出发，支持油田合理、科学开发，保持相当时期的稳产，争取更长时期的稳产。要积极支持油田发展各类相关产业，帮助解决生产生活中遇到的各类困难和问题，支持辽河油田稳定发展。

张文岳强调，要着手并加快推进资源型城市转型，做到未雨绸缪，早主动、早转型；要继续加大工作力度,加快经济结构的战略性调整。要在原有的基础上,进一步发展非国有经济,特别要重视发展民营经济,一定要做到全力发展、大力发展、放手发展民营经济;要全力推进产业结构调整,加快发展高新技术产业和现代服务业,要克服重制造轻服务,重投资轻开发的观念;要注重研发和开发,把农产品加工做强做大;要竭尽全力发展地方经济,加大招商引资力度,积极引进内资、外资,选准项目,加大对外宣传力度;大力扶持民营经济发展,促进一、二、三产业协调发展。要做强做大石化工业,尤其要做强做大华锦集团产业项目。华锦集团要全面推进国企改革,按照投资主体多元化的模式,推进股份制的改造,要加大技术改造的力度,加快推进乙烯改造的工艺设计,尽快开工投产。盘锦市一定要依托华锦集团,把精细化工的产业链延长;要以县域经济发展为载体,努力提高县级财力收入水平,增加农民收入,加速推进社会主义新农村建设;要舍得投入,普及农村科技,加强农村教育,注意全面提高农民的综合生产能力;要继续解决好各项民生工程,做好就业再就业工作,帮助困难群体解决实际问题,特别是要做好冬季供暖工作,逐步建立保证困难家庭冬季采暖的长效机制,把党的温暖和政府的关怀落实到每一个人身上。

(原载《盘锦日报》2006年11月18日 记者　左丹　原文略有改动)

全国人大常委会常委闻世震来盘锦市调研时指出

把石化和造船产业作为重中之重　实现经济跨越式发展

6月9日,全国人大常委会常委、全国人大财经委副主任闻世震来盘锦市调研。闻世震重点考察了华锦集团以及辽宁沿海经济带的重点发展区域——盘锦船舶制造产业园。调研中,闻世震指出,要进一步增强发展的紧迫感和责任感,审时度势,抓住机遇,从实际出发,把石化和造船作为产业发展的重中之重,拉长产业链,形成产业集群,利用技术改造加快产业和产品结构调整,实现“十一五”期间盘锦经济的跨越式发展。

市领导陈海波、陈淑珍、李素芳、宋文利、李日宇、刘家升、杨殿寿及市发改委、经委主要负责同志陪同调研。

中国兵器工业集团控股的华锦化工有限责任公司是跨地区经营的规范股份制企业,2006年4月份,以增资扩股的方式实现了重组改造,实现了股权多元化的重大体制创新,进一步提升了企业形象,积极推进了项目建设。

在和公司领导的座谈中,闻世震详细听取了华锦集团的重组改制情况以及“十一五”规划的发展项目,他指出,华锦集团的产品要和地方石化工业结合,拉长产业链,他高兴地说,企业的重组改制,为企业发展注入了新的活力,是个难得的发展机遇,希望广大干部职工要珍惜来之不易的大好形势,抓紧时间,扎实工作,把当前原料价格上涨带来的不利因素作为促进技术改造和结构调整的动力,不断提高企业和产品的技术改造水平,加快产品结构调整。避免走循规蹈矩、粗放型发展的老路子,切实转变增长方式,在认真研究市场的基础上,根据市场需求,重点开发技术水平高、附加值高的产品,提升企业产品的科技竞争力。

针对企业的技术改造问题,闻世震说,企业抓技术改造要坚持高起点,结合实际,力争达到国际先进水平,采用国际先进技术和装备,来加快产品结构的调整,使企业在“十一五”期间做强做大。

闻世震指出,华锦集团为地方经济做出了很大的贡献,目前,“十一五”蓝图已经绘就,要审时度势,增强发展的紧迫感,促进地方经济和企业的共同发展。要把企业的发展与全市“十一五”规划结合起来统筹考虑,企业要支持地方经济发展,地方也要积极主动为企业发展创造条件,全力支持企业做强做大,实现集团和地方石化产业的结合,形成产业集群,延伸产业链条,搞好项目对接。

闻世震最后叮嘱企业广大干部职工,要抓好当前生产,加快科技改造,扎实工作,为实现企业更快更好地发展贡献力量。

离开华锦集团,闻世震又先后来到天龙药业新厂和飞马汽车零配件制造有限公司,走进生产车间,详细了解设备和生产经营状况,并详细询问了企业的发展规划和重点产品情况。

当天下午,闻世震来到辽宁沿海经济带的重点发展区域——盘锦船舶制造产业园,听取了大洼县负责同志对园区规划的介绍,视察了园区全貌,并先后来到辽河油田装备制造业基地和宏冠造船有限公司进行实地调研。

在宏冠造船有限公司,闻世震详细了解了企业的运行机制、企业三期工程规划以及现在的进度,并询问了企业经营管理以及技术人才的构成情况。闻世震说,中国的造船业前景广阔,发展潜力巨大,造船业既是资本密集型产业,也是劳动密集型产业,非常适合辽宁省这样基础产业雄厚的地区发展,盘锦大力发展临港经济,首先要发展临港工业,抓住国际产业转移的有利时机,从实际出发,找准发展方向和定位,不贪大但要图精,尽快形成盘锦造船工业的特色,要发展好船舶制造的配套产业,形成专业化分工。同时,要认真研究临港经济发展,将石化、冶金等作为临港工业项目,进行统筹规划。

离开时,闻世震高兴地说,盘锦发展势头强劲,全市上下积极向上,发展氛围浓厚,要继续保持良好的发展势头,实现"十一五"规划确定的各项任务目标和盘锦经济社会的跨越式发展。

(原载《盘锦日报》2006 年 6 月 12 日记者 朱丽华 原文略有改动)

省委常委、秘书长曾维参加省十届人大四次会议盘锦代表团讨论时强调

盘锦要率先迈出社会主义新农村建设步伐

1 月 22 日上午,省委常委、省委秘书长曾维在参加省十届人大四次会议盘锦代表团讨论时强调,盘锦要加快县域经济发展,在全省率先实现城镇化,实现社会主义新农村建设的良好开局。

省人大代表、市人大常委会主任程亚军说,盘锦提出了"十一五"期间的三大任务,大力发展接续产业、基本实现资源型城市的可持续发展;要加快项目建设和民营经济发展步伐,加快实施城乡一体化发展的战略,建设社会主义新农村,同时,要按照生态立市要求,加大环境建设力度,建设宜居城市,满足人民群众日益增长的物质文化需求。对建设社会主义新农村,程亚军说,我们将采取加大县城、中心镇建设力度,搞好小城镇和农村基础设施建设。继续落实各项政策,加大农业投入,加快农村城市化进程,不断加快发展农业和农村经济。到"十一五"期末,实现城镇化水平达到 70%以上。

在听取了代表们的发言后,曾维说,振兴东北老工业基地,辽宁要走工业化发展的路子,社会主义新农村的建设也要坚持以工业化为主导,以城镇化为支撑,农业现代化为基础。目前,盘锦的城镇化率已达到 60%以上,建设社会主义新农村,有优势也有条件走在全省前列。一定要从县域经济入手,抓好工业化、城镇化和农业现代化,按照省委、省政府确定的加快县域经济发展要求,加大对盘山县和大洼县的县域经济发展扶持力度,搞好中心城镇建设,制定总体规划,逐步推进。同时,兼顾村容村貌环境整治和农村基础设施建设的完善,按照生产发展、生活宽裕、乡风文明、村容整洁、管理民主的要求,加快农村城镇化步伐,促进县域经济的全面振兴,率先迈出社会主义新农村建设的步伐。

(原载《盘锦日报》2006 年 1 月 23 日记者 朱丽华 原文略有改动)

要闻特载

抢抓机遇　埋头苦干　乘势而上
全面完成“十一五”开局之年各项工作任务

——陈海波同志在市委五届五次全会上的报告

(2006年7月28日)

同志们:

这次会议的主要任务是,坚持以科学发展观统领经济社会发展全局,总结上半年工作,研究部署下半年工作任务,动员全市广大党员、干部和群众,抢抓机遇,埋头苦干,乘势而上,为全面完成“十一五”开局之年各项工作任务,推进经济社会全面协调可持续发展而努力奋斗。下面,我受市委常委会的委托,向全会报告工作。

一、全面落实科学发展观,经济社会事业实现新的发展和进步

年初以来,全市各级党组织按照市委五届四次全会的安排部署,全面贯彻落实科学发展观,牢牢把握发展第一要务,抓住东北老工业基地振兴和辽宁“五点一线”沿海开放双重机遇,紧紧围绕资源型城市可持续发展、建设社会主义新农村、构建和谐盘锦这三大重点任务,团结带领广大党员、干部和群众,进一步深化改革,积极扩大开放,推动经济建设、政治建设、文化建设、社会建设和党的建设实现了新的发展和进步。

(一)国民经济实现平稳发展。市委牢牢把握经济建设这个中心,坚持以改革开放和科技进步为动力,不断加大对经济工作的组织协调和领导力度,着力调整经济结构,转变经济增长方式,在油价上涨、市场需求增加、自身发展能力提升等多种因素的共同作用下,国民经济呈现出良好的发展势头。上半年,预计地区生产总值完成234.3亿元,同比增长7.7%,其中地方完成86.3亿元,同比增长15%;全社会固定资产投资完成81.9亿元,同比增长23.2%;税收总额实现47.4亿元,同比增长29.2%;地方财政一般预算收入完成12.2亿元,同比增长34.6%;社会消费品零售总额实现45.4亿元,同比增长13.3%;城镇居民人均可支配收入达到6100元,同比增长7.4%;农民人均现金收入达到3865元,同比增长3.7%。各项主要经济指标呈近年来最好水平。一是项目建设势头强劲。突出项目建设在经济发展中的中心作用,地方和中省直企业共同强力推进项目建设。上半年全市单项投资500万元以上的项目317项,比年初增加102项,其中,已竣工37项,在建182项。辽河石油勘探局10万吨煅烧焦、宏冠造船一期工程、天龙制药园、健丰食品等项目相继建成投产。华锦集团45万吨乙烯扩建项目即将开工建设。一批投资规模大、牵动力强、科技含量高的重大项目的在建与投产，坚定了广大干部群众加快发展的信心，增强了接续产业的发展后劲。二是开发区、园区建设成效显著。坚持把开发区、园区建设作为招商引资的载体和产业集聚的平台，多渠道筹集资金，采取油地共建、市县(区)合建等方式，强力推进开发区和各类园区建设。市经济开发区和盘山县经济开发区功能进一步完善，项目承载能力不断增强。船舶修造、食品、塑料、精细化工、晨宇等特色产业园区建设加快推进。与此同时，坚持边建设、边招商，逐步形成了项目向园区集聚的良好态势。尤其是盘锦船舶修造产业园区被省委、省政府纳入省“五点一线”沿海经济带开发资金投入和政策支持范围，为我市接续产业发展提供了新的机遇，拓展了新的空间。三是工业经济效益与速度大幅攀升。突出工业主导地位，大力支持中省直及地方骨干企业加快发展。辽河油田、华锦集团等大企业抓住原油价格上涨、市场需求旺盛的有利时机，全面强化企业管理，科学组织生产运营，主要工业经济指标均创历史同期最好水平。油田板块完成的工业总产值占全市规模以上工业总产值的比重达到了71.9%，对全市经济发展给予了强劲的拉动。全市规模以上工业完成总产值369.8亿元，同比增长30.1%；实现工业增加值169.6亿元，同比增长5.4%；实现利税105.2亿元，同比增长44.6%；实现利润79.1亿元，同比增长54.3%，利税、利润总额和增幅均居全省首位。金融机构加大贷款支持力度，贷款余额比年初增长11.5%。四是社会主义新农村建设实现良好开局。坚持把发展生产作为社会主义新农村建设的首要任务来抓，以园区建设和招商引资为重点，大力发展县域经济，县区经济呈现出快速增长态势。上半年，县区规模以上工业总产值平均增长32.4%，增速同比提高9.7个百分点；地方财政一般预算收入平均增长30.5%，增速同比提高20个百分点。全面落实各项惠农支农政策，发放粮食综合直补资金6356万元，完成粮食播种面积189万亩，农民的种粮积极性持续高涨。全面落实农村中小学“两免一补”政策，免除农村中小学学杂费、农村困难中小学生课本费、发放住宿生补助费合计1293万元；加大对新农村建设的投入力度，新建、扩建了部分乡镇文化中心；对20个乡镇卫生院进行了改扩建；基本完成了农村防氟改水任务；积极推进农村新型合作医疗；加快“村村通”油路工程建设。在2个镇、12个行政村进行的社会主义新农村建设试点正扎实稳步推进。五是非公有制经济发展加快。坚持把推动全民创业作为加快非公有制经济发展的一项重大举措，加大政策扶持力度，表彰有突出贡献的非公有制企业，强化舆论引导，激发全民创业激情；强化软环境整治，进一步转变政府职能，加快投融资体制改革步伐，营造非公有制经济发展的宽松环境。上半年全市新增非公有制企业344户，预计实现增加值同比增长27.5%。六是改革开放和科技创新迈出新步伐。坚持以改革促发展，国有企业产权制度改革取得新进展，华锦集团与中国兵器工业集团圆满实现资产重组，3户省考核国有企业实现了产权制度改革。依托开发区和各类园区，坚持境外招商与域外招商并举，不断探索和创新招商方式，对外开放工作取得新成绩。上半年，实际利用外商直接投资同比增长142%；引进1000万元以上域外资金项目10个，到位资金16.5亿元；地方产品外贸出口同比增长58.6%。贯彻落实全国、全省科技大会精神，推进科技创新，骨干企业研发机构的建设和高新技术项目的引进取得新成果，预计高新技术产业产值同比增长70%，实现增加值同比增长80%。转变经济增长方式，推进节约型社会建设，万元生产总值综合能耗达到2.19吨标准煤，降低2.35%。

(二)和谐盘锦建设稳步推进。全力支持人大及其常委会依法行使职权，全力支持政协组织切实履行政治协商、民主监督、参政议政职能，重视做好民族、宗教、侨务和对台等工作；进一步加强对政法工作的领导；高度重视并积极支持工会、共青团、妇联等群团组织充分发挥作用；积极开展“双拥”工作，军政军民关系进一步密切。结合贯彻《公民道德建设实施纲要》、弘扬地域精神，开展了“八荣八耻”社会主义荣辱观教育；围绕实现三大重点任务，加大宣传思想工作力度，为加快发展营造了浓厚舆论氛围;组织开展了庆祝建党85周年系列活动,激发了全市人民爱党、爱祖国、爱家乡热情;辽河美术馆正式落成开馆,成功举办了全国第六届工笔画大展;科技、教育、文化、卫生、体育、广播电视、人口和计划生育等各项事业协调发展。强化社会稳定"一把手"工程,高度重视就业、再就业和社会治安综合治理工作,维护全市政治安定和社会稳定。截止6月末,实现就业和再就业35371人,城镇登记失业率为3.4%;帮助925户"零就业家庭"实现了至少一人就业;各种社会保险覆盖面不断扩大,城乡最低生活保障制度、社会救助机制、扶贫帮困措施更加完善,城市棚户区改造、农村特困户危房改造顺利推进;深入开展对多发性案件的专项治理和打黑除恶专项斗争,提升了人民群众的安全感;高度重视人民群众来信来访工作,强化机制性建设,信访总量同比下降20%,居全省各市首位。以双台子老城区改造为重点,加大投入力度,着力改善人居环境。一批便民利民工程如期实施,兴隆大街中、西段改造工程即将全线竣工,强化城区环境综合整治,城市面貌进一步改观,通过了省级创建文明城市先进市检查验收和省级卫生城市复检。

(三)党的建设进一步加强。按照中央和省委的统一部署,围绕建设社会主义新农村这个主题,着眼于解决影响农村改革发展稳定的主要问题、群众最关心的重点问题以及农村党组织和党员队伍中存在的突出问题,以开展"联乡帮村"以及农村党员"设岗定责、服务群众、建设新农村"等实践活动为载体,扎实开展了第三批保持共产党员先进性教育活动,基本上达到了提高党员素质、加强基层组织、服务人民群众、促进各项工作的目的。教育活动期间,全市各级党组织为群众办实事2880件。同时,坚持上下联动、三批贯通,狠抓整改措施的落实,第一、二批先进性教育活动成果得到进一步巩固和扩大。圆满完成县区、乡镇党委换届,优化了领导班子结构,增强了整体功能。对市管领导班子和领导干部进行了年度考核,对部分领导班子和领导干部进行了调整。充分利用各级党校和境(域)外培训基地培训干部300余人次。落实各项人才政策,加大了人才引进、培养、使用工作力度。认真落实《建立健全教育、制度、监督并重的惩治和预防腐败体系实施纲要》,扎实开展学习贯彻党章主题教育活动,在全省率先建立了警示教育基地,并举办了党政领导干部"一把手"警示教育培训班,领导干部廉洁自律意识进一步增强;狠抓商业贿赂治理等专项工作,认真解决损害群众利益的突出问题,纠正部门和行业不正之风、执法监察工作取得新进展;继续加大案件查处力度,上半年立案110件,处分违纪违法党员干部81人,党风政风进一步好转。

在总结上半年工作成绩的同时,我们也必须清醒地看到工作中还存在着一些不容忽视的问题,突出表现为:地区生产总值增速虽有所提升,但与全省其他市相比差距明显,排在全省末位;地方工业经济运行质量不高,调整经济结构、转变经济增长方式任务艰巨;与人民群众生产生活密切相关的一些实际问题尚未得到完全解决;一些政府部门职能转变不到位,软环境建设仍不尽如人意;一些领导干部精神不够振作,精力不够集中,工作执行力差,与加快发展的客观要求还不相适应,等等。这些问题必须引起我们的高度重视,并在今后工作中着力加以克服和解决。

二、进一步加强对经济工作的领导,实现国民经济又快又好地发展

为全面完成年初所确定的各项工作任务,实现"十一五"良好开局,下半年的经济工作必须突出重点,强力推进。

(一)聚精会神推进项目建设,加快发展接续产业。举全市之力,加快推进重点项目建设。要以政策支持的最大化、协调服务的最优化,全力为华锦集团45万吨乙烯扩建和500万吨原料油工程、辽河油田公司与香港天时集团合作开发浅海月东区块、辽河石油勘探局钻井平台及船舶制造、辽河石化公司200万吨沥青生产基地和500万吨稠油加工基地等一批重大项目建设搞好协调服务。积极扶持地方骨干企业做强做大,重点做好中润化工联产资源优化、北沥公司20万吨环烷基润滑油、盘锦飞马汽车板簧、宏冠造船二期工程、辽宁龙德造船、辽宁东方重工船舶制造、辽宁济业船舶修造等一批在建和新建项目的推进工作,尽早形成生产能力。加快推进振兴集团芦苇制浆造纸前期工作,加大农产品深加工在建项目的推进力度。要与华锦集团45万吨乙烯扩建和500万吨原料油工程等重点项目的开工建设相衔接,做好下游产品的发展规划和论证,进一步延伸产业链条。

(二)进一步推进体制机制创新和科技创新,不断增强发展活力。继续协调推进国有大企业进行股份制改造,建立现代企业制度;完成省考核的5户国有企业改制工作;积极促进盘锦飞马汽车板簧等企业国有股权有序退出;探索市商业银行、北沥公司等国有股减持的有效途径;认真组织实施好事业单位人事制度改革以及公务员收入分配制度改革。加快科技创新体系建设,推进科技成果转化,实施科技合作工程,推动产业结构调整和升级。集中力量重点培育石油勘探与开发、精细化工、塑料和新型建材、生态农业、农产品精深加工等重点领域的高新技术产业,逐步形成具有我市地域特色的高新技术产业集群;积极推进各类企业同大专院校和科研院所的对接与合作,用高新技术和先进适用技术改造传统产业,提升全市产业发展的整体水平。

(三)以园区建设为载体,全方位推进对外开放。要进一步完善市经济开发区和盘山县经济开发区的功能,全力抓好盘锦船舶修造产业园和其他专业园区的规划建设,构筑项目建设和招商引资的载体。特别是盘锦船舶修造产业园区,要尽快完成10平方公里起步区的总体规划和基础设施建设。牢固树立"域外即外"的理念,全方位、多层次、宽领域推进对外开放。坚持引企业、引项目、引生产要素同步运作,把扩大开放的实际效果体现在利用外资上、落实到具体项目中,努力吸引更多的外部资本来盘投资兴业。进一步转变对外贸易增长方式,优化出口产品结构,加快出口产品基地和品牌建设,扩大地方产品出口份额,提高对外贸易的增长质量和水平。大力实施"走出去"战略,鼓励有条件的企业到境外实施技术承包、工程承包、兴办企业、包装上市募集资本,增强对全市经济的牵动力。

(四)掀起全民创业热潮,促进非公有制经济加快发展。要全面贯彻落实好市委、市政府《关于鼓励全民创业的若干规定》,鼓励和支持不同身份的公民创业,形成全民创业热潮。引导和支持民营企业走制度创新、管理创新和技术创新之路,提高整体素质,增强市场竞争力。以行政审批制度改革为突破口,下大气力加强经济发展环境的治理和建设,组织实施好"千户企业评议政府部门"活动,促进政府职能的转变和服务水平的提升,形成安商、富商、亲商、护商的社会氛围,推动非公有制经济继续保持强劲的发展势头。

(五)全力做好"三农"工作,推进社会主义新农村建设。建设社会主义新农村是一项长期的战略任务。必须从盘锦实际出发,以发展农村经济为中心,以增加农民收入为根本目标,以发展壮大县域经济为重要载体,坚持工业反哺农业、城市支持农村,统筹城乡发展,扎实推进新农村建设。实施工业强县战略,坚持以工业化为主导,以民营经济为主体,做大做强县域工业,不断壮大县域经济实力,增强县乡财力,为建设社会主义新农村奠定物质基础。坚持用工业化的理念谋划农业发展,扶持重点龙头企业发展壮大,提高农业产业化经营水平。要转变农业增长方式,加快结构调整步伐,实施农业品牌战略,积极发展现代农业。要积极稳妥推进城镇化,支持盘山县做好县城搬迁工作,以此拉动该区域经济社会发展。推进农村生态建设、新能源建设和改灶、改厕、改水工作,整治村屯环境;今年要高质量完成40个行政村的"村村通"油路工程;全力推进以乡镇卫生院为中心的覆盖乡村、功能完善的医疗卫生服务保障体系和疾病预防控制监督体系建设;进一步加大农村新型合作医疗工作力度,力争年末参合率达到95%以上。加强对农民技能的培训,拓展农村劳动力转移就业的渠道。加大病虫害防治,做好以防洪除涝为重点的各项防灾减灾工作。要高标准做好村屯建设和整治规划,推进2镇12村的试点工作,不断积累经验,为全市新农村建设发挥示范作用。

三、坚持以人为本,着力构建和谐盘锦

促进人的全面发展和社会全面进步是构建和谐社会的根本目的。要坚持以人为本,切实从基础性工作做起,着力解决人民群众最关心、最直接、最现实的问题,在加快经济发展的同时,不断加强政治建设、文化建设和社会建设,着力构建和谐盘锦。

第一,加强民主与法制建设。要把贯彻中央、省委的部署同贯彻落实市委人大、政协工作会议精神结合起来,注重发挥各级人大代表和政协委员的作用,支持人大及其常委会依法行使职权,支持政协组织依照章程履行职责。贯彻落实中央统战工作会议精神,加强党对统一战线工作的领导。认真组织协调各民主党派做好换届工作,推进各民主党派自身建设不断加强,更好地发挥职能作用。加强对群团组织的领导,充分发挥他们联系群众的桥梁纽带作用。深化政务、村务和厂务公开,切实加强基层群众性自治组织建设,大力开展创建和谐社区、和谐村镇活动,全面提高基层民主决策、民主管理、民主监督水平。加强和改进党对政法工作的领导,进一步加强人民法院、人民检察院和公安工作,促进司法公正与效率;深入开展"五五"普法,强化执法监督,推进依法治市,营造和谐稳定的社会环境和公平正义的法治环境。

第二,加强精神文明建设。继续深入开展以"八荣八耻"为主要内容的社会主义荣辱观教育,在全社会倡导基本道德规范,形成"知荣辱、讲正气、树新风、促和谐"的社会风尚。继续以创建全国文明城市、全国卫生城市、全国环保模范城、蝉联全国双拥模范城、继续争创全国全省社会治安综合治理先进市等活动为载体,广泛开展群众性精神文明创建活动,不断提高城乡文明程度。继续把教育摆在优先发展的战略地位,高标准普及九年义务教育;加快普及高中阶段教育;整合中高等职业教育资源,培养大批我市接续产业发展所需求的技能型人才。加强网络管理,充分利用网络资源。深入推进文化体制改革,促进全市文化事业繁荣和文化产业发展。进一步做好体育、人口和计划生育工作。要认真总结和宣传各行各业的先进典型,形成崇尚先进的舆论导向和社会氛围。

第三,进一步解决好关系人民群众切身利益的问题。要把以人为本的要求落到实处,抓好"民生工程"的落实,让发展的成果惠及全市人民。继续加大就业再就业工作力度,确保全年实现就业5万人,城镇登记失业率控制在4%以内。继续做好"零就业家庭"扶持就业工作,做到发生一户解决一户。认真解决拖欠农民工工资问题,进一步做好社会保障工作,完善城乡最低生活保障制度,扩大社会保险覆盖面,做到应保尽保,并逐步提高保障水平。加强社会救助体系建设,开展经常性社会捐赠活动,加大扶贫开发工作力度,搞好对特困学生、农村住房特困户和重大灾害的救助。要坚持开源与节流并举,努力增收节支,确保刚性和重点支出,促进"民生工程"的落实。认真贯彻《信访条例》,进一步完善和落实信访工作责任制,高度重视和解决人民群众来信来访工作。强化社会治安综合治理,严厉打击各种社会黑恶势力和严重刑事犯罪,有效遏制各类违法犯罪活动的发生。加强应急体系和机制建设,提高保障公共安全、处理突发事件能力。高度重视并积极做好安全生产以及食品、药品安全工作,确保人民群众生命财产安全。

第四,努力改善人居环境。进一步加强城市规划、建设与管理,按期完成主街主路的修建、续建工程,做好小街小巷改造和城市环境综合整治,促进市容市貌不断改观;继续抓好棚户区改造,10月底前完成需回迁安置居民的全部回迁;推进市第二污水处理场建设,做好市垃圾填埋场建设工程的前期工作,进一步完善盘锦北站的配套设施和功能;启动辽河南岸新区、市高中新校区和滨海公路、东外环路建设,促进城市整体功能的完善,提升城市整体形象。切实加强生态环境建设,加快推进清洁生产,大力发展循环经济,逐步构建节约型产业结构和消费结构,全面推进资源节约型和环境友好型社会建设。

四、以永葆先进性和提高执政能力为重点,进一步加强党的建设

加强党的建设是完成好各项工作任务的根

本保证。要始终围绕加快发展这一永恒主题，坚持以永葆先进性和提高执政能力为重点，全面加强党的思想、组织、作风和制度建设，不断提高党员干部的思想素质、领导能力和工作水平，切实增强各级党组织的创造力、凝聚力和战斗力，使各级领导班子做到科学执政、依法执政、民主执政。

（一）坚持不懈地抓好党的先进性建设。充分汲取三批先进性教育活动的成功经验，切实抓好经常性工作，确保党的先进性建设常抓不懈。一是不断强化理论武装，组织广大党员认真学习党在新世纪新阶段的最新理论创新成果。当前，要着力抓好胡锦涛同志在庆祝建党85周年大会上重要讲话的学习，把讲话精神贯彻到全市经济建设、政治建设、文化建设和社会建设各个方面，体现在党的建设各个环节之中，转化为加快推动经济社会发展的强大动力。同时，要组织广大党员认真学习中央关于树立落实科学发展观、构建社会主义和谐社会、加强党的执政能力建设和先进性建设、建设社会主义新农村、树立社会主义荣辱观等一系列重大理论创新成果，不断巩固扩大党员共同奋斗的思想基础，提高贯彻党的基本理论、基本路线、基本纲领和基本经验的自觉性。二是进一步做好先进性教育活动整改提高的后续工作，巩固和扩大先进性教育活动的成果。各级党组织要对三个批次先进性教育活动进行认真总结与回顾，查找问题，兑现向党员、向群众做出的承诺，进一步解决好人民群众最关心、最期盼解决的问题。三是继续探索和完善保持共产党员先进性的长效机制。要切实抓好中央出台的四个长效机制文件的贯彻落实，进一步加强以党章为核心的党内制度建设，认真贯彻民主集中制，发展党内民主，健全党委内部议事、决策机制；健全完善党员队伍建设制度、基层组织建设制度、联系和服务群众制度；健全领导班子思想政治建设制度、地方党委抓基层党建工作制度，形成党员长期受教育、群众长期得实惠、党组织和党员永葆先进性的长效机制。

（二）加强领导班子和干部队伍建设。认真总结借鉴县区、乡镇党委换届工作中所取得的经验，切实抓好领导班子经常性建设，科学调配领导班子，严格坚持标准，依照程序，公道正派选人用人，真正将那些政治上靠得住、工作上有本事、作风上过得硬、人民群众信得过的优秀干部选拔到各级领导班子中来；特别是要按照德才兼备、相融性好的要求，着力选好、配强“一把手”，进一步优化班子结构，提高整体功能。以落实《干部任用条例》和中央有关法规文件为重点，进一步坚持和完善各项制度。研究探索试行差额选任制度，完善地方党委全委会对下一级党政正职拟任人选和推荐人选实行无记名投票表决制度，完善党委常委会任用干部无记名投票表决制度。加大干部教育培训和实践锻炼力度，着力提高各级领导班子、领导干部贯彻科学发展观的能力、驾驭全局的能力、处理利益关系的能力、务实创新的能力。贯彻落实好中组部《体现科学发展观要求的地方党政领导班子和领导干部综合考核评价体系试行办法》，积极探索完善领导干部考核评价体系和评价标准。加强人才队伍建设，进一步完善我市人才工作有关政策，鼓励人才到企业、到农村、到基层自主创业、发挥作用。加快推进驻盘中省直企业与地方人才的交流合作；发挥产业和项目对人才的吸引效应，抓紧做好急需人才的引进、培养、使用工作。认真贯彻《公务员法》，强化公务员队伍建设。要严肃干部人事工作纪律，坚决抵制和纠正选人用人上的不正之风，坚决防止买官卖官、跑官要官、违规提任、带病提拔等问题的发生。

（三）加强党的基层组织建设。坚持分类指导、整体推进的原则，加强党的基层组织建设，努力把基层组织建设成为贯彻“三个代表”重要思想和全面落实科学发展观的组织者、推动者和实践者。积极深化农村党的建设“三级联创”活动，推进实施“三向培养”工程和农村党员“设岗定责、服务群众、建设新农村”主题实践活动。广泛开展企业“五个好”基层党组织创建，进一步深化“共产党员工程”、党员责任区活动。继续深入开展党群共建文明社区和社区党建“六联创”活动。以开展“亮身份、创红旗、争先进”活动和实施“党员温暖工程”为载体，加强党员教育管理。

(四)加强党风廉政建设和反腐败工作。按照党要管党、从严治党的方针,坚持不懈地加强党风廉政建设,真正做到为民、务实、清廉,保持党同人民群众的血肉联系。要按照《建立健全教育、制度、监督并重的惩治和预防腐败体系实施纲要》和我市《实施意见》的要求,构建惩防并重的反腐败工作格局。充分发挥警示教育基地作用,深入开展反腐倡廉教育。加强反腐倡廉制度建设,规范领导干部从政行为。以维护广大人民群众的根本利益和创造良好的经济发展环境为重点,加大反商业贿赂工作力度,坚决纠正损害群众利益的不正之风,认真解决当前人民群众反映的突出问题。加强对权力的制约和监督,拓宽从源头上预防和惩治腐败问题的领域。各级党委、政府要认真贯彻执行《盘锦市党风廉政建设责任制目标考核办法》,各级纪检监察机关要加大检查考核力度,推动全市党风廉政建设和反腐败工作不断深入。

五、加强领导,狠抓落实,全面完成今年各项工作任务

为确保全面完成今年的各项工作任务,各级党委、政府及各部门必须紧紧咬住年初确定的各项工作目标不放松,加强领导,狠抓落实。

领导干部要率先垂范抓落实。各级领导干部要始终坚持"两个务必",做到"八个坚持、八个反对",牢固树立群众观点,把人民群众的利益放在首位,切实从实现好、维护好、发展好人民群众根本利益出发,深入基层,深入群众,深入实际,扎扎实实为人民群众办实事、解难事、做好事。要进一步解放思想,更新观念,不断增强加快发展的责任感、紧迫感和使命感,把心思用在抓工作上,把精力放在抓发展上,把工作能力和工作水平体现在抓落实上。以自身的人格魅力和一流的工作业绩,给人民群众以思想上的正确引导和行为上的良好示范。

上下各方要戮力同心抓落实。各级党委、政府要牢牢把握发展这个第一要务,坚持用发展来统一思想,用发展来凝聚力量,用发展来评价干部。各级人大、政协以及工会、共青团、妇联等社会团体,各民主党派、工商联和无党派人士,都要围绕中心和大局,发挥各自的优势,积极建言献策,凝心聚力,推动发展。各单位、各部门要围绕市委、市政府的总体工作部署,各司其职、各负其责,通过狠抓落实来推进工作,通过狠抓落实来体现服务意识的增强,通过狠抓落实来推动高效、务实、勤政、廉洁政务环境的营造。

要通过严格的工作责任制抓落实。各级党委、政府及各部门要对今年以来各项工作的进展情况进行一次认真梳理分析,对照全年工作目标,进一步强化管理,明确责任。特别是对上半年没有达到预期目标和全年完成难度较大的工作任务,县区和市直部门的主要领导要亲自抓,制定切实可行的措施,一抓到底,抓出成效,确保任务的完成。

同志们,做好后五个月的工作,实现全年工作目标,任务繁重。我们一定要更加紧密地团结在以胡锦涛同志为总书记的党中央周围,坚持以邓小平理论和"三个代表"重要思想为指导,在省委、省政府的正确领导下,全面贯彻落实科学发展观,紧紧抓住东北老工业基地振兴和辽宁"五点一线"沿海开放的双重战略机遇,以更加饱满的热情、更加务实的作风,埋头苦干,奋力拼搏,为全面完成"十一五"开局之年的各项工作任务而努力奋斗!

陈淑珍同志在市委五届五次全会上的总结讲话

(2006年7月28日)

同志们:

在与会同志的共同努力下,市委五届五次全会现已完成了主要议程,即将胜利闭幕。会议听取和审议通过了海波同志代表市委常委会所作的题为《抢抓机遇,埋头苦干,乘势而上,全面完成"十一五"开局之年各项工作任务》的报告;表决通过了党代会召开时间，确定了我市出席省第十次党代会的代表候选人预备人选。会议期间，与会同志畅所欲言，高度评价了海波同志的报告，一致认为报告以科学发展观为指导，对全市上半年工作的总结实事求是、鼓舞人心，对形势的分析客观准确、言简意赅，下半年工作的部署思路清晰，重点突出，既符合中央要求和省委省政府部署，又切合盘锦实际，具有较强的思想性、指导性和可操作性。在讨论中，大家既对经济发展势头表示满意，也对下步工作提出了许多很好的意见和建议。这些意见、建议将受到重视并被吸纳到报告和今后工作指导实践中。会议始终充满着务实、创新、发展的氛围，通过这次会议，大家进一步认清了形势，统一了思想，明确了目标，会议达到了预期目的。可以相信，本次全委会不但为市党代表会议胜利召开奠定了坚实的思想基础和组织基础，而且必将对全年经济社会发展目标的胜利实现产生深刻而重大的影响。

下面，根据常委会的意见，我就如何贯彻落实好这次会议精神，强调三个问题。

一、认真贯彻落实全会精神，真正把思想统一到全面落实科学发展观上来

这次会议结束后，各级党委、党组要认真组织全市广大党员干部深入学习全会报告，吃透精神，把握主旨，并通过各种形式，宣传好报告，把思想和行动统一到报告的要求上来，把全会确定的任务真正落实到实际工作中去。

*第一，要把思想统一到加快发展上来。*作为资源型城市，盘锦正处在发展的关键时期和爬坡阶段。从今年上半年来看，全市经济运行总体上保持了稳定增长的态势，但与资源型城市实现可持续发展的要求相比，还有很大差距。上半年，尽管油气产量分别下降4.6%和7.5%，但全市非采油经济所占比重仅为46.5%。按照“十一五”规划目标中非油产业比重达到70%的要求，今后5年非油产业比重还要增加24个百分点以上，即净增260亿元以上的增加值，而我们现有的项目，即使两年后全部投产达效，每年也只能新增销售收入275亿元左右，按照20%—25%的增加值率计算，所形成的GDP也不过60亿元左右，所以，要实现“十一五”的预期目标，任务十分艰巨。同时，无论从当前发展速度看，还是从为今后发展增加后劲上看，与省内其他兄弟市相比，我们的差距不是在缩小，而是在拉大。今年上半年，全省预计GDP增长12.9%。其中，沈阳增长15.7%，大连增长15.1%，鞍山增长15%，抚顺增长14.7%，锦州增长16.8%，营口增长18%，其他市增幅也都在14%以上，只有我市增幅为7.7%，排在全省最后一位。从为今后发展增加后劲的固定资产投资增长上看，今年上半年，全市城镇固定资产投资完成70.8亿元，同比增长18.4%，这是我们近年来投资增长幅度最高的。而上半年全国投资平均增速为29.8%，全省平均增长39.5%，我们比全国平均水平相差11.4个百分点，比全省平均水平相差21.1个百分点。今年上半年，兄弟市的增长情况是：沈阳完成537.7亿元，同比增长48.8%；大连完成406.1亿元，增长23.3%；抚顺完成48.3亿元，增长48.3%；锦州完成47.8亿元，增长28.9%；铁岭完成45亿元，增长78.8%，增幅都远远高于我们。大家知道，一个地区的经济发展水平，与固定资产投资增长的速度密不可分。特别是我们盘锦这样的资源型城市，油气资源逐年递减，不加大投资力度，不抢抓机遇上一批符合国家产业政策、拉动经济发展的项目，就没有出路，就没有全市经济的可持续发展。没有全面协调可持续发展，落实科学发展观就是空话。因此，我们各级党委政府、各个部门、全市广大党员干部，必须进一步树立起强烈的发展意识，真正把各方面力量都凝聚到加快发展上来，推动全市经济增长速度和质量上一个新的水平。

*第二，要把思想和行动统一到构建和谐盘锦上来。*构建和谐盘锦，是贯彻落实科学发展观的必然要求，是实现资源型城市可持续发展的重要保证。要坚持以人为本，切实从基础性工作做起，从当前迫切需要解决的问题入手，加快和谐盘锦建设。要加强民主法制建设和精神文明建设，进一步做好就业再就业、社会保障和扶贫帮困工作，高度重视和切实解决人民群众来信来访问题，积极做好安全生产工作，强化社会治安综

合治理,确保人民群众生命财产安全。

第三,要把思想统一到提高执政能力,全面加强党的建设上来。加强党的建设是完成好各项工作任务的根本保证。要始终围绕加快发展这一主题,坚持以保持先进性和提高执政能力为重点,用改革的精神全面加强党的思想、组织、作风和制度建设,切实增强各级党组织的创造力、凝聚力和战斗力,特别是增强各级党组织领导发展的能力和构建和谐社会的能力。

二、认真贯彻落实全会精神,要把力量凝聚到推动全市经济又快又好地发展上来

抓全会精神的贯彻落实,思想统一是重要的,但是光有思想统一是不够的,必须把认识转化为行动、把全会要求物化为成果,坚持经济建设这个中心,努力在推动经济发展的重点工作上有新突破。

第一,强力推进项目建设,力求在招商引资上有较大突破。项目建设是我市经济发展的重要支撑。各县区、各部门都要把推进项目建设作为发展的"第一要务",把抓项目的本事作为"第一能力",下半年,坚持把项目和园区建设作为经济发展的"牛鼻子"来牵。

一是强力推进项目建设。首先,要集中力量加快182个投资超500万元在建项目的建设速度,特别是抓好23个投入超亿元的在建项目建设,力争在年内再有一批重大项目竣工投产。要切实做好为重大项目建设的协调服务。特别是围绕华锦集团45万吨乙烯扩建和500万吨原料油项目,市发改委、经委等有关部门要做好下游产品的发展规划和论证,进一步延伸产业链条,拓展发展空间。二要花大气力抓好项目储备工作。项目少、小、建设速度慢,是我们经济工作中突出的薄弱环节。为什么出现这种情况?一是对项目研究不够,储备不足;二是抓项目的思路狭窄,视野不宽;三是抓项目的主体单一,只有少数人关心、研究,多数人置身事外。项目建设既是接续产业的重要支撑,也是社会事业发展进步的重要支撑。没有项目,我们实现计划目标都是纸上谈兵。因此,一切关心盘锦发展的同志都要关注项目储备和建设,所有有志于盘锦建设的同志都要牢牢盯住项目,实实在在干成几个项目。下半年,不论是经济主管部门,还是社会事业部门,每个单位都要认清优势,研究市情,挖掘潜力,精心论证、筛选、包装、储备2—5个项目。市发改委组织力量进行评价论证,合格的进入项目储备库,不合格的退回重来。第三,精心组织好今年11月份的项目拉练盘点。请各县区、各部门早作准备,多出成果。

二是强力推进园区建设。当前,正在进行基础设施建设的园区,要千方百计克服困难,抓紧多渠道筹措资金,加快施工进度,务必在年内达到企业入驻标准;还没有完成动迁和土地调整的园区,要抓紧工作,在保障农民合法权益的同时,实施依法征用土地,高标准建设基础设施,使之尽快具备开工条件。要举全市之力,推进被纳入全省"五点一线"的盘锦船舶修造产业园区建设,要坚持高起点、高水平,加快推进10平方公里起步区的道路、水、电、通讯等建设和公用设施配套建设。对利用国家开发银行20亿元贷款的申报等各项工作一定要抓紧进行,尽早到位。同时,在园区的引资、引项目上一定要坚持投资高强度、建设高速度、产出高效益、走节约资源之路,不能剜到筐里就是菜。一定要把握入区项目的投资强度,提高园区土地利用效率,提高项目科技含量和产品附加值,同时要充分考虑项目对财政的贡献。要运用行政和经济手段控制投资强度低的项目和禁止污染环境的项目进入园区。

三是强力推进招商引资。各级政府、各个部门、各个企业,下半年都要在招商引资上有新的、更大的作为。要坚持境外招商和域外招商并举,围绕园区建设进一步加大招商引资工作力度,认真组织好境内外的招商活动,在定向跟踪招商上狠下功夫。在境外,全市至少组织两次以上大型的组团招商活动;在境内,要盯住南方沿海发达地区跟进招商,特别是盯住上半年已经签约的项目能够尽快落地;在市内,积极策划全国性的博览活动和突出地方特色的活动等,精心设计活动载体,提高盘锦的人气指数。要积极扩大外贸出口,加快培育出口生产企业,鼓励支持地方产品扩大出口,促进外贸出口持续增长。

第二，进一步深化改革，完善政策，在非公有制经济发展上有新突破。要深化国有企业改革，对纳入今年全省考核范围需彻底转制的5户国有企业，年内必须按时保质保量完成。要妥善处理国有企业改制中的历史遗留问题，所有国企改革都要做到人员关系了断、敏感性债务结清、养老保险关系接续。积极推进民营企业改革，引导民营企业主不当小老板，要做大股东，通过增资扩股、合资合作、资产重组等方式进行股份制改造，实现投资主体多元化。要加快事转企改革步伐。坚持成熟一个改一个的原则，下半年重点对企业化管理事业单位进行转企改制工作。加快推进事业单位改革，年底前完成全市首批市直全额事业单位的人事制度改革。要进一步完善各项政策，整合政策资源，针对政策执行效果，强化落实各项政策的执行力，达到制定政策的预期目的和效果。

大力发展民营经济。要全面贯彻落实好市委、市政府《关于鼓励全民创业的若干规定》和各有关部门制订的优惠政策措施，进一步激发全民创业热情，从融资等多方面入手，鼓励和支持不同身份的公民经商办企业，推动全市民营经济快速发展。

第三，促进农业发展和农民增收，加快发展县域经济，力求在新农村建设上有新发展。要以农民增收为目标，加快发展农业和农村经济，壮大县域经济实力，为建设社会主义新农村奠定物质基础。当前，要立足抗灾夺丰收，做好防汛排涝和灾害防治，确保农业增产增收。要继续加大农业结构调整力度，搞好专业特色小区和优势特色农产品基地建设。进一步加速农业产业化经营步伐，继续扶持现有一批重点农业产业化龙头企业发展壮大。积极组织引导农村劳动力转移，确保实现全年农村富余劳动力转移目标。进一步加强农村基础设施建设，年内确保完成40个行政村、100公里的“村村通”油路工程。要全力推进社会主义新农村建设，高标准搞好试点村镇建设。认真抓好各部门的定点帮扶工作，年末要进行一次检查和总结。要积极动员各级各类企业参与包村结对子共建新农村活动。

第四，抓好城乡基础设施建设，力求在城市建设和管理上有新突破。搞好城乡建设，是提升城市品位、优化投资环境、扩大对外开放、增强城市综合竞争力的现实需要。对今年安排的主街主路和便民工程及社会事业重点工程都要加快建设，有关部门要倒排工期，按天调度，确保质量和安全，确保按期交付使用。要举全市之力推进滨海公路建设，两个县和交通部门都要把工作抓紧抓实，年内部分路段要启动土方工程。要进一步强化城市管理工作。在巩固前一段工作成果的基础上，继续加大力度，坚持从严管理，塑造良好的城市形象。

第五，深入开展软环境治理，力求在营造经济发展环境上有新突破。软环境建设事关盘锦资源型城市可持续发展的成败兴衰，我们要把这项工作提高到全局和战略的高度来抓。一是切实加强组织领导。搞好软环境建设，必须形成各级领导抓、监察部门查、企业和群众评、新闻媒体等单位监督的工作机制。各级党委政府、各部门一把手是本地、本部门软环境建设的第一责任人，对本地区、本单位的软环境治理负总责。市纪委、监察局要负责全市软环境建设工作的组织协调、综合指导、督促检查和日常工作。二是要着重解决软环境建设中存在的突出问题。我们的一些部门办事关卡多、办事拖、政策环境紧、行政执法不公，一些工作人员揩企业油、揩办事人油的现象时有发生，“三乱”屡禁不止。这些问题不解决，经济发展环境就不会好，盘锦的经济发展就不会快。因此，要加大整治力度，着重解决软环境建设中反映强烈的突出问题。三是强化监督和评议工作。加强群众监督、新闻舆论监督和行政监督，建立投诉制度，广泛开展评议部门活动。下半年，要召开优化全市软环境大会，对软环境建设中突出问题进行专项治理。组织实施好“千户企业评议政府部门”活动，并对评议结果进行公开，真正把评议结果纳入到对各县区、各部门领导班子政绩考核的一项重要内容。四是严肃查处影响经济发展软环境的人和事。要加大查处力度，做到“谁影响盘锦市发展、谁砸盘锦市的牌子，我们就砸谁的饭碗”。对那些影响发展的案件要有报必查、查实必处，务求软环境建设取得明显成效。

三、贯彻落实全会精神,要把抓措施落实的点子打在确保完成或超额完成全年各项工作任务上

现在离年底还有五个月的时间,确保全面完成全年各项工作任务,是这次全会对全市各级党组织和广大党员干部的要求,更是对我们执政能力的一次严峻考验。各级领导干部要带头贯彻落实全会精神,在加快发展上率先垂范,在工作落实上身体力行,切实给人民群众以思想上的正确引导和行为上的良好示范。同时,全市各级党委、政府,人大、政协以及工会、共青团、妇联等社会团体,各民主党派、工商联和无党派人士,都要戮力同心,心往一处想,劲往一处使,推动发展,切实抓好今年下半年各项工作措施的落实。

为了确保完成或超额完成全年工作目标,在抓落实中,我再强调三点:一是要对工作任务做到逐级细化分解,落实责任。各县区、市直各部门都要按照报告的要求,认真总结上半年工作,对照全年工作任务目标,检查完成情况,找出存在的问题和薄弱环节。在此基础上,逐项研究对策措施,特别是对上半年没有达到预期目标和完成年度目标难度较大的指标任务,加大工作力度。对重点工作任务、工作责任进一步细化、量化、具体化,把职责分解到具体领导、具体科室,把工作压力传递到最基层,形成人盯人,人盯事,上级带着下级干,下级对上级负责,层层抓落实的工作机制。对一些在推进中部门责任有交叉的工作,综合部门要负牵头责任,各协办部门要主动支持和配合牵头部门的工作,不得推诿扯皮。无特殊原因完不成任务,要实行问责和过错追究。市政府副秘书长以上领导都要按照工作分工,对主管战线负起牵头抓总的责任。二是要坚持能快则快。年初我们确定的指标是一个"底限"指标,各县区、各部门和各单位对有可能有条件超额完成的工作任务,都要自我加压,提出"争取指标",努力实现更快更好地发展。不但要干好下半年,还要认真研究明年的工作,及早谋划,未雨绸缪。三是要力求创新。各单位、各部门在抓工作落实上都要张扬个性,创出特色,拿出行之有效的招法,扎扎实实地抓好各项措施落实。

为了保证工作落实,我们还必须硬化目标考核,强化工作督查。市委、市政府督查室和市考核办要采取集中检查,重点督察,跟踪督查的方式,对照时限抓进度,深入现场看实效,并及时反馈督查情况,对工作任务完成情况的考核不要因为种种原因而打折扣,松口子。组织人事部门要强化对各级班子的工作考评,真正考出优劣、考出干劲、考出正气、考出政绩、考出正确导向,使考评成为促进工作落实的"助推器"和干部选拔任用的"硬尺子"。

在这里,我还要强调一下财政收支平衡问题。今年上半年,我市财政收入虽然实现大幅度增长,但我们要清醒地看到:我市财政收入增长的基础还十分薄弱,特别是对原油价格的依赖还相当大。下半年,受油价波动和国家将出台一些新的宏观调控政策影响,我市财政收入将出现较大回落,加之全市将大幅度调整工资,工资调整后各种保险标准也将随之提高,财政支出将大幅度增加。因此,实现全年财政收支平衡的任务相当艰巨。全市各级政府、各部门要下大气力狠抓增收节支、开源节流,要努力培植财源、税源,有针对性地采取措施挖掘增收潜力,堵塞征管漏洞,做到应收尽收、应征尽征。要加强非税收入管理,防止收入流失。要进一步调整和优化支出结构,确保各项重点支出。经市政府常务会议决定并报经市委批准,下半年,除了法律和政策规定必须增加的社会保障支出、公教人员标准工资、机关和事业单位工资调整、工业园区基础设施建设和优惠政策兑现、社会主义新农村建设等重点支出以外,其他各项支出一律实行零增长。全市上下要牢固树立过紧日子思想,杜绝浪费,把有限的资金真正用在刀刃上。

同志们,今年后几个月的工作任务十分艰巨,时不我待。我们要认真贯彻落实这次全会精神,树立和落实科学发展观,立足当前,谋划长远,脚踏实地,埋头苦干,以坚定的信心、创新的精神、顽强的毅力和扎实的工作,确保全面完成或超额完成今年各项工作任务,为实现"十一五"良好开局努力奋斗!

抢抓机遇　乘势而上
努力实现全市经济社会又好又快发展

——陈海波同志在市委五届六次全会上的报告

(2006年12月29日)

同志们:

这次会议的主要任务是,认真贯彻落实党的十六届五中、六中全会和省第十次党代会、省委十届二次全会暨经济工作会议精神,坚持以科学发展观统领经济社会发展全局,总结2006年工作,安排部署2007年工作,组织动员全市广大党员、干部和群众,抢抓机遇,乘势而上,为实现盘锦经济社会又好又快发展而奋斗。下面,我受市委常委会的委托,向全会报告工作,请予审议。

一、2006年工作回顾

即将过去的2006年,是全市经济和各项社会事业全面推进的一年。一年来,在省委、省政府的正确领导下,全市各级党组织按照市委五届四次、五次全会的安排部署,全面贯彻落实科学发展观,牢牢把握发展第一要务,团结带领全市人民,紧紧围绕三大重点任务,狠抓工作落实,全面完成了年初确定的各项工作目标,实现了"十一五"良好开局。

(一)国民经济平稳健康发展。坚持以优化经济结构、转变经济增长方式为主线,以项目和园区建设为载体,以改革开放和科技创新为动力,推动国民经济平稳健康发展,综合经济实力跃上了新台阶。预计地区生产总值实现520亿元,增长7.0%,其中地方实现227亿元,增长11%,油田板块实现293亿元,增长4%,人均生产总值突破5000美元;全社会固定资产投资完成200亿元,增长16 %;税收总额实现98.8亿元,增长22.6%;地方财政一般预算收入完成25.95亿元,增长20.5%;社会消费品零售总额实现90亿元,增长14%;城镇居民人均可支配收入达到12200元,增长10.7%;农民人均纯收入达到5667元,增长11.7%。

——三次产业协调发展。突出工业主导地位,把握发展机遇,积极为辽河油田稳定油气产量、发展多元产业和华锦集团项目建设提供服务,大力扶持地方骨干企业,全市工业经济实现较快增长,整体效益水平明显提高。预计全部工业增加值实现361.5亿元,增长5.3%;规模以上工业总产值实现770亿元,增长23%;税收、利润总额和增幅均居全省前列。农业和农村经济结构调整步伐加快,第一产业稳步发展。预计增加值实现51亿元,增长7.8%。传统服务业功能不断强化,现代服务业快速发展,第三产业对国民经济增长的贡献率有所增加。预计增加值实现85.3亿元,增长12%。全市一、二、三次产业的比例为9.8:73.8:16.4。

——园区和项目建设呈现出强劲态势。坚持多渠道筹措资金,投入近3亿元,加强基础设施建设,推动市经济开发区及各类园区加快发展,产业集聚效应明显增强。经过全市上下不懈努力,船舶修造产业园进入省"五点一线"沿海经济带重点区域,为我市抢抓机遇、加快发展拓展了新的空间。全市单项投资500万元以上项目达到279项,比上年增加了34项。一批地方骨干项目相继建成投产;以华锦集团乙烯扩建和配套原料油工程、辽河石油勘探局装备制造业基地、辽河石化公司沥青生产基地和稠油加工基地等为代表的一批重大项目的推进取得实质性进展,资源型城市可持续发展呈现出喜人前景。

——非公有制经济加快发展。加大政策扶持和引导力度,推动全民创业活动深入开展;采取治乱减负、规范执法行为、对涉企部门和岗位实行"双评"等措施,强化经济发展软环境建设;积极支持和引导一批优势民营企业做大做强,促进非公有制经济继续保持较快增长。预计非公有制经济增加值实现131亿元,增长25%,占地区生产总值的比重达到25.2%。坚持境外域外并举,创新招商方式,对外开放工作取得新成绩。预计实际利用外商直接投资可完成2050万美元,增长40%;引进1000万元以上域外资金项目38个,到位资金26.5亿元;外贸出口创汇1.05亿美元,完成全年计划的105%;地方产品出口比重达到60%。

——体制机制和科技创新迈出新步伐。坚持以改革和科技创新促发展、促调整,为经济社会发展注入了生机和活力。8户省考核国有企业实现了产权制度改革,国有农场税费改革进入具体实施阶段,出台了推进事业单位改革的政策措施。大力推进科技创新,加快发展高新技术产业,促进科技成果转化,科技对经济社会发展的支撑作用进一步增强。预计高新技术产业增加值实现32亿元,增长30%;科技进步贡献率为50.5%。注重发展循环经济,节约能源资源,加强生态环境保护,促进经济增长方式转变。万元生产总值综合能耗为2.06吨标准煤,下降5.0%。

——社会主义新农村建设扎实起步。坚持以工业化为主导、以农业现代化为基础、以城镇化为支撑,大力发展县域经济,实现了农村发展、农业增效、农民增收。规模以上工业产值增幅达到34.1%,同比提高17%;粮食总产量达到106万吨,创历史新高;农民人均纯收入增加600元,是近年来增幅最大的一年;预计县域生产总值占全市地方生产总值的比重达到51%,将比上年提高4个百分点。加大投入力度,编制新农村建设总体规划,扎扎实实开展了新农村建设试点,以村村通油路工程和村容镇貌整治为重点,加强基础设施建设,农村面貌进一步改观;大力发展农村社会事业,全部免除农村中小学生学杂费,改扩建了部分乡镇文化中心和卫生院,新型农村合作医疗参合率达到了99.6%,居全省首位;资助550户农村贫困家庭重建、修缮了土危房,解决了6万人饮用高氟水问题,组织农村富余劳动力转移就业1.4万人次。

(二)和谐盘锦建设有效推进。高度重视民生问题,着力解决人民群众最关心、最直接、最现实的利益问题。实施积极的就业和再就业政策,全年实现就业5.3万人,城镇登记失业率3.1%,为全省最低;帮助1004户零就业家庭实现至少一人就业,并做到发生一户解决一户;城镇职工基本养老、基本医疗、失业、工伤保险覆盖面进一步扩大,全面完成了省考核指标;覆盖城乡的最低生活保障制度进一步完善,低保水平位居全省前列;不断完善社会救助体系,开展"送温暖、献爱心"等活动,为342户因灾倒房的贫困户重建了住房,城乡弱势群体、特殊群体和受灾群众得到有效救助。深入开展平安建设,整治突出治安问题,开展"严打"专项斗争和与"法轮功"的斗争,社会治安状况有所好转,人民群众的安全感进一步增强,争创全国全省社会治安综合治理先进市工作取得了明显的阶段性成果。认真开展社会矛盾纠纷排查调处工作,有效化解了各种不安定因素。落实领导包案下访责任制,加强信访工作,信访考核指标继续保持全省领先位置。围绕贯彻《公民道德建设实施纲要》,加强公民道德建设;扎实开展创建全国文明城市、环保模范城、卫生城、双拥模范城、优秀旅游城等活动,通过了省级创建文明城市先进市检查验收和省级卫生城市复检,荣获了国家优秀旅游城市称号;辽河美术馆顺利落成,并举办了在国内、省内有影响的大型文化会展活动。坚持围绕中心、服务大局,加强了宣传思想工作,弘扬了主旋律,营造了浓厚的发展氛围;加大外宣工作力度,提高了盘锦的知名度。教育、卫生、体育、广播电视、人口与计划生育等各项社会事业健康发展。坚持多渠道筹措资金,完成省下达的5万平方米以上集中连片棚户区改造任务,拆迁面积25.8万平方米,改善了7262户动迁群众居住条件;以集中供暖、棚户区改造和街路建设为重点,强力推进双台子老城区综合改造;完成了兴隆大街中西段改造等一批重点续建、新建工程;强化城区环境综合整治,城市环境面貌有了明显改观。

(三)党的建设进一步加强。围绕社会主义新农村建设,开展了第三批保持共产党员先进性教育活动;坚持三批联动,强化了第一、二批教育活动成果的巩固和整改措施的落实,历时一年半的保持共产党员先进性集中学习教育活动圆满完成；贯彻落实中央出台的先进性长效机制四个文件精神，对做好先进性建设的经常性工作进行了积极探索。加强领导班子和干部队伍建设，倡导和坚持正确的用人导向，顺利完成县区、乡镇党委换届；加强了党员干部教育培训，强化了公务员队伍建设和各类人才队伍建设。扎实开展农村党员“设岗定责、服务群众、建设新农村”主题实践活动，推动农村“三级联创”活动深入开展；积极推进企业、社区、机关、高校、科研院所等党的基层组织建设，基层党组织的创造力、凝聚力和战斗力不断增强。继续在市直机关开展“抓作风、比服务、争一流”主题实践活动，强化了机关作风建设。强力推进教育、制度、监督并重的惩治和预防腐败体系建设，对党风廉政建设和反腐败工作实行目标管理，各级领导干部抓党风廉政建设和反腐败工作的责任意识不断增强；建立了警示教育基地，党风廉政教育不断深化；领导干部廉洁从政的各项规定得到进一步落实，加强对权力的制约和监督，从源头上预防和治理腐败工作不断深入，党风廉政建设和反腐败工作取得了新进展。

一年来，市委坚持总揽全局、协调各方，注重加强和改进党对人大、政府、政协及政法、统一战线、群团等方面工作的领导，注重加强市级几大班子之间的沟通协调，积极为人大、政府、政协履行职能创造良好环境，出台加强政法、法院、检察院工作意见，指导民主党派、工商联圆满完成了换届，不断推进治市理政的制度化、规范化、程序化。回顾一年来的工作，我们高兴地看到，在盘锦资源型城市可持续发展的关键时期，全市上下始终以高度的政治责任感和时不我待的紧迫感，万众一心谋发展，齐心协力促振兴，为促进经济社会发展做出了积极的贡献。我们一定要倍加珍惜并巩固好这一人心所向的良好局面，进一步调动好发挥好保护好各方面的积极性和创造力，进一步形成推动经济建设和各项社会事业加快发展的强大合力。

二、全面贯彻落实科学发展观，实现经济社会又好又快发展

2007 年是党的十七大召开之年，是贯彻落实省第十次党代会提出的各项目标任务的第一年，也是我市抢抓发展机遇、加快重大项目建设、为“十一五”末期实现跨越式发展积蓄力量的重要一年。放在全省乃至全国发展的大格局中审视盘锦，我们既面临着重要发展机遇，同时也面临着严峻挑战。全国、全省经济正处于新一轮增长的上升期，为我市加快发展创造了良好的宏观环境；贯彻落实省第十次党代会精神，使我们的发展思路和奋斗目标更加清晰；省委、省政府围绕加快“五点一线”沿海经济带开发建设继续出台新的政策措施，为我市加快园区和项目建设提供了新的机遇；一批事关经济社会发展全局的重大项目的顺利推进或开工建设，积蓄着巨大发展后劲。在看到机遇和有利条件的同时，我们也必须清醒地看到工作中还存在着一些不容忽视的问题。突出表现为：制约盘锦经济发展的结构性矛盾还没有发生根本性改变，地方经济总量小，对外开放水平低，地区生产总值增幅排在全省末位，油气产量的变化及国际市场原油价格的波动仍在左右着我市经济增长和财政增收，这些都充分表明我市调整经济结构、转变经济增长方式的任务还相当艰巨；与人民群众生产生活密切相关的一些实际问题还没有得到妥善解决；一些领导干部精神不够振奋，精力不够集中，工作不够到位，与加快发展的客观要求还不相适应，等等。正视并着力解决经济社会发展中存在的这些矛盾和问题，需要全市上下付出艰辛的努力。这就要求全市各级领导干部，在自身的工作岗位上不能有丝毫的懈怠，必须时刻强化责任意识，必须不断增强加快发展的紧迫感和使命感，抢抓发展机遇，埋头苦干，扎实奋进，全力做好 2007 年的各项工作。

2007 年工作的指导思想是：认真贯彻党的十六届五中、六中全会、中央经济工作会议和省第十次党代会、省委十届二次全会暨经济工作会议精神，继续抢抓辽宁老工业基地振兴和沿海开放双重战略机遇，全面贯彻落实科学发展观，着力加快项目建设，着力发展县域经济，着力解决民生问题，推动资源型城市可持续发展实现新突破、社会主义新农村建设取得新进展、和谐盘锦建设取得新成果，努力实现经济社会又好又快发展。

按照上述要求，2007年全市经济和社会发展的主要预期目标是：地区生产总值力争增长8%，其中地方增长16%；财政一般预算收入增长10%；社会消费品零售总额增长14%；全社会固定资产投资增长20%；实际利用外资增长20%；城镇居民人均可支配收入和农民人均纯收入分别增长10%和8%；万元生产总值综合能耗降低4.5%；主要污染物排放总量减少2%；城镇登记失业率控制在4%以内。

(一)资源型城市可持续发展要有新突破。继续以发展接续产业为主线，全力推进项目建设，推进体制机制和科技创新，提高对外开放水平，大力发展非公有制经济，促进经济增长方式转变，推动资源型城市可持续发展实现新的突破。

第一，加大对重点项目和龙头企业的支持力度，牵动接续产业加快发展。要深入实施油地融合战略，积极为辽河油田公司提高采收率、增加探明可采储量，延长油气相对稳产期，创造一切有利条件；积极支持辽河石油勘探局发展多元产业，实现经营规模的快速扩张；积极支持辽河石化公司沥青及稠油加工基地建设，带动防水卷材等建材产业加快发展。积极为华锦集团新增45万吨乙烯项目和500万吨原料油工程的推进创造一切有利条件，同时做好乙烯下游配套产业项目规划论证和筛选，发展精深加工项目，延长产业链条，促进石化产业发展壮大；以船舶修造产业园、辽河石油勘探局钻采设备制造为依托，加快发展装备制造业。着力做好地方各类项目的协调服务，确保按期达产达效。加强项目库建设，重点筛选、储备、包装一批地方骨干项目。要按照特色园区发展方向，做好各类园区总体规划和产业发展规划，加快推进基础设施建设。按照集约利用土地、注重环境保护、提升项目科技含量这一总体要求，引导关联项目向同一园区集中，实现集群式发展。2007年，船舶修造产业园在基础设施建设和项目建设上要取得突破性进展。要启动市经济开发区二期工程建设，并着手规划三期工程。

第二，推进体制机制和科技创新，为接续产业发展提供动力。要加大改革攻坚力度，破除束缚发展的体制、机制障碍，提升市场化程度。深化行政管理体制改革，规范行政审批，促进政府职能转变；深化各类国有企业改革，全面完成18户省考核的国有企业产权制度改革任务；认真落实已出台的关于事业单位机构改革的一系列政策措施，全面启动事业单位改革。推进以企业为主体、以市场为导向、产学研相结合的技术创新体系的逐步建立，扶持一批重点企业与大专院校和科研单位联合、合作，建立企业研发机构，着力培育拥有自主知识产权的名牌产品，提升企业核心竞争力。

第三，加大招商引资力度，全方位、多层次、宽领域推进对外开放。要发挥地处“五点一线”的区位优势，进一步完善吸引外资的优惠政策，优化投资环境，努力吸引更多的外部资本来盘投资兴业。重点围绕骨干企业生产配套、主导产业链条延伸、本地资源精深加工，加大招商引资力度。要充分发挥市经济开发区和各类工业园区的先导作用，力争在重点区域实现招商引资新突破。要进一步优化出口产品结构，扩大地方产品出口份额。

第四，营造良好环境，大力发展非公有制经济。要深入贯彻落实好市委、市政府《关于鼓励全民创业的若干规定》等有关文件精神，继续优化经济发展环境，着力搭建为中小企业发展提供社会化服务的各类平台，解决好制约非公有制经济发展的瓶颈问题，营造全民创业的浓厚氛围。积极做好重点民营企业建立现代企业制度改革试点的引导服务工作，推动优势民营企业上市，加大对民营企业经营者的培训力度，促进民营企业做大做强。

第五，积极推进经济结构优化，转变经济增长方式。盘锦作为以重化工业为主的资源型城市，调整优化经济结构、转变经济增长方式的任务艰巨而繁重。要把节约能源资源、保护环境作为转变经济增长方式的主攻方向，大力发展集约化农业和生态农业，加快发展流通服务业，积极发展高新技术产业，推进产业结构优化升级。加快淘汰高消耗、高污染的落后生产能力，以节能、节水、节地和资源综合利用为重点，抓好重点领域、重点行业、重点企业的节能减排工作，努力实现节能降耗和污染减排的约束性目标。大力发展循环经济，努力提高生产活动的循环化、生态化水平。提高全社会的节约意识，倡导节俭、文明、适度、合理的消费理念和绿色消费等现代消费方式，提高消费质量和效益，加快构建资源节约型、环境友好型社会。

(二)社会主义新农村建设要有新进展。坚持以工业化为主导、以农业现代化为基础、以城镇化为支撑，大力发展县域经济，努力实现农民增收、农业发展、农村和谐。

一是加快发展县域经济，不断壮大县域经济实力。要坚持工业强县战略，加快各类工业园区建设，发展产业集群，提高产业集中度，推动县域工业向规模化、集约化方向发展，不断提升县域工业化水平，使县域工业成为农民增收、财政增长的主导产业。坚持用工业化的理念谋划农业，把大力发展农产品加工业作为实现农业现代化的关键，按照农业生产区域布局特色化、优势产业规模化、生产加工标准化、产品质量等级化、产品包装规格化、主导产品品牌化的发展之路，培育壮大龙头企业，推进农业产业化经营；大力推进农业机械化，提高农业设施装备水平。以提高城市综合承载能力为核心，注重发挥中心城镇的辐射带动作用，加快小城镇建设，稳妥推进城镇化进程。

二是深化农村综合改革，为社会主义新农村建设提供动力和体制保障。要积极推进以乡镇机构、农村义务教育和县乡财政管理体制改革为重点的农村综合改革，逐步建立起精干高效的农村行政管理体制和运行机制、覆盖城乡的公共财政制度、政府保障的农村义务教育体制。深化农村金融体制改革，改善农村金融服务；发展农民专业合作化组织，加快建设基层农业科技推广体系，培育农产品市场体系。要把促进农民增收作为农业和农村工作的中心任务，进一步落实好各项惠农政策，拓宽农民增收渠道，探索建立农民增收的长效机制。以阳光工程为载体，加强对农民的教育培训，提高农民素质，引导农村富余劳动力向二三产业转移。要认真落实省委、省政府《关于扩大县域经济重点县(市)经济管理权限改革试点的意见》，创造良好的体制和政策环境，支持大洼县把各项政策、责任落实到位；积极支持盘山县县域经济发展，促进两县综合经济实力提升。

三是加大投入力度，改善农村生产、生活条件。要建立健全财政支农资金稳定增长机制，财政支农资金增量要高于上年，预算内建设资金用于农村建设的比重要逐年提高。各级财政要把基础设施建设和社会事业发展的重点转向农村，促进公共基础设施、公共服务向农村扩展。坚持“谁投资、谁受益”的原则，鼓励和引导社会资本参与农村基础设施建设。以推广秸秆气化技术和沼气池为重点，大力发展农村清洁能源，促进农村能源变革；继续做好农村改水、改厕等工作；加快推进重点国省干线公路、县乡公路建设和改造，提高公路建设标准，以路网工程为牵动，促进农村环境的明显改善。做好村镇规划编制，深化试点工作，以点带面，推进社会主义新农村建设深入开展。

(三)和谐盘锦建设要有新成果。坚持把人民群众的利益放在首位，以开展平安建设、实施民生工程、发展社会事业、打造宜居环境为着力点，推进和谐盘锦建设，不断提升城市的凝聚力和市民的幸福感。

一是以深入开展平安建设为重点，不断提升市民安全感。要继续深入开展争创全国全省社会治安综合治理先进市活动，以“四级联创”、“十创平安”为平台，强化城乡一体的治安防控网络体系建设，保持严打高压态势，集中力量解决社会治安突出问题，严厉打击各种刑事犯罪和经济犯罪，防止发生重特大刑事案件和严重影响社会稳定的重大群体性事件，使社会治安秩序明显好转，群众的安全感明显增强。加大社会矛盾纠纷排查调处工作力度，努力把各种不稳定因素化解在萌芽和初始阶段。认真贯彻《信访条例》，落实领导干部包案下访责任制，妥善处理土地征用、房屋拆迁、企业改制中出现的问题，从源头上减少矛盾的发生；建立健全各种预警和应急体系，提高对重大突发事件和社会风险的预警应对能力。加强安全生产监督管理，防止发生重特大安全生产责任事故。坚持依法治市，强化政府社会管理和公共服务职能，认真贯彻实施《行政许可法》和《公务员法》，全面推进科学行政、民主行政、依法行政；深入开展“五五”普法工作，提高全民法制意识；加强民主法制建设，保障公民依法行使民主权利；推进司法改革，提高司法效率，实现司法公正，维护公平与正义。

二是切实关注民生，着力解决好人民群众最关心、最直接、最现实的利益问题。要继续加大就业再就业工作力度，确保全年实现城乡就业5万人，城镇登记失业率控制在4%以内；认真做好零就业家庭的就业援助工作，做到发生一户解决一户，注重提高就业的稳定性。要加快社会保障体系建设，以非公有制企业从业人员、灵活就业人员和农民工为重点，逐步扩大社会保险覆盖面；全面落实城乡最低生活保障制度，做到应保尽保。进一步强化社会救助和福利服务体系建设，建立廉租房制度，切实为困难群体、特殊群体和优抚群体排忧解难，使城乡居民普遍安居乐业。要广泛开展“送温暖、献爱心”等活动，尤其要做好“两节”期间的扶贫济困工作，确保城乡群众度过一个欢乐、祥和的元旦和春节。

三是坚持协调发展，加快推进社会事业建设。要坚持教育优先发展，全面实施素质教育，合理配置教育资源，促进城乡教育协调发展；围绕主导产业发展，调整优化专业结构，推进职业技术教育快速发展。加快以社区卫生服务为基础的新型城市卫生服务体系建设；不断提高新型农村合作医疗运行质量，力争实现全覆盖。强化食品药品监管，保障人民群众饮食用药安全。加强城乡社区体育设施建设，广泛开展全民健身活动。继续稳定人口低生育水平，统筹解决人口问题，提高出生人口素质，优化人口结构。深化文化体制改革，大力发展文化产业，发展繁荣文化艺术事业，着力打造具有地域特色的文化品牌，满足城乡人民日益增长的文化需求。围绕构建社会主义核心价值体系，深入开展社会主义荣辱观教育，大力培育弘扬盘锦地域精神；做好新闻宣传工作，弘扬主旋律，营造浓厚的发展氛围，扩大盘锦的影响力；以创建和谐企业、和谐社区、和谐村镇、和谐家庭等为重点，广泛开展和谐创建活动；扎实推进全国文明城市、环保模范城、卫生城、双拥模范城创建工作。

四是加强城市规划、建设与管理，不断提升城市品位。要着力提高城市规划水平，增强规划的约束力，严格按照规划实施城建工程。继续以集中供热改造和街路建设为重点，推进双台子老城区改造；做好第二污水处理厂、城区排水、配水管网改造等重点市政工程建设；启动石油大街东段等城市道路及滨海公路、东外环路城区段等重点公路工程建设；完成辽河风光带骨干工程；加快“城中村”和平房区改造步伐；进一步加大绿化、美化、亮化力度，打造一批城建精品工程，提升城市整体形象；强化城市综合治理，全面提高城市综合管理水平，使城市面貌不断改观。继续支持盘山县新县城建设，支持大洼县完善县城整体功能，加快辽滨经济区规划建设，加大盘锦北站周边区域综合开发力度。要大力发展城区经济，以发展园区经济、服务经济、特色经济为重点，支持双台子区、兴隆台区加快发展，提高城区经济产业的现代化水平，增强城区经济的辐射带动和支撑能力，提升城市综合实力。

三、加强党的领导，确保各项工作落实

实现盘锦经济社会又好又快发展，对各级党组织提出了新的更高要求。我们要紧紧围绕实现三大重点任务，以党的执政能力建设和先进性建设为重点，全面加强党的建设，为完成2007年各项工作任务提供坚强保证。

进一步加强党的建设，不断增强党的创造力、凝聚力和战斗力。各级领导干部要继续深入学习邓小平理论和“三个代表”重要思想，学习相关领域的知识，不断完善知识结构，提高业务素质，不断增强贯彻落实科学发展观的自觉性和坚定性，努力提高领导科学发展的能力。要坚持正确的用人导向，守原则、讲公道、扬正气，以县

(区)乡(镇)人大、政府、政协领导班子换届准备工作为契机,把那些政治坚定、能力突出、作风过硬、群众信任、善于领导科学发展的干部选拔进各级领导班子。对那些既锐意进取又扎实奋斗、既注重当前又为长远发展打基础的干部,一定要予以关心和支持,让想干事、能干事、干成事的人能够充分施展才华。继续扩大选人用人中的民主,创新选贤任能机制,以群众公认选干部,凭正确政绩用干部。各级党政主要负责同志要带头遵守民主集中制,针对存在的突出问题,着力健全党内生活制度和领导班子工作制度,增强各级领导班子科学决策的能力,领导科学发展的能力,总揽全局、协调各方的能力,解决自身问题、防止消极腐败的能力。要巩固和扩大先进性教育活动成果,着力构建长效机制,按照围绕中心、服务大局、拓宽领域、强化功能的要求,以企业、农村、社区为重点,全面推进党的基层组织建设和党员队伍建设。要深入开展"三级联创"活动,积极发展农村新党员,全面加强农村基层组织建设;要强化农村基层组织阵地建设,2007年年底前,基本建成农村党员干部现代远程教育体系,全面完成村级活动场所建设工作任务。要认真落实地方党委和基层党建工作责任制,着力加强基层领导班子建设,选好配强基层党组织负责人。要严格要求、真心爱护基层干部,积极帮助他们解决工作生活中的困难。重视和加强新形势下老干部工作。要以培养高层次人才为重点,认真落实加强人才工作的有关政策,做好各类人才尤其是我市接续产业发展急需的技能型人才的培养、引进和使用工作,全面推进各类人才队伍建设,为经济社会发展提供人才保证和智力支持。要坚持标本兼治、综合治理、惩防并举、注重预防的方针,大力推进教育、制度、监督并重的惩治和预防腐败体系建设。深入开展反腐倡廉教育,进一步加大专项治理力度,坚决纠正影响全市经济发展软环境、损害群众利益的各种不正之风;加大案件查处力度,严惩腐败分子;强化对权力的制约和监督,加强经济责任审计,不断拓宽从源头上预防和解决腐败问题的领域。要认真贯彻执行党风廉政建设责任制,加大检查考核力度,严格责任追究,推动党风廉政建设和反腐败工作不断深入开展。

凝心聚力,求真务实,把各项工作落到实处。各级党委要积极支持人大、政府、政协和审判机关、检察机关依照法律和章程独立负责、协调一致地开展工作,注重发挥工会、共青团、妇联等人民团体联系群众的桥梁和纽带作用,努力为完成全年工作任务凝心聚力。要结合本地区、本部门的实际,认真制定好2007年的工作目标和具体措施,并建立严格的工作责任制,努力将各项工作任务落到实处。各级党组织和领导干部要始终牢记"两个务必",大力发扬艰苦奋斗的作风,坚持厉行节约,反对铺张浪费,勤俭办一切事业。要大力弘扬求真务实的精神,把心思用在干事业上,把本事用在谋发展促和谐上,把精力用在抓落实上,始终保持良好的精神状态,多做一些深入实际的调查研究,多解决一些影响改革发展稳定的突出问题,多办一些为广大人民群众排忧解难的实事。要以推进发展、促进和谐、造福于民为己任,以身作则,率先垂范,深入到矛盾和困难多的地方,认认真真察民情,诚诚恳恳听民意,实实在在帮民富,兢兢业业保民安,以实际行动赢得广大群众的衷心拥护和全力支持。

同志们,新形势、新任务赋予我们新的历史使命。让我们在省委、省政府的正确领导下,高举邓小平理论和"三个代表"重要思想伟大旗帜,全面贯彻落实科学发展观,组织动员全市广大党员、干部和人民群众,抢抓机遇,埋头苦干,为实现经济社会又好又快发展而不懈奋斗,以改革开放和现代化建设的优异成绩,迎接党的十七大的胜利召开!

陈淑珍同志在市委五届六次全会上的总结讲话

(2006 年 12 月 29 日)

各位委员、同志们：

经与会同志的共同努力，市委五届六次全会现已完成了主要议程。会议听取和审议通过了海波同志代表市委常委会所作的题为《抢抓机遇，乘势而上，努力实现全市经济社会又好又快发展》的报告。会议期间，与会同志畅所欲言，高度评价了海波同志的报告，一致认为报告全面总结了一年来的工作，深刻分析了我市面临的形势，明确提出了明年的总体要求和重要任务。大家认为工作总结实事求是，提出的奋斗目标令人鼓舞，今后的工作任务清晰明确，充分体现了党的十六届五中、六中全会和中央经济工作会议精神，完全符合省第十次党代会、省委十届二次全会暨经济工作会议要求和盘锦实际。一致认为：学习好、消化好、落实好这个报告，对于进一步统一全市上下的思想，抢抓机遇，乘势而上，实现盘锦地区又好又快发展，具有特殊重要意义。可以说会议圆满成功，达到了预期目的。

下面，根据常委会安排，我就会议精神的贯彻落实，强调讲几点意见。

一、贯彻落实好全会精神，首先要组织全市党员干部学习消化好报告，把思想统一到报告对形势的分析判断上来

2006 年是全市经济和各项社会事业全面推进的一年，主要经济指标均创历史新高。GDP 突破 500 亿元大关；固定资产投入突破 200 亿元的门槛；粮食产量攀升至 21 亿斤；财政收入超过 25 亿元；人均收入有较大增幅，其中，城市居民年收入增加 1275 元，农民年收入增加 600 元……可以说是经济速度、质量、效益同步提高，社会事业全面进步，城乡面貌发生崭新变化，社会更加安定和谐。全市上下已经形成了万众一心谋发展、齐心协力促振兴的良好局面，应该说现在我们进入了实现可持续发展的关键期，站到了向更高目标迈进的新起点上。因此，市委审时度势，号召全市各级党组织、广大党员干部要抢抓机遇，乘势而上，加快重大项目建设，为“十一五”末期实现跨越式发展积蓄力量。

我们贯彻落实全会精神，首先要把思想统一到报告对形势的深刻分析和准确判断上来。既要看到国家保持宏观经济政策的连续稳定、实施稳健的财政和货币政策、全国经济正处于新一轮增长的上升期，为我们加快发展创造了良好的宏观环境，以及我们面临着东北振兴和沿海开放两大不可多得的历史机遇，具有发展思路更加明晰、合力初步形成的有利条件，由此可以坚信我们能够实现又好又快地发展。同时也要看到我们也面临着诸多严峻挑战：资源约束加剧和原油价格的波动仍在左右着经济增长和财政增收；经济发展中深层次、机制性、体制性矛盾和问题远没有解决；速度慢、总量小、增长乏力的问题比较突出。我们地方全部工业的增加值只有 68.5 亿元，占全部工业增加值的 18.9%。我们 265 户规模以上企业中有 102 户亏损。地方工业企业中 1—11 月尽管效益增幅达到 19.3%，也仅仅是 2.72 元利润。我们的 GDP 增幅低于全省平均水平 6 个百分点(7/13)，固定资产投资水平不及全省水平的一半(16/35)。经济的外向度很低，利用外资和出口创汇总额横向比，在全省分别为第 13 位和 12 位；自己和自己比，仅占生产总值的 0.3%和 1.8%。所以海波书记语重心长地告诫我们大家：“正视并着力解决这些客观存在的矛盾和问题，需要全市上下付出艰辛的努力。我们不能有丝毫的懈怠，必须时刻强化责任意识；必须不断增强加快发展的紧迫感和使命感；必须埋头苦干，扎实奋进，全力做好各项工作。”对这些振聋发聩的警示性要求，希望同志们能细心领会，深入思考，并以此来统一本县区、本系统、本单位干部职工的认识，在此基础上研究好、谋划好 2007 年的工作。

二、贯彻落实好全会精神，必须要把握报告的精神实质

全面准确地领会和把握报告精神，其中最重要的是全面落实科学发展观，实现经济社会又好又快地发展。又好又快，好是前提，快是关键。主要标志应该是改革动力要增强，产业结构要优化，企业效益要提高，服务环境要改善，发展后劲要充足，经济增长要稳定。报告把这些要求高度凝炼为三个“新”：首先是可持续发展要有新突破。全年工作以发展接续产业为主线，全力推进项目建设。在转变增长方式、优化产业结构的基础上，千方百计地增加固定资产投入，增加经济总量。其次是社会主义新农村建设要有新进展。要坚持工业强县战略，加快园区建设，实现产业集群，迅速提升县域工业化水平，使县域工业成为财政增长、农民增收的主要支柱；要加快发展现代农业，大力提高农业综合生产能力，切实加强农村基础设施建设，发展农村社会事业；加强培训，引导农民向二、三产业转移，多渠道增加农民收入。第三是和谐盘锦建设要有新成果。实施民生工程，发展社会事业，打造宜居环境，开展平安建设，进一步提升城市的凝聚力和市民的幸福感。达到这三个“新”，实现了预期指标体系的10个指标，应该说就是实现了速度、质量、效益的同步，经济社会发展的又好又快和人口、资源、环境的协调。其中7个指导性指标，3个约束性、否决性指标都是最低指标，是底线，在实际工作安排上要宽打，要更好、更高、更快。

三、贯彻落实好全会精神，必须突出重点

所谓重点就是关系经济社会发展全局的大事。报告特别强调：第一，着力加快项目建设。这是加快调整结构的“牛鼻子”，发展接续产业的支撑点。报告对重点发展的主导产业作了进一步明确，即：①提高油气采收率，延长油气稳定期；②发展以优质沥青为龙头、以防水卷材为主体的新型建材业；③发展以原料油和乙烯为龙头、以下游产品精深加工为主体的精细化工业；④发展以船舶制造、石油钻采成套设备为依托的机械制造业；⑤发展以绿色食品为主体的农副产品、水产品加工业，将盘锦建设成新型石化工业基地、装备制造业基地和有机绿色食品加工基地。当然我们也是国家重要的能源基地。第二，着力发展县域经济。县域经济是统筹城乡发展的经济，是惠农富农的经济，是社会主义新农村建设的载体。就盘锦而言，我们的潜力在县域，希望也在县域，又好又快首先要体现在县域。今年全省预计44个县生产总值平均增长20%，地方财政一般预算收入平均增长32%，工业增加值增长45%。2007年省委、省政府要求发展速度不减、规模不减、效益不减。海波同志在报告中对县域(包括区)的发展提出了明确具体可操作的要求，请四个县区认真把握，一定要把握住速度质量效益协调，人口资源环境协调，城乡协调和经济社会协调这个总要求和提速这个关键。第三，着力解决民生问题。关注民生，保障民权，全心全意为人民服务是我们党执政之基，倾力解决好人民群众最关心、最直接、最现实的利益问题是构建和谐社会的切入点。海波书记在报告中对城建、社会治安、就业、社保、扶贫、医疗卫生、文化教育和安全生产等都作了认真部署。其中特别强调认真做好零就业家庭的就业援助工作，确保发生一户、解决一户，注重提高就业的稳定性；要进一步强化社会救助和福利服务体系建设，建立廉租房制度，加快“城中村”和平房区改造步伐，切实为困难群体、特殊群体和优抚群体排忧解难等。希望各有关方面尽快研究及早落实，使群众早受益。第四，加大改革攻坚力度，为发展提供动力。今年的改革任务异常繁重。报告提出：①我们要深化行政管理体制改革，规范行政审批，强化社会管理和公共服务职能。认真实施《公务员法》；②在2007年全面完成18户国有企业产权制度改革；③要全面推进事业单位改革；④要深化以乡镇机构、农村义务教育和县乡财政管理体制改革为重点的农村综合改革等。希望大家高度重视，精心筹划，强力推动，确保完成。

四、贯彻落实好全会精神就要切实转变作风，真抓实干

报告要求全市领导干部要始终牢记“两个务

必”,大力发扬艰苦奋斗的作风,坚持厉行节约,反对铺张浪费,勤俭办事业。要大力弘扬求真务实的精神,把精力用在抓落实上,要求大家认认真真察民情,诚诚恳恳听民意,实实在在帮民忙,兢兢业业保民安,我们在座的同志是全市党员的中坚和骨干,要率先垂范、带头践行、真抓实干、埋头苦干,为下级、为党员作表率。

当前,正值岁末年初,会议很多,各县区、各部门要抓紧传达,认真研究,通过各级人民代表大会,把市委的要求转化为国家意志,进而变成全市人民共同的目标,万众一心、团结奋斗,不达目的、绝不罢休。要抓紧做好当前的几项工作:一是妥善安排好人民群众的生产生活。各级党委、政府要高度关注人民群众的生产生活,特别要把帮扶困难群众作为第一件大事来办。广泛开展走访慰问和“扶贫帮困送温暖”活动,帮助困难群众解决生产生活中的突出问题。要着力解决好老红军、老复员军人、伤残军人、军烈属等重点优抚对象和农村“五保户”的实际困难,认真落实各项优待、抚恤和安置政策。确保企业离退休人员养老金和城镇、农村居民最低生活保障金按时足额发放。要采取强有力措施解决企业拖欠职工工资问题,特别要加大清欠农民工工资力度。对涉及群众的取暖、供水、供气、供电、交通等问题要及时解决,任何部门不得推诿拖延。二是搞好节日期间人民群众的物质文化生活。要保证市场供应,满足群众需求。要加强市场监管,严厉打击制售假冒伪劣、发布虚假广告和哄抬物价、欺行霸市等违法行为。要开展形式多样、健康向上的群众性文化活动,安排好节日期间广播电视节目,为群众提供喜闻乐见的文艺精品。要广泛开展社区文化活动和文化、科技、卫生“三下乡”活动。要严厉打击黄赌毒等社会丑恶现象,大力破除封建迷信。经过市农委的认真调查,全市城乡尚有 2605 户群众没有电视机。其中盘山县 1647 户,大洼县 701 户,兴隆台区 31 户,双台子区 226 户,主要是五保户、军烈属、贫困户和大病户、低保户,其中低保户近一半。我们号召全市企业单位、机关干部、事业单位有能力的同志伸出援手,实施捐助。我们要精心组织,科学安排,确保 2605 户群众春节收看到中央电视台联欢晚会。三是全力维护社会稳定。要切实做好人民群众来信来访工作,把问题解决在当地、化解在基层;依法、有效、稳妥地处理群体性上访事件,防止矛盾扩大和激化。要认真落实社会治安综合治理各项措施,开展专项整治斗争,依法严厉打击各种犯罪活动。要加强对要害部门、公共场所和关键设施的安全保卫和防护,搞好重点部位、关键环节特别是化工、烟花爆竹等事故易发行业的安全大检查,加强对枪支、剧毒物品及易燃易爆危险品的安全管理,加大公路运输的安全整治力度,加强对节日期间举办的各种文化娱乐活动的安全管理,防止各类重特大生产事故、火灾事故和治安事故的发生。要认真做好“春运”工作,确保节日期间运输安全有序进行。四是坚决禁止各种奢侈浪费行为。中央、省委、市委都反复强调要牢记“两个务必”,坚持厉行节约,反对铺张浪费。财政部门要严格执行《监督法》,严格预算编制和执行。各部门要强化预算约束观念,要坚决杜绝“先斩后奏”现象发生。上两级党委、政府都下发文件,对“两节”的廉政建设提出要求,我们市委委员、候补委员以及在座各位必须身体力行,带头践行。节日期间党政机关一律不得搞相互宴请活动,要简化茶话会、联欢会,严肃财经纪律,严禁利用过节巧立名目突击花钱。严禁违规违纪收送各种礼品、礼金、有价证券和支付凭证。五是做好节日期间值班值宿工作。各县区、各部门、各单位要认真落实值班值宿制度和岗位责任制,保证 24 小时信息畅通,及时应对各种紧急复杂情况,维护人民群众正常的生产生活秩序。

同志们,市委五届六次会议为我们描绘了美好的未来,将蓝图变为现实,关键在落实。让我们在以海波书记为首的市委领导下,紧紧依靠全市人民,同心同德,埋头苦干,确保全面完成全会确定的各项工作任务。

决 策 信 息

·重 要 批 示·

程亚军关于解决零就业家庭就业问题的批示 1月5日，市委书记程亚军在李悦反映生活困难，请求就业问题的上访信上批示：信中反映的是零就业家庭范围，请责成有关同志核查一下，如属实可尽量帮助解决就业难题，将处理结果告知本人。

李素芳关于加强教育治安工作的批示 1月11日，市委副书记李素芳在市教育局关于市实验中学学生伤害死亡事件报告上批示：立即召开教育治安县区负责同志紧急会议，举一反三，深刻吸取教训，加强教育管理，杜绝类似事件发生。

陈海波关于学生被扎事件的批示 1月13日，市委书记陈海波在市政府《信息专报》(第一期)“我市又发生一起学生被扎伤事件”一文上批示：淑云、振福，接二连三发生在校学生间暴力事件，从中可看出此问题的出现，缘于学校疏于管理。前二起省长已有批示，再出现此类问题我们真是无法向省政府交待，向学生家长和社会交待。请你们二人一起认真研究一个解决、预防此类问题的有效办法，必须解决，有效、快速地制止此类暴力事件的连续发生。

陈海波关于养老保险问题的批示 1月15日，市委书记陈海波在梁伟群、朱颖反映养老保险问题的上访信上批示：请长山同志阅。个人养老保险关系不能衔接是件大事，请你出面协调一下，帮助其尽快将养老关系接续上。办理结果告诉我一声。

陈海波关于加强社会事业发展的批示 2月7日，市委书记陈海波在孙容昌上访信上批示：作忱局长，这是一位热心关注盘锦社会事业发展的老同志的来信，信中所提出的对换发70岁老人乘公交车免费证的建议可行。我意请你们辛苦一些，集中几天时间，分别到区里一指定服务地点办理，以方便这些老人。请代我向这位老人问好。

喻国伟关于公汽公司职工集体进京上访的批示 3月3日，市委常委、常务副市长喻国伟在市政府《信息专报》(第八期)“市公汽公司职工集体进京上访”一文上批示：市公汽公司上访的问题应把责任主体搞清，发改委、城建局管理职能、职权要明确。

陈淑珍关于羊圈子镇农工欲集体进京上访的批示 3月8日，市委副书记、代市长陈淑珍在市政府《信息专报》(第十期)“羊圈子镇农工欲集体进京上访”一文上批示：请盘山县政府派出得力人员，将人员稳定在当地。有关实质的问题，由政府搞清事实，提报方案，待市长办公会决策。

陈海波关于新农村村容建设的批示 3月30日，市委书记陈海波在王国库同志《关于社会主义新农村的村容建设既要高起点又要讲效益的建议》一文上批示：这是一份非常好的建议，请农委、建委等相关部门参阅并在实施村容村貌建设过程中予以重视。

陈海波关于执行职工退休有关政策的批示

5月10日,市委书记陈海波在九化建部分退休职工反映退休职工待遇问题的上访信上批示:送请于长山局长阅处。要严格执行国家和省关于职工退休有关政策,并努力作好政策解释、沟通工作,以维护社会稳定。

陈淑珍关于市输油管线被压现象严重的批示　6月20日,市委副书记、代市长陈淑珍在市政府《信息专报》(第二十三期)"我市输油管线被压现象严重"一文上批示:请安监局做牵头,油田和其它相关部门参加,进行清查和专项整治,每年都要组织几次活动,达到常抓不懈之效。另要有明确要求,加大宣传教育,以收向我维权,互相监督长效之功。

陈海波关于民政工作的批示　7月5日,市委书记陈海波在市民政局《2006年上半年民政工作总结》上批示:作忱同志,上半年民政工作富有成效,下半年再接再厉,推动全市民政工作再上新台阶,力争走在全省前列。

陈海波关于市城建监察总队工作的批示　7月5日,市委书记陈海波在市城建监察总队《2006年上半年工作总结及下半年工作安排》的报告上批示:盖林同志,上半年全市城建监察工作成绩可喜可贺,同志们为此付出了艰辛的劳动。望大家继续努力,认真履行职责,严格执法,努力为广大市民创造良好的城市环境,全面提升盘锦城市形象。

陈海波关于海洋与渔业工作的批示　7月5日,市委书记陈海波在《盘锦市海洋与渔业局2006年上半年工作总结及下半年工作安排》的报告上批示:鹏飞同志,上半年海洋与渔业工作很出色,望同志们继续努力,为全市经济发展再做新贡献。

陈海波关于国土资源工作的批示　7月5日,市委书记陈海波在《2006年上半年国土资源管理工作总结及下半年工作要点》的报告上批示:佐宇同志,上半年全市国土资源工作富有成效,为全市经济社会发展提供了有力的支撑,下半年,望进一步加大工作力度,强化土地监管,不断提高国土资源保障能力,为资源型城市实现可持续发展,构建和谐社会做出新的贡献。

陈海波关于河蟹市场项目培育实施方案工作的批示　7月6日,市委书记陈海波在《盘锦市工商局河蟹市场项目培育实施方案》的报告上批示:连营同志,河蟹是盘锦的重要农产品,从某种程度上讲,也是盘锦的一个品牌,一张名片。河蟹产业不仅要做大,更要做强。你们的思路是非常好的,抓住了盘锦发展优势农产品的一个龙头品种,希望你们认真实施好这一方案,一定能收到非常好的成效,这不仅会推动河蟹产业的发展,更有助于农民增收。

陈海波关于经委工作的批示　7月10日,市委书记陈海波在《市经委2006年上半年工作总结及下半年工作要点》的报告上批示:学明同志,上半年经委的工作扎扎实实,富有成效,特别是在推动民营经济发展,加大招商引资工作等方面,成绩突出。望同志们再接再厉,坚持工业立市,继续埋头苦干,推动全市工业进一步加快发展。

陈海波关于劳动和社会保障工作的批示　7月10日,市委书记陈海波在《全市劳动保障工作2006上半年工作总结及下半年工作安排》的报告上批示:长山同志,上半年较好地完成了阶段性工作目标,成绩可贺。望同志们再接再厉,扎实工作,推动劳动保障工作再上新台阶,为全市经济社会发展、和谐社会构建做出新贡献。

陈海波关于城市建设工作的批示　7月10日,市委书记陈海波在《市城市建设管理局党委2006年上半年工作总结及下半年工作要点》的报告上批示:福先同志,上半年城市建设管理工作成绩突出,望同志们继续努力,继续真抓实干,推动全市城建工作再上新台阶。

陈海波关于城乡规划建设工作的批示　7月10日,市委书记陈海波在《市城乡规划建设委员会2006年上半年工作总结及下半年工作安排》的报告上批示:国林同志,上半年全市城乡规划建设工作成效明显。望同志们继续努力,全面高质量完成今年各项任务,提升城市形象与品位,为打造宜居城市做贡献。

陈海波关于维护市场经济秩序的批示　7月14日,市委书记陈海波在一封反映欺行霸市问题的一封群众上访信上批示：请振福同志阅。派人了解情况，重拳狠打欺行霸市等各种犯罪行为及犯罪分子，以维护市场经济秩序和社会安定。

陈海波关于农机工作的批示 7月15日，市委书记陈海波在《2006年上半年全市农机工作总结和下半年工作安排》的报告上批示：承宽同志，上半年的工作扎实，富有成效，使全市的农机工作呈现出良好的发展态势，望同志们再接再厉，进一步加大工作力度，不断加快全市农业机械化发展步伐。

陈海波关于盘山县委工作的批示 7月19日，市委书记陈海波在《中共盘山县委2006年上半年工作总结及下半年工作安排》的报告上批示：占明同志，今年以来，盘山县继续呈现出良好的发展态势，各项工作都取得了明显成效，应予以肯定。希望同志们再接再厉，进一步加大力度，埋头苦干，在加快县域经济发展，推进社会主义新农村建设，构建和谐盘山等各项工作中取得新进展，再上新台阶，全面完成今年各项工作目标。

陈淑珍关于春城纸业发生意外爆炸事故的批示 8月16日，市委副书记、代市长陈淑珍在市政府《信息专报》(第三十三期)“春城纸业发生意外爆炸事故”一文上批示：家升同志，请对安全责任再落实，安全隐患再排查，千方百计最大限度减少人员伤亡事故发生。

李素芳关于湿地旅游工作的批示 9月16日，市委副书记李素芳在《盘锦旅游简报》(第五期)“盘锦市举办第二届湿地旅游节”一文上批示：沙影同志，湿地旅游定位准确，开局良好，利用好十一黄金周，并适时打造国际湿地节是完全可行的。

陈淑珍关于双兴路过街天桥坍塌事故的批示 11月10日，市委副书记、代市长陈淑珍在市政府《信息专报》(第四十期)“双兴路过街天桥坍塌”一文上批示：该桥必须修复，此事我有明确意见。而且应提高设计标准，保证质量，请杨秘书长尽快协调落实并及时将情况向学校通报，并请学生家长放心。

陈海波关于旅游工作的批示 12月6日，市委书记陈海波在《市旅游局党组2006年旅游工作总结和2007年工作安排》的报告上批示：沙影同志，过去的一年，全市旅游工作思路清晰，工作扎实，成果显著。明年望同志们再接再厉，不断将我市独特的资源环境优势转变为经济优势，提升城市形象和品位，推动旅游业做大，打造“苇海湿地”旅游品牌。

陈海波关于经委工作的批示 12月6日，市委书记陈海波在《市经委2006年工作总结及2007年工作安排》的报告上批示：学明同志，过去一年，市经委在指导协调全市工业经济运行，加大域外招商引资，全力推进民营经济发展等各项工作中都有出色的表现。在新的一年里，希望同志们再接再厉，紧扣调整经济结构和转变经济增长方式，突出抓好发展接续产业和非公有制经济等重点工作，继续推动全市地方工业经济持续稳定发展。

陈海波关于建投公司工作的批示 12月6日，市委书记陈海波在《市建投公司2006年工作总结及2007年工作安排》的报告上批示：尚君同志，今年建投公司融资平台作用发挥得相当出色，为推动全市城市基础设施建设项目顺利推进，特别是为盘锦船舶产业修造园区顺利享受到“五点一线”相关政策做出了突出贡献。在新的一年里，希望同志们再加把劲儿，不断创新工作思路和工作方法，使建投公司在推动全市经济社会发展中的独特作用得到进一步发挥。

陈海波关于农机局工作的批示 12月6日，市委书记陈海波在《2006年全市农机工作总结和2007年工作安排》的报告上批示：承宽同志，2006年全市农机工作上了一个大台阶，工作非常突出。在新的一年里，希望同志们再接再厉，继续加大各项工作力度，拓宽农机服务领域，提高机械化作业水平，在推动农村经济加快发展中做出农机部门更大的贡献。

陈海波关于市房产局工作的批示 12月6日，市委书记陈海波在《市房产局党委2006年工作总结和2007年工作安排》的报告上批示：体昌同志，2006年房产工作取得了明显成效，特别是冬季供暖和双台子区集中供热改造动手早，推进力度大，市民满意度明显提升。在新的一年里，希望同志们再发扬成绩，继续扎实推进各项工作，取得新佳绩。

陈海波关于农村经济工作的批示 12月6日，市委书记陈海波在《2006年盘锦市农村经济委员会工作总结》的报告上批示：昭平同志，2006年全市农业和农村经济工作紧抓新农村建设这一主题，工作扎实，成效明显。在新的一年里，希望同志们再接再厉，大力推动农村经济结构的调整和农村经济增长方式的转变，努力促进农民增收，把社会主义新农村建设各项工作再提高到一个新水平。

陈海波关于安全生产工作的批示 12月6日，市委书记陈海波在《市安全生产监督管理局党组2006年工作总结》的报告上批示：秉军同志，2006年全市的安全生产监管工作扎实推进，富有成效，应予以充分肯定。在新的一年里，希望同志们再接再厉，进一步强化目标管理，进一步提高监管水平，杜绝重特大事故发生，确保职业卫生安全，努力为全市经济社会发展做出新贡献。

陈海波关于信访工作的批示 12月6日，市委书记陈海波在《市信访局2006年信访工作基本情况和2007年工作安排意见》的报告上批示：中国同志，2006年的信访工作非常出色，同志们为此付出的努力富有成效。伴随着经济社会发展，新的一年信访工作任务仍将十分繁重。希望从事信访工作的各部门、各单位和信访战线上的同志们再接再厉，以减少越级上访和重复上访，力争杜绝非正常上访和群体性事件发生为工作重点，进一步加大工作力度，使全市的信访工作水平和工作成效得到进一步提升，为全市经济社会实现又好又快发展，为努力构建和谐盘锦做出新的贡献。

陈海波关于城建工作的批示 12月6日，市委书记陈海波在《市城建局党委2006年工作总结和2007年工作安排》的报告上批示：福先同志，2006年的城建工作非常出色，面对繁重的工作任务，全战线的同志们开拓进取，埋头苦干，用辛勤的努力为全市人民打造城市环境，有些工程是标志性的，是城市的新亮点，新景观。2006年是城市面貌改观最大的一年，全市人民有目共睹，对此给予充分肯定。在新的一年里，希望同志们再接再厉，以打造环境优美、生活富裕、生态良好城市为目标，狠抓各项工作的落实，再创佳绩，再立新功。

陈海波关于环境保护工作的批示 12月6日，市委书记陈海波在《市环保局2006年工作总结和2007年工作安排》的报告上批示：杰林同志，过去的一年，全市的环保工作非常出色，随着经济社会实现又好又快发展，明年全市环保战线的工作任务仍是繁重的，希望同志们再接再厉，进一步加大各项工作力度，向创建国家环保模范城冲刺，使全市环境保护工作再上新台阶。

陈海波关于城乡规划建设工作的批示 12月6日，市委书记陈海波在《市城乡规划建设委员会2006年工作总结和2007年工作安排》的报告上批示：国林同志，过去的一年，全市城乡规划建设工作取得了非常明显的成效，城市形象得到了进一步提升，大家有目共睹。在新的一年里，希望同志们再接再厉，在规划、建设、管理好城市方面下更大的气力，不断强化基础工作，不断强化队伍建设，不断提升管理水平。

陈海波关于商业工作的批示 12月6日，市委书记陈海波在《市商业局2006年工作总结和2007年工作安排》的报告上批示：玉民同志，2006年，全市商业工作实现了较快增长，成绩可喜可贺。在新的一年里，希望同志们再接再厉，发扬成绩，以扩大消费，搞活流通，以满足生产、生活需要为出发点，不断提升全市商业发展水平，助推第三产业加快发展。

陈海波关于海洋与渔业工作的批示 12月6日，市委书记陈海波在《市海洋与渔业局2006年工作总结和2007年工作安排》的报告上批示：鹏飞同志，2006年，全市海洋与渔业工作呈现出了可喜的发展局面，成绩来之不易。在新的一年里，希望同志们再接再厉，进一步加大工作力度，促进海洋经济发展，促进渔(农)民增产增收，服务地方经济发展，力争各项工作再上一个新台阶。

陈海波关于食品药品监督管理工作的批示 12月6日，市委书记陈海波在《市食品药品监督管理局2006年工作总结及2007年工作计划》的报告上批示：孙程同志，过去的一年，全市食品药品监管工作力度是大的，是富有成效的，食品药品安全工作无小事，希望同志们在新的一年里，继续强化监管职能，进一步加大行政执法力度，不断强化队伍建设，让全市人民吃上放心的食品，用上放心的药品，各项工作再上新台阶。

陈海波关于国家安全工作的批示 12月6日，市委书记陈海波在《市安全局2006年国家安全工作情况》的报告上批示：2006年，全市国家安全工作以邓小平理论和"三个代表"重要思想为指导，全面落实科学发展观，目标明确，重点突出，富有成效，应予以充分肯定。望在新的一年再接再厉，进一步夯实基础工作，进一步加强人民防线建设，进一步强化建设，全力维护国家安全和社会政治稳定，为促进全市经济社会又好又快发展做出更大贡献。

陈海波关于计划生育工作的批示 12月6日，市委书记陈海波在《2006年全市人口和计划生育工作情况及2007年工作安排意见》的报告上批示：洪琳同志，在过去的一年里，全市人口和计划生育工作全面完成与省政府及省直部门签状的各项目标，工作扎实，富有成效。望同志们再接再厉，在新的一年里，围绕稳定低生育水平，提高出生人口素质这一主要工作任务，推动全市人口与计生工作不断有新的创新、新的突破。

陈海波关于政策研究工作的批示 12月13日，市委书记陈海波在《市委政策研究室2006年工作总结及2007年工作要点》的报告上批示：海杰同志，2006年，政研室紧紧围绕市委中心工作，调查研究，献计献策，积极主动，为全市经济社会发展当参谋出主意，各项工作都取得了新的明显的进展。特别是在推动全市非公有制经济发展方面可谓功不可没。在新的一年里，希望同志们再接再厉，围绕中心，服务大局，各项工作再上新台阶。

陈海波关于统计工作的批示 12月13日，市委书记陈海波在《市统计局2006年工作总结及2007年工作安排》的报告上批示：杨力同志，2006年，全市统计工作紧紧围绕全市经济社会发展中心工作，坚持实事求是，开拓创新，较好地发挥了统计工作的各项职能，为全市经济社会发展做出了应有的贡献，应予以充分肯定。希望同志们在新的一年里，再接再厉，坚持求真务实，高质量地完成好各项统计、调查工作，为全市经济社会实现又好又快发展再做新贡献。

陈海波关于市发改委工作的批示 12月13日，市委书记陈海波在《市发改委2006年工作总结及2007年工作安排意见》的报告上批示：万新同志，2006年，发改委的工作重点突出，思路清晰，富有成效，为推动全市经济社会实现平稳健康发展做出了应有的贡献。在新的一年里，希望同志们再接再厉，充分发挥好经济综合部门的职能作用，突出项目建设，大力培育发展接续产业，在经济结构不断得到调整，经济增长方式不断得到转变中，实现全市经济社会又好又快发展。

陈海波关于工商工作的批示 12月18日，市委书记陈海波在《市工商局2006年工作总结及2007年工作安排》的报告上批示：连营同志，2006年，市工商局的工作是非常出色的。全市工商系统紧紧围绕经济建设这个中心，在促进经济发展，维护经济秩序，提升服务水平等各方面工作中都有许多好的作法，新的亮点。特别是在促进非公有制经济发展，推动全民创业方面成绩尤为突出。望同志们在新的一年里，再接再厉，继续发扬成绩，为促进盘锦市经济结构调整，进一步加强软环境建设，从而促进地方经济社会实现又好又快发展做出新的更大的贡献。

陈海波关于国土资源工作的批示 12月18日，市委书记陈海波在《市国土资源局2006年工作总结及2007年工作安排》的报告上批示：佐宇同志，2006年，市国土资源局的工作扎扎实实，富有成效。不仅为全市经济社会发展提供了强有力的用地保障，而且在依法行政、强化监管、队伍建设、基础工作等各个方面都迈上了新台阶，成绩可喜可贺。在新的一年里，希望同志们再接再厉，坚持严格监管，节约资源，保障发展这条主线,全面推进国土资源管理工作,为促进全市经济社会实现又好又快发展,构建和谐社会再做新贡献。

陈海波关于劳动保障工作的批示 12月18日,市委书记陈海波在《全市劳动保障工作2006年度工作总结和2007年工作安排意见》的报告上批示:长山同志,2006年,全市的劳动保障工作是出色的,各项工作指标都提前完成,部分指标一直处于全省领先水平,成绩难能可贵!望同志们在新的一年里,继续加大工作力度,以科学发展观为统领,抓好劳动保障各项工作,再创新佳绩,促进全市经济社会实现又好又快发展,促进和谐社会的构建。

陈海波关于民政工作的批示 12月18日,市委书记陈海波在《2006年民政工作总结及2007年工作安排》的报告上批示:作忱同志,2006年,全市民政工作扎扎实实,富有成效,一些重点工作取得了突破性进展,各项指标全面完成,成绩是明显的,难能可贵!在新的一年里,望同志们继续发扬成绩,再接再厉,坚持以人为本,全面贯彻落实科学发展观,进一步加大各项工作力度,全面提升服务水平,不断强化队伍建设,在构建和谐盘锦,促进全市经济社会实现又好又快发展中做出更大贡献。

陈海波关于卫生工作的批示 12月18日,市委书记陈海波在《市卫生局2006年全市卫生工作总结和2007年卫生工作安排》的报告上批示:兆平同志,2006年,全市卫生系统坚持以人为本,全面贯彻落实科学发展观,全力保障全市人民健康,大力促进全市经济社会发展,工作是扎实的,成绩是相当明显的。在新的一年里,望同志们再接再厉,继续发扬成绩,锐意进取,埋头苦干,推进全市医疗卫生事业再上新台阶,再创新佳绩。

陈海波关于城建监察工作的批示 12月18日,市委书记陈海波在《市城建监察总队2006年工作总结及2007年工作安排》的报告上批示:盖林同志,2006年,市城建监察总队工作力度大,工作成绩相当突出。在新的一年里,希望同志们坚持以人为本,以科学发展观为纲领,突出工作重点,认真履行职能,进一步创造良好的城市环境,为促进经济社会实现又好又快发展再做新的贡献。

陈海波关于政府接待工作的批示 12月18日,市委书记陈海波在《市政府接待办公室2006年工作总结和2007年工作要点》的报告上批示:兴武同志,2006年的接待工作富有成效,同志们工作仔细、认真、规范,有着较强的大局意识和良好的窗口形象。工作富于创新,成绩难能可贵。在新的一年里,希望同志们再接再厉,不断提升服务质量,不断提升窗口形象,不断强化队伍建设,各项工作再上新台阶。

·重要活动·

程亚军等油地领导参加辽宁龙德船业有限公司奠基庆典 1月3日,市及油田领导程亚军、陈海波、孙崇仁、李素芳、喻国伟、刘家升、郝家奎等在辽滨经济区参加了辽宁龙德船业有限公司奠基庆典。龙德船业项目总投资为3亿元,生产制造3万吨以下各类出口船舶,首期工程投资1.2亿元。程亚军等领导共同为龙德船业庆典仪式剪彩,并为工程奠基。副市长刘家升代表市委、市政府对龙德船业破土动工表示热烈祝贺。他说,龙德船业的入驻,将为盘锦船舶制造业发展起到巨大的牵动作用,为盘锦实现工业强市的目标添上浓重的一笔。他表示,市委、市政府会为企业创造最佳的投资环境,提供最优质的服务,永远奉行亲商、安商、富商的宗旨,让企业家在盘锦得到最满意的回报。

举行油地新春联谊会 1月6日,盘锦市油地新春联谊会在国贸饭店举行。市委副书记、市长陈海波在会上通报了全市2005年经济社会发展情况和2006年的重点工作任务及目标。中油辽河油田公司总经理谢文彦代表油田向过去一年给予油田大力支持的市几大领导班子、驻盘部队以及全市人民表示感谢并致以节日的问候,并通报了辽河油田公司生产经营情况及未来发展规划。辽河石油勘探局局长张凤山,中油辽河石化公司总经理、党委书记李占宁分别通报了2005年辽河石油勘探局勘探开发、辽河石化公司生产经营和发展情况，并对2006年的工作部署作了说明。市委书记、市人大常委会主任程亚军在讲话时代表市委、市政府以及全市人民对辽河油田的各级领导表示感谢，并向油田广大干部职工以及家属致以亲切的慰问。程亚军说，当前，盘锦的发展正处在新的历史阶段，正站在一个新的起点上，"十一五"期间，我们要重点完成基本实现资源型城市的可持续发展；推进城乡一体化、建设社会主义新农村；推进和谐盘锦建设，打造宜居城市三大中心任务。要完成这三大任务，关键在于充分发挥油田和地方两方面的积极性，共同承担起实现资源型城市可持续发展的责任。程亚军表示，作为地方党委和政府，我们将一如既往地实施油地融合的发展战略，继续加大协调服务力度，全力支持油田的发展。程亚军希望，通过油地双方共同努力，合作并进，不断开创油地融合发展的新篇章。参加联谊会的有市几大领导班子、驻盘部队、市直及县区相关部门主要领导同志；中油辽河油田公司、辽河石油勘探局、中油辽河石化公司领导以及油田二级单位主要负责同志等。联谊会由市委常委、常务副市长喻国伟主持。

市领导会见兵器集团领导 1月16日，市领导程亚军、陈海波、喻国伟、宋文利、刘家升在国贸饭店会见了中国兵器工业集团公司资产局局长李金全、化工局局长王成国一行；省国资委主任左大光会见时在座。双方就中国兵器工业集团公司与坐落在盘锦的中国工业五百强企业辽宁华锦集团建立战略重组关系进行了深入会谈。市委书记程亚军首先对李金全、王成国一行的到来表示热烈欢迎。他说，华锦集团不断加强企业内部管理，技术装备和人才储备都很有优势，对盘锦乃至辽宁的经济发展都做出了很大贡献。在东北老工业基地大振兴的过程中，华锦集团46万吨乙烯改扩建项目搭上了这班车，企业想发展，想壮大的愿望得以进一步体现。华锦集团坐落在盘锦，对于这次增资扩股，地方政府有责任和义务为企业发展壮大提供更加宽松的环境和良好的服务，积极推动企业做大做强。

程亚军到高升镇调研第三批先进性教育活动进展情况 1月17日，市委书记、市人大常委会主任、市先进性教育活动领导小组组长程亚军在市委常委、秘书长宋文利及市委办公室、市先进性教育办公室、市直相关部门的负责同志和盘山县委的有关人员陪同下，深入其第三批先进性教育活动联系点盘山县高升镇，检查指导当前先进性教育活动。程亚军详细听取了高升镇及基层党支部开展第三批保持共产党员先进性教育活动进展情况的汇报后，对高升镇在先进性教育活动中取得的阶段性成果给予充分肯定。就如何结合当地实际，开展好下一步的先进性教育工作，程亚军要求，要不断巩固前期教育活动成果，把保持共产党员先进性贯穿始终；要围绕农民致富、经济发展，增强镇村的实力，特别要在建设社会主义新农村中发挥基层党组织和党员的作用，建立长效机制，深入开展好教育活动；要将先进性教育活动取得的阶段性成果在今后工作中进一步提高，有效促进农民增收，生活不断改善、提高。

举行2006年春节团拜会 1月27日，盘锦市2006年春节团拜会在人民剧场举行。会前，市委副书记齐继慧传达了省委关于调整盘锦市党政主要领导决定精神。市委书记陈海波致新春祝辞。他代表市几大班子向离退休老领导以及所有与会的同志们、朋友们拜年，向全市人民拜年，向驻盘部队、武警官兵致以节日的问候和新春的美好祝福，向节日期间坚守岗位的广大干部职工表示亲切的慰问，向为盘锦改革开放和现代化建设做出突出贡献的辽河油田、华锦集团等中省直单位，向所有关心支持盘锦经济社会发展的各界朋友表示衷心的感谢。在简要回顾了2005年全市经济社会发展、改革开放和现代化建设取得的可喜成就后，陈海波强调，全市上下要高举发展的旗帜，大力实施项目牵动，加快推进接续产业发展；增强创新发展能力，推动产业结构优化升级；鼓励和引导全民创业，促进民营经济加快发展的内在动力；实施全方位开放战略，全面提高对外开放水平；坚持城乡统筹，扎实做好建设社会主义新农村建设起步工作。要强化城乡基础设施建设,抓好民生工程,协调发展各项社会事业,加强社会主义精神文明建设和民主法制建设。要继续深入开展保持共产党员先进性教育活动,全面加强党的执政能力和先进性建设,进一步提高各级党组织、各级领导干部的领导能力和水平,为推进经济社会发展提供有力的政治保障和组织保障。市委副书记陈淑珍对春节期间的各项工作进行全面部署,并提出具体要求。出席团拜会的有市四大班子副秘书长以上领导同志,市人大、市政协各专门委员会主要负责人,盘锦军分区领导班子成员,副市级以上实职离退休老领导、老同志,市直各部门、各单位领导班子成员,中省直驻盘单位领导班子成员、大中型企业主要负责同志,正县级事业单位领导班子成员,副县级事业单位党政主要负责同志,各县区四大班子主要领导同志,还有驻盘各单位、新闻单位的领导同志。

扎实推进社会主义新农村建设　2月10日,全市农村工作会议提出,全面落实科学发展观,大力发展特色农业和现代化农业,扎实推进全市社会主义新农村建设步伐。2005年,全市农业和农村经济工作以全面建设小康社会和实现农民增收为主题,以提高农业综合生产能力和促进农业和农村经济结构战略性调整为主线,不断深化农村改革,大力推进社会主义新农村建设,全市农业和农村经济呈现出良好的发展局面。农民生产积极性普遍高涨。全市落实“两补一减”资金达6700多万元,农民人均政策增收110元以上。农业各业全面丰收。全市实现粮食总产99.2万吨、蔬菜产量65万吨、生猪饲养量118万头、肉蛋奶总产量20万吨、芦苇总产量达50万吨、义务植树502.3万株。农民人均纯收入大幅增长。全市农民人均纯收入达5000元。实现农业总产值87亿元,实现农业增加值48亿元。副市长张要武就如何抓好“十一五”期间和2006年全市农村和农业工作提出要求。一要扎实推进社会主义新农村建设,当务之急就是要抓规划、抓试点、抓落实;二要坚持“多予、少取、放活”的方针,大力发展现代化农业和特色农业,继续深化农业结构战略调整,不断提升农业产业化经营水平;三要着力实现粮食增产、农业增效、农民增收;四要转变农业和农村经济增长方式,拓宽农业发展领域和途径,提升农业自主创新能力和支撑保障能力,为全面加快农业和农村经济持续健康发展而不懈努力。

市领导到华锦集团调研　2月13日,市委书记陈海波,市委副书记、代市长陈淑珍带领市发改委、市财政局等有关部门领导同志一行到华锦集团,就企业发展及项目建设情况进行调研。市领导指出,要树立支持华锦集团等大型企业就是发展盘锦的理念,做到政策支持,服务最优,加强联系,全力支持企业做大做强,为实现地方经济社会的快速发展提供强有力的支撑。华锦集团公司董事长、党委书记冯恩良就企业整体情况、2005年的生产经营情况、在建项目以及企业在“十一五”期间的发展战略和项目规划进行了汇报。作为大型国有企业的华锦集团,现已运行了30年,拥有5个主力企业,总资产达100亿元,职工人数近14000人。2005年,销售收入达58亿元。“十一五”期间规划的项目包括盘锦乙烯扩建及与其配套的乙烯原料工程、海上油码头工程等5个重点项目,预计销售收入将由现在的58亿元提高到200亿元。陈淑珍在听取汇报后对企业未来发展规划给予了充分肯定。陈淑珍指出,多年来,华锦集团为盘锦的经济社会发展做出了重要贡献,政府相关部门要树立支持华锦集团就是发展盘锦的理念,要上门为企业服务,切实把市委、市政府提出的发展思路和战略转化为实际行动,从实际出发,帮助企业解决发展中的问题,共同把企业做大做强。陈海波在讲话中指出,未来5年是盘锦经济社会发展的关键时期,能否实现资源型城市可持续发展,华锦集团是一支重要的支撑力量。华锦集团要力争通过技术改造,扩大生产能力,拓展经营领域,继续发挥重要作用,支撑盘锦地方经济发展。市委、市政府将全力支持企业的技术改造、企业改制,在政策和服务上做到最优化。市委常委、常务副市长喻国伟,市委常委、秘书长宋文利,副市长王秉宽陪同调研。

陈海波到盘山县调研　2月15日，市委书记陈海波在市经贸委、市发改委及盘山县委、县政府领导同志的陪同下，先后来到盘山酒业有限责任公司、盘锦兴达股份有限公司压力容器制造厂、盘锦金碧专业汽车制造有限公司，了解企业的生产经营和项目进展情况。陈海波对盘山县2006年的发展思路和1月份各项指标的完成情况和良好的发展势头给予了充分肯定。他说，盘山县的发展思路清晰，目标明确，符合实际，要埋头苦干，真抓实干，实现“十一五”的良好开局。他要求，全县上下要统一思想、凝聚力量，继续用科学发展观统领全县经济社会发展全局，保持良好的发展势头，实现全县经济的全面协调可持续发展。市委常委、秘书长宋文利陪同调研。

陈海波等市领导参加辽宁宏冠船业万吨油轮开工庆典　2月22日，盘锦市2005年招商引资的重头项目——辽宁宏冠船业有限公司16800吨成品油轮开工投产。副省长闫丰，市委书记陈海波，市委副书记、代市长陈淑珍，市委副书记李素芳，市委常委、常务副市长喻国伟，市人大常委会常务副主任李日宇，副市长徐吉生，市政协副主席刘洪滨，市政府秘书长张广宽，大洼县委书记高科、县长孙占和等出席了开工庆典仪式。股东代表奚永宽，大洼县县长孙占和，浙江省临海市人大常委会副主任金能忠，船东新加坡PCL公司总经理邓颖矶，市委常委、常务副市长喻国伟先后在仪式上致辞。出席庆典仪式的还有省直有关部门领导、ABS船级社大连代表处代表以及辽宁宏冠船业公司董事长卢志乐等。

市委中心组集中学习　3月29日，市委中心组成员以“推进全市社会主义新农村建设，加快全面建设小康社会步伐”为议题，进行集中学习讨论。中心组成员学习了省委书记李克强在全省推进建设社会主义新农村会议上的讲话，对《中共盘锦市委、盘锦市人民政府关于推进社会主义新农村建设的实施意见》进行了深入讨论。在讨论中大家认为，建设社会主义新农村是党中央在新的历史条件下，全面把握我国经济社会发展阶段性特征的基础上，从党和国家全局出发，与时俱进地作出的重大战略决策，是加快推进社会主义现代化建设的重大历史任务。大家认为，《中共盘锦市委、盘锦市人民政府关于推进社会主义新农村建设的实施意见》符合盘锦实际，对近期目标和远期规划都做了具体部署，令人振奋。新农村重点在建设，关键在发展。要大力发展县域经济，通过发展现代农业，提高农业生产能力，通过项目带动，培育壮大龙头企业，加快农业产业化步伐。要树立可持续发展和以人为本的理念，切实把生态建设摆在与经济发展同等重要的位置，抓住农民增收的核心问题，建立完善农民增收的长效机制，继续深化综合改革，加大农村劳动力的培训及转移力度，加快农村义务教育改革，不断提高农民的综合素质，突出培养懂文化、懂技术、会管理的新型农民。同时，要为加强农村基层党风廉政建设，为建设社会主义新农村提供坚实的组织保证。市委书记陈海波主持学习讨论并做总结讲话。陈海波指出，建设社会主义新农村是实现资源型城市可持续发展的迫切任务，是构建和谐盘锦的重要保证。全市上下要站在全局的战略高度，进一步深化对建设社会主义新农村重要意义的认识。正确处理好当前和长远、重点和全面的关系，科学制定新农村建设的具体措施，扎实推进全市社会主义新农村建设。各级党委、政府要把发展县域经济、建设社会主义新农村纳入重要议事日程，加强领导，科学规划，扎实推进，确保全市社会主义新农村建设在“十一五”开局之年实现良好的开端。

陈海波等市领导到盘山县调研先进性教育活动开展情况　4月4日，市委书记陈海波到盘山县就第三批先进性教育活动开展情况以及高升镇部分项目建设进行调研。在盘山县及高升镇领导的陪同下，陈海波等市领导先后视察了高升镇边东村村容环境建设、富腾木业以及盘锦种鸽繁育基地，并听取了高升镇及盘山县领导关于镇、县第三批先进性教育活动开展情况的汇报。陈海波对盘山县及高升镇按照市委部署，在开展先进性教育活动和新农村建设方面扎实有效的工作，呈现出良好的发展势头给予了充分肯定，同时，就第三批先进性教育活动和新农村建设提出要求。陈海波指出，深入开展第三批先进性教育活动，要进一步搞好学习，抓住重点，不断深化，使这项活动真正成为群众满意的工程。陈海波要求，要在提高认识、落实责任上下功夫，要保持良好的精神状态，层层抓落实。要在解决重点问题上下功夫，加大督促指导力度，确保各项政策措施的贯彻落实。要把建设社会主义新农村和先进性教育活动结合起来，扎实做好社会主义新农村建设的起步工作，建立促进农民增收的长效机制，不断加强农村基础设施建设，大力发展农村社会事业。陈海波最后强调，要不断推进农村民主政治建设，保证农村基层民主建设的健康发展。市委常委、组织部长李旭，市委常委、秘书长宋文利陪同调研。

陈海波等市领导到双台子区调研　4月5日，市委书记陈海波在市委常委、秘书长宋文利的陪同下，到双台子区就工业经济发展情况进行调研。陈海波先后来到盘锦和运油品储运有限公司、盘锦恒生塑料有限公司及正在建设中的塑料工业循环经济示范区，视察了企业新上项目的进展情况，并听取了区领导关于2006年工作的总体思路安排以及第一季度主要经济指标完成情况的汇报。陈海波在讲话中指出，要强力推进“工业强区”战略，加大招商引资力度，实施项目牵动，扶强做大骨干企业，大力发展非公有制经济，实现区域经济的快速协调发展。市经委、发改委等相关部门负责同志及双台子区领导陪同调研。

陈海波等市领导到兴隆台区调研　4月7日，市委书记陈海波在市委常委、秘书长宋文利以及市经委、市发改委、市外经贸局等相关部门负责同志的陪同下，到兴隆台区就项目建设和经济社会发展情况进行调研。陈海波一行先后视察了辽宁华孚集团、天龙制药园、盘锦斯比瑞涂装有限公司、昌泰石油管材有限公司以及飞马汽车零配件制造有限公司，详细了解企业的生产经营情况及产品市场前景，最后听取了区领导关于一季度全区经济社会发展情况的汇报。在对兴隆台区一季度经济社会发展形势以及发展思路给予了充分肯定后，陈海波强调，兴隆台区要抓住机遇，加快发展，为全市经济社会快速发展做出应有的贡献。要抓住国家振兴东北老工业基地以及省委提出的“五点一线”沿海开放战略的双重机遇，进一步加大招商引资和对外开放力度，树立“域外即外”的理念。要做好服务工作，进一步扶持成长型企业做大做强。

国务院振兴东北办领导来盘锦视察　4月14日——15日，国务院振兴东北办副主任宋晓梧及省振兴办的领导一行10人来到盘锦市，就资源型城市转型情况进行视察，并对辽河金马油田公司和盘山县东郭镇进行了实地调研。14日下午，宋晓梧一行听取了盘锦市资源型城市转型有关情况的汇报。市委书记陈海波，市委副书记、代市长陈淑珍，市委副书记、辽河石油勘探局党委书记孙崇仁，市委常委、常务副市长喻国伟，辽河油田公司党委书记刘振军，市人大常委会常务副主任李日宇，市政协常务副主席杨殿寿，市政府秘书长张广宽，市油地融合领导小组、市发改委、市经委等相关部门负责同志参加了汇报会。汇报会由陈淑珍主持。15日上午，在陈海波、陈淑珍等市领导的陪同下，宋晓梧一行又先后来到辽河金马油田公司和盘山县东郭镇，分别听取了油田生产经营情况的汇报，并对东郭镇群众饮用水的问题进行了详细了解。

中央党史研究室考察团来盘锦市考察　4月18日，中央党史研究室副主任、机关党委书记谷安林带领中央党史研究室党务干部赴辽宁学习考察团一行20人，在省委党史研究室有关负责同志的陪同下，以“感受发展，明确责任”为主题，来盘锦市参观考察。在市委书记陈海波和市委常委、秘书长宋文利的陪同下，考察团先后参观考察了油田特油公司19号平台、鼎翔集团和辽河碑林，对盘锦在振兴东北老工业基地中，抓住机遇，加快发展，经济和社会发展呈现出迅猛发展态势以及日新月异的变化给予了高度评价。

市领导视察城市重点建设项目　5月8日，市委书记陈海波，市委副书记、代市长陈淑珍，副市长陈斯来，市政府秘书长张广宽在市建委、城建、城管、绿化、规划、土地等有关部门负责同志的陪同下，视察了重点城市建设项目进展情况，听取了城市道路、绿化、棚户区改造工程进展情况的工作汇报。市领导一行先后来到中心街、鹤翔路、双兴路、盘宇路、螃蟹沟西段景观带、新工街、核心苗圃、八一巷路、谷家苗圃、兴隆台街，认真查看工程建设进展情况，详细询问工程施工中遇到的困难和问题。在视察重点城市建设项目进展情况后，陈海波对各项工作的进展表示满意。陈海波指出，棚户区改造、路桥改造、绿化等工程是市委、市政府执政为民的具体体现，也是实实在在的民心工程。陈海波要求各部门要立足盘锦市实际，坚持高标准、高起点做好项目的谋划、规划，力争建一个工程，出一个精品，提升盘锦市城市品位。

省委书记、省人大常委会主任李克强来盘锦调研 5月11日，省委书记、省人大常委会主任李克强在省委常委、秘书长曾维及省直有关部门领导同志的陪同下来盘锦市调研。在市委书记陈海波，市委副书记、代市长陈淑珍，市委常委、秘书长宋文利，副市长刘家升等市领导的陪同下，李克强一行先后来到利是米业有限公司、华锦集团、辽滨经济区和盘锦经济开发区及部分重点企业，进行了实地考察。当日下午，陈海波在人民剧场主持召开汇报会，代表市几大班子向李克强一行作了工作汇报。陈海波简要介绍了全市前4个月主要经济指标完成情况以及项目建设、园区建设及工业经济和非公有制经济发展等方面情况，并对全年工作重点以及辽滨经济区需要解决的问题等情况作了详细汇报。李克强在听取汇报后，对盘锦市前一段工作给予了充分肯定，并对盘锦的工作提出了新的要求。市几大班子领导，辽河油田、华锦集团主要领导以及县区党政主要负责同志，市直经济综合部门等负责同志参加了汇报会。

陈海波到市总工会调研 5月18日，市委书记陈海波到市总工会调研时强调，工会工作要围绕党委和政府的中心任务，服务大局，积极调动广大职工群众紧紧围绕加快发展接续产业、实现资源型城市可持续发展的中心任务，为全市经济发展和社会稳定，构建和谐盘锦做出应有的贡献。市委副书记张久富，市委常委、秘书长宋文利，市委常委、市总工会主席王广华陪同调研。在视察了市总工会困难职工帮扶中心后，陈海波一行听取了市总工会的工作汇报。陈海波在讲话中高度评价了市总工会近年来围绕中心、突出大局、主抓维权职能所做的大量卓有成效的工作。并对市总工会围绕资源型城市可持续发展积极开展建功立业等各项活动、建立健全维权体系、不断加强自身队伍建设等方面给予了充分肯定。陈海波要求，要进一步落实科学发展观，进一步增强政治意识、大局意识、责任意识和服务意识，围绕市委、市政府确定的中心工作，积极主动创造性地开展好工会工作，为全市经济社会加快发展、维护社会稳定、构建和谐盘锦做出贡献。

全国政协“辽河流域污染问题”专题调研组来盘锦调研 5月18日——19日，以全国政协常委、人口资源环境委员会主任、中国质量协会会长陈邦柱为组长的全国政协“辽河流域污染问题”专题调研组，就辽河流域污染问题来盘锦市进行调研。副省长闫丰，省政协副主席徐文才，市领导陈海波、陈淑珍、齐继慧、宋文利、杨振福、杨殿寿、刘洪滨、丁安贵，市退休老领导刘振宦，市政府秘书长张广宽，市政协秘书长宋族明陪同调研。调研组一行首先来到双台河口国家级自然保护区，对保护区的基本情况、环境保护和候鸟繁殖迁徙情况进行详细了解。随后，调研组在国贸饭店听取了盘锦市关于水污染防治工作的汇报，并就辽河流域污染问题调研情况向省政府做了反馈。在汇报会上，市委副书记、代市长陈淑珍代表市委、市政府就盘锦市自然和经济社会发展概况以及辽河流域盘锦段水污染治理工作情况做了汇报。在听取汇报后，调研组对盘锦市的生态建设和水污染防治工作给予充分的肯定。调研组希望盘锦能够在辽河流域污染治理方面已取得成绩的基础上，进一步做好水污染治理工作，为整个流域水污染治理工作做出贡献。同时，调研组还对辽宁省的辽河流域水污染治理工作提出意见和建议。副省长闫丰和省政协副主席徐文才表示，要根据调研组的意见和建议，加大辽河水污染治理工作力度，确保“十一五”时期辽宁在辽河流域水污染治理工作上取得成效。19日上午，调研组来到华锦集团，实地考察了污染物排放和水污染处理情况。

市领导参加全国第六届工笔画大展开幕式

6月6日,全国第六届工笔画大展开幕式暨辽河美术馆开馆典礼在辽河美术馆隆重举行。出席全国第六届工笔画大展开幕式暨辽河美术馆开馆典礼的有省委常委、宣传部长焦利,省政协副主席张毓茂,文化部文化产业司司长王永章,省政协原副主席林声,省文联主席王秀杰,省文化厅副厅长牛辅恒、张春雨,省人大教科文卫委副主任艾鸿举;中国美协副主席尼玛泽仁、副秘书长戴志祺,中国工笔画学会代会长林凡、常务副会长蒋采萍、副会长兼秘书长王天胜,中国工笔画学会副会长、四川美协副主席朱理存,中国艺术研究院著名理论家牛克诚,辽宁省美协主席宋雨桂,中国油画学会副主席、鲁迅美术学院名誉院长、辽宁省美协名誉主席宋惠民,鲁迅美术学院院长、中国美术家协会副主席韦尔申,辽宁画院党委书记徐萍,辽宁省美协秘书长王易霓;市委书记陈海波,市委副书记、代市长陈淑珍等四大班子领导,市人大常委会原主任刘振宧,盘锦军分区司令员陈克,中油辽河油田公司总经理谢文彦、党委书记刘振军;县区及市直各有关部门负责同志。兴隆台区区委书记姜冰主持开幕式,市委副书记李素芳在开幕式上发表了讲话。李素芳指出,盘锦是一座具有巨大发展潜力的新兴城市。全国第六届工笔画大展能在盘锦首展,这既是盘锦市文化产业发展成果的体现,也是下一步更快发展的良好起点。这次精美的艺术盛宴将为全市人民丰厚文化积淀、建设文化盘锦产生持久而深远的影响。中国工笔画学会副会长兼秘书长王天胜、中国美协副秘书长戴志祺和辽宁省美协主席、辽宁美术馆馆长宋雨桂分别发表了重要讲话。省党政及所属文艺、文化界领导、中国美协和著名画家代表分别为辽河美术馆揭匾、为玉雕龙揭幕。

陈海波到市委统战部调研　6月16日,市委书记陈海波在市委常委、秘书长宋文利的陪同下到市委统战部调研。市政协副主席、市委统战部部长王玉侠就前一时期工作以及下步工作重点作了汇报。在听取汇报后,陈海波对统战部能够围绕全市经济社会发展大局,扎实有效地开展一系列卓有成效的工作,为全市经济发展贡献力量给予充分肯定。同时强调,统战工作是党委的重要工作之一,要紧紧围绕全市经济工作中心,服务于全市发展大局,凝聚力量,发挥作用,调动党外各界人士的积极性,为盘锦快速发展贡献力量。

陈海波接受辽宁电视台专访　6月21日,市委书记陈海波接受了辽宁电视台公共频道《访问决策者》栏目专访,在充分展示了盘锦市得天独厚的自然资源和城市魅力的同时,也向全省人民描绘了盘锦“十一五”期间的发展蓝图。在接受采访中,陈海波热情而详尽地介绍了盘锦得天独厚的丰富自然资源和地域特色景观以及经济社会发展水平,充分展示了盘锦独特的城市魅力和特色。在谈到盘锦“十一五”期间的发展思路时陈海波说,“十一五”期间,盘锦将重点围绕大力发展接续产业、建设社会主义新农村和打造宜居城市三大中心任务,把加快发展放在首要位置,不断深化改革,扩大开放,转变经济增长方式,实现资源型城市的可持续发展,把盘锦建设成为经济健康发展、人民安居乐业、社会和谐稳定、自然生态良好、民主法制健全的现代城市。

市领导参加宏冠船业公司出口德国化学品船合同签字仪式　6月28日,辽宁宏冠船业有限公司出口德国1.65万吨(4+4)化学品船合同签字仪式在沈阳丽都喜来登饭店隆重举行。辽宁宏冠船业有限公司与德国TB航运公司代表分别在合同书上签字,合同金额总计达到近2.5亿美元。省委常委、常务副省长许卫国,市委书记陈海波,市委副书记、代市长陈淑珍,副市长刘家升、徐吉生等省市领导出席了签字仪式。徐吉生主持签字仪式。许卫国、陈淑珍和省对外贸易经济合作厅厅长张贵新、辽宁宏冠船业有限公司总经理许巨林、德国TB－Marine航运公司总经理斯蒂芬·扎特分别在合同签字仪式上讲话。

省政协视察团来盘锦视察　7月13日,以省政协主席、党组书记郭廷标为组长的省政协常委视察团来到盘锦市,就重大工业项目建设进展情况进行视察。市领导陈海波、陈淑珍、李素芳、喻国伟、杨殿寿、王玉侠、李学仁，市政协秘书长宋族明以及华锦集团有限公司相关负责同志陪同视察。郭廷标一行首先来到华锦集团有限公司，视察了乙烯项目建设现场，详细了解了华锦集团投资计划、“十一五”发展任务及乙烯项目建设进展等情况。在华锦宾馆会议室，市委常委、常务副市长喻国伟代表市委、市政府汇报了盘锦市重大工业建设项目进展情况，华锦集团有限公司负责同志汇报了乙烯项目建设情况。在现场视察和听取汇报后，郭廷标指出，通过对盘锦重大工业建设项目的视察，总体感觉到盘锦发展势头强劲，在原油产量逐年递减的不利形势下，盘锦市未雨绸缪，大力发展接续产业，在一批重点工业建设项目上形成了重大突破，为全市接续产业的发展提供了新的增长点，实现了经济稳步增长。希望盘锦拓宽发展思路，在“十一五”期间，大力发展接续产业，加快建设具有盘锦特色、发挥盘锦优势的临港工业区，在盘锦地区形成精细化工产业集群。汇报会由市政协常务副主席杨殿寿主持。省政协副主席张成伦、王植时等参加了视察活动。

陈海波调研农村卫生工作 7月17日，市委书记陈海波在市委常委、秘书长宋文利及市发改委、市财政局、市人事局、市卫生局等有关部门负责同志的陪同下，对全市农村卫生体系建设及新型农村合作医疗工作进行调研。陈海波一行先后来到盘山县胡家镇中心卫生院、姚家村卫生所，高升镇中心卫生院、边北村卫生所，认真了解基础设施建设、病人就医等方面情况。在高升镇政府，盘山县领导汇报了盘山县新型合作医疗工作情况；市卫生局领导汇报了全市农村卫生工作情况。市发改委、市财政局、市人事局有关负责同志就加快卫生院、卫生所的基础设施建设、进一步完善农村医疗实用人才相关政策等提出了有针对性的意见和建议。陈海波在听取汇报后，对近年来全市农村卫生工作取得的成绩给予了充分肯定，并对下步工作提出了意见。他要求，要进一步提高认识，按照贯彻科学发展观的要求，把提高农村基层医疗卫生服务水平、健全农村医疗保障体系落实到实际工作之中。他指出，农村卫生工作关系到广大农民群众的生命安全和健康，是构建和谐社会、建设社会主义新农村的重要内容，一定要抓紧、抓实、抓好，有效地缓解农村“看病难”、“看病贵”的问题。

陈海波到双台子区调研城市建设工作 7月23日，市委书记陈海波在市委常委、秘书长宋文利，副市长陈斯来及市直有关部门负责同志的陪同下，重点就棚户区改造、城区道路维修建设等城建进展情况深入双台子区调研。陈海波一行在双台子区委主要领导的陪同下，先后深入红旗大街、向阳街的道路拓宽、维修养护、排水改造施工现场进行检查、指导，并视察了福斯特购物广场建设及湖滨路西段、湖滨四季城、绿野广场等规划进展情况。陈海波指出，2006年，双台子区城建工作是近年来投入最大、进度最快、工程质量最好的一年。陈海波强调，执行好城市规划对建设一个功能完善的城市和降低旧城区改造建设成本至关重要，全市要将严肃规划作为一项突出工作来抓。陈海波要求，要在超计划完成省拆迁指标和在建项目进展顺利的基础上，保证回迁居民按时、顺利回迁安置。陈海波最后强调，推进城市建设要把完善城区功能、便民利民作为突出问题来考虑，在推进便民利民工程中一定要以完善城市功能、城市品位，提高市民生活品质作为出发点和落脚点。

市领导参加市政府与营口港务集团共同开发建设新港区合作协议签字仪式 7月31日，盘锦市政府与营口港务集团举行共同开发建设新港区合作协议签字仪式。省交通厅副厅长葛方，省航运管理局副局长张玉林，市委书记陈海波，市委副书记、代市长陈淑珍，市委常委、常务副市长喻国伟，市委常委、秘书长宋文利，副市长王秉宽，市政府秘书长张广宽，营口市委书记程亚军，营口市委副书记、市长赵化明等领导参加了签字仪式。签字仪式由喻国伟主持。陈淑珍与营口港务集团总裁高宝玉在合作协议书上签字。陈海波在签字仪式上讲话。他说，港口的发展建设对盘锦经济社会发展具有非常重要的战略意义。盘锦港与营口港的合作，将推进两市的发展，打造沿海港口群优势，形成沿海经济发展的整体合力,起到十分重要的作用,将会使港口效益得到最大的发挥。营口市委书记程亚军在仪式上也发表了讲话。

陈海波到市委宣传部调研　9月12日,市委书记陈海波在市委常委、秘书长宋文利及市委办公室、市委政研室有关负责同志的陪同下,就年初以来全市宣传思想工作开展情况到市委宣传部调研指导工作。在听取市委常委、宣传部长邵冰就全市前8个月宣传思想工作及后一个时期的宣传工作安排作具体汇报后,陈海波要求,全市宣传思想工作者要提升宣传思想工作服务经济社会大局的水平,凝聚全社会力量加快发展。陈海波指出,前8个月,全市宣传思想工作亮点频出,工作卓有成效,社会效果良好。今后一个时期,宣传思想工作仍要立足大局,紧密围绕落实好市委五届五次全会精神,用加快发展来统一思想,推进工作,将全社会力量凝聚到加快发展上来,为尽早实现盘锦资源型城市平稳转型提供思想保证。要把握正确导向,为完成全市重点任务始终坚持团结、稳定、鼓劲正面宣传为主的方针,营造聚精会神搞建设、一心一意谋发展的良好氛围。

陈海波到盘山县高升镇调研　9月20日,市委书记陈海波率市农委、市发改委及土地、交通、水利、体育等市直10多个相关部门负责同志到全市社会主义新农村建设试点镇——高升镇,调研两个月来社会主义新农村建设规划的实施进展情况。陈海波一行在盘山县委有关负责同志陪同下,视察了高升镇村巷路改造和盘锦兴达石化有限公司新建石化项目的施工现场,并考察了10月末即将建成的边东村文化活动中心项目、前屯村自来水厂给水工程和高升镇商业区建设项目的进展情况。陈海波要求,高升镇要高速推进重点项目建设,牵动社会主义新农村建设,不断积累经验,发挥好典型的示范、引路作用。同时,各级党委、政府要科学规划,做好协调指导,战略性推动社会主义新农村建设进程。市委常委、秘书长宋文利及市委组织部、市委办公室有关负责同志参加调研。

陈海波等市领导参加盘山县建县百年暨县城搬迁庆祝大会　10月10日,盘山建县百年暨县城搬迁庆祝大会在盘山新县城广场举行。市委书记陈海波,市委副书记、代市长陈淑珍,市政协主席于捷,市委副书记、辽河石油勘探局党委书记孙崇仁,市委常委、市总工会主席王广华,市委常委、宣传部长邵冰,市人大常委会常务副主任李日宇,副主任徐敬富、荆永强,市政府副市长张要武,原盘锦市、盘山县老领导刘振宦、郑天西、刘永祯、李述仁及辽河石油勘探局、辽河油田公司、辽河石化公司、华锦集团等驻盘中、省属重点企业的领导,兄弟县区主要领导应邀光临大会。盘山县委书记孙占明发表致辞。市委书记陈海波对盘山建县百年暨政府驻地迁址成功表示祝贺。陈海波说,一个世纪的风雨历程,百年盘山发生了翻天覆地的历史巨变。特别是盘锦建市20多年来,历届县委、县政府团结带领全县人民艰苦创业,奋力拼搏,实现了盘山经济社会发展的新跨越。这些令人瞩目的新成就,将永载盘锦改革开放和现代化建设史册。陈海波希望盘山县委、县政府以建县百年和县城搬迁为新的起点,组织动员全县广大党员干部和人民群众,坚持以科学发展观统领经济社会发展全局,紧紧抓住东北老工业基地振兴和加快沿海经济带开发建设双重战略机遇,走工业强县之路,大力发展县域经济,扎实推进社会主义新农村建设,努力构建和谐社会,推进盘山经济社会实现又快又好发展。

陈海波到盘锦船舶工业区调研　11月3日,市委书记陈海波到大洼县就盘锦船舶工业区建设进展情况进行调研。市委常委、秘书长宋文利及市直相关部门负责同志参加调研。陈海波一行在详细听取了盘锦船舶工业区建设进展情况的汇报后,各相关部门负责同志围绕园区的发展,特别是发展建设中需本部门协调解决的问题提出了建设性意见。陈海波对一年来盘锦船舶工业区的快速发展给予了充分肯定,并就园区规划调整、土地资金使用等具体问题提出了要求。他指出,盘锦船舶工业区的发展建设是全市实现经济转型,谋求资源型城市可持续发展的巨大潜力和希望所在。全市上下要只争朝夕,举全市之力，抓紧推进盘锦船舶工业区的发展建设。在园区建设中，要进一步落实好全省加快沿海经济发展的指示精神，用好、用活、用足各种政策，解放思想，打破常规，以市场为导向，本着提高效率，降低成本的原则，创新工作方法和思路，实现盘锦船舶工业区又快又好发展。

市委、市政府对全市重点项目建设情况进行检查 11月21日至23日，市委、市政府对全市重点项目建设情况进行拉练检查。此次拉练检查的54个项目为年内新竣工项目，项目单体投资在500万元以上。全年，全市投资额在500万元以上重点工业项目为240项，项目总投资180.7亿元，这些项目全部建成投产达产达效后，年可新增销售收入356.9亿元，利润30.9亿元，税金26.1亿元。拉练检查后，市委、市政府召开了总结会，分析了存在的问题，并提出了下一步工作意见。市委副书记、代市长陈淑珍在总结讲话中指出，这次拉练，是对全市重点项目建设情况的一次检阅和盘点，也是对完成全年项目建设工作成果的一次展示。她指出，全市抓项目的思路更加清晰，推动措施更加务实有力，招商视野更加宽阔，项目成果更加喜人；一批牵动性强的大项目得到深入推进，加快了建设步伐；辽河油田多元开发上项目的发展势头更加强劲；园区建设步伐加快，产业特色更加突出，产业集聚效应明显增强。陈淑珍强调，要进一步认清形势，再接再厉，打好2007年项目建设攻坚战。

陈海波等市领导为荣获“全国先进基层党组织”的盘锦供电公司党委揭牌 11月13日，盘锦供电公司干部职工为盘锦供电公司党委日前荣获“全国先进基层党组织”举行揭牌庆典。市领导陈海波、齐继慧、李旭、刘家升及省电力有限公司党组书记、总经理黄传兴参加了揭牌庆典。陈海波、黄传兴为盘锦供电公司党委荣获“全国先进基层党组织”揭牌。揭牌庆典仪式上，陈海波代表市委、市政府对盘锦供电公司党委取得的崇高荣誉表示热烈祝贺，并向省电力公司、盘锦供电公司给予盘锦市发展建设一贯的大力支持表示衷心感谢。陈海波强调，经济发展，电力先行。他希望盘锦供电公司以“全国先进基层党组织”这一荣誉为新起点，进一步加强电网和行风建设，提高经营服务水平，为完成好盘锦实现资源型城市可持续发展、建设社会主义新农村和构建和谐盘锦三大重点任务，推动全市经济社会实现更快更好地发展做出新的、更大的贡献。

陈海波为盘锦飞马汽车板簧项目建成投产仪式揭幕 12月18日，盘锦飞马汽车零配件制造有限公司举行投产庆典仪式，此项目的建成投产，标志着盘锦市已拥有世界一流的汽车板簧生产线，并具备向世界汽车生产商提供整车配套的生产能力。市委书记陈海波参加了投产仪式并为项目投产揭幕。盘锦飞马汽车板簧项目是盘锦市承接德国产业转移的第一个项目，也是盘锦培育发展汽车零配件产业引进的第一个大型工业项目，项目总投资1.9亿元。该项目2004年9月破土动工，现已生产出合格产品，同时，通过了国家汽车质量监督检验中心的检验，达到了欧洲标准要求，并通过了ISO9001体系认证。

·重要会议·

召开全市领导干部大会 1月26日，市委召开全市领导干部大会，传达省委关于盘锦市党政主要领导调整的决定。省委组织部副部长赵战鼓宣读了中国共产党辽宁省委员会《关于陈海波等同志职务任免的通知》，决定陈海波同志担任中共盘锦市委书记，免去其盘锦市人民政府市长职务；陈淑珍同志任中共盘锦市委委员、常委、副书记，并提名为盘锦市人民政府市长人选；免去程亚军同志中共盘锦市委书记、常委、委员、盘锦市人大常委会主任职务。宣读了《关于程亚军职务任免的通知》，决定程亚军同志任中共营口市委委员、常委、书记。会议由市委副书记齐继慧主持。省委常委、组织部长骆琳参加了会议并就盘锦市加强领导班子建设提出具体要求，全市各级领导干部要切实把思想统一到省委精神上来，自觉维护盘锦市改革、发展、稳定的良好局面；要站在全省工作大局的高度自觉把行动统一到省委决定上来，全力支持市委、市政府工作。

要坚持以科学发展观统领经济社会发展全局，进一步加快盘锦市全面振兴和发展的历史进程。骆琳强调，全市各级领导干部要进一步抓好各项工作的落实；要以加强党的执政能力和先进性建设为重点，全面推进全市各级领导班子、干部队伍、人才队伍和基层党组织建设；要加强各级领导班子和干部队伍思想政治建设、作风建设，为加强盘锦市经济社会发展做出新的更大的贡献。程亚军、陈海波、陈淑珍在会上分别做了讲话。

市人大常委会举行五届八次会议　2月9日，盘锦市第五届人民代表大会常务委员会举行第八次会议。市委书记陈海波，市人大常委会常务副主任李日宇，副主任马淑清、王丽娟、徐敬富、孙绍云、梁庆发、荆永强，秘书长孙波及委员36人出席会议。市委常委、市政府常务副市长喻国伟，市政府秘书长张广宽，市中级人民法院院长祝福祺，市人民检察院检察长刘铁鹰列席会议。会议审议通过了盘锦市人大常委会2006年工作要点；审议通过了盘锦市第五届人民代表大会常务委员会关于接受程亚军同志辞去盘锦市人民代表大会常务委员会主任职务的决定；审议通过了盘锦市第五届人民代表大会常务委员会关于接受陈海波同志辞去盘锦市人民政府市长职务的决定；决定任命陈淑珍同志为盘锦市人民政府副市长、代理市长。

召开全市组织工作会议　2月14日，全市组织工作会议在市委后楼会议室召开。会议传达贯彻全省组织工作会议精神，对全市2005年的组织工作进行了总结，并对2006年组织工作任务进行了安排部署。市委副书记齐继慧出席会议。市委常委、组织部长李旭主持会议并对全市2005年的组织工作做了总结，对2006年的组织工作进行了具体部署。会议指出，2005年，全市各级组织部门按照年初确定的工作思路，围绕中心，明确任务，突出重点，狠抓落实，扎实开展了保持共产党员先进性教育活动，以实现零就业家庭有一人就业、市级领导干部包理信访案件和棚户区改造为重点内容的三项“民心工程”，在各级党组织的努力下，取得了显著成效。全市先进性教育活动基本上达到了“提高党员素质、加强基层组织、服务人民群众、促进各项工作”的目标，基本实现了中央关于要使先进性教育活动成为“群众满意工程”的要求。通过满意度测评，群众满意率都在90%以上。会议指出，2006年全市组织工作将以加强党的执政能力建设和贯彻落实科学发展观、正确政绩观和科学人才观，突出重点、统筹兼顾、求真务实、改革创新，全面推进各项组织工作，努力为实现“十一五”规划开好局、起好步，努力为胜利完成市委确定的全年工作任务提供坚强的组织保证。市委副书记齐继慧在讲话中要求，全市各级组织部门要认清形势，把握大局，进一步深化对做好新时期组织工作的认识；要明确任务，突出重点，切实推进全市党的建设和组织工作；要加强领导，落实责任，进一步加强和改进组织部门建设。各县区分管组织工作的副书记、组织部长、市直机关、群团部门以及直属事业单位分管组织工作的领导及负责人、市直大中型企业单位等分管领导参加了会议。

市纪委召开第三次全体会议　2月16日，市纪委召开第三次全会暨全市党风廉政建设反腐败工作会议。会议认真贯彻胡锦涛同志的重要讲话精神和中纪委六次全会、省纪委六次全会、市委五届四次全会精神，总结上年工作，研究部署2006年工作任务。市四大班子领导参加会议。市委书记陈海波在讲话中指出，各级党委要认真履行党章所赋予的职责，推进党风廉政建设，加大防治腐败工作力度，进一步开创纪律检查工作新局面。要以科学发展观为指导，不断提高纪检监察工作水平；以坚定理想信念和强化道德修养为重点，大力加强党员领导干部廉洁从政教育；加大纠风工作力度，着力解决损害群众利益的突出问题；进一步严明政治纪律；积极推进制度创新；进一步强化制约监督；加强对县区换届和公务员工资制度改革等工作的监督检查。要明确责任，狠抓落实，切实加强对纪律检查工作的领导。要进一步落实党风廉政建设责任制，健全完善反腐败领导体制和工作机制，进一步加强纪检监察机关的自身建设，为全市“十一五”规划全面实施和2006年各项工作的全面完成做出应有的贡献。市委副书记、代市长陈淑珍主持会议。市委副书记、市纪委书记张久富代表市纪委常委作工作报告。会议对盘山县纪委、监察局等14个单位的17项纪检监察优秀工作成果予以表彰。

全市宣传思想工作会议召开 2月17日，全市宣传思想工作会议召开。会议总结回顾了2005年全市宣传思想工作，明确提出了2006年宣传思想工作的基本思路和主要任务，并对在全市思想政治工作中涌现出的先进集体和个人进行了表彰。会议指出，2006年宣传思想工作的指导思想是：高举邓小平理论和“三个代表”重要思想伟大旗帜，全面落实科学发展观，深入贯彻党的十六届五中全会和市委五届四次全会精神，坚持解放思想、实事求是、与时俱进，坚持贴近实际、贴近生活、贴近群众，坚持创新形式、创新内容、创新手段，牢牢把握正确导向；唱响主旋律，打好主动仗，不断提高宣传思想工作水平，为全市“十一五”开好局、起好步提供强大的精神支撑。会议强调，2006年工作要围绕中心、服务大局，为贯彻落实市委五届四次全会精神营造良好氛围。要统一思想、形成共识，巩固和发展全市广大干部群众团结奋斗的共同思想基础。要深化改革、强化服务，加快发展文化事业和文化产业。要着眼创新、健全机制、不断提高宣传思想工作水平。

召开全市统战工作会议 2月20日，全市统战工作会议召开。会议进一步学习贯彻全省统战部长会议精神和市委五届四次全会精神，总结2005年工作，提出了2006年的工作重点和任务。会议指出，2006年全市统战工作将以贯彻落实中央5号文件为契机，以发挥各民主党派、工商联和统战团体作用，调动各界人士和民营企业家积极性，为建设和谐盘锦做贡献为重点，创新载体，采取措施，拓展领域，真抓实干，努力把全市统战成员组织起来，积极性调动起来，作用发挥出来，齐心协力为盘锦经济社会全面发展做出新贡献。市委副书记李素芳在讲话中提出，全市统战工作要以贯彻落实市委五届四次全会精神为主线，为实现“十一五”的良好开局做出新贡献。她指出，全市统战系统的广大干部要进一步增强加快发展的责任感和紧迫感，引导广大统战成员在市委的正确领导下，为全市经济更好更快地发展多做贡献；要在争取人心、凝聚力量方面多做工作，不断提高巩固党的执政地位和扩大党的执政基础的能力；要坚持多党合作和政治协商制度，不断提高发展社会主义民主政治、建设社会主义政治文明的能力，要适应改革发展的新形势，在协调关系、化解矛盾方面多做工作，不断提高建设社会主义和谐社会的能力，为发展壮大区域经济贡献力量，为实现资源型城市可持续发展做出贡献。

全市政法工作会议召开 2月21日，市委召开政法工作会议。市委常委、政法委书记刘德胜作了题为《以科学发展观为统领，为我市资源型城市可持续发展提供政法保障》的工作报告。报告中提出，要坚持用科学发展观统领政法工作，推进政法工作发展理念新转变；要坚持全面可持续发展的理念，为盘锦资源型城市可持续发展提供法律服务和保障；要坚持立警为公、执法为民的基本要求，把政法工作的落脚点放在解决人民群众反映最强烈、要求最迫切的现实问题上；要坚持依法打击与依法保护并重，把执法观念由有罪推定转变到无罪推定上来；要坚持以政法干警为本大力加强队伍建设，向素质要警力；要树立和落实积极的稳定观，维护全市的和谐稳定。政法机关和有关部门要着力提高协调社会关系、化解社会矛盾的能力，提高分析判断形势、驾驭复杂局面等各种能力，尽最大努力清除各种不稳定因素。会议要求，要进一步加强城市治安防范工作，努力打造平安新农村，在预防和减少犯罪上狠下工夫；要着力解决突出治安问题，确保综治“争创”目标圆满实现；要继续加强执法规范化建设，推进全市社会的公平与正义；要大力加强基层基础建设，筑牢社会稳定的第一道防线；要着眼于整体素质的提高，进一步加强政法队伍建设和党委政法委自身建设，为全市可持续发展提供政法保障。

召开全市“学雷锋树新风”活动表彰大会 3月3日，召开全市“学雷锋树新风”活动表彰大会,表彰2005年涌现出的学雷锋先进个人和集体,以及在建设诚信盘锦中涌现出的典型。动员和引导全市广大人民在新的历史条件下,广泛深入开展好学雷锋活动,大力弘扬盘锦地域精神。会议指出,一年来,全市学雷锋活动蓬勃开展,广大干部群众以雷锋为榜样,爱岗敬业、无私奉献,不断在道德实践中实现自身价值,一大批体现时代特点的先进集体和先进个人不断涌现,同时,地域精神的培育和弘扬也结出了累累硕果。全市各县区、各行业、各企事业单位和广大市民积极树立诚信理念,投入到诚信盘锦建设中去,崇尚诚信精神、恪守职业道德,涌现出一大批诚信典型。这些学雷锋的先进集体、先进个人以及诚信典型为全市的精神文明建设注入了新的活力,为盘锦的经济发展和社会进步做出了贡献。

市委召开常委扩大会议　3月16日,市委召开常委扩大会议,传达全国“两会”精神。市委书记陈海波代表盘锦市参加“两会”的全国人大代表和政协委员介绍了会议概况,并就全市贯彻落实“两会”精神提出要求。一要抓好重点项目建设,重点抓好华锦集团45万吨乙烯及500万吨原料油工程、辽河石油勘探局10万吨聚丙烯和海上钻井平台、船舶制造、盘锦港海上油码头等一批重大项目协调推进工作。二要着力抓好社会主义新农村建设的起步工作。在实际工作中,必须坚持一切从实际出发,充分尊重农民意愿,广泛听取基层和农民群众的意见和建议,因地制宜,分类指导,量力而行,尽力而为,切实按照城乡一体的路子,扎实推进全市的新农村建设。三要关注民生,促进和谐盘锦建设。要认真落实就业再就业政策,加快棚户区和城区平房区改造,继续抓好便民工程,加大投入,完善城市基础设施建设。要进一步完善新型农村合作医疗制度,让更多的农民从中受益。陈海波强调,全市各级领导干部必须以推进发展、造福于民为己任,聚精会神搞建设,一心一意谋发展,扎实工作,确保全年各项工作目标的圆满完成,为“十一五”规划的实施开好局、起好步。

召开市直机关党建工作会议　3月24日,市直机关党建暨作风建设工作会议召开。会议总结了过去一年市直机关党建工作;表彰了2005年先进集体和先进个人;对2006年市直机关党建工作进行了部署。会议指出,过去的一年,市直机关党建工作坚持以邓小平理论和“三个代表”重要思想为指导,牢固树立和落实科学发展观,紧紧围绕全市工作大局,结合市直机关工作实际,突出抓好保持共产党员先进性教育,扎实开展“抓作风、比服务、争一流”作风建设主题活动,大力加强党的思想、组织、作风和制度建设,基层党组织的创造力、凝聚力和战斗力得到进一步加强,各项工作取得了明显成效。机关党的思想组织建设、党风廉政建设和反腐败工作、机关精神文明建设及群团工作都有了新进展,党建日常工作取得了令人满意的成效。2006年,党建工作将继续以深化机关作风建设主题活动为重点,深入学习贯彻党章,巩固和扩大先进性教育活动成果,加强机关先进性长效机制建设,全面加强和改进机关党的建设,为实施“十一五”规划开好局、起好步提供坚强的思想、组织和作风保证。市委副书记李素芳就2006年的党建工作提出了三点要求:一是要牢固树立科学发展观,增强做好新时期党建工作的责任感和紧迫感。二是要突出重点,务求实效,扎实推进机关作风建设主题活动的深入开展。三是要加强领导,形成合力,推进机关党建工作再上新台阶。李素芳号召广大党务工作者要以高度的政治责任感和奋发有为的精神状态,解放思想、与时俱进、开拓创新、大胆实践,更加扎实地做好各项工作,努力开创机关党建工作新局面,在全市上下真正形成聚精会神搞建设、一心一意谋发展的浓厚氛围,为实现盘锦“十一五”宏伟蓝图做出应有的贡献。

召开纪念“三八”妇女节96周年大会　3月8日,盘锦市纪念“三八”妇女节96周年暨表彰大会在人民剧场举行。市领导陈淑珍、齐继慧、李素芳、张久富、李旭、宋文利、王广华、朱洪田、邵冰、李日宇、马淑清、张要武、刘家升、李淑云、索艳丽出席了大会,并为受到表彰的集体和个人颁奖。市妇联主席徐玉敏在大会上致辞,向到会的妇女代表以及通过代表向全市60万妇女姐妹表示节日的祝贺，并对全市各级妇联组织提出希望和要求。大会表彰了市统计局综合科等10个“三八”红旗集体以及孙桂秋等10名“三八”红旗手。市委副书记张久富代表市委向与会代表及工作在全市各条战线上的广大妇女群众致以节日的问候，并向受到表彰的个人和集体表示祝贺。他要求全市广大妇女要努力学习，提高素质，增强学习的紧迫感，树立不懈学习、终身学习的理念，从实际出发，加强对岗位、业务知识及专业技能的学习，通过知识更新，带动工作创新，努力提高参与社会竞争的能力和本领，争做新时代的新女性。

召开全市推进社会主义新农村建设工作会议 4月6日，全市推进社会主义新农村建设工作会议召开，研究部署全市推进社会主义新农村建设的各项任务。市四大班子领导出席会议，市委书记陈海波作重要讲话，市委副书记、代市长陈淑珍作工作报告。会议由市委副书记齐继慧主持。陈淑珍在题为《统筹城乡发展、加大支农力度、扎实推进社会主义新农村建设》的工作报告中指出，全市推进社会主义新农村建设，要以科学发展观为统领，坚持统筹城乡发展、推进“城乡一体化”战略，按照“生产发展、生活宽裕、乡风文明、村容整洁、管理民主”的总体要求，以发展农村经济为中心任务，以增加农民收入为根本，以壮大县域经济为重要载体，协调推进农村经济建设、政治建设、文化建设、社会建设和党的建设，全面建设经济持续发展、人民生活宽裕、社会和谐进步、自然生态良好、民主法制健全的社会主义新农村，为实现资源型城市可持续发展和构建和谐盘锦提供有力的支撑。陈海波在讲话中就扎实推进全市社会主义新农村建设提出要求。陈海波指出，建设社会主义新农村，是盘锦在实现资源型城市可持续发进程中必须担负起并且完成好的一项重要使命，是实现资源型城市可持续发展、构建和谐盘锦的必然要求和重要支撑。全市上下要进一步深化对建设社会主义新农村重大意义的认识，把思想和行动统一到中央和省、市委的战略部署上来。会上，市发改委、市财政局、市教育局、大洼县政府、盘山县政府、大洼县田家镇政府、盘锦旭东实业有限公司就如何推进社会主义新农村建设分别做了表态发言。

召开全市民族工作会议 4月11日，全市民族工作会议暨第二次民族团结进步表彰大会召开。会议深入贯彻中央、省民族工作会议精神，研究部署全市当前和今后一个时期民族工作的主要任务，动员全市上下高度重视并扎实推进民族工作。会议表彰了在全市民族团结进步工作中涌现出的盘山县甜水乡等12个模范集体和宋文广等16名模范个人，并进行了经验交流。市委书记陈海波，市委副书记、代市长陈淑珍，市委副书记李素芳，市人大常委会常务副主任李日宇，市政协副主席王海学等领导出席了会议。省民委主任佟钟时也出席了会议并和市领导一起为受表彰的集体和个人颁奖。会议由陈淑珍主持。会上，陈海波作重要讲话。陈海波指出，做好新时期的民族工作，是实现资源型城市可持续发展的必然要求，是巩固和发展各族人民大团结，构建和谐盘锦、建设社会主义新农村的题中应有之义。全市各级党委、政府必须站在全局的高度，从政治、经济、文化、社会等方面，深刻认识做好民族工作的重要性和紧迫性，进一步增强责任感和使命感，更加自觉主动地做好民族工作。李素芳在会上宣读《盘锦市人民政府关于表彰全市民族团结进步模范集体和模范个人的决定》。

召开全市全民创业动员大会 4月26日，盘锦市全民创业动员暨非公有制经济总结表彰大会召开。会议全面总结和部署全市全民创业和加快非公有制经济发展工作，动员全市上下进一步解放思想，抢抓机遇，积极营造良好的发展环境，加快形成争先创业、争创新业、争创大业的良好局面，推动非公有制经济快速发展。会议出台并宣读了《中共盘锦市委、盘锦市人民政府关于鼓励全民创业的若干规定》和《中共盘锦市委、盘锦市人民政府关于进一步加强经济发展环境建设的规定》。市委副书记、代市长陈淑珍在动员报告中指出，全市开展全民创业活动总的要求是，以邓小平理论和“三个代表”重要思想为指导，紧紧围绕实现资源型城市可持续发展、建设社会主义新农村和构建和谐盘锦三大中心任务，以科学发展观统领发展全局，大力支持和鼓励全民创业、自主创业、艰苦创业，进一步推动全市非公有制经济总量上规模、结构上档次、质量上水平、管理上台阶，促进盘锦经济社会全面协调可持续发展。陈淑珍在报告中要求，要激发创业热情，培育创业主体，迅速掀起全民创业热潮。政府要转变职能，强化服务，努力营造良好的创业环境。要营造良好的政策环境；营造良好的服务环境；营造良好的创业载体环境和舆论环境。通过全市上下干部群众的共同努力，实现全市非公有制经济的大发展。市委书记陈海波在总结讲话中指出，鼓励和推动全民创业，对全市具有特殊重要的战略意义，实现资源型城市可持续发展依靠全民创业，激烈竞争的发展态势需要全民创业，目前的发展环境也有利于全民创业。只有全市上下见机而作，顺势而为，人人争做全民创业的参与者、服务者、支持者与推动者，就一定能够形成前所未有的创业气候。各级领导干部要加大工作推动力度，各级党委、政府要把领导经济工作的主要注意力集中到推动全民创业上来。各部门、各单位要从各自职能出发，推进、指导、帮助各类创业主体成长壮大。各相关部门要在深入学习的基础上，紧密结合自身工作，抓紧制定支持全民创业的具体配套政策和实施细则，全力支持全民创业。

举行劳动模范和先进集体表彰大会　4月27日，全市劳动模范和先进集体表彰大会在人民剧场隆重举行。市委书记陈海波出席大会并作重要讲话。陈海波在讲话中强调，要大力弘扬先进模范人物的崇高精神，推动全社会进一步尊重劳模、学习劳模、关心劳模，使劳模精神不断发扬光大。市领导齐继慧、李素芳、张久富、李旭、宋文利、刘德胜、王广华、李日宇、刘家升、杨殿寿出席大会。大会由市委副书记张久富主持。来自全市各条战线的145名劳动模范和18个先进集体的代表参加了会议。

召开全市信访工作会议　5月12日，召开全市信访工作总结表彰大会，贯彻落实全省信访工作会议精神，总结2005年全市信访工作，分析当前面临的信访形势，明确2006年的信访工作目标和任务。会议提出，全力做好信访稳定工作，为全面完成全年各项任务、建设和谐盘锦创造稳定的社会环境。市领导陈海波、陈淑珍、齐继慧、喻国伟、刘德胜、杨殿寿，市政府秘书长张广宽出席会议。会议由市委常委、常务副市长喻国伟主持。市委副书记、代市长陈淑珍对2005年全市信访工作进行了总结，对2006年信访工作进行了部署。市委常委、政法委书记刘德胜传达了省信访工作会议精神。市政府秘书长张广宽宣读了表彰决定。市委副书记齐继慧代表市委、市政府同县区委、政府签订了2006年信访工作责任状。市委书记陈海波在讲话中要求，一要在抓好源头工作上下功夫。二要在解决实际问题上下功夫。三要在完善机制上下功夫。

召开市委常委议军会议　5月17日，召开市委常委议军会议。会议传达了省委常委议军会议纪要，通报了盘锦军分区2005年工作完成情况及2006年工作任务。市委常委针对盘锦军分区提出的加强盘锦市国防后备力量建设等问题进行了认真讨论并达成了共识。参加议军会议的市委常委有陈海波、陈淑珍、齐继慧、张久富、喻国伟、李旭、宋文利、王广华、朱洪田、邵冰；列席议军会议的市领导有王本道、李日宇、王秉宽、杨殿寿；盘锦军分区司令员陈克及军分区党委成员列席了议军会议。市委书记、盘锦军分区党委第一书记陈海波主持会议并作重要讲话。陈海波对盘锦军分区一年来的工作给予了充分肯定，对2006年军分区的工作提出了具体要求。陈海波强调，国防后备力量建设始终是党中央高度重视的一个重大战略问题。各级党委、政府及各级领导干部要切实增强做好国防后备力量建设的责任感和自觉性，真正把国防后备力量建设摆上重要战略地位，全力关心支持国防后备力量建设。

召开庆祝中国共产党成立85周年大会　6月27日，市委召开庆祝中国共产党成立85周年暨总结保持共产党员先进性教育活动大会。市委书记陈海波代表市委作重要讲话，他在讲话中回顾了中国共产党成立85年以来所走过的光辉历程，同时指出，85年光辉历程，57载执政实践，我们党之所以能够团结带领全国各族人民战胜各种困难和挑战，不断取得革命、建设和改革的伟大胜利，最根本的就在于我们党具有与时俱进的理论和实践品质，能够始终保持马克思主义政党的先进性。在新的历史条件下，以胡锦涛同志为总书记的党中央，做出了在全党广泛开展保持共产党员先进性教育活动的重大决策。这是对我们党成立以来所铸就的光荣传统的继承和创新，是对我们党执政兴国所获得的宝贵经验的总结和发扬，是使我们党永葆先进性的重大举措。充分体现了我们党作为马克思主义执政党与时俱进、求真务实的作风和品格，表明了当代中国共产党人正视现实、面向未来的勇气和智慧。陈海波对全市保持共产党员先进性教育活动进行了总结。他说，保持共产党员先进性教育活动开展以来，全市各级党组织和广大党员抓住学习实践“三个代表”重要思想这条主线，突出在新形势下保持共产党员先进性这个主题，全面落实科学发展观，着眼于实现好、维护好、发展好人民群众的根本利益，抓住“务求实效”、“真正成为群众满意工程”这个关健，精心组织、扎实推进，取得了重要的实践成果、制度成果和理论成果，基本达到了提高党员素质、加强基层组织、服务人民群众、促进各项工作的目的，先进性教育活动收到了明显成效。广大党员的先锋模范作用更加突出；各级党组织的凝聚力、战斗力有了新增强；涉及人民群众切身利益的生产、生活问题得到有效解决；全市经济社会发展呈现出了良好势头。先进性教育活动的深入开展，为进一步推进党的先进性建设积累了有益经验，提供了深刻启示。陈海波要求，在今后的工作中，我们要充分汲取先进性教育活动的成功经验，进一步深化对党的先进性建设规律性的认识，以加强先进性建设为重点，不断推进全市党的建设新的伟大工程。会上，市委副书记齐继慧宣读了《中共盘锦市委关于表彰先进基层党组织和优秀共产党员、优秀党务工作者的决定》。盘锦供电公司党委等 55 个基层党组织、李晓东等 68 名共产党员、江秀忱等 45 名党务工作者在会上受到表彰。市委副书记、市委常委及市人大常委会、市政协的主要领导，各县区和市直各部门的主要领导，受表彰的先进集体代表、优秀个人和全市各行业的代表 700 多人参加了会议。

市委召开先进性教育活动领导小组工作会议 7 月 14 日，市委先进性教育活动领导小组对市委先进性教育活动办公室在集中开展先进性教育活动期间的工作进行总结，就全市巩固和扩大先进性教育成果及加强党的先进性建设进行具体部署。会议要求，做好保持共产党员先进性的经常性工作，推动全市经济社会又快又好发展。市领导陈海波、齐继慧、喻国伟、李旭及部分市直单位负责人、市委先进性教育活动办公室相关人员参加会议。市委常委、组织部长、市委先进性教育活动领导小组副组长、办公室主任李旭在会上就做好党员先进性教育后续工作提出了意见和要求。市委书记、市委先进性教育活动领导小组组长陈海波在会上作重要讲话。陈海波在充分肯定了先进性教育活动取得的成绩的同时，提出了三点要求，一、全市各级党组织要把学习贯彻胡锦涛总书记在建党 85 周年纪念大会上的重要讲话作为当前重大政治任务，作为党委（党组）中心组学习和培训党员干部的重要内容，深化对加强党的先进性建设重大意义的认识。二、要进一步做好先进性教育活动的各项后续工作，巩固扩大先进性教育活动取得的成果。三、要做好保持共产党员先进性的经常性工作，推动全市经济社会又快又好发展。

市委召开五届五次全会 7 月 28 日，中共盘锦市第五届委员会第五次全体会议召开。会议坚持以科学发展观统领经济社会发展全局，总结上半年工作，分析面临的形势，部署安排下半年的工作任务，动员全市广大党员、干部和群众，抢抓机遇，埋头苦干，乘势而上，为全面完成“十一五”开局之年各项工作任务，推进经济社会协调健康可持续发展而努力奋斗。会议听取和审议通过了市委书记陈海波代表市委常委会所作的题为《抢抓机遇，埋头苦干，乘势而上，全面完成“十一五”开局之年各项工作任务》的工作报告。会议在总结上半年工作时指出，全市在油价上涨、市场需求增加、自身发展能力提升等多种因素的共同作用下，国民经济呈现出良好的发展势头。项目建设势头强劲；开发区、园区建设成效显著；工业经济效益与速度大幅攀升；社会主义新农村建设实现良好开局；非公有制经济发展加快；改革开放和科技创新迈出新步伐。会议要求，下半年的经济工作必须突出重点，强力推进。要举全市之力，加快推进重点项目建设，加快发展接续产业。要以政策支持的最大化、协调服务的最优化，全力为华锦集团45万吨乙烯扩建和500万吨原料油工程等一批重大项目建设搞好协调服务。要集中力量重点培育石油勘探与开发、精细化工、塑料和新型建材、生态农业、农产品精深加工等重点领域的高新技术产业，逐步形成具有盘锦地域特色的高新技术产业集群。要进一步完善开发区和产业园区的功能。要全面贯彻落实好市委、市政府《关于鼓励全民创业的若干规定》，掀起全民创业热潮，促进非公有制经济加快发展。会议强调，必须从盘锦的实际出发，以发展农村经济为中心，扎实推进新农村建设。要坚持以人为本，切实从基础性工作做起，不断加强民主、法制和精神文明建设，努力改善人居环境。要坚持以永葆先进性和提高执政能力为重点，全面加强党的思想、组织、作风和制度建设，不断提高党员思想素质、领导能力和工作水平，切实增强各级党组织的创造力、凝聚力和战斗力，抓住东北老工业基地振兴和辽宁“五点一线”沿海开放的双重战略机遇，全面完成“十一五”开局之年的各项工作任务。

召开中国共产党盘锦市代表会议　8月15日，中国共产党盘锦市代表会议在人民剧场召开。会议选举产生了陈海波等21名出席省第十次党代会代表。市领导陈海波、陈淑珍、齐继慧、李素芳、张久富、喻国伟、李旭、宋文利、王广华、朱洪田、邵冰在大会主席台就座。市几大班子党员领导干部及各条战线党员代表共300余人参加会议。市委书记陈海波主持会议。会上，市委副书记齐继慧就盘锦市出席省第十次党代会预备人选作了说明；市委常委、组织部长李旭宣读了选举办法(草案)；市委书记陈海波宣读了总监票人、监票人建议名单。全体代表经认真分组讨论、表决通过了全市出席省第十次党代会代表候选人、选举办法(草案)和监票人建议名单。会议最终以无记名投票和差额选举的办法从全市各级领导干部、各类专业技术人员、各条战线先进模范人物中选举产生了陈海波等21名出席省第十次党代会代表(含省委选派代表2名)。盘锦市选举产生的21名出席省第十次党代会代表有(以姓氏笔画为序)：于捷、齐继慧、孙占明、李旭、李万新、李日宇(朝鲜族)、李素芳(女)、杨卫新、杨学明、张久富、陈海波、陈淑珍(女)、看金明、姜冰、徐德、徐玉敏(女)、高科、符月珍(女)、蒋景晨、曾维、魏书生。陈海波宣布选举结果并代表市委讲话。陈海波指出，省第十次党代会是包括盘锦人民在内的全省人民政治生活中的一件大事，希望当选的党代表以高度的政治责任感和使命感，本着对事业负责、对历史负责、对党和人民负责的精神，模范履行党代表的神圣职责，积极地参政议政，客观公正、实事求是地反映全市广大党员和人民群众的意愿，为把省第十次党代会开成民主和谐、团结奋进的大会作出自己的贡献。

召开全市优化经济发展软环境动员大会　9月4日，盘锦市召开优化经济发展软环境动员大会。会上，市委常委、常务副市长喻国伟宣读了《盘锦市重点单位优化经济发展软环境评议办法(暂行)》和《盘锦市机关及事业单位重要岗位负责人优化经济发展软环境评议办法(暂行)》。市委副书记、代市长陈淑珍在讲话中指出，在全市上下的共同努力下，全市经济发展软环境总体趋势越来越好，但与周边经济快速增长区域的发展环境相比，还存在着差距，远远不能满足全市实现“十一五”规划、资源型城市可持续发展以及企业和投资者的发展要求。因此，必须正确估价形势，看到存在的问题，放眼持续发展，增强优患意识，牢固树立环境就是发展，环境就是速度，环境就是竞争力，环境就是生产力的观念，充分认识到优化经济发展软环境的极端重要性和紧迫性，把软环境建设推向深入。市委书记陈海波在讲话中要求，各级党委、政府要加强领导，齐抓共管，确保优化经济发展软环境活动取得实实在在的成果。要完善机制，健全制度，建立健全“党委政府统一领导，领导小组办公室组织协调，各有关部门齐抓共管”的领导机制和工作机制。以科学发展观为统领，努力把盘锦软环境建设不断引向深入，为推动全市经济社会持续快速健康发展做出新的更大贡献。

举行全市园区建设座谈会 10月8日，全市园区建设座谈会举行，全面总结园区建设所取得的成绩和存在的问题，探寻园区发展的新思路。市委书记陈海波，市委常委、常务副市长喻国伟，市人大常委会常务副主任李日宇，副市长刘家升、徐吉生，市政协常务副主席杨殿寿，市长助理侯慧明，市政府秘书长张广宽，市油地融合领导小组副组长杨广富以及市直各部委办局、两县两区领导和各开发区有关同志出席座谈会。会议听取了两县、两区关于园区建设及今后工作安排情况的汇报。市发改委、市经委、市外经贸局等9个综合部门、执法部门的相关负责同志，就支持园区建设的主要做法和打算作了表态发言。喻国伟、刘家升、徐吉生等市领导分别就加快全市园区建设问题提出建设性意见。陈海波对全市园区建设所取得的成绩给予充分的肯定，并围绕园区发展以及体制、机制创新等问题，就如何进一步抢抓机遇，破解园区建设瓶颈，提高管理、服务水平，打造经济发展平台提出具体要求。陈海波指出，要紧紧抓住和利用好东北老工业基地振兴和辽宁“五点一线”沿海经济带开发建设的双重机遇，加速全市园区发展步伐。要进一步抓好华锦集团技术改造项目，发挥重点项目对地区经济发展的巨大牵动作用，拉长产业链条。陈海波强调，要充分利用好相关政策，实现地方经济快速发展。在发展项目的同时，一定要保护好环境。各相关部门要为园区加快发展创造条件，把园区建设作为全市工作的重中之重，齐心协力，形成合力，尽最大努力推动全市园区发展。

召开全市信访工作会议 10月18日，全市信访工作会议召开。市委书记陈海波，市委副书记、代市长陈淑珍，市委副书记齐继慧，市委常委、秘书长宋文利，市委常委、政法委书记刘德胜出席会议。陈海波作重要讲话，陈淑珍主持会议。会议书面传达了胡锦涛总书记关于信访工作的重要指示，中央、省联席会议主要召集人会议精神以及省委书记李克强、省长张文岳在省委常委会议上关于做好今后信访工作的重要讲话。齐继慧代表市委、市政府总结了年初以来全市信访工作的基本情况，分析了当前信访形势，部署了下步信访工作任务。陈海波就如何进一步做好新时期的信访工作提出要求。他指出，各级领导干部要深刻领会胡锦涛总书记关于信访工作的重要指示精神，进一步增强做好信访工作的责任感。各级党委、政府，各级领导干部和广大信访工作者，要进一步强化宗旨意识，始终坚持执政为民的理念，把最广大人民的根本利益实现好、维护好、发展好；要进一步强化全局意识，把信访工作放在改革发展稳定的大局中去思考，放在构建和谐盘锦的实践中去推进；要进一步强化求真务实意识，坚持实事求是，真抓实干，坚持讲实话、办实事、务实效；进一步强化探索创新意识，积极适应新形势，不断破解新难题，确保实现新发展。陈淑珍在会上作了总结讲话。

市慈善总会第二次会员代表大会召开 12月19日，市慈善总会第二次会员代表大会召开。大会听取审议了市慈善总会第一届理事会工作报告及财务工作报告，选举产生了市慈善总会第二届理事会组成人员，通过了《盘锦市慈善总会章程》和《盘锦市慈善总会接收管理使用社会捐赠款物暂行办法》。全国政协常委、中华慈善总会会长范宝俊，辽宁省政府副秘书长夏道虎，省民政厅厅长薛恒，市领导陈海波、陈淑珍、马淑清、王秉宽，市政府秘书长张广宽，市老领导刘振宦、郑天西、王乃仁，中华慈善总会、《慈善》杂志社、省民政厅、省慈善总会及市民政局等市直机关部门负责同志以及来自全市各条战线上的会员代表参加了会议。会议由张广宽主持。牛翠英代表市慈善总会第一届理事会作工作报告。王桂华受市慈善总会第一届理事会委托作财务工作报告。团市委书记赵红巍宣读了关于在全市开展“爱心奉献活动月”的倡议书。大会选举张广宽为市慈善总会第二届理事会会长，选举牛翠英为常务副会长,聘请齐作忱等18人为名誉会长,授予刘振宦等12人为荣誉会长。新当选的市慈善总会第二届理事会会长张广宽作了表态发言。范宝俊代表中华慈善总会向大会致以热烈祝贺。副市长王秉宽代表市委、市政府向大会的召开表示祝贺,对市慈善总会的工作给予充分肯定。

市委召开五届六次全会　12月29日,中共盘锦市第五届委员会第六次全体会议召开。会议认真贯彻落实党的十六届五中、六中全会和省第十次党代会、省委十届二次全会精神,讨论并审议通过了市委书记陈海波所作的题为《抢抓机遇,乘势而上,努力实现全市经济社会又好又快发展》的报告。市委副书记、代市长陈淑珍主持会议,并作总结讲话。报告指出,2006年是盘锦市经济和各项社会事业全面推进的一年。全市各级党组织按照市委五届四次、五次全会的安排部署,全面贯彻落实科学发展观,牢牢把握发展第一要务,团结带领全市人民,紧紧围绕三大重点任务,狠抓工作落实,全面完成了年初确定的各项工作目标,国民经济实现平稳健康发展、和谐盘锦建设有效推进、党的建设进一步加强,实现了"十一五"良好开局。预计地区生产总值实现520亿元,增长7.0%,人均生产总值突破5000美元;全社会固定投资完成200亿元,增长16%;税收总额实现93.6亿元,增长19.8%;地方财政一般预算收入完成25亿元,增长16.3%;社会消费品零售总额实现90亿元,增长14%;城镇居民人均可支配收入达到12200元,增长10.7%;农民人均纯收入达到5667元,增长11.7%。粮食总产量达到106万吨,创历史新高;农民人均纯收入增加600元,是近年来增幅最大的一年。报告在深入分析了全市2007年面临的发展机遇、有利条件和挑战后指出,2007年是党的十七大召开之年,是实现辽宁老工业基地全面振兴的关键之年,也是盘锦市抢抓发展机遇,加快重大项目建设、为"十一五"末期实现跨越式发展奠定坚实基础的重要一年。2007年全市工作的指导思想是,认真贯彻党的十六届五中、六中全会、中央经济工作会议和省第十次党代会、省委十届二次全会精神,继续抢抓老工业基地振兴和沿海开放双重战略机遇,全面贯彻落实科学发展观,着力加快项目建设,着力发展县域经济,着力解决民生问题,推动资源型城市可持续发展实现新突破、社会主义新农村建设取得新进展、和谐盘锦建设取得新成果,努力实现经济社会又好又快发展。会议号召,全市上下要更加紧密地团结在以胡锦涛同志为总书记的党中央周围,高举邓小平理论和"三个代表"重要思想伟大旗帜,在省委、省政府的正确领导下,全面贯彻落实科学发展观,组织动员全市广大党员、干部和人民群众,抢抓机遇,埋头苦干,为实现经济社会又好又快发展而不懈奋斗,以改革开放和现代化建设的优异成绩,迎接党的十七大的胜利召开。

·重要文件·

市委办公室发出《关于〈盘锦市县处级领导干部考察工作实施办法〉的补充规定》　1月16日,市委办公室发出的《规定》指出,为更好地贯彻落实市第五次党代会和市委五届四次全会精神,进一步加强对县处级领导干部的实绩考察工作,引导干部树立科学发展观和正确政绩观,切实解决干部考察工作中存在的问题,在干部队伍中形成肯干事、干实事、干成事的氛围,根据市委的总体要求和盘锦市实际,对《盘锦市县处级领导干部考察工作实施办法》(盘委办发〔2004〕9号)作如下补充规定。一、关于考察内容。1.工作实绩是干部德才素质的集中体现。2.实绩考察从每个单位、每个部门的性质及职责出发,进行分类考察。3.实绩考察以年度为单位,每年年初由各单位提出年度工作目标。4.年度工作目标由考察机关审核后实施。二、关于考察方法。5.实绩考察采取日常考察和年终考察两种方法进行。6.日常考察采取问卷调查、随机抽查、专项检查、跟踪考核、社会评价、行风评议等方式进行,注意掌握社会各方面对干部工作情况及实际效果的认可程度。日常考察情况作为年终考察结果评定的重要依据。年终考察采取集中考察的方式进行，通过查阅资料、调查核实、征求意见等方式考察各单位、各部门年度工作目标完成情况。7. 考察责任分工。年终考察由市委组织部统一组织实施。三、关于考察结果的评定与运用。8. 凡是有下列情况之一的领导班子一般不能评为“好”等次，其主要领导和分管领导一般不能评为“优秀”等次：(1)没完成年度工作任务的；(2)在市政府目标管理综合考评中未进入前10名的；(3)承担省政府指标的市政府工作部门，由于本部门工作原因其指标完成情况在全省居于后6位的；(4)所承担的经济指标低于全市平均发展水平的；(5)业务工作在省内各市同类部门排序居于后3位的。9. 市委组织部对县处级领导班子和领导干部进行年度综合评价时，将工作实绩作为基本衡量标准，在此基础上，综合考虑思想政治建设、组织领导能力、工作作风、廉洁自律、群众威信等方面情况，评定领导班子和领导干部等次。10. 没有特殊情况，未完成本年度工作目标的领导班子，其班子成员在一年内一般不予提拔使用；连续两年没完成工作目标的领导班子，对其主要领导和分管领导要进行调整。11. 没有特殊情况，未完成本年度工作目标的领导干部，视具体情况予以谈话警告或诫勉，在一年内一般不予提拔使用；对连续两年没完成工作目标的领导干部，视具体情况予以调整或降职、免职。

市委办公室、市政府办公室发出《关于印发〈盘锦市机构编制委员会工作规则〉的通知 》 1月24日，市委办公室、市政府办公室发出的《通知》指出，盘锦市机构编制委员会(以下简称市编委)是市委、市政府负责行政管理体制和机构改革，管理全市党政群机关、事业单位机构编制工作的议事协调机构，其工作规则如下。一、主要职责权限及工作程序。(一)统一领导全市机构编制工作，确定机构编制工作思路和工作任务。(二)研究制定机构编制管理的政策规定和相关的管理办法。(三)研究制定市委、市政府机构改革方案，经市委、市政府审议后，报省委、省政府批准，并组织实施。(四)研究制定全市人大、政协、法院、检察院及群团机关机构改革方案，报市委、市政府批准，并组织实施。(五)研究制定全市事业单位机构改革方案，报市委、市政府批准，并组织实施。(六)研究制定全市县(区)以下行政管理体制改革方案，报市委、市政府批准，并组织实施。(七)审核县区党政机构改革方案和市直各部门“三定”规定(方案)，报市委、市政府批准。(八)研究审议市委、市政府工作部门及部门管理机构的设立、增加、减少、合并及名称变更，经市委、市政府审定后，报省委、省政府批准；研究审议市直党政群机关内设副处级以上机构的设立、增加、减少、合并及名称变更，报市委、市政府审定。(九)研究审定市直相当于副县级以上事业单位的设立、合并、撤销和名称变更，其中相当于正县级事业单位报市委、市政府批准。(十)审核县(区)党政机关工作部门(包括部门管理机构)的设立、增加、减少、合并和名称变更。(十一)研究审定县(区)、乡(镇)职权的划分；研究审定市直党政群机关部门职能的调整，其中重大调整事项报市委、市政府批准。(十二)研究全市党政群机关行政编制总数的调整，并报省委、省政府或省编办批准。(十三)研究审定市直党政群机关各部门人员编制及编制调整；研究审定市直事业单位新增财政拨款编制；研究审定各县区(含县区以下)事业单位编制总量及调整。(十四)研究审定市直党政群机关及事业单位正副县级领导职数的配备和调整。(十五)承担市委、市政府和省编委交办的其它工作任务。二、会议制度。(一)按照集体领导、分工负责的原则，实行市编委会议制度，集体讨论决定机构编制重要事项。需提请市委、市政府审议的，经市编委会议讨论后决定。(二)市编委会议由市编委主任主持召开，市编委副主任和市编委组成人员参加。(三)市编委会议原则上每半年召开一次，因特殊情况，市编委主任可随时召集。必要时，有关机构编制事项也可采取由市编委主任、副主任传签的形式予以审定。召开市编委会议由市编委主任确定，或由市编委办公室提请召开。(四)市编委会议准备工作由市编委办公室负责，会后要形成会议纪要。三、文件审批制度。(一)经市编委会议议定或由市编委主任、副主任传签审定的，属市编委审批权限范围内的机构编制事项，由市编委办公室起草文件，市编委主任或副主任签发，以市编委名义行文。(二)需报省委、省政府和市委、市政府的有关机构编制事项，由市编委办公室起草文件，市编委主任或副主任签发，按有关规定程序上报。(三)以市编委名义印发涉及机构编制工作政策、规定等文件，由市编委主任或副主任签发；市编委会议纪要，由市编委主任或副主任签发。四、市编委办事机构。市编委办公室为市编委的常设办事机构，负责市编委的日常工作。市编委职责范围内的具体机构编制业务工作由市编委办公室承办，对市编委负责。各部门凡涉及机构编制问题，直接报送市编委办公室研究办理。

市委办公室、市政府办公室发出《盘锦市〈关于安置驻军现役军官随军家属的意见〉的通知》 3月2日，市委办公室、市政府办公室发出的《通知》指出，为妥善安置全市驻军现役军官随军家属，支持和鼓励军队干部安心服役，切实解决其后顾之忧，现提出如下意见。一、安置对象。在盘锦市驻军现役军官家属中具有干部身份和正式工人身份的人员。二、安置去向。根据安置对象的具体情况，分别安置到县区和各有关单位，尽量做到身份、行业、专业、工种对口。三、安置数量。根据全市驻军现役军官的实际情况，每个年度安置随军家属26人。四、安置程序。1. 由市双拥办对符合安置条件并列入安置计划的随军家属进行初审和分类统计。2. 具备干部身份的随军家属由人事主管部门对其身份和条件进行审查，并分配给接收单位；工人身份的随军家属由民政部门审查后，分配给相关单位。3. 对给予安置的现役军官随军家属，相关部门要及时办理相关手续。五、几点要求. 1. 各有关单位要认真贯彻国务院、中央军委和辽宁省人民政府、辽宁省军区关于安置随军家属等有关文件精神，要从维护社会稳定、促进军队和国防建设的高度来对待此项工作，要作为一项政治任务来完成。2. 各承担接收安置任务的单位，主要领导要亲自挂帅，指派政治素质好、责任心强、清正廉洁的同志负责此项工作。3. 各用人单位都有接收安置随军家属的义务，任何单位和个人不得以任何理由拒绝接收，也不得以任何理由拖延接收。4. 接收和安置现役军官随军家属工作要在每年11月30日前完成。

市委办公室、市政府办公室发出《关于评选表彰盘锦市劳动模范和先进集体有关事项的通知》 3月9日，市委办公室、市政府办公室发出的《通知》指出，为了贯彻党的十六大和十六届五中全会精神，团结和激励全市人民为全面实现盘锦“十一五”规划目标作出更大的贡献，市委、市政府决定在2006年“五一”国际劳动节前夕组织评选盘锦市劳动模范和先进集体，并召开表彰大会。一、指导思想。以邓小平理论和“三个代表”重要思想为指导，认真贯彻党的十六大、十六届五中全会和市委五届四次全会精神，按照科学发展观的要求，认真做好推荐评选工作。坚持面向基层，面向工作一线，面向经济社会发展的各条战线和社会各个阶层。坚持标准，严格程序，保证质量。通过评选表彰，激励和鼓舞全市人民为实现资源型城市可持续发展和构建和谐盘锦作出更大贡献。二、评选表彰范围。评选表彰市劳动模范的范围是，2003年以来，在我市改革开放、三个文明建设及社会各项事业发展中作出突出贡献的工人、农民、科教人员、企业管理者、机关工作人员以及其他社会各阶层人员。评选表彰市先进集体的范围是，具有独立法人和社团法人资格的企事业单位、社会团体、党政群机关建制的集体以及村(居)民自治组织。三、评选条件。市劳动模范必须是热爱祖国，拥护中国共产党的领导，坚持邓小平理论和“三个代表”重要思想，坚持科学发展观，认真贯彻执行党的路线方针政策，遵守国家法律法规，爱岗敬业，奋发进取，开拓创新，勇于奉献，在推进社会主义物质文明、政治文明、精神文明建设中取得显著成绩，在群众中享有较高威信者。四、名额和比例。五、表彰奖励。六、组织领导。七、推荐评选主要程序。八、工作进度安排。九、其他事项。

市委发出《关于印发〈中共盘锦市委2006年度经济社会发展工作重点调研课题〉的通知》

3月15日，市委发出的《通知》指出，《中共盘锦市委2006年度经济社会发展工作重点调研课题》，是按照市委五届四次全会提出的工作要求，着眼于解决当前及今后一段时期困扰盘锦市发展的重点、热点和难点问题而提出的，突出了基本实现资源型城市可持续发展、建设社会主义新农村和打造宜居城市三大重点任务。完成好这些课题，对于盘锦当前和长远发展具有十分重要的意义。课题负责同志、承办单位和承办人要认真负起责任，深入基层、深入实际搞好调查研究，切实提出有见地、满足实际工作需要的意见和建议。市委政研室在完成好自身承办课题的同时，还要做好整个调研活动的组织、协调和指导工作，确保调研任务顺利完成。《通知》强调，2006年是“十一五”规划的开局之年，各项工作任务十分繁重。加强对经济社会发展领域一些重大问题的研究，提出有前瞻性、针对性和可操作性的政策措施，对于实现和保持全市经济社会的繁荣与发展意义重大。市委要求全市各级领导机关、领导干部，要切实转变工作作风，加大调查研究工作力度，努力解决好发展中遇到的各种矛盾和问题，不断提高科学决策水平，推动全市经济和社会的持续健康发展。

市委、市政府发出《关于进一步加强民族工作、加快少数民族乡、村经济社会发展的实施意见》 4月6日，市委、市政府发出的《意见》指出，为认真贯彻落实《中共辽宁省委、辽宁省人民政府关于加强民族工作促进少数民族和民族地区经济社会发展的实施意见》精神，进一步做好我市民族工作，加快少数民族乡、村经济社会发展，特提出如下实施意见。一、广泛宣传和深入理解党的民族理论和政策，切实做好新时期民族工作。1. 高度重视民族问题。2. 广泛宣传、深入贯彻党的民族理论和政策。3.“十一五”期间民族工作的主要任务。4. 科学制定民族乡、村发展规划。二、加强民族乡、村基础设施建设，支持民族乡、村经济快速发展。5. 加大民族乡、村基础设施建设力度。6. 支持民族乡、村经济结构调整。7. 加大民族乡、村扶贫开发力度。8. 不断提高民族乡、村自我创新和自我发展能力。三、扶持民族乡、村科教、文化、卫生、体育等社会事业发展。9. 制定民族乡、村科学教育发展的扶持政策。10. 大力发展具有民族特点的公益性文化事业。11. 扶持民族乡、村医疗卫生事业的发展。12. 积极发展少数民族体育事业。四、加强和改善党对民族工作的领导。13. 加强城市和散居地区的民族工作。14. 注重培养选拔使用少数民族干部。15. 正确处理民族关系问题。16. 切实加强党对民族工作的领导。

市委、市政府发出《关于鼓励全民创业的若干规定》 4月25日，市委、市政府发出的《规定》指出，全民创业是发展之基、强市之源、富民之本。为充分调动全市人民创业的积极性，挖掘一切创业潜能，加快经济发展，实现资源型城市可持续发展和全面建设小康社会目标，根据国家、省有关政策，结合盘锦市实际，制定本规定。一、降低创业门槛，拓展全民创业空间。1. 放宽市场主体资格准入限制。2. 放宽登记注册条件。3. 放宽经营场所限制。4. 放宽冠名限制。5. 实行预备期管理制度。6. 简化办事程序。二、培育创业主体，增强全民创业活力。7. 鼓励科技人员以技创业。8. 鼓励下岗失业人员自强创业。9. 鼓励高校毕业生自主创业。10. 鼓励军转干部和城镇退役士兵踊跃创业。11. 鼓励农民开拓创业。12. 鼓励个体业主二次创业。13. 鼓励现有企业做大做强。三、加大创业扶持，搭建创业政策平台。14. 实行财政奖励政策。15. 设立全民创业发展资金。16. 设立小额创业贷款。17. 扩大再就业信贷帮扶政策。18. 为创业者提供劳动保障服务。19. 设立金融机构特别贡献奖。20. 加强信用担保机构建设。

市委办公室、市政府办公室发出《关于〈2006年继续实行市级领导同志协调推进重点项目建设的实施意见〉的通知》 5月18日，市委办公室、市政府办公室发出的《通知》指出，为进一步加大全市重点项目建设的推进力度，市委、市政府决定，2006年，对首批筛选出的25个投资额较大、对全市经济和社会发展具有较强牵动作用的重点项目继续实行市级领导协调推进机制。(一)本轮实施的市级领导协调推进项目，由市委、市政府16位领导负责,同时,按照项目所处的行业和所在的区域确定了负责协调的县区和市直部门。市级领导在不打乱原工作分工的基础上,牵头做好所负责项目建设的推进工作,如需其他领导和部门介入,由牵头领导协调或指定。(二)在项目推进过程中,负责推进项目的市级领导、县区和市直部门,应在充分尊重项目单位意愿的前提下,对项目建设实施全过程的跟踪与协调服务,帮助项目单位解决推进中遇到的困难,自现在起至项目竣工之日止。(三)实施意见下发后,各牵头领导要尽快出面组织,与项目建设单位建立起紧密的工作联系,进入工作状态。负责协调推进的市直部门和县区,要认真负起责任,并指定专人随时掌握项目推进情况,及时反馈给市发改委。市发改委作为项目推进的综合协调部门,要及时调度、综合反馈项目推进情况并提出建议措施。市委、市政府将定期听取项目推进情况汇报,研究解决项目推进中的难点问题,加快项目建设进程。

市委、市政府发出《关于进一步加强经济发展环境建设的规定》　5月19日,市委、市政府发出的《规定》指出,为加强全市经济发展环境建设,进一步规范行政执法、行政管理和司法行为,以推动全民创业、促进经济发展,现依据《中华人民共和国行政监察法》、《中华人民共和国行政许可法》、《中华人民共和国公务员法》、《中共中央、国务院〈关于实行党风廉政建设责任制的规定〉》和《中国共产党纪律处分条例》,特制定本规定。一、加强政策环境建设。1. 清理整顿各类政策规定。2. 维护政策的严肃性。3. 本市和域外投资者兴办的企业,均享受同等优惠政策和保护措施。二、加强政务环境建设。4. 清理收费项目。5. 严格界定企业设立登记前置审批条件。6. 认真执行政务公开制度。7. 严格履行行政许可和审批程序。8. 加快行政服务大厅建设。9. 严格规范年检制度。10. 各部门、各单位及其工作人员不得有下列行为:(1)履行公务时接受企业宴请、有偿服务或要求企业购买商品等;(2)要求企业报销不属于企业开支费用,索取或收受企业财物,或以招商引资考察为名要求企业出资或陪同旅游观光;(3)强行向企业拉广告和赞助,强迫企业订购书刊或音像制品,强制或变相要求企业参加学会、协会、研究会等组织;(4)利用职权向企业摊派钱物、借款借物、推销商品以及强行入股,利用职权指定行业协会或中介组织向企业提供服务并收费,强行安排亲朋好友到企业就业;(5)未经政府及有关职能部门批准,组织企业参加各类学习、评比、培训、会议,向企业收费或变相收费;(6)违反行政审批事项范围和程序,擅自设立行政审批、登记备案项目以及在办理法定的行政审批和登记时增加条件、程序或违诺;(7)为单位、个人谋取不正当利益;(8)其它损害经济发展环境的行为。三、加强执法环境建设。11. 规范检查行为。12. 规范处罚行为。13. 保护企业及投资者的合法权益。四、强化责任处罚。14. 明确经济发展环境建设责任。15. 各级政府必须对所属部门及下级政府执行本规定情况进行监督检查,发现和纠正其存在的问题。16. 按属地管理原则,街道办事处和乡镇政府对当地居民下列情况负有及时制止、处理的责任。当地派出所必须予以支持和配合。17. 健全和完善对行政机关、窗口服务行业的测评考核办法,并将测评考核结果与领导干部任免使用和奖惩挂钩。18. 市纪检监察机关是受理损害经济发展环境投诉、举报的职能机关。对企业和群众的投诉、举报应及时处理,需转有关部门的必须督促其按督办通知规定限时办理。19. 各单位及其工作人员发生违反本规定行为,根据情节轻重和损害后果追究其党政纪责任。20. 凡未按要求履责,发生当地居民侵害企业合法权益、影响企业正常生产经营并造成严重后果的,均按有关规定追究街道办事处和乡镇政府主要领导的责任。派出所支持、配合不力的,应追究有关人员的责任。21. 无正当理由不及时处理投诉举报或交办件、对违规人员不处理或处理不到位并造成不良影响的,按规定追究有关责任人员和责任领导的党政纪责任。22. 在年度民主评议政风行风时,其中,经济发展环境建设被评为全市后进的,由市委、市政府给予通报批评,其班子成员当年取消评优评先资格;连续两年评为后进的,依据规定责令单位主要领导辞职,班子成员两年内不能提拔重用。属垂直管理单位的,由市委、市政府将测评考核结果及处理建议向其上级主管部门通报。23. 本规定由市纪委、监察局负责解释。以前有关意见、规定与本规定不一致的,以本规定为准。

市委、市政府发出《关于推进社会主义新农村建设的实施意见》 6月30日,市委发出的《意见》指出,为了全面贯彻《中共中央、国务院关于推进社会主义新农村建设的若干意见》和《中共辽宁省委、辽宁省人民政府关于推进社会主义新农村建设的实施意见》精神,结合盘锦市实际,提出如下实施意见。一、社会主义新农村建设的重要性及基础条件。1. 建设社会主义新农村的重要性。2. 建设社会主义新农村的基础和有利条件。二、社会主义新农村建设的指导思想、基本原则和目标。3. 指导思想。以邓小平理论和"三个代表"重要思想为指导,全面落实科学发展观,按照统筹城乡发展,推进城乡一体化的要求,以推动经济发展为中心任务,以增加农民收入为根本目的,以发展壮大县域经济为重要载体,协调推进农村经济建设、政治建设、文化建设、社会建设和党的建设,努力促进农民增收、农业增效、农村稳定,为实现资源型城市可持续发展,构建和谐盘锦提供有力支撑。4. 基本原则。一是突出产业、发展经济。二是深化改革、创新机制。三是尊重规律、注重实效。四是因地制宜、稳步推进。五是城乡统筹、全面发展。六是政府引导、群众自主。5. 发展目标:到2010年,经过5年努力,社会主义新农村建设迈出重大步伐。一年试点起步、二年重点突破、三年小见成效、五年大见成效的阶段性目标基本实现,统筹城乡发展的机制基本建立,农民人均纯收入保持全省领先水平,城乡一体化进程走在全省前列。三、社会主义新农村建设的主要任务。(一)加速发展县域经济,推进社会主义新农村建设。6. 县域经济在新农村建设中的地位和作用。7. 加快发展县域工业。高度重视和加快制定县域工业发展规划,坚持以工业发展带动农业和服务业,促进县域经济全面振兴。8. 全力推进非公有制经济发展。9. 加快推进农村城镇化步伐。10. 制定县域经济发展扶持政策。(二)转变农业增长方式,加快现代农业建设。11. 着力提高农业科技创新能力。12. 积极推进农业结构调整。13. 提升农业产业化经营水平。14. 积极发展循环农业。15. 积极推进农业标准化。16. 加快农村现代流通体系建设。17. 努力推进农业开放发展。(三)构建农民增收长效机制,促进农民持续增收。18. 拓宽农民增收渠道。19. 加速农村劳动力转移。20. 加强农村扶贫开发工作。(四)加强基础设施建设,改善农村生产生活环境。21. 加强农业基础设施建设。22. 加强村镇基础设施建设。23. 搞好村镇规划和建设。24. 加大村容镇貌整治力度。(五)发展农村公共事业,推进农村社会全面进步。25. 加快发展农村教育事业。26. 大力发展农村卫生事业。27. 加强农村文化体育事业。28. 建立健全农村社会保障制度。29. 倡导健康文明新风尚。(六)加强民主政治建设,增强基层组织活力。30. 不断增强农村基层党组织的战斗力、凝聚力和创造力。31. 进一步推进村民自治,全面落实农民群众的民主权力。四、社会主义新农村建设的保证措施。(一)深化农村改革,为社会主义新农村建设提供体制保障。32. 完善农村土地制度。33. 深化国有农场改革。34. 改善农村金融服务。35. 推进农村其它改革。(二)加大扶持力度,为社会主义新农村建设提供政策保障。36. 加大政策扶持力度。37. 加大项目扶持力度。38. 加大城市对农村的支持力度。(三)加强领导,为社会主义新农村建设提供组织保障。39. 健全组织,强力推进。推进新农村建设,领导是关键。40. 领导联乡,部门帮村。41. 营造氛围,形成合力。42. 明确责任,强化考核。

市委办公室转发《市总工会、团市委、市妇联、市科协〈关于开展群众性科技创新联合行动的意见〉的通知》 8月25日,市委办公室转发的《通知》指出,为深入贯彻落实《省委办公厅转发〈省总工会、团省委、省妇联、省科协关于开展群众性科技创新联合行动的意见〉的通知》(辽委办发〔2006〕14号)精神,充分发挥科技在推进我市资源型城市可持续发展，构建和谐盘锦中的支撑和引领作用，市总工会、团市委、市妇联、市科协决定“十一五”时期在全市开展群众性科技创新联合行动。现提出以下意见。一、指导思想。以邓小平理论和“三个代表”重要思想为指导，全面落实科学发展观，积极动员全市工人、青年、妇女和广大科技人员，紧紧围绕实施“十一五”规划、推进我市资源型城市可持续发展和构建和谐盘锦这个主题，以建设创新队伍为目标，以加强引进消化吸收再创新为着力点，坚持以人为本的原则，按照“优势互补、资源共享、横向联动、上下互动”的工作思路，大力营造勇于创新、尊重创新和激励创新的环境氛围，广泛宣传科学知识、科学方法、科学思想、科学精神，促进群众性的“创新、革新、推广、普及”活动全面开展，为把我市经济社会发展的立足点切实转到主要依靠科技进步和提高劳动者素质上来，为加快推进科技创新进程作出新贡献。二、重点内容。(一)开展培训工作。(二)开展技术革新。(三)推广适用技术。(四)开展科普宣传。三、几点要求。1. 成立协调机构。2. 制定实施计划。3. 建立激励机制。

市委办公室、市政府办公室发出《盘锦市〈关于“十一五”期间开展职工技术创新活动的意见〉的通知》　8月25日，市委办公室、市政府办公室发出的《通知》指出，为贯彻落实省委、省政府《转发〈省总工会关于“十一五”期间开展职工技术创新活动的意见〉的通知》精神，充分调动广大职工群众和科技人员施展创新才能和建功立业的积极性，更好地完成我市“十一五”规划的目标任务，市委、市政府决定，“十一五”期间在全市广泛开展职工技术创新活动。一、指导思想。坚持以邓小平理论和“三个代表”重要思想为指导，贯彻落实科学发展观，以基层企事业单位为重点，以广大职工和科技人员为主体，紧紧围绕加快自主创新和企业进步，实现经济跨越式发展目标，不断激发和调动全市职工群众的积极性和创造性，全力打造职工施展创新才能和建功立业的平台，为圆满完成我市“十一五”规划，实现盘锦经济社会全面发展作出新贡献。二、活动内容。1. 加强职工技术培训。2. 推进职工技术交流。3. 推进企业技术攻关。4. 开展技术创新竞赛。5. 加强班组建设。6. 开展“20万职工建设节约型社会行动”。三、实现目标。1. 组织职工完成技术革新、技术攻关200项，其中，重大技术攻关10项；2. 科研单位与职工技术创新成果推广交流50项；3. 全市职工提合理化建议10万条，力争实施率30%以上；4. 通过岗位练兵、技术比武等形式，每年培训职工5万人次，其中，重点培训班组长300人次、技术骨干1000人次。通过培训，技工技术等级晋级率达到20%以上；5. 各种群众经济技术创新活动实现节约、创造价值1亿元。四、活动要求。1. 提高认识。2. 搞好宣传。3. 选树典型，推广经验。4. 健全机制，齐抓共管。五、组织领导。为确保活动顺利开展，市委、市政府决定成立盘锦市“十一五”职工技术创新活动领导小组，领导小组办公室设在市总工会生产保护部，负责日常工作。

市委办公室、市政府办公室转发《盘锦市〈关于进一步优化经济发展软环境的实施意见〉的通知》　9月1日，市委办公室、市政府办公室转发的《通知》指出，为深入贯彻落实《中共盘锦市委、盘锦市人民政府关于进一步加强经济发展环境建设的规定》，切实优化经济发展软环境，推动全民创业，现提出如下实施意见。一、指导思想。坚持以“三个代表”重要思想和科学发展观为指导，紧紧抓住全民创业这条主线，从优化经济发展软环境入手，通过标本兼治、综合治理、纠建并举，切实把纠风治乱同提高行政效能结合起来，把加强思想教育同严肃纪律结合起来，把解决突出问题同建立长效机制结合起来，使经济发展软环境得到明显改善，以推动我市经济社会既快又好发展。二、主要措施。(一)放开搞活，营造宽松的政策环境。1. 抓好规范性政策文件的清理。2. 抓好政策规定的落实。3. 放宽搞活非公有制经济。4. 放宽投资项目审批限制。(二)转变政府职能，营造高效廉洁的政务环境。1. 严格清理收费项目。2. 放宽企业登记审批限制。3. 强化政务公开。4. 深化行政审批制度改革。5. 科学规范行政审批运行程序。6. 强化效能监察，促进政风行风建设。(三)规范检查和处罚行为，营造公正文明的执法环境。1. 规范行政检查行为。2. 改进征税服务和检查。3. 规范行政处罚行为。4. 依法保护企业及投资者的合法权益。5. 加强执法队伍建设。（四）规范市场经济秩序，营造公平公正的市场环境。1. 抓好商业贿赂专项治理。2. 规范重点市场秩序。3. 强化诚信体系建设。4. 培育和规范社会中介机构。（五）加大宣传力度，营造全民参与的思想舆论环境。1. 强化媒体宣传。2. 强化机关服务意识教育。三、加强组织领导。（一）建立健全优化经济发展软环境领导体制和工作机制。（二）建立健全科学考评考核体系。（三）强化监督检查。（四）严格查处追究。

市委办公室、市政府办公室关于转发《市民政局〈盘锦市因灾倒房和严重险房重建工作实施方案〉的通知》 9月1日，市委办公室、市政府办公室转发的《通知》指出，2006年以来，特别是进入8月份后，全市大部分地区遭受了暴雨袭击，造成部分居民住房倒塌、损坏。为做好灾民损毁房屋的恢复重建工作，帮助灾区群众重建家园，促进灾区经济发展，特制定如下实施方案。一、指导思想、基本原则和工作目标。（一）指导思想。坚持“以民为本，为民解困”的工作方针，扎扎实实做好全市因灾倒房和严重险房的重建工作，保证灾区群众正常生产生活，为建设和谐盘锦创造稳定的社会环境。（二）基本原则。坚持政府资助、群众帮扶和个人筹资相结合的原则。城市规划区内，能够于短期内（3至5年）动迁的，实行临时租房；不能于短期内动迁的，原地进行维修，由民政部门给予补助。（三）工作目标。因灾倒房和严重险房的重建工作要在10月底前完成，确保受灾群众年底前全部入住。二、建房对象及数量。建房对象为，因灾倒房和住房严重危险的城乡低保户和重灾户。经普查，全市因灾倒房和住房严重危险的城乡低保户和重灾户分别为268户和74户。三、资金来源和补助标准。因灾倒房和住房严重危险的城乡低保户和重灾户由省、市、县（区）三级政府为每户补助2万元（其中，省补助1万元、市补助0.5万元、县（区）补助0.5万元）。四、相关要求。全市因灾倒房和严重险房重建采取贫困户自建和政府帮扶相结合的办法。由政府帮建的，面积为60平方米；个人自建的，由政府三级配套资金进行补助，面积可适当增加。（一）强化领导。（二）强化施工管理。（三）加强监督和检查。

市委办公室发出《关于进一步规范市委常委会议有关事宜的通知》 9月11日，市委办公室发出的《通知》指出，为进一步规范市委常委会议程序，提高市委常委会议的议事效率和决策质量，按照市委领导同志的意见，根据《中共盘锦市委常务委员会工作规则》，现就有关事宜通知如下，1. 市委常委会议议题由市委办公室负责征集，经市委秘书长同意后，报市委书记审定。2. 凡需提交市委常委会议讨论研究的事项，议题提出单位要按事权和职责分工，依照程序办理。属于市委部门职责范围内的事项，经市委分管领导同意后，由市委部门提交常委会议讨论；属于政府职责范围内的事项，由市政府党组或常务会议讨论通过后，由市政府有关部门负责提交常委会议讨论。3. 凡需提交市委常委会议讨论决定的事项，议题提出单位均要填写《市委常委会议议题报告单》。议题内容涉及到其它部门职责范围的，议题提出单位必须会前与其它部门进行协调会商，达成一致意见，并经该部门主要领导在《市委常委会议议题报告单》上会签同意后方可提交常委会议讨论研究。经协商未能取得一致意见的，市委办公室不予列入常委会议议题。4. 凡是提交市委常委会议研究议题的有关材料必须符合党和国家的法律法规，符合上级的指示精神，符合盘锦的实际情况，且要重点突出，言简意赅，汇报时间一般不得超过15分钟。5. 凡是提交市委常委会议研究的议题，议题提出单位须将书面材料在常委会议召开3天前报市委办公室审定。6. 市委、市政府部门出席或列席市委常委会议，必须由部门主要负责人参加。因故不能参会的，要事先向市委秘书长请假，同时授权副职参加，未经批准不得由其他人员代替或带随员参会。市委常委因故不能参会的，应于会前向市委书记请假。7. 与会人员进入会场后应将通讯工具置于无声状态，会议期间不得随意处理与会议无关的事务，确需中途离开会场的，应征得会议主持人同意。

市委办公室、市政府办公室关于转发《市人事局〈盘锦市事业单位改革人员分流安置实施意见〉的通知》 11月8日，市委办公室、市政府办公室转发的《通知》指出，根据省委、省政府关于事业单位改革的总体要求，为确保盘锦市事业单位改革的顺利实施，积极稳妥地做好人员分流安置工作，特制定本意见。一、分流安置的基本原则。1. 多渠道安置的原则。2. 经济补偿的原则。3. 鼓励再就业兼顾生活保障的原则。4. 保持稳定的原则。二、分流安置的范围。事业单位首次推行聘用制时的未聘人员；事业单位在此次机构改革中撤销、合并和减编后需要分流的人员；转为企业的事业单位需要分流的人员。三、分流安置的主要途径。四、分流安置的主要政策。五、经费来源。

市委办公室发出《关于印发〈盘锦船舶修造产业园区推进工作座谈会会议纪要〉的通知》 11月10日，市委办公室发出的《通知》指出，2006年11月3日，市委书记陈海波就推进盘锦船舶修造产业园区快速发展问题，在大洼县主持召开专题座谈会。市委常委、秘书长宋文利，市委办公室、市委组织部、市委政研室、市发改委、市经委、市财政局、市建委、市海洋与渔业局、市环保局、市建投公司、市公安局、市交通局、市外经贸局、市国土资源局、盘锦供电公司、市规划办等单位主要负责同志参加会议。会议听取了大洼县关于盘锦船舶修造产业园区发展情况的汇报，市直各部门领导就如何落实省、市有关精神，促进船舶修造产业园区发展等问题发表了意见，市委书记陈海波作了重要讲话。现将会议内容纪要如下，会议指出，在省委、省政府的高度重视和市直各部门的大力支持下，大洼县真抓实干、强力推进，盘锦船舶修造产业园区实现了快速发展，取得了显著成绩。省第十次党代会报告把盘锦船舶修造产业园区正式纳入全省“五点一线”沿海经济带，这是省委、省政府对盘锦船舶修造产业园区工作的充分肯定，为园区加快发展带来了新的机遇。全市上下要以此为契机，举全市之力，努力在全省“五点一线”开发建设中抢占先机，实现率先发展，真正把这一区域打造成为盘锦资源型城市可持续发展的重要牵动力量和新的经济增长板块，为加快辽宁“五点一线”沿海经济带建设，为辽宁老工业基地全面振兴作出盘锦应有的贡献，不辜负省委、省政府的期望与重托。会议就加快推进盘锦船舶修造产业园区建设的有关问题议定了原则意见。一、关于规划问题。二、关于土地问题。三、关于资金问题。四、关于项目推进问题。五、关于园区综合开发问题。六、关于外部环境问题。会议指出，盘锦船舶修造产业园区管委会所采取的管理和服务模式，对推动园区的开发建设是有效的，是一种创新的高效的工作运行体制和管理服务模式，符合市场化原则，有利于提高办事效率，较好地适应了招商引资和加快推进园区发展的需要。因此，要继续坚持和不断完善管委会的管理、服务功能，不断提高办事效率，不断为园区的开发建设提供高效、优质的服务。会议要求，对于会议议定的事项，市直各相关部门和大洼县要继续发扬只争朝夕、埋头苦干的精神，一件事一件事地抓好落实，一步一个脚印地推动各项工作。大洼县要抢抓有利时机，在市直各相关部门的配合和支持下，抓住今冬明春施工建设的黄金季节，抓紧做好园区基础设施建设，为园区全面快速发展打好基础。市直各部门要牢固树立全局观念，进一步解放思想，打破常规，大胆创新，高效率地做好园区的各项服务工作。要积极主动地贯彻落实好省委、省政府关于扩大县域经济重点县经济管理权限改革试点的意见，把各项管理权限真正下放到位，主动和大洼县各部门做好相关工作的沟通和衔接，助推大洼经济快速发展，力争“十一五”期间大洼县步入全省县域经济综合实力前10名行列。

市委发出《关于认真学习贯彻党的十六届六中全会和省第十次党代会精神的通知》 11月13日，市委下发的《通知》指出，党的十六届六中全会、省第十次党代会先后于上个月胜利闭幕。贯彻落实好这两个重要会议精神，是当前和今后一个时期全市的重要政治任务。按照中央和省委的要求，结合盘锦市实际，现就认真学习贯彻党的十六届六中全会和省第十次党代会精神通知如下：一、统一思想，充分认识贯彻落实党的十六届六中全会和省第十次党代会精神的重大意义。二、结合实际，以贯彻落实党的十六届六中全会和省第十次党代会精神，推动当前各项工作。(一)大力发展接续产业，推进资源型城市可持续发展。(二)全力做好“三农”工作，推进社会主义新农村建设。(三)坚持以人为本，以解决好人民群众最关心、最直接、最现实的利益问题为重点，着力构建和谐盘锦。(四)大力加强党的建设，以党的执政能力建设和先进性建设为重点，全面加强党的思想、组织、作风和制度建设。三、加强领导，迅速掀起学习宣传贯彻党的十六届六中全会和省第十次党代会精神的热潮。一是要组织好各级党委(党组)中心组学习。二是各级党委宣传部门要制定学习党的十六届六中全会和省第十次党代会精神的实施意见并做好组织、协调、实施、检查、培训、指导等相关工作，确保学习效果。三是各级党校、讲师团要把学习党的十六届六中全会和省第十次党代会精神作为培训的重要内容，列入教学计划，抓好骨干培训，开展好宣讲活动。四是各基层党组织要采取召开座谈会、组织报告会、举办基层干部培训班、上党课和开展党日活动等多种形式，认真组织广大党员和基层干部开展学习。五是各新闻媒体要制定出宣传报道方案，把学习贯彻党的十六届六中全会和省第十次党代会精神作为当前和今后一个时期的重点报道内容。

发展战略

·结构优化·

2006年国民经济概况 2006年，全市国民经济持续稳定增长。全年，地区生产总值达到513.3亿元，比上年增长7%。一、二、三产业比例为9.9：74.1：16.0。农业和农村经济发展取得新突破。第一产业增加值实现50.7亿元，增长7%。粮食总产量达到106万吨，创历史新高，增长7%。有机稻种植面积扩大到20万亩。水产、芦苇产量分别增长13.6%和7.4%。农业生产向规模化和标准化迈进，百亩棚菜小区和规模化村外养殖小区分别发展到80个和109个。规模以上农事龙头企业达到74家，带动农户13.3万户。工业运行质量明显提高。全部工业增加值实现358.7亿元，增长5.7%，其中，规模以上工业增加值增长5.6%，实现利税182.1亿元，增长12.5%，居全省前列。油田板块实现增加值292.8亿元，增长3.9%。县区工业加快做大做强。全年，县区工业实现增加值63.6亿元，增长29.7%，占县区生产总值比重由上年的29.3%上升到33%。规模以上企业数量达到274户，比上年底增加40户。全市共实施了20项高新技术产业项目，高新技术产品预计实现增加值37.1亿元，增长52.7%。现代服务业加速发展。全市社会消费品零售总额实现91.7亿元，增长14.5%。新型服务业态加快发展，新增连锁店35家，营业额超亿元的大型商业零售企业达到6户。实现旅游业总收入31亿元，增长88.7%。金融、保险业平稳发展。金融机构信贷投放增加，当年贷款增幅首次超过存款。第三产业增加值实现82.1亿元，增长11%。

园区建设取得新进展 2006年，盘锦船舶工业园被正式纳入全省沿海开放“五点一线”重点发展区域，园区起步区初步完成“三通一平”，基础设施完成投资1.8亿元，已有32个项目入驻园区，26个项目开工建设。食品工业园的起步区达到“七通一平”，基础设施完成投资6250万元，已有3个项目开工建设。塑料工业园首期300亩土地实现了“五通一平”，已有1个项目开工建设。精细化工园基础设施完成投资6000万元，达到了项目入驻要求。晨宇工业园基础设施投资累计3532万元，已有3个项目入驻园区。市经济开发区（石油高新技术产业园）一期1.26平方公里土地开发已完成，基础设施完成投资3.8亿元，已入驻项目54个，其中，28个项目为石油高新技术产业项目。全年，共吸引域外资金26.5亿元，引进域外投资千万元以上项目达到38个。

固定资产投资快速增长，经济发展后劲进一步增强 全年，全社会固定资产投资完成201.2亿元，增长17.2%。城镇固定资产投资完成184.5亿元，增长17%，其中，油田板块完成投资118.1亿元，同比增长13.3%；地方完成投资66.4亿元，同比增长24.2%。在城镇投资中，第二产业完成投资151.5亿元，增长18.3%，占全市城镇投资总额的82%。房地产投资增长较快。全年，完成房地产开发投资13亿元，同比增长24.9%。

大力推进项目建设,接续产业发展取得新突破 截止到2006年底,全市单项投资500万元以上项目共计351项,比年初增加136项。121个项目竣工投产,158个项目开工在建,当年共完成投资105亿元,增长22.1%。接续产业推进速度加快,当年完成投资33.4亿元,增长22.3%。(一)石化产业项目建设方面:总投资120亿元的华锦集团63万吨乙烯扩建及500万吨原料油工程取得实质性进展,乙烯扩建工程将在2007年初进行大规模的开工建设。中润化工2.4万吨三聚氰胺扩建、辽河石油勘探局10万吨煅烧焦项目已建成投产。全年,石化产业项目完成投资8.5亿元,增长25.4%。(二)机械及装备制造产业项目建设方面:辽河油田装备业制造基地完成投资1.2亿元;宏冠造船、龙德船业等8家船舶企业落户辽滨,其中,宏冠造船已形成8万载重吨的造船能力;飞马汽车板簧、金碧汽车改装项目建成投产,板簧减振器产品的各项性能达到国内最高水平,添补了国内空白;东跃重钢结构、天意公司钻井顶驱、晨宇集团石油套管加工等项目竣工投产或正在抓紧建设;辽河石油勘探局装备公司与宝鸡石油机械公司合作的百部钻机生产项目落户盘锦经济开发区石油高新技术产业园。全年,机械及装备制造产业项目完成投资7.7亿元,增长23.1%。(三)塑料及新型建材业项目建设方面:全年塑料及新型建材业项目共完成投资2.9亿元,增长8.7%。(四)食品加工业项目建设方面:健丰食品加工、清水肉鸭深加工等项目已竣工投产。全年食品加工项目完成投资3.4亿元,增长10.2%。(五)服务业项目建设方面:兴隆四百建成并正式投入营业,顺地城商场、红海滩旅游度假区等重点服务业项目加紧建设。全年服务业项目完成投资10.4亿元,增长31.1%。

深入开展资源型城市转型试点市争取工作 2006年,市发改委加强了向省振兴办和国务院振兴东北办的汇报,努力争取将盘锦增列为资源型城市转型试点市。省政府已经以正式文件报送国务院振兴东北办,申报将盘锦增列为转型试点市。为适应转型工作的需要,主动开展了全市经济转型方案的编制工作,已经形成初稿。

协调推进经济体制改革 2006年,市发改委加强了对改革的综合协调。代市政府起草了《盘锦市人民政府关于投资体制改革的实施意见》,并由市政府下发实施。组织开展了《盘锦市人民政府关于投资体制改革的实施意见》贯彻落实的培训。从10月份起,对企业投资一律由过去的审批制改为核准制和备案制,确保了企业投资项目的自主决策权得到充分落实。

人民生活稳步改善,社会事业全面发展 2006年,城镇居民人均可支配收入、农民人均纯收入分别达到12205元和5711元,分别增长10.7%和12.7%。全年,新增就业5.5万人,城镇登记失业率为3.1%,比年初控制目标低0.9个百分点。全市城镇职工基本养老保险参保27.2万人,新增扩面1.3万人;城镇职工基本医疗保险参保30.5万人,新增扩面1.5万人;失业保险参保25万人。社会救助工作进一步加强。全年,共投入各类救助资金5000万元,城市23659人、农村15924人享受最低生活保障,均实现了动态管理下的应保尽保。新型农村合作医疗参合率达到99.56%,位居全省前列。文化、人口、广播电视、新闻出版、妇女儿童、档案、体育等各项事业都取得了新进展。

积极协调推进项目建设 2006年,市发改委加大了项目综合协调服务和推进力度。对全市投资500万元以上项目进行月调度、季分析,并有针对性地提出对策建议。精心筹划了于4月份和11月份召开的全市项目建设拉练会,共对县区、中省直、市直90多个项目逐个进行检查,进一步增强了全市上下的项目意识和推进项目建设的紧迫感、责任感。积极围绕45万吨乙烯扩建、500万吨原料油工程、乙烯下游产品综合开发利用等重大项目建设开展了综合协调服务,保证了这些项目的顺利推进。进一步建立和完善了推进项目建设工作机制。形成了《关于市级领导同志协调推进重点项目建设的实施意见》和《关于2006年度项目工作考核评价实施方案》,由市委、市政府以正式文件下发实施。启动和加强了项目库建设,增加项目源。逐个县区、逐个部门落实项目储备任务，并组织开展工作指导和考核。全年重点项目储备已达到194个。积极开展了对园区建设的协调推进工作。组织力量，并会同相关部门对各个专业工业园区建设中存在的问题进行调研，及时提出了关于进一步提高完善船舶工业园规划和理顺管理体制、解决精细化工园供水管线涉及到的地上路由确定和增加园区土地存量问题等对策建议。多次向省发改委进行汇报争取，系统提出意见和建议，使盘锦市的发展特别是船舶工业园区的发展更充分地体现在全省“五点一线”开放开发规划之中。积极协调勘探局多种经营部，调研油田闲置场地资源及配套设施等情况，摸清了勘探局多种经营发展的总体思路，为进一步利用好这部份闲置资源、推动企业办园区奠定了基础。

突出抓好对经济发展等重大问题的调查研究　2006年，市发改委围绕全市经济社会发展中的一些重点、难点问题，进一步加强调查研究工作。采取召开座谈会、听取汇报等方式研究问题，提出对策。全年，共开展了盘锦船舶工业园区列入省沿海重点发展区域、盘锦市纳入辽宁“五点一线”沿海经济带可发展建设规划建议、关于加快盘锦市电子商务发展的几点建议、市第二人民医院易址新建、关于全市物业发展情况、关于全市商品市场发展情况、关于加强社会信用体系建设的意见、关于红旗水库除险加固工程建设情况的报告、盘锦市地下水资源现状和发展趋势、盘锦市新农村建设实施方案、促进现代物流发展的意见、建市以来借用国外贷款使用情况、境外矿产资源类项目投资情况、10万千瓦及以下火电机组等情况，形成调研成果40余份。

积极争取国家和省的政策、资金支持　为了推进全市经济发展和城乡基础设施建设，市发改委进一步加大了向国家和省争取资金、项目的工作力度。2006年，共争取到由发改委口径下达的公检法司、城市基础设施建设、农林水利、交通电力、社会事业等国债和专项资金项目59项，资金额14288万元。

加强对全市经济运行态势的调研分析和监测预测　为保证全年计划目标的实现，市发改委协调县区发改局、经济主管部门和重点企业，加强对全市经济社会发展运行态势的研究分析，每月刊发1期经济运行监测月报，既通报全市经济运行情况，又反馈省内各市和沿海发达地区经济发展情况，进行纵向和横向比较。每季度召开1次县区、市直部门以及重点企业参加的调度会，并组织深入县区、企业开展调研，形成了一季度、半年、前三季度、全年4个经济形势分析报告，深入分析经济运行的主要特点，运行中存在的突出问题，并有针对性地提出对策建议。

深化价格改革，改善价格环境　2006年，市发改委贯彻国家石油形成机制综合配套改革方案实施意见，建立了道路客运价格与成品油价格联动机制，及时调整了道路客运价格，收取燃油附加费，采取综合措施化解燃油涨价对出租车的影响，同时，适当调整了出租车票价。及时调整了民用天然气价格，制定和调整了市殡仪馆服务收费、红海滩景区门票等，较好地疏导价格矛盾。

2006年工业和民营经济综述　2006年，是全市实施“十一五”工业经济发展规划起步之年。面对新形势和新任务，市经委协同全市工业和民营战线的广大干部职工，认真贯彻市委、市政府的战略部署，努力工作，使工业和民营经济实现了持续快速健康发展。(一)工业经济运行良好。一是工业经济增长较快。全部工业完成工业总产值950亿元，比上年增长29.8%，其中，国有及规模以上工业完成工业总产值776.7亿元，比上年增长24.8%；地方工业完成230.6亿元，同比增长32.2%。全市工业完成工业增加值358.7亿元，比上年增长5.7%，其中，国有及规模以上工业完成340.9亿元，比上年增长5.2%。二是工业经济运行质量较高。国有及规模以上工业实现利税177.4亿元，比上年增长10.1%。三是工业品产销衔接较好。规模以上工业完成销售产值765.1亿元，比上年增长30%，产销率达到98.5%。(二)民营经济发展势头空前。通过开展全民创业活动，全市个体私营企业达到了48278户，比上年增长4.5%；具有现代企业制度特征的有限责任公司达到3077户，比上年增长26.8%；新增规模以上企业47户；新增营业收入超亿元企业15户，达到35户；民营经济完成增加值131.2亿元，比上年增长25.9%，占地区生产总值的比重由2005年的23.6%提高到2006年的25.6%，实缴税金12.4亿元，同比增长27.8%，其中，完成工业增加值64亿元，比上年增长23.8%。(三)工业结构调整步伐加快。全市工业重点发展的四大接续产业完成的总产值在工业中的比重已达到44.7%。石化工业、装备制造业、塑料建材业和食品工业分别实现了32%、27%、47%和41%的增长。(四)节约型社会建设取得新进展。2006年，全市万元GDP综合能耗实现2.06吨标准煤，同比下降5%，其中，规模以上万元工业增加值综合能耗2.67吨标准煤，同比下降4.3%；全市万元GDP取水量263.7立方米，同比下降5.1%。(五)工业企业市场竞争能力不断提高。全市工业企业实施省级重点技术创新项目9项，有6项批量生产，完成产值2.52亿元，创利税4550万元；开发新产品100个，完成产值17亿元，实现利税4.5亿元。(六)招商引资工作再上新台阶。全年，引进域外招商项目40个，引进域外合同资金额24.2亿元，其中，引进1000万元以上域外项目32项，引进域外合同资金额23.9亿元。引进的合同资金额比“十五”时期总额高出8.4亿元。(七)工业投资大幅度增长，项目开工率创历史新高。全市完成工业投资148.3亿元，同比增长17.5%，其中，地方完成工业投资30.2亿元，同比增长16.3%。全市规划的单项投资500万元以上的242个工业项目，竣工88个，完工率36.4%，其中，投资额在3000万元以上的项目17个；开工在建项目120个。项目开工率达86.7%。

项目建设稳步推进　一是协调推进了园区建设，加大项目入驻。市经委配合各园区制定了发展规划，指导盘锦经济开发区加强标准厂房等基础设施建设，推进盘锦船舶工业园、食品工业园、精细化工园、塑料工业园、盘山经济开发区、晨宇工业园起步区基础设施建设。截止到2006年底，园区都已达到了“五通一平”以上的标准，具备了项目入驻的条件。全年新入驻项目66个，有9个项目建成，有42个项目在建。二是强化跟踪服务，推进重点工业项目建设。努力争取国家、省相关政策的支持。全年，重点工业企业和重点工业项目争取技改贴息、资源节约综合利用补贴、企业技术中心和中小企业服务体系建设资金达到4400万元，其中，省技改贴息3600万元，可拉动银行贷款6.3亿元。贴息的14个项目已经全部实现开工建设，并有7个项目竣工投产。落实领导和部门包扶项目责任制，设专人定期调度项目建设情况，全程跟踪服务，加快了金碧专用汽车制造有限公司改装车、和运实业集团甲基叔丁基醚、南方化学辽河催化剂有限公司顺酐催化剂等20多个项目的建设进程。

加大招商引资工作力度　2006年，市经委利用国家和省组织召开的大型招商活动及盘锦市在省内外举办的10个投资说明会，大力宣传盘锦的区位和资源优势，围绕主导产业链条的延伸、本地资源的精深加工、骨干企业的做强做大、包装重点工业项目并进行对接，全年新包装项目29个。协调有关部门，帮助入驻盘锦的域外投资企业，落实各项政策和承诺；解决域外投资项目实施中遇到的各种问题，通过亲商、安商，实现以商招商。全年，域外投资商引进的大项目就超过5个，引进资金额6.6亿元。

加强企业技术创新及能力建设　一是落实政策促创新。全年辽宁华孚环境工程有限公司油污处理装置、北方沥青公司重质油环烷酸提取、天龙金城新材料公司铝工业专用添加剂材料产业化等9个项目被列入省技术创新计划，并按照国家规定落实了优惠政策。二是建立研发机构促创新。市经委除了完善已有的国家和省级企业技术中心外，引导帮助天龙药业、兴达集团、兴海制药等13户企业，建立了研发机构，其中，10户企业被认定为市级企业技术中心。三是开展产学研合作促创新。市经委从大连理工大学等20家重点高校收集了30余个科技成果，在全市中小企业网向社会发布，有24个成果实现了有效对接。与此同时，市经委还收集了16项企业在生产过程中存在的技术难题，通过辽宁省中小企业技术难题网向全国的高校科研单位寻求技术支持，有8项达成了技术攻关协议。

认真落实党的各项惠民政策，调动了农民发展生产的积极性　2006年，中央、省出台了一系列促进农业农村发展的激励政策、调控政策、支持政策和财政保障政策，极大地调动和激发了广大农民的积极性。全市各级政府和农业部门，积极向上争取资金和项目，尽最大可能把支农政策用好用足。全年，争取到位的国家和省支农专项资金达2900多万元，为改造传统农业和促进现代农业建设起到了积极的推动作用。与此同时，各级农业部门认真落实党的支农惠农政策，与财政等部门及时发放粮食直补和良种补贴资金8782万元，农民人均“两补”增收达133元。

继续加大农业结构调整力度，不断提高农业产业化经营水平　按照“围绕龙头建基地，连片开发扩基地，突出特色强基地”的发展思路，全市继续突出水稻、水产、畜牧、蔬菜、林苇五大主导产业，积极推进十大优质农产品基地建设。大力发展优质米生产。2006年，全市水稻种植面积163.6万亩，稻田养蟹面积70万亩，有机水稻20万亩。同时，把发展棚菜种植和畜禽养殖作为结构调整的重点和着力点紧紧抓住不放，用鼓励和支持农业园区建设的办法，促进农业生产的规模化和标准化进程。全市新建和改造百亩以上棚菜小区20个，总数达到80个；建成规模化村外养殖小区12个，总数达106个。把大力发展农产品加工业作为提高农业产业化经营水平的重点来抓。全年，全市农业新上项目10个，续建项目11个。累计发展市级以上农事龙头企业75个(包括省级10个)，带动农户达10万户。

坚持科技兴农和依法护农，为农业生产发展提供支撑和保障　在科技兴农方面，市农委重点实施了农业新技术引进推广工程、科技入户工程和农业科技培训工程。全年，共推广引进水稻新品种和生产新技术15项。在大洼县11个乡镇，组织农业专家和技术人员50人，落实科技示范户1000个，带动农户2万户。重点以超级水稻265、盐丰47等主导品种，实施无纺布覆盖旱育稀植、晚育晚插和水稻简化栽培等主推技术，推广面积达20万亩，产量增幅在3.5%以上。大力开展了“科普之冬”和“科技三下乡”活动。市农委结合农村实际，分层次、多形式地开展了大规模的农业科技培训活动。全年，累计培训农民达35.5万人次，其中，举办农业技术培训班620次，广播电视讲座40场次，印发农业科技资料18万份，参与科普大集咨询活动的科技人员达500多人次，有效地提高了广大农民的科学文化知识和科学种养水平。与此同时，全市以稳定粮食生产能力，提高肥料利用率为主线，以增加有机肥投入，恢复和培肥地力为核心，大力推广土壤改良技术，强化土壤肥料监测和土肥基础设施建设。林业技术推广部门在扎实开展林木新品种引进和栽培试验的同时，坚持“适地适树”原则，大力开展林业新技术的引进、推广和应用工作，注重种苗管理质量的提高，为进一步优化全市造林结构和种苗质量走出了一条新路。在依法护农方面，市农委集中开展了农资市场专项打假活动，对农资市场秩序、重点案件进行了认真整治和严肃查处，有效防止了坑农害农事件的发生，维护了广大农民的合法权益。

加强病虫害预测、预报和防治，确保粮食增产、农业增效　2006年，全市粮食总产达106万吨，再创历史新高。这一令人瞩目的成绩，在较大程度上得益于农业植保工作的辛勤努力。全年，全市农作物发生病、虫、草、鼠害面积累计达571万亩次，防治面积1246万亩次，挽回粮食损失27万吨，折合人民币5.4亿元。与此同时，森林病虫害防治工作也得到了进一步加强，特别是美国白蛾防治工作成效显著。全年，共发生森林病虫害面积6万多亩，防治率达99.7%，其中，美国白蛾发生面积3.7万亩，防治面积达8.5万亩次，防治率达100%。

强化服务体系建设，促进现代农业发展　完善社会化服务体系建设，是加快现代农业建设的重要保障。对此，市农委重点突出了三大体系建设。一是加快农业信息体系建设。全市315个行政村中，现已完成120个村级信息服务站建设，覆盖面达40%，超出年初计划15个。二是加快农业标准化体系建设。目前，市级农产品质量检验检测中心已经进入安装调试阶段，两县质检中心已经通过省级验收。全市发展无公害、绿色和有机食品生产面积达144.65万亩，其中，无公害食品生产面积达100万亩，绿色食品生产面积25万亩，有机食品生产面积20万亩，占全市耕地总面积的72.5%。三是加快农村各类专业合作经济组织建设。2006年，全市发展种植业、养殖业等各类农村经济组织和专业协会94个，培养农村经纪人6500多人，分别比上年增加了17.5%和8%。

坚持自然保护与管理并重，努力提高芦苇湿地产出效益 一年来，市农委以提高自然保护区保护效果为重点，坚持严格保护、科学管理、合理利用、持续发展的方针，认真贯彻执行《中华人民共和国自然保护区条例》。通过对湿地及生物多样性的保护，提升了湿地生态系统的生态特性和基本功能，重点实施了区域功能退化的恢复和治理，补偿了湿地面积萎缩和质量下降。开展了资源摸底调查，建立了准确的数据和档案储备。加强了湿地监测、宣教培训、科研与技术推广方面的能力建设，建立了完备的湿地保护管理体系。密切了县区和油地之间的协调关系，推进了社区共建活动的开展，促进了人与自然的和谐，确保了本地区的生态安全。在着力做好芦苇湿地保护工作的同时，全市进一步加强了苇田“一育三养”工程建设，突出春灌标准、低产田改造、生态养殖规模和田间管理工作。科技育苇能力得到提高，全年完成和正在进行中的湿地、芦苇科研项目5项。苇田生态养殖产值达4000万元，经济效益明显提高。

加速农村劳动力转移培训，着力实现农民增收 2006年，市农委把开展农民工职业技能培训，加速农村劳动力转移作为农民增收的长效措施认真抓好。全年，共完成农村劳动力转移培训1.45万人，其中，职业技能培训4200人，转移上岗3906人，转移率达93%；引导性培训1.03万人。发展培训基地29个。全市农村劳动力转移总量达6.5万人，增收总额达20多亿元，全面完成了省下达的任务指标。

继续深化农村改革，农业开放程度有所提高 按照中央、省深化农村改革工作的具体要求，市农委在全市范围内重点推进了以下几项工作：一是国有农场税费改革全面启动，对农工负担的农场管理费实行上限控制，承包土地的农工按基本承包面积每亩负担最高不超过30元。积极争取国家和省对国有农场的资金支持。目前，已到位的五项统筹转移支付资金和分离办教育转移支付资金总额达1.09亿元。二是全面完成了农垦职工养老保险改革，参保人数达12.9万人，离退休人员达7.8万人。三是在稳步推进二轮土地承包的基础上，积极探索农村土地流转的有效形式，实行农户转产和分工细化，促进农业生产适度规模经营。四是深化农村用电改革，全面落实城乡“同网同价”政策。种植业、养殖业用电由非工业电价调整为农业生产电价，每年可减轻农民负担800多万元。五是加大农村金融体制改革，强化农村信贷支持。全市实现农村小额贷款10亿元。大力推进农业开放发展。先后组织农事龙头企业参加了全国和省在北京、锦州、大连、吉林、齐齐哈尔等地举办的农产品招商、展洽会，向国内外包装推介了25个农业产业化项目，获得国家、省名牌产品13个，市场效应和农业开放程度明显增强。

新农村建设开局良好，成效显著 全省推进社会主义新农村建设会议召开后，市农委配合市委、市政府筹备召开了全市推进社会主义新农村建设动员大会，出台了全市社会主义新农村建设实施意见。在组织具体推进上，全市采取了面上工作整体推进，试点单位重点突破的稳妥措施。面上工作主要以绿化村屯、美化家园为切入点，推进的力度比较大，取得的成效比较明显。同时，全市确定2个镇、12个村为市级试点单位，以期在较短时间内取得重点突破，为指导面上工作提供新鲜经验。从实际效果看，14个试点单位的工作都很扎实有效，尤其是高升镇、田家镇工作推进力度较大，成绩显著。目前，全市已完成规划编制的行政村85个，占行政村总数的26.3%，其中，有资质单位编制规划的村16个，占已完成编制规划村的18.8%。大洼、盘山两县用于新农村建设投资已达2.2亿元，累计完成645个自然屯的绿化任务，完成了新农村建设“一镇四村”的绿化和环境整治任务。与此同时，两区也分别加大了村屯绿化和环境整治力度，重点强化生活区和生产区的整体布局改造，加快了村屯道路、院墙、厕所、垃圾处理等农村环境设施建设进程。全市农村新建“四位一体”生态模式户50户，累计达3605户。新建20立方米以上大中型沼气池3处。新建秸秆汽化集中供气工程6处，累计达8处。从整体上看，全市新农村建设取得了点面结合、整体推进、开局良好、成效显著的喜人局面。

·开 放 牵 动·

对外开放呈现新的态势　盘锦船舶修造产业园成功纳入全省沿海“五点一线”重点发展区域，融入全省开放大格局。上年，省委、省政府提出开发“五点一线”打造沿海经济带的战略决策，为全省对外开放赢来了新的发展机遇。盘锦虽列沿海经济带中，但却是全省沿海6市中惟一没有纳入对外开放重点发展区域、享受“五点一线”相应优惠政策的城市。为跻身全省沿海重点发展区域大格局，市外经贸局充分发挥外经贸部门和开放办的职能作用，多次与省开放办沟通协调，在省开放办的指导下，策划了向省政府的请示汇报，并协调邀请省委、省政府领导来盘锦对沿海经济带建设进行调研，得到了省委、省政府主要领导和有关部门的充分肯定。6月8日，省政府将盘锦船舶修造产业园区正式纳入全省沿海开放重点发展区域，并给予20亿元的基础设施贷款支持，这为盘锦市接续产业发展提供了新的机遇，拓展了新的空间，使盘锦市对外开放呈现出新的格局。现在盘锦船舶修造产业园无论在基础设施建设，还是重点项目、关联产业项目入驻都呈现出强劲的势头。现已入驻项目25个，其中，已开工建设项目22个。与此同时，盘锦经济开发区、盘山经济开发区、盘锦塑料工业循环经济示范区、盘锦食品工业循环经济示范园区、盘山工业园基础设施建设和招商都取得了新的发展。

利用外资水平进一步提高　2006年，全市各级政府、各部门克服招商竞争日趋激烈的困难，调整思路，积极应对，坚持主动出击，开展了多形式、多渠道、多层次的招商引资活动。全市新批外商直接投资项目19个，总投资8748万美元，同比增长54.5%；合同外资额3388万美元，同比增长38%；实际利用外资预计完成2052万美元，同比增长40.2%。其主要特点，一是外商投资增资扩股呈现良好势头。2006年，全市共有华润啤酒、兴达石化设备等9家企业增资587万美元，占全市实际利用外资的28.6%。二是县区指标完成实现历史性突破。盘山县实际利用外资完成672万美元；大洼县实际利用外资完成799万美元，两县均提前完成两项指标，这是多年没有的现象。三是引导企业境外上市工作取得重大进展。年初以来，市外经贸局谋划、探讨利用外资新的方式，经过筛选，推出天龙药业在美国上市，目前评估、审计工作已顺利结束，现已进入上市程序关键的操作阶段。

对外贸易科学增长　2006年，市外经贸局坚持科学的发展观，调整优化出口商品结构，加强出口大户培植，全力开拓国内外市场，取得显著成效。全年完成进出口贸易总值15602万美元，其中，出口10182万美元。一是大宗商品出口拉动作用明显。全市机电产品出口1428.6万美元，高新技术产品出口741.7万美元，同比增长55.9%。尿素、床上用品、催化剂、三聚氰胺等大商品出口3690万美元，同比增长56%，成为保证全年出口增长的重要因素。二是地方产品出口企业及出口品种增多。全市有56户企业出口尿素、床上用品、钻井设备及配件、催化剂、二甲基亚砜、三聚氰胺等地方产品120多种，6413.1万美元，占全年出口总额的63%，同比增长50%。三是出口产品结构趋于合理。全市出口产品中，工业制成品出口9334.4万美元，占出口总额的91.7%；机电产品出口1428.6万美元，占出口总额的14.0%；高科技产品出口741.7万美元，占出口总额的7.3%。四是对主要市场出口有较大增长。对主要市场的出口都保持了较大的增长，其中，对韩国市场出口2916万美元，同比增长54%；对日本市场出口1718万美元，同比增长415%；对欧盟市场出口773万美元，同比增长13%；对苏丹市场出口468万美元，同比增长40%；对非洲市场出口710万美元，同比增长4%。

对外经济技术合作稳步推进 2006年，市外经贸局积极实施“走出去”战略，全方位扩大对外开放，大力开展承包工程和劳务合作等业务。全年，国际工程承包合同额(自签)2476万美元，同比增长55%；实现劳务输出1399人次，境外投资办企业2户，实现“十一五”规划开门红。

发挥职能作用，积极开展对外经贸合作 2006年，市外办充分利用对外交往的便利条件，积极拓展对外交往渠道，努力为全市经济建设服务。一是介绍辽宁仙鹤矿泉水股份有限公司同香港公司北京恒大投资股份有限公司合作项目。5月7日，香港金龙科技集团有限公司董事局主席、中华海外联谊会理事、世界华侨华人社团联合总会副会长、香港胡氏宗亲总会有限公司主席、香港华侨华人总会名誉会长胡国赞先生一行，就辽宁仙鹤矿泉水股份有限公司同香港公司北京恒大投资股份有限公司合资合作生产高能态生物能活力水项目来盘进行了洽谈。该产品为2008年奥运会指定用水，项目总投资额10亿元人民币，第一期投资额为3亿元人民币，注册资金为5000万元人民币。二是2006年，市外办对外友好服务中心派遣赴日本研修人员计3批、48人次，含电子、纺织、缝纫等工种，可创外汇收入14300万日元。这不仅减缓了全市的就业压力，并且解决了部分农村剩余劳动力的转移问题，为促进盘锦经济繁荣加速盘锦经济建设做出了一定的贡献。三是经市外办努力，促成与澳大利亚、韩国、俄罗斯、日本等国对外劳务项目，2年内可派出2500人，可为全市农民增加收入近4.5亿元。

加强涉外事务管理工作 (一)全年，市外办完成了120批、304人次的出国审批、护照办理工作，其中，审批团组41批、203人次；双跨团组70批、101人次；副市级以上团组9批次。(二)执行健康、有序、方便、快捷的工作方式，办里设有专人办理护照审签工作，做到即严格把关，又保证了领导顺利出行。(三)完成护照监管等工作。全年，收缴护照75本，协助各企业、部门发出邀请函39份，共计邀请45人次来盘锦考察访问。(四)2006年，全市共接待外事来访团组83批、265人次，外事部门直接接待的达24批、151人次。在接待中强调外事纪律，做到了无漏洞发生。

加强对外联络，强化友城交往 (一)全年，市外办分两次对10家使领馆和部分商业会馆等10家进行友好拜访。期间于3月——4月份先后分别走访拜会了美国、日本、韩国、俄罗斯等4国驻沈阳总领事馆。8月——9月份，按计划走访了外国驻京办事处，建立了友好联系。11月底，赴北京和上海分别拜会美国北京商会和美国上海商会及意大利、法国、德国、荷兰、丹麦、挪威、瑞典、巴西等国驻华使馆。12月初，走访拜会了美国、日本、韩国、俄罗斯等4国驻沈阳总领事馆，增进了友谊，促进彼此交流，夯实了盘锦市2007年外事对外交流基础，为出访团组和基层企业考察项目的护照签证工作办理提供了有效的保证。(二)通过市外办努力，韩国仁川广域市中区在其国际展览中心为盘锦免费提供长期展台10平方米。4月份，市外办将有盘锦特色的生日蜡烛、苇编画、玻璃制品等100余件产品提供给韩方，将其置于盘锦市展台专区中，不仅拓宽了国际市场，而且也提高了盘锦市的国际知名度。(三)加强同日本砺波市的友好往来。在盘锦市的诚挚邀请下，砺波市中日友好交流协会友好访问团和砺波市议会盘锦市友好访问团，于10月9日至11日抵盘友好访问。访问团先后拜会了市人大、市经济开发区、华锦集团、辽河油田。参观了文化产业园、市体育馆、市实验小学和图书馆，开展了美术和门球交流。(四)9月30日至10月1日，参加了在哈尔滨举办的“中、日、韩三国友城交流大会”，使市外办在对外交流特别是友城工作方面获得了较多的经验，结实了不少日韩朋友，为下年在友城工作进一步展开起到了很好的铺垫。

认真贯彻落实《归侨侨眷权益保护法》，积极开展侨务工作 2006年，市外侨部门积极开展侨务工作，同国外5家侨企及各联合会建立了长期联系。同时，认真做好国内侨务工作。一是深入开展宣传、贯彻《保护法》及《实施办法》活动，扎实做好侨务系统“五五”普法工作。为归侨子女开具加分证明信23份，其中，高考16份、中考5份、成人考试2份，工作中做到严格把关、认真核实证件、材料。为42名归侨侨眷认定了身份，办理了归侨身份证。帮助归侨刘明秀等6人落户。接待来信来访10余人次，给来访人员提出的合理困难以较好的处理。参加国侨办表彰评比活动，由市外办推荐的人选席淑萍被评为全国侨务先进个人。二是为全省仅有的大洼县王家乡华侨村制定并向省外办递交了华侨村的发展规划，积极争取资金支持，以加快华侨村的社会主义新农村建设步伐。三是积极为华侨村建设筹集资金。9月29日，美国欣欣教育基金东北负责人邓素卿女士及省侨办一行对大洼县、盘山县贫困小学进行考察，市外办成功为贫困小学争取扶贫资金18000美元。四是筹集3000多元现金为华侨村图书馆购书，同时，发动全办人员捐赠1000多本各类书刊杂志送到华侨村，让华侨村农民及时了解掌握先进的农业养殖、种植技术。五是加大侨务工作的交流及走访工作。4月14日——16日，在省侨办的支持下，市外办走访了国务院侨办国内司，拜会了国内司程铁生司长、宁活义副司长、周永良处长，拜会中详细地汇报了盘锦市的侨务工作开展状况，并就华侨村今后的工作进行研究，程铁生司长给予了明确的指导。同时，走访了日本东京经济文化交流协会驻北京办事处和日立中国有限公司。

·油 地 融 合·

深入实施油地融合战略，推进油地经济社会协调发展，积极支持油田勘探开发　2006年，辽河油田进行了两次大规模的三维地震勘探——欢喜岭精细地震勘探和城市三维地震勘探。为确保勘探任务的顺利进行，油地双方联合成立了地震勘探领导小组，市委常委、常务副市长喻国伟，辽河油田公司副总经理孟卫工任组长，市政府副秘书长、市油田办主任王振启及油地有关部门主要领导任领导小组成员，领导小组办公室设在市油田办。在欢喜岭精细地震勘探协调服务中，市油田办协调召开市县级大型协调会7次，各类小型协调会16次，处理解决各种矛盾、纠纷和突发性事件107起，出现场236次，保证了勘探作业的顺利进行。完成勘探面积790平方公里，勘探放炮24000炮，初步探明石油储量5000万吨。在330平方公里城市三维地震勘探协调服务中，市油田办抽调公安、房产、城建、交通等有关部门人员成立了7个工作小组，会同油田有关部门制定了科学合理的施工方案，制定了有关补偿的试行意见，利用电视、广播、报纸等宣传媒体开展了广泛的宣传解释工作，还印制了1万余份公告单在社区内广泛散发，使这项工作得以顺利进行。在支持油田月东区块等勘探开发中，油地召开协调会78次，出现场169次，解决纠纷和突发性事件36起。

油地联合开展地下油气管线安全隐患整改　由于历史原因，全市境内油田地下油气管线有2000余处占压，这些占压形成巨大安全隐患，威胁着人民群众生命财产安全和油田的安全生产。市委、市政府和油田方面对此问题高度重视，确立了“分轻重缓急，分步实施”的整改原则，制定了整改计划，安排专项整改资金，从2005年11月起，开始大规模的集中整改。为加强对整改工作的领导，2005年11月，油地联合成立了“盘锦市油田地下油气管道安全隐患整改工作领导小组”，副市长刘家升、辽河油田公司副总经理梁作利任组长，市政府副秘书长、市油田办主任王振启，辽河油田公司安全总监王树成，安全副总监、质量安全环保处处长任树刚，计划经营处处长侯永久等任副组长，油地有关部门负责人任成员；办公室设在市油田办。2006年11月，领导小组调整，代市长陈淑珍出任领导小组组长。2005年11月至2006年9月，油田方面投入7000余万元进行第一阶段整改，完成城区内9个井场占压物拆除和21条存在安全隐患的地下油气管道整改工作。共拆除井场内42户居民5000多平方米的占压房屋。在整改过程中，市油田办协调油地有关部门积极开展协调服务工作，不仅保证了整改工作的顺利进行，还为油田节省了470余万元的整改资金。2006年11月份起，油田方面投资1亿元进行第二阶段的整改，对164条油气管道、井场的222处占压物进行拆除清理。为确保整改工作的顺利进行，代市长陈淑珍亲自主持召开了专题会议进行安排部署，市油田办从市国土资源局、市城建监察总队、市房产局、市规划办、市公证处及辽河油田等相关单位抽调了20余人组成了3个工作组深入现场，积极开展调查摸底、政策宣传、纠纷排解等各项协调服务工作。目前，整改工作正在全面展开。

积极支持油田产业项目发展 2006年，是辽河油田产业项目高速发展的一年。辽河石油勘探局年度完成投资48亿元，同比增加12亿元，其中，主业重点投资项目14项，围绕石油产业链开发实施的多种经营重点项目46项。辽河石化公司2006年重点推进了500万吨产能建设和污水处理厂项目。市委、市政府高度重视辽河油田产业项目发展，市领导定点扶持，市油田办及各有关部门积极开展协调服务，为油田产业项目的发展创造了良好的外部环境。辽河油田新上项目、在建项目和前期工作项目都取得了积极的进展，锻烧焦项目已于6月竣工投产，全年可实现产值1亿元，利润500万元。晨宇工业园建设完成一期投资1.5亿元。

积极推进油地城区、矿区共建 2006年，油地城区、矿区共建取得了突出的成绩。主要项目有新工街改造、兴隆大街西段、惠宾大街西段、辽河南路、东外环路建设等，其中，新工街改造、东外环路建设为重点协调推进项目。新工街改造工程西起科技大街铁路桥，东至天龙工业园东围墙，全长4320m，总投资7500万元，工程已于10月1日建成通车。东外环路起点于大洼县田家镇，终点盘山县陈家乡，全长35.9公里，总投资5.1亿元，计划2008年主体完工。为加强工程的组织领导，成立了由油地主要领导牵头的东外环路建设项目领导小组。工程已于12月份破土动工。

召开油地联席会议第六次会议 7月15日，召开了油地联席会议第六次会议，会议研究决定了11项议题，涉及到油田的勘探开发和生产经营，油地城区、矿区共建区域经济融合发展等多个方面，尤其是对东外环路建设、垃圾填埋场建设、污水处理厂建设等重点项目，油地领导达成了共识，这将进一步推进油地融合与和谐盘锦建设。

发展举措

·生态立市·

环境综合整治工程 2006年,市环保局全面部署整治违法排污企业专项行动和环境安全大检查,解决人民群众关心的环境方面的热点、难点问题。分3期3个阶段开展专项行动,出动执法人员1000余人次,应急采样监测80多次,报省挂牌督办企业1家,市挂牌督办企业10家,关停企业4家,处罚企业35家。拉闸断电3家"钉子户",吊销9家歌厅营业执照。全年,共收缴排污费3037万元,污水费1360万元,受理群众投诉案件409件,同比下降22.2%,案件处理率100%,结案率98%,有力维护了广大人民群众的根本利益。

环境监管工程 全年,市环保局共审查、审批对环境有影响的建设项目65项,环境影响报告书19项,环境影响报告表46项,环境影响登记表5项,验收14项。加强放射源管理。核查了全市73家涉源单位,核准了337枚放射源编码,做到了一枚一码。责令13家放射源使用管理不规范的涉源单位限期整改。

环境监测工程 2006年,市环保局编写完成了"十一五"《盘锦市环境质量报告书》,完成各类监测报告共计98份,上报各类监测数据20余万个,比上年同期增长46%。受理检测车辆3.5万台,检测合格率84%,比上年同期提高4个百分点,检测数量比上年同期提高42%。

便民服务工程 (一)为企业争取中央、省环保专项资金,服务地方经济建设,共争取专项资金1570万元,超额完成计划的224%。(二)针对酸渣油、碱渣污染环境问题,市环保局协调有实力的大企业投资4300万元,建成粉煤灰、酸渣油、废碱处理中心。

科技创新工程 2006年,市环保局组织并完成具有建设性调研报告3篇,为政府决策提供依据。组织撰写科技论文65篇,在省级刊物刊登14篇,获奖8篇,市局评选21篇。组织科研课题研究,获市政府科技进步奖3项,市环保局科研中心自主研制《细稻糠灭草技术》获国家发明专利。

宣传教育工程 (一)编制并下发环保法律法规读本1600册,购买环保法律书籍600余册。(二)举办企业干部和环保系统法规培训班两期。(三)组织环保系统监察人员到武警349团进行封闭式军事化训练。(四)参加国家环保总局举办的全国地市级环保局长岗位培训班4期,参训人数20人。(五)充分利用主流媒体,开办《环保之声》、《环保时刻》和《聚焦环保》等栏目,宣传环保法律法规。

绿色创建工程 2006年,市环保局大力呼唤全民生态保护意识,推进绿色创建进企业、进机关、进学校、进社区、进家庭、进幼儿园、进军营等活动,提升全社会的环保意识。截止到2006年底,全市有1家企业被评为"国家环境友好企业"、有2家企业被评为省级"环保模范企业"、有6家企业被评为市级"环保模范企业";国家级"绿色学校"2所、省级18所、市级87所;国家级"绿色社区"1个、市级23个;省级"绿色家庭"14

户、市级100户;市级绿色幼儿园13家;市级“绿色养老院”16家;市级“绿色军营”5座。通过一系列创绿活动的开展,使全社会树立了保护环境、保护家园的良好风气。

污染防治工程 按照盘锦市《“十一五”主要污染物总量削减目标责任书》要求,市环保局分解落实“十一五”主要污染物总量控制目标,实行总量控制制度和排污许可证制度。开展清洁生产审核,共审核企业7家。全面开展环境优美乡镇的创建工作。省环保局已经确定盘锦市共有2个镇、25个村为省级环境优美村镇建设试点,数量位居全省第二名。开展了有机食品认证检查工作。全市共申请认证有机水稻(包括转换)20万亩,有机玉米1万亩,有机大豆1万亩,有机猪2万头,有机水产品15万亩,有机加工厂7家。

创模工程 市环保局在市领导的督促下,相关部门加大工作力度,在烟尘整治行动中,取缔4吨以下燃煤散烧锅炉,拆除小锅炉房18座。双台子区老街老路改造力度加大,休闲娱乐场所进一步改善,城市绿化效果明显,覆盖率达39.7%、绿地率达35%。城市净化、亮化、美化水平逐步提高。全市创模工作按国家规定的30项创模指标,已有24项指标达到了国家考核标准,占考核总指标的80%。

能力建设工程 2006年,市环保局修改编制完成了盘锦市“十一五”环境保护规划、创模规划、水源地规划、辽河碧海行动规划等十几部规划,为“十一五”开局奠定了基础。编制完成了《盘锦市突发环境污染事件应急预案》并获市政府批准。制定盘锦市环境监控指挥中心和在线监控系统初步方案,计划投资1582万元,分三期两年建成,在线监控点位40家,实现对重点污染源的有效监控,目前已有十几家签定了合同,工程已进入招投标阶段。加强网站建设,政务全面公开,实现办公自动化、信息公开化。2006年,市环保局网站列为政府政务公开网站试点单位,网站信息总量达836条,访问点击共26268次,平均日点击120次。视频会议实现与省局、国家局互通。网站建设和信息工作多次受到省局和市政府的表彰。

加大对保护区的宣传力度,提高保护区的知名度 2006年,辽宁双台河口国家级自然保护区根据形势的要求,认真研究设计有效载体,策划开展了一系列宣传活动,收到了较好的效果。一是以盘锦市被中国野生动物保护协会授予“中国黑嘴鸥之乡”为契机,借助相关媒体开展了声势浩大的宣传活动。6月18日,在世纪广场举办了盛大授牌仪式,中国野生动物保护协会领导向代市长陈淑珍颁发“中国黑嘴鸥之乡”牌匾,国家和省、市各大媒体共20余家新闻单位参加了活动的采访,在国际、国内都产生了轰动效应,使双台河口保护区这张名片增添了新的光彩。二是抓住保护区更名及全国生态示范保护区挂牌的有利时机,利用各种宣传媒体,全方位、多角度对保护区进行宣传。保护区更名充分体现了市委、市政府对保护区工作的重视。被列为全国林业系统51个生态示范保护区,标志着保护区作为全国林业系统中具有典型性和代表性的保护区在物种保护、生态建设等方面取得了长足的进步与发展。通过宣传,进一步增强了各级领导和广大人民群众对保护区工作的认识。三是结合“世界湿地日”、“爱鸟周”等重大环保宣传日,开展了形式多样的宣传活动。通过各种媒体发表宣传文章、市科协联合举办湿地摄影展、利用中小学校爱鸟班演讲、发放宣传册、宣传车巡回宣传等方式,对广大市民和保护区内居民进行宣传和教育,收到了较好的效果。四是和黑嘴鸥保护协会、摄影家协会、作家协会等群众团体建立了较好的联系,组织这些单位到保护区进行摄影创作和文学采风,用他们的智慧与才华,相机和文笔共同赞颂自然风光和湿地生命,增加了保护区的魅力,唤起了社会对和谐自然的渴求。在候鸟迁徙的主要季节和繁育期,还到保护区内有关单位和乡镇散发各类宣传品1万余份,使爱鸟、护鸟、救鸟的知识家喻户晓。此外,保护区还接待了中央电视台四套《走遍中国》栏目组的专题报导,该栏目面向海外播放。

积极开展科研调查和交流合作 中日黑嘴鸥环志调查工作已经持续了11年之久,10多年来,经过中日两国科研人员不断钻研、积极探索,已基本掌握了这一世界濒危物种的种群动态和生物习性,为这一物种的保护提供了珍贵的科学理论依据。2006年,在黑嘴鸥环志调查期间,又恰逢盘锦被中国野生动物保护协会授予“中国黑嘴鸥之乡”的美誉,吸引了众多鸟类爱好者参与到黑嘴鸥调查与环志工作当中。本次调查共统计到繁殖地4块,繁殖种群5360只,幼鸟2000只左右,环志黑嘴鸥雏鸟328只,其中,佩带彩色标记的雏鸟300只。数据表明,盘锦黑嘴鸥种群数量稳定,繁殖环境适宜,作为世界最大黑嘴鸥繁殖地名副其实。3月份,保护区派专业人员前往日本黑嘴鸥越冬地进行了实地考察,并多次观察到双台河口保护区环志的黑嘴鸥。考察结束后,中日两国专家又对今后黑嘴鸥保护工作进行了广泛深入地探讨,并制定了保护规划。保护区还承担着国际GEF项目——辽宁省白鹤迁徙调查工作。3月份和10月份,保护区工作人员分别到鞍山的大麦科保护区、康平卧龙湖、昌图的獾子洞、锦州凌河口等白鹤迁徙停留地区进行实地调查。3月份观察到435只,10月份观察到180只,基本掌握了这一珍贵物种在辽宁省的迁徙路线及迁徙种群数量,为该物种的深入研究提供了第一手资料。全年,有3篇由保护区科研人员撰写的科技论文分别获得省科协优秀论文二等奖和三等奖。

积极参与国家和省保护区立法调研工作 严格执法是做好自然保护区工作的重要手段,完善法规是做好自然保护区工作的重要基础。全年,保护区领导先后3次参加国家林业局组织的《中华人民共和国保护法》草案研讨会,两次参加《辽宁省湿地保护条例》草案讨论。年初,向市四届十次人代会提交了修改后的《辽宁双台河口国家级自然保护区管理办法》议案并得到了批准。同时,加强执法队伍建设,完善了警察和巡护队伍岗位职责,增加了出警巡护人数和时间。全年,制止和纠正违法事件近10起,其中,对接官厅赵某、六道沟周某、史某和三道沟李某违法占滩围垦和滥建房屋事件给予了坚决打击,强制拆除,责令恢复原貌。对圈河管理站辖区内无证企业1家饲料加工厂、2家塑料厂采取停电、查封等措施,有效地维护了区域内生态安全。此外,警察大队还参与市森林公安分局组织的“春雷”、“绿盾”等行动,对破坏保护环境违法份子起到了震慑作用。

加强了资源管理和保护工作 年初,针对保护区基础资料零散,资源底数不清等问题,提出了加大科研投入、完善软件建设的工作目标,组织业务科同志认真研究工作思路,制定工作方案,把测绘工作、基础数据调查工作有机结合起来,改变了长期以来资源管理短期行为的局面。4月份开始,资源管理科对保护区内曙光采油厂油井数量、分布、占地面积、地理坐标、路线等进行了调查统计。由于该范围内井位密布,路线崎岖、错综复杂,给调查工作带来诸多不便,但工作人员克服了重重困难,较好地完成了既定任务,共统计到油井643口,并逐项进行登记造册。通过调查,基本掌握这一地区地形、地貌、生产设施情况详尽资料。其它地区的调查工作正在有条不紊的进行当中,对红海滩旅游公司开展的生态旅游活动进行了严格的规范管理。保护区始终坚持保护第一,生态旅游“无损坏、无污染”的原则,强化旅游区的环境监测,达到保护促发展,发展促和谐,和谐促保护的目的。此外,还在保护工作上加大了力度,积极开展鸟类救助和繁育工作。全年,救护鸟类32只,其中包括国家二级保护动物红隼等珍稀物种。

建立和完善了候鸟迁徙重大疫病疫情监测点 年初,根据国务院有关加强禽流感疫情防控工作的指示精神,按照国家农业部、国家林业局的相关部署,保护区把对候鸟迁徙期疫病疫情防控工作当作重要工作来抓,组织技术人员先后参加了3期国家林业局举办的野生动物重大疫病疫情防控知识培训班。在保护区设立了9个重点监控点,委派专人全天候进行监测,重点监测不明原因死亡的鸟类,做到早发现、早报告、早处理,并坚持了日汇报制度。全年,重点发现野鸭群亡事件3起,其中,4月份在大洼小三角的西侧发现并申报的200余只花脸鸭送检中被检测出禽流感病毒携带,为全省2006年禽流感防控提供了基本资料。

基础设施建设逐步完善 一是在赵圈河管理站建立了盘锦市野鸭种源驯养繁育基地，自筹资金50万元，修建笼舍1277平方米。其目的是利用丰富的野外资源条件，按照国家相关规定，繁育绿头鸭、斑嘴鸭等珍禽种源，并由盘锦市野生动物救护中心负责按公司+农户的模式运作，逐步在全市形成独特的珍禽饲养产业，为盘锦市农村经济的发展增添新的亮点。二是在滩海管理站红海滩景区自筹资金修建了海南三停车场以及观鸟平台和栈桥，极大地丰富了自然保护区景观。同时，也为游客提供了便利。对五千七永久保护地蓄水沟工程进行了扩建。新购置了海上巡护船一艘，用于滩涂及海域管理。三是与辽河石油勘探局筑路公司协调对东郭管理站站内场地进行了硬化，铺设柏油路面2000平方米。还与欢喜岭采油厂协商将管理站周边修筑了周长200米的护栏。通过一年来的基础建设，管理站设施得到进一步完善，基本达到了一线管护有阵地、职工生活有保障、科学研究有场所，极大地提高了保护区接待能力，使保护区成为盘锦市旅游观光、科普教育、科研监测、开展交流的最佳站所和窗口。

·科教兴市·

组团参加第十届中国(锦州)北方农业新品种、新技术展销会 3月1日——3日，市科技局组织省盐碱地利用研究所、盘锦光合水产有限公司、盘锦每日集团有限公司、盘锦万丰生态养殖有限公司、盘锦鑫叶种植有限公司等11家涉农企事业单位参加了由辽宁省人民政府和中国农业科学院主办，省科技厅、省农委、锦州市等辽西蒙东经济区联合体7市人民政府共同承办的第十届中国(锦州)北方农业新品种、新技术展销会。此次展销会邀请了中国农科院所属的10家研究所、沈阳农业大学、辽宁省农科院、大连水产学院等涉农院校和科研院所及国内20个省、市、自治区的涉农企事业单位和来自日本、加拿大、韩国、以色列、俄罗斯、匈牙利等9个国家的外商共350家单位参展。农展会以“绿色、环保”为主题，集中展示了农、林、牧、水产等方面的新品种、新技术和先进适用的农业新成果。农展会期间，盘锦鑫叶种植有限公司从国外引进的番茄、彩椒品种、适用于工厂化育苗的无土育苗基质和育苗盘；盘锦每日集团10余个品种、20余个样式的特色海产品；省盐碱地利用研究所的优质高产水稻品种等都吸引了广大群众的争相咨询和抢购。期间，共发放各类宣传资料近2万份，起到了良好的宣传效果。同时，还组织了市农业技术推广部门、农业科研部门、部分涉农企业及种养殖大户共1000余人组成的买方市场到会参观洽谈。参加本届农展会，搭建了一座农业科技交流合作平台，有力地宣传了盘锦市的农业新品种、新技术，同时也使全市涉农企事业得到了更广泛地与外省市农业科研院所、企事业单位交流的机会，增强了对农业新品种、新技术的了解，促进新成果的引进，拓宽了农产品市场销售的渠道，对全市农村经济的快速发展起到了强有力的推动作用。

全市有7家企业入选省知识产权试点、示范企业名单 在2006年3月份召开的全省知识产权工作会议上，辽河石油勘探局等7家企业入选辽宁省企事业知识产权工作示范试点单位名单。在全省开展知识产权示范试点工作是“知识产权兴业强企工程(2121工程)”的重要举措和主要依托。按照《关于申报全省第二批企事业知识产权试点工作单位的通知》，市科技局经过认真筛选，选择了辽河石油勘探局等8家知识产权基础较好的企业上报，省知识产权局最终确定辽河石油勘探局作为省知识产权工作示范单位，奥马漆业、金盘科技、瑞达石油技术公司、纵横声光电子公司、兴华机械厂、环帮公司等6家企业作为试点单位。对于纳入省知识产权示范、试点工作的单位，省知识产权局将在知识产权战略研究、专利信息开发利用、专利技术产业化、专利申请补贴等方面开展分类指导、支持和协助，引导企业真正做到有制度、有机构、有人员、有经费、有专利。市科技局也将围绕知识产权的创造、管理、实施、保护及信息化等环节加强管理和服务，并及时总结示范、试点单位的经验加以推广，使这些企业真正发挥示范、辐射作用，为全市知识产权工作的强力推进奠定坚实的基础。

举行自主创新与知识产权保护报告会　为了进一步增强知识产权保护意识，提高全市企事业单位运用知识产权制度应对市场竞争的能力，4月24日，市委组织部、市委党校、市科技局在市委党校报告厅联合举办了自主创新与知识产权保护报告会。邀请省知识产权局副局长胡嘉禄到场作了主题报告。市委党校县处级领导进修班、优秀青年干部培训班学员，市直相关部门，全市科技系统干部职工，市委党校教职员工以及部分企业、科研单位代表共计300余人参加了报告会。《报告》分别就知识产权的内涵和外延、入世后我国知识产权工作及保护面临的新形势、知识产权工作存在的问题及企业知识产权战略制定与思考等方面做了深层次的分析，并针对盘锦市的知识产权工作实际提出了积极而有效的应对之策。

全市科学技术大会召开　4月25日，盘锦市科学技术大会召开。市委、市人大、市政府、市政协领导出席了会议。会议由市委副书记李素芳主持，市委副书记、代市长陈淑珍在会上作了题为《加大科技投入，推进科技创新，为盘锦经济社会发展提供强大支撑》的报告。《报告》充分肯定了“十五”期间科技工作取得的成绩，对“十一五”期间的工作重点提出了要求。《报告》指出，“十一五”时期，要紧紧抓住国家振兴东北老工业基地的历史机遇，把科技创新放在更加突出的位置，进一步深化科技体制改革，在重视加强原始创新、集成创新的同时，更加注重引进消化吸收再创新；加大科技投入，重点加强区域创新体系和产学研创新体系建设，全面提高盘锦市科技创新能力；大力发展高新技术产业和利用高新技术提升、改造传统产业，推动全市经济增长方式的根本性转变，为实现资源型城市可持续发展、社会主义新农村建设和构建和谐盘锦提供强大的科技支撑。副市长徐吉生宣读了《盘锦市人民政府关于颁发2006年科学技术突出贡献奖的决定》。会上，对获得盘锦市科技突出贡献奖的盘锦光合水产有限公司董事长李晓东、辽河石油勘探局装备工程公司经理胡德祥、辽宁华锦化工(集团)有限责任公司技术中心主任蓝云飞、中国石油辽河油田公司技术发展处处长赵政超、中国石油辽河石化公司研究所所长黄鹤、辽宁华孚石油高科技股份有限公司副总经理吴玉祥等6名科学技术人员进行了颁奖，每人奖励人民币5万元。盘锦光合水产有限公司董事长李晓东、辽河石油勘探局装备工程公司董事长胡德祥代表获奖者作了典型发言。市委书记陈海波作了总结讲话，他向受到表彰的优秀科技工作者表示热烈的祝贺，向全市广大科技工作者致以亲切问候，并就如何进一步做好全市科技工作提出三点意见。一是要不断深化对科技创新重要性的认识。二是要以重点领域、关键环节的突破推动科技创新，抓住制约科技创新的关键问题，集中力量加以突破。三是要切实加强和改善对科技工作的领导，努力为推进科技创新创造良好环境，加强科技创新人才队伍建设。

市科技局开展科技活动周活动　为认真贯彻落实科技部、中宣部和中国科协联合下发的关于举办2006年科技活动周的通知精神，5月23日，市科技局、市委宣传部、市科协联合在盘山县胡家镇举办盘锦市2006年科技活动周活动启动仪式。市委副书记张久富、市人大常委会副主任孙绍云、市政府副市长徐吉生、市政协副主席刘洪滨等市领导参加了启动仪式。启动仪式之后，在胡家镇、田庄台镇等地，由市科技局邀请的省农科院蔬菜所所长王永成、食用菌所研究员杨军、稻作所所长张忠旭、省农技推广总站研究员赵义平等农业技术专家，深入农村生产第一线与农民开展面对面的咨询服务活动，分别传授水稻、甜瓜、食用菌、保护地蔬菜等优质、高产栽培技术，解决农民实际生产中的技术难题。活动周期间，还开展了丰富多彩的科普活动。在社区组织有关部门、单位的相关人员以及营养保健专家和医务工作者分别深入街道社区开展“科技知识宣传进学校、进社区、防治疫病科普知识宣传”活动；邀请科普专家深入全市中小学校，对中小学生开展科普知识、小发明小创造科技讲座，激发公众和青少年学生的科技创新意识，提高科技创新能力。组织了科技咨询和服务活动。分别由市、县、乡三级农业技术科研、推广部门的技术人员组成的科技扶贫服务队到包扶乡镇开展科技咨询、举办科技培训班及农业技术电视讲座等一系列活动，积极引导广大农民群众学习并掌握先进适用的农业实用技术。市科技局精心选购了1万余册农业实用技术及科普图书，免费赠送给农民群众及广大市民，并向群众发放科技资料近3万份(册)，促进了新技术、新成果的推广与普及，有效地提高了全市人民的科技创新意识。

盘锦市“十一五”科技发展规划编制完成 根据国家和省关于“十一五”科技规划的总体部署和要求，市科技局于2005年底对“十五”科技工作进行了总结，摸清了发展的现实基础。组成了专门的工作班子，在大量前期研究和资料收集的基础上，形成了盘锦市“十一五”科技发展规划初稿。省科技大会召开以后，根据省中长期规划的有关要求及市领导的意见，对初稿进行了补充，3月末向各县区、市直各部门、科研单位、重点科技企业等30家单位征求了意见，综合各单位反馈意见，对初稿进行了修改和完善，形成讨论稿，在市科技大会期间下发并广泛征求意见后，于7月正式编制完成。该规划包括“十五”时期科技工作回顾、“十一五”期间科技发展指导思想和目标、科技工作的主要任务、支持领域及重点、重大科技专项和主要保障措施等6个部分。主要任务包括建立区域创新体系、促进社会主义新农村建设、搭建科技资源共享平台等7个方面。

2006年盘锦塑料与精细化工科技合作项目洽谈会召开 7月12日——13日，市政府在辽河宾馆举办了2006年盘锦塑料与精细化工科技项目洽谈会。本次洽谈会在总结前6届科技合作项目洽谈会成功经验的基础上，本着“务实高效”的原则，有针对性地邀请了华东理工大学、大连理工大学、中科院沈阳分院等12家国内塑料精细化工领域的权威院校院所50余名专家到会，召开塑料与精细化工专题对接会，针对上述两个领域进行专题对接。会议期间，副市长徐吉生代表市人民政府与华东理工大学副校长于建国签订市校全面科技合作协议，至此，盘锦市已与12家院校签订了全面科技合作协议。作为国内化工行业的权威院校，华东理工大学众多成果非常适合盘锦，合作前景非常广阔，是双方实现双赢的良好契机。参会的高等院校、科研单位在项目推介会上介绍了各自的优势学科，发布了一批技术水平高、实用性强的科技成果信息。校企双方通过信息发布会增加了对各方的感性认识，提高了洽谈的成功率。在为期两天的洽谈活动中，共签订合同32项，一批代表塑料和精细化工前沿方向的项目成为了本次合作洽谈的亮点，这些项目的实施将推动企业的技术创新，促进产品结构优化，提高技术产品的市场占有率。

组团参加中国国际专利技术与产品交易会 8月17日——19日，“2006中国国际专利技术与产品交易会”在大连世界博览广场隆重举行。副市长徐吉生带领市、县(区)科技局、财政局以及企业代表共60余人参加了本次专交会。此次盘锦展团共9个展位，分为前言、专利技术成果等展区。部分企业及专利持有人携参展样品和宣传材料到会，其中，雅尔多利公司的蒲草手工编织产品、智丰电子公司的语音智能拨号器等吸引了众多的参观者。在交易会上，充分展示了近年来盘锦专利技术及其产品、高新技术成果及其产品、名优新特精品以及盘锦优越的投资创业环境，并取得了较好的效果。交易会期间，共签订合作协议12项，部分专利持有人也达成了合作意向。专利产品“壁挂式集成电脑机箱”获得本次产品交易会金奖。盘锦市展团被会议组委会评为最佳组团奖。

市科技局举办科技下乡活动 11月30日，市科技局在盘山县古城子镇举行了科技下乡活动启动仪式，市委副书记李素芳、市人大常委会副主任王丽娟、市政府副市长徐吉生、市政协副主席刘洪滨及盘山县委、县人大、县政府、县政协、市直有关部门的负责同志参加了启动仪式。本届科技下乡活动中，邀请了省农业技术推广总站的赵义平研究员、省农科院蔬菜所王永成所长等4位专家，分别到盘山县古城子镇、胡家镇、大洼县高家农场、双台子区高家村进行现场咨询服务。活动中专家向黄瓜、茄子种植农户详细讲解了黄瓜霜霉病及栽培、嫁接管理、茄子灰霉病、西红柿东雷病、畸形、芹菜斑枯病等病害的防治措施。用通俗易懂的话语向农户讲述了如何进行种子处理、施肥、调节温度、湿度等关键无公害种植技术环节。向甜瓜、樱桃、小番茄种植农户讲解了如何改良土壤，调节肥力、水分和掐尖等技术措施及灰霉病、霜霉病的防治方法。活动中，累计向群众发放蔬菜栽培病虫害防治和猪、鸡高效养殖及疫病防治等方面的科技图书(资料)万余册(份)，培训农民两千余人，推广了一批农业生产新技术，有力地提高了农民的生产技术水平。

召开科技合作工程项目洽谈会　为进一步加强全市企事业单位与高等院校、科研单位的联系，拓宽科技合作交流领域，切实推进科技与经济的紧密结合，增强企业技术创新能力，促进经济结构优化和产业升级，市政府于12月12日在辽河宾馆举办了2006年盘锦市科技合作工程项目洽谈会。本次洽谈会邀请了清华大学、中科院沈阳分院、中国农业大学、中国农业科学院等40余家高等院校和科研院所的100多名专家，与全市200余家企业的500余名代表就盘锦企业的技术需求进行了洽谈和对接。在洽谈活动中，应邀参会的高等院校、科研单位与各类企业、社会各界广泛接触，深入洽谈，诚挚交流，供需双方本着诚实守信、友好合作、实现双赢的良好愿望，积极主动地开展了技术、人才、难题等方面的对接与交流活动，取得了丰硕成果。通过一天的交流、洽谈，会上，共签订技术合同46项，合同签约额5200余万元。

争取域外科技资金成果显著　2006年，在积极组织、指导企业申请省科技资金方面取得了新突破，对支持企业技术创新和科技成果与专利转化起到了积极的促进作用。截止到2006年底，共争取到省各项科技资金1050万元。年初以来，市科技局在抓好本市科技计划的同时，积极组织、指导企业申请省各项科技资金。市科技局多次召开专门会议，对项目申报工作进行具体部署，对重点项目还聘请了有关专家进行专题论证，并按规范化要求严格把好申报项目的材料关，从而有效提高了项目的申报质量。在市科技局的努力支持下，辽宁华锦化工(集团)有限责任公司的“48万吨乙烯工程配套技术－ABS树脂工艺攻关”、盘锦辽河油田凯特石油设备有限公司的“新型数字智能化石油钻机”等4个项目获辽宁省重大项目资金420万元；盘锦金盘科技有限责任公司的长冲程智能抽油机和盘锦兴华机械厂的数控中空玻璃设备自动生产线等4个项目获省专利技术转化资金100万元支持；辽宁兴海制药有限公司的三类活动期溃疡性结肠炎药物、盘锦威华高新节能设备有限公司的高效节能经济型保温管等7个项目获得省科技型中小企业140万元创新基金支持；另有辽宁美林药业有限公司的干扰素a－2a凝胶推射剂等13个项目获得省科技厅科技计划410万元资金支持。

坚持民主治教，推进素质教育　2006年，市教育局成功地承办了“辽宁省教育学会树立社会主义荣辱观研讨会”。10月16日，召开了第10次培养习惯现场会，继续培养学生12个学习习惯。全市中小学开展了“课堂教学模式大赛”，落实《课堂教学十项要求》，坚持以人为本，培养自学能力，以适应新一轮课程改革的要求。全市学生参加全国、全省数学、物理竞赛成绩创历史新高。参加辽宁省各种科技创新比赛8次，5次获得团体总分第1名。成功地承办了“辽宁省第十届运动会航海模型比赛”，承办了“辽宁省健美操锦标赛”，5次组团代表辽宁省参加全国各种科技比赛，成绩优异。继续开展道德长跑、体育长跑活动，提高师生心理、生理健康水平。市直中小学教师同学生一起参加长跑活动。全市教师每天和学生一同做广播体操，增强了体质。中考加试体育，程序规范，纪律严明，连续9年无1人上访。市教育信息网在实现中学、中心小学“校校通”的基础上，已和全市农村200人以上的村小全部联通。3月26日继续现场直播了市直学校校长述职大会。在辽宁省举办的第二届中小学生艺术展演活动中，共有15人次获一等奖，4

人次获二等奖，43 人次获三等奖，其中，市实验小学选送的《丑小鸭》获课本剧类一等奖，并代表辽宁省参加教育部举办的全国中小学生第二届艺术展演。市教育局获本次活动的优秀组织奖。举办了第七届教育科技节，共有 11906 件科技作品参展，全年有 151 项学生科技发明和制作获得了国家专利证书。深化教育督导评估制度改革，坚持年度评估与日常评估相结合、领导评估与学校互相评估相结合，按照 4∶2∶4 的比例赋分，按3∶4∶3的比例划分三类学校并挂牌，促进了学校管理的科学化。

尊重科学规律，坚持依法治教 全年，市教育局认真办理人大代表、政协委员提案 29 件，办复率 100%，满意率 98%。市教育局被评为办理人大建议、政协提案先进单位。和盘锦日报社合办《教育专刊》12 期，与市有线电视台合办《学生时代》24 期。进一步深化幼教改革，幼儿入园率达到 71%。全市农村义务教育阶段 2006 年开始免除杂费。加大了帮扶贫困生的力度，认真落实"两免一补"政策，完成对全市 8200 人次困难家庭中小学生实施免费义务教育。全市教师每人和 1 名贫困生、1 名后进生分别组成互助组，提高了巩固率。副市长李淑云 4 次亲临农村学校检查工作。两县中学校长继续对调进行控辍大检查。大力发展高中阶段教育，农村初中毕业生升学率提高到了 75%，城市提高到了 95%。全市省级重点高中公费生招生由 1904 人增至 3072 人，仅市高中就由 2005 年的公费指标 466 人，增至 1101 人。在高考中有 19 人考入清华、北大，数量多于上年。大力发展职业教育，实行"家庭困难免费升中专，成绩不好照样升中专"的政策，成批组织学生到珠三角、长三角的企业带薪实习，扩大"出口"、拉动"入口"。北方工业学校招生超过 1600 人，市经济学校招生在上年创历史新高的基础上，2006 年又超过 1000 人。市职业技术学院 2006 年招生连续 3 年突破千人，在校生已到 4200 人。对社会力量办学单位进行复查。布局调整减少学校 29 所。对外交流有新进展，新加坡、马来西亚教师到盘锦研究教改。美国、俄罗斯、加拿大等国教师到盘锦任教。农村学校校园耕地科技含量有所提高。学生校服进一步规范，质量有所提高，价格进一步下降。油田三高中、新兴中学的塑胶跑道、人工草坪操场竣工。全市城区学校塑胶跑道（或操场）与学校数量之比，全省第一。市地税局、市财政局对教育支持力度加大。教育经费管理规范。市综治办大力治理校园周边环境，获家长称赞。市文明办深入学校指导，提高了师生的文明程度。举行了 15 次大型考试，纪律严明，获市民肯定。连续 3 年实行普通高考 100%考场实行电子监控。全省惟一实行用语音代替铃声。市高中王美霞同学在高考中取得全省卷面总分第 1 名的好成绩。

端正领导作风，提高队伍素质 召开了中共盘锦市教育局第一次党代会，选举了新一届党委。不断加强领导班子自身建设。坚持理论学习制度，下发了《市教育局直属单位领导班子党员领导干部民主生活会管理的规定》，进一步规范了领导班子民主生活会制度。注重建设学习型机关，机关干部已获硕士学位和正在攻读硕士研究生课程的已有 25 人。市直属学校公开选拔副校长和校长助理。3 月 26 日，市直校长述职，管理水平进一步提高，进一步削减学校收费项目，治理乱收费工作获省政府检查组高度赞扬。开展了十佳教师评选活动，教师节对名教师、十佳师德标兵、十佳班主任等 12 个系列先进人物进行表彰。狠抓了干部教师培训。举办了盘锦市中学校长暨市直学校后备干部培训班，共培训学员 104 人。举行"十一五"期间校长论坛活动。8 月 25 日，举行了第十次市直中小学教师教育理论、业务能力统一考试，与辽师、沈师、渤海大学联办教育硕士班。继续推行教师轮换制、聘任制。严把教师入口关。岗位公开，逢进必考，市直择优录用了 121 名教师。市教育局及市直学校档案 20%进入国家级行列、100%晋升为省级。省补贴盘锦市场办教师工资 1000 万元列入年财政基数。场办教师工资两县实行了统一发放，制度进一步落实。兴隆大厦为农村优秀教师发奖金 10 万元。市教育基金会资金总额超过 900 万元。

各项科技项目圆满完成 2006 年，省盐碱地所共开设各类科技项目21项，其中，国家级项目2项，分别为《高产优质多抗水稻新品种盐粳188试验示范》和《盘锦市水稻生产综合技术开发》。省(部)级项目4项，分别是《优质高产多抗水稻新品种(组合)选育》(下设3个子项)、《辽盐系列高产优质多抗粳稻新品种开发》、《水稻杂合状态下稳定遗传的研究》和《辽河三角洲稻区天敌种类调查及其应用研究》。市局级项目7项，分别是《水稻新品种(组合)选育及杂合状态下稳定遗传技术研究》、《盐生植物开发利用研究》、《配方施肥及病虫草害综合防治技术研究与应用》、《水稻新品种引进及配套栽培技术推广与示范》、《海南育种基地建设》、《辽宁农垦超级稻示范推广》和《盘锦水稻标准化生产技术体系示范与推广》。自选项目9项，分别是《名优花卉、苗木的组培快繁技术研究》、《保得生物肥在水稻上的应用效果研究》、《滨海稻区苜蓿高产高效栽培技术研究》、《浮体栽培水稻试验》、《欧洲丁桂鱼苗种培育技术研究》、《海带粉添加剂对提高蛋鸡产蛋率技术研究》、《水稻不同品种耐盐限度研究》和《水稻受水分胁迫试验》。通过全所科研人员的共同努力，较圆满地完成了年初制定的计划任务，并通过了各级主管部门的验收。

大力推广科技成果　2006年，省盐碱地所《水稻新品种盐丰47》通过国家级审定。《有机食品水稻生产操作规程》通过市级审定。《水稻新品种盐粳68》获省级奖励科技成果，并获省政府科技进步三等奖。获市级奖励科技成果3项，其中，《优质高产多抗水稻新品种辽盐166》获市政府科技进步一等奖；《绿色稻米生产技术体系研究与示范》获市政府科技进步二等奖；《高产优质多抗水稻新品种盐丰47》获辽宁省科技贡献一等奖。全年，科技成果不但在本省被大面积应用，而且还被推广至河北、新疆、宁夏等地区，各类科技成果累计推广应用达300多万亩，创社会经济效益3亿多元，有力地促进了我国北方农业和农村经济的持续发展。

加大科技宣传、交流及服务工作　为了促进盐碱地所与外界的科技交流，加速推广科技成果，提高知名度，科技办公室代表省盐碱地所参加了3月份在锦州市举行的北方农业新技术新成果展览会，并且多次参加在太平、古城子等乡镇举办的送科技下乡等活动。作为沈阳农业大学土地与环境学院教学实习基地，10月份迎来土地学院70名师生来所学习并在省盐碱地所专家的带领下到滨海湿地进行实地学习。2月23日，日本育种专家一行5人，来到盐碱地所进行考察和交流经验。10月份，盐碱地所科技专家在副所长李振宇的带领下，一行4人，到朝鲜进行考察，对意向合作项目进行实地深入了解，为将来双方的合作提供可靠依据。通过这些科技合作与交流活动，不但把盐碱地所的技术成果宣传出去，而且还把外面的先进经验引了进来。在宣传和推广科技成果的同时，省盐碱地所积极响应省有关科技扶贫工作的号召，利用技术优势和成果优势，不断开展对当地的科技扶贫工作，并取得了显著成绩。

加大芦苇湿地科学研究力度，为全市经济建设服务　2006年，市芦苇科研所全面落实全国和省、市科技大会精神，坚持用科学的发展观统领全局，科学研究取得了新成果，科技服务拓宽了新领域，基地建设取得了新成绩，党建和精神文明建设实现了新突破，圆满地完成了年初的预定目标。一是加大了科学研究的工作力度，自主创新能力显著提高。根据年初安排，加大了科学研究的工作力度，课题研究硕果累累，自主创新能力显著提高。“苇田综合开发利用研究与示范”项目获市科技进步一等奖。“翅碱蓬在辽河三角洲利用与栽培试验研究”取得重要成果，受到市人大、市政协领导的高度重视。“芦苇湿地产能持续增长研究”、“盘锦苇区蝗虫发生规律与防治技术研究”、“盘锦滨海盐土发展咸水农业研究”、“苇田施用缓释肥试验研究”、“4W—2.0型芦苇收割机研究”等一批课题研究稳步推进，实现了预期目标。二是加大了科研成果的推广力度，科技服务质量显著提高。根据市委、市政府关于加快社会主义新农村建设的总体要求，市芦苇科研所同市科协一起，成功地举办了《盘锦市生态环境与可持续发展科技论坛》。为全市芦苇企业培训科技骨干400多人，配合盘锦电视台录制、播放了《百年苇海今昔梦》专题片，在社会上产生了很好的影响。以盘锦芦苇湿地为平台，加大了科技服务工作的力度，为提高芦苇湿地的经济效益、生态效益、社会效益做出了重要贡献。三是加大了基地建设的投入力度，经济收入显著提高。实验基地迈上新台阶，芦苇产量实现1392吨，多创收入3万多元，同比增长5个百分点。四是加大了支撑系统的管理力度，服务能力显著提高。人事、档案、财务工作取得了显著成绩，基础设施得到了明显改善。五是加大了党建和精神文明建设的力度，保证监督能力显著提高。党组织的凝聚力、战斗力显著增强，党员的先锋模范作用显著提高，精神文明建设又上新台阶。

盘职院被省委、省政府授予“文明单位” 2006年，盘锦职业技术学院继被省教育厅评为“安全文明校园”之后，积极推动校区绿化与教学基础设施建设同步进行。经过全院师生的共同努力，已建成了一座“花园式”学校。同时，学院注重加强教室、实验室建设，为教学提供有力保障。狠抓综合治理、维护师生利益，做好安全稳定工作。加强教风、学风、考风建设，严肃校风校纪。开展了有特色的校园文化活动，优化了育人环境，提升了学生文化素养。2006年，学院被省委、省政府授予“文明单位”。

盘职院实施“人才强校战略”，教师队伍结构更加趋于合理 2006年，盘锦职业技术学院为提高教师队伍学历层次，增强实践教学水平和科研能力，录用6名硕士研究生和3名“双师型”教师充实教师队伍。全年，有2人获得高级职务资格、10人获得副高级职务资格，教师职务结构有了改善和提高。5名青年教师被评为辽宁省普通高等学校青年骨干教师，教科研水平得到显著提高。

盘职院师范教育系团总支荣获全国“五四红旗团总支”称号 几年来，师范教育系团总支带领全系团员青年，勤奋学习、扎实工作、努力拼搏、开拓创新，充分发挥团总支和各班团支部的战斗堡垒作用。团的工作开展得红红火火、有声有色，丰富多彩的团活、社团活动、社会实践活动，提高了学生的综合能力和综合素质。团总支的工作为系和全院各项工作的开展起到积极推动作用。在全系团员青年共同努力下，师范教育系团总支取得可喜的成绩，于2006年被团中央命名为“五四红旗团总支”，他是全市乃至全省高职院校惟一获得此项荣誉的基层团组织。

盘职院专业建设趋于合理，招生工作成绩喜人 2006年，盘锦职业技术学院成功地申报论证了汽车技术服务与营销和建筑工程管理两个高职专业，恢复了师范初等教育专业。使盘职院专业建设更加趋于合理。盘职院汽车检测与维修技术专业几年来发展较快，学生规模达到几百名，发展势头较好。在此基础上，汽车技术服务与营销专业申报成功，将扩大汽车类专业招生规模和范围，与学院提出的专业发展规划相吻合，同时也为实现“发展汽车类专业为中心”的专业发展目标夯实了基础。建筑工程管理专业的申报成功，添补了盘职院在此项人才培养方面的空白，也为将来更好地服务社会输送建筑工程管理类人才提供保障。专业设置的合理化，更加扩大学院的知名度，招收新生数连续3年超过千人，彻底扭转了“中专生多，高职生少”的局面。

· 产 业 强 市 ·

全力推进全民创业 2006年4月26日，市委、市政府组织召开了“盘锦市全民创业暨非公有制经济总结表彰大会”。会上，代市长陈淑珍作了全民创业动员报告，出台了《关于鼓励全民创业的若干规定》和《关于进一步加强经济发展环境建设的规定》，对117户为盘锦经济社会发展做出突出贡献的企业和10位取得显著成果的创业者进行了表彰。会后，市经委研究制定了关于鼓励全民创业的实施细则，组织部分在大会上受表彰的企业家赴南方发达地区学习考察。通过参观奥康集团、报喜鸟集团等大企业，学到了外地企业成功经验，使其经营思维实现了跃进，同时提升了企业家经营水平。在工作中，市经委一方面积极营造全民创业的环境，搭建中小企业服务平台。成立了塑料、建材、食品行业协会,完善了中国中小企业盘锦网;成立了民营企业投诉中心,受理投诉案件15起,每一起案件都得到了解决;成立了中小企业法律顾问团,为民营企业提供免费咨询和办案服务;开展治乱减负大检查,在重点民营企业设立软环境监督员,规范执收执罚部门的执法收费行为。另一方面,积极扶持全民创业,出台了《关于鼓励现有企业做大做强的暂行规定》;与省开发银行搭建了企业融资平台,与市各专业银行搭建了银企对接平台,通过两个平台,为民营企业解决贷款资金3亿元;成立了3家民营担保机构。截止到2006年底,全市已有6家担保机构,形成了市县区较为完整的担保体系。全年,共为企业提供了6.7亿元的担保贷款;举办了10余个以企业管理和如何创业为主要内容的学习班和研讨班,培训人员达1500人次,其中,高级职业经理学习班培训企业家66人;创办了盘锦市东阳创业辅导基地,并被确认为省级创业辅导基地。

发展循环经济,建设节约型社会　按照《盘锦市建设节约型社会实施意见》的要求,市经委继续做好全市建设节约型社会的组织与协调工作,建立健全相关单位资源节约责任制,促进节约型社会建设。一是发展循环经济。2006年,盘锦市被省政府确定为省循环经济试点市,盘锦经济开发区、辽河石油勘探局、华锦集团、鼎祥集团被列为省循环经济试点园区和企业;在6个申请国债支持项目中,华锦集团污水处理及回用已被列入国债项目,可获得600多万元的资金支持;获得660万元国债支持的华孚公司的冷家油田稠油污水深度处理工程项目,已投入运行。二是推进企业清洁生产。全年,列入首轮清洁生产审核验收计划的7户企业已全部通过验收,完成投资214.7万元,获得直接经济效益853.2万元。三是加大资源综合利用力度。全市有16户企业获得了省资源综合利用产品认证,年可消除粉煤灰、炉渣100余万吨,生产新型墙体材料9亿块标砖、水泥30万吨。四是大力开展节能工作。建立了能源消耗公报制度,对100多户企业进行了能源新技术及能源管理知识培训,对年用能在5000吨标准煤以上的重点用能企业开展能源审计。

发挥职能作用,努力为企业服务　2006年,市经委协调金融机构,共为企业解决流动资金贷款36.2亿元,比上年增长50.2%。先后协调解决了中润化工和北方燃料公司等10余户企业生产要素供应不足,企业生产物资运输、工业园区和重点企业供电紧张等问题,特别是面对辽宁电网非计划性拉闸限电,市经委积极采取措施加以应对。迅速启动和调整《盘锦地区拉闸限电方案》,采取最佳限电措施优先保证石化企业生产和重点项目建设用电。多次向省电力公司反映盘锦市石化企业用电的特殊性,尽最大努力争取把限电指标降到最低。鼓励地方企业建设电厂发电。盘锦春成纸业有限公司自备电厂已建成。同时,市经委还积极推动盘锦供电公司在辽滨建设风力发电场。

民营经济迅猛发展,总体规模不断扩大　截止到2006年底,全市民营经济从业人员达20.1万人,比上年净增1.6万人。民营企业荣获省著名商标21件(占全市总数的87.5%),其中,2006年获7件(占全市总数的100%);荣获省名牌产品24个(占全市总数的77.5%),其中,2006年获4个(占全市总数的36.4%)。荣获市著名商标46件(占全市总数的87%),其中,2006年获10件(占全市总数的91%);荣获市名牌产品38个(占全市总数的84%),其中,2006年获18个(占全市总数的100%)。全市拥有科技型民营企业730户,其中,省级以上(含省级)高新技术企业26户(占全市省级以上高新技术企业总数的96.3%)。随着民营经济的发展,市场适应能力增强,经济效益正在快速提升。2006年,全市民营经济实现营业收入418.3亿元,同比增长32%;实缴税金12.4亿元,同比增长27.8%,占全市税收比重为12.6%,比上年高出0.5个百分点。

第三产业发展加快　2006年,全市第三产业继续保持了稳定、上升的发展态势,实现增加值63.4亿元,同比增长42.3%。大型龙头企业发展加快,以兴隆大厦、鼎信商厦和辽宁国贸集团为代表的重点商贸服务业企业运行态势平稳，营业收入比上年同期分别增长了21%、26%和25%；双益百货有限公司改造加盟连锁店达到236家，实现营业收入5000万元，同比增长28%。

民营企业的发展呈集团化、规模化趋势　经过多年积累和发展，一大批骨干民营企业进入快速成长期。截止到2006年末，全市民营企业中注册有限责任公司已达3077户，比上年增加了650户；全市民营企业中注册集团有限公司的28户，比上年增加了9户。规模以上民营企业达到了223户，超5000万元的企业达到了71户，超亿元的企业达到了35户。全年，全市规模以上民营企业年营业收入、实缴税金分别占到全市民营经济营业收入总额的39.03%和实缴税金总额的48.92%，分别比上年提高了4.1个百分点和5.37个百分点。

民营企业固定资产投资势头强劲　2006年，全市民营企业固定资产投资态势良好。由于各级政府高度重视招商引资工作，并制定了优惠政策，强化了招商队伍，创造了一套有效的招商办法，促进招商引资工作扎实开展，引进项目增多，固定资产投资势头强劲。全年，民营企业实施投资额50万元以上项目472项，其中，新开工项目405项，实际投产352项，实际完成投资37.65亿元，同比增长69.8%。

食品行业　全市规模以上食品企业实现产值20.95亿元、增加值6.18亿元，同比分别增加了43%和24%，实现利税1.09亿元，其中，利润6187亿元，税金5979万元。充分发挥盘锦大米的品牌优势，打造绿色、有机和营养米业。鼎翔米业努力扩大有机大米种植加工量，凭借基地优势和良好的产品质量信誉，大米销量已实现30%的增长；利是米业有限公司被国家环保总局授予全国十大有机农产品食品生产基地，市场占有率迅速扩大。盘锦大米在国内树立起高档、优质米的形象。一批食品加工龙头企业和食品加工示范基地得到了各级政府的政策扶持，龙头企业对农业产业化的带动作用得到进一步发挥。全年，每日集团获得了省政府的项目财政贴息115万元；光合水产集团获得国家农业部综合开发办1600万元参股资金支持；在51户市级农业产业化重点龙头企业中，有37户是食品加工业龙头企业；兴牧饲料等4户企业及沙岭镇优质米加工等2个基地分别被评为省农产品加工示范企业和示范基地。全市龙头食品加工企业共带动52140户农户增收。全年，食品企业有新建、扩建项目31项，总投资额9.23亿元，其中，当年实现投资3.12亿元，当年竣工项目13项，投产5项。依靠科技创新促进资源优势转化为产业优势和效益优势。每日集团开发的具有自主知识产权、被称为国内首创的“三疣梭子蟹土池生态育苗及成蟹养殖”技术实现产业化，带动600户农户致富，户均获利达2.8万元。柏氏米业推出与省农科院稻作研究所合作开发的营养发芽糙米，含有促进人体健康和防治疾病的γ—氨基丁酸成分，填补了国内市场的空白。全市食品工业科技进步贡献率增长约5.5个百分点，达26%左右。

轻纺工业概况　2006年，轻纺建材行业有规模以上企业51户，实现产值15.5亿元，同比增长35.7%，占全市经济总量2.0%，实现销售收入14.3亿元。全市共有防水材料企业73户，全年生产防水材料1000万平方米，实现产值4亿元。全市有塑料加工企业165户，各种塑料加工业产量6万吨，实现产值6亿元。

主要产品产量

产品名称	单位	数量
塑料制品	万吨	4.3
防水卷材	万平	748
机制纸及纸板	万吨	2.4
服装	万件	162
型钢	万吨	2.4
水泥	万吨	28

石化工业　截止2006年底，全市规模以上石油化工医药企业共有116家。规模以上企业完成工业产值720.35亿元，同比增长24.12%，其中，石油天然气开采业有2家，完成工业产值

421.2亿元，同比增长19.2%；石油加工、炼焦、及核燃料加工业有51家，完成产值214.7亿元，同比增长36.4%；化学原料及化学品制造业有57家，完成总工业产值82.5亿元，同比增长22.6%；医药制造业有6家，完成工业产值2.0亿元，同比下降10%。全市重点监控的化学品产量为原油1201.5万吨；原油加工540万吨；合成氨32.2万吨；尿素55万吨；乙烯18.1万吨；丙烯6.7万吨；苯乙烯4.0万吨；聚乙烯15.2万吨；聚丙烯8.8万吨；聚苯乙烯4.2万吨；沥青187.3万吨。

机械装备工业　全年机械行业健康发展，规模以上企业56户，实现工业总产值18.8亿元，同比增长26.3%，占全市工业总产值的2.4%，销售收入完成13.6亿元。主要产品产量：测井工具中射孔器材产量20万米，射孔弹140万发，钻井设备中钻机、顶部驱动等钻井成套设备15套，钻杆摩擦对焊设备产量5万米，悬挂器等井控、固控工具产量2600套，采油设备中石油油管、油套管产量1.3万吨，抽油杆产量100万米，抽油泵及电潜泵产量8000台，抽油机配件产量3万件。锅炉347蒸/吨，各种泵4235台，改装车634辆，低压开关柜1280面，电线电缆2084米，绞线55吨，蓄电池1081千伏安。

盐业管理　2006年，市经委加大了全市食盐市场产品结构调整工作的力度，不断提高食盐的精细化水平，提高直接入口食盐的档次和品位，食盐品种日趋多样化。市场流通食盐品种分为加碘精制盐、粉洗盐、日晒盐、多品种营养(盐中加锌、钙、硒、低钠)盐和无碘精制盐等。主要是从省内营口、锦州、沈阳、复洲湾及湖北、安徽等地调入。二级品食盐(日晒盐)撤出直接入口食盐市场，逐步引导培育食盐消费市场奠定了基础。从市场反馈来看，取得了很好的社会效益。按照《食盐专营办法》，加强食盐的计划、质量和价格管理。全年，全市调入计划食盐4930吨，销售计划食盐6254吨，碘盐质量合格率为95%，碘盐覆盖率为96%，合格碘盐市场占有率为96%，各种费用上缴率为100%。各项指标全部达省定优秀标准。严格执行《食盐价格管理办法》，食盐价格到位，运行平稳。截止到2006年底，盘锦市盐业有限公司食盐库存为1558吨，大洼县盐业公司食盐库存为186吨，保证了地区额定的食盐库存。

加大盐产品生产管理力度　盘锦市有丰富的地下盐卤水资源和海洋资源，为了更好地利用这些宝贵资源和闲置滩涂，大洼县荣兴农场和盘山县太平农场分别引进域外资金和利用民间资本新建两家制盐企业，分别利用海水和地下卤水制盐，年设计产量均为10万吨。2006年12月两家制盐企业获得了省发盐产品生产许可证。盘锦海晶盐业有限公司同时开工建设盐卤水提溴素、医药中间体和阻燃剂等一批开发盐卤水下游产品的化工项目及水产养殖业。拉长制盐业的产业链条，提高了产品的附加值，扩大了就业，增加了税收，推动了当地经济的发展。

信息产业得到长足发展　2006年，按照市委、市政府发展接续产业，实现资源型经济转型的总体部署，全市信息产业继续稳步发展，整体实力不断提高，初步形成了以软件研发、电子信息产品制造、通信及信息网络服务和信息系统集成服务为主要门类的产业格局。全市信息产业总规模(邮电业务总量与电子信息产业销售收入之和)达到18.75亿元，同比增长16.9%，其中，电信业务总量16.03亿元，邮政业务总量1.52亿元，电子信息产业销售收入1.20亿元，全市信息产业增加值实现5.60亿元。交换机总容量139.97万门，全市电话用户达到98.84万户，其中，固定电话用户43.84万户，移动电话用户55万户，电话普及率达到78.5部/百人(全国、全省电话普及率分别是63.3%和77.2%)。全市互联网接入用户将达6.97万户。

电子信息产品制造及软件与系统集成服务业发展良好　2006年，全市电子信息产品制造业已进入起步阶段，盘锦普乐斯数码有限公司继年初机顶盒样机下线之后，新研发的平面电视配件也已投入生产。软件业继续保持着良好发展势头。全年，软件业实现销售收入1.2亿元，同比增长33.3%，经认定软件企业4户，登记软件产品5个，获得系统集成三级资质企业2户。软件研发和产品覆盖领域进一步扩大，市场占有率迅速上升。软件工程技术人员队伍不断扩大，软件企业综合实力不断提升。软件业在全市电子信息产业中发挥着主力军作用。

电信业发展迅速 经国内6大电信运营商设于盘锦市各分公司的共同努力和刻苦经营，全市电信基础设施日臻完善，通信技术不断提高，电信业务功能全面提升，现已形成由光纤、卫星、微波、固定和移动等多种通信方式组成的“天地一体”的宽带综合业务数字通信网络，电信业务总量16.03亿元，增长16%。为全市经济发展和社会进步提供了坚实的通信保障。目前，公用通信网全部实现网络互联、互通。市区光纤通信设施已铺设到小区、楼宇。全市乡镇自然村固定电话通话率达到100%。电信业在全市信息产业发展中发挥着重要骨干作用。

信息化建设步伐加快 信息化基础设施日臻完善。随着全市各大电信运营商通信基础设施的不断完善和网络技术水平的不断提高，政务信息化、企业信息化、农业信息化和社会信息化建设的不断加快，全市信息网络系统基础设施日臻完善，功能不断提高，为全市各领域信息化建设和各种业务系统的应用奠定了坚实基础。互联网服务能力不断提升。全市有5家电信运营商提供互联网接入服务，除了较为普遍的专线、ADSL、电话拨号等方式外，还提供WAP、无线等接入方式。互联网出口总带宽超过5G，网络可达到无阻塞、无中断，能够满足用户各种使用需求。

政务信息化稳步推进 电子政务建设取得显著成效。联接全市党政机关的电子政务网络已全面建成，网上部分办公业务和部分应用系统已开始启动运行。已开通运行的市政府综合门户网站，经过改造升级和内容充实，以崭新的面貌赢得了公众的青睐，为提升盘锦的知名度和加强政府与市民及社会公众的沟通，发挥了显著的作用。“金”字工程系列领域信息化建设继续推进，网络基础设施水平进一步提升，网络应用业务范围进一步扩大。信息技术特别是计算机网络技术在政务工作领域的全面应用，不仅大大提高了政务工作质量、效率和管理水平，而且正在并将继续推动政务工作的理念、政务工作的模式、政务工作的流程和政务工作的组织结构发生革命性的变革，其意义重大而深远。

各项信息化工程效果明显 “百户企业信息化示范工程”试点企业的信息化项目，均按计划顺利推进。通过信息系统的建设，试点企业综合实力进一步增强，并对全市企业信息化建设和应用起到很好的带动作用。通过实施“百万农民上网工程”，全市行政村的宽带互联网覆盖率达到90%以上，并有126个行政村建立了村级信息服务站，开辟了农民致富新途径，有效地促进了农村经济社会的发展。“盘锦市家庭上网工程”的实施，增强了广大居民的信息化意识，提高了应用信息技术的技能，带动了科、教、文、卫等系统信息化技术的应用，大大提升了全市社会信息化水平。

打造服务型机关，加强协调服务，促进电信运营业快速发展 2006年，市信息产业局坚持全心全意为电信运营业服务的宗旨，支持各电信公司平等竞争，互补长短，合作共赢，引导各电信公司规范有序经营，努力为电信运营业提供良好规范的运行发展环境，推动电信业快速发展。经常深入企业，加强协调服务，及时掌握并努力解决电信运营商在运营和发展中遇到的各种问题和困难，对重大疑难问题指派专人进行跟踪处理，全力排除企业运行发展中的各种困难和障碍。对影响甚至干扰电信业正常运行的不法行为，一经查实，按照本部门的职能，采取行政或法律手段及时予以纠正或取缔。

坚持依法行政，促进无线电管理工作再上新台阶 一是加强了基础设施建设。安装了固定监测站的防雷接地系统，完成了监测铁塔的建设工作，以及固定监测与移动监测设备的安装准备工作。二是圆满完成了无线电监测和检测工作。在全国“两会”及节假日期间，加强了值班和监测工作，成功地防范了“法轮功”分子进行电视插播破坏活动。高考期间，按照市政府要求，对市、县考点进行了监测，有效遏制了考试中使用无线电通讯设备作弊现象发生。检测了覆盖两县、两区的PHS基站，对不符合技术指标的基站提出了整改要求。三是认真受理干扰投诉。全年，受理市民投诉12起，设台单位投诉9起，经现场测试、协调，所投诉干扰均得到及时有效处理。

全面加强领导班子建设，不断提高执政能力　2006年，市信息产业局领导班子认真学习贯彻党的“十六大”和十六届五中、六中全会精神，按照市委的要求，狠抓了班子自身的思想、纪律、作风建设，充分发挥班子整体效能，极大地提高了班子的凝聚力、战斗力和号召力，提高了行政水平和执政能力，树立了为民、务实、清廉的良好形象。认真落实民主集中制，维护团结，增强合力。坚持集体领导下的民主集中负责制，加强领导班子团结与协作，充分发挥班子每个成员的才智胆识。坚持重大事项集体决策制度，对一些重要工作，坚持班子成员之间多协商、多通气，重要事项通过例会集体研究，集体决策。加强廉政建设，提高自律能力。进一步落实党风廉政建设责任制，建立了党风廉政建设自律与监督机制，要求班子成员要严格坚持自重、自省、自警、自励的原则，始终模范遵守廉洁自律的各项规定，主动接受监督，自觉抵制腐朽思想的侵蚀。全局未发生一例廉政违纪案件。

粮食流通运行顺畅，购销活动空前活跃　粮食市场放开后，市粮食局认真贯彻落实国务院颁布的《粮食流通管理条例》和国务院《关于进一步深化粮食流通体制改革的意见》，强力推进粮食市场化进程；精心培育、积极发展了符合粮食收购资格条件的各类粮食购销企业225户，培训上千名粮食经济人，竞相进入粮食流通市场，活跃在全市城乡和全国各地，并积极开拓国外市场。本年度共收购粮食300万吨，其中，本地水稻70万吨，外埠水稻120万吨，玉米110万吨。收购盘锦大米精品达20万吨，同时销往十几个国家和地区，各项指标均创历史最好水平。由于大米产业化经营的指导思想明确，政策措施得当，软硬环境优良，流通市场顺畅，使盘锦生产的水稻通过流通领域让农民增收近亿元，出现了农民家家增收，粮食经营企业户户盈利，经济人人人受益的可喜成果。形成了比较稳定的人流、物流、信息流、资金流，一个以“盘锦大米”为主流，吸纳北方7省市粮源、客商，辐射全国的大米市场集散地的格局初步显现。

强化“品牌”意识，叫响“盘锦大米”　按照市政府关于“强力推进农业产业化经营”的决定，在相关部门的参与支持下，4月下旬，市粮食局选择在生活质量最高、流动人口最旺、新闻媒体最多的北京市召开了盘锦大米展洽会，组织全市53户粮食购销企业，在全国农业展览馆内占用3000平方米展览大厅，装饰60个展位，展示60余个盘锦大米品牌。邀请国家粮食局、中国粮食行业协会、中国粮食行业学会大米分会、北京市政府、北京市粮食局和省粮食局等领导莅临大会；京、津、唐、河北、河南、内蒙、吉林、黑龙江、湖南等地200多户客商，15000多名各界人士云集展洽会。通过产品展示、新闻发布、签约仪式和记者招待会等活动宣传盘锦大米，会上与20多户客商签订盘锦大米购销合同30万吨，此次展洽会不但场面隆重热烈，而且效果明显。在北京及周边省区产生的轰动效应和对北方大米特别是盘锦大米市场的影响是无法估量的。会后有140余户商家通过网上、打电话或亲自来人到盘锦市粮食购销企业洽谈大米生意。北京、大连、厦门、广州、山东等地客商纷纷提出要建立长期稳定的盘锦大米供需关系，全年，仅精品大米企业就多创利近4000万元。盘锦大米在北京“叫响”，这是市委、市政府为盘锦人民办的一件实实在在的、符合盘锦人民根本利益的好事、实事。10月份，市粮食局组织市粮库、友谊粮库、鼎翔米业、利是米业到河南郑州参加第六届中国粮油精品展示交易会，展示了不同品种和包装的精制盘锦大米。盘锦大米深受广大客商和郑州市民的青睐，所有展品均被抢购一空，并且参展企业分别与郑州、安阳、洛阳、晋城、宁波、西安、包头、石家庄、连云港等市客商达成意向。会上，市友谊粮库主任赵喜忠同志被评为第四届全国粮食行业优秀创业企业家，同时，鼎翔米业的“粳冠”牌盘锦优质大米被中国粮食行业协会评为2006年“放心米”。

**强力推进国有粮食企业改革，加快体制和机

制创新 按着市政府“强力推进国有企业改革”的决定，市粮食局对大洼县18户国有粮食企业实行股份制改革，组建粮食集团，实现了政企分开；对盘山县10户企业实行了国有民营；有2户企业正在做改制前的准备工作。市直友谊粮库已完成了审计、资产评估工作。市粮库正在进行资产审计、评估。对市直企业改革将实行国有控股的股份制改革形式，改制企业一改过去连年亏损局面，实现利润2200万元。

积极推进项目建设，粮食产业发展呈现新亮点 按着市政府“强力推进项目建设”的决定，2006年粮食产业项目建设投资达7300万元，其中，投资4000万元由鼎翔米业兴建的年生产能力为15万吨的大米加工生产线将于2007年3月份投产。投资3000万元的新开粮库改扩建年产5万吨的大米加工生产线已竣工。投资300万元的市粮库物流中心全部完成。这些项目的建成将给全市粮食经济的发展带来更加广阔的前景。

依法管粮，加强宏观调控，确保粮食安全和市场稳定 市、县粮食行政管理部门认真宣传落实《粮食流通管理条例》。在盘锦电视台举办了粮食流通监管知识竞赛，向全市人民宣传有关粮食方面的政策法规。为深化粮食流通体制改革，强化粮食监管，规范粮食市场运行质量，保证粮食安全和市场稳定顺畅，两县先后组建了市场监管队伍，市级粮食行政执法队伍正在调整和充实中。全年，全市开展粮食流通监督检查总计122次，共197人次。检查粮食企业1047次。处理案件105次，取消粮食收购资格15户，责令整改62户，暂停营业11户，警告10户，罚款处罚7户。同时，加强了粮油市场价格信息监测体系建设，开展了放心粮油活动，建立了粮食应急预案，为国家和省政府储备粮食15万吨，食用油380吨，供应军粮500吨，保证了国家和省政府交给全市的宏观调控任务的完成。

海洋综合管理水平得到提高 一是各项主要经济指标全面超额完成。2006年，全市海洋经济总产值完成110亿元，同比增长8.5%，完成年度计划的102%。渔业经济总产值完成48.3亿元，同比增长9.6%，完成年度计划的106%（全省排名第二位）。水产品产量完成25万吨，同比增长9.2%，完成年度计划的108%。渔业为全市农业人口人均增收120元，同比增长17%，完成年度计划的150%。二是海域使用管理工作扎实推进。积极开展海域管理百强示范县活动，对养殖用海进行了整顿、规范，核发了新版海域使用证，涉及海域3.73万亩。认真编制海洋功能区划和规划。积极开展海域勘界工作，进一步夯实了海域管理工作的基础。同时，针对海洋经济强力发展态势，把工作重点继续放在用海项目扶持上，特别是对天时公司的月东油田开发、辽宁宏冠船业、辽宁龙德船业、辽河油田船舶和石油平台建造、盘锦港油码头建设、滨海大道等重点项目实施全程服务。三是海洋环保工作取得了新的进展。承担了2006年盘锦市陆源入海一个重点三个一般排污口的监测以及蛤蜊岗增养殖区的监测任务。继续加大对新建海洋工程建设项目环境管理力度，严格履行海洋行政管理部门职责，落实海洋工程环境影响评价、核准制度。开展了海洋特别保护区选划工作。全市海洋特别保护区选划工作正式启动，保护区的申请报告已经市政府批准正式上报省厅。四是海洋执法工作更加规范。按照“执法示范工作方案”要求，在全市稳步推进“执法示范”工作，并把两县海监大队也纳入到“示范大队”工作中来。积极参与“海盾2006”行动，做好日常执法检查工作。坚持进行每周一次的定期执法检查和开展不定期执法检查及联合执法检查活动，对重点区域和重点涉海行业进行重点监督检查。全年，共进行执法监督检查351次，查处案件8起，立案8起，收缴罚款15万元，其中，市本级进行各类检查130余次，查处案件5起，立案5起，涉及保护区、海洋石油勘探开发和海水养殖等各个方面，收缴罚款5万元。

渔业生产稳中有进 一是养殖规模不断扩大。2006年，全市海、淡水养殖面积214.8万亩，同比增长8.6%，其中，河蟹养殖面积134万亩，同比增长3.2%，成蟹养殖面积111万亩，同比增长6.4%；扣蟹养殖面积23万亩，同比增长

2.3%(稻田养蟹面积70万亩,其中,稻田成蟹47万亩,扣蟹23万亩)。淡水养殖面积36.2万亩,同比增长5.6%。对虾养殖面积8.5万亩,与上年持平。滩涂管养面积36.1万亩,同比增长7.8%。海洋捕捞生产出海渔船1110艘,实现产值4.2亿元。二是河蟹产业实现丰产丰收。通过实施"养大蟹"工程,大规格河蟹产出率明显提高,全市河蟹养殖面积达到134万亩,养蟹面积在万亩以上的乡镇达25个,5万亩以上的乡镇5个。养蟹面积在10亩以上的农户达3.5万户,解决劳动力就业达12万余人。河蟹产量达3万吨,产值达10亿元,仅河蟹一项使全市农业人口人均收入1000元,是占农民人均收入比重最大的一项产业。三是科研推广成效显著。引进斑点叉尾鱼回、大弹涂鱼、蓝宝石、青鱼、海参、黄颡鱼、花鲈鱼、沙蚕等12个新品种,为全市精品养殖发展奠定良好的种苗基础。在两个县4个乡镇进驻科技扶贫小组,科技扶贫总户数425户,总人口1350人。举办不同类型的水产养殖技术培训班11次。以河蟹为主推品种,以稻田成蟹健康、生态养殖技术为主推技术,在全市13个乡镇、60个村积极开展渔业科技入户示范工程试点行动,集中开展了春季培训12班次,培训总人数达5000余人次。四是增殖放流效益突出。成功地进行了海蜇人工增殖放流8800万片,对虾人工增殖放流3000万尾,泥鳅鱼人工增殖放流5000万尾,为全市渔业产业发展增加了后劲,为渔民增收奠定了基础。

渔业项目建设步伐加快 2006年,新上渔业项目16个,其中,国家农业部、渔业局、科技部项目5个,省级7个,市科委4个。投资在500万元以上的5个项目已经全面开工。一是盘锦华豚产业开发有限公司的集水产养殖、河豚鱼食品深加工、餐饮连锁一体化经营的项目。项目总投资3130万元,主要生产的产品有河豚鱼酱、河豚鱼肠、河豚鱼调味品、鱼鳍酒等。二是盘山县科技入户工程项目。该项目是国家农业部在辽宁省惟一渔业科技入户项目,总投资600万元,国家投资300万元,省配套300万元。三是光合水产有限公司的续建河蟹产业化建设项目。该项目国家投资510万元(已投资300万元),自筹项目总投资3000万元。同时还有达洋贸易水产有限公司的泥鳅鱼养殖、加工、出口和黄颡鱼孵化养殖、饵料加工等项目。这些项目建设将推动全市渔业产业的健康发展。

渔业龙头企业建设粗具规模 集河豚鱼孵化、养殖、冬储、加工、出口与贸易于一体的华豚产业开发公司,2006年投资3千万元兴建了两个单栋7千平方米的全国最大的河豚鱼孵化车间。集养殖与贸易于一体的创汇型企业达洋贸易公司,出口泥鳅鱼达300余吨,创汇88万美元。集黄颡鱼孵化、养殖及饵料加工于一体的锐龙水产有限公司正在"辽河三角洲"崛起。

水产品出口创历史新高 2006年,全市水产品出口产量增加,水产品出口品种增多,水产品出口国家和地区逐步扩大,全市水产品出口总量达1700吨,是上年的4.5倍,创汇额达6525万元,是上年的5倍。出口主要品种由原来的河蟹、泥鳅鱼,又增加了文蛤、海蜇和沙蚕等5个品种,出口国家和地区由原来的韩国、日本、台湾又发展了泰国、新加坡和香港、澳门等地。

河蟹展洽会圆满成功,盘锦市被授予"中国北方河蟹之乡"称号 金秋十月,中国北方(盘锦)河蟹展洽会召开,来自全国各地的40个企业单位和个人的河蟹、品牌、包装物等进行了展销。盘锦市有36家水产企业、经纪人与外地客商签定了合资合作以及购销合同,购销数量达5800吨,合同购销额达3.5亿元,有8家客商进行现场签约。会议期间,评选出了"十佳"河蟹销售大户,并对"十佳"河蟹展销、品牌、包装物给予奖励。盘锦市被中国渔业协会河蟹分会授予"中国北方河蟹之乡"。同时,举办了蟹王、蟹后争霸赛,参赛的蟹农有600多人,评选出蟹王重380克,蟹后重305克。河蟹展洽会的成功举办,促进了盘锦河蟹购销两旺,使盘锦河蟹热销于北京、天津、沈阳等各大城市。"大养蟹、养大蟹"战略,对推进中国北方(盘锦)河蟹的发展起到了积极的作用。

渔业资源管理和保护力度加大 一是加大执法力度,抓好资源管理。重点检查"三无"渔船、“三证不齐”渔船、擅自更新改造渔船，加强了对作业渔船网具的种类、数量、网目尺寸的检查。积极参加“护渔2006”行动，加大伏季休渔的宣传和管理力度，确保了海蜇管理工作取得成效，实现全省统一开捕，海蜇产量5000吨。二是强化对渔业水域污染事故的调查处理。查处渔业水域污染事故立案9起，做出处理决定的8起，结案5起，收取赔偿资源费16.7万元，为养殖户调节污染纠纷2起。三是水生野生动物的保护工作得到加强。加强对斑海豹资源的保护，组织执法船在斑海豹重点繁殖、栖息地昼查夜巡，对海域实施全面监控。在相关部门的配合下，对市内的动物园、水族馆、宾馆、饭店等斑海豹经营利用场所进行检查，对无证经营者进行了相应的处理。

渔业安全生产管理全面落实 一是加强领导，落实安全生产责任制。市、县、乡各级政府直到村民委员会，层层落实责任，一级抓一级，将责任落实到实处，由村民委员会与渔船所有人签定《渔业安全生产目标管理责任书》。二是积极开展安全检查活动。开展春季渔业安全大检查，检查渔港3座，抽查渔船80艘，纠正违章渔船22艘，适航率为75%，对违章或者有安全隐患的渔船，下达了整改通知单，限期整改。三是开展“渔业安全生产月”活动。宣传与安全检查并重，同渔民面对面，宣传法律法规，现场解答渔民提问。全市发出宣传单1000份，发放平安卡近1000份，张贴宣传标语100条，《安全生产法》和《条例》知识有奖问答200题，组织了100名渔民签名“关爱生命，关注安全”行动。四是强化船员培训，加强转港渔船管理。盘锦渔监执法船中国渔政21718船于5月下水交付使用，使盘锦地区渔业执法力量得到加强，提高了海上抢险搜救工作水平。五是规范渔业船舶检验工作。研究制订新的《渔业船舶检验程序》，为规范验船提供指南，确保了百分之百登船检验。在检验中严格依法办事，坚持“安全第一、保证质量、服务渔民”的工作宗旨，采取印制便民卡、跟踪检验等方式，为渔民办事提供方便。对检验的渔业船舶达不到技术要求的，立即进行整改，消除了安全隐患。全年，共检验各类渔业船舶726艘，收缴检验费50万元。

社会主义新农村建设实现良好开局 2006年，市农委按照省、市新农村建设工作会议和市委五届四次全会、市五届人大二次会议的安排部署，围绕构建和谐社会和新农村建设大目标，坚持稳定粮食生产，大力发展现代农业，转变农业和农村经济增长方式，努力促进农民增收，农业和农村经济继续保持良好发展势头，社会主义新农村建设取得了良好开局。全市粮食总产达106万吨，实现历史新高，比上年增长6.8%；蔬菜生产稳中有升，总产达70万吨，比上年增长2.3%；肉蛋奶总产达21.5万吨，比上年增长7.5%；以河蟹养殖为重点的水产业喜获丰收，河蟹养殖面积132万亩，河蟹总产量达3万吨，比上年增长3.1%；春季造林成效显著，完成造林面积2.01万亩，植树510万株，超额完成全年计划。芦苇总产达50万吨，与上年持平；农民人均纯收入达5711元，比上年增长12.7%，是近年来增幅最大的一年。

旅游经济指标超额完成 全年实现旅游业总收入31.1亿元人民币，同比增长89.6%；接待入境旅游者3.1万人次，同比增长121.4%；旅游外汇收入1275万美元，同比增长70.6%；接待国内旅游者512万人次，同比增长97%；国内旅游收入29.93亿元人民币，同比增长89.4%，旅游经济实现了跨越式增长，实现了“十一五”的良好开局。

打造湿地旅游城市形象工作有新突破 加大“湿地之都”城市形象宣传投入。2006年是盘锦市创建中国优秀旅游城市后的第一年。市委、市政府高度重视旅游业的发展，《盘锦市“十一五”国民经济和社会发展规划》明确旅游业是盘锦资源型城市发展的接续产业。为了全力打造苇海湿地旅游城市形象，市政府投入100万元在全市境内5个高速公路出口设置10块大型湿地旅游城市形象标志牌，在城市主要交通干道设置16块旅游交通指标牌，使游客走进辽宁、走进盘锦就能见到盘锦苇海湿地鲜明形象，形成“北京－盘锦－大连”、“北京－盘锦－沈阳”团队旅游线路。旅游城市标志牌和旅游交通牌的设置，吸引和方便了团队和游客的进入，提升了盘锦的知名度。

旅游项目建设有新进展　按照《盘锦市旅游发展总体规划》和《盘锦市"十一五"旅游专项规划》，积极发展湿地特色旅游项目。2006年投资5.6亿元用于旅游交通、辽河风光带和新景点建设。新建4个旅游项目分别为辽河风光带、湿地生态展馆、湿地拓展训练中心和太平寺。新建旅游路56公里，增加景区的可进入性。完善了东晟园艺基地和辽河绿水湾景区的基础接待设施，使盘锦旅游产品市场规模不断扩大，旅游景区的功能不断升级，增强了湿地旅游的吸引力。

成功举办第二届湿地旅游节　为打造湿地旅游品牌，弘扬湿地文化，展现湿地之都风光，2006年9月3日——4日，成功举办了第二届湿地旅游节。第二届湿地旅游节作为辽宁欢乐节分会场得到了市委、市政府的高度重视和省旅游局的大力支持，市委、市政府和省旅游局领导到会并发表了热情洋溢的讲话。有200多位旅游投资商、旅行社总经理、知青代表和新闻媒体参加了本届旅游节。旅游节内容丰富，形式新颖，紧扣"湿地旅游主题"。旅游节期间，举办了盘锦市湿地旅游产品展销会、旅游项目投资、旅行社合作签约仪式和湿地考察等活动。在湿地旅游产品展销会上，本地60多家旅游企业围绕旅游"食、住、行、游、娱、购"6要素，充分展示了原生态湿地特色的旅游景区、高品质服务的旅游星级饭店、树立新风新貌的旅行社、展示地域特色的旅游纪念品、地方旅游土特产品和工艺品。第二届湿地旅游节的隆重召开和节前的大力宣传，使盘锦的黄金周提前到来，从8月末开始盘锦就迎来全国各地的旅游者，将黄金周变成了黄金月，取得了良好的经济效益和社会效益。

积极组织实施旅游丰收计划　深入推进农业旅游示范点建设，突出"乡村游"主题，加快发展生态观光农业，开发农业旅游、乡村旅游项目7个，旅游产业壮大了县域经济，增加了农民收入。在创建国家级"农业旅游示范点"活动中，全市有2家景区申报并通过了国家旅游局的验收。农业旅游示范点的发展，丰富优化了盘锦的旅游产品、延长了产业链条，为全市旅游业注入了新的活力。积极开展创建省级旅游特色乡镇和特色街区活动。大洼县赵圈河乡被评定为辽宁省首批特色旅游乡镇，鑫安源生态园被评定为全省首批农家乐旅游点。

扎实开展诚信旅游活动　2006年，市旅游局开展了"诚信旅游在盘锦"暨2006盘锦诚信旅游示范单位评选活动。全市60家旅游经营单位踊跃参与了评选活动。活动期间，参评单位推出各自的优质服务、特色产品、优惠价格，切实为广大旅游者营造"诚信旅游在盘锦"的良好氛围。最后通过各项指标打分，经过评选，有8家旅游饭店获得"诚信旅游饭店"称号，15家旅行社获得"诚信旅行社"称号，红海滩风景区和鼎翔生态旅游度假区获得"诚信旅游景区标兵"称号，4家景区获得"诚信旅游景区"称号。并通过报纸、网站等新闻媒体进行了宣传，在全市旅游企业中开展向典型单位学习的活动。

加大旅游市场监管力度　全面落实《旅行社服务质量评价体系》，以加强市场监管为重点，开展旅游市场专项检查，严厉查处"黑社"、"黑导"，治理违规广告、虚假广告，对2家旅游景区、1家旅游饭店、2家旅行社进行了安全检查，对全市107名导游员进行检查。正确处理旅游投诉案件，向社会公布了旅游投诉电话，建立旅游投诉处理制度，受理各类旅游服务质量投诉，维护旅游者和旅游经营者的合法权益。全年，共受理旅游投诉案件2起，理赔金额共2000元，结案率达100%。

旅游安全生产万无一失　2006年，市旅游局成立了以局长为组长，以各旅游企业总经理为成员的盘锦市旅游安全生产委员会。市旅游局与各旅游经营单位签定了《旅游安全生产管理目标责任状》，签状单位的法人代表为安全生产第一责任人。认真贯彻落实《安全生产法》、《旅游安全管理暂行办法》和《辽宁省安全生产监督管理规定》，针对全市各类旅游企业生产和经营的特点，开展自查和检查，依法提出限期整改意见，并监督整改落实情况。在"黄金周"期间，联合各相关部门对各主办单位制定的应对交通拥堵、火灾、传染性疾病等突发事件的应急救援预案及各种设备设施进行大检查，并发动各县区机关工作人员负责重点景区游客高峰时段的分流工作，确保了全年“黄金周”和节庆活动的旅游安全。

成功举办第二届金牌导游员大赛 旅游业是盘锦市对外窗口行业，导游员是旅游业的形象大使，导游员的服务质量直接关系到旅游业的形象，关系到全市窗口形象。为进一步加强盘锦市“中国优秀旅游城市”建设，提高旅游软环境，12月初举办了盘锦市第二届金牌导游员大赛。各旅行社、景区(点)、多彩导游服务管理中心分别选派选手参加比赛，参赛人员达80人。经过现场模拟导游、抽签答题、个人才艺展示和旅游知识抢答等环节，选出前3名选手，获得金牌、银牌、铜牌导游员称号。

扎实开展宣传贯彻《辽宁省旅游条例》工作 《辽宁省旅游条例》是旅游行政管理部门的法律依据。宣传、贯彻《条例》工作得到了市人大的高度重视和支持。市人大民侨外委在3月下旬对全市旅游业发展情况进行了专题调研。4月25日，市五届人大常委会九次会议听取了《盘锦旅游产业发展情况的报告》。市、县、区旅游局领导共同组成宣传贯彻《条例》领导小组。局机关专门安排时间，系统地对《条例》原文逐章逐条进行学习，全面准确地理解和掌握《条例》的主要内容和精神实质。邀请省旅游局法律专家，举办《辽宁省旅游条例》培训班。市、县、区旅游局及全市旅游星级饭店、旅行社、旅游景区等经营单位近120人参加了学习培训。对全市旅行社贯彻落实《条例》情况进行全面检查。全市旅游企业都能够按照《条例》的规定组织旅游经营活动，做到规范经营，诚信经营。同时，选派3名代表参加省《条例》知识大赛，获得优秀奖。

参加第三届东亚国际旅游博览会成果显著 完成省旅游局下达给盘锦市11个展位的订购任务。设计制作了巨幅以浩瀚的芦苇荡、红海滩为背景，标题为“中国最美的湿地——盘锦欢迎您”的巨幅喷绘宣传图。会议期间，组织了盘锦旅游企业与日、韩、台、港等外地旅游投资商签定旅游项目合作93项；共发放各种旅游宣传品5000余册。同时，按照省旅游局的要求，积极配合大会组委会设计并完成了“环渤海16城市旅游形象集中展示”的大型灯箱制作任务。盘锦市获得了优秀组织奖和优秀展台奖。

有效实施人才兴旅工程 认真贯彻落实全省人才兴旅的“百千万”工程。积极组织人员参加省旅游局组织的各类培训。参加管理人员(旅行社经理、旅游饭店经理、职业经理人)培训班40余人次，导游员培训300余人次，企业内部人员培训2000余人次，有效地提高了旅游管理水平。建立了全市导游人员信誉档案和违法违纪公示制度。加强导游人员IC卡计分管理，积极开展检查工作，并于“十一”黄金周期间，查处违规人员2人。积极开展导游年审工作，共有141名导游员参加了年审，并通过培训考试，合格率为100%。导游员IC卡年审率在90%以上。

旅游行风建设取得成效 一是加强领导，完善旅游行风工作机制。调整充实了市旅游局行风建设领导小组，局主要领导亲自抓行风建设，把旅游行风建设纳入日常工作的议事日程。建立了责任制，按照“谁主管，谁负责”和“一把手”负总责，分管领导具体抓，层层抓好落实的原则，加大工作力度，把加强行风建设的各项措施落到实处。二是积极推行政务公开。市旅游局成立了政务公开领导小组，建立了责任制，对外公示了旅游咨询电话和旅游投诉电话，利用盘锦市旅游信息网和盘锦市政务网信息平台，对外公示旅游法规、各项旅游业务办事程序、游览线路等，在局机关设立了公示栏，公示机关各项管理制度和执行情况。三是积极开展优质服务年活动。以开展“抓作风、树形象、讲诚信、促发展”活动为载体，在全市旅游行业推行服务质量的制度化、标准化，在全市旅游行业树立了先进典型，推动全市企业的服务质量和水平。四是市旅游局主要领导走进电台直播间，向广大听众介绍旅游局的职能，对外公布服务内容，现场解答市民提出的各类旅游问题，进行解疑释惑。五是加强了旅游行风监督员队伍建设。2006年，新增加了3名市人大代表、市政协委员为旅游行风监督员，全市旅游行风监督员队伍得到加强。先后2次召开行风监督员会议,广泛征求加强旅游行风建设的意见和建议,以改进和提高工作。六是进一步加强机关作风建设。以深入开展“抓作风、比服务、争一流”主题活动为载体,抓好机关学习,提高机关全体干部职工的综合素质,建立健全了加强机关管理的规章制度,用制度规范机关工作人员的从政行为。七是强化服务意识。局主要领导带头,经常深入旅游企业进行专题调研,协助县区政府和基层旅游企业认真解决旅游规划、项目立项和开发建设资金等方面的问题,为基层排忧解难,还为帮扶村文化室捐赠图书100多册,并为贫困户捐款2700多元,树立了市旅游局机关立党为公、执政为民的良好形象。八是全年无重大旅游安全投诉。

商业经济指标超额完成　全年社会消费品零售总额实现91.3亿元,同比增长14.0%;批发零售贸易及餐饮业增加值实现24.7亿元,同比增长11.5%;新增连锁店铺35家,完成年计划的116.7%,全市连锁店铺总数达到237家;连锁店铺年销售额实现26.1亿元,完成年计划的105.8%,同比增长18.6%;建设和改造符合商务部标准的农家店320个,完成省政府考核市政府指标的160.0%,新建配送中心1个;建立国家商务部生活必需品、重点流通企业和应急商品三大网上直报系统,运转良好,确定监测样本单位48个;新增就业岗位11201个,完成年计划的112.0%;实现税金收入4亿元,完成年计划的101%,同比增长11.1%。各类展会成交额达到11亿元,同比增长10%;生产资料销售额实现80.64亿元,递增12%。超额完市政府、省商业厅下达的各项考核指标。

繁荣假日经济,拉动消费增长　为保障全市节日市场供应,市商业局在春节、“五一”、“十一”几大节日到来之际,起草关于做好全市节日市场供应的通知,下发县区主管部门及大中型商业企业、餐饮企业,要求县区主管部门和相关企业把丰富市场供应作为一项政治任务来抓,实行领导负责制,组织丰富多彩的营销活动,确保节日期间货源充裕、品种繁多、市场繁荣活跃。各大商家和餐饮企业积极抓住几大节日有力契机,适时组织各种营销活动,不断引领消费向高层次转变,消费结构的升级范围进一步扩大,在很大程度上带动了整个消费品市场的繁荣发展,有利地促进了企业经济效益的攀升。全年实现社会消费品零售总额91.3亿元,同比增长14.0%,其中,兴隆大厦、辽河商业城、大商新玛特等6家大型商业企业实现销售收入15亿元,同比增长21%以上,对全年社会消费品零售总额的贡献率为16.4%,拉动作用十分明显。

稳步推进“万村千乡市场工程”,加快农村市场体系建设　市商业局按照因地制宜、实事求是、稳步推进的原则,采取三项措施,加快农村市场体系建设。一是督促试点企业完善配套设施建设,做好全市的“万村千乡市场工程”建设。全年建成配送中心一个,裕农农资公司在新开镇征地3万平方米,总投资1000万元,建筑面积1.2万平方米,现已投入使用达70%。双益和鑫正两家试点企业分别投入12万元购入金杯牌厢式货车各两辆,增强配送能力。二是组织好“农家店”验收和扶持资金拨付工作。全年建设和改造符合商务部标准的农家店320个。三是加强对验收合格“农家店”的规范和整顿。根据商务部和省商业厅的有关部署和要求,先后召开3次两县主管部门和4家试点企业主要负责人会议,多次拉练检查,使我市“万村千乡市场工程”工作在质量和数量上同步发展和提高,进而推动农村市场体系建设。全年4家试点企业实现销售收入4.2亿元,同比增长82.6%;实现利润1600万元,同比增长14.2%;320家农家店实现销售收入8500万元,同比增长30.6%。

完善市场运行监测网络,及时传递市场信息　市商业局按照“准确监测、深刻分析、科学预测、快速反应、及时调整”的工作思路,进一步完善城市生活必需品、重点流通企业、应急商品3大网上直报系统。年初制定起草了《盘锦市市场运行监测考核管理办法》,下发到县区主管部门及样本监测单位。5月份召开一次全市消费品市场运行监测样本单位领导及具体工作人员会议,并利用省商业厅和财政拨付的监测扶持资金为14

家样本企业配置了品牌电脑，充分调动了企业的积极性。38家样本监测单位网上直报率达到100%，得到商务部和省商业厅的认可。同时在几大节日市场监测工作中，做到了节前有部署，节日有监测，节后有总结，并及时准确把监测结果上报市委信息科和省商业厅。新闻单位把全市几大节日市场运行情况以及销售的热点、特点等通过电视台和《盘锦日报》等媒体加以报道。另外，完成2005年度市场运行监测分析评价报告及2006年季度市场运行分析，为上级主管部门和领导决策提供了真实、准确的数据和资料。

认真开展品牌建设工作，积极推荐全市特色产品 为推动全市商品流通服务业的快速发展，夯实品牌建设工作，做好品牌评价、促进、推广和保护工作，市商业局根据商务部和省商业厅的有关要求，与市工商局和技术监督局沟通，将全市50多个品牌推荐上报省商业厅，并圆满完成商务部、省商业厅部署的畅销品牌和自主品牌的调查问卷工作。粳冠牌大米、利是牌大米、宋大房牌肉灌制品、鹤乡王牌白酒被评为“辽宁市场畅销自主品牌”。

做好市级重要商品储备工作，为生活必需品应急调控提供有力保障 为做好突发事件发生和特殊情况的应急保障工作，经市政府批准，市商业局与财政部门共同负责市级储备的管理工作，确定辽宁振兴发展有限公司和市盐业有限责任公司两家企业继续承担生猪活体和实用盐两项储备任务，并对代储单位的物资储备进行了有效监督管理。全年生猪活体储备量为5700头，储备资金171000元，食盐储备量800吨，储备资金64000元。

积极开展反商业欺诈宣传活动，进一步增强流通服务业的自律意识 在开展反欺诈专项活动中，市商业局本着“宣传政策、服务企业、规范行为”的指导思想开展工作。一是利用网络和报纸扩大影响。5月份，在盘锦商业之窗网刊登了市商业系统全面开展打击商贸活动中欺诈行为专项行动，刊登了反欺诈的法规政策、当前市场欺诈的表现形式、市商业局的举报电话，并在《盘锦日报》上以美容美发协会名义发布《关于严禁欺诈行为的倡议书》，加强社会舆论监督力度。二是召开专门会议宣传发动。9月21日，会同市工商局、市发改委、市公安局、市国地税和消费者协会等部门，召开了贯彻落实《零售商促销行为管理办法》工作会议，协商有关工作职能分工，统一安排宣传活动，就建立举报受理首问责任和联合执法运行机制等问题进行充分磋商并达成一致意见。三是于9月26日在兴隆台区、双台子区的重点商业街区设立宣传点，通过采取发放宣传单、现场讲解等形式，宣传《美容美发行业管理暂行办法》和《零售商品促销行为管理办法》，协调新闻单位给予宣传报道。四是于9月27日召开由部分批发商和零售商参加的题为“树诚信兴商理念，创和谐商业环境，谋行业共同发展”座谈会，紧紧围绕进一步规范零售商与供应商交易行为，改善供应商与零售商关系，全面贯彻落实《零售商促销行为管理办法》，切实保护消费者权益等展开讨论，使与会的企业负责人充分认识到正确处理好供应商、零售商与消费者之间的关系，对于改进商业环境，繁荣地方经济，促进共同发展具有十分重要的意义。

认真履行监管职责，促进特种行业健康发展 按照商务部和省商业厅的有关要求，市商业局对全市4家典当行和3家拍卖行进行2005年年审工作，主要内容是股本结构、法人代表、经营场所、行政许可、注册资本、企业资质、经营管理等，使全市的拍卖企业、典当企业顺利通过4月份省商业厅的年检，并且全部是A级。全年，全市4家典当行典当笔数达1943笔，典当金额达1354万元，实现收入340万元，实现利润71万元，上缴税金28万元。3家拍卖企业拍卖会达60场，成交额达4970万元，实现佣金收入220万元，实现利润40万元。

发挥协会作用，提升全市美容美发业服务水平 2006年，市商业局组织全市美容美发行业中具有一定资格和水平的院长、美容师、美发师参加省商业厅、省美容美发协会、省个体劳动者协会、省私营企业协会联合举办的2006年中国北方国际美容美发节，取得理想的成绩，有3名同志分别被评为2006年度辽宁省美容美发业

“十大杰出美容师”、“十大优秀美容师”、“十大巾帼”,市商业局获得优秀组织奖。同时,为进一步规范行业经营行为,优化营销环境,促进全市美容美发行业健康快速发展,结合全市全面开展打击商贸活动中欺诈行为专项行动,市美容美发协会通过全局政务网向全行业发出“关于严禁欺诈行为的倡议书”。

加强水利建设,为全市农业丰收及用水安全服务 2006年,市水利局认真贯彻党的十六届四中、五中全会精神,高举邓小平理论和“三个代表”伟大旗帜,全面落实科学发展观,切实加强党的思想建设、组织建设和作风建设,充分发挥党组织的战斗堡垒作用和共产党员的先锋模范作用,为全市农业丰收及饮用水安全作出了应有的贡献。一是夺取了抗旱增收的全面胜利。2006年,盘锦市遭遇了严重春旱和夏秋连旱,市水利局坚持科学抗旱,开源节流并重,全面落实高度集中供水、计划和合同供水等措施,科学决策,科学调度,实现了半个月完成泡田、移栽和不丢一亩田的目标,夺取抗旱增收工作全面胜利,连续3年实现苇田全面积春灌。二是夺取了防汛除涝工作的全面胜利。7月末到8月初,盘锦市连续3次遭遇暴雨到大暴雨的强降雨天气,由于降雨时间集中、强度大、时空分布不均,城区和部分农田形成了较大的内涝。市防汛抗旱指挥部提前发布预警,出现内涝后立即启动了应急除涝预案,在最短时间内排除了城区和农田积水,把损失减少到了最低限度。三是大力实施农村饮水安全工程。全年,市水利局采取“民办公助、公有私营”的办法,落实政府支持、政策鼓励、社会引资、群众筹措和投工投劳等措施,加快了项目建设,年内解决了6万农村人口饮水不安全问题。四是集中精力推进重点水利项目建设。城市防洪降滩工程和辽河水利景观带建设,按照高起点规划、高质量建设、分步实施、整体推进的原则,完成了降滩土方工程,降滩高程达到规划要求,人工湖完成蓄水工作。红旗水库和疙瘩楼水库被列为国家“病险”水库除险加固改造项目,工程总投资10746万元,其中,红旗水库除险加固改造主体工程基本完工。五是推进了节水型社会建设。全年,市水利局深入开展了地下水保护行动,实施了地下水远程取水实时监测网络系统建设,推进了节水型社会建设。

积极争取农机专项补贴资金 2006年,市农机局认真贯彻中央1号文件精神,落实《盘锦市人民政府关于加快农业机械化发展的实施意见》,通过努力,共争取市级以上专项资金710万元,比上年多2倍,通过财政补贴政策拉动,带动全市农民购机投入880万元,进一步优化了农机装备结构,提高了薄弱环节农机化水平,推动了全市农机化发展。

大力推广农业生产机械化 2006年,市农机局结合全市水稻生产的实际,充分利用购机补贴优惠政策,大力发展水稻机械化插秧。全市共投资706万元,其中,争取到国家、省补贴资金330.4万元,市配套资金70.6万元,新购插秧机500台,使插秧机的保有量达到635台。全年,全市共完成机插秧12.21万亩,节省外雇工近1万人,节本增效710万元。在发展水稻机械化收割上,坚持“以大量外引收割机跨区作业为主,以本地购置少量收割机作业为辅”的原则,大力发展水稻收割机械化。全年,全市共引进外埠收割机295台,完成机收水稻25.3万亩,节省雇工15万个,节约雇工费用870万元以上,水稻机收可创直接经济效益1400万元以上。同时,大力发展芦苇收割机械化。全年,全市共补贴推广103台芦苇收割机,芦苇收割机保有量达到550台,实现机收芦苇68万亩,降低作业成本1500万元以上,芦苇机械化收割水平达到57%以上。

加强农机服务体制创新工作 2006年,全市共确定了以农机股份合作社、农机协会、农机商会等形式为主的8种类型的新型农机服务组织。农机服务体制创新工作为全省树立了样板,8月份,全省农机服务体系建设现场经验交流会在盘锦召开。这些新型农机服务组织正在成为盘锦市农机事业发展的代表。

抓好农机耕整地作业及安全生产工作 2006年,全市各级农机部门认真组织、协调各类农机服务组织,加强农机耕整地作业工作,全市共检修拖拉机1270台,检修农具1535台,共完成机耕整地作业170.4万亩。在抓农机常规作业的同时，加强农机安全生产工作，农机事故率、死亡率均控制在最低标准以下。

积极引进、示范、推广棚菜生产机械化新技术，新机具 2006年，全市棚菜主产区积极应用农机新技术、新机具，部分地解决了棚菜生产劳动强度大的问题，棚菜生产的卷帘、滴灌、打药、耕整地、除雪等机械技术已经成熟，正在逐步推广。目前，全市小型设施农业机械保有量达到8700混合台(套)。

加强学习，提高领导班子的整体素质 2006年，市农机局领导班子坚持以“三个代表”重要思想为指导，把学习摆在首要位置，认真学习党的十六届六中全会和市委、市政府有关会议精神；认真学习《八荣八耻社会主义荣辱观》、党报、党刊等内容；认真学习法律法规；开展“立党为公、执政为民、依法从政、严格执法”等主题教育活动，做到理论教育、典型教育、警示教育“三个结合”。领导班子成员坚持参加“三会一课”，积极参加双重组织生活。一是坚持集体领导原则，领导班子带头执行党的民主集中制原则，凡是农机事业发展的重大事项，一律坚持集体研究，民主决策，提高了领导班子的决策能力。二是坚持实行分工负责制，对班子成员进行了工作分工，明确了责任。三是坚持搞好班子团结，班子成员之间相互支持，协调配合，形成了正职为副职开展工作创造条件，副职主动维护正职工作的良好局面。四是坚持密切联系群众，3名班子成员都建立了基层联系点，定期深入基层。五是坚持求真务实的工作作风，抓工作不图形式，不走过场。

·财政·税收·

努力筹措安排资金，为经济社会发展提供财力保障 2006年，市财政局围绕发展接续产业、推动全民创业主题，筹集安排扶持资金，制定并落实有关扶持政策和措施，营造良好的创业环境。采取财政承诺、担保等方式筹措融资37450万元，通过贴息、补助、奖励等形式安排拨付财政资金4884万元，支持和促进了船舶修造园等工业园区和重点项目建设。全年共争取上级专项资金17.1亿元，同比增长82.9%，支持了经济与各项事业的发展。为63户中小企业办理了92笔贷款担保，担保贷款总额69416万元，同比增长80%，缓解了企业资金困难。市本级财政安排地方外事费、外贸及商贸事业费1162万元，支持参加辽宁省“十五”企业技术创新成果展暨“欧盟”新技术展示洽谈会、辽宁—广西商品展销暨经济合作项目推介会等经贸合作洽谈活动，推进了招商引资工作。兑付中小企业国际市场开拓资金253万元、东北老工业基地外贸发展资金365万元、出口退税奖励资金227万元，促进了外贸出口的增长。投入资金37019万元用于教育事业发展，比上年增长22%，九年义务教育在全市全面普及，教育基础设施和办学条件明显改善。投入资金748万元用于科技事业发展，比上年增长27.4%，安排科技三项费用1100万元，重点支持了科技创新、高新技术产业化、信息化建设及科学普及等。投入资金4100万元用于公共卫生事业发展，比上年增长9%，改善了城乡居民医疗卫生条件，提高了卫生服务能力。投入资金4924万元用于文化体育广播事业发展，比上年增长16%，促进了居民文化生活品质的全面提高。安排资金45378万元用于城市建设和维护，支持了兴隆大街改造、双台子区巷路改造、城区绿化工程等重点城市建设项目和棚户区改造基础设施建设，城区面貌显著改观，城市功能日趋完善。

积极支持县域经济发展，促进社会主义新农村建设 大力支持县城和县域工业园区建设，推动“城镇化”、“工业化”进程。担保承诺国家开发银行贷款20亿元，已到位1亿元，支持船舶修造园公共设施建设。安排拨付资金3000万元，支持盘山县新县城建设；通过担保、承诺贷款、贴息融资等方式筹资9568万元，支持盘山县精细化工园、大洼县食品工业园、大洼县晨宇工业园和双台子区塑料工业园基础设施建设。同时积极向省财政厅申请县城工业园区建设补助资金，大洼县辽滨经济区和盘山县经济开发区各获得省财政补助资金1000万元。承诺担保贷款5400万元,安排资金500万元,支持"村村通"公路建设。落实国家、省解决县乡财政困难"三奖一补"等扶持县域经济发展的财政政策,拨付一般性转移支付资金25706万元,支持县乡财源建设,增加了县乡财政收入。2006年,县域生产总值增长18.3%、财政一般预算收入增长25.2%。积极支持社会主义新农村建设,全市预算内资金14.5亿元用于农村建设,实现了财政支农资金增量高于上年,预算内资金用于农村建设的比重高于上年,其中,直接用于改善农村生产生活条件的资金高于上年的目标,重点支持了农业产业结构调整、农业综合开发、水利工程、生态农业等建设项目,促进了农业增效和农民增收。全面启动了国有农场改革,拨付市以上转移支付资金12379万元,其中,争取上级转移支付资金10981万元,免除了国有农场农工承担的类似农村"乡镇五项统筹"收费,农工减负率达到75%以上。开展了对种粮农民综合直接补贴、农业良种补贴和农机具补贴工作,分别安排兑付种粮农民综合直补资金6356万元、农业良种推广补贴资金2425万元、农机具补贴资金70.6万元。安排农村中小学危房改造资金3616万元,消灭危房21518平方米。投入资金2706万元,建设农村九年一贯制(寄宿制)学校6所。从2006年春季入学开始,我市农村义务教育阶段学生杂费已全部免除,享受免除学杂费人数为80044人,免除学杂费1283.2万元。对两县公务员工资制度改革所需资金分别补助30%,补助额为1361万元。盘山县、大洼县公务员工资制度改革所需资金得到的上级补助分别达到91%和86%,可以确保增加工资及时足额发放。

深化财政各项改革,完善公共财政体制框架　一是推进了财政预算制度改革。在总结以往年度市本级部门预算编制改革工作基础上,重点在规范收支预算范围、编制程序,加强基本支出和项目支出预算管理、预算外收入纳入部门综合预算管理上下功夫,减少了预算执行过程中的追加行为,增强了部门预算的严肃性、规范性和权威性。二是开展了政府收支分类改革。按照上级财政部门《政府收支分类改革方案》的要求,完成了2006年财政收支预算新旧科目的转换工作,实现了新旧科目的平稳过渡。三是推进了国库集中收付制度改革。3月6日启动了市本级财政国库集中支付系统,至8月24日止,市直一级预算单位全部实现了财政性资金网上申报和支付。财政性资金的运行效率和效益明显提高,解决了资金层层滞留的问题,国库资金的调度能力进一步增强。四是推进了政府采购制度改革。完成了市政府集中采购执行机构从财政部门的分离工作,构建了分工合理、协调运作的政府采购管理和监督机制,进一步规范了政府采购行为。全市共完成政府采购金额16049.5万元,比上年增长62.9%,实际支付价款15294.5万元,节约资金755万元,其中,市本级完成政府采购金额11443.8万元,比上年增长61.8%,实际支付价款11000.1万元,节约资金443.7万元。开展了治理政府采购领域商业贿赂专项工作,遏制政府采购领域的商业贿赂行为,保护政府采购当事人的合法权益,维护公平竞争的市场秩序,推进了政府采购的规范化管理和法制化进程。五是深化了非税收入收支两条线改革。建立健全了收入纳入预算,支出分类核定,执行从严拨款,决算绩效考评的非税收入收支管理体制,不断提高非税收入收支管理水平。全市非税收入实现67349万元,比上年增长44.9%,其中,市本级实现44071万元,比上年增长48.1%。巩固完善了国土资源、教育、交通、水利、环保、城建系统非税收入收缴制度改革工作。对下一批实施收缴制度改革的部门进行了摸底调查。六是落实了国家对部分弱势群体和公益性行业因石油价格改革增加支出给予财政补贴的政策。两批石油价格改革财政补贴资金共1518.9万元全部发放,全市共有334台城市公交车、3232台出租车、418台农村道路客运班车和827艘渔业船只享受到石油价格改革财政补贴。七是开展了国有粮食购销企业粮食财务挂账的核复工作。省核复盘锦市粮食政策性财务挂账总额115680万元。根据省对市核复挂账金额和原则、要求,对市本级及各县粮食财务挂账进行了核复。八是完成了第二批九化建、二局四公司等3户中央企业分离办社会财政对账工作，争取国家转移支付资金771万元。

调整和优化财政支出结构，确保各项重点支出 2006年，市财政局认真贯彻落实市政府《关于加强增收节支工作的通知》（盘政传[2006]1号）精神，努力节减和压缩各项经费开支。进一步调整和优化支出结构，努力做到“保重点，压一般”。在财政支出预算安排中，除法律和政策规定需增加的重点支出外，其它各项支出一律实行零增长，确保了法定支出、社会保障支出、公教人员标准工资、社会稳定、科教文卫、环境保护等重点支出的资金需求。加大财政转移支付力度，增加对县区财政资金的投入。2006年，市对县区补助资金达到22852万元，比上年增加8954万元，增长64.4%，支持了县区域经济和社会事业发展。开展了机关事业单位工作人员等收入分配制度改革和规范津贴、补贴工作，筹措落实了改革和规范所需资金。全市足额偿还政府债务3453万元，全市历年积累的政府债务拖欠额全部消化。审核投资建设工程预决算33项，审核总值14009.3万元，核减值4088.6万元，核减率达29%，节约了财政资金。

强化社会保障资金管理，推进社会保障体系建设 加大了各项社保资金的征缴力度，努力扩大社会保险覆盖面。全市共收缴养老保险金39531万元，为年度计划的115%，同比增长30%；收缴失业保险金13776万元，为年度计划的131%，同比增长45%；收缴城镇职工基本医疗保险金37921万元，为年度计划的116%，同比增长18%；城镇居民最低生活保障金地方财政补助拨款1271万元，确保了各项社保资金的专款专用和及时足额拨付，保障了特殊群体的基本生活，完善了城镇社会保障体系。全年争取上级养老补助资金27705万元、就业补助资金5822万元、低保补助资金1895万元，落实了国家对弱势群体的提标补助政策。加大了就业再就业资金的投入力度，筹集拨付资金8719万元，使大龄就业困难对象22699人实现了再就业。完善了下岗失业人员小额贷款担保工作，为428名下岗失业人员提供了小额贷款担保，担保贷款金额877万元。积极推进新型农村合作医疗工作，在保持参合农民个人缴费水平不变的情况下，各级政府补助标准共提高20元/人，参合农民年人筹资水平由过去的30元提高到50元。筹措安排新型农村合作医疗补助资金1950万元，保证了全市农村合作医疗的支出需求。全市参合人数达53.47万人，全年共为1.3万余人报销医疗费2100万元，做到了符合条件的及时报销补偿，不拖不欠。调整了市直离休干部医疗费支付管理办法，加强了医疗费支出管理。落实“两免一补”政策，惠及7436名贫困家庭学生，每名小学生年减免费用400元，初中生540元。拨付城市棚户区（平房区）改造基础设施建设工程款15128万元，完善了棚户区改造区域的城市功能，加快了棚户区改造步伐。安排专项资金，为双台子区棚户区416户贫困居民购买了电视机，为226户棚户区动迁户补助了回迁资金。筹集拨付城市困难群体冬季供暖补贴资金920.9万元，同比增长206.7%。为6248户城市低保户和特困职工、178位解放前老战士和抗美援朝老兵、216位困难破产企业军转干部和774户市直特困职工及70户特困劳模发放了供暖补贴资金，确保了城市特困职工、低保户等社会弱势群体和困难群体温暖过冬。筹集安排救灾救济资金1181万元，为342户灾民建了新房。对2005年禽流感防控期间扑杀家禽的农户进行了补贴，市财政共下达补贴资金929万元。为进一步做好2006年全市禽流感的预防工作，全市共筹集资金392.6万元用于采购禽流感疫苗，确保了全市3780万只家禽的免疫率达到100%。

加强财政监督检查，提高财政资金使用效益 认真学习宣传贯彻《辽宁省财政监督条例》，制定并实施了《盘锦市财政监督检查工作质量考核暂行办法（试行）》，推进了财政监督检查工作。围绕做大财政蛋糕，开展了提高税收和非税收入征管质量监督检查，确保了各项税收和非税收入及时足额缴入国库和财政专户。围绕整合政府财力资源和推进依法理财，开展了房产、城建、环保系统等财政专项支出管理、使用和绩效情况及国有资产管理、使用情况的监督检查,规范了财政资金使用行为。围绕依法行政,开展了《预算法》、《政府采购法》、《会计法》执法情况监督检查,进一步增强了财经法规意识。围绕整顿和规范财经秩序,开展了提高会计信息质量,清理"小金库"和规范政策外补贴等监督检查,从源头上遏制腐败行为的发生。此外,还开展了2005年度本级财政预算执行和其它财政收支情况的监督检查,规范了财政内部理财行为,强化了内部约束机制。

加强财政财会队伍建设,提高整体素质　一是继续深入开展保持共产党员先进性教育活动。认真开展先进性教育理论研讨活动,不断加强政治理论学习。建立健全党员受教育的学习机制、责任意识的养成机制和干事业的动力机制等,财政系统党员干部的先进性意识进一步巩固和提高。二是积极推进纠风和政务公开工作。结合全民创业活动,把加强经济发展软环境建设作为2006年财政部门纠风工作的重点,财政干部的全局意识、服务意识、责任意识显著增强。开展了行政事业性收费项目清理工作,制止和纠正了不合理收罚行为。推进了政务公开工作,贯彻落实了首问负责制、服务承诺制和限时办结制等制度,提高了办事效率和服务质量。三是不断加强党风廉政建设和反腐败工作。组织学习"四大纪律,八项要求"和领导干部廉洁从政等各项规定,继续推行了廉政监督卡制度,严格规范从政行为,进一步增强了干部职工的廉洁自律意识。四是加强基层党组织建设和党员队伍管理。组建了财政监督检查局支部,选举了机关第二党支部支部书记和委员,选举了机关第三党支部支部委员,选举了行政事业性收费管理处、投资审核中心、县乡财源建设办公室党支部的支部书记和委员。建立了党组织、党员、党外积极分子的基本信息数据库,目前全局党外积极分子40余人。2006年发展新党员9名,为党组织增添了新鲜血液。五是认真贯彻落实《党政领导干部选拔任用条例》,本着公开、公正、公平和党管干部的原则,开展了部分科级领导职务和非领导职务竞聘上岗工作,有18名同志被任命为科级、副科级领导职务,7名同志被任命为非领导职务。此外有5名同志被市里任命为副处级领导或非领导职务。六是加强群团组织建设。选举产生了新一届局机关团委,完成了局机关团委换届工作。围绕"创业、建功、兴盘锦"活动,在青年团员中举办了一系列岗位练兵和素质培训活动,促进了团员青年整体综合素质的提升。七是继续组织开展了财政干部和财会人员培训。组织财政科级干部、一般干部、乡镇干部和县区财政局长等500余人参加了财政业务理论知识培训,财政干部职工的理财能力和水平进一步提高。组织财会人员1.2万余人参加了继续教育培训,2000人参加了初、中、高级会计职称培训和考试,600人参加了会计电算化培训,财会人员的执业素养不断提升。八是继续开展了联乡帮扶村等扶贫帮困活动。安排资金支持了大洼县西青村开展村屯整治工程。组织干部职工开展了"送温暖、献爱心"捐款活动,全年共为棚户区居民、弱势群体和帮扶村贫困党员捐款5.5万元。九是开展形式多样的精神文明创建活动。组织开展了《公民道德实施纲要》、《加强和改进未成年人思想道德建设的实施意见》的学习贯彻和落实活动。举办了市财政局"爱党、爱祖国、爱家乡"书画、摄影大赛。参加了市直机关工委举办的第十届乒乓球赛和篮球赛。

圆满完成全年国税税收收入　2006年,全市国税系统累计组织入库税收收入797384万元,同比增收146961万元,增幅22.59%,收入规模、增幅、增量均创历史最高记录,其中,增值税收入456063万元,同比增收44645万元,增幅10.85%;消费税收入29914万元,同比增收6252万元,增幅26.42%;企业所得税收入249294万元,同比增收77702万元,增幅45.28%;外企所得税收入38936万元,同比增收13280万元,增幅51.76%;居民储蓄利息所得税收入10573万元,同比增收1746万元,增幅19.78%;车辆购置税收入12604万元,同比增收3336万元,增幅36%。在入库级次上,中央级收入完成649178万元,同比增收131389万元,增幅25.37%;省级收入完成62174万元,同比增收6137万元,增幅

10.95%;市本级收入完成73229万元,完成年度计划72086万元的101.58%,同比增收6002万元,增幅8.92%。形成地方财力97066万元,同比增收9511万元,增幅10.86%。在组织税收收入工作中,全系统坚持"依法征税,应收尽收,坚决不收过头税,坚决防止和制止越权减免税"的组织收入原则,采取有效措施,保证了税收收入的持续稳定增长。加强重点税源监控。利用"TRAS"税源管理系统,建立重点税源企业数据库,将全市年纳"两税"100万元以上的企业全部纳入市局监控范围,监控企业数量从2005年的87户扩大到92户,监控的税源总量达到全市税源总量的96.7%,在全省处于领先地位。深入开展税收分析。坚持"宏观分析找问题,微观分析找原因",深入开展税收收入同GDP关系、经济总量同税收总量、地区经济结构同税收结构、各税种与相关经济指标关系、重点税源企业税源变化等方面分析,重点对全市宏观经济与税收的关系进行分析,增强了组织税收收入的科学性。开展税收收入预测工作,预测准确率达到99.6%,排名全省第一。加强收入进度考核和纳税评估,征收率始终名列全省第一,高出全国平均征收率20多个百分点。在全省全年4个季度的组织收入考核中全部排在第一位,实现了连续5年无欠税。

全面推进依法治税 2006年,市国税局全面贯彻《依法行政实施纲要》,税收法制环境进一步改善。认真执行税收执法责任制,以满分100分并且名列全市行政执法责任制考评第一名的成绩被评为先进单位。对6个县区分局开展税收执法检查,查补税款221万元,税收执法行为更加规范。加强案件审理。调整上报市局审理案件的标准,对查处偷税10万元以上(不含10万元)、补税30万元(不含30万元)以上的案件,由各稽查局报市局案件审理委员会审批。全年,市局案件审理委员会共受理再审涉税案件15件,查补增值税701.23万元、消费税147.11万元、企业所得税166.35万元,罚款214.71万元,调减留抵税额280.76万元,案件审理率达到10%。在全省率先制定《重大税务案件审理办法》和《常见税务违法行为处理指导意见》,案件审理水平进一步提高。开展了第十五个税收宣传月活动,首次与政府新闻办公室、政务公开办公室等部门联合召开新闻发布会。"八家联合"税宣广场文艺晚会、"绿色邮政寄税法"和"老总考税法"3项活动被省局评为优秀活动项目。普法教育扎实有效,被评为辽宁省"四五普法"先进单位。以案件查处和专项检查为重点,以提高处罚比例和税款入库比例"两个比例"为目标,加大稽查检查力度。深入开展"分类分级"检查,从全市重点税源企业中选案47户并全部查结,查补税款、罚款、加收滞纳金合计856万元。选取5个行业300户纳税人进行行业税收专项检查对象,查补税款、罚款、加收滞纳金合计902万元。查结群众举报案件10件,查补入库税款505.63万元,发放举报奖励13万元,协税护税网络进一步健全。与市公安局联合行动,认真开展"利剑2号"发票协查工作,受到了省局的通报表扬。全年,共检查各类纳税人590户,查补税款、罚款、加收滞纳金合计2810万元,入库率100%,综合处罚率13.9%,有力打击了涉税违法行为,促进了全市税收秩序的进一步好转。

国税系统税收征管体系日臻完善 建立健全税收管理员考核机制。以CTAIS2.0岗责体系为参照,将征管重心向税源管理转移,加强税收管理员队伍建设。全市共有征管责任区103个,税收管理员300余名,占全系统人员总数的33%以上。建立以税收管理员积分评价制为核心的绩效管理机制,制订了《盘锦市国家税务局税收管理员积分管理办法》。圆满完成换发税务登记证工作,全市共换发税务登记证17635套。建立健全查管互动机制,稽查一、二局分别与双台子区局和开发区局实现了工作对接,以查促管、以查促查初见成效。积极推动普通发票衔头化、企业名头化和电脑化,先后在农电系统、自来水系统和供暖企业推广微机版企业衔头发票,发票管理日益规范,以票管税能力不断增强。

加强国税税种管理 修订完善了增值税一般纳税人管理办法,进一步提高了一般纳税人管理质量。加强海关完税凭证比对,认真查处企业利用伪造海关完税凭证抵扣税款问题,制定了《盘锦市海关完税凭证管理办法》,进一步规范了海关完税凭证的采集、审核和协查,取得的经验在全省进行了交流和推广。认真学习贯彻新的消费税政策,全市消费税纳税人由38户增加到123户,消费税收入同比增加6252万元,增幅达到了26.4%。开展了汽、柴油消费税政策调整对全市消费税收入影响的专题调研,提出了进一步加强消费税征管的意见。开展企业所得税汇算清缴工作,汇算面100%,补缴所得税595万元。制定了企业所得税涉税事项审批、备案和减免税审批及涉税事项备案后续管理办法等3项制度,有力推动了全市所得税管理工作迈上新台阶。开展涉外税务审计和反避税工作,完善售付汇管理,加强非居民税源管理、情报交换和税收协定执行工作。加大车辆购置税征管力度。加强与交警、农机部门的联系,堵塞征管漏洞,做到应收尽收。全年,征收车购税12604万元,首次突破亿元大关,同比增收3336万元,增幅36%。加强出口退税日常管理。将生产企业审核权下放到基层征收单位,促进了征退税的衔接。

积极开展国税税负调查分析　按照省局统一部署,从10月中旬开始,历时2个月,全市国税系统共抽调387名干部组成128个小组集中开展税负调查分析工作。以经营石油产品、食品批发等中小型商贸企业和涉嫌存在工业企业商业行为的石油化工企业为重点,有针对性选择了滞留票金额在30万元以上的65户企业开展专项核查,存在主要问题是采取账外经营方式偷税。各调查小组以核查滞留票信息为突破口,按照纳税评估案头分析、约谈、实地核查等步骤开展调查分析。各级班子成员率先垂范,带头深入企业进行约谈,全系统通过约谈查补税款2320万元。通过剖析疑点成因,建立评估模型或制定评估方法。盘山县局、大洼县局、兴隆台区局分别建立了石化(沥青)、粮食加工和油田专用设备制造行业评估模型。双台子区局、开发区局分别制定了食品、日用品批发商贸企业和汽车经销(4S店)行业管理办法,进一步规范了这些行业的征管秩序。在税负调查分析工作中,与地税局和工商局认真核对登记信息,清理漏征漏管户258户。积极编发工作简报,其中5篇案例材料和8条动态信息被省局采用。经过全系统各级领导和广大干部的辛勤工作,税负调查分析工作取得了丰硕成果。全市共完成3294户疑点纳税人的调查分析工作,占省局发布应调查疑点纳税人总数的97.4%,总体税收成果9519万元,其中,查补合计7673万元,调减留抵税额945万元,调增计税所得额901万元,入库合计7017万元,入库率91.5%。部分低税负纳税人的税负水平得到提高。全系统从各级领导到税收管理员的纳税评估和约谈能力得到显著增强,取得了建立税源管理长效机制的丰富经验,制定了《强化税源管理的指导意见》。在省局的评比表彰中,盘山县局和双台子区局被评为全省税负调查分析工作先进单位。1个评估模型被授予行业优秀成果奖,2个纳税评估案例荣获优秀案例奖,并有3人立功受奖,3人被评为先进个人。

贯彻国税税收优惠政策,全力服务地方经济发展　深入贯彻振兴东北老工业基地税收优惠政策,共办理转型企业退税1307万元。认真执行民政福利、资源综合利用和家禽饲养企业优惠政策,累计退免税1538万元。积极落实下岗再就业税收优惠政策,大力推进全市全民创业活动,累计减免各项税收6710万元,免除税务登记证工本费3.8万元,培养了10名创业带头人,带动130名下岗失业人员实现再就业。认真执行出口退(免)税政策,累计办理出口退(免)税8084万元。此外,加强了税收软环境建设,完成了市委、市政府交办的"优化服务和检查措施"、"构建诚信执法体系、诚信服务体系和诚信纳税体系"两项软环境建设牵头工作。积极参与"希望工程"和盘锦市"联乡帮村"活动,全系统共资助贫困学生160人,市局资助大洼县小洼村5.6万元用于社会主义新农村建设。

国税系统信息化建设长足发展　推广应用网上申报、网上认证和"一机多票"系统,为纳税人办税提供了更加方便快捷的手段。全系统共有3639户纳税人实行网上申报,申报成功率100%,在全省排名第一。1170户一般纳税人推广应用网上认证系统，认证效率明显提高。全市70%一般纳税人安装使用“一机多票”系统，达到了省局要求。CTAIS和金税工程等系统运行稳定，为税收工作顺畅开展提供了强有力的数据保障和技术支撑。内部网站实现了第四次升级，界面更加友好，功能更加完善。创建了盘锦国税廉政建设网站，电子政务稳步发展。安装使用税务远程教育系统，开设“在线课堂”，教育培训途径进一步延伸。开通外部网站，为政务公开、网上申报和网上认证等工作顺利开展提供了可靠条件。加强视频会议系统管理，确保了总局和省局各项视频会议的收听收看。加强公文处理系统管理，办文质量进一步提高。人档查询、人力资源管理、系统人才管理、纪检监察案件管理、纪检监察信访信息管理、网络版财务管理、银行账户管理、出口退税电子化管理等信息系统得到广泛应用，信息化手段的支撑作用进一步凸显。

加强制度建设 2006年，市国税局将年度工作主题确定为“制度建设年”。先后召开5次局长办公会议，专题研究制度建设，历时半年，最终形成了涵盖局务办公、人事教育、党风廉政、信息化建设、机关党务、财务后勤、政策法规、税政管理、计划统计、征收管理、税务稽查等各个税收工作领域的规章制度104项，并汇编成书，人手一本，初步构成了比较完善的制度体系，促进了各项工作的扎实开展。荣获辽宁省保密工作先进集体和盘锦市信访、综合治理、档案建设、政务公开工作先进单位以及“绿色机关”荣誉称号。调研和信息工作在省局分别排名第二和第四，信息工作被市委、市政府分别评为先进单位，并在市政府考核中名列全市第一。

认真抓好国税系统党风廉政建设 全系统各单位坚持纠建并举、标本兼治、重在治本的原则，不断健全国税系统惩治和预防腐败体系。全面落实党风廉政建设责任制。切实履行“一岗两责”，坚持“一把手工程”。深化领导干部廉洁自律。对反映领导干部一般性问题实行函询制。坚持重大事项报告制度，全系统共有6名领导干部对个人重大事项进行了报告。组织全系统45名有子女升学的干部召开座谈会，签订《干部子女升学登记表》，避免了借机敛财现象的发生。进一步加强行风建设。认真执行外出旅游、装修住房、购置私家车等干部个人重大事项申报和节假日车辆封存制度，强化对干部“社交圈”、“娱乐圈”、“生活圈”的监督管理。继续实施“百千万工程”，进一步拓宽社会监督渠道，发放征求意见书1000份。全面推行办税厅星级办税服务制度，完善“首问负责制”、“一站式”服务等措施。加强12366纳税咨询服务，不断优化服务环境。完善监督机制，开展执法监察。强化“两权”监督，深入开展治理商业贿赂专项工作。加强反腐倡廉教育。通过组织全系统副科级以上领导干部到监狱参观、邀请省检察院领导给全市稽查干部上预防职务犯罪课等活动，有效增强了全系统各级领导和广大干部拒腐防变的能力。市局连续12年被市政府评为行风建设先进单位，并实现全市行风测评“四连冠”。市局党组纪检组被评为省纪检监察工作先进集体，市局监察室被省局评为纪检监察工作先进集体。市局党组纪检组和监察室被评为全国税务系统纪检监察先进集体，双台子区局被评为辽宁省行风建设先进基层单位。全系统有2人分别受到省嘉奖和省局表彰。

国税系统队伍建设得到加强 2006年，市国税局班子充分体现了民主、好学、创新、务实、和谐5个特点，强化团结协作意识，坚持民主集中制，做到了“思想上同心、工作上合拍、行动上协力”。坚持自我加压，加强党组中心组学习，党组理论学习中心组连续5年被评为盘锦市先进理论学习中心组。开设“创新论坛”。开展“建言献策”活动。班子成员分别带队深入基层调研，考察基层班子建设和机构运转情况，为基层解决实际困难，全系统的基层建设环境得到日益改善。深入推进“人才战略”。集中开展“六员”培训，受培训人员扩大到全系统所有干部。积极开展县区分局领导班子成员能力测试工作，促进了领导干部执政能力的进一步提高。加强业务骨干培训，全系统近60人先后参加了总局和省局组织的各类培训。深化学历教育，全系统专科以上学历已经达到97%，10多人取得硕士学位。加强税务学会和税收科研工作，牵头组织了省学会第二课题组研讨会,5篇论文获优秀论文奖。加大精神文明建设力度。“星级办税服务厅”创建工作在全省产生了广泛影响。全系统先后荣获省“十佳”青年文明号信用建设示范单位、省级青年文明号、市“雷锋号”办税服务厅、全市诚信行业等多项荣誉,1名干部被授予“雷锋奖章”,1名干部被评为全市“十大杰出青年”。截止到2006年底,市局和各县区分局全部跨入省级文明单位行列,全系统进入文明行业,共拥有全国青年文明号、全国精神文明建设先进单位、全国“巾帼建功”先进集体、辽宁省思想政治工作先进单位等省级以上荣誉称号50多个。

税费收入实现38亿元,为盘锦又好又快发展提供强大财力保障　全年,各项地方税收收入完成19.28亿元,同比增收2.9亿元,增长18.1%;财政一般预算收入完成16.75亿元,同比增收2.8亿元,增长20.4%,完成计划的100.4%;省级收入(财政口径)完成2.5亿元,同比增收4590万元,增长22.4%,完成计划的113.7%;市级收入(财政口径)完成9.6亿元,同比增收1.67亿元,增长21.1%,完成计划的111.8%;县区级收入(财政口径)完成4.6亿元,同比增收7073万元,增长18.1%,完成年度计划的107.9%。社保费收入完成18.59亿元,同比增收4.9亿元,增长35.6%,其中,市级及市以下养老保险完成4.14亿元,完成计划121%;市级失业保险完成1.38亿元,完成计划的131%。全年,代征残疾人就业保障金374万元,完成计划的110%。自6月份开始代征工会经费以来,缴费户数达到318户,征收费款1063万元,比工会部门征收增收400万元。全年,在全市地税干部职工的共同努力下,税费收入工作创下了“三个历史最高”。一是税费收入总额创历史最高。税费总额实现38亿元,比上年超收8个亿。二是税收增量创历史最高。全年,税收收入比上年增收3个亿,比2000年增收10个亿,是建局之初的近5倍。三是一般预算收入增幅创历史最高,达到20.4%,创历史最好水平。税费收入实现了具有历史意义的跨越。

规范税收执法,依法治税迈上新台阶　2006年,全市地税系统认真贯彻落实国务院依法行政实施纲要,坚持组织收入原则,强化执法各环节的监督和检查,规范执法行为,全年未发生一起征纳纠纷。一是与检察机关联合开展工作。在配合检察机关开展集中查办破坏社会主义市场经济秩序工作中,与检察机关配合默契,收效显著。二是抓好税收秩序的整顿。确定了“建筑及房地产业”等5个行业作为专项检查重点,全年,共检查纳税人1015户,有问题237户,查补收入合计2324万元,其中,税费1913万元,滞纳金75万元,罚款336万元。通过推行“开放式稽查”,纳税人自查税款252万元。全年,受理举报案件34件,终结举报案件25件,查补税款139万元,组织入库116万元。实现了税务行政复议零发案率、税务行政诉讼零败诉率、税务行政赔偿零发生率。2006年行政执法工作被市里评为先进单位。

进一步完善征管体制　按照省局《征管改革实施意见》,市地税局积极推进征管改革。一是结合新征管系统推广应用工作,全系统理顺了征管体制,优化了业务流程,加强了部门间业务衔接。二是坚持属地管理原则,合理调整了县(区)局业务部门设置及职能。三是坚持集中征收,顺利完成了两县农村税务所收缩工作。

征管基础建设进一步加强　一是加强和完善税务登记管理。共换发税务登记14192户。二是进一步全面推行税收管理员制度。加强户籍管理,规范税源监控指标和措施。三是做好纳税信用等级评定工作。四是规范税收定额管理。市局制定出台了《税收定额管理办法》,从2006年5月1日起,对全市1076户餐饮业税收定额进行了重新调整,增加税收近1000万元。五是加强发票管理。完善了全系统“自行开具通用微机发票管理办法”。

各税种管理进一步强化　一是突出抓好重点税种的监控管理。随着交通运输业代征软件全面升级,加大了对交通运输业的管理力度,规范了自用车辆的审批手续,对400多台车恢复定额征税,营业税同比增加713万元;对金融保险业重点税源户实施全面监控,营业税增加1100

多万元;通过对建筑行业重点税源的监控,仅建筑业营业税就可增收4000多万元,增幅达到40%。二是做好房产、土地税的普查调整。做好房产、土地使用税两税普查和税额调整工作,房产税全年可增加近千万元,土地使用税增加地方财政收入3200多万元。三是加强“个、企所得税”管理。主要是抓好企业所得税汇算,加强企业所得税核定征收管理。对全市3.6万人实施个人所得税重点监控,监控收入额40%左右,在20多个重点行业开展了全员全额申报。四是做好小税种的挖潜增收。实行多环节监控、多部门配合,车船税首次突破年增长超百万元;认真落实印花税核定征收办法,全年超收300多万元。五是抓好各费征收管理,社保费等征收又创造了佳绩。

加强领导,全力推进,确保了“金税三期”如期上线 “金税三期”是全省地税系统2006年工作的重中之重,因此,在年初工作安排上,市地税局把“金税三期工程目标预期实现”作为10项工作目标之一,举全局之力抓好落实。为了保证新系统于2007年1月12日如期上线,工作人员细化了每天的工作进度,从9月1日起,通过税收信息每2天向全系统通报一次工作进展情况,总结经验,指出不足。各个专业小组通力协作,各个部门做好培训指导,各县区分局为了确保时间进度,加班加点,科学合理安排调配人员,截止到2006年12月22日,全系统共录入纳税人14890户,较好地完成了动员、期初数据准备及焕发登记、期初数据录入、培训等各阶段的具体工作任务。

增强服务意识,提高服务地方经济发展能力 市地税局一直把服务于经济发展放在税收服务的首位,规范税收执法,强化税收软环境建设,采取措施提高服务水平。一是全力支持全民创业。出台了《关于鼓励全民创业的暂行规定》,同时落实好支持非公有制经济发展的各项优惠政策。二是做好政府的参谋助手。税收是经济发展的综合反映,全市各级地税机关通过经济税收分析比对,适时提出了发展经济、调整结构、培植税源的建议,得到了市政府的认可。三是认真落实下岗再就业的各项税收优惠政策。全市共有2户企业、437户个体户,安置446名下岗再就业人员,为其减免税金941万元。减免登记证工本费17000元。四是为纳税人提供优质高效的现代化办税服务。主要体现在税收信息化应用和提高上。发挥12366热线的服务沟通作用,完善各县分局办税厅“一站式”服务功能,加强基层税务所办税厅的规范化建设,抓好网络咨询互动建设等等,为地方经济发展创造了良好的税收环境。五是大力开展税收宣传。较好地组织开展了第十五个税收宣传月活动,全系统在市级以上新闻媒体刊发稿件900多篇,特别是充分利用好《东北新闻网》这块宣传阵地,全年刊登稿件近100篇,有力地宣传了盘锦地税。

落实以人为本的思想,队伍综合素质显著提高 队伍建设是永恒的主题。2006年,市地税局采取市局集中培训,县分局有针对性进行岗位技能训练等措施,全年,先后举办了2期干部能力素质培训班,有400人次参加了系统培训,与东财联办了培训班,第一期培训的160名同志全部结业。组织60人参加全省系统税政岗位考试。通过形式多样的素质培训,使队伍的综合素质和专业能力得到前所未有的提高。在9月份全省系统业务考试中,盘锦夺得团体总分第三名、个人第一名的好成绩,并且有3人进入全省前10名。

落实“惩防体系”建设,党风廉政建设获得全国税务系统先进单位称号 年初以来,市地税局重点抓好“惩防体系”的贯彻落实,抓好“一岗三责”的实施。开展了“税警共建”、“税企共建”、“税检共建”等形式多样的预防职务犯罪活动,召开监督员座谈会,开展明查暗访,发征求意见函。由于高度重视,措施得力,连续5年没有违法违纪案件发生。党风廉政建设获得全国税务系统先进单位称号,在全省地税系统14个市局中是惟一的一家。

以和谐地税文化建设为载体,有效推进文明创建活动 一是进行了卓有成效的地税文化实践和探索。根据形势需要,把2006年确定为“有效执行年”,提出了“有效执行”的团队管理理念,系统上下围绕“有效执行年”的各项要求，更新观念，深化改革，完善制度，改进作风，加强管理，规范服务，执行力度大幅提升，以有效执行为内涵的盘锦地税文化逐步发扬光大。市局举办了职工乒乓球、卡拉OK比赛，各县区分局都开展了形式多样的文体活动，拓展了文化建设载体。二是开展形式多样的和谐共建活动。与大洼县新兴镇开展了“税村共建”活动，与大洼县大洼镇向阳社区开展了“和谐社区共建”活动，与盘山县高升镇开展了“连乡帮扶”共建活动。三是开展了丰富多彩的文明创建活动。常年在系统内开展“送温暖、献爱心”活动，开展用身边典型带身边人活动，注重树立挖掘身边典型的示范和带动作用。孙迅被省局呈报为全国“巾帼建功标兵”。市局机关在巩固“全国文明单位”称号的基础上，全系统再次进入省文明行业，7个分局都被命名为省文明单位，精神文明创建质量连年攀高。

强化“两基”建设，基层面貌焕然一新　市地税局把基层建设作为一项长期工程，制定了全系统创建标准化税务所标准，8月份在大洼辽滨分局召开现场推介会，全面推开标准化税务所建设。全年，对基层软硬件投入近千万元，使基层分局、所有了历史性的变化。截止到年底，全系统25个基层税务所(分局)基本达到了制定的标准。基层建设的加强，畅通了地税机关为农村纳税人服务的渠道，强化了服务新农村建设的手段。

推进规范化建设，内部行政管理不断加强　市地税系统增强为领导服务、为税收服务、为基层服务意识，推进规范化管理。市局全年刊发地税信息40期，信息含量200多条，信息工作被市委办公室评为优秀单位，各级办公室为领导提供的综合文字材料促进了办文、办会的顺利进行。市局的网站建设粗具规模，逐步走上正规化。人大、政协议案和提案以及各部门沟通反馈，都做到了及时快捷。

·金　融·

银监分局内部机构设置及主要职责　按照辽宁银监局内设机构改革的相关要求，9月初，盘锦银监分局圆满完成了内设组织机构改革，初步确定了非现场监管的核心地位，形成了非现场监管、现场检查、市场准入彼此分离、相互制约、协调配合的组织架构。分局内设市场准入科、非现场监管科、现场检查一科、现场检查二科、现场检查三科、办公室、人事科、财务会计科等8个职能科室。下辖两个监管办事处，分别为盘山和大洼监管办事处。全辖39人。市场准入科负责辖内银行业金融机构的机构、业务、高级管理人员的审批工作，审批辖内银行业金融机构的设立、变更、终止及业务范围，审核辖内银行业金融机构高级管理人员任职资格；负责金融许可证的颁发和管理；负责法律事务等工作。非现场监管科负责辖内银行业金融机构的非现场监管工作；负责分局的统计信息、办公自动化建设和维护等工作。现场检查一科负责对辖内工商银行、农业银行、中国银行、建设银行的现场检查工作。现场检查二科负责对辖内股份制商业银行、政策性银行、城市商业银行、城市信用社及邮政储蓄机构、非银行金融机构的现场检查工作。现场检查三科负责对辖内合作金融机构的现场检查工作。办公室、财务会计科负责分局的行政管理、财务会计、后勤管理、安全保卫等工作。人事科负责分局的干部管理、劳动工资、机构编制、组织建设、纪检监察、党群等工作。截止到2006年底，盘锦辖内银行业金融机构353家，从业人员4952人，其中，高级管理人员166人。全市银行业金融机构各项资产529亿元，比年初增长16%，各项负债530亿元，比年初增长16.3%。各项存款余额488.9亿元，比年初增加64.5亿元，增长15.2%，同比多增10亿元，增长幅度比上年上升0.4个百分点，增速上升明显。各项贷款余额162.1亿元，比年初增加27.3亿元(可比口径)，比年初增长20.2%，增幅比同期提高14.2个百分点。贷款增幅10年来首次超过存款增幅。

狠抓不良贷款“双降”　2006年，盘锦银监分局坚持导向不偏离、决心不动摇、力度不减弱的抓降总体方针，针对各类机构的特点及抓降工作的难点，突出监管措施的针对性，积极推行分类监管;继续巩固已股改国有商业银行抓降取得的成果,严防不良贷款反弹;重点督促农行加大剥离核销力度,为股改奠定良好基础;支持、督促、协调中小法人机构压缩清收不良贷款,适时开展调查,下达风险提示,督促其加强信贷管理,严控新增贷款产生不良;开展城商行土地储备贷款检查,及时提出监管意见,有效防范了土地储备贷款风险,督促城商行积极探索有效的资产处置方式,降低不良资产比例;督促农村信用社通过实行贷款"五级分类"做实不良底数;实行高管人员考核一票否决制,对不良贷款不降反升或不真实的机构负责人在年度履职考核时取消评优资格。全年,共取消了工行和农行8名高管人员的评优资格。组织开展了全市银行业金融机构工作人员个人贷款清理工作,收效明显。建议政府牵头召开银行业金融机构抓降清收工作会议,借助执法机关和监察部门力量进行清收。通过各方面的共同努力,年末,全市银行业主要金融机构不良贷款余额(五级分类)34.8亿元,不良贷款率23.7%,比年初下降4.7个百分点。农村信用社不良贷款(四级分类)比例13.4%,比年初下降4.6个百分点。

严防银行案件发生 2006年,盘锦银监分局多次组织召开银行业案件专项治理工作会议,对全年案件专项治理工作做出统筹安排,努力防范新案发生、提高案件堵截率。开展案件专项治理检查,并将案件治理工作同日常监管工作有机结合起来。全年,全市银行业金融机构没有案件发生。

加大对地方中小法人机构的监管力度 督促城商行完善法人治理结构,完善公司章程;督促和指导其制定中长期发展规划,明确阶段性经营任务,推进总体规划中战略目标的有效实施;积极向市政府汇报,在市政府的领导下稳步推动城商行妥善解决历史遗留问题;规范城商行经营行为,督促其加强审慎经营,汲取经验教训,加强风险教育,严肃处理违规责任人。对农村信用社以合规监管为重点,通过8项重点工作,全面规范农村信用社经营行为。重点督促农村信用社在组建统一法人社过程中,加强"三会"建设,全面加强业务、机构和人员管理,保证组建工作平稳开展。督促其提高贷款五级分类准确性、大额贷款和新增贷款质量,要求农村信用社以改革为契机,对高级管理人员进行一次全面交流。

加强市场准入监管 根据地区机构实际,优化整合机构网点布局。全年,共受理审核机构设立、变更、终止事项31件次,推动银行机构扁平化管理。加强高级管理人员准入审核和行为监管。全年,共受理核准高级管理人员任职资格54人次,完成初审8人次,完成异地监管意见征询4件次,约见高级管理人员监管谈话36人次,并对全辖123名高级管理人员进行履职考核。鼓励银行机构业务创新。全年,受理新业务准入6项。

加大现场检查力度 2006年,盘锦银监分局充分发挥现场检查专业小组优势,集中兵力围绕检查要深入、问题要暴露、措施要得力、处罚要严肃、效果要明显的原则,重点开展了盈亏真实性、贷款分类偏离度、操作风险等方面的现场检查。全年,共派出现场检查组24个,利用1084个工作日,检查银行业金融机构130个,完成检查项目20项,查出违规资金4.86亿元,提出监管意见116条,跟踪问题整改,收到了较好效果。

加大窗口指导工作力度 2006年,盘锦银监分局充分发挥窗口指导作用,积极引导辖内机构加大对地方经济发展的支持力度,重点推进小企业信贷服务、金融支持社会主义新农村建设和项目建设信贷投入工作。年初,召开全市银行业工作会议,从转变观念、增强贷款服务意识等7个方面引导银行业金融机构加大对地方经济支持力度。着力打造沟通协调平台、信息共享平台、信用征集平台和经验交流平台"四大平台",推进小企业信贷工作。积极引导金融机构加大金融支持社会主义新农村建设力度。分局成立了推进社会主义新农村建设工作领导小组和办公室,印发《盘锦银监分局推进社会主义新农村建设工作意见》,提出了总体思路、重点内容和具体措施,并督促有关金融机构成立相关组织并制定实施意见。深入开展新农村建设方面的调研,提出了金融支持新农村建设的系列建议。围绕市政府确定的重点建设项目,引导机构加大对项目建设的配套信贷投入。向地方政府建议设立了金融机构特别贡献奖,鼓励银行业金融机构加大对地方经济建设的信贷投入,取得良好收效。通过以上工作的开展,银行业金融机构对地方经济发展的支持力度明显增大。12 月末,全辖银行业金融机构投放小企业贷款余额 79 亿元,比年初增加 8 亿元,增长 10.87%,同比多增 11.8 亿元;支持新农村建设贷款余额 53.2 亿元,比年初增加 10.3 亿元,增长 19%,同比多投 7.5 亿元;累计项目资金贷款 9.45 亿元。信贷支持地方经济发展力度明显加大。

全力推进银行业改革　2006 年,"工、中、建"3 家国有商业银行股份制改革已经完成,以全新的体制、全新的经营策略,打造成为资本充足、内控严密、运营安全、服务和效益良好的股份制商业银行。农业银行全面落实改革措施和要求,真实反映不良资产底数,做好剥离划转前的各项准备工作。邮政储蓄改革正在积极稳步推进中。地方中小法人机构公司结构得到有效治理。城商行董事会、监事会设立了风险控制、关联交易控制、财务管理、提名与薪酬等 6 个委员会,进一步完善法人治理结构。修改完善了公司章程,制定了《股东大会议事规则》等 13 个制度和管理办法,明确各治理主体议事规则,公司制管理模式稳步推进。增补了董事,公司化管理机制逐步健全。农村信用社组建统一法人社工作顺利完成,构建了新的"三会"制度,打破了内部人控制的封闭格局,全面提高了科学管理能力。

加强调查研究　2006 年,盘锦银监分局信息调研工作围绕在实践中调研、在调研中提升、调研为监管服务的指导思想推开。一是领导干部带头开展调查研究。全年班子成员深入辖内银行业金融机构开展调研平均 3 次以上,深入思考,形成多篇调研报告,被省局、总会采用,其中班子全体成员共同完成的全年重点调研课题《新形势下农村信用社规范发展与风险控制问题研究》,在《金融参考》(第九期)首篇发表。二是全体干部职工积极参与调研。全年共完成《建设社会主义新农村金融责无旁贷应先行》、《农村信用社信息化建设发展状况调查》等调研课题 13 个。三是信息调研总体质和量取得突破。全年,分局监管动态共刊出 110 期,刊登动态信息、工作研究以及调研文章 120 余篇,被各级采用率达 30%,其中,《农村信用社信息化发展建设严重滞后,存在"六低"问题亟待解决》被省政府《信息参考》采用,分局创办的《盘锦银行业》全年出刊 3 期,刊出工作研究、调研报告 50 余篇。

加大基础建设工作力度　2006 年,盘锦银监分局切实提高内部管理水平,为争先创优打好坚实基础。严格执行各项内部规章制度,完善制度约束机制。严格执行重大事项报告、政务值班和周报制度,加大督办工作力度。全年,向辖内各家银行业金融机构及机关各科室下发督办通知单 50 余项,确保重要工作得以及时高质量完成。扎实推进"1104 工程"。成立"1104 工程"实施领导小组,加强组织领导。积极参与并组织"1104 工程"培训。全年,开展培训 5 次,培训人数达 120 人次,提升工程人员专业素质。完成机构、高管系统数据采集系统安装以及基础数据核对工作。积极推进新版客户风险统计系统应用,确保客户风险统计"双轨期"平稳过渡,并及时向省局反馈试运行过程中存在的问题,提出改进建议。加强安全保卫工作。发挥分局对银行机构安全保卫的组织协调和指导职能,做好辖内机构安全保卫工作。组织召开了全市银行业安全保卫工作会议,全面贯彻落实全国和省局银行业安全保卫工作电视电话会议精神。会同公安部门组织对金融机构进行评估前的各项准备工作。加强银行业金融机构枪支管理。高质量地完成了新办公楼整体装修及搬迁工作,优雅的办公环境增强了干部职工归属感,有利地推进分局各项工作的深入开展。全面加强对新办公楼的各项管理,加强对物业公司的监督管理,保证新办公楼安全、正常运转。

加大银监队伍建设力度　2006 年,盘锦银监分局落实科学发展观,持续推进党的先进性建设。一是加强党委班子凝聚力和战斗力建设。通过创新党委中心组学习方式方法、召开民主生活会、坚持民主集中制、认真履行"约法三章"和领导干部重大事项报告制度、局务公开制度等加强党委班子自身建设。二是加强分局党的基层组织和党员队伍建设。以科室为单位完善党支部设置,实行"一岗双责"责任制,发挥了基层党组织的战斗堡垒作用。注重党的组织建设,为党组织发展壮大培养新人。加强对党员的教育和预备党员、入党积极分子的考察培养,有2名入党积极分子成长为中共预备党员,1名预备党员转正。三是循序渐进抓职工队伍建设,不断提高队伍综合素质。通过开展先进性教育、"学党章,看行动"活动、社会主义荣辱观教育,创立"主讲人制度"及"监管论坛"等系列活动,不断提升干部职工的思想觉悟,树立创业、奉献、艰苦奋斗理念,增强队伍的凝聚力。四是加强机关文化建设,创建和谐分局。研究制定了《分局机关文化建设三年发展规划》,明确机关文化建设的指导思想和目标任务,构建机关文化主要内容和实施安排及工作步骤。通过开展系列主题活动,不断打造制度文化、行为文化和精神文化,持续激发集体凝聚力以及职工昂扬向上的工作热情,形成了共同信念、共同奋斗、共同发展、共同收获的理念。五是全面加强党风廉政建设。局领导与各科室负责人签订了党风廉政建设责任状和综合治理责任状。扎实开展反腐倡廉教育。开展对《银监会工作人员廉洁从政从业规范手册》的学习,聘请专家做《防范职务犯罪》等专题讲座,通过开展多形式重教树德的反腐倡廉教育,筑牢拒腐防变的思想道德防线。建立和完善党风廉政和反腐败等各项制度,进一步加大对"约法三章"、《银监会系统监管人员现场检查若干纪律的规定》等制度执行情况的监督和落实,为预防和惩治腐败提供制度保证。

全市金融机构各项存款稳步上升 截止到2006年底,全市金融机构本外币各项存款余额488.77亿元,比年初增加64.30亿元,同比多增8.97亿元,其中,人民币各项存款余额482.76亿元,比年初增加65.35亿元,同比多增7.87亿元。人民币企业存款余额118.90亿元,比年初增加27.26亿元,同比多增13.20亿元。人民币储蓄存款余额321.92亿元,比年初增加27.35亿元,同比少增10.48亿元。外币存款余额7672万美元,比年初下降1047万美元。外币企业存款余额491万美元,比年初下降1198万美元,同比少增2566万美元。外币储蓄存款余额6576万美元,比年初减少31万美元,同比少降1120万美元。

全市贷款投放为建市以来最高 截止到2006年底,金融机构本外币各项贷款余额162.08亿元,比年初增加27.93亿元,同比多增20.72亿元。贷款增长速度为20.82%,高于2005年同期15.15个百分点,其中,人民币贷款余额161.89亿元,比年初增加27.99亿元,同比多增20.20亿元。从贷款期限看,短期贷款快速增长,中长期贷款增速下降。短期贷款余额116.04亿元,比年初增加32.66亿元,增速为39.17%。受中央银行实施金融宏观调控、消费贷款利率上调等因素影响,中长期贷款增速下降。中长期贷款余额42.98亿元,比年初减少5.43亿元,增速为-11.22%,其中,个人中长期消费贷款余额9.33亿元,比年初下降4.32亿元,同比多降2.28亿元,消费贷款整体上呈收缩态势。从贷款投向看,信贷投放量适度,信贷结构进一步优化。一是持续加大对"三农"的支持力度,农业贷款持续较快增长。2006年,农业贷款累放额10.76亿元,同比多放0.18亿元,有力地支持了农业春耕备耕和农户发展多种经营,促进了农村产业结构调整和农民增收。二是银行进一步调整了信贷结构,大力开办低风险信贷业务,工业贷款同比多投。2006年,工业贷款累放额36.22亿元,同比多投12.10亿元。三是农业生产丰收,粮食产量创历史新高,带动农副产品贷款的增长。2006年,农发行累计发放农副产品贷款29.99亿元,其中,中央储备粮贷款0.22亿元,粮食流转贷款28.46亿元,支持企业收购粮食12.78亿公斤,调入粮食7.91亿公斤。四是票据业务稳步发展,增速同比上升。2006年,盘锦市金融机构票据融资累计发生165.09亿元,同比增加82.11亿元,增长近1倍。全年,全市经营性金融机构亏损0.15亿元,比上年同期少盈1.34亿元,其中,国有商业银行亏损0.54

亿元,同比少盈 1.57 亿元。

现金流通顺畅　2006 年,全市金融机构现金累计收入 1134.24 亿元,同比多增 241.37 亿元;现金累计支出 1151.78 亿元,同比多增 243.28 亿元,收支相抵累计净投放 17.54 亿元,同比多投放 1.91 亿元。主要体现在工资支出、行政企事业管理费支出,同比分别多投放 13.61 亿元、16.92 亿元。

银行结售汇同比上升　2006 年,全市银行外汇收支总额 2.25 亿美元,同比增长 15.00%,其中,结汇收入 1.15 亿美元,同比增长 16%;售汇支出 1.10 亿美元,同比增长 16%;结售汇相抵,顺差 470 万美元。跨境外汇收支总额 2.68 亿美元,同比增长 22.00%,其中,总收入 1.34 亿美元,同比下降 2.00%;总支出 1.34 亿美元,同比增长 48.00%,收支逆差 16 万美元。

充分利用货币政策,支持地方经济发展　一是进一步发挥支农再贷款的政策导向作用,引导金融机构增加对“三农”资金投入。人民银行盘锦市中心支行针对地方新农村建设和“三农”经济发展实际,积极申请并获批支农再贷款限额 2.2 亿元,总额达到 3.3 亿元,比上年增加 0.1 亿元。为最大限度发挥支农再贷款的使用效应,先后对提出再贷款申请的盘山、大洼两家农村信用联社进行实地调查,根据调查结果管理安排支农再贷款发放进度和期限。同时,进一步加强支农再贷款的投向监测和使用效果考核、检查,及时发现并纠正了存在的问题,确保了支农再贷款的合规使用。年内,下摆支农再贷款最高时点数达到 3.17 亿元,比上年增加 0.25 亿元。全年,农村信用社累计发放支农再贷款 3.43 亿元,支持农户 33612 户。在支农再贷款的引导下,全市金融机构支农力度不断加大,全年累计发放农业贷款 10.76 亿元。支农再贷款的有效运用,也进一步增强了农村信用社的资金实力,增加了经济效益。2006 年,全市农村信用社系统在 2005 年首次实现 270 万元盈利的基础上,再次实现了 1948 万元盈利,其中,市农村信用社仅利用支农再贷款发放支农贷款就获得利息收入 2463 万元。二是加强利率管理,积极推进利率市场化。进一步完善利率监测系统,及时跟踪分析利率调整的政策效应,实施了对辖内金融机构特别是法人机构利率水平的连续动态监测和分析。开展对农村信用社利率定价的指导工作,督促其按照风险溢价原则完善利率定价机制。同时,督促和指导农村信用社制定和实施新的贷款利率定价管理办法,2 月末,全市农村信用社全部制定了新的《贷款利率定价管理办法》。大洼县农村信用联社就新的贷款利率管理办法,在 4 月份举办的“沈阳分行农村信用社贷款利率定价培训班”上进行了介绍和交流。三是强化金融市场工作职责,加大金融市场监测、分析和管理力度。结合辖区金融市场发展实际,重点开展了成员单位的管理和服务工作,通过多种形式积极宣传金融市场业务,进行政策解释说明,引导金融机构正确参与金融市场,促进了辖区金融市场的良性发展。年内,城市商业银行银行间债券市场业务实现零的突破,共发生质押回购债券交易 9 笔,累计金额 14.65 亿元,实现收入 44 万元。

稳步推进农村信用社改革　2006 年,人民银行盘锦市中心支行根据人民银行总行、银监会《关于进一步加强农村信用社改革试点监测考核工作的通知》和《农村信用社改革试点专项中央银行票据兑付考核工作实施细则》的规定和要求,深入农村信用社第一线,对其改革试点实施进展情况进行连续的动态监测和实地考核。针对检查中发现的问题,及时提出整改建议,并对整改情况进行跟踪检查,保证了考核工作各项要求的有效落实。在此基础上,积极做好中央银行票据兑付准备工作,进一步明确农村信用社在专项中央银行票据兑付工作中的改进重点与部位,并采取了一系列的工作措施。目前,辖区农村信用社管理能力、经营财务指标的真实性显著提高,为票据兑付奠定了基础。

维护金融稳定,防范金融风险　一是围绕建立金融稳定工作长效机制,积极推进制度建设。人民银行盘锦市支行与盘锦银监分局共同制定了信息交流与共享制度,为及时获得金融机构涉及稳定、风险方面的信息提供了制度保证。并完善了法人金融机构风险监测报告制度,进一步提高风险评估和预警水平。同时，制定并下发了《盘锦市金融机构突发事件应急预案》，以维护盘锦市金融市场的有序运行以及金融业的持续、稳定、健康发展。二是全面做好辽证盘锦分公司的重组准备工作。成立了中心支行辽宁证券公司托管经营工作协调小组，多次与公司托管经营组开展经常性的沟通与协调工作，还重点参与、协调了辽证盘锦分公司与盘锦市商业银行等单位的供销合作社债务和解，部分债务偿还方案得到落实，为辽证盘锦分公司的后续改革工作奠定了基础。

加强和改进外汇管理，进一步提高服务水平 一是切实提高外汇服务水平，有效推动贸易和投资便利化。2006年，人民银行盘锦市中心支行全面推行网上核销退税无纸化和进口付汇企业名录网上发布，简化经常项目外汇账户开户和贸易售付汇手续，放宽居民个人购汇政策，进一步提高了工作效率。深入辽宁宏冠船业有限公司现场办公，研究解决其资金周转困难的具体措施，帮助企业每年节约财务成本近100万元。灵活运用外汇政策为辽河油田进出口公司解决对外经贸中遇到的困难，为企业减轻了业务负担。二是提高资本项目外汇管理水平，促进外汇资金合理、可控、有序流动。2006年，全市新登记外商投资企业20家，外商实际缴资1971万美元，同比增长34.63%；企业境外投资登记金额500万美元，同比有较大突破(2005年同期为0)；外商投资联合年检率(参加外汇年检企业数/参加联合年检企业数)达到116%，境外投资年检率达到100%。三是努力提高国际收支综合管理能力，促进辖区外汇业务良性发展。积极组织开展国际收支宣传，提高全民申报意识。认真履行银行结售汇业务管理职能，通过严格的审核和考察，批准中国银行盘锦兴隆台支行等9家网点增办个人购汇业务。四是不断提高外汇监管水平，促进和谐外汇环境和稳定外汇秩序的建立。开展外汇业务专项检查，对中国银行盘锦分行、辽宁华锦化工集团有限公司2005年售付汇相关业务的真实性、合规性进行了全面检查，督促相关银行和企业完善内部管理，进一步规范业务操作。

积极开展反洗钱工作，进一步提升辖区反洗钱工作水平 一是积极组织反洗钱宣传和培训工作。人民银行盘锦市中心支行结合宣传贯彻2006年10月31日全国人大常委会审议通过的《反洗钱法》，积极组织开展了“2006反洗钱——辽宁在行动”的系列宣传活动，提高了金融机构和社会公众对反洗钱工作重要性的认识。同时，开展了对辖区内金融机构反洗钱工作人员的培训，提高从业人员的业务素质。二是提高金融机构大额和可疑交易报告报送质量，并对可疑交易认真进行甄别、跟踪监测，有效发挥了监督预警功能。三是加大反洗钱现场检查工作力度。开展了对中国银行盘锦市分行2005年12月至2006年9月的本外币业务的现场检查工作。同时，依法对在2005年度反洗钱检查中发现的违规金融机构实施了行政处罚，罚款总金额25万元。

大力推动征信体系建设，促进社会信用环境改善 一是全面完成企业征信系统升级建设工作目标。二是扎实有效推进个人信用信息基础数据库建设。按照总行的统一部署，人民银行盘锦市中心支行配合沈阳分行检查组对辖区3家商业银行共9家网点执行《个人信用信息基础数据库管理暂行办法》情况进行了现场检查。非银行信息采集工作有所突破。与盘锦市个人住房公积金管理中心达成协议，按月接收并上报个人缴存公积金信息，数据上报率达到90%以上，位居辽宁省前茅。三是全力推动中小企业信用信息采集工作。召开各金融机构一把手参加的“中小企业信用体系建设工作会议”，向金融机构落实采集任务，并以正式文件向盘锦市人民政府报送了《关于推进中小企业信用体系建设工作的建议》，得到了市政府的大力支持。四是加强社会征信宣传工作，收到了良好的社会效果。五是认真执行贷款卡核发三级审核监督制度及文明服务承诺制，做好贷款卡行政许可工作。六是提高数据信息分析应用水平。通过上述各项工作的开展，盘锦市企业征信和个人征信两个系统运转顺畅，数据质量进一步提高，防范信贷风险的积极作用得到有效发挥,同时,地方政府及有关部门的信用意识日益提高。以政府为领导,以人民银行为导向,各有关部门共同参与的盘锦市公共信用体系建设格局正在形成。

深入开展调查研究工作,为履行中央银行职能提供信息和决策支持　一是研究和关注宏观经济金融运行态势,注重新的分析工具、分析方法的应用,做好宏观经济金融分析和货币监测工作,进一步提高季度分析和货币监测水平。二是按照总、分行和地方政府的工作要求和关注重点,有针对性地展开专题调查,重点分析存在的突出矛盾和问题,有针对性地提出政策建议,为上级行和地方政府决策提供科学依据。三是不断完善经济金融监测分析框架,加强对辖区经济金融运行中重点问题的调查研究。建立了稳定的与地区综合经济部门、金融机构相互沟通的工作机制,加强对经济金融运行和其它有关重要信息的搜集、整理和分析。四是紧紧把握盘锦市资源型经济和石油经济特点,坚持特色研究,加强与大庆、松原等同类城市比较分析,不断提高研究深度,取得了一批具有本地特色的研究成果,为上级部门决策提供了参考。由于措施得力,中心支行的调研工作取得了新的进展。全年系统有近40篇有价值的调研报告和信息被《中国金融》、《金融研究报告》、《中国外汇》、《银行家》等总分行刊物采用,有3篇成果得到上级行和地方政府领导批示,有18篇成果被评为2006年度沈阳分行辖区优秀调研成果,有1篇文章获得总行团委优秀青年论文奖,有3篇文章获得沈阳分行“农村金融与新农村建设”优秀青年论文奖,有22项成果获得盘锦市第四次社会科学优秀学术成果奖,有5篇文章获得盘锦市2005－2006年度优秀调研成果奖。中心支行连续第三次获得“沈阳分行调查研究工作先进单位”称号。

加强和改进金融服务,切实提高服务水平　一是提高支付结算质量,积极畅通支付结算渠道。全面完成小额支付系统推广工作,6月26日,小额支付系统在盘锦辖区正式运行。同时,做好全市人民币银行结算账户审批工作。全年,共审批开立各类人民币银行结算账户317887户。建立健全账户系统应急机制,制定《盘锦市人民币账户管理系统、支付系统应急预案》,并进行了账户管理系统应急演练,不断提高应急突发事件的处置能力和水平。加强同城票据交换管理,较好地完成了全年盘锦市同城票据清算资金总扎和同城清算网络通讯监护、管理工作。认真做好空头支票罚款及收缴工作,研究制定了《盘锦市空头支票行政处罚收缴业务操作流程》,控制了空头支票的签发,有效保护了持票人的合法权益。二是做好经济金融统计工作。2006年,中心支行被授予“盘锦市统计工作先进集体”称号。三是认真做好国库工作,保障国库资金安全。加强柜台监督,全年,共监督退回各种不合规预算收、支凭证和非我行业务229笔,金额6399万元。监督各国库经收处提入大额税款121笔,金额674101万元,未发现故意占压税款问题。完成对盘山县乡金库的上收工作,全市29家乡金库已全部上收由人民银行管理,杜绝了代理国库的资金风险,规范了乡金库业务核算。积极支持财政国库制度改革,顺利实现国库单一账户核算,全年系统运行稳定。积极做好国债发行、兑付、销毁工作。全年,全市各级国库部门办理中央级预算收入683201万元、省级预算收入109962万元、地方级预算收入277129万元,其中,市本级预算收入195149万元。完成地方预算支出402537万元,其中,市本级预算支出266652万元。四是做好发行基金调拨管理,保证人民币流通。加强现金管理和现场检查,维护辖区现金流通秩序。全年对盘锦市工商银行等83家机构的现金管理情况和大额现金支付审批登记备案制度执行情况进行了检查。对存在问题的机构,提出了整改意见。认真组织开展反假币宣传月活动,取得了良好的效果,广大群众特别是农民的反假币意识和能力都有所提高。全年,全辖出入库款1620197万元。调拨发行基金26次、257283万元,货币发行729833万元,货币回笼541252万元,货币净发行188581万元,与上年同期相比增加33625万元,保障了全市的货币投放和人民币的正常流通。五是进一步加强计算机应用系统建设。做好金融城市网改造工作，完成了7家金融机构的网络联调测试，并正式开始运行使用。做好银行卡联网联合工作，大力开展银行卡联合宣传，新发展53家特约商户。加强了计算机信息系统安全、保密管理，确保了各业务系统的安全、稳定运行。

加强党的建设和职工队伍建设，不断提高党员和职工队伍整体素质 2006年，人民银行盘锦市中心支行结合党建和职工队伍的实际情况，围绕增强基层党组织的凝聚力、战斗力，提高党员和职工队伍的整体素质，有针对性地开展了一系列卓有成效的工作。一是大力开展保持共产党员先进性教育“回头看”活动，不断巩固和扩大保持共产党员先进性教育活动成果。组织党员认真学习贯彻党章，不断提高党员的党性修养。做好新党员发展工作，发展了3名新党员，为党员队伍补充新鲜血液。认真开展民主评议党员活动。积极开展“创先争优”活动，并对中心支行两个先进党支部、8名优秀共产党员和4名优秀党务工作者进行了表彰。二是加强领导班子和干部职工队伍建设。加强了党委中心组理论学习。2006年，有3名班子成员分别参加了总、分行党校学习，班子成员的政治理论素质得到提升，班子的凝聚力和战斗力明显增强。同时，加大干部职工队伍的管理力度。根据《党政领导干部选拔任用工作条例》，按照德才兼备，坚持干部“四化”，注重实绩的原则，经过组织考核，党委决定，中心支行7名试用期满的中层干部和盘山县支行1名试用期满的副行长全部按期转正。全年，接收了4名大学毕业生。继续执行《员工周报》、《科室周报》考核制度，加强对履行职责、劳动纪律和工作业绩的考评工作。进一步加强和改进思想政治工作，调动了广大干部职工的工作积极性、主动性，促进了各项工作的开展。三是继续开展“学习型团队”创建活动。组织干部职工开展“读好一本书，写好一篇心得”活动和岗位读书活动，认真组织干部职工开展理论学习，促进了职工政治理论水平和个人素质的提高。加大岗位培训力度，开展政治理论与中央银行业务主讲人活动和金融专题讲座，举办了以金融调研写作、金融形势与农村信用社改革两期金融专题讲座，促进了全行工作水平的进一步提升，深化了“创建学习型团队”活动的开展。四是深入扎实开展文明单位创建活动，按照《中国人民银行沈阳分行文明单位考核标准》，对各县支行和机关各部门的创建活动进行不定期的检查指导，及时指出存在的问题和改进的方法，保证了创建活动不留死角，不走过场。五是加强党风廉政建设和反腐败工作。积极开展党风廉政建设和反腐败知识的学习教育。认真贯彻落实《建立健全教育、制度、监督并重的惩治和预防腐败体系实施纲要》精神，加强了惩治和预防腐败体系建设，干部职工抵制违法、违纪、违规行为的自觉性得到明显提高。党委班子成员认真学习了总分行及中心支行关于廉政建设的相关规定，全年，中心支行领导班子成员无违反廉洁自律的苗头性问题和违纪问题。同时，认真做好案件防范工作，防止大案要案的发生。认真开展治理商业贿赂专项工作，通过检查中心支行未发现有商业贿赂行为。认真开展党风廉政教育、警示教育和法纪教育，从源头上防止腐败现象的发生。在此基础上，继续认真执行领导干部包案责任制，严格按《信访条例》开展工作，确保了信访渠道的畅通。全年，由于认真做好案件防范工作，中心支行系统未发生违法违纪案件和责任事故，被分行评为全年安全无事故先进单位。

认真落实“十五”字工作方针，圆满完成工商行盘锦分行全年工作任务 2006年，全行上下认真贯彻落实总、省分行行长会议精神，坚持以科学发展观为指导，以提高质量效益和经济增加值为目标，认真落实“压不良、抓中间、稳营销、增活期、严管理”十五字经营工作方针，突出工作重点，狠抓措施落实，经营管理工作取得较好成效。一是存款基础得到夯实，人民币四项存款943670万元，较年初减少24万元，剔除对公客户退市存款上划和网点转让因素，较年初增加43569万元。二是不良贷款压降取得进展，全年清收处置不良贷款18167万元。三是中间业务高效发展，同比增收1142万元。四是各项新业务发展势头良好，累计办理票据直贴业务同比增加229528万元，外汇资金交易量同比增加1441

万美元,银行卡卡量净增 6961 张,网上银行交易额同比增加 71.7 亿元。五是努力增收节支,实现拨备前账面利润 7868 万元。

工商行盘锦分行加快负债结构、网点结构、客户结构调整步伐,提高个人金融业务综合竞争实力 一是实施日均和活期增储战略,调整负债结构。制定了增储工作措施,先后开展一季度旺季营销、"大干三季度、增储一亿元"、"义务献工两小时"等增储劳动竞赛活动,有效抑制了储蓄存款下滑势头。同时,突出日均和低成本负债导向,采取激励机制引导、提高代发工资留存率、吸收商户活期存款等多种方式,努力增加日均存款和低成本存款。截止到 2006 年底,日均储蓄存款较上年增加 5374 万元,活期储蓄存款占比年初提高了 1.05 个百分点。二是实施理财中心核心竞争力项目,提升核心网点的贡献度。发挥"理财中心核心竞争力项目"、"一般理财网点项目"的竞争优势,撤并低效网点,在辽河油田支行营业部、润达支行两个网点增设了个人客户营销系统,使网点整体竞争能力进一步增强。三是实施优质客户发展战略,优质客户的贡献度进一步提升。开展短信、走访、联谊等多种形式的营销活动,打造理财金账户和牡丹灵通卡的核心品牌。组织开展了"刷牡丹灵通卡,大奖好礼等你拿"、"刷牡丹灵通卡,三重好礼等你拿"等一系列消费促销活动,使理财金账户数量和质量提高,中、高端客户数量增加,潜力客户群逐步壮大。四是发展存款替代型产品,推进个人金融业务转型。加快业务转型步伐,产品结构呈现多元化发展,全年销售理财产品 36393 万元。

强化重点客户营销,深挖增存潜力 2006 年,工商行盘锦分行在抓公司、机构及同业存款工作中,一是进一步加强和完善存款考核监测,对重点存款大户进行日常监测管理,及时掌握重点客户资金动态变化情况,做好资金趋势分析预测工作,提高监测水平。二是提高组织存款工作水平,定期召开客户经理参加的存款分析会,着重分析重点客户的存款走势、地区存款资源现状及需竞争的潜力客户、同业竞争变化特点,落实重点客户阶段性营销方案和营销目标。三是围绕集团、系统大户有针对性地开展工作,加强走访维护,为其提供支付结算、电子银行、上门收款、现金管理、投资银行、信贷、理财、代发工资等个性化综合服务方案并配备客户经理,重点客户的忠诚度和贡献度不断提升。四是发挥市支行联动营销优势,加强同业合作,密切与证券和中小金融机构合作关系,稳定同业存款。年末,公司存款较年初增加 1758 万元;机构及同业存款较年初增加 18498 万元,存量、增量位居同业首位。

信贷营销与不良贷款清压"双管齐下",改善资产质量 2006 年,工商行盘锦分行实施信贷营销与不良贷款清压"两手抓"策略,加大信贷支持力度,稳定信贷市场份额。及时解决盘锦乙烯有限公司到期贷款二次投放问题,全年向该企业投放流动资金贷款 11000 万元。协调解决辽宁华锦集团再融资贷款操作事宜,长时间困扰华锦集团 5.9 亿元再融资贷款事宜得到圆满解决。以搭桥方式向盘锦市市政工程建设总公司投放贷款 3000 万元,为城市基础设施建设的如期开工提供了资金保障。同时,积极为盘锦市中小企业担保中心代理委托业务,增加委托贷款额度和客户数量,协同解决中小企业融资难问题,拓宽中小企业融资渠道。发挥票据业务对信贷业务的补充作用,开展内外埠票源市场调研、营销工作,深入拓展本地骨干企业的上下游目标客户资源,初步形成了以长三角地区为主体的营销网络体系和较为稳定、资质较高的客户群体,票据业务实现了历史性突破。全年,办理票据直贴额是上年的 4.05 倍,贴现利息收入是上年的 4.9 倍,票据业务成为经营效益的重要来源。另一方面,全力开展质量攻坚,加快推进不良贷款清收处置进度。全行把清压不良贷款作为经营工作的第一要务,建立和完善领导包户、集体会诊、周例会、月通报等工作制度,对不良贷款户分类排队、逐户梳理,确定了诉讼清收、重组转化、以物抵债、呆账核销等多项处置预案,明确清收处置时限和分工责任人,扎实开展质量攻坚战役。全年,清收处置不良贷款 18167 万元。年末,五级分类口径不良贷款较年初下降 5830 万元。

加快中间业务发展步伐，创利水平大幅提高 2006年，工商行盘锦分行深入贯彻中间业务营销“四合”战略，发挥联合营销优势，推动中间业务跨越式发展。成功为贷款企业担当资产重组顾问、常年财务顾问，实现投资银行业务历史性突破。支持油田生产建设，先后为辽河石油勘探局签发银行承兑汇票近3亿元。在全省工行系统首开先河，营销“债市通”产品2亿元。突出发展高附加值的个人结算业务、代理保险、代理开放式基金、“牡丹中油卡”、代理国债中间业务优势品种，业务收入同比大幅增长。全年，累计实现中间业务收入1914万元，同比多收1142万元，收入额位居同业首位。

深度开展新业务市场营销，努力扩大工商行盘锦分行规模效益 一是电子银行业务推广步伐进一步加快。多渠道开展电子银行营销宣传活动，先后开展了“工行金融@家，真情大赠送”、“工行e行，劲爆06”等营销宣传和有奖促销活动，提升电子银行品牌的社会形象。加快电子银行产品应用步伐，开通了盘锦市自来水总公司网上收费站业务、网通公司在线缴费业务、外汇买卖和基金交易等业务。全年，新增电子银行注册客户10172户，网上银行交易额为778.7亿元。二是银行卡业务市场份额进一步扩大。加快“中油联名卡”、“以卡加油”、“烟草访销”项目推广进度，全年，卡量较年初净增6961张，直接消费额31060万元。三是国际业务领域进一步拓宽。争揽外汇大户国际业务，外汇资金交易量同比增加1441万美元。开通了“汇市通”个人外汇买卖、期权、期货、掉期、远期结售汇等外汇衍生业务，国际业务领域不断拓宽。

努力增收节支，夯实财务成果 2006年，工商行盘锦分行深挖收息潜能，大力提高收息工作水平。加强收息工作的组织领导，专题例会，研究重点客户、重点项目的利息清收方案。全年，通过约见企业负责人、驻厂清收、诉讼清收等方式，清收不良贷款利息1033万元。加强管理，降低成本，资金营运效益明显提高。进一步扩大集中采购范围，减少采购层次，降低费用开支，全年节约采购成本46万元。加强资金营运管理，科学合理调度资金，日均节约资金占用3720万元，节约利息支出48万元。通过采取一系列增收节支措施，全年实现拨备前账面利润7868万元。

强化内控管理，提高案防工作水平 2006年，工商行盘锦分行组织开展现场和非现场审计等常规性工作，完善内控制度建设，内控管理水平不断提升。组织开展“认真学习规章制度，自觉执行规章制度”全员学习活动，活动期间举办了内控知识竞赛，全行上下“执行从我做起”的遵章守纪意识进一步增强。加强党风廉政建设，认真落实《建立健全教育、制度、监督并重的惩治和预防腐败体系实施纲要》和反腐败的各项工作要求，推动反腐倡廉工作深入开展。全面贯彻落实案防责任制，积极有效地开展治理商业贿赂专项工作，开展“扫雷工程”工作，案件查防工作力度不断加大。注重员工思想动态考核，制定了《盘锦分行员工思想行为动态考核办法》，“人防”工程建设得到加强。加强安全防范设施建设，实现了全年安全无事故。拓展工作思路，制定以“五色预警”评级考核为核心的核算标准化检查新方式，有效防范和化解会计核算风险。

全面创新工作机制，不断深化工商行盘锦分行各项改革 推进用人制度改革，公开招聘了公司机构客户经理及产品经理，配齐了各网点营业经理。推进内部机构改革，完成市行本部内设机构改革，精简了内设机构数量。调整网点布局，对低效网点进行了撤并，网点布局趋于合理。推行费用预算制管理，出台了《盘锦分行2006年基础经营性费用预算管理办法》。推进分配制度改革，重新制定了员工工资分配管理办法，及时发放了综合绩效和专项绩效，明码实价，激发全员营销工作热情。积极尝试物业管理市场准入制，对市行办公楼物业管理实行了公开招标。改革个人贷款营销管理模式，组建了个人信贷营销中心，构建个贷营销新格局。发挥科技保障作用，业务流程改革顺利推进。

班子队伍建设及党建工作得到加强 2006年，工商行盘锦分行加强班子和队伍建设，对全辖13个支行领导班子和32名领导干部进行了全面的组织考核，提拔任用了17名正副科级干部,14名副科级以上干部改任非领导职务,干部队伍结构得到优化。加强员工队伍建设,举办各类培训班81期,培训员工达2512人次,员工的岗位适应能力不断增强。开展“创建学习型银行,争做知识型员工”的“创争”活动、“建设创新型银行,打造国际一流商业银行”主题教育活动和“争做U盾先锋,青春奉献工行”主题团日活动,进一步激发了全员的学习热情和工作热情。开展丰富多彩的文体创建活动,增强凝聚力、向心力。加强服务工作,开展“优质服务百日推进活动”,促进全行服务水平的提升。加强党建工作,巩固先进性教育活动成果,完善党建工作机制和党员学习机制、教育机制、组织发展机制、联系群众机制和党内民主机制。坚持“三会一课”制度,规范各基层党组织民主生活会。做好党员发展工作,发展新党员11人,预备党员转正12人。在广大党员中积极开展“立足本职岗位,争创一流业绩”主题实践活动和爱国主义教育活动,激发党员争创一流工作业绩的热情,各级党组织和党员队伍的凝聚力、战斗力明显提高。

建行盘锦分行各项业务创新高　一是存款业务快速发展,经营规模迅速扩大。截止到2006年底,建行全口径存款首次突破百亿元大关,时点余额达1169011万元,比年初新增259118万元,增长28.48%。日均余额948005万元,比上年增加110494万元,完成全年计划的116.92%。在全市各金融机构中存款总量位居首位。二是资产结构得到优化。2006年,建行各项贷款余额170414万元,比上年增加37131万元,增长27.86%。个人类贷款余额27070万元,比上年增加16988万元,增长168.50%。三是经营效益完成计划。截止到2006年底,按收付实现制计算,建行实现考核利润4728万元,创造经济增加值1132万元。按权责发生制口径计算,建行实现考核利润890万元,比上年同口径增加1290万元;创造增量经济增加值554万元。四是不良贷款逐步减少,资产质量不断提高。不良贷款额按五级分类口径从年初4357万元降到3583万元,不良率从3.27%降到2.1%,下降了1.17个百分点。重新发放贷款不良率为零。全年,实现现金回收不良资产664.8万元。五是中间业务发展迅猛。全年,建行实现中间业务收入1755万元,比上年增加617万元,增幅54.22%,完成全年计划的111.21%。在全市金融机构中收入额位居第一位。中间业务收入占比提升到6.01%,比上年增加1.9个百分点。

以经济增加值为中心,引导和调控建行经营行为,促进各项业务快速健康发展　(一)完善绩效考评机制,优化财务资源配置。2006年,根据经营情况的变化几次修订了《盘锦分行2006年度工资费用总量考核分配办法》,对具有全行发展战略的重点产品、重点渠道和重点客户,单独安排部分战略性激励费用,引导各经营单位进行资产负债结构、业务结构、收入结构和客户结构的调整,以提高价值创造能力。(二)加强市场营销,发挥联动机制,大力发展资产业务。在全市金融机构同业中首家举办了盘锦建行与辽河石油勘探局银企座谈会、盘锦建行与全市工商企业联谊会和盘锦市房地产金融座谈会3次大型的银企联谊活动。通过上下联动、整体营销,逐步实现建行在当地发展的品牌战略。重点支持了辽河油田三产企业发展,发放贷款1.87亿元;成功参与盘锦市棚户区改造工程,并初步在预决算审查、个人住房贷款方面与企业开展了良好的业务合作;当年新发放个人住房贷款和个人消费贷款21136万元,极大地满足了鹤乡百姓的消费需求。(三)进一步完善网点功能,为战略转型打好基础。在上年装修改造10个经营网点的基础上,2006年又在当地4家国有商业银行中第一家成立了离行式自助银行,装修改造了新工支行、兴隆支行、欢喜岭支行和欢采分理处4个理财室;建立和完善了理财中心,经批准迁址了一个储蓄网点;各经办网点的办公环境得到了改善。(四)在全市范围内投入巨资营销宣传建行形象和产品品牌。特别是注重把形象宣传和理财经理、大堂经理的宣传相结合,和社区讲座相结合,起到了事半功倍的效果。

全力发展战略性业务,努力改善收入结构　2006年,建行盘锦分行通过“现买单”激励机制的进一步落实,理财产品销售取得明显成效。一是中间业务产品有所创新和突破。2006年，建行盘锦分行成功为盘锦市政公司办理了委托贷款业务6000万元，实现收入12万元。新开办了财务顾问业务，增加中间业务收入7.5万元。全年，销售基金25249万元，实现收入273.62万元；销售保险9092万元，实现收入319.78万元；VIP客户新增数量以及借记卡、贷记卡发行等理财产品均排在全省前列。二是国际业务发展再创历史新高。完成国际结算3675万元、结售汇3670万元，实现手续费收入82.25万元，比上年增长1.6倍，创下国际业务成立以来的最好水平。三是电子银行业务快速发展。电子银行交易额、新增电子银行收费客户数及电子银行客户数等实现翻番并处于全省领先水平。电子银行与柜面交易占比平均12.51%，完成率104.25%，渠道分流速度不断加快。四是战略性业务的快速发展，使中间业务收入占比不断提高，收入结构得到改善，综合盈利能力得到提高。

积极稳妥推进风险管理体制和会计管理体制改革，提高内控管理水平，提升风险控制能力 2006年，省行对风险条线实施垂直化管理，建行盘锦分行及时制定了《盘锦分行风险预警管理办法》、《盘锦分行大中型公司类客户授信业务平行作业实施细则》等跟进配套制度。按省行核算管理垂直化的要求，成立了运营中心，将对公对私核算管理分别划分到财会部和个金部并明确职责。全年，对20名会计主管进行交流，完善了会计主管委派制，明确和细化了会计主管的职责与权利。针对储蓄柜员多年没有交流轮岗的实际，2006年有近30%人员进行交流。控制了风险，全年无案件发生。同时，加大责任追究工作力度，提高内控管理水平。针对南京审计分部对建行业务全面审计后发现的各类问题，除了采取纠正措施外，还做到举一反三，有效发挥警示作用，并对有关责任人进行责任追究。

坚持“以人为本”的发展方针，加强基础管理，进一步丰富和促进企业文化建设 2006年，建行盘锦分行按照干部管理权限和实际工作需要，对12名中层干部进行了交流，完成在岗员工单位薪点工资的调整以及内退人员工资调整工作。不断完善《盘锦分行基础管理积分考核办法》，提高违规行为的处罚标准，对有章不循，违章操作的行为进行严肃处理。在全省12市积分管理座谈会及省行召开的全省合规及积分管理工作推进会议上，盘锦分行的积分管理工作得到了省行的肯定和表扬，为此项工作在全省的推进和开展起到了示范和表率作用。加大了培训力度，全年培训员工达2303人次。派送管理人员到清华大学和东财学习，对工作人员实行轮训，成立流动式培训小组深入基层有针对性地开展培训。创新和探索了社区培训的新举措，收到明显效果。进一步丰富员工的企业文化生活。分行先后举办了全辖羽毛球比赛、男员工台球赛和女员工跳绳比赛，开展了“要买房 到建行”环城长跑暨大型营销活动。组织了中层干部的团队建设活动，陶冶了广大员工的情操，丰富了企业的文化生活。

坚持“八字”方针，加快农行各项事业发展

农行盘锦市分行现有党员432名，下辖3个党委，41个党支部。全年，全行上下坚持“创新、务实、管理、自律”八字方针，牢固树立科学发展观和商业银行经营理念，紧紧围绕经营效益这一中心，以加快有效发展为主题，不断深化内部改革，提升营销层次，夯实基础管理，控制经营风险，加强队伍建设，充分发挥党支部的战斗堡垒作用，促进了各项工作快速有效发展。截止到2006年底，全行人民币各项存款余额为693343万元，比年初增加79712万元，增幅12.99%；各项贷款余额316912万元；不良贷款清收实现13105万元；中间业务收入实现1414万元；国际业务结算量实现2763万美元；经营利润实现4562万元。

强化资金组织工作，农行系统各项存款大幅增长 一是狠抓储蓄存款工作。年初伊始，全行上下以“伴你成长，金钥匙春天行动”为主线，开展了储蓄存款营销工作，做到了早谋划、早动员、早部署、早落实，制定了营销方案，确立了营销目标，落实了存款任务。通过开展形式多样的宣传活动，塑造了农行良好的社会形象。加大了对贵宾客户的人性化、差异性服务力度，全年筛选了583户客户为VIP客户，在基金、国债营销上优先提供服务,深入挖掘了大客户的潜力,提高了大客户对存款的贡献度。加强了对营业网点服务的监督和管理,在继续深入开展“限时服务,超时赔款”服务承诺制的基础上,又适时推出提醒服务新举措,使全行的服务水平不断提升。“大所”建设取得了显著成果,先后购置和装修4个骨干网点,网点形象得到了提升。全行增存超千万元网点达13个,实现增存27392万元,占全部储蓄增存的60.87%。二是坚持维护与拓展并重的原则,积极组织对公存款。积极维护和拓展了辽宁宏冠船业、天龙药业、住房公积金中心等一批优良客户。加强与各级财政的合作,精心做好代理非税收入等项工作,使对公存款大幅增长。以辽滨经济区、城镇核心区、城乡结合区、油地融合区为突破口,积极搜集企业信息,加大公关力度,充分抓住了当地资源,深挖客户潜力,四大区域对公存款达9500万元以上。通过全员营销,对公存款增加30871万元,实现了历史性突破。

突出营销重点,做强资产业务,加快结构调整　2006年,农行盘锦市分行累计发放贷款135亿元(含贴现),重点加大了对新兴的民营企业、石油化工企业和制造业的支持力度,先后向辽宁宏冠船业、金碧汽车、和运储油、天龙药业、中天石蜡、隆达汽车、利是米业、大洼医院等企业投放增量贷款11220万元。同时,向兴牧饲料、奥马漆业、华成制药等3家企业投放扶贫贴息贷款600万元。累计签发银行承兑汇票18185万元,为企业融资提供了宽松的环境。积极做好华锦集团项目贷款的营销工作。完成中润化工国债贴息贷款的前期准备工作。继续巩固和扩大了已实施3年多的封闭贷款运行效果,在如期收回4500万元封闭贷款本息的同时,又向羊圈子、东郭两大苇场投放贷款3000万元,缓解了企业资金紧张的局面,实现了银企双赢。积极拓展县域业务,不断加大了小企业信贷支持力度,制定了《小企业信贷业务操作流程》,建立了小企业项目库,全行共采集、录入、上报小企业信用信息档案270户。重点支持了恒信、爱阁、北方农业、狄巾纸业等小企业,累放小企业贷款5695万元。积极营销小额下岗失业人员担保贷款,全年,累计发放此类贷款290万元,使148名失业人员重新找到了就业岗位。通过贷款营销,使全行的信贷结构进一步优化,有力地支持了企业发展,支持了社会主义新农村建设。

实施资产清收工程,提高农行系统资产质量　一是加大了内部员工责任贷款的清收力度。对行内职工不良贷款或担保形成不良的贷款实施清收令,全行共新签清收令17人,涉及金额43万元,同时,对上年签发清收令没有按期收回的16人进行了下岗清收处理。全年内部员工责任贷款清收实现400多万元。二是全力开展不良贷款清收盘活百日攻坚战。从3月20日开始,在全行上下开展了不良资产清收盘活百日攻坚战活动。在清收方法上,重点采取了上门清收、电话催收、依法清收、依靠政府力量清收、委拖律师清收等有效方法,百日攻坚战期间,全行共清收不良贷款7056万元。三是加大了依法起诉执行力度。全行依法起诉147户,涉及金额5920万元,已成功收回个人类贷款34户,贷款本息820万元,收回诉讼费36万元。对沈阳商业银行800万元存单案实行了提级执行,收回本息合计1430万元。为了扩大依法清收成果,实施了委托律师事务所风险代理清收的办法,全年通过委托律师清收的不良贷款1800万元。四是加强法人客户清收力度。精心选择清收载体,全行确定了17户不良贷款大户企业作为清收、盘活的目标客户。对盘锦立信公司实施专项清收,共清收不良贷款120万元。抓住了盘山县工业品公司法人更换的有利时机,通过查封其贷款抵押物——土地,采取公开拍卖的方式,成功收回95万元不良贷款。通过清收保全盘活,使全行的资产质量有所提高,不良贷款较年初下降2.3个百分点。

拓宽收入渠道,努力增收节支,圆满完成了利润计划　一是抓好贷款收息工作。年初,市农行就将收息任务分解落实到指定各单位,并明确了一把手负总责,分管领导亲自抓,客户经理具体抓。各单位也层层落实了收息任务,并因企而宜,一户一策,制定了还息计划,特别是抓住企业年末资金回笼的有利时机，盯住企业账户资金，做到应收尽收。加强了表外息的清收力度，重点抓好个人住房贷款、国有农场、中小企业的表外息清收。全年共清收表外息3495万元。二是大力开展票据贴现业务。全行累计办理票据贴现业务2795笔，金额1224294万元，利息收入12348万元，占全部利息收入的50.42%。三是积极开展中间业务。中间业务主要以代理保险和银行卡为主。全行实现综合保费13745万元，同比多增6175万元。实现手续费收入293万元，人均手续费收入和综合手续费收入在全省农行系统内排名均列第二位。银行卡新发卡28135张，实现手续费收入767万元。清收信用卡透支本息90万元。网上银行业务发展较快，新增企业注册客户15户，个人注册客户351户，实现网上银行交易额30.5亿元。银行卡及电子银行手续费收入同比多收266万元。落实执行服务价格收费，实现收入215万元。四是国际结算业务创历史最好水平。年初以来，全行上下通力配合，紧紧抓住了辽宁宏冠船业、远东锦星、盘锦施壮肥业等外汇结算大户，同时，大力营销西联汇款、个人结汇业务。全行实现国际业务结算2763万美元，同比增加1580万美元。五是积极做好基金、国债代销工作。全年，累计销售四期国债，金额5000万元；代销基金25支，累计销售额6760万元，完成省行计划的150.22%，位居全省第二位。基金、国债手续费收入实现135.94万元。

加强农行系统内控管理，向管理要效益 一是加强了规范化管理，夯实内控基础。加强了授权管理，规范了合同文本。加强了生产系统安全管理，建立健全了财务会计监管核算制度。加强了业务检查指导，提升了会计核算水平。通过实施规范化管理，使全行的内控基础得到了进一步夯实。二是开展多种教育形式，引导员工树立风险防范和合规经营意识。召开了两次案例专题分析会议，积极开展了合规文化教育、案件专项治理“回头看”活动和治理商业贿赂专项工作，通过教育与实践相结合、自查与抽查相结合，使各项教育活动、综合治理工作取得了良好效果，员工的防范意识、依法操作意识明显提高。三是建立案件防范体系，强化监督职能。全行上下层层签订了《违法违纪案件、责任性刑事案件和事故防范责任书》。建立了员工行为信息网络，构建了“横向到边，纵向到底”的防范案件责任制网络。加强了专业自律监管检查，各相关专业部门进行自律监管检查达40余次。加强了反洗钱工作，做到了及时、准确上报大额和可疑交易情况。严格执行了《重大突发事件报告制度》。认真贯彻落实了《信访条例》，及时处理了突发事件，认真接待和妥善处理了行内外人员的来访，为全行营造了和谐的发展环境。四是落实岗位职责，严肃责任追究制度。年初以来，按照银监局和省行的工作部署，对操作风险大检查和审计署检查中发现的问题认真进行了整改。召开了全行违规违纪案件公开处理大会，共处理责任人76人次。加强了安全保卫工作检查，对检查中发现的问题进行了纠正，对违规人员进行了严肃处理。五是加强安全防范硬、软件建设。在省行的大力支持下，对全辖的安全防范设施进行了维修和更换，62个营业单位、17台ATM全部安装了电视监控设备，更换了350具灭火器，对部分单位的营业室边门进行了维修和改进。撤消了农村网点大库17个，守库专用枪支统一上收市行封存管理。同时，在全辖组织开展了营业期间反抢劫、防诈骗演练，提高了员工的防范技能。新区分理处成功堵截了一起涉案50万元的假存单诈骗案，得到了省行的通报嘉奖。

农行系统党建及精神文明建设成效显著 一是加强党建工作，提高领导干部的领导水平。落实了党风廉政建设责任制，分别与8家支行签订了党风廉政建设责任状。召开了全行不同层面领导干部述职述廉大会，促进领导干部的领导艺术、领导能力、领导水平的提高。表彰了3个先进党支部、3名优秀党务工作者和9名优秀党员。积极吸纳入党积极分子靠近党组织，当年发展新党员13名，为党组织输入了新的血液。二是认真落实干部交流和重要岗位轮换制度。对69名在一地工作满3年以上的副股级以上领导干部进行了异地交流；重要岗位轮换220人次。

通过干部交流和岗位轮换,使干部员工得到了锻炼,有利于风险和案件防范。三是加强员工培训,提高员工素质。全年,共举办了会计、信贷、银行卡、国际业务、机构、个人、保卫等7个专业17个培训班,培训1312人次。举办了经济资本与绩效考核专题培训班,促进全行经营理念的转变。四是强化企业文化建设,活跃职工生活。举办了全辖第一届"爱行杯"篮球赛、乒乓球赛。组织团员青年参观雷锋纪念馆,陶冶职工的情操。参加了省行举办的电子银行、国际业务和青年丰采大赛,取得了电子银行团体第六名、个人获得国际业务三等奖的好成绩。全行为社会弱势群体扶贫捐款20万元,通过丰富多彩的劳动竞赛活动,进一步提升了全行的精神文明建设水平。

中行盘锦分行全年经营指标全面完成　2006年,中行盘锦分行认真贯彻落实总、省行的经营发展战略,以"科学发展、合规经营、加强培训、完善服务、严格考核、提高效益"为工作方针,以质量、效益为中心,强化风险管理和内控机制建设,加强班子建设、员工队伍建设和企业文化建设,取得了良好的经营业绩。全年,实现净利折人民币4735万元,完成省行计划指标的108.85%;不良率为0.07%,其中,公司授信不良率为0,实现了省行计划小于0.11%的目标;中间业务完成省行计划指标127.52%;人民币各项贷款完成省行计划的124.34%;人民币各项存款完成省行计划的115.06%。

关注重点客户,抓住有利时机,实施联动营销　2006年,中行盘锦分行加强了信息收集工作,针对重点客户实施联动营销。对华锦集团积极争取省行的支持,采取省行、市行、支行三级联动营销方式,最终以高质量的材料、高速度的办事效率,为华锦集团核定了70亿元的授信额度。并同华锦集团签定了长期战略合作协议,为未来发展打下了良好基础。对辽河石油勘探局通过为其授信开立银行承兑汇票,提供优质国际结算服务,稳定老客户。同时,加强收集中小企业信息,从中筛选目标客户。对43户中小企业的投放累计达8亿多元。联合企业推出信贷证明、投标、履约保函等产品,满足了其国外项目的需求。

建立以客户为中心,以"产品—服务—营销"为主线的零售业务体系　一是以推介新产品、新业务为重点,加强市场营销宣传。年内,中行盘锦分行与《盘锦日报》、盘锦电视台、盘锦广播电台、《辽河石油报》等媒体建立了长期的合作关系,介绍新产品;在兴隆大厦举办个人金融产品推介会;在高考期间组织服务队,介绍有关产品;在盘锦汽车展览会上宣传车贷业务;组织长城卡发卡20年宣传活动等。通过电视台等媒体把活动介绍到盘锦城乡,提高了中行盘锦分行的知名度,扩大了影响力。二是以代发工资为突破口,实施整体联动。开展业务联动是促进银行卡业务快速发展的最佳途径。行党委十分重视此项工作,多次在行务会上向中层领导干部灌输整体联动的思想。为了使联动得到落实,个人金融部组织各机构对在全辖开户的1458家企业进行了逐户调研和梳理,从公司客户中挖掘出20家企业为其办理了代发工资业务,代发工资总卡数达8000余张。三是加大考核力度,健全激励约束机制。2006年,中行盘锦分行完善激励约束机制,加大考核力度,并制定《关于开展2006年全员营销活动的通知》,奖勤罚懒,充分调动了全行员工营销工作的积极性和主动性。

加强中间业务发展,努力实现经营模式和收入结构的优化调整　一是把握外汇政策对居民购汇要求放宽契机,对内部员工进行了业务培训,同时,对外部进行了广泛宣传,充分显示中行盘锦分行外汇业务优势,使本年结售汇手续费较上年增长94.17万元,达到130万元。二是在基金销售工作中,做好基金的持续开展和后续服务工作。借助市场的新变化,实现基金代销业务新突破,基金代销达到2.5亿元(其中,认购13710万元,完成省行计划的508%),实现利润164万元,完成省行计划的965%。另一方面,注重对现有基金客户进行维护,避免客户流失,为以后的代销工作奠定基础。三是完善保险代理业务激励机制和考核管理,积极组织竞赛活动。从年初开始,秉承合规经营和实现利润最大化原则,将保险业务激励措施进行了调整,并设置"销售状元"奖项,以奖励对代理保险业务有突出贡献的柜员，从而提高员工营销积极性。并且配合省行与平安保险公司共同开展了“旺春”、“稳赢盛夏，平安一生”，与新华保险公司举办了“百日竞赛”等活动。在上述活动中，均取得了优异的成绩。保险代理业务销售额达到6062万元，手续费收入实现158万元，较同期增长128万元。四是加大对各大通迅公司的营销工作，分别与辽宁移动公司盘锦分公司、辽宁网通公司盘锦分公司签订了代收费协议。实现了柜台可全面代收固定电话、小灵通和手机话费，扩大了个人中间业务服务和收入渠道。五是国际结算在本地的占有率继续保持领先地位，达到70%，电子银行业务新增企业客户14家，完成省行计划的140%。交易量达到92.3亿元，完成省行计划的205%。信用卡发卡量持续增加，银行卡收入达到63万元，较同期增长34万元。中间业务净收入占比首次达到两位数。

完善内控机制，加强风险管理　2006年，中行盘锦分行全面加强了内控体系建设，进一步完善了各项内控措施，加大了检查力度，有效地规避了各种风险。一是制定、完善了一系列规章制度。根据省行要求制定并完善了包括《关于进一步加强同城票据交换管理的通知》等共计70多项规章制度，确保了各项业务的合规操作。二是加大了检查力度，强化了内控管理。按照年初的工作部署，对全辖19家机构进行了业务检查，检查覆盖面达到100%。检查采取非现场检查和现场检查相结合的方式，关注岗位设置及员工轮岗休假情况、柜员管理、大额异常交易、银企对账等分支机构内部控制中存在的盲点和薄弱环节。通过调阅监控录像，检查柜员操作风险。通过访谈，分析判断基层管理人员和重点岗位人员的职业操守情况。检查完毕及时下发检查报告，限期整改。通过检查共查出问题171个，同时，按季对各类检查的问题进行归纳总结，通报全辖，并要求各单位上报自查报告。使全辖各机构真正从问题中吸取教训，举一反三，以达到查一行，全行整改的目的。全面提高整体风险防范意识和业务操作合规水平。内审团队还对各部门及各机构的整改情况进行了跟进检查。真正做到了检查、整改、跟进检查三步骤有序进行，基本达到了纠正违规操作，防范、降低风险的目的。三是强化授信资产管理，保证授信业务健康发展。按照“三位一体”授信决策机制的审批程序，积极做好尽责审查，加大授信评审力度，提高工作效率，同时认真分析项目风险点，将风险控制在所能接受的范围内，并严格按照授信客户准入退出制度，吸纳优质授信客户，使授信业务良性健康发展。对公司新增授信业务、零售存量授信的操作流程、资产质量、条件落实、风险隐患等内容进行了后评价，通过采取现场检查和书面材料审查相结合的后评价方式，进一步摸清了授信客户的经营状况和授信资产质量状况，为进一步加强风险管理提供了有力的依据。积极开展授信发放审核工作，构筑授信发放“防火墙”，以堵截和避免了条件不落实、手续不规范的放款行为，有效防范了由此产生的操作风险和违规风险。同时，认真做好授后监督工作，有效控制授信风险，根据总、省行文件精神，把全行所有客户全部列入授后监督范围内，覆盖面为100%。由于授后风险防范到位，资产质量继续保持良好状态，公司授信不良率是全省惟一为零的行，零售不良额仅为131万元，不良率为0.07%。公司授信A类客户占52%，B类客户占48%。

积极推进人力资源改革制度　2006年，中行盘锦分行在分配制度上，合理拉开差距。对业务部门和非业务部门在考核上进行适当的区分，将分支机构的考核指标定为三项，分别为人均利润、存款增量、中间业务收入，调动了分支机构提高效益的积极性。对本部也制订量化考核方案。在薪酬管理上，完成全部职位的设置与聘任工作，为薪酬改革和绩效管理改革措施的落实奠定基础。按照总、省行薪酬改革政策宣传口径，通过多种渠道，多种方式，有针对性地继续做好薪酬制度改革前的理念宣传、制度培训、思想沟通等工作，为薪酬改革顺利实施做了思想上的准备。

大力开展党风廉政建设，加强“四好”班子建设和职工队伍建设　2006年，中行盘锦分行党委班子成员带头学习理论，积极开展专题研讨，着力从学以立德、学以致用上下功夫。通过学习党的重要思想和理论,学习银行工作在新时期的新观念和新任务,开展以树立科学发展观为专题的研讨,深入调查研究,分析业务发展形势,结合实际,科学合理地制定了2006年盘锦分行工作计划,并取得较好业绩。(一)强化培训,加强职工队伍建设。改变以往的单一定时培训方式,有计划地开展多层次的综合性培训。创新培训思路,把走出去培训作为职工培训的一项重要内容。"把培训当成最好的礼物送给员工"。(二)以贯彻2006年度党风廉政建设工作会议精神为主线,结合贯彻《实施纲要(落实方案)》的工作要求,从抓好党风廉政建设和反腐败工作入手,认真落实党风廉政责任制,积极构建教育、制度、监督并重的惩治和预防腐败体系,坚持标本兼治、综合治理的工作方针,着力从源头上治理腐败,努力构筑清正廉洁的工作环境,为各项业务的健康发展提供了坚强的政治保证。(三)改进工作作风,深入基层调查研究。一是各分管行长对所分管的基层行、处进行走访、调研。二是在听取基层行、处主要负责人的工作汇报后,现场召开员工座谈会,直接倾听基层的呼声和意见。三是现场办公,当场解决各机构在工作中遇到的问题。(四)积极推行行务公开,促进透明办公。中行盘锦分行在行务公开上充分利用了3个平台,即:内部局域网络、行务公开栏、职代会等形式向全行公开。在公开原则上做好两个必须,即:事关员工切身利益的行为,包括全行员工新酬落地、绩效工资发放的审定和审核等都必须公开;所有大宗物品采购、基建项目(装修)招投标等办事程序必须公开。严格按照相关法律和政策的规定规范行政行为,包括职工住房改革标准的确定落实都严格遵照相关法律进行。

采取各种有效措施,切实提高文明优质服务水平　2006年,中行盘锦分行对服务思路和工作重点进行了调整,初步建立了对内以支持保障部门为重点,建立二线为一线服务的评价体系和对外以客户为中心,以强化产品和渠道管理部门为主线,改进服务管理体系。按着总、省行要求,谁的产品谁定标准、谁的客户谁负责,发生问题,首先看管理部门有无管理要求,把服务工作推向纵深。充分发挥系统监督员的作用。按照《中国银行营业网点监控核查工作指导意见》,根据内控工作的实际情况,设置了两名录像监控员,重点检查员工合规操作情况和文明优质服务情况,并对核查情况定期进行通报。主要领导和分管领导也经常到监控室,查看录像,检查服务情况。同时,推出了手势服务,拉进了与客户的距离,将服务工作推到了又一个高度。苦练基本功,在总行10月份举行的测评中,全行个人金融柜台业务技能测试晋级率达到87.50%,员工综合晋级率达到95.4%。超额完成总、省行50%、80%的目标任务。2006年,被盘锦市委、市政府评为"精神文明建设先进单位"、"综合治理先进单位"。

发挥商业银行自身优势,努力为全市经济建设服务　盘锦市商业银行是在盘锦城市信用社基础上改制,并经中国银行业监督管理委员会批准成立的地方性股份制商业银行。设有12个一级支行,1个营业部,17个二级支行。2006年,市商业银行在市银监局的监管、指导下,实施了"以发展求生存、以发展强大实力、以发展化解历史问题"的经营战略,围绕重点、难点问题,全行上下努力工作,各项业务有了新的拓展,经营规模实现了新的突破,经营实力和能力有了显著的提高。截止到2006年底,各项存款达46亿元,各项贷款25亿元,在提取一般准备金1094万元、专项准备金2000万元后,实现利润807万元。

把规模扩张放在首位,不断增强经营实力　2006年,市商业银行始终把大力组织存款,积极发放贷款作为各项业务经营工作中的重中之重来抓。一是强势提升筹资能力,保持存款的稳定增长。实施了存款目标考核制、全员义务揽存制、存款分析通报制、存款费用挂钩制等行之有效措施。同时,主动与政府及企事业单位沟通联系,对基础客户进行再开发,吸纳了包括社保基金、财政预算外资金在内的大量闲余资金,吸收了部分大企业客户资金。二是提高自身发展能力,实现贷款的有效扩张。把支持盘锦经济建设放在了突出的地位，加大信贷投放力度，并实行贷款投向倾斜，紧紧围绕支持重点项目、民心工程、教育事业，为地方项目建设起到了启动、牵引作用，有效地支持了地方经济发展。

切实提高营业收入水平，不断提高商业银行的综合盈利能力 一是努力增加贷款利息收入。全行上下主动营销并积极发放优质贷款，贷款规模大幅度增长，贷款收息率进一步提高，全年实现贷款利息收入1.3亿元。二是增加往来利息收入。加强资金调度，降低现金库存，减少无息占用。在人民银行大幅降低商业银行备付金存款利率的情况下，实现金融机构往来利息收入6800万元。三是强化财务成本控制。在继续实行费用资金分类核算、目标管理、总行审批、集中采购等措施的基础上，进一步强化支行的费用预算观念，确保固定费用不超支，变动费用随业务的增长同比例增加，有效地实现了费用控制目标。

市商业银行加强机制建设，完善公司治理架构，努力提升全员综合素质 董事会、监事会设立了风险控制、提名与薪酬、关联交易控制、财务管理等6个委员会，切实保证股东大会、董事会、监事会有效行使职能和发挥作用。制定了章程和《股东大会议事规则》等13个制度和管理办法，对高管人员履职行为、权限、职责等做出明确规定。加强了董事会在经营管理中的决策作用和监事会的监督作用。二是建立激励机制，制定并实施了《绩效挂钩管理办法》，按完成指标多少、好坏兑现工资，引入竞争激励机制调动员工的积极性。三是建立人才保障机制，实施了“人才先行”战略。四是建立培训机制，开展了大规模、多种形式的业务培训和技术练兵活动。

市商业银行强化管理和内控建设，有效防范和化解各类风险 一是以标准管理促规范。进一步完善和修订了管理内控体系文件，使各项管理规定、服务规范、操作规程等基本满足工作的需要，从而实现了业务操作的规范化和程序化。二是严格内控保安全。三是案件治理防风险。采取大会动员与自我剖析、单位自查与总行督查相结合的办法，认真开展了银行案件专项治理活动，防范和化解金融风险，有效杜绝各类案件的发生。

市商业银行狠抓形象建设，努力打造市民银行的品牌效应 一是打造亲合的企业文化。树立并坚持“以人为本”的核心企业价值观，对外以客户为本，对内以员工为本，树立并坚持“一线服务客户，二线服务一线，机关服务基层”的服务理念，实施以“诚信、亲合、进取、敬业、奉献”为核心的企业文化发展战略。二是注重行风建设。三是进一步完善激励机制。四是突出形象宣传。通过多年来的工作，解决了困绕多年的支付风险，经营徘徊不前问题，使得存款规模快速增长，信贷规模有效扩张，财务状况进一步改善，为化解财务包袱和各类风险创造了前提条件。与此同时，还初步建立了一些有效的，具有基础性、前瞻性的管理运作机制。(一)公司治理架构进一步完善。“三会一层”健全，各机构职责明确，能够依法依规实施管理。(二)逐步实现了对信贷、财务、资金等方面的集中统一管理，形成了资产负债结构相对合理、比例协调的经营运作平台。(三)构筑了严谨规范、安全有效的内控管理体系。(四)实施了“能高能低”的分配管理制度，实行了效益工资制，充分调动了全员的工作积极性。(五)通过招聘大学生和强化岗位培训，搭建了结构优化、充满活力的人才保障机制，为可持续发展奠定了基础。(六)通过形象宣传和精神文明建设，市商业银行形象逐步提升，各项工作得到了社会各界的认可。

认真履行支农职责，各项业务取得新成效 截止到2006年底，市农发行各项贷款余额358764万元，比年初增加94495万元；各项存款余额为40324万元，比年初增加7711万元；不良贷款实现“双降”，出色地完成了年末各项指标。不良贷款比率比年初下降12.57个百分点；资产利润率为1.658%，收入成本率为17.302%，人均利润为64.85万元，人均存款为306万元，人均中间业务收入为3272元，利润指标全行盈利5447万元，同比增长3127万元。综合经营指标位居全省第一。

积极支持企业开展商品粮食购销业务

2006年,在外部经营环境复杂多变的形势下,面对执行政策与防控风险"两难"选择,市农发行准确把握粮食购销政策和信贷政策,在全面做好粮食企业贷款资格认定和信用等级评定工作的基础上,本着"支持一批、巩固一批、淘汰一批"的原则,结合各地粮食生产、粮改进展、企业经营和风险承受能力,因地制宜把握贷款条件,不断改进金融服务,切实加大了贷款投放力度和管理力度,在支持国有粮食企业发挥主渠道作用的同时,审慎积极支持各类粮食企业自主购销。全年,累计投放粮食收购(含调销)贷款25亿元,同比多投放8亿元。支持企业累计收购(含调入)粮油18亿公斤,累计销售粮食19亿公斤,实现销售收入26亿元。同时,坚持"早调查、早预测、早安排、早落实"的原则,认真做好秋季粮食收购资金供应和管理工作。截止到2006年末,累计投放新粮收购(含调销)贷款18亿元。

加大产业化龙头企业的信贷支持力度,新业务实现快速发展　2006年,市农发行积极支持粮食精深加工转化,延长粮食产业链条,对以粮食或以粮食初级产品为原料进行加工转化的农业产业化龙头企业,以及有利于粮食转化的畜禽业、水产养殖和加工等龙头企业积极予以信贷支持,扶持一批竞争力、带动力强的产业化龙头企业和粮食加工企业,增强其科技创新能力、加工转化能力,促进农业产业化经营,让农民得到实惠,实现增产增收。根据企业风险承受能力,积极支持产业化龙头企业和加工企业发展,有效扩大贷款比重和市场份额。积极支持农业产业化龙头企业和加工企业发展特色农业、绿色食品和生态农业,创立农产品知名品牌。全行本年投放信贷资金1亿多元,支持农业产业化龙头企业发展,解决了企业流动资金需求。为延长信贷支持"链条",充分发挥市农发行在支持地域经济发展中的作用,在总行核准开办的信贷领域内,丰富贷款种类,吸收其它用粮企业为信贷支持对象,已对以种子繁育、销售为主的盘锦裕农农资连锁有限责任公司和盘锦北方农业技术开发有限公司,以粮食为主要原料的盘锦兴牧饲料、大洼芦鹤饲料、大洼盛合公司等饲料企业,以工业转化用粮企业盘锦莲花酒精厂、盘锦鹤鸣春酒厂、盘锦和田食品有限公司,以过腹转化企业锦城肉禽养殖加工厂、兴牧种鸡孵化厂、兴牧养殖公司等企业进行了摸底调查。通过省行贷款资格认定企业6户。

积极做好财务挂账工作　2006年,省政府对盘锦新增粮食财务挂账核复总额为136001万元,其中,政策性挂账115680万元,经营性挂账20321万元。全市国有粮食企业无库存占用贷款本金75540万元,占用利息7443万元,共计82983万元,全部从企业进行剥离,彻底解决了国有粮食企业的历史遗留问题。

加大客户营销力度,促进业务经营　一是与大型粮食流通企业联营,带动企业经营发展。二是支持企业深入产区收购,扩大企业经营规模。通过与大型粮食流通企业联营,不仅给企业带来了可观的经济效益,同时,也使企业开扩了眼界,增长了见识,开发了企业管理者的新思维,摸索出了经营的新途径。经市农发行与企业多次深入黑龙江、吉林等玉米主产区进行现场考察,确定了支持企业到产区进行异地直接收购。三是引导企业多种方式经营,取得良好经济效益。全市粮食企业与大连金信、辽宁博丰、大连生威等大型粮食流通及深加工企业联营取得了明显的效益。粮食企业采取联营即锁定成本、锁定风险的方式,实现了粮食企业、联营方与银行三方共赢的经营目标。

加大存款组织工作,降低资金营运成本,积极开展保险代理业务,增加中间业务收入　截止到2006年底,市农发行各项存款余额为32613万元,比年初增加22173万元。存款旬平均余额为25692万元。一是拓宽存款种类。全年风险准备金存款达1508万元。二是加强粮食企业账户管理,监督企业货款及时足额归行。三是做好新增客户存款组织工作,要求新增客户回笼货款归行比例不低于全部借款比例。粮食局、财政局等开户单位存款余额为1194万元。四是积极做好财政补贴资金协调工作。市农发行多次与财政部门沟通联系,确保市本级配套资金及其它资金及时到位,使粮食风险基金存款保持在3000万元以上，年末存款余额为4414万元。为了增强粮食企业的防灾抗灾能力，防范和化解信贷风险，市农发行成立了代理保险工作领导小组，加强对代理保险业务工作的开展，扩大了农发行中间业务收入，实现银行、保险公司和客户三赢的目标。全年，完成代理保险费69万元，代理手续费收入7万元，累计支付损失理赔款6.7万元。减轻粮食企业经济损失，降低银行信贷风险。超额完成省行下达任务的16.6%。同时，严格费用管理，有效控制成本支出。积极创建节约型银行，从细小的具体事抓起，大力压缩消费性开支，严格控制差旅费、执行费等费用支出，严肃财经纪律，认真履行审议审批程序，各项财务费用支出做到了合规合法。

完善信贷管理方式，规范贷款操作流程 2006年，市农发行严格执行省总行新的信贷管理制度办法，按章操作，进一步明确了信贷资金的审查审批和报备等相关环节操作流程，落实了信贷部门及各岗位人员的职责，严格遵守贷审委工作制度，减少办贷环节，提高办贷效率。

控制新增贷款风险 一是严格区分政策性与商业性贷款业务，在信贷资源的配置和贷款风险的防控上实行了不同的政策。对政策性贷款在信贷资源配置上给予优先保证，在贷款管理操作上，简化了审批程序，加大了封闭管理力度。对商业性贷款坚持防范和控制风险为主，根据企业的风险承受能力和效率优先的原则配置信贷资源，在贷款管理操作上，加强信贷管理和风险防范的力度。二是认真做好企业贷款资格认定和信用等级评定工作，严把贷款准入关。对全市所有开户企业贷款资格认定资料进行了认真审查，对符合规定要求的企业贷款资格予以确认批准。对产业化龙头企业进行了认定，其中，AA级信用企业3家，A级信用企业4家。对全市28家粮食企业进行评信工作，全市应评31家，实际评定28家，评定率90.32%，其中，1家粮食企业暂缓，2家储备企业免评。三是全面实行风险预警评价体系，进一步完善了贷款质量评价分析体系和风险预警评价体系，加强对企业的风险跟踪监测，实现新增贷款部分向无警、轻警企业倾斜。

继续加强对企业粮食库存的信贷监管，坚持出库通报制度，监督货款全额及时归行 2006年，市农发行在企业落实改制费用过程中，从严坚持粮食出库通报制度，加强对企业库存监管，防范贷款风险。把企业具有所有权的全部商品粮纳入监管范围，并按仓囤掌握粮食的品种、数量、质量、成本及变化情况。对检查中发现存在银企账实库存不符的问题，分析形成差额原因，及时采取措施，落实还款来源，督促企业整改，确保银企库存账实一致。粮食销售实行出库通报制度，企业销售库存粮食应及时向银行通报，根据出库通报，对企业销售的粮食及货款结算等情况进行监督，对逾期未回笼的，查明原因，督促企业采取措施组织清收，防止企业出现销售不报告，粮食出库不走账，坐支销售款，挤占挪用收购资金等问题，保证了资金安全运营。

向内部管理要效益 2006年，市农发行在抓经营的同时，注重加强政治文明和精神文明建设。在抓班子建设上，以组织开展“四好”领导班子创建活动为载体，做到“三个结合”，即：把创建活动与先进性教育活动结合起来；把创建活动与完成全年经营指标结合起来；把创建活动与加强领导班子管理结合起来。同时，变对班子年度考核为日常不定期考核，不断加强对领导班子成员的监督考察，使领导班子成员的政治意识、大局意识、责任意识和忧患意识得到明显增强，领导班子更加团结、务实。在抓职工队伍建设上，一是加大教育培训力度，定期开展岗位培训和鼓励员工自学，充分利用远程教育网开展教育培训，不断提高自身素质和业务工作水平。二是强化危机意识。了解农发行面临的新形势和新任务，增强工作的责任感和使命感，激发员工奋发向上的斗志，同时也增强了凝聚力和向心力，努力营造和谐氛围，积极构建和谐农发行，促进各项工作的顺利开展。在抓行风建设上，坚持以人为本的思想理念，充分发挥工会、共青团的职能作用，实行民主管理和行务公开，积极开展“创先争优”活动。结合保持共产党员先进性教育活动，以总行级优秀共产党员刘永和同志为全行的学习标兵，在全辖掀起学先进、争先进、比先进的热潮。

市建投公司积极发挥融资平台作用　建设投资公司作为国家开发银行政策性贷款的融资平台，为盘锦船舶修造产业园项目利用国家开发银行贷款积极开展工作。2006年6月9日，辽宁省“五点一线”工作会议正式把盘锦船舶修造产业园项目纳入省“五点一线”。市建设投资公司利用与国家开发银行的良好合作关系，在沟通协调方面尽了自己最大的努力，对贷款的促成起到了积极的推进作用。在市委、市政府的统一部署下，与大洼县和市直有关部门密切配合，克服了“时间短、任务重”等不利因素，先后完成了盘锦船舶修造产业园项目的整体规划编制、项目可行性研究报告的编制与审批、省发改委对项目总体规划的批复、省建设厅将项目用地作为独立建设用地项目的批复、项目用地情况说明、项目环境影响评价、盘锦市利用国家开发银行贷款资金管理办法等基础工作，顺利通过国家开发银行对项目的各项评审程序以及对贷款平台的信用评审。9月28日，市建设投资公司作为融资主体与国家开发银行辽宁分行签定了正式贷款合同，贷款金额20亿元，并于当日放款1亿元，使盘锦船舶修造产业园在省“五点一线”项目建设中迎头赶上。

中小企业贷款工作成效显著　2006年，市建设投资公司与国家开发银行共同努力，取得了比较显著的工作成效。2006年初，为奥马漆业、辽宁宏冠船业有限公司等第一批中小企业提供贷款4800万元，为受贷企业的项目建设及经营能力的提升提供了有力的支持。第二批盘锦八方石化有限公司、盘锦华鲀食品有限责任公司等4家中小企业贷款评审工作于本年内完成，年底发放贷款3900万元。

完善自身法人治理结构，增资增项壮大自身实力　2006年，市建设投资公司完成了公司新一届董事会、监事会机构的建立。根据经营发展的需要，报请市政府并经市政府第十次常务会议决定后，增加了土地整理和储备业务，为公司拓宽经营渠道、增加偿债来源打下良好基础。为满足国家开发银行对项目借贷主体注册资本金达到3亿元以上、资产优良、负债率较低、产权清晰等硬性要求，经市政府第十七次常务会议议定后，在较短的时间内完成了土地资产增资手续，使公司注册资本达到3亿元以上，增强了资信实力。

积极推进城市基础设施等工程建设　2006年，市建设投资公司积极筹措资金，保证全市重点工程建设。全年，累计新增国家开发银行贷款12450万元，申请拨付各项工程款2425万元，其中，新工街1300万元、油田东段200万元、地下管网410万元、利民工程50万元、船舶修造园465万元。代建工程收尾工作进展顺利。由市建设投资公司代建的市中心血站、市委党校综合楼、市看守所、市殡仪馆服务中心项目所有工程通过各项验收并交付使用。积极推进油田矿区东段(一期)项目的实施。盘锦油田东段基础设施项目是盘锦市利用国家开发银行贷款的城市基础设施建设项目之一，目前该工程已完成项目选址意见书、土地预审、项目立项批复、用地规划许可证等前期工作。

·国有资产管理·

强化对企业国有资产的监督管理　一是加强了对国有产权的管理。2006年，省国资委陆续下发了《辽宁省企业国有产权交易管理暂行办法》、《辽宁省企业国有产权转让管理实施办法》、《辽宁省企业国有资产评估管理暂行办法》3个文件，市国资委及时转发给县、区和所监管企业。结合盘锦实际，制定了《盘锦市企业闲置、报废资产处置的规定》，使国有产权和资产处置程序化、公开化，避免过程损失和幕后交易行为。根据省国资委要求，成立了国有产权交易机构，并已正式运行。二是向5家国有独资企业派出监事会。根据国务院《国有企业监事会暂行条例》和辽宁省政府189号省长令及《辽宁省省直国有企业监事会暂行办法》，起草了《盘锦市国有企业监事会暂行办法》，并先后向市天然气公司、市自来水总公司、东郭苇场、羊圈子苇场、石山种畜场派出了监事会。经过对2005年度财务决算审核,已提交了4家国有企业的监事会报告。盘锦市派出监事会工作受到省国资委的表扬和肯定。三是开展了对国有企业清产核资工作。2006年,市国资委对4户国有企业进行了清产核资试点工作,并且编写了盘锦市《清产核资实务操作指导手册》。10月份,对所监管的28户国有企业的清产核资工作已全面启动。摸清国企家底,同时,也加强了国资监管的基础工作。四是加强了制度建设和国企业绩考核工作。对所监管企业领导干部任职条件以及业绩考核做了专门规定。相继出台了《盘锦市国有企业领导人员经济责任审计管理暂行办法》、《盘锦市国有股东代表及国有股派出董事、监事管理暂行办法》、《盘锦市国有企业总会计师管理暂行办法》等规章制度。与5家国有企业签定了经济责任状,以此来促进企业的管理进步和经济效益的提高,从而达到国有资产保值增值的目的。通过签订经济责任状,对企业领导班子的业绩考核和监事会的派出,使企业的经营得到好转。

积极推进国企改革 2006年,市国资委对全市尚未改制的26家企业进行了调查,资产总额264585万元,负债总额214897万元。由于这26户企业不是省改革的重点,属非工业企业,在改制的时限上有所宽延,因此,市国资委初步拟定了积极组织推进的意见。截止到2006年11月份,已经完成了年初确定的省考核的8户中的7户企业改革任务。

加强企业班子建设和考核工作 一是组织了对组织部移交过来的班子和干部的年度考核工作,整理了班子成员述职报告和企业年度总结材料。对试用期满的企业领导干部及时进行了考核。二是在市委组织部的指导下,向全市各监管企业下发了企业"四好"班子创建年度考核通知,并向省委组织部上报全市国企"四好"班子创建工作的阶段总结和下一阶段的打算。三是指导所监管企业的部分党委换届工作和党委委员补选工作。建立了企业领导人谈话制度,对所监管的企业领导人已普遍谈话一次。

党风廉政建设得到加强 2006年,市国资委组织机关干部学习党章和《江泽民文选》,进行"八荣八耻"为主要内容的社会主义荣辱观教育。认真贯彻《2006年反腐倡廉工作部署意见》和《2006年贯彻落实〈实施纲要〉任务责任分工意见》,各项任务逐项分解,落实到责任科室。制定并向监管企业下发了《关于开展治理商业贿赂专项工作的实施方案》,强化企业的制度建设,建立治理商业贿赂的长效机制,推动国企持续、健康发展。同时,探索了企业效能监察的途径和方法,实现了与监事会的财务审查、重大事项调查、企业清产核资工作、经济责任状签定的有效结合。

·城建·交通·

完善规划体系,发挥指导作用 2006年,市建委为保证城市未来发展需要,与中规院及院士工作室合作启动了城市总体规划修编工作,对修编的重点课题进行了深入调研,修编的思路原则已经确定。在前两轮规划基础上,《辽河南岸新区规划实施方案》及下步建设意见编制完成,并通过市五届人大九次常委会审议。针对控制性详细规划编制滞后于城市开发建设问题,2006年加大了控制性详细规划的编制力度,编制了八里小区、六零河小区、晨宇工业园等地段的控制性详细规划及向阳、清华苑、天丽、钻工新村、于家等小区控制性详细规划方案,在控制性详细规划指导下进行项目建设的局面正在逐步形成。全年审批建设工程52项,通过简化工作程序,推行政务公开,使规划审批效率进一步提高,社会较为满意。

编制城建计划,认真组织落实 市建委充分考虑城市建设实际,坚持"以为人本,便民利民,量力而行,适当超前"的原则,在认真听取、采纳人大代表、政协委员及社会各界意见的基础上,对建设项目进行了认真调查摸底和科学筛选,编制下达了2006年度城市建设计划,安排新、续建道路工程6项,便民利民工程7项及第二污水处理厂、辽河风光带建设、棚户区改造和房地产开发等多个项目,满足了城市快速发展的需要,其中,投资9200万元用于老区主次道路、人行道板改造,在双台子区建成休闲广场1座,建设资金向老区改造倾斜,市民较为满意。工作中,克服重重困难,多方开展工作,确保城建计划落实到位。一是针对城市建设资金严重不足问题,与相关部门密切配合,采取政府融资,世行、开行贷款,油地共建等方式筹措城市建设资金4.75亿元,有效缓解了资金紧张的突出矛盾,保证了计划项目的按时开工,也使2006年成为近二、三年来城市建设项目安排最多、资金投放量最大的一年。二是针对项目建设遇到的各种困难,深入现场调查,逐一认真研究,及时召开调度会,多方进行协调,使手续办理、资金拨付、房屋拆迁、居民安置等多项实际问题得到解决,为项目建设扫清了障碍。三是把施工安全、工程质量作为头等大事来抓,组织安全管理、材料检测、质量监督等部门认真进行检查,排查安全隐患,严把工程质量,建设安全优质工程。通过努力,2006年城市建设计划已基本落实到位,兴隆大街西出口、兴隆大街中段、新工街、工业大街、双台子休闲广场等项目已竣工并投入使用。以双台子区为重点的26条小街小巷得到改造维修,城区完成路面铺设45万平方米,人行道铺设14万平方米,新增绿地118公顷,植树60.6万株,其它项目也已基本结束。2006年还打破了城建计划当年编制下达、当年开工建设的惯例,提前着手编制完成了2007城市建设计划草稿,为下年城市建设项目按时开工打下良好基础。

加强城市管理,改善市容市貌　一是大力消除存量违章建筑。结合全市17条道路改造、重点项目建设、油田安全生产,对环湖、惠宾、工业、辽河等街路两侧、湖滨四季城、瀚新花园等区域及占压油田井场管线的违章建筑进行拆除,为全市经济建设提供有力支持。迎难而上,在群众反响强烈的兴隆台封闭市场周边,商东、商西小区等热点难点地区打响拆违攻坚战,一举拆除违章建筑1.2万平方米,受到社会好评。通过努力,全年累计拆除存量违章建筑10万平方米,是近年来拆违力度最大的一年。二是严格控制增量违章建筑。将新建工程项目和扒门改窗行为作为监察重点,新建项目受检率、建档率、跟踪率均达到100%,建设手续不全的工程均及时受到停工处罚。全年,拆除新增违章建筑2500平方米,制止扒窗改门56处,违章建设问题得到有效扼制。三是严抓市容管理。从难点入手,在双台子区全域,兴隆台商东、商西等部分地区开展历时3个月的市容环境综合整治百日会战,市容环境实现根本好转。针对热点问题,先后组织开展整治拱门条幅、取缔露天烧烤、清理马路市场、规范人力三轮车、清理喷涂招贴、整治重点部位等专项整治活动,商家店牌实现了"统一规划、统一审批、统一亮化"的规范化管理,城市环境质量实现大幅改观。大力开展架空线路整治活动,组织通信、电力等部门将新工、兴隆大街西段、渤海、胜利等街路的空中线路逐步转入地下,线路私搭乱架问题得到初步解决。城乡环境综合整治和城镇"绿叶杯"竞赛活动成效显著,工作责任制进一步落实,城市管理联动机制不断完善,市容环境整治效果明显,受到省检查团好评。通过努力,全年,共清理占道经营商贩1.5万人次,取缔露天市场3个,规范牌匾4200块,取缔灯箱3900个,取缔露天烧烤摊点1100处,销毁人力三轮车300余台,拆除条幅2600条,清理乱堆乱放杂物4200处,清除非法办证喷涂广告7000条,小招贴、小广告1.1万张。城市环境逐步好转,群众关心的热点难点问题得到初步解决。

整顿建筑市场,规范建设行为　一是以落实《盘锦市建设工程审批管理办法》为重点,认真规范审批主体行为。严格按照《办法》规定的审批顺序、前置条件等依法进行审批,不符合规定的坚决不予核发审批手续。认真组织开展了工程造价、招投标、材料检测、抗震、职业技能鉴定等工作,不断提高服务水平。二是以做大建设行业为落脚点,严格规范建设主体行为。依法加强了对建设、勘察、设计、施工等各类企业行为的管理。通过设立准入门坎,提高考核标准,加大处罚力度等方式,逐步将资金实力弱、业务水平低、缺乏诚信的企业淘汰出局,使实力雄厚、业务过硬、诚信度好的优秀企业占据市场主流。三是以查处违法行为为突破口，加强了对建筑市场的监管。全年，先后开展了建筑市场安全、质量、节能等大检查，累计检查在建工程162项，108万平方米，对违法建设行为依法予以处理。并认真开展清理拖欠工程款工作，协调市财政局完成了1974万元的清欠任务。通过努力，全市建筑市场秩序进一步好转。

加快房地产业发展，推进棚户区改造 针对盘锦市房地产开发行为随意性大，整体实力不强，管理水平不高，违法违规行为时有出现的实际情况，市建委着力对全市房地产业进行规范。经过认真研究，制定下发了《2006年度房地产开发计划》，确定了本年度房地产开发总体思路，拟开发的区域、规模，提出具体工作要求，实现了全市房地产开发行为的规范运行。出台并实行了《房地产开发项目资本金制度》，开发企业只有按项目总投资的35%缴纳资本金后方可启动项目建设，相应提高了房地产开发行为的准入门坎，开发企业制约乏力，资金不充足即开工建设等问题得到有效解决。加强对房地产企业的清理整顿，吊销存在严重违规建设行为、年检不合格的房地产开发企业15家，全市房地产企业结构日趋合理，整体实力进一步增强。2006年成为建市以来房地产市场清理整顿力度最大的一年。紧紧抓住棚户区改造回迁楼建设这一中心工作，严抓工程质量，坚持定期调度，多次召开协调会议，帮助建设单位解决资金、材料、手续等问题，保证了建设质量和进度。目前，全市5片小区21.9万平方米回迁楼已经全部建成，1525户、5198人回迁居民正在陆续迁入新居，按时完成省政府下达的棚户区改造任务。

加强村镇规划建设管理，改善人居环境 2006年，市建委以《中共盘锦市委、盘锦市人民政府关于推进社会主义新农村建设的实施意见》为指导，全面加强村镇规划、建设、管理，为新农村建设提供支持。村镇规划编制全面启动，组织修编了田家镇、吴家乡总体规划，编制了大洼县新兴镇腰岗子村、盘山县高升镇边东村等10个省级标准村庄整治试点村的建设整治规划。完成了44个市级标准村庄整治试点村和田家、高升2个新农村建设试点镇所辖村的1∶1000地形图测绘任务，为下年编制村庄整治规划做好准备。村镇房屋建设进展顺利，新建房屋75.6万平方米，其中，公共建筑7.7万平方米，生产建筑15万平方米，住宅建筑52.9万平方米。村镇房屋建设总投资为6.07亿元。小城镇基础设施建设稳步推进，修建柏油路86公里、沙石路87公里、暗排50公里、硬化排水边沟156公里、小广场13个、公厕28个，建秸秆气站2个，安装路灯936盏，铺装人行道板9.9万平方米，栽种草坪11.5万平方米，植树66万株，栽花120万株，部分小城镇进行了自来水改造。大力开展村庄建设和整治，共整治村庄76个。修建柏油路184公里、砂石路445公里、小广场10个、围墙72公里、秸杆气站4个(秸杆气进户1963户)，硬化排水边沟74公里，改厕1523户，植树253万株，栽花359万株。2006年村镇建设总投资8.88亿元，通过努力，小城镇功能进一步完善，村谷镇貌实现改观。

贯彻信访条例，提高信访投诉处理水平 2006年，市建委严格贯彻落实《信访工作条例》，将信访投诉处理作为重要工作来抓。全年接访800余人次，办理信访案件62件，受理市民投诉1083件，案件办复率100%，办结率95%。对系统内各类不安定因素进行细致排查，认真做好调处工作。依法处理了八一、云祥、东油、铁西小区居民上访。及时化解因企业改制遗留问题引发的上访矛盾。帮助省化建、市一建、市建筑公司部分地解决了职工医疗、养老、工伤、安置等问题，使企业改制、房地产开发等一批历史遗留问题得到逐步解决，缓解了社会矛盾。高度重视人大代表、政协委员的建议和提案办理工作。全年，办理建议、提案60件，均已办结，满意率达到98%。

巩固先进性教育活动成果，不断加强思想政治建设 (一)建立先进性教育长效机制，完善规章制度。2006年，市建委党委按照市委要求，扎实开展先进性教育“回头看”活动，健全和完善各项规章制度，要求全委各级党组织和党员干部认真贯彻执行，以此巩固和扩大了先进性教育活动的成果。(二)强化理论学习和业务培训,党员干部的执政能力进一步提高。一是加强和改进了中心组学习,按照学习计划和市委要求的必学篇目,采取自学与集中学习、读原著与专题研讨相结合等形式,注重理论与实际相结合。全年,集中学习26次,每名同志均认真做了学习笔记,撰写了心得体会文章。二是狠抓了基层党组织和党员干部的理论学习。各总支、支部按照委党委年初的工作部署,结合本单位实际,制定了科学可行的学习计划。通过学习,引导党员干部进一步解放了思想,更新了观念,开阔了眼界,提高了基层组织和党员干部的理论水平。三是继续抓好党员干部的教育培训工作。通过教育培训,切实提高了全系统干部的依法从政能力,队伍的整体素质得到进一步提升。(三)加强宣传思想工作,精神文明建设取得扎实成效。一是坚持正确的宣传导向,在全委系统开展了"统一认识,加快发展,构建和谐盘锦"、"知荣辱、树新风、创文明行业、让人民满意"、"学习贯彻'八荣八耻'重要讲话精神"等一系列主题教育活动。二是继续深入抓好"抓作风、比服务、争一流"主题活动,以解决群众关心的热点难点问题。三是深入开展了精神文明创建活动。通过活动的开展,使全系统干部职工的道德素质和文明素质进一步提高。

以提高执政能力为出发点,不断加强组织建设　(一)坚持民主集中制,抓好领导班子建设。一是完善党的各项工作制度,严格执行《党委领导班子议事规则》,深入开展"双争双好"活动,并取得初步成效。二是加大了干部选拔交流力度。坚持以《党政领导干部选拔任用工作条例》为准则,选拔政治上强、民主作风好、清正廉洁、相容性强、工作能力突出的33名优秀干部安排到各级领导岗位。三是加强基层组织建设,提高了基层党组织工作能力。(二)抓好基层党员干部队伍建设,提高干部队伍整体素质。一是按照党员发展的程序,全年发展新党员14名,有12名预备党员按期转正,培训入党积极分子52名。二是加强组织网络化建设。(三)实施人才培养工程,加强人才队伍建设。一是努力营造用好人才的良好环境,在全系统形成了尊重知识、尊重人才的工作氛围。二是优化人才的专业、年龄结构,促进了人才在各部门的合理分布,重视青年人才的培养和使用。三是加大人才培养工作力度,利用现有师资力量,开展好专业继续教育工作,引导在职人员提高学历层次和专业水平。四是以项目经理、质监员、监理工程师、造价员、安全员培训为载体,开展专业人才教育培训工作。

开展作风建设活动,不断加强作风建设　(一)加强机关作风建设,规范行政行为。市建委机关和各事业单位通过深入学习《公民基本道德规范》、《公务员行为规范》、《盘锦市文明公约》和《市直机关工作人员日常行为规范》,开展以"八荣八耻"为主要内容的社会主义荣辱观教育和"抓作风、比服务、争一流"主题活动,着力解决了在作风建设方面存在的薄弱环节和突出问题,党员干部能够自觉约束从政行为和个人行为,弘扬了求真务实的工作作风。(二)加强行风建设,推动职能转变。一是贯彻落实《行政许可法》,精简办事环节,提高办事效率,降低行政成本,最大限度地遏制了机关办事拖拉、态度生硬、执法单位不依法行政、粗暴执法和服务窗口吃、拿、卡、要等为政不廉行为,努力为企业、群众提供便捷、高效的服务。二是推行政务公开,实行阳光操作。在建委内部开展"一站式"审批和"一条龙"规范化活动,做到办事职责、办事依据、办事程序、办事时限、收费标准、办事结果、责任追究"七公开",全面提升服务层次和服务内涵。

落实廉政建设责任制,不断加强建委系统党风廉政建设　一是加大《惩治和预防腐败实施纲要》和两个《条例》的宣传贯彻力度,抓好党风廉政教育。二是贯彻党风廉政建设责任制,层层分解责任,强化目标考核,落实责任追究。三是完善监督制约机制,认真落实党政干部廉洁从政有关规定,加强了党内监督、法律监督、人大代表和政协委员评议监督、新闻舆论监督与群众监督,构建了全方位的监督网络。四是加强职务犯罪法纪教育,教育党员干部增强廉政意识,自觉遵纪守法,引导党员干部筑牢拒腐防变的思想防线。五是严格执行领导干部述职述廉制度、个人重大事项报告制度、诫勉谈话制度和领导干部任前谈话制度。全年，全委党员、干部无违纪情况发生，单位未发生重大违规事件和案件。

治理商业贿赂，优化发展软环境 2006年，市建委认真开展治理商业贿赂工作，制定了方案，成立了专门工作机构，并召开全系统治理商业贿赂专项工作会议，落实工作任务。向委属各处(科)室、事业单位及开发、建设单位发出征求意见函330份，征求服务对象的意见，完善规章制度28项，并深入开展自查自纠。在此基础上，重点对规划审批、市场准入、工程招投标、材料设备采购、项目预决算等重点工作环节进行了规范治理，纠正不正当交易行为，治理商业贿赂工作取得明显成效，长效机制初步建立。同时，针对规划审批时间长、个别同志执法行为不规范等问题，深入开展城乡规划效能监察，通过简化工作程序、完善相关制度、严肃工作纪律、强化市场监管等手段，使问题得到有效解决，审批管理水平进一步提高，软环境建设已见成效。

强化社会治安综合治理，维护社会稳定 2006年，市建委党委按照年初与委属事业单位签订的社会治安综合治理目标管理责任状的要求，进一步明确目标管理责任，并加大日常监督指导力度，积极开展"平安单位"创建活动，以建委的小平安促进全市的大平安。一是开展学校周边环境整治，治理学校周边占道经营、私搭乱建和依托历史形成的违章建筑被用做经营网点现象，特别是在中考、高考期间，加大了巡查力度，未出现因学校周边环境问题影响考试的情况，努力为学生提供了良好的学习和考试环境。二是开展"五五"普法教育，制定普法学习计划，加强法制宣传教育，提高了干部职工的法律意识。三是改进信访工作，在解决好涉及群众关心的工程质量、城市管理、市容环境等投诉问题的基础上，主动排查、调处好拖欠工程款和农民工工资上访问题、改制企业遗留问题和企业"三方面"人员待遇问题，妥善处理了各类矛盾，杜绝严重影响社会稳定的群体上访事件。

精心组织主街主路工程建设 2006年，市城建局完成了新工街、湖滨路西段、辽河路南段、兴隆大街西段和中段、惠宾大街西段以及工业大街7项主街主路工程。兴隆大街西段改造工程，经过3个月夜以继日的紧张施工，于7月底全线剪彩通车，体现了盘锦地域文化特色的设计和建设风格，提升了城市品位，成为盘锦一道靓丽的风景线，受到了各级领导和广大市民的好评。经过两个月的艰苦奋战，完成了兴隆大街中段道路改造工程，并于7月18日正式通车，极大地方便了过往行人和车辆，被市直机关工委评为第二季度十佳实事之一。新工街改造工程已完成28米主车道和人行道铺设，于9月28日实现主车道顺利通车。工业大街于9月初完成了路面和路灯工程，10月26日实现主路通车。惠宾大街、辽河路南段完成了排水、道路基础和路灯工程施工，并实现了互通。湖滨路西段工程完成了护砌、排水和道路基础施工。

优质高效地完成了利民工程建设 利民工程事关双台子老城区改造大局，市城建局同双台子区政府紧密配合，精心组织施工，积极协调各方，灵活调动资金，打造群众满意的达标路，共完成30条街路的施工，铺设路面45万平方米，铺设人行道14万平方米，靓化10条街路，安装路灯450基，完成了年初利民工程任务，老城区面貌焕然一新。建设中，做到了修路不扰民。全年，办理人大代表建议、政协委员提案53件，代表、委员满意率100%。办理市民投诉1100余件，凡属市城建局管理范围内的事项，基本都得到了妥善解决。

启动了大伙房水库引水工程和自来水管网设施国债资金改造工程 大伙房水库输水工程是辽宁省"十一五"重大基础设施建设项目，为保证引水配套工程与整体工程同步实施，市城建局按照市政府的要求组建了综合水厂筹建办公室，抽调专业人员展开了筹建工作。为提高城区供水能力，争取国债资金1350万元进行城区自来水管网敷设、楼基础改造及水表出户工程，新增供水户8950户，完成水表出户107栋、楼基础改造64栋，使近5000户居民受益。

城市绿化工作成果显著 2006年，市城建局以抓好沿街景观建设、实现植树建绿工程为主线，以创建省级园林城市为契机，组织编制了《盘锦市2006年城市绿化工程建设项目实施计划》、《盘锦市2006年城市绿化工作实施方案》,完成14条街路、2处景点景观、2处生活小区、12处公共绿地绿化工作,新增绿地118公顷,完成年计划的118%。完成核心区和谷家苗圃、街道、风景林带树木栽植,市区共植树60.6万株,完成年计划的121%。完成了绿野休闲广场建设工作。

园林景观建设硕果累累　沈阳世博园盘锦红泽园,被2006年中国沈阳世界园艺博览会组委会授予银奖,同时获得10项单项奖。辽河风光带建设,在认真准备的基础上,已完成了护砌、道路及中心广场基础工程。市公园处在湖滨公园新建一座"奇石园",配合市文化部门对出土文物古战船进行保护,积极筹措资金加固维修公园内爱国主义教育基地,同时对园内湖滨码头道路及动物园进行整修扩建,园内游艺设施更加完善,使湖滨公园成为市民休闲的重要场所,也成为进行爱国、爱家乡教育的基地。市碑林处整治辽河碑林园区环境,从省博物馆接收保管一批属于国家级文物的古碑刻,改变了盘锦辽河碑林只有新碑刻,没有古碑刻的现状,提升了辽河碑林的文化内涵。

坚持以经济建设为中心,全面完成公众产品经营服务主要指标　2006年,市城建局完成总产值及收入76662.7万元,其中,供水收入2500万元,供气收入1237万元,营运收入3400万元,施工产值41924万元,设计产值7500万元,第二预算收入894.7万元,附属企业产值19207万元;完成供水量2682万立方米、节水量680万立方米、供气量884万立方米、公交营运里程1800万公里、生活垃圾收集处理量15.2万吨、有毒有害废弃物收集处理量4000吨、污水达标排放处理量959.4万立方米。各项指标均超过2005年同期水平。

坚持以市民需求为导向,全面提升市政公用事业服务水平　一是市政道路设施功能进一步完善。全年,维修路面1.3万平方米、道路边石1.3万延长米、人行道板4000平方米、检查井600座、雨水井400座,更换检查井和雨水井盖700套,清淘排水管线6100延长米、清淤2900立方米。采用先进设备改造全市近百个十字路口花灯照明,更换路灯1129盏,降低了日常照明用电成本。雨季抢修泵站设施,抗洪排涝工作圆满完成。二是园林绿化服务水平进一步提高。完善公园游乐设施,加强日常经营管理。全年,接待游人50万人次,游人满意率达到98%。城市绿化严把客土、苗木、栽植、扶育关,绿地维护实行包片责任制,绿化建设、维修、养护取得良好的社会效益和经济效益。三是城市供水、供气、公交整体服务能力进一步增强。优化自来水总公司内部运营体制,扩大供水规模,实现抄表、收费、安装工作"三分开"和一户一线一阀一表管理,供水漏失率下降4个百分点。完善天然气总公司内部经营机制,实施了"95310"工程,年超计划供气362万立方米,新增用户6000户,努力实现利民项目,将冬季日供气量由原来的1.9万立方米提高到3.5万立方米。加强对统一后的油地公交市场管理,公交服务更加便捷。加强节能管理,及时淘汰报废车辆37台,购置了50台双燃料客车,年节油27万升,节约燃油成本130万元。四是环境卫生和垃圾收集处理工作进一步加强。垃圾袋装化面积达到5.3平方公里,基本保证了生活垃圾处理日进日清。完成了有毒有害废弃物处理站医疗垃圾焚烧炉改造工程,通过了国家和省、市有关部门的验收和论证,已投入试运行。认真组织落实市政府"清雪令",及时完成了冬季清雪任务。建立监督机制,努力改善城市环境工作,被市直机关工委评为第一季度十佳实事之一。五是市政设计院做好跟踪服务,安排技术人员及时解决现场施工中出现的与设计有关的问题,深受施工单位的好评。六是节水工作上新台阶。大力开展节约用水宣传活动,增强广大市民节约用水的自觉性,推广节水器具6000余套。

坚持依法行政,进一步健全了市政公用事业监管制度　市城建局以制度建设为切入点,制定完善了有关规定,各项管理制度更加健全。依据相关法律、法规、规章、制度,加强市政公用事业监管。全年,制止处罚破坏市政道路基础设施行为80余起、侵占公交站点行为1200余起、偷窃气和违章用气行为150余起、偷窃水和私自打井行为120余起、污染环境卫生事件1450起、毁绿事件23起,保护了城市基础设施建设成果,维护了市政公用市场秩序。认真组织落实“门前四包”责任制,与两区近3000家沿街单位签订了“门前四包”责任状,签状率双台子区达到90%、兴隆台区达到100%。集中开展了整治市区机动车辆停放秩序活动,共施划停车泊位4000个,较好地规范了市区机动车停放秩序。

以安全生产为目标,加大了安全监管力度 2006年,市城建局坚持“安全第一,预防为主”方针,全面落实安全生产法规,强化目标管理,加大了行业安全监管力度,消除事故隐患,实现全年安全生产无事故。市天然气总公司共投入资金474.64万元,进行了安全隐患改造,其中,改造隐患管线5773米,更换气表10031块。市自来水总公司组织专业技术人员重点对高升、石山两个水源地和二次加压单位的供水设施进行拉网式检查,排除安全隐患。市公园管理处对所有大型游艺设施进行了检查、维修。市公交有限公司重点抓好人、车的安全教育、检查,确保全年安全无事故。全局通过综合整治,达到了创建平安单位的要求。

坚持深化改革,全面推进市政公用事业改革进程 一是局机关管理方式进一步转变。适应市场经济体制的要求,局机关行政管理职能逐渐由管行业转向管市场,由直接管理转向宏观管理,由对企业负责转向对社会、对公众负责,并根据实际需要强化了管理市场的职能。二是公用企业改革不断深化。继续完善公交法人治理结构,民营资产比例达到85%。通过授予特许经营权,城市公交线路和车辆的市场化管理迈出新步伐。天然气总公司实行内部管理体制改革,企业走上良性发展轨道,逐步实现独立核算,自我发展,拓展市场。开辟了新疆、四平、盘山新县城等工程市场,为公司赢得了发展空间。三是事业单位改革工作稳步推进。试点单位市政处实行内部承包经营责任制,改革干部人事制度,实行自主经营、独立核算、自负盈亏、独立闯市场。已经中标的外埠西安三环路、抚顺高山路、沈阳新区蒲河路等道路改造工程取得良好效益,提高了闯市场、抗风险的能力。市有毒有害废弃物处理站整体出让工作已经开始。四是全面推行政务公开,强化行政审批大厅服务。推行政务公开和办事公开,在政府服务中心和局机关一楼大厅公开了办事职责、办事内容、收费依据、办事程序、办结时限、办事结果、办事纪律。现已有9个项目进驻服务大厅,有2个办理窗口,简化了审批手续,压缩了审批时限,提高了工作效率。

坚持加强思想政治工作,全面提升干部职工队伍素质 市城建局深入开展面向职工群众的宣传教育活动,职工的思想道德素质不断提高。积极开展面向社会的宣传活动,赢得了广大市民对城建工作的理解和支持。加强工会组织建设,召开了市城建局第一次工会会员代表大会。基层工会积极为行政工作献计献策。深入开展了建功立业活动,提高了优质服务水平,树立了服务窗口新形象。工会维权、技术创新、扶贫帮困、复员军人安置、女职工保障等工作取得实效,企业职工收入大幅度提高。共青团工作上了新台阶。群众性精神文明创建工作取得新成果。完成了创建全国卫生城市承担的任务。被建设部授予全国建设系统思想政治工作先进单位。全系统共创建2个省级文明单位,3个市级文明单位。在全省建设系统精神文明创建活动中,共创建6个文明单位、6个文明窗口,涌现出31名文明标兵,市城建局被省建设厅评为创建文明行业先进委局,被市文明委评为市级文明单位,局工会被市总工会评为先进单位。

坚持抓好班子、带好队伍,全面加强基层党组织和党员队伍建设 2006年,市城建局根据中央“四个机制”建设的要求,进一步加强了制度建设,建立了长效机制框架。一是干部队伍建设不断加强。以加强局和基层两级领导班子建设为重点,提高领导发展的能力。在加强理论武装的基础上,完善考核措施,增强了两级班子做好工作的责任感和紧迫感。完成了市委的各项干部培训任务。老干部政治、经济待遇得到全面落实。二是党员的模范带头作用得到充分发挥。以学习党章为重点,深入开展了面向党员的学习教育活动。在广大党员中开展了“亮身份、创红旗、争先进”主题实践活动。开展了纪念建党85周年活动。完成了“一先两优”推荐评选活动。三是进一步加强了基层组织建设。深入开展了“五个好”基层党组织创建活动。完成了市公园管理处、市绿化管理处成立党委工作。四是党风廉政建设责任制全面落实。各级领导班子履行“一岗双责”,促进了党风廉政建设工作。宣教工作机制更加健全,载体更加丰富。及时开展了收送礼金、子女升学、公款公车旅游等专项整治活动。认真解决群众反映强烈的问题,纠风工作取得积极成果。

计划内改建、大中修工程超额完成　2006年,省计划补贴盘锦道路投资6880万元,实际完成省投资11031万元(不含地方配套),改造路基49.2公里,改建黑色路面96.5公里,分别超计划20.2公里和40.2公里。桥梁工程4项、1741.7延米。庄林线经济区间快速通道工程与田庄台大桥同步建成通车。农村公路网民心工程取得新成果。计划投资3700万元,实际完成投资4499.3万元,新建黑色路面120.5公里(超计划20.5公里),解决了41个行政村通油路(超计划1个),为实现市政府确定的两年内全市村村通油路的目标奠定了坚实基础。超前实施利民工程,解决群众出行难问题。服从服务于社会主义新农村建设的需要,投资2224.9万元,超前实施了石欢线、苏五线和库二线3条32.8公里黑色路面工程,改善了沿线场、乡、镇的生产生活条件,方便了群众出行。结合公路大修改建,对大洼县王家、榆树、田庄台和盘山县沙岭4镇进行综合整治,修建路面排水设施,极大地改善了村镇路域环境。修建了甜石线大阳河桥,解决了当地群众汛期出行难等问题。

重点公路建设项目顺利推进　2006年,市交通局编制完成了省滨海公路盘锦段建设规划,确定了全长90公里的线路走向和“分段立项、分段环评、分段施工”的原则。完成了滨海公路可研报告编制、工程立项、45公里的施工图设计工作,正在加紧项目审批、环境评估、土地预审、规划设计等前期工作。东外环(田仙线)项目列入省交通厅2007年计划,油地高层达成共识并顺利启动,完成了可研报告编制、工程立项、施工图设计等工作,正在实施征地动迁和土方工程。完成了营盘线项目可研报告编制、工程立项、施工图设计、路基土方改造等工作。

工程质量继续保持较好水平　市交通局进一步完善监督模式,改进监督办法,细化监督工作程序,不断提高监督工作的系统性、规范性和科学性,监督覆盖率达100%,抽检、抽查率达30%。县级以上公路工程质量合格率100%,优良品率80%。农村公路网工程质量合格率100%,优良品率76.9%。

公路养护和路政管理水平提高　全年,完成县级以上公路养护630公里,修补坑槽2.7万平方米,处治翻浆1.8万平方米。投资257万元,绿化新植里程20公里,完成21座桥梁险桥标志和30座窄桥标志的设置工作。乡级以上公路好路率75.6%,年平均好路率74.3%,分别高出计划4.2和7.1个百分点。收取路产赔偿费60.2万元,红线控制线内无违章建筑,路产恢复率100%,路政案件结案率100%。全市4个超限运输检测点共监测车辆30037台,其中,超限109台,占0.36%,罚款34台、9.7万元。

运力结构进一步优化　2006年,全市客运班车总量达到679台,中高级车达到191台;旅游客车中高级车15台,超计划45%;清理小车、大罐危货车166台,超出计划146台;转回外挂车辆105台,恢复大吨小标车辆310台;更新出租车500台,打造品牌出租汽车141台,超计划41台。厢货和多轴重载车辆分别发展到764台和1147台,分别超计划313台和499台。客运集约经营有了新突破。完成了3条线路公司的许可工作。农村客运得到了较快发展,将大洼县境内的7条农村线路向村屯延伸40公里,极大地方便了群众出行。站场基础设施建设继续加快。田庄台客运站改建工程建成投入使用。完成了新兴客运站、二界沟客运站的土地审批、项目立项、工程设计等前期工作。引导组建了盘锦大千物流有限公司,解决了双台子区300多台货运车辆的停靠问题。维修行业填补空白。建成并开通了“96122”汽车维修救援服务中心，填补了盘锦市该项工作的空白。新培育了2家全省“百强汽车维修诚信企业”。大洼县、盘山县检测站和市综合检测站均完成升级改造并投入使用。科技信息利用力度不断加大。121台跨省、市际线路中高级客车全部安装了行车记录仪或GPS。全市260台危货车辆安装了GPS。正在出租汽车行业中宣传推广安装GPS。

驾培行业健康发展 全市12所驾校招收初学驾驶员19164人，考试合格率96%以上，培训主体的经营资质达标率为100%。营运驾驶员从业资格培训5146人，合格率98%，新办从业资格证的营运驾驶员同比增长76.1%。成立了交通行业国家职业技能鉴定所，组织鉴定考试355场，鉴定人数10913人，规范了交通行业技能性岗位管理。

运输市场秩序进一步好转 全年，市交通局加强了运输市场动态管理，落实了出租汽车行业专项整治和打击非法营运工作。全年，检查各种营运车辆7210台次，查处各种违法、违规营运行为1200件，暂扣车辆500台次，扣证600件，查扣非法营运车辆480台次，受理举报案件20件，结案19件，结案率95%，无行政复议及行政讼诉败诉案件发生。

各项经济指标再创新高 全年，盘锦港完成吞吐量87.8万吨，同比增加4.8万吨，创建港以来最好水平。北沥公司加工原油75万吨，实现工业总产值24亿元，销售收入24.3亿元，利税3.6亿元，创历史最好水平。公司20万吨/年环烷基馏分油加氢项目完成了油品中试开发试验、安全预评价及环境影响评价审批、土地征用、委托初步设计等工作。全市完成客运量1722万人次，旅客周转量88899万人公里，货运量3811万吨，货运周转量221843万吨公里。

港口合作项目顺利推进 8月31日，市政府与营口港务集团正式签订了《盘锦港与营口港合作发展框架协议书》，成立了建港工作领导小组。完成了资产评估及货源调查工作，起草了合作合同初稿。积极做好建港技术准备，协调配合营口港务集团委托制定了3套建设方案，完成了海流测量、泥沙取样、海域测量和泥沙数模试验。双方的成功合作，在全省港口资源跨地区整合方面起到了示范作用。

执法水平进一步提高 2006年，市交通局清理执法主体，确认了5个行政执法机关和10个授权行政执法机构，取消了5个执法机构。整顿执法人员，组织参加市政府承办的资格考试，规范了任职条件，改善了执法人员年龄和文化结构。规范执法行为，严格依法行政，正确处理执法与经济发展软环境建设的关系，认真执行“收支两条线”规定，从源头上防止“三乱”现象。

安全生产管理方法不断创新 市交通局创建了“工作有计划、季度有检查、管理有制度、责任有落实”的“四有”安全生产管理模式，及时查找并整改安全隐患，全系统公路建设与养护、港口装卸安全生产责任事故为零，火灾事故为零，工业生产事故为零，道路专业运输企业责任行车事故四项指标为零。会同市安全生产监督管理部门对全市道路运输企业安全生产状况进行评估，有117户企业申报，专家组评估104户，合格101户，限期整改3户，评估率89%，合格率97.1%。

党建与文明行业创建成效显著 2006年，市交通局党委积极探索保持共产党员先进性教育长效机制，党建与文明行业创建工作取得了显著成效。一是加强各级班子建设，巩固保持共产党员先进性教育活动成果，各级班子的战斗力和凝聚力明显增强。二是认真开展党风廉政教育，提高党员干部拒腐防变能力。组织党员干部参观盘锦监狱警示教育基地，进一步筑牢拒腐防变的思想道德防线。深入开展治理商业贿赂专项工作。制定了工作实施方案，确定了工程建设、道路运输市场管理和资金管理等重点领域，认真开展自查自纠工作。全年，受理群众举报信件6件，均进行了认真查处。三是加大文明行业创建力度。以树立科学发展观为重点，认真实施理论武装“解扣子工程”；以学习实践社会主义荣辱观为重点，大力开展“八荣八耻”社会主义荣辱观教育；以改善行业形象为重点，加强行业诚信体系建设；以文明行业创建为重点，进一步改进和加强思想政治工作，在创建文明车、路、站、所的基础上，实现全行业创建工作的巩固、提高、创新、发展。

·劳动和社会保障·

认真贯彻执行国家和省、市劳动保障政策　2006年，全市劳动保障工作认真贯彻落实国家和省、市新一轮再就业政策，根据盘锦市经济发展变化状况，不断完善和调整社会保障政策。经调研制定并提请市政府下发了《关于进一步加强就业再就业工作实施意见》、《盘锦市失地农民社会保障暂行办法》、《盘锦市灵活就业人员基本医疗保险暂行办法》、《盘锦市工伤保险实施办法》等7个政策性文件；同时，为进一步规范就业和社保工作流程与操作办法，制定下发了《盘锦市新办企业从业人员就业、参加社会保险实施细则》、《盘锦市城镇企业职工企业年金试行办法》、《农民工参加医疗保险的通知》、《全市医务劳动鉴定工作程序》等15个工作指导性文件，从政策和制度上进一步贯彻落实国家和省、市的劳动保障政策，推进了劳动保障工作持续发展。

劳动就业工作取得长足发展　全年，全市新增就业岗位5万多个，实现实名制就业再就业55012人，其中，女性27163人，完成省下达年度计划46500人的118%，完成市政府下达年度计划50000人的110%。城镇登记失业人数为13774人，城镇登记失业率为3.1%。安置大龄就业困难对象4326人，完成省下达年度计划4000人的108%。扶持创业带头人267人，完成省下达年度计划200人的134%；带动2685人实现了就业和再就业，完成省下达年度计划2000人的134%。全市劳务输出12817人，完成省下达年度计划12100人的106%，其中，省外劳务输出2467人，境外劳务输出532人(境外输出仍以韩国、日本为主)。输出农村劳动力7837人，下岗职工290人，失业人员3385人，新成长失业人员638人，其他人员975人。全市新产生的925户“零就业”家庭，有就业能力的1367人。截止到2006年5月末，通过公益性岗位安置就业890人(联防员30人、保洁员650、市场协管员210人)；自谋职业12人，灵活就业23人。6至9月份，又安置了新产生的39户“零就业”家庭成员就业，兑现了15日实现“零就业”家庭中有劳动能力和就业愿望的成员有一人就业的工作目标。截止到2006年底，“零就业”家庭动态为零。市中心劳动力市场共组织召开洽谈会113次，其中，大型专场洽谈会5次，进入市场用工单位4900家次，提供就业岗位28782个，进入市场求职者33080人次，有11413人实现就业，市场成交率为34.5%；进行职业指导4263人次，接待政策咨询8287人次。全市现有29个街道、160个社区、28个乡(镇)、355个村委会，全年，开发社区就业岗位2.5万个，在社区内实现就业再就业24560人，完成年计划10000人的246%。全市劳动保障服务平台100%建立了辖区劳动力资源台账和失业人员登记台账，并做到了“四清”，实现了对社区内就业人员实名制动态管理。全年，新创办就业实体919个，审批认定劳服企业10家，安置就业人员917人。全市认定扶持政策企业10家，完成年度计划的100%。全市累计享受扶持政策的劳服企业82家。认真落实再就业扶持政策，全市共审核通过申报小额担保贷款417户，审批发放小额担保贷款928.5万元，完成省下达年度计划840万元的111%，使12483名持再就业优惠证的下岗失业人员重新实现了再就业。全年，共为下岗失业人员发放再就业优惠证9433本，其中，市本级发放4329本，县区发放5104本。全市共为从事个体经营的下岗失业人员减免税费4509.36万元，其中，减免税额4339.6万元，减免费额169.76万元。

认定“40、50”人员社保补贴　按照新的再就业优惠政策要求，完成了对6985名“40、50”灵活就业人员进行社会保险补贴审核认定工作。经审核认定符合条件的“40、50”人员中市本级2899人，大洼县1515人，盘山县1167人，双台子区571人，兴隆台区835人。全市有10575名“40、50”灵活就业人员及“45、55”人员已经实现了社会保险补贴1495万元。

加强职业技能培训与鉴定工作 职业技能培训紧紧围绕提高劳动者素质，促进就业再就业的总体目标，加强职业技能培训与职业技能鉴定工作。全年，实名制培训下岗失业人员11744人，完成省政府下达年度计划900人的130%，培训后有7889人实现再就业，就业率达67%。全年，组织创业培训班17期，有2133人参加培训，完成省政府下达年度计划2000人的107%，其中，683人参加了“SYB”创业培训；有1089人通过创业培训创办小企业，带动4183人就业和再就业。农村劳动力转移培训14069人，完成省政府下达年度计划10000人的141%。全市各类职业技能培训49841人，完成市政府下达年度计划40000人的125%，培训后就业32397人。加强职业技能鉴定机构管理，创新技能人才评价，拓展提升鉴定规模层次。全年，实施鉴定18607人次（含油田新职业），完成年度计划18000人次的103%，是上年度的3.2倍。技师748人，高级技师33人，完成年度计划450人的173%。新职业全国统一鉴定规模增幅较大，2005年7个职业，377人次，2006年9个职业，1182人次。

技工学校工作充满生机 为建设一个充满生机的新型技校，市劳动和社会保障局上下协调、共同努力、各负其责，在教学中积极推行当前国内倡导的“行为导向”教学法，教学改革已步入全省先进行列。演讲课《劝慰》、礼仪课《馈赠》、模拟法庭《未成年人保护法》教案已被收录到辽宁省劳动和社会保障厅教研室出版的《教案集》。全校有13个班、452名学生，成人教育学员465名，共计917名学员。2006年，技校招生265名，高等教育招生203名。到6月末，完成了2850平方米的学生宿舍楼和1060平方米的实习厂房建设。自筹资金36万元，购置了焊接、钳工实习设备，实现实习教学零的突破。

强化社会保险基金征缴、扩面工作 社会保险基金征缴、扩面是社会保险工作重中之重的长期任务。市政府对扩面工作非常重视，召开动员大会。会上，市政府与市直有关单位、县区政府签定目标责任状，明确责任，纳入政府目标考核。同时，成立了领导小组，副市长王秉宽任组长，社保局成立了社会保险扩面工作办公室，专职进行扩面工作，督促检查县区扩面工作。省下达扩面指令性计划参保人数262000人，指导性计划269000人，全市完成参保人数达272223人，完成指令性计划的103.9%，完成指导性计划的101.2%。全市城镇企业参加养老保险804户、142140人，离退休人员44214人，收缴养老保险基金32357.5万元，支付35825万元。个人账户记实人数116277人，记实金额10079.4万元，并及时足额上报到省；继续保持100%社会化发放，保证了离退休人员基本生活，维护了社会稳定。农垦企业养老保险工作稳步发展，步入正轨。农垦企业养老保险参保人数130083人，有76472名农垦企业退休职工领取了养老金。收缴基金8978.7万元，支付23734.4万元，个人账户记实人数117167人，记实金额4891.7万元。全市参保人员272223人，实际缴费233446人，缴费率为86%，其中，城镇参保人员142140人，实际缴费116277人，缴费率82%；农垦企业参保人员130083人，实际缴费117169人，缴费率90%。缴费低的原因是城镇企业中东部、羊圈子苇场9000人，因资金紧张未缴费以及农垦企业长期负债经营，缴纳统筹金困难等因素而造成的。全市收缴养老金41336.2万元，完成计划的122%，其中，城镇32357.5万元，完成计划的128%；农垦8978.7万元，完成计划的104%。全市收缴养老保险统筹金26365.1万元，完成计划的121%，其中，城镇22278.1万元，完成计划的129%，农垦4087万元，完成计划的91%。全市收缴养老保险个人账户部分14971.1万元，完成计划的124%，其中，城镇10079.4万元，完成计划的127%，农垦4891.7万元，完成计划的118%。认真贯彻执行《关于调整企业退休人员基本养老金的通知》（辽劳社发[2006]59号）文件精神，调整待遇体现了党中央、国务院和省委、省政府对退休职工的深切关怀。经过测算形成具体实施意见召开工作会议，积极落实，争取财政部门的大力支持与配合，千方百计地筹措资金，已发放了调整待遇资金12383.99万元，发放人数112403人。加强社会保险稽核工作。2005

年有退休人员119065人，经过100%的稽核，查出冒领退休金131人，冒领退休金21万元，已全部收回。全年，追缴入库养老统筹金210万元。2005年底全市有参保职工270145人，实际稽核168969人，稽核率达62%，查出少报基数5378万元(含行业)，查出漏、欠缴社会保险费1048.8万元(行业782万元，地方266.8万元)。加强离退休管理工作。全市有城镇企业退休人员71654人，其中，省、市本级行业统筹企业27881人，市直及县区43773人，有70210人实行了社会化管理服务。全市共有37个街道、186个社区已全部建立了劳动保障服务站(所)，有工作人员230名。全市各级社保经办机构共建立了5个档案库(室)，管理档案43773卷。46559名离退休人员中(含遗属)已有41902人通过不同形式进行了领取养老金资格认定。3月份，市总工会所属退管办划转到市局，更名为退休职工管理二科。为使退休职工安度晚年，4至6月对全市退休职工危房、险房进行调查走访，急需维修的有55户，需资金26万元，实际下拨资金12`万元，在资金紧张的情况下，只能逐步解决住房问题。认真贯彻落实《关于印发盘锦市企业基本养老保险市级统筹实施方案的通知》(盘政发[2006]14号)精神，按照“六统一”各县区社会保险经办机构更名为盘锦市社会保险事业管理局盘山县分局、大洼县分局、兴隆台区分局、双台子区分局。

巩固成果，完善措施，稳步推进机关事业单位社会保险工作 市劳动和社会保障局把机关事业单位养老保险工作作为龙头工作来抓。年初召开市直机关事业单位保险工作会议，部署工作重点，坚持登记、申报、审核、稽核，严把缴费基数关，加强基金征缴。对市直所有单位的《社会保险登记证》进行重新登记，摸清底数，杜绝少报、漏报现象。扩面工作重点对未参保单位主动上门进行政策宣传，督促参保。全市有1150个单位、39175人参加养老保险，参保率为98%；收缴养老保险金25063万元，收缴率为98%，其中，市本级参保391个单位、16843人(只有一家未参保)，参保率为99%，收缴养老保险金13883万元，完成年度计划6950万元的115%。全市有42个单位、308人参加临时聘用人员养老保险，收缴保险金110万元。事业单位失业保险一直是工作重点，采取有效措施，狠抓落实，扎实推进扩面及征缴工作。一是加强工作指导；二是完善措施；三是加大稽核力度。有力地促进了失业保险扩面和基金征缴工作。全市有876个单位、35990人参加失业保险，完成扩面任务指标33555人的107%；收缴失业保险金1610万元，完成省下达任务指标1198万元的106%，其中，市本级305个单位、16217人参加失业保险，完成扩面任务13325人(含油田转入2872人)的122%。收缴失业金1183万元，剔除不可比因素(油田转入部分)，完成省下达任务指标747万元的112%。全市有10663名离退休人员，支付离退休费及抚恤金丧葬费等18085万元，离退休费支付率100%，全部实行社会化发放。全市基金累计滚动结余2.7亿元，其中，市本级基金滚动结余1.9亿元。

继续完善医疗保险政策，进一步扩大医疗保险覆盖面 按照《关于调整盘锦市城镇职工基本医疗保险统筹基金最高支付限额的通知》，将城镇职工基本医疗保险统筹基金最高支付限额由原来的35000元调整到46000元。认真贯彻执行市政府印发的《盘锦市灵活就业人员基本医疗保险暂行办法》，医疗保险扩面工作重点以个体、私营企业和灵活就业人员包括下岗、失业人员为主，切实解决困难单位的参保问题，做到有计划、有措施、有落实，突出工作重点，认真解决失业人员和退休人员参保问题，确保完成省、市政府下达的任务指标。全市有1308个单位、305000人参保，覆盖面达82.4%，新增15945人，完成省计划10045人的158.9%，完成市计划10945人的145.6%，其中，市本级(不含辽河油田)865个单位、120044人，大洼县210个单位、18293人，盘山县229个单位、21108人，辽河油田4个单位、145555人。全市有42071名灵活就业人员参加医疗保险。强化医保基金管理，严格遵守财经纪律，依法筹集使用基金，努力做好基金计划、控制、核算、分析和考核工作，如实反映基金收支状况，接受劳动、财政和审计部门的监督。全市共收缴医疗保险基金38429万元，其中，统筹基金22553万元，个人账户基金15876万元。支付医疗保险基金29520万元，其中，统筹基金18794万元，个人账户基金10726万元。市本级共收缴医疗保险金11352万元，其中，统筹基金6285万元，个人账户基金4542万元，退休人员趸缴525万元。支付医疗保险基金8137万元，其中，统筹基金4814万元，个人账户基金3323万元。当期结余医疗保险基金2690万元，其中，统筹基金1471万元，个人账户基金1219万元，当期基金结余率为23.4%。基金征缴率为99%。及时做好参保人员个人账户基金返还工作，为2829名参保人员返还个人账户基金284.9万元。加大医疗保险稽核工作力度。对参保单位瞒报漏报职工人数、缴费基数、漏缴基金，重点对行业、大型合资企业、私营企业瞒报职工人数、漏报工资总额稽核。全市计划稽核参保职工42560人，实际稽核44178人，占计划的103.8%。市本级计划稽核参保职工32276人，实际稽核33554人，占计划的103%。查出9家参保单位漏报缴费基数1092万元，漏报基金72万元，已追缴入库39万元；查出企业漏报缴费人数2246人，令其按规定参保；查出2名退休人员死亡未及时上报，多划入个人账户443元，已停止其参保待遇。盘山县实际稽核参保职工5239人，大洼县实际稽核参保职工5385人。加强“两定点”管理，与17家定点医院、12家委托定点医院、65家定点药店签订医疗服务协议，经过检查，共查出9家定点医院不符合规定，节约统筹基金10万余元，检查结果通报各定点医院。市、县两级医保机构对44家定点医院检查病历3134份，查处金额52.8万元，有效地控制了医保基金的支出。

工伤、生育保险稳步推进 根据《转发关于＜盘锦市工伤保险实施办法＞补充意见的通知》，采取有效措施，开展工伤保险扩面工作。全市有175094人参加工伤保险，新增12768人，完成省计划新增8000人的159.6%，完成市计划新增10000人的127.6%。全市共收缴工伤保险基金3282万元，支付工伤保险基金2644万元，有3807人享受工伤保险待遇，其中，市本级（不含辽河油田）有65915人参加工伤保险，收缴工伤保险基金531万元，支付工伤保险基金326万元，有176人享受工伤保险待遇。全市（不含辽河油田）有74669人参加生育保险，新增5097人，完成市新增计划3000人的169.9%。全市共收缴生育保险基金245万元，支付生育保险基金200万元，有270人享受生育保险待遇，其中，市本级收缴生育保险基金190万元，有240人享受生育保险待遇。

失业保险取得新进展 全市失业保险参保人数达250955人，完成全年参保计划25万人的100.4%，其中，事业单位参加失业保险36219人，完成年计划33000人的110%；全市失业保险扩面15000人，正在享受失业保险待遇人员5826人。失业保险基金征收10773.81万元，支付失业保险基金2884.52万元，领取失业保险金人员逐年减少，城镇登记失业率逐年下降。初步建立了失业保险基金预警制度，失业金实行了100%社会化发放。

妥善处理劳动争议和信访工作 贯彻落实《信访条例》和《辽宁省劳动争议仲裁办案规范》，坚持严格依法办案，防止矛盾激化，引发群体事件。全年收到申诉案件75起，符合受理条件24起（含集体争议7起），不予受理51起，已全部结案，其中，市本级33起，不予受理26起，符合受理条件7起（含集体争议2起），已全部结案。制定《盘锦市劳动合同管理三年行动计划实施方案》，全市共有536户企业办理了劳动合同签证，涉及职工27847人，其中，市直212户非国有企业办理了劳动合同签证手续，涉及职工7364人；为油田金马公司、九化公司等8户国有企业办理了合同续签手续，涉及职工4518人。县区合同签证国有企业4户，涉及职工3128人，非国有企业312户，涉及职工12837人。严格执行信访3级办案程序，及时处理，及时答复，制定了系统内部《告知书》、《科室部门处理意见书》、《信访事项交办通知书》、《信访事项转办通知书》等规范程序，大幅度减少了重复访的发生。全年，接待群众来信来访5527件次，其中，集体来访50批次，达1500余人;群众来信48件,复查复核案件17件;市本级接待群众来信来访2682件次,其中,集体来访35批次,达960余人;群众来信34件,复查复核案件13件。

加强劳动保障监察工作,维护劳动者合法权益　全年,共检查用人单位2039户,涉及劳动者104440人,责令用人单位与劳动者补签劳动合同1739份,查处违反劳动合同规定监察案件17起,结案17起,结案率100%。在主动监察中及时发现纠正了盘锦市公共交通公司、华润啤酒盘锦分公司等企业不签定劳动合同、不缴纳社会保险费的不规范行为,引导企业走向依法用工轨道,维护了860名劳动者的合法权益。严格执行《盘锦市建筑领域农民工工资支付暂行管理办法》,对农民工密集型用人单位加大监察力度,对不按规定缴纳工资保障金的建设单位不批准开工手续。全年,收缴工资保障金237万元,有效地提高了农民工权益保障安全系数。全年发生2起拖欠农民工工资举报案件,与上年同期相比报案率下降91.5%,涉案金额下降92%。全年共查处投诉、举报、转办案件56件,立案48件,结案47件。查处2起收取农民工风险抵押金违法案件,涉及607名农民工,清退风险抵押金52.78万元。全年开展"禁止使用童工"、"清理拖欠农民工工资"大型检查4次,累计追发劳动者工资待遇139.58万元,涉及劳动者1240人。加大社会保险费清欠工作力度。全年清欠社会保险费7668万元,涉及劳动者34969人,其中,养老保险6508万元,医疗保险349万元,工伤保险109万元,失业保险697万元,生育保险5万元。支队先后荣获省劳动和社会保障厅授予的2004—2005年度"优质服务窗口"和维护劳动者合法权益"先进单位;盘锦市社会治安综合治理委员会授予的基层"平安创建"活动"先进单位",市直机关工委授予2006年度"文明机关"。

调整最低工资标准　按2004年12月1日实行的《辽宁省最低工资规定》,最低工资标准每2年至少调整1次。盘锦市自1997年、1999年、2005年3次调整最低工资标准,小时工资最低标准自2005年实行。此次调整自2006年10月1日起,兴隆台区(含盘锦经济开发区)、双台子区月最低工资标准由400元调整为480元,小时最低工资标准由4元调整为5元;盘山县、大洼县月最低工资标准由350元调整为420元,小时最低工资标准由3.5元调整为4元。

精心实施金保工程,打造劳动保障信息工作平台　2006年3月,盘锦市劳动保障信息中心正式成立。市劳动和社会保障局下发了《关于全面实施金保工程,统一建设劳动保障信息系统的意见》、《盘锦市金保工程项目建设扩容升级项目实施方案》,规划了全市金保工程升级改造项目的实施步骤、进度安排、实施方案,并成立了领导小组。投资630.4万元建设信息中心。

举办第三届"劳动杯"职业技能竞赛　2006年7月,市劳动和社会保障局下发了《关于开展盘锦市第三届"劳动杯"职业技能竞赛的通知》,提出了参赛单位、参赛选手有关规定,组成了竞赛组委会。于9月9日开展了车工、钳工、维修电工、焊工、管工、铆工、汽车驾驶大车组、汽车驾驶小车组、美容(化妆)师、美发师等项竞赛,有306名选手参赛。经过理论考试,实际技能操作,于11月1日竞赛结束。经过竞赛,为车工、钳工、维修电工、焊工、汽车驾驶大车组的前5名及管工、铆工、汽车驾驶小车组前3名的董贵等34名选手颁发奖杯、名次荣誉证书和奖金、奖品;授予上述各职业竞赛成绩第一名的佟刚等8名选手为"盘锦市职业状元"称号;竞赛第二、三名的刘满国等16名选手为"盘锦市技术能手"称号;授予理论、实际操作合格以上的邹国生等16名选手为"盘锦市优秀选手"称号。对各职业竞赛成绩前3名具备中级以上职业资格选手及第四、五名具备高级职业资格选手,破格晋升至国家职业资格二级(技师),报请省劳动和社会保障厅核发《国家职业资格证书》,其余选手凡理论、实际操作成绩合格者颁发相应的《国家职业资格三级(高级)职业资格证书》。华锦化工集团职业培训中心获最佳组织奖,辽河石油勘探局职工培训管理中心等6个单位获优秀组织奖。

·人事人才·

人才工作出现新局面 (一)进一步完善了人才政策体系。制定了《盘锦市鼓励高校毕业生自主创业暂行规定》、《盘锦市鼓励转业军官和城镇退役士兵进行自主创业暂行规定》、《盘锦市人民政府关于促进普通高中等院校毕业生就业若干政策的通知》、《盘锦市引进高层次人才补贴政策实施办法》、《盘锦市农村优秀实用人才评选管理办法》,进一步修改了《加强我市农村人才队伍建设实施意见》(讨论稿)。(二)毕业生就业工作有了新的进展。为毕业生就业开辟了“绿色服务通道”,将7、8、9月份定为毕业生就业服务月,并与有关部门合作举办了3期共有200多名毕业生参加的创业培训班,为94名学员颁发了《创业培训合格证》和《自主创业证》。建立了10个毕业生就业实习基地,全年接收2973名毕业生,有2200多名毕业生实现了就业,就业率为75%。(三)人才培养和引进工作有了新起色。继续与各高等院校建立合作关系,开展人才选送、培养、函授及职业技能培训等工作。共培养高起专、高起本、专升本人才133人,硕士研究生8名。与辽宁农业职业技术学院合作,以“村来村去”形式培养“一村一名大学生”,分8个涉农专业,选送了71人。与锦州医学院合作开展了“营养师”、“心理咨询师”的培训工作,有29人获得国家执业资格证书。(四)人才市场服务水平有了新提高。年初以来,为了给人才供求双方搭建更加方便快捷的交流平台,将大型人才招聘会改为每月一次定期举办。全年,共组织召开大型人才招聘会11次、日常招聘会46次,共有1580家次用人单位和21000多求职人员到场求职,有5000多人通过人才市场实现了就业和再就业。全年,共组织了5次赴外地人才招聘活动。先后为宏观船业、华孚公司等20多家单位引进急需人才300多人,为油田企业从北方工业学校选聘了40名技能人才。(五)为企业零距离人才服务迈出了新步伐。为全市重点项目和规模民营企业实行跟进式服务得到了有效推进。全年,共调查走访了全市300多家重点服务单位,在了解人才需求的基础上,及时提供了各类有效的人才服务。(六)人事代理工作取得了新成效。全年,共办理人事代理1153份,为代理人员办理落户、职称晋升、工资调整、养老保险等业务1355人次,此外,对原有的15000多份毕业生档案信息录入微机,对3000多份代理档案重新进行了装订整理。(七)人事人才网站的作用得到了更好发挥。人事人才网站正式并入政府网。全年,共收集发布1276家单位用人和8920多条人才求职信息,发布政策信息103篇,全年访问量达到了34万人次。(八)引进国外智力工作取得了新成果。全年,执行聘请国外专家项目11个,聘请外国专家16人。组织全市近百家企事业单位参加了“2006年中国国际人才交流大会暨高新技术展”,同外方签订了7项合同项目,合同金额1665.65万美元。向参会外方机构提供97个对接项目,当场达成了15项意向协议,协议金额600余万美元。市人事局在这次大会上荣获了优秀成果奖。(九)专业技术人员队伍建设得到了加强。全年,共举办继续教育培训班36期,参训人员2010人。开展了培养“新世纪学术和技术带头人”工作,推荐工业、农业、卫生一线专家4人,有1人被评为“2006年度享受国务院特殊津贴专家”。全年,共评审专业技术资格1059人,各项专业资格和执业资格考试,共报考7082人。

公务员队伍建设全面加强 2006年,是全面实施公务员法的第一年。在全省实施公务员法动员大会召开后,全市立即行动起来,市里和各县区相继成立了领导小组,加强了对这项工作的组织领导。全面开展了公务员法的学习、培训和宣传工作,营造了学法、用法、执法、守法的良好环境。市委、市政府组织召开了全市贯彻实施公务员法暨收入分配制度改革工作会议,出台了盘锦市贯彻公务员法实施方案,对全市公务员登记工作作了全面部署。全市各级公务员登记工作积极稳妥地全面展开。公务员队伍的管理与建设进一步加强。严格坚持“凡进必考”的考试录用制度，通过考试为检法机关录用了16名工作人员。根据形势发展变化的需要，组织开展了公务员初任培训、任职培训和以“公共政策与公共经济”为主要内容的在职培训。继续开展做人民满意的公务员活动。认真组织了公务员年度考核和奖励工作，为84名公务员记功，对35名公务员进行了嘉奖。

积极组织开展政府目标考核工作　对2005年度政府工作中做出突出成绩的单位进行了表彰，明确了2006年需重点督办考核的指标考核权重，将省政府对盘锦市政府考核指标进行了分解，并下发了上报考核指标的通知。完成了对市直部门和县区工作目标的分解工作，代市政府制定下发了《2006年市政府对各县区政府工作考核指标及评价规则》和《2006年政府对市直各部门责任目标及考核标准》，加大了督促检查力度，认真开展了年度政府目标考核验收工作。

各项改革工作稳步推进　(一)扎实推进了工资制度改革工作。完成了测算、培训、人员信息上报、方案的起草等各项准备工作。转发了全省机关事业单位工资制度改革、事业单位工作人员收入分配制度改革实施意见，在省政府批准了改革方案后，全面启动了全市工资制度改革工作。市直机关事业单位跟进公务员登记进行工资套改工作基本完成，离退休人员的工资已全部发放。各县区已完成工资数据信息的核对和审核，工资套改工作已经开始。配合财政部门，提出了盘锦市保留津贴补贴项目的意见，研究拟定了实施地区附加津贴的具体办法。(二)事业单位机构和人事制度改革进展顺利。一是按照《盘锦市事业单位机构分类改革实施意见》(盘委办发[2005]23号)的要求，提出了市直事业单位类别、型别划分的意见。二是在反复调研论证的基础上，进一步修改完善了相关配套政策，出台了《盘锦市市直生产经营类事业单位机构改革若干意见(试行)》(盘委办发[2006]35号)、《盘锦市事业单位改革人员分流安置实施意见》(盘委办发[2006]33号)、《盘锦市事业单位实行人员聘用制实施办法》(盘委办发[2006]34号)等文件。三是按照省里的要求和市委、市政府的部署，对原确定的实行聘用制的市直事业单位名单进行了相应的调整，确定了新的完成人员聘用制的工作目标。四是首次在市直机关开展了事业单位科级干部培训。五是改革了事业单位进人办法，首次在市直部分事业单位采取公开考试方式招录工作人员，有7名毕业生通过公招进入事业单位工作。(三)行政管理体制改革不断深化。完成了市国土资源管理体制的改革工作，提出了接收后的两区国土资源分局机关和各事业单位机构设置、人员编制的配备意见。完成了全市动物卫生监督管理体制改革工作，成立了各级动物卫生监督管理机构并已开始运行。对国有资产监督管理体制改革工作进行了调研，按市政府要求提出了改革实施意见。开展了城市管理综合行政执法体制改革工作，组建了市城市管理综合行政执法局。对市直审批项目进行了第三次清理，清理后市本级审批事项保留380项。积极推进年检制度改革工作，下发了《关于我市开展年检制度改革工作的通知》，提出了市本级政府保留及取消的年检事项，完成了市本级的年检制度改革工作。

机构编制管理日趋规范　配合全市机关公务员登记工作，按照国家和省的要求，对全市各级各类公务员的编制进行了重新核定。核定后，市、县两级原来的自定编制全部取消，使全市编制更加科学合理。制定下发了《进一步加强全市编制管理的意见》，进一步严格了审批程序，完善了编制管理的各项制度，使编制管理工作更加规范有序。开通了机构编制监督举报电话，及时受理并调查了一批举报案件，并协助中编办和省编办调查处理了文化系统编制外进人等问题的群众举报案件。修改完善了《人员编制和临时用工管理考核方案》，将人事编制管理纳入了政府目标考核范围。加强了对县区编制管理工作的监督，对两县所辖乡镇进行了实地检查，并向上级编制部门上报了全市乡镇机构编制情况的自查报告。对市直普通中小学和辽河油田移交地方的57所学校人员编制进行了核定，在此基础上，完成了油田基础教育中心所属各学校的人员接收工作，建立了人员台账。

各项人事编制工作协调发展 一是军转安置和部分企业军转干部解困稳定工作取得新的成果。完成了分配到盘锦市的121名军转干部和5名随调军转干部家属的接收安置工作。有针对性地开展了军转干部培训,加强了军转干部能力建设,改进了自主择业转业干部管理服务手段和措施,提高了服务水平。加强了对解困工作新情况、新问题的研究,建立了长效机制,企业军转干部等方面人员保持了总体稳定。二是进一步加强了工资福利和考工管理工作。全年,共为9495人履行了工资审批手续,保证了职工工资的及时兑付。严格执行退休制度。全年,共为符合退休条件的278名市直机关事业单位职工履行了退休审批手续。开展了2006年技术工人晋升(确定)等级资格核定工作,全市共有1428人参加了晋级考核,完成了对拟晋级技术工人45个工种、10个班次的培训工作。三是建立和完善了人事争议仲裁制度。成立了盘锦市第一届人事争议仲裁委员会,调整配备了仲裁人员,充实了仲裁队伍,健全完善了相关政策规定。调节和处理了一些人事争议案件。四是扎实开展事业单位法人登记工作。全年,办理事业单位初始登记32家,累计登记319家。完成事业单位年度检验310家。五是完成了2006年度全市事业单位、企业单位人才资源统计报表和全市工资统计报表的数据统计汇总工作。

机关自身建设得到全面加强 机关管理日趋规范,对中层领导干部进行了交流调整,充分调动了广大干部职工的积极性。开展了全市人事编制系统"行风建设年"和"优化经济发展软环境"建设活动,增强了服务意识和服务质量,提高了办事效率,促进了全系统机关作风的转变,政风行风建设明显提高。加强了对信访工作的领导,及时调查处理了群众投诉举报案件。完成了人大代表建议和政协委员提案的办理工作,妥善处理解决了一些历史遗留问题,有效地化解了矛盾。建立健全了各项规章制度,积极推进政务公开,实行服务承诺,自觉接受社会监督。通过深化行政审批制度改革、健全完善咨询诉求渠道、扶贫解困等活动,加快了作风转变,创新了服务方式,提高了服务质量和办事效率。

·民 政 工 作·

社会救助体系基本健全 2006年,市民政局认真贯彻了《盘锦市自然灾害应急救助预案》,健全了灾害应急工作机制,全面提高了抗灾救灾综合协调和应急救助能力,广泛开展了以防灾宣传、自救常识、提高公众减灾意识为主题的社区减灾平安行活动,共争取救灾款970万元。全市享受城市低保11312户、约23659人,占城市人口总数的3.8%,实现了动态管理下的应保尽保,月人均救助额135元,共发放城市低保金2776.5万元。享受农村低保9028户、15924人,月人均救助额40元,共发放农村低保金767.48万元,占农村人口总数的3.2%,保障金做到了按时足额发放,基本上实现了动态管理下的应保尽保,同比略有提高。低保对象的医疗救助政策得到了较好的落实,重病、重残和"三无"人员等特困人群也得到了重点救助。修改完善并下发了《盘锦市城市低保对象医疗救助办法》和《盘锦市城市低保对象医疗救助实施细则》,从11月1日起对城市低保对象全面实施了门诊救助和住院救助。截止到2006年底,对68名城市低保对象实施了大病救助,发放救助金23.62万元。为农村低保户、贫困户20249人缴纳了农村新型合作医疗费,救助农村重大疾病患者36人,发放救助金29万元,有效缓解了困难群众看病难的问题。在全面完成为农村贫困户新建住房300户,修缮住房250户任务的基础上,又为因灾倒房的342户贫困户重建了住房,现已全部入住。遍布城区的164个常设的捐助站(点),全年,共收到近450万元的捐助物品并通过扶贫超市发给贫困居民。为解决困难群众生产生活问题,元旦、春节期间对城乡低保户、重灾民、农村五保户、生活困难的优抚对象、市直特困职工、残疾人特困户等弱势群体进行了大规模的临时救助,救助资金达1000万元;为5335户低保户发放了取暖费补助340万元;投入31万元开展了"福彩助学子

·大学圆梦行动”,资助155名城乡低保户家庭的大学生圆了大学梦;有5000户救助对象得到了各级干部包扶,并累计投入资金715万元,建立致富项目153个,有80%被包扶户脱贫。对9930户、27636名贫困人口进行了建档立卡,并录入省扶贫网;申请报批了3家产业化扶贫龙头企业,申报认定西安乡韩家村为贫困村的社会主义新农村建设试点村;正在争取的两个贫困劳动力转移培训基地,已经省扶贫办初审;包扶贫困村工作已初见成效,全市共救助流浪乞讨人员3500人,救助信息网络已建成并与全国联网;出台了流浪乞讨人员中危重病人、精神病人的救助政策,流浪儿童保护性救助得到加强。

社会福利工作长足发展 一是积极组织开展城区养老服务社会化示范活动。广泛开展了社会化管理服务达标示范和以“抓管理、赛服务”为主要内容的行业竞赛活动,总结推广了市社会福利院和兴隆台区渤海办事处养老服务社会化示范经验。在两个民办福利机构进行“民办公助”试点并取得积极效果。全市各类城市福利机构床位数达到1160张。二是全面推广“居家养老”服务工作。扩大了“居家养老”规模,400名因多种原因不能入住福利机构的“三无”老人全部享受到“居家养老”服务。三是扎实推进“明天计划”和“星光计划”工作。按照省厅第二批“明天计划”工作的要求,向省厅申请手术资助金,对孤残儿童进行了手术康复治疗。完成了第三批“星光计划”项目,并通过了省厅的检查验收。四是五保供养工作得到加强。全市共有“五保”供养对象4777人,其中,有2076人是集中供养,标准是3000元/人年,另有2701人是分散供养,标准是2000元/人年。完成了5所区域性中心敬老院维修改造任务。五是福彩发行再创新高。狠抓了福彩投注站管理,提高了服务质量,加大了福彩发行的宣传力度。截止到2006年底,发行福利彩票1.62亿元,为发展社会福利事业提供了资金保障,为推进社会保障制度建设做出了贡献。

城乡基层群众自治机制日趋完善,和谐社区建设成效明显 一是加大了社区建设工作力度。市民政局认真贯彻落实市委、市政府上年召开的创建和谐社区动员会议精神。落实了3个区(县)的660万元社区建房贷款。研发了社区管理系统软件,完善了社区管理信息平台,实现市、区(县)街道和社区的四级联网。为推进和谐社区创建活动的开展,营造全社会参与的氛围,年初制定下发了《关于开展创建和谐社区活动先进区(县)及社区考评标准》,在全体市民中组织开展了评选“十佳社区干部活动”,同时,在《盘锦日报》开辟了《创建和谐社区、营造美好家园》栏目,共刊发37期内容,特别是通过在《盘锦日报》刊登候选人事迹,全体市民参与投票评选“十佳”社区干部和组织开展“福彩杯”社区文化艺术系列活动,使全体市民关注社区建设的热情不断提升。为提高社区干部的整体素质,强化《社区工作者职业水平评价暂行规定》的实施办法,年初以来,就对全市社区干部进行分期分批培训,并于10月上旬统一组织全市1400名社区干部参加了“关于社区建设基本知识”的闭卷考试,为下一步实施社区工作者职业水平考试奠定了基础。培养了一批创建和谐社区的先进典型。兴隆台文化社区创建经验已在全省叫响,参加了省里统一组织的巡回演讲报告,中央及省级新闻媒体对他们的经验进行了专门报道。巩固了“一对一”帮建社区活动成果,加强了“十进社区”的指导力度,进一步完善了社区服务功能。二是深化村务公开民主管理。为推进新农村建设,召开了“盘锦市村务公开民主管理工作经验交流会”,下发了《盘锦市村务公开民主管理实施办法》和《关于开展村务公开民主管理示范单位创建活动方案》及考核标准。通过了省村务公开民主管理工作检查验收。

双拥工作积极应对新形势,争创双拥模范城工作成绩斐然 一是积极组织开展双拥共建活动。在市委、市政府领导的高度重视下,在双拥工作领导小组成员单位的大力支持下,与驻军携手克难攻关,高质量地通过了省双拥检查组关于下一轮双拥模范城评比工作的检查验收,为创建国家级、省级双拥模范城奠定基础。春节、“八一”期间,走访慰问了市内驻军和在乡重点优抚对象、军休干部、生活困难的退役士兵，发放慰问金117.2万元。为解决现役军官随军家属安置难问题，下发了《关于安置驻军现役军官随军家属的意见》，建立了现役军官随军家属安置的长效机制。二是进一步落实了优抚安置政策。为全市4405名优抚对象更换了定期定量补助证和定期抚恤证，制作发放《优抚对象服务手册》。落实了抚恤补助自然增长机制，提高了带病回乡退伍军人定补、义务兵家庭优待金、一级至四级残疾军人护理费、残疾军人(含伤残人民警察、伤残国家机关工作人员、伤残民兵民工)的抚恤标准和在乡老复员军人、入朝民工、特困遗属定补标准。为全市170名困难破产企业的解放前老战士发放了取暖费补助。收集整理了盘锦市烈士名录，充实完善了全市705名烈士的信息。三是扎实推进部队退役人员安置工作。接收军休干部10人和2005年冬季符合安置的退役士兵、转业士官696人，按照指令性安置与鼓励自谋职业相结合的安置政策，编制了《2005年冬季退役士兵安置计划》。对2005年冬季城镇退役士兵进行业务技能和计算机知识培训。改扩建了军休干部的活动场所，落实了各种待遇，加强了对老荣军的管理与服务，彰显了党和政府对老荣军的关怀之情。

专项社会事务管理水平全面提升，在“三个文明”建设中发挥了重要作用 一是加大依法监管力度，稳步推进民间组织的发展。开展了民办非企业单位自律诚信建设活动，严把登记关，稳步发展行业协会、农村专业经济协会、慈善救助等民间组织，规范了登记管理，实现了网上年检。制定了民办非企业单位和基金会年检办法及章程示范文本，实施了基金会信息发布制度，改进了民间组织统计指标体系，启动了民间组织评估体系试点工作。目前，全市共有各类民间组织204个，其中，社会团体178个，基金会1个，民办非企业单位25个。二是深化殡葬改革。年初以来，按照市政府《关于进一步加强殡葬管理的通告》要求，全面开展了整顿全市殡葬秩序工作，使丧事扰民现象得到有效遏制。加强了殡仪服务中心的管理，强化服务意识，使广大市民认可度不断提升，市殡仪服务中心被评为省级行业标兵单位。三是全面启动和实施地名公共服务工程，开展了城区地名普查工作。本年度的地名街路牌设置工作在建委和城建部门的大力支持下进展顺利，安装了城区标准街路标志牌399块，楼牌2300块。积极开展界限纠纷调处工作，妥善解决了“两锦线”上的东郭镇南井子林场与凌海西八千乡南八千村的土地权属争议、“营盘线”的辽滨开发区与老边区的部分界线争议和“兴盘线”的渤海乡西跃村与陆家乡陆家村的土地权属纠纷问题。辽河更名工作，经市民政局几年来的不懈努力，省民政厅同意盘锦市报请的把辽河流域双台子河段更名为“新辽河”，并将其入海口更名为“新辽河入海口”，现正在履行报批程序。老龄工作、婚姻登记、儿童收养、城市生活无着流浪乞讨人员救助管理都取得新进展。

干部素质、队伍建设得到加强，广大市民的认可度不断上升 为提高干部素质、强化队伍建设，巩固省政府纠风办组织开展的行风政风评议问卷调查连续3年位列第一名的成绩及2005年度被市直机关工委授予的“抓作风、比服务、争一流”十佳单位的荣誉，加强了精神文明建设和行风建设，开展了“荣辱观教育”和提升“六种能力”(开拓创新的能力、依法行政的能力、综合协调的能力、做群众工作的能力、应用现代化办公手段的能力和抓班子、带队伍的能力)活动，强化了民政干部的进取向上精神和为民服务意识。为转变工作作风，提高办事效率，开通了96100便民服务热线。截止到2006年底，受理热线电话4790次，解决实际问题148件次，极大地方便了求助对象，从而赢得了人民群众的认可。

·土地·人口·生育·

千方百计为全市经济社会发展提供用地，着力改善用地方式 2006年，是全市实施项目牵动战略，发展接续产业迈出重大步伐的一年。在国家加强宏观调控，严格土地监管的背景下，全市各级国土资源部门严格执行国家和省有关政策,开拓工作思路,创新工作方法,千方百计为全市经济社会发展提供用地保障。保证了华锦集团63万吨乙烯扩建、北沥环烷基工程、辽河油田10万吨煅烧焦项目等一批省、市、县(区)和辽河油田重大、重点项目用地。保证了全市特色(专业)园区建设发展用地,及时为食品工业园、晨宇工业园、塑料工业园、精细化工园用地调整局部土地利用总体规划和办理用地审批,为这些园区基础设施建设和项目入驻创造了条件。保证了盘山县新县城建设用地。保证了纳入省"五点一线"沿海开放重点区域的盘锦船舶工业园建设用地。全市统筹解决未利用土地指标,经请示省政府及协调省国土资源厅、省建设厅,批准调整土地利用总体规划,将辽滨997公顷未利用土地调整为建设用地。保证了惠宾大街西段、湖滨路西段等城市重点基础设施及民生建设用地。积极争取用地指标,协调调整规划,催办用地手续。全年,向省厅多争取农转用指标近200公顷,局部调整土地利用总体规划数十次,面积超过10平方公里,不仅解决了全市用地难题,而且与用地费用上调后相比,减少建设成本约2.8亿元。

推进节约集约用地,改进用地方式　严格控制增量,用好增量,将增量建设用地向省、市重点项目倾斜。加强园区用地管理,运用土地价格政策引导,提高新引进项目的投资密度和产业效率。合理开发使用未利用地,鼓励充分利用闲置土地,开展了全市闲置土地情况调查。运用国有企业改制资产处置相关政策,引导、支持一批民营企业利用改制企业闲置土地扩张发展。全年,盘活12家企业闲置土地,面积40公顷。控制社会事业发展建设项目用地规模,合理利用土地。房地产开发供地以老城区改造为主,限制使用增量建设用地。

采取有效措施,严格保护耕地　2006年,市国土资源局实现了市政府与省政府签订的耕地保护责任书确定的全市耕地保护责任目标。全市行政区域内耕地保有量、基本农田保护面积均不低于省政府下达的考核指标。严把农用地转用关口,有效控制建设项目对耕地的占用。严格实行"先补后占",新开发耕地498公顷,实现占补平衡,并略有节余。全年,共实施省级土地开发整理项目7个,土地整理面积1923公顷,可新增耕地面积229公顷,全部按期竣工。国家投资的10万亩基本农田示范区项目获得批准,争取了大洼县新立(新开)乡、荣兴农场、盘山县陈家乡3个国家投资土地整理项目,土地整理规模6001公顷,可新增耕地294公顷,资金概算1.22亿元。争取了省政府6个"兴农富民示范村"项目,为提高农业综合生产能力,增加农民收入,支持新农村建设,做出了新贡献。

坚持土地有偿使用,加强土地收益管理　2006年,市国土资源局完成了盘锦市可储备土地资源调查,编制了1∶25000城区可储备土地资源评价成果图,建立了可储备土地资源数据库。全面实施经营性用地招、拍、挂,试行了经营性城市基础设施用地使用权有偿出让。全市全年共办理国有土地使用权出让196宗,面积443公顷,土地纯收益13824万元,其中,盘山县土地纯收益1064万元,大洼县土地纯收益4850万元,市本级土地纯收益7910万元。全市土地出让收益实现历史新高,土地年租金征收工作取得新进展。全年,征收额达279万元,比上一年增收129万元。

整顿和规范矿业秩序,推进矿政管理　按照省政府"拉网排查、执法跟进、部门联动、逐矿登记"的要求,全面开展整顿和规范矿产资源开发秩序工作。对全市45家非油气矿山企业进行拉网式排查,全面、翔实地掌握了全市矿山的基本情况,规范地热资源管理,积极与省厅协调明确了地热采矿权审批问题。推进盐卤水资源整合,专项开展了盐卤水资源调查,制定了《盐卤水资源整合工作方案》,初步确定了盐卤水资源的整合方向。开展了矿产资源补偿费项目的实施申报工作。"双台子河河口地区生态环境地质调查"及"辽河油田矿区地下水环境调查"两个地质环境项目成果通过省厅验收。建立了矿产资源补偿费(地质环境和矿产勘查)项目库,完成了"辽东湾北岸风暴潮风险预警技术研究"、"辽宁省辽河口国家地质公园科考调查"、"下辽河盆地东部凹陷煤炭资源勘查"和"下辽河断陷西部斜坡带中生界煤及煤层气普查”4个项目的申报准备工作。与中国地质大学、吉林大学等院校及有关地勘单位共同就盘锦市矿产资源潜力开展调研。

加强基础建设，不断提高管理水平 全面实施了全市农村集体土地所有权登记发证和国有农场土地使用权登记发证工作，开展了《土地开发整理规划》修编工作及盘锦市耕地后备资源情况调查、盘锦市河滩地权属和耕种管理调查、2006年度土地变更调查、2006年度土地利用计划及项目汇总。推进测绘管理工作全面开展。进行了测量标志的维护工作，完成对全市24家测绘单位测绘资质年度注册和申请办理测绘资质单位的资质初审。开展了地图出版物的审查和国家版图意识宣传教育活动。储量管理与地质环境管理得到加强。建立了矿产资源储量空间数据库，编制了《盘锦市地质灾害应急预案》和《盘锦市2006年度地质灾害防治方案》，建立了汛期地质灾害预报预警制度。信息化建设迈出新的步伐。更新完善了1∶500城镇地籍信息系统和1∶10000土地利用数据库。盘锦市国土资源信息网（外网）和全省视频会议系统建成并投入使用，电子政务及办公自动化水平得到提高。

坚持依法行政，切实维护群众权益 2006年，市国土资源局落实执法监察责任，完善动态巡查制度，推进案件移交和联合办案制度，公开查处了一批土地违法案件。广泛深入开展法制宣传教育活动。市、县国土资源部门通过“4·22”地球日、“6·25”土地日、“12·4”全国法制宣传日开展内容丰富、形式多样的宣传活动。推进政务公开，规范行政许可行为，坚持“窗口办文”，市政府公共行政服务中心国土资源局窗口连续5年被评为“红旗窗口”。全面推进国土资源听证制度和行政复议制度，市局被评为全国国土资源系统“四五”普法先进单位。加大维护群众利益工作力度，把握征地补偿标准，坚持补偿费预存制度，增加补偿透明度，落实补偿“上下一边粗”，维护了群众利益和社会稳定。信访工作取得新成绩，实现全市涉地上访率居全省最低，无较大涉地集体访和进京上访案件的发生。

突破理顺国土资源管理体制难点，努力提高队伍素质 2006年，市、县国土资源管理体制初步理顺，市、县国土资源管理部门领导班子自身建设得到加强。市局机关公务员登记基本完成，直属事业单位设置及领导职务备案问题得到解决。市编委已正式下文明确了双台子分局、兴隆台分局和市经济开发区分局机构、职能和编制等问题，使双台子分局、兴隆台分局领导班子得到调整加强，工作呈现良好态势。全市国土资源系统党的建设不断加强，市委授予市局先进党委称号。党风廉政建设得到加强，开展了商业贿赂专项治理工作。加强队伍建设，开展多种形式的教育培训活动，积极响应、认真落实市政府营造盘锦经济发展软环境的部署，改进作风，服务社会，收到良好效果。市局在市政府纠风办市直部门行风评比中名列前茅，被市直机关工委等有关方面评为十佳文明机关，诚信机关，在文明单位创建活动中被省委、省政府授予省级文明单位称号。

人口和计划生育数据 2006年，全市计划出生1.02万人，实际出生8938人，比计划少生1262人。人口出生率计划控制在8.01‰以下，实际为7.03‰，比计划减少0.98个千分点。自然增长率计划控制在4.71‰以下，实际为3.48‰，比计划减少1.23个千分点。

探索建立人口发展战略研究机制 2006年，市计生委举办了首届人口与发展论坛，逐步完善计划生育利益导向机制，对无工作单位城镇居民独生子女家庭进行调查摸底，研究兑现办法。建立人口与发展动态监测机制，推进全员人口统计口径改革，积极完成省试点任务。在全省率先开展流动人口计划生育联手管理和创建流动人口示范县（区）活动。省人口计生委向全省推广盘锦的成功经验。

加强人口文化建设 2006年，市计生委在农村以“新农村、新家庭、新生育观念”为重点，在城市以“和谐社会、和谐计生、和谐家庭”为重点，组织开展丰富多彩的宣传教育活动。更新标语，出版计生小报，征集文艺作品，同时，通过新闻媒体广泛宣传，营造了有利于计划生育的社会氛围。积极参与辽宁省首届人口文化节、会员艺术节,省人口计生委授予盘锦市百日宣传活动最佳组织奖。开展各级各类的培训工作,包括将人口理论纳入中心组学习内容,党校开设人口理论课,人口计生系统举办宣传教育、政策法规、科技服务等业务培训以及面向市民的短信服务等,上至领导干部,下至普通群众,实现了人口和计划生育宣传教育的全覆盖。全年,全市人口计生系统举办各级各类培训班近200个。国家人口文化促进会授予盘锦市人口计生委为中国人口文化先进集体。

计划生育优质服务工作得到加强　围绕新农村建设,为农村育龄妇女免费实行计划生育手术及各类健康检查。实施少生快富奔小康工程和救助贫困母亲幸福工程,累计投入180多万元,建立项目点2176个,扶持计划生育贫困家庭2011户。国家计生协会授予盘锦市为全国计划生育协会先进市。认真落实农村部分计生家庭奖励扶助制度,全市有929名年满60周岁的独生子女及双女户父母领取了人均600元的奖扶金。

加大违法生育查处和社会抚养费征收工作力度　2006年,市计生委以村(居委会)为单位,清查清理了2000—2005年出生人口。乡级以上人口计生部门建立了与其权能相符的《行政执法责任制》。下发了《盘锦市对党员、干部、职工违反人口与计划生育政策、法律、法规党纪政纪处分、行政处罚的实施办法》,重新修改了《盘锦市人口和计划生育举报奖励办法》,查处机制得以确立,查处措施得以强化。为完善社会抚养费征收机制,年初,将社会抚养费征收工作纳入责任状进行考核,法院等相关部门加大依法征收力度。全年,全市征收社会抚养费204万元。

“三级联创”,使计生优质服务工作全面提高　通过“三级联创”活动,大洼县达到国家计划生育优质服务先进县标准,双台子区、兴隆台区达到省计划生育优质服务先进区标准,大洼县王家乡技术服务所达到省计划生育优质服务示范所标准。计划生育药具工作改革得到深化。全市设立近1400个免费药具发放点、40台自动售套机、17个“开架式”服务点,城市药具发放率达到90%以上,农村药具发放率达到95%以上。“三送”(送一份宣传资料、送一盒安全套、送一张连心卡)服务全面启动,有近3万人享受到“三送”免费服务。深入开展计划生育/生殖健康“福施福”引入项目工作,对出生缺陷儿基本情况进行调查,实施出生缺陷干预工程。

出生人口性别比　2006年,市计生委下发了《关于进一步做好全市出生人口性别比升高问题综合治理工作的通知》,建立和完善综合治理出生人口性别比升高问题的长效监管机制,开展打击非法从事计划生育技术服务和非法行医专项整治工作,加强对计划生育技术服务市场和药具市场的监督管理,治理出生人口性别比升高的各种措施得到了很好的落实。针对独女户和双女户家庭开展“助百帮千”(助百名女孩就学,帮千户家庭致富)活动,深入开展“关爱女孩行动”,使出生人口性别比升高势头得到遏制。全年,全市出生人口性别比为105.14,控制在了正常值之内。

加大计划生育综合治理工作,保证人口计生工作顺利进行　2006年,在计划生育综合治理工作中,相关职能部门的自觉性、协调性和创造性不断加强。公安、工商、劳动等部门积极做好流动人口计划生育管理和服务工作;财政部门不断提高新时期人口和计划生育事业的投入保障水平;民政部门将特困计划生育家庭作为扶助对象;卫生部门加大“两非”打击力度,加强出生缺陷干预,推动出生人口素质的不断提高;报社、电台、电视台等新闻媒体加大计划生育法律法规知识宣传力度,营造了良好的舆论氛围;发改委、建委、教育局、党校、统计局等单位及时与人口计生部门互通信息,沟通情况,及时协调,保证了人口计生工作的有序进行。

“强基固本”,全面推动计生工作　一是加强计划生育药具管理站“五化”标准建设。对药具计划编制、药具管理保管、药具质量监督等方面拿出具体措施,并严格按照标准进行硬件建设。二是加强计划生育宣传阵地规范化建设。统一了宣传阵地标准,改变了宣传设备落后、配备不完善的现状。三是加强计划生育规划统计制度化建设。创新信息调查搜集方法，提高了信息的准确率。开展创建“统计数据信得过单位”活动。四是加强计划生育技术服务阵地建设。抓好基层档案化管理和规范化服务，重新制定了优质服务先进乡(镇、街)和先进村(社区)的评估指标体系。五是加强基层干部队伍建设。对重点岗位通过考试考核实现持证上岗。在中心户长中开展“双优一达标”活动。对人口计生系统勤政廉政十大标兵进行表彰，并组织巡回演讲。开展了请农民兄弟姐妹评计生活动、“下评上”活动，行风建设得到加强。

·住房公积金管理·

全市住房公积金的归集额再创历史新高　2006年，全市住房公积金缴存单位532个，同比增长22%，缴存职工5.8万人。全市住房公积金的归集额达2.5亿元(含一次性补缴0.7亿)，完成年初计划的180%，同比增长了37.4%。全市住房公积金的年归集额再创历史新高，为全市住房公积金管理工作协调、稳定、健康发展提供了坚实的基础。

全市住房公积金的使用工作稳步有序地开展　一是住房公积金个人贷款稳步发展。2006年，共发放住房公积金个人贷款3136万元，完成年初计划的105%，为280户职工解决了购房资金不足的困难，进一步改善了城镇职工的住房条件，充分体现了实行住房公积金制度的优越性。二是住房公积金的提取工作有序进行。全年，共为全市8841名职工提取住房公积金6782万元，其中，为4762名职工购房提取5238.7万元，为4079名买断、离退休职工提取1543.3万元。为改善城镇中低收入职工的住房条件，发挥了积极作用。

住房货币化补贴资金发放工作顺利开展　按照市政府关于住房货币化补贴资金的安排，认真开展了住房货币补贴资金发放工作。全年，共发放住房货币化补贴资金1800万元，其中，为职工发放住房货币化补贴资金1600万元，记入新职工账户补贴资金200万元。做到了执行政策无偏差、发放资金无失误，让政府放心，让群众满意。

抓班子、带队伍，不断加强党的执政能力建设和先进性建设　2006年，中心领导班子，以理论建设为根本、以能力建设为重点、以制度建设为保证、以作风建设为基础，采取多种形式，抓好领导班子建设和干部队伍建设，提高了领导班子执政为民的本领和能力，进一步提高了干部队伍的综合素质，为实现全市住房公积金事业又好又快发展提供了坚强的组织保证。

降低门槛、简化手续，提高住房公积金的使用率　为积极稳妥地推进住房公积金个人贷款业务，进一步提高住房公积金的使用率，市住房公积金管理中心大胆探索，推出了新举措，有效地促进贷款业务的发展。在保证资金安全和符合条件的情况下，最大限度地发挥住房公积金的使用率。一是住房公积金个人贷款保险费率由0.8%降到0.6%。二是取消了职工购买期房贷款公证手续。三是提高贷款额度，最高可贷25万元。四是延长贷款偿还期限，最长可达20年。由于新规定降低了贷款门槛和费用，简化了手续，充分体现了以人为本的理念和住房公积金的政策优势，推动了住房公积金政策性贷款业务的快速发展。全年，住房公积金个人贷款额同比增加了1316万元，增长了72.3%，进一步提高了住房公积金的使用率。

大力开展便民服务，努力实践党的根本宗旨　2006年，市住房公积金管理中心按照服务发展、服务基层、服务群众的要求，大力开展主动热情的便民服务，进一步增强了实践党的根本宗旨的自觉性。针对华锦集团和辽河油田基础教育部职工人数多、个人分散办理住房公积金提取业务确有诸多不便的实际情况，经深入基层充分协商，由职工个人办理改为由单位负责统一集中办理职工住房公积金的提取业务。全年，为上述两个单位职工集中提取住房公积金2131人次、1934万元，做到了心系群众，倾情为职工服务，深受广大职工的欢迎。

深入开展帮扶村活动,为建设社会主义新农村做出应有的贡献　按照市委、市政府的部署,深入帮扶村盘山县甜水乡一创村,开展帮扶工作。具体办了两件实事,一是帮助搞好村屯绿化,栽种的树苗、花卉成活率达95%以上,进一步改善了村屯环境。二是领导带头,动员和组织机关干部、职工捐款1万元,资助该村老复员伤残军人安永详翻建住房,充分体现了党和政府的关怀和温暖。

·地震·气象·

强化基础性工作,提高地震监测预报能力和水平　(一)完成了日常观测任务。各台、站按《观测规范》要求,严密监测地下水位、水质变化情况,坚持做好化验、分析、数据测算、资料整理等各项地震监测预报工作,并逐级上报,做到了高质、高效,未发生任何违规操作等责任问题。(二)加强了震情分析预报工作。全年,共召开全市震情形势月会商会议12次、季度地震趋势会商会议4次,形成《震情通报》12期、《地震趋势会商意见》4期,共印发1360余份,分别上报市委、市政府等各级领导和省地震局。年末,形成了具有较高质量的《2007年盘锦市地震趋势研究报告》,在全省地震会商会议上受到省局和专家们的高度评价。(三)开展了地震前兆观测资料质量的综合评比。全年,开展资料评比2次。各台、站做到了资料齐全、连续、整洁,计算和读数准确,字迹工整,标注确切,没有漏项和污染,达到了规范标准。盘锦地震台数字化气氡观测资料荣获全国地下流体评比第一名,水化综合评比荣获第二名;市局荣二井在全省地震资料质量评比中荣获第三名。(四)进行了仪器设备的检修标定。对全市各站地震前兆监测仪器进行了全面的检修和标定,共检修标定SW40－1型自记水位计、空盒式气压计、动槽式气压计、UNF－Ⅲ型自记式超低频地震电磁信息观测仪、DPJ－Ⅲ型自记式地震电磁辐射观测仪、雨量计等各种观测仪器34台(套)。日常仪器出现故障,做到了当日排除。通过检修标定,各种仪器运转正常,性能、观测精度均达到了国家技术质量规范标准和地震观测技术规范的要求。(五)完善了本市地震前兆数据库。在原有的基础上,2006年进一步完善了本市地震前兆数据库。数据库的完善,对于提高全市地震综合分析水平,准确预报地震起到了重要作用。(六)恢复了宏观观测站的观测工作。为了充分发挥宏观观测在地震短临预报方面的积极作用,全年,对全市5个宏观观测站进行了重新认定和挂牌,并重新聘用了宏观观测员,开展了地下小水井和动、植物的观测工作。(七)加强了业务人员的学习与培训。全年,集中培训两次,使业务人员提高了业务工作技能。

开展防震减灾法律法规和科普知识宣传,增强公民的防震减灾意识　(一)制定了全年防震减灾宣传工作计划。2006年,是唐山地震30周年、邢台地震40周年,也是我国开展防震减灾工作40周年。按照国家和省地震局的要求,市地震局把2006年定为防震减灾宣传年。一是制定了全年宣传工作计划,对市和各县、区的防震减灾宣传工作做了系统的安排部署。二是构建全市防震减灾宣传网络,设立了各级防震减灾兼职宣传员。(二)组织和开展了全市性的防震减灾大型宣传活动。利用3月1日《中华人民共和国防震减灾法》施行纪念日,在全市城区以秧歌表演、图片展和散发防震减灾法律法规及地震科普知识宣传资料等形式,开展了灵活多样的街头宣传活动。市地震局事先下发了通知,作了周密安排。各县区积极实施,特别是双台子区,各部委办局在渤海路两侧商业网点门前设置宣传点几十处,宣传活动有声有色,群众受教育面广泛。市政府对本次宣传活动非常重视,副市长王秉宽、副秘书长董桂林亲临兴隆台区和双台子区检查指导,并对各县区防震减灾工作提出了具体要求。在7月28日唐山地震纪念日,市地震局在世纪广场举行了纪念“7·28”唐山地震30周年暨聘请地震科普宣传员大会。市人大副主任王丽娟到会并发表重要讲话。市科协、市教育局领导和盘锦市第一完全中学300多名师生及盘锦电视台、盘锦日报社等新闻媒体的记者参加了纪念活动。为了进一步扩大宣传工作的社会影响，于7月28日在《盘锦日报》开设了《牢记唐山地震的历史教训，建设盘锦宜居城市》的专版，刊登了多篇纪念文章和地震科普知识。(三)在市直中小学开展了防震减灾科普“六个一”活动和示范学校启动仪式。根据学生在家庭、社会的特殊地位，市地震局与市教育局、市科协联合，在市实验小学举行了“盘锦市中小学防震减灾科普‘六个一’活动暨示范学校启动仪式”。启动仪式宣读了以上3家单位《关于在市直中小学开展防震减灾科普“六个一”活动和命名市实验小学为盘锦市防震减灾科普示范学校的决定》。向市实验小学授予了“盘锦市防震减灾科普示范学校”牌匾，向市直25所中小学发放了《防震减灾科普教育读本》和光盘。市政府副市长王秉宽和副秘书长董桂林参加了启动仪式和授匾、授书活动。王秉宽做重要讲话。启动仪式结束后，开展了避震演练。(四)参加了“科普之冬”宣传活动。把宣传地震科普知识纳入全市“科普之冬”的重要内容，积极参加由市科协主办的各项活动，并撰写了相关的地震科普知识讲座在《盘锦科普》上予以发表。

落实各项应急措施，提高全社会的地震应急能力 (一)组建盘锦市地震灾害紧急救援队。年初，市地震局制定了组建方案。5月11日，市政府办公室以盘政办发[2006]38号文件下发了《关于印发盘锦市地震灾害紧急救援队组建方案的通知》。盘锦市地震灾害紧急救援队已经组建完毕，主体为盘锦市公共突发事件应急救援队，在此基础上，根据地震救援工作的需要，增加了两个分队。至此，地震应急救援工作，做到了组织落实，人员落实。(二)修订了各级地震应急预案。一是修订了《盘锦市地震应急预案》。根据《辽宁省人民政府办公厅关于修订辽宁省地震应急预案的通知》要求和市政府主管领导的批示，市地震局对2001年9月市政府办公室下发实施的《盘锦市破坏性地震应急预案》进行了修订，市政府办公室以盘政办发[2006]55号文件下发。二是修订了《盘锦市地震局应急预案》。三是指导各县区和市直相关部门及大型工厂、企业、商场、学校等人员密集场所修订、制订了《地震应急预案》。(三)着手组建社区志愿者救援队伍。制定了组建方案，并下发了通知。全市社区地震救援志愿者队伍组建试点工作已经展开，其中，双台子区已组建了胜利街道和建设街道两支分别为91人和80人的社区地震救援志愿者队伍。盘山县在太平和东郭两镇进行组建试点，并配备了救援设施。兴隆台区也在广济公司组建了2支救援志愿者队伍。大洼县组建了402人的县政府地震紧急救援队。(四)加强了节假日的地震应急工作。为确保全市人民重大节日期间祥和、幸福、安康，2006年新年、春节和市人大、市政协会议及“五一”、“十一”长假期间，市地震局对全市地震应急工作均作了安排部署。尤其是对地震系统内的地震应急工作，提出了明确的具体要求：一是加强震情监测。二是确保灾情速报网络畅通无阻。三是加强值班值宿。四是认真检查仪器设备。五是加强安全管理。六是严防地震谣言和传闻，维护社会稳定。(五)建立了地震应急避难场所。经请示市政府分管领导同意，全市已在体育场等大型露天场所建立地震应急避难场所3处，并设置了标志牌。双台子区还结合自身特点，建立社区地震避难场所50处，可容纳避难人员26.5万人。

依法行政，强化了地震灾害预防工作

(一)加强了地震行政执法检查。对全市单项投资较大的田庄台大桥、中润化工、三泰大厦等重大工程建设单位进行了抗震设防要求执行情况的检查，按规定下发了“安评通知”。(二)开展了建设工程场地地震安全性评价和抗震设防要求审批。全年，按市政府授予市地震局的行政许可，已对15项工程实施了建设工程抗震设防要求审批，其中，对二项重大工程进行了地震安全性评价工作。(三)将建设工程抗震设防要求管理审批纳入到基本建设管理程序。经与相关部门沟通，已将建设工程抗震设防要求审批纳入《盘锦市建设工程联审表》的重要内容。同时，工程建设结束图纸归档时，未经市地震局抗震设防要求审批的建设工程档案部门不予接收。(四)

协助省地震局开展了地震活断层探测工作。以市政府办公室的名义下发了通知,要求公安、水利、土地、环保等各部门予以支持。目前,200米深的控性钻孔、波速测试等工作已完成,浅层人工地震探测等正在进行之中。

加强基础设施建设,改善台站观测环境 (一)协助盘锦地震台完成了新台址建设相关手续的办理和装修改造工作。经市政府和省地震局同意,在2005年为盘锦地震台购买了综合办公楼的基础上,2006年,协助地震台完备了产权、产籍等各项手续,完成了改造、装修和环境整治。经国家地震局和省地震局检查验收合格,已于4月底迁入新址。(二)对各观测站进行了全面改造维修。根据局属各观测站年久失修、门窗破损、墙皮脱落、房顶漏雨,严重影响正常观测工作的实际,对各观测站井房进行了彻底维修、改造,并重新铺设了内、外线路,使地震观测站环境焕然一新。(三)开展了观测仪器设备的数字化改造试点工作。根据观测站设备陈旧、落后的情况,先行在东风观测站进行仪器设备数字化改造试点。

强化管理,提高机关整体综合素质 (一)加强领导班子建设,发挥战斗堡垒作用。市地震局领导班子成员努力用"四个坚持"、"四个反对"要求自己,做到了清正廉洁,团结和谐;处事公正、一碗水端平;健全党内民主,实行集体领导。有效地扼制了腐败现象和不正之风,戒除了自由主义和小动作,杜绝了个人专权和随心所欲,增强了班子整体的凝聚力和向心力,发挥了领导核心和堡垒作用。(二)加强党员队伍建设,发挥先锋模范作用。机关党支部坚持"三会一课"制度,经常对党员进行党风、党纪、党性教育。"七一"前夕还有针对性的对党员进行宗旨教育和爱国主义教育,组织党员开展扶贫帮困、参观田庄台清军烈士墓等。(三)创建和谐、文明机关,为全面做好防震减灾工作提供组织保证。一是抓团结,讲大局,向前看,增强团队精神。二是抓教育,开展经常性的思想政治工作,并开展以学习"八荣八耻"为主要内容的学习活动。三是抓作风,比服务,争一流,提高工作效率。四是抓管理,继续建立健全各项规章制度,使机关工作走向制度化、规范化。五是抓技能,注重业务、技术的学习与培训,不断提高机关整体的业务能力和工作水平。

大力推进气象业务技术体制改革工作 2006年,市气象局修改完善了《盘锦市气象局业务技术体制改革方案》,经省气象局的审批后,于4月份正式启动业务技术体制改革工作。6月份制定完成了各岗位工作职责,7月份调整业务结构,人员优化组合,竞聘上岗,实现了机构落实、主要人员落实、任务落实。制定了针对各岗位的考核管理办法,完善与新业务技术体制相适应的制度和规定,补充完善各岗位的业务流程,已初步形成了多轨道的业务布局和体系。积极进行盘锦国家观象台的选址、筹建工作,在市规划部门的配合下,初步完成了盘锦国家气候观象台的选址工作。截止到2006年底,已经初步建立了天气、气候、雷电、生态与农业气象、人工影响天气、大气成分监测多轨道业务体系。并制定了针对各岗位工作内容的目标考核管理办法。

加大新农村建设气象保障 一是加强农村综合气象观测系统和农业气象服务系统建设。在市政府和省气象局的大力支持下,市气象局实施完成了涵盖全市所有乡镇的加密自动气象站网的建设,盘锦地区"一乡一站"加密自动站网在全省各市中率先完成。加密自动站网建设的完成,实现了盘锦市所有乡镇及自然保护区、重点石油生产地点都有自动气象站,能够加强中小尺度灾害性天气的监测能力。在此基础上,开展了细化到乡镇的天气预报,同时为提高乡镇天气预报预警质量,提高全市综合监测能力和气象服务能力打下良好的基础。二是加大气象为"三农"服务力度。采取多种方式,积极主动地做好水稻育苗期、插秧期、河蟹放苗期等农事季节的气象服务,使气象服务更加贴近百姓,贴近实际。大洼县气象局针对农业生产和全县防灾减灾的需要,建成了气象信息短信平台,在全县所有场乡布设农村天气预报预警电子显示屏,提供多种农业气象服务信息。三是人工影响天气受到好评。2006年春夏出现阶段性旱情,全市旱田作物受到影响，市气象局适时组织实施人工增雨作业，缓解农业旱情、改善生态环境。

努力提高基础业务工作质量和预测预报准确率 制定市、县局《目标管理实施办法》，全局的各项工作都根据《目标管理实施办法》来考核。根据2006年的工作计划，将工作任务分解到各个月份。各内设机构和直属单位根据自己的任务制定每月工作计划，并由其部门领导负责组织实施。每月初，要求各部门领导要对上月工作完成情况做出总结，对下个月工作做出安排，市局办公室进行督查通报。在局内网上公布各部门完成的全年工作计划情况，以促进各部门的工作，提高工作效率。全年，全地区各项业务指标均达到或高于省局规定的质量标准，特别是短期暴雨预测预报准确率明显提高，重大灾害性、关键性、转折性天气预测预报能力得到加强。

决策气象服务主动及时，为全市经济建设做好气象服务 2006年，市气象局加大了决策气象服务工作力度，制作了《决策气象服务周年实施方案》。强化决策气象服务意识，进一步提高决策气象服务的敏锐性和针对性。决策服务中心的技术人员从3月初开始坚持每旬一次的“碰头会”制度，针对不同季节、不同农时，研究气象要素的演变及对农业可能产生的危害，提出预报意见和应对措施，及时主动地为地方党政领导提供各种决策服务信息。一是春播气象服务取得较好效益。针对4月份的低温冷害天气，从4月12日起，先后制作发布了“近期气温将持续偏低，建议采取有效应对措施”、“水稻插秧前期天气预测分析”、“水稻适宜栽培期预报”等4期《决策气象服务信息》材料，提请有关部门做好预防应对措施，推广水稻旱作育苗和苗床温度调控管理，把低温冷害对苗情影响尽量减小到最低程度。尽管苗期遭遇到了全市有气象资料记载以来的最低温时段，但由于预防措施到位，未出现低温造成的大面积粉种、坏种现象，全市的稻苗完全满足了插秧的需求。二是汛期气象服务受到好评。汛期制作发布《一周天气快报》，制作发布了《盘锦市决策气象信息》24期，盘锦气象灾情快报13期。特别是7月31日下午制作发布了24小时内盘锦市将出现暴雨灾害天气的重要气象报告，提请市领导和有关部门做好防汛排涝准备工作，报准了入汛以来的第一场区域暴雨到大暴雨天气过程，期间发布了暴雨红色预警信号和城市渍涝预警信号，暴雨造成市区及两县低洼地段出现严重积水，部分平房进水倒塌，2万多亩农田被淹，但无人员伤亡，取得较好的效果，受到市领导和市民的好评。《盘锦日报》还对这次暴雨红色预警信号的发布作了介绍。三是决策气象信息质量明显提高。重视《盘锦决策气象服务信息》的内容和包装，在省气象局组织的市县级公共气象服务产品评比中，市气象局报送的决策气象服务产品被评为一等奖。

加强气象应急管理工作，完善气象应急服务体系 一是建立了重大气象灾害预警应急或突发公共事件应急保障预案。建立了全市重大灾害性天气及突发事件应急气象保障业务体系，提高应急服务的质量和水平。以市政府办公室名义出台了《盘锦市气象灾害应急预案》，作为专项预案发布。同时，结合本局实际进行细化，制定了《盘锦市突发公共事件应急气象保障预案》和《盘锦市气象局重大灾害性天气应急预案》等一系列应急预案。参加了盘锦市重特大突发事故应急演练，落实演练职责，为演练提供气象保障服务，受到市领导好评。二是建立了灾害性天气预报预警机制。通过手机短信、电台插播、电视滚动字幕、12121气象声讯电话、报纸刊登等方式，开展了灾害性天气预报预警服务。制作了《盘锦市气象台突发气象灾害预警信号制作发布规定》、《盘锦市气象台预警信号制作发布流程》。全年，共发布了包括暴雨、雷电、大雾等20次灾害性天气预警信号，准确率达到100%。

依法行政工作迈出新步伐 2006年，市气象局加强法律知识的学习培训，认真落实行政执法责任制和行政执法过错追究制，强化对行政执法工作的指导和管理，加强气象法律法规的宣传教育，努力提高全社会气象法律意识。一是盘锦市气象局行政审批工作进入市公共服务大厅，施放气球作业审批、防雷装置设计审核和竣工验收审批等列为行政许可项目，纳入市政府公共服务大厅,行政许可工作进一步规范化。在做好审批工作的同时,做好依法行政职责、依据和程序的公开工作,市气象局窗口在评比中被授予优秀窗口。二是为加强雷电灾害防御社会管理力度,与市安监局积极沟通,在4月份联合向全市机关、企事业单位下发了《关于开展防雷防静电安全检查的通知》,并开展了防雷安全大检查和宣传,推动了全市防雷检测工作的开展,减少了不安全隐患。三是继续加强施放气球管理工作。实行常抓不懈与集中整治相结合,进一步清理整顿氢气球施放市场,完成资质认证、资格审查、人员培训、企业登记等工作,努力减少或杜绝没有资质证或资格证施放彩球或未经审批施放气球的违法现象。坚持文明执法,公正执法,现已处罚了3起违法释放气球案件。经过整治,全市施放气球市场得到进一步规范。

实施人才强局战略,为落实"三气象"发展理念做支撑　一是深刻理解"人才"的概念,多方面发现培养人才。本着"努力用好现有人才,认真培养复合型人才,积极引进急需人才"的原则,认真做好人才引进和培养工作。注重多层次、各岗位的人才培养,注重培养和提高现有人员。二是注重对后备干部的管理和考核。认真贯彻落实《党政领导干部选拔任用条例》,加强各级领导班子和后备干部队伍的建设和管理。配合业务技术体制改革工作的需要,调整了盘山县、大洼县气象局的领导班子,使两县局的工作有了新的起色。三是重视继续教育工作。制定了2006年度继续教育工作培训计划,先后举办了气象行政执法、人工影响天气岗位培训班等8期培训班。四是投入资金,支持全地区13名专业技术人员分别参加了南京信息工程大学大气科学专业本科学历函授班和成都信息工程学院计算机专业的学习,提高了业务素质。

科研业务相结合,达到两促进　市气象局紧密围绕多轨道业务体系,通过完善和发展研究型业务,坚持科研从业务中来、到业务中去的导向,凝练业务发展过程中的科技难题,以项目为纽带,组织科研和业务人员开展科研工作,逐步解决科研与业务脱节问题,促进科研成果向业务服务转化,提升气象业务的科技含量。建立了《盘锦市气象局科研课题研发指南》,设立了专项研发基金。

加强行政管理和局务公开工作　一是完善机关管理考核和效能建设制度。建立了市、县二级目标化管理考核办法,进一步加强了机关效能的监督和管理。能够严格按照《盘锦市气象局党组工作规则》、《盘锦市气象局工作规则》开展工作。根据全局的实际制定了《盘锦市气象局财务规章制度》、《盘锦市气象局车辆管理制度》、《盘锦市气象局考勤制度》、《盘锦市气象局安全生产工作制度》等文件,更好地规范了机关工作的管理。二是认真开展局务公开工作,进一步完善监督制约机制。通过会议、公示板等形式,向社会公开办事依据、办事程序、办事时限、收费标准等内容,向社会公开承诺气象服务和执法工作。同时,强化财务管理,建立重大事项通报制度。严格按照《党政领导干部选拔任用工作暂行条例》规定选拔任用干部,实行领导干部任前公示制、试用期制和聘用制。积极开展领导干部任期、离任的审计制度。

开展党风廉政建设和气象文化建设　一是加强党风廉政制度建设。从落实党风廉政建设责任制入手,进一步健全完善了重大事项报告等制度,加强对党员干部的管理和监督,建立健全了重大事项集体讨论决策制度。认真落实领导干部"一岗双责"职责。制定党组中心组和党员干部学习计划,党组书记代表局党组与县局主要领导及局中层以上领导干部签订了党风廉政建设责任状。按照市委和省气象局党风廉政建设的工作部署,结合本单位的实际,制定活动方案和实施意见,开展党风廉政建设活动。二是加大对气象文化建设的投入,完成"三室一中心"建设,配备了图书、报纸、杂志、健身器材和音响设备,保证职工日常文化生活的需要。组织开展读书思进、知识竞赛等文化活动和乒乓球比赛等健身活动,陶冶干部职工的情操,强健干部职工的体魄,培育干部职工的团结协作意识和集体荣誉感。积极开展创建学习型单位活动,鼓励干部职工积极参加学历教育,不断改善本单位的知识结构。参加了“先进性教育活动”征文、“党章知识竞赛”测试答卷、内部审计知识测试等多项活动。

深入开展精神文明创建活动 2006 年,市气象局做到三个文明协调发展,有规划、有方案、有组织、有措施,其中,大洼县局已晋升为省级文明单位,已经成为全国气象部门文明台站标兵单位。参加全省气象部门文明单位结对与对口帮扶活动,按照省局文明办部署组织大洼县和阜新县两县局结成帮扶对子。加强“八荣八耻”教育,利用宣传板做好宣传活动。积极参加省局组织的乒乓球比赛及文艺汇演。组织全局党员为盘山县上网村的贫困学生捐资助学 4250 元,积极响应市委“送温暖献爱心“的捐款活动,全局职工捐资 5500 元。

干部任免

·市级变动·

2005年12月31日 接辽组干字[2005]330号通知，省委决定：

王本道同志任盘锦市正市级调研员；

提名荆永强同志为盘锦市人大常委会副主任候选人。

2006年1月13日 市人大五届二次会议选举：

荆永强同志为市人大常委会副主任；

2006年1月25日 接辽组干组字[2006]7号通知，省委决定：

陈海波同志任中共盘锦市委书记，不再担任盘锦市人民政府市长职务；

陈淑珍同志任中共盘锦市委委员、常委、副书记，提名为盘锦市人民政府市长人选；

程亚军同志不再担任中共盘锦市委书记、常委、委员及市人大常委会主任职务。

2006年2月9日 市人大常委会决定任命：

陈淑珍同志为盘锦市人民政府副市长、代市长。

2006年12月25日 接辽组干字[2006]270号通知，省委同意：

提名张久富同志为盘锦市人大常委会主任候选人。

2006年12月25日 接辽组干字[2006]270号通知，省委决定：

张要武同志任盘锦市正市级调研员，免去其盘锦市人民政府副市长职务。

·市直变动·

1月13日 市人大五届二次会议选举：

孙波同志为市人大常委会秘书长。

1月19日 市委决定：

刘成树同志退休(退休时间为2004年3月)；

免去贾凌生同志的市委组织部调研员职务，退休(退休时间为2006年2月)；

免去王文成同志的市卫生防疫站正站级调研员职务，退休(退休时间为2006年2月)；

免去高良文同志的市检察院副处级检察员职务，退休(退休时间为2006年2月)。

2月8日 市委决定：

免去江崇武同志的市高级中学党总支书记、副校长职务，退休(退休时间为2006年2月)；

免去王道义同志的市政府接待办公室助理调研员、党组成员职务，退休(退休时间为2006年3月)；

免去孙立科同志的市城郊地区检察院副处级检察员、党组成员职务，退休(退休时间为2006年3月)。

2月10日 市委决定：

免去张兵男同志的市旅游局副局长职务；

免去薛树森同志的市环境保护局副局长、党组成员职务；

刘贵东同志正式任市人大常委会人事代表选举工作委员会副主任；

刘迪同志正式任市人大常委会机关党委副

书记(副处级);

刘晓天同志正式任市政协办公室主任;

王兵同志正式任市政协机关党委副书记(副处级);

荆永强同志任市人大常委会党组成员;

程亚军同志不再担任市人大常委会党组书记职务;

赵红巍同志任团市委党组书记;

孙雨、舒然同志任团市委党组成员;

陈淑珍同志任市政府党组书记;

陈海波同志不再担任市政府党组书记职务。

2月28日 市委决定:

纪宗庭同志退休(退休时间为2006年3月)。

3月7日 市委决定:

免去马晓春同志的团市委副书记、党组成员职务;

索乐民同志任市人事局副局长、党组成员。

3月8日 市委决定:

免去朱在林同志的市环境保护局调研员职务,退休(退休时间为2006年3月);

免去李志勇同志的市交通局调研员职务,退休(退休时间为2006年3月)。

3月10日 市委决定:

免去徐德友同志的市法院调研员职务,退休(退休时间为2006年4月)

免去郑叔雄同志的盘锦职业技术学院副院级调研员职务,退休(退休时间为2006年4月)。

3月16日 市委决定:

杨立福同志任市公安局交通警察支队副支队长。

4月11日 市委决定:

免去张凤廷同志的市水利局调研员职务,退休(退休时间为2005年7月)。

4月18日 市委决定:

免去李春学同志的市纪委调研员职务,退休(退休时间为2005年11月)。

4月25日 市委决定:

侯万利同志正式任盘锦市经济技术学校副校长;

宋全明同志正式任北方工业学校副校长;

金秘同志正式任市一完中党支部副书记、副校长;

黄维同志正式任市城市规划管理办公室党总支书记;

马宝德同志职级为正处级;

王皑岩同志延长退休年龄至60周岁;

张丽芬同志延长退休年龄至60周岁。

4月27日 市委决定:

王庆良同志任市委宣传部常务副部长,试用期一年,免去其市委办公室副主任职务;

王本星同志任团市委副书记、党组成员;

提名蒋文夫同志为九三学社盘锦市委员会主委人选;

提名吴丽君、王典同志为九三学社盘锦市委员会副主委人选(不驻会);

提名于洪庆同志为九三学社盘锦市委员会秘书长人选,免去其市委统战部助理调研员职务;

提名苗魁同志为民革盘锦市委员会副主委人选,职级晋升为正处级;

提名岳泽慧同志为农工民主党盘锦市委员会副主委人选,职级晋升为正处级;

史伟同志正式任市委副秘书长;

朱中国同志正式任市委副秘书长(兼)、市信访局局长、党组书记;

张剑同志正式任市委党校常务副校长;

谷洪旺同志正式任市行政服务中心主任、党组书记。

4月28日 市委决定:

董桂林同志正式任市政府副秘书长;

朱中国同志正式任市政府副秘书长(兼);

王兴武同志任市政府副秘书长(兼),免去其市政府办公室副主任、党组成员职务;

赵波同志任市环境保护局副局长,免去其市民族事务委员会副主任职务;

郭雨忱同志任市动物卫生监督管理局党组书记,提名为局长人选;

赵彦彬同志任市动物卫生监督管理局副局长、党组成员,免去其市农村经济委员会副主任、党组成员职务;

李世财同志任市动物卫生监督管理局副局长、党组成员，试用期一年；

马新华同志任市对外开放工作领导小组办公室主任(兼)；

何敏同志任市对外贸易经济合作局副局长、党组成员，免去其市对外贸易经济合作局助理调研员职务；

王永威同志任市对外贸易经济合作局副局长、党组成员，市对外开放领导小组办公室副主任(兼)，试用期一年；

杨根华同志任盘锦日报社总编辑，试用期一年；

孙卜勇同志任盘锦日报社副总编辑，试用期一年。

5月9日　市委决定：

免去王树田同志的市政府办公室调研员职务，退休(退休时间为2006年5月)；

免去石振芳同志的市劳动和社会保障局调研员职务，退休(退休时间为2006年5月)；

免去姚宪忠同志的市城乡规划建设委员会调研员职务，退休(退休时间为2006年5月)；

冯玉先同志退休(退休时间为2006年5月)。

5月15日　市委决定：

免去马尚武同志的市委党史研究室助理调研员职务，退休(退休时间为2006年5月)。

6月8日　市委决定：

李东昕同志任市纪委宣教室主任，免去其市纪委执法监察室主任职务；

赵军同志任市纪委执法监察室主任，试用期一年；

李雅君同志任市纪委副处级检查员；

王永清同志任市纪委副处级检查员；

王嘉宁同志职级为副处级；

赵景龙同志任市人事局党组成员；

赵晓刚、李长玲同志职级为副处级；

王烈同志任市人才服务局党支部书记，试用期一年；

齐峰同志任市政府采购中心主任，试用期一年；

卢喜华同志任市产业项目办公室主任；

沈艳丰、赵素玲同志任市产业项目办公室副主任，试用期一年；

王海斌同志任市高级中学党总支书记，试用期一年；

提名王建东同志为市高级中学工会主席人选；

吴萍同志任北方工业学校党委副书记，试用期一年；

房柏峰同志任市公安局交通警察支队支队长，试用期一年；

段炼同志任市公安局交通警察支队副支队长，试用期一年；

免去王守启同志的市公安局交通警察支队支队长职务；

杨文君同志任市公安局巡逻防暴支队政委，试用期一年；

刘光伟同志任市公安局交通分局政委，免去其市公安局国保支队政委职务；

李贵、李树成同志职级为副处级；

麻忠庭同志任市公安局兴隆台分局政委，试用期一年；

李军同志任市劳动教养管理所副所长，免去其市劳动教养管理所政治处主任职务；

宫庆荣同志任市劳动教养管理所副政委；

刘家有同志职级为副处级；

齐忠伟同志任市卫生监督所所长，免去其市卫生防疫站党总支书记职务；

徐健峰同志任市疾病预防控制中心主任，免去其市卫生防疫站站长职务；

刘海涛同志任市疾病预防控制中心党总支书记，试用期一年；

免去程亚军同志的市城市防洪工程建设指挥部指挥职务；

免去张凤廷同志的市城市防洪工程建设指挥部副指挥职务；

免去赵显忠同志的市城市防洪工程建设指挥部动迁安置处处长职务；

免去王显信同志的市城市防洪工程建设指挥部工程技术处处长职务；

免去田德华同志的市委统战部调研员职务，退休（退休时间为 2006 年 7 月）；

免去倪宏同志的市委政研室助理调研员职务，退休（退休时间为 2006 年 6 月）；

免去高明兰同志的市教育局助理调研员职务，退休（退休时间为 2006 年 6 月）；

免去刘玉兰同志的市公安局助理调研员职务，退休（退休时间为 2006 年 6 月）；

免去宋洪学同志的市公安局副局级调研员职务，退休（退休时间为 2006 年 7 月）；

曹洪彦同志职级晋升为副处级；

赵月秋同志任市总工会干部学校校长，试用期一年；

常金库同志职级晋升为副处级，试用期一年。

6 月 13 日 市委决定：

王守启同志任市公安局调研员；

免去宫庆荣同志的市公安局助理调研员职务；

免去刘钊同志的市财政局助理调研员职务，保留副处级。

7 月 12 日 市委决定：

免去王文贵同志的市卫生局调研员职务，退休（退休时间为 2006 年 8 月）；

免去韩颖洁同志的市卫生局助理调研员职务，退休（退休时间为 2006 年 8 月）；

免去刘清林同志的市公安局助理调研员职务，退休（退休时间为 2006 年 8 月）；

蔡雨芬同志退休（退休时间为 2006 年 8 月）；

免去郭连喜同志的市劳动教养管理所正院级调研员职务，退休（退休时间为 2006 年 8 月）。

8 月 18 日 市委决定：

免去贾盛清同志的市粮食局调研员职务，退休（退休时间为 2006 年 9 月）；

免去韩志强同志的市外事办公室调研员职务，退休（退休时间为 2006 年 9 月）；

免去张俊海同志的市教育局助理调研员职务，退休（退休时间为 2006 年 9 月）；

免去韩洪奇同志的市公安局助理调研员职务，退休（退休时间为 2006 年 9 月）；

免去张德宏同志的市法院调研员职务，退休（退休时间为 2006 年 9 月）；

免去杨忠才同志的市法院副处级审判员职务，退休（退休时间为 2006 年 9 月）。

9 月 6 日 市委决定：

庞素琴同志延长退休年龄至 60 周岁；

免去王昌元同志的盘锦人民广播电台副台长职务，退休（退休时间为 2006 年 7 月）；

史志军同志任市委组织部副处级建党组织员；

免去马锦同志的市委组织部副处级建党组织员职务；

刘龙海同志改任市环境监察局局长，免去其市环境监察支队支队长职务；

夏玉书同志任辽河油田第二高级中学校长、党总支书记，免去其辽河油田第三高级中学校长、党总支书记职务；

王东新同志任辽河油田第三高级中学校长、党总支书记，试用期一年；

免去禹永德同志的辽河油田第二高级中学校长、党总支书记职务。

盖林同志正式任市城建监察总队队长；

许龙同志正式任市城市规划管理办公室副主任；

孙湛同志正式任市城市开发办主任；

杨杯林同志正式任市建设工程检测中心主任；

张振生同志正式任市建设工程检测中心党支部书记；

免去马彪同志的市政协党组成员、调研员职务，退休（退休时间为 2006 年 9 月）；

李学顺同志正式任市市政工程管理处党委副书记、纪委书记；

冯磊同志正式任市市政工程管理处副处长；

李晓辉同志正式任市绿化管理处处长；

孟宪连同志任市绿化管理处党委书记，免去其市绿化管理处党总支书记职务；

吴云斗同志正式任市公园管理处处长；

吴继庚同志任市公园管理处党委书记，免去其市公园管理处党总支书记职务；

郭忠权同志任市辽河碑林管理处党总支书记,试用期一年;

免去马志恒同志的市辽河碑林管理处党总支书记职务,保留副处级;

夏凤武同志任市县乡财源建设办公室主任,免去其市行政事业收费处处长职务;

赵显良同志任市行政事业收费处处长,试用期一年;

免去顾希孟同志的市县乡财源建设办公室主任职务,退休(退休时间为2006年8月);

孟泰舟同志任双台子河口自然保护区管理处副处长,试用期一年;

免去曹希仁同志的双台子河口自然保护区管理处副处长职务,退休(退休时间为2006年7月);

李颖同志任市水利勘测设计院院长,试用期一年;

免去张清和同志的市水利勘测设计院院长职务;

管海明同志正式任市水资源管理处处长;

徐伟同志任盘锦食品工业循环经济示范园区管理委员会专职副主任(副处级),试用期一年;

周洪臣同志职级晋升为副处级;

李恽同志任市政府接待办公室副主任、党组成员,免去其市政府接待办公室助理调研员职务;

王洪双同志任市政府接待办公室助理调研员;

刘宁同志任市民政局助理调研员。

9月8日　市委决定:

李明炜同志任市纪委委员、常委、市监察局副局长,免去其市人大专职常委兼内务司法委员会副主任委员职务;

裴晓敏同志兼任市委宣传部副部长;

周铁同志任市科协党组成员,提名为市科协副主席人选,免去其市信息产业局副局长、党组成员职务;

陈飞同志任市城市建设管理局党委副书记、纪委书记,提名为市城市建设管理局工会主席人选;

提名李学军、宠素琴、马月明同志为市总工会副主席人选(兼);

王佩勇同志任市人大常委会办公室副主任,免去其市科协副主席、党组成员职务;

王玉华同志任市委政法委副书记兼市维护社会稳定领导小组办公室主任,试用期一年;

免去陈有贵同志兼任的市维护社会稳定领导小组办公室主任职务;

刘闯同志任市委政法委纪工委书记,试用期一年,免去其市维护社会稳定领导小组办公室专职副主任职务;

杨春生同志正式任市房产管理工作办公室纪委书记;

马锦同志任市委老干部局副局长;

免去史志军同志市委老干部局助理调研员职务;

杨智勇同志正式任市贸促会党组书记;

提名王学民同志为市残联副理事长人选;

闫岗同志任市残联党组成员,提名为市残联副理事长人选;

赵俊芝同志任市文联党组成员;

刘铁鑫同志任市城建局副局长,免去其市城市建设管理局纪委书记、工会主席职务;

张绍华同志任市海洋与渔业局副局长、党组成员,免去其市人大常委会办公室副主任职务;

李亮同志任市卫生局副局长,试用期一年;

冷晓光同志任市信访局副局长、党组成员,免去其市海洋与渔业局副局长、党组成员职务;

免去张晓光同志的市审计局副局长、党组成员职务(保留副处级实职待遇);

任淑珍同志任市旅游局副局长、党组成员,试用期一年;

禹永德同志任市政府副处级督学;

陈萍同志任市经委助理调研员;

王介修同志任市财政局助理调研员;

孙刚同志任市海洋与渔业局助理调研员;

李仕忱同志任市卫生局助理调研员;

免去赵喜忠同志的市粮食局助理调研员职务;

李彬同志任市安全生产监督管理局纪检组

长、党组成员。

9月18日 市委决定：

免去史洪学同志的市检察院副处级检察员职务，退休（退休时间为2006年10月）；

免去金振运同志的市政府办公室调研员职务，退休（退休时间为2006年10月）；

免去王胜利同志的市环保局调研员职务，退休（退休时间为2006年10月）；

免去王铭启同志的市档案局（馆）调研员职务，退休（退休时间为2006年10月）。

9月22日 市委决定：

柳海玲同志任市委统战部助理调研员；

苏晓莲同志任市经济委员会助理调研员；

戴景芳同志任市经济委员会助理调研员；

刘清河同志任市公安局助理调研员；

鲁宪伦同志任市财政局助理调研员；

罗庆生同志任市财政局助理调研员；

赵红军同志任市劳动和社会保障局助理调研员；

李胜国同志任市农村经济委员会助理调研员；

王秀兰同志任市农村经济委员会助理调研员；

张晓荣同志任市文联助理调研员；

王素清同志任市工商联助理调研员；

马德宝同志任市委党史研究室助理调研员；

刘贵华、贾维忱同志任市政协助理调研员；

刘询同志任市直机关工委助理调研员；

张金彦同志任市委党校教育长，试用期一年；

单铸刚同志职级晋升为副处级；

贾有维同志任市辽河油田基础教育管理中心副主任，试用期一年；

何绍纯同志正式任市辽河油田第一高级中学校长；

潘新同志任市城郊地区检察院党组成员；

李洪秀同志兼任市第二人民医院党委书记；

孙久春同志任市第二人民党委副书记；

闫励同志任市第二人民医院副院长，试用期一年；

张东升同志任市第二人民医院副院长，试用期一年；

免去赵玉坤同志的市第二人民医院党委书记职务，退休（退休时间为2006年10月）；

王志刚同志正式任市纪委办公室主任；

王忠彦同志正式任市纪委综合室主任；

缴万升、张大营同志正式任市信息中心副主任；

王筱林同志正式任市农业区划办公室主任；

郭敏同志正式任市物价检查所党支部书记；

王春庆同志正式任市中级人民法院执行局局长；

杨光同志正式任盘锦电视台总工程师；

王志忱同志正式任盘锦电视网络传输中心副主任；

赵东同志正式任盘锦电视网络传输中心副主任；

刘萍同志正式任盘锦电视网络传输中心副主任、总工程师；

李兵同志正式任盘锦职业技术学院党委组织部长。

10月13日 市委决定：

提名李学仁同志为盘锦市第五届工商业联合会会长人选；

提名耿淑芝、马力强同志为盘锦市第五届工商业联合会专职副会长人选；

提名刘丽同志为盘锦市第五届工商业联合会秘书长人选。

10月26日 市委决定：

免去宫健同志的市供销社调研员职务，退休（退休时间为2006年11月）；

免去吴永惠同志的盘锦市职业技术学院副院级调研员职务，退休（退休时间为2006年11月）；

免去王桂芬同志的市纪委副处级检查员职务，退休（退休时间为2006年11月）；

免去张广厚同志的市政府办公室调研员职务，退休（退休时间为2006年11月）；

免去张树轩同志的市公安局调研员职务，退休（退休时间为2006年11月）；

免去朱永富同志的市公安局助理调研员职务,退休(退休时间为2006年11月);

耿淑芝同志延长退休年龄至60周岁;

崔玉清同志任市政协助理调研员;

高国权同志任市人民防空办公室助理调研员;

免去王春湘同志的市教师进修学院副院长职务,退休(退休时间为2006年11月);

免去陈日新同志的市纪委研究室主任职务,退休(退休时间为2006年11月);

免去辛荣啸同志的市委组织部干部监督员职务。

10月27日　市委决定:

王宏同志任市检察院党组成员,提名为市检察院副检察长人选(挂职锻炼,时间一年);

王子信同志任市政府副秘书长;

杨权同志任市政府副秘书长,试用期一年,免去其市发展和改革委员会副主任、党组成员职务;

辛荣啸同志任市发展和改革委员会副主任、党组成员;

朱长元同志任市科技局副局长、党组成员;

邹继红同志任市公安局副局长(挂职锻炼,时间一年);

马速启同志任市水利局副局长、党组成员;

熊才根同志任市动物卫生监督管理局副局长、党组成员;

王立才同志任市卫生局副局长;

高洪吉同志任市民政局助理调研员;

杨振权同志任市劳动和社会保障局助理调研员;

杨百奎同志任市动物卫生监督管理局助理调研员;

潘来春同志任市环境保护局助理调研员;

免去张晓辉同志的市政府副秘书长职务;

邢越同志职级晋升为正处级;

李国忠同志职级晋升为正处级;

11月9日　市委决定:

焦体明同志任市公安局双台子分局局长,免去其市公安局刑事犯罪案件侦查支队支队长职务;

王立俭同志任市公安局双台子分局政委,免去其市公安局经济犯罪案件侦查支队支队长职务;

免去戴承波同志的市公安局双台子分局局长职务;

钱启森同志任市公安局国内安全保卫支队政委,免去其市公安局双台子分局政委职务;

李宏伟同志任市公安局刑事犯罪案件侦查支队支队长,试用期一年;

张君芝同志任市公安局经济犯罪案件侦查支队支队长,免去其市公安局助理调研员职务;

王立峰同志任辽宁双台河口国家级自然保护区管理局局长,免去其辽宁双台子河口国家级自然保护区管理处处长职务;

李玉祥同志任辽宁双台河口国家级自然保护区管理局副局长,免去其辽宁双台子河口国家级自然保护区管理处副处长职务;

冯德权同志任辽宁双台河口国家级自然保护区管理局副局长,免去其辽宁双台子河口国家级自然保护区管理处副处长职务;

孟泰舟同志任辽宁双台河口国家级自然保护区管理局副局长,试用期至2007年9月,免去其辽宁双台子河口国家级自然保护区管理处副处长职务;

张德龙同志职级晋升为副处级,试用期一年;

孙英科同志正式任市运输管理处处长;

姚远同志任市交通工程质量监督站站长(副处级),试用期一年;

提名李铁林同志为市城乡规划建设委员会工会主席人选,免去其市建筑工程管理处处长职务;

杨伟兴同志任市建筑工程管理处处长,免去其市城乡规划建设委员会工会主席职务;

陈林松同志任市纪委干部管理室主任,试用期一年;

张泽柱同志享受副处级待遇;

刘晓丽同志任市房屋产权产籍管理处处长,免去其市房屋产权产籍管理处党总支书记职务;

周玉祥同志任市房屋产权产籍管理处党总支书记，免去其市房屋产权产籍管理处处长职务。

11月17日 市委决定：

免去赵久安同志的市纪委副处级检查员职务，退休（退休时间为2006年12月）。

11月20日 市委决定：

免去王志华同志的市民族事务委员会调研员职务，退休（退休时间为2006年12月）；

免去李再凌同志的市发展和改革委员会助理调研员职务，退休（退休时间为2006年12月）；

免去崔福荣同志的市公安局助理调研员职务，退休（退休时间为2006年12月）；

李继红同志退休（退休时间为2006年11月）。

12月12日 市委决定：

免去盖林同志的市城建监察总队队长职务；

免去张德深、冯胜同志的市城建监察总队副队长职务。

12月13日 市委决定：

周德廉同志正式任市委办公室副主任；

韩彤同志正式任市委老干部局副局长；

王首中同志正式任市政协办公室副主任；

秦浩同志任市纪委驻市城市管理综合行政执法局纪检组组长；

王继章、宫锡强、蒋中平同志职级晋升为正处级；

提名卢云海、王庆良、赵红巍、闫铁伦、董玉祥、李晓东同志为市五届人大常委会委员人选；

提名刘素芳同志为市五届人大常委会专职委员、内务司法委员会副主任委员（兼）人选，免去其市人大助理调研员职务。

12月14日 市委决定：

王庆良同志兼任市文联党组书记；

盖林同志任市城市管理综合行政执法局党组书记、提名为局长人选；

张德深、冯胜同志任市城市管理综合行政执法局党组成员、副局长；

陈风华同志任市信息产业局党组成员、副局长，免去其市地震局党组成员、副局长职务；

王明佳同志兼任市经济委员会副主任，免去其原市乡镇企业局副局长职务；

苗魁同志兼任市对外贸易经济合作局副局长；

宋天辉同志兼任市政府油田工作办公室党组成员、副主任；

徐宝华同志兼任市政府油田工作办公室副主任；

徐杰同志任市地震局党组成员、副局长，试用期一年；

陈太江同志正式任市政府办公室党组成员、副主任；

刘毅同志正式任市经济委员会党组成员、副主任；

张密堂同志正式任市人事局党组成员、副局长；

宋玉柱同志正式任市商业局党组成员、副局长；

提名郭平连同志为市侨联主席人选。

12月25日 市委决定：

张久富同志任市人大常委会党组书记；

蒋文夫同志兼任市教育局副局长，免去其市监察局副局长职务；

彭学春同志任市城乡规划建设委员会调研员，免去其市城建监察总队副队长职务。

12月26日 市委决定：

侯德岐同志任市农垦管理局党支部书记；

孙德超同志任市芦苇科学研究所所长，试用期一年；

范伟同志任市芦苇科学研究所副所长；

免去杨广俭同志的市芦苇科学研究所所长职务，退休（退休时间为2006年11月）；

李建革同志正式任市教师进修学院院长；

闫玉光、李凤舞同志任市教师进修学院副院长，试用期一年；

徐广德同志任市辽河油田第一高级中学副校长，试用期一年；

孙世纪同志任市公证处主任，试用期一年；

康景忱同志任市公证处党支部书记，免去其

市公证处主任职务；

王学峰同志任市司法局党组成员、副调研员；免去其市公证处党支部书记职务；

田璐同志任市人大常委会机关副调研员；

迟若文同志任市公安局副调研员；

魏福卿同志任市农委副调研员；

刘玉金同志任市地震局副调研员；

秦浩同志任市城市管理综合行政执法局党组成员；

胡舰同志任市委办公室副调研员；

赵义茂同志任市委老干部局副调研员；

姚红、宋楠、宋文广、江书亭同志职级晋升为副处级；

刘丽同志职级晋升为副处级；

李平同志正式任市运输管理处党委书记；

董秀琴同志延长退休年龄至60周岁；

邬兰英同志延长退休年龄至60周岁。

2005年9月23日　市委决定：

杨广富同志任市油地融合工作领导小组副组长。

·县区变动·

3月7日　市委决定：

免去索乐民同志的中共兴隆台区委常委、委员职务；

提名孙洪军同志为大洼县人民政府副县长人选；

提名丁喜庆同志为大洼县人民政府副县长人选，免去其中共大洼县委常委职务；

马晓春同志任中共大洼县委委员、常委；

刘松林同志任中共盘山县委委员、常委，提名为盘山县人民政府副县长人选，免去其大洼县人民政府副县长职务；

免去郭雨忱同志的中共盘山县委常委、委员、盘山县人民政府副县长职务；

刘成员同志任盘山县副县级调研员；

提名孟晓平同志为盘山县政协副主席人选，职级晋升为正县级。

4月27日　市委决定：

贾启才同志任中共盘山县委委员、常委；

免去王国志同志的盘山县副县级督学职务；

免去王宝宽同志的盘山县工会主席职务，退休(退休时间为2006年4月)；

提名李之栋同志为双台子区人民政府副区长人选。

6月8日　市委决定：

提名孙丽颖同志为盘山县总工会主席人选。

7月12日　市委决定：

免去刘成员同志的盘山县副县级调研员职务，退休(退休时间为2006年8月)。

9月6日　市委决定：

董汉华同志任盘山县副县级督学；

黄景奎同志职级晋升为副县级；

佟殿石同志职级晋升为副县级；

张玉宝同志任大洼县副县级督学。

9月8日　市委决定：

免去梁岳同志的双台子区委副书记、常委、委员职务；

赵峡同志任中共大洼县委委员、常委、副书记(挂职锻炼，时间一年)。

9月18日　市委决定：

免去张秀菊同志的盘山县副县级督察员职务，退休(退休时间为2006年10月)。

9月22日　市委决定：

张焕庆同志正式任大洼三角洲开发区管委会主任。

10月13日　市委决定：

免去刘亚丽同志的兴隆台区人民政府副区长职务。

10月26日　市委决定：

免去王树权同志的大洼县副县级调研员职务，退休(退休时间为2006年11月)；

马宝同志任兴隆台区副县级调研员。

12月12日　市委决定：

李永夫同志正式任盘锦辽滨经济区管委会常务副主任。

12月13日　市委决定：

提名辛炳胜同志为双台子区人大副主任人选；

提名焦体明同志为双台子区政府副区长人选；

提名李士新同志为双台子区政协副主席人选；

免去苗魁同志的双台子区人大副主任职务；

免去戴承波同志的双台子区政府副区长职务；

免去孙金仲同志的双台子区政协副主席职务；

提名杨松同志为兴隆台区政协副主席人选；

免去温崇宁同志的兴隆台区政府副区长职务；

免去张景胜同志的兴隆台区政协副主席职务；

提名任德忠同志为大洼县人大副主任人选；

免去夏学贵同志的大洼县人大副主任职务；

提名孟晓平同志为盘山县政协主席人选；

免去赵长山同志的盘山县政协主席职务；

免去荆世英同志的盘山县人大副主任职务，退休(退休时间为2007年1月)。

12月20日 市委决定：

刘玉本同志退休(退休时间为2007年1月)。

·企业变动·

2005年12月30日 市国资委决定：

李宝清同志任市天然气总公司总经理，试用期一年，免去其市天然气总公司副经理职务；

冯德俊同志任市天然气总公司党委书记，试用期一年，免去其市天然气总公司党委副书记职务；

赵广新同志任市自来水总公司总经理，试用期一年，免去其市自来水总公司副经理职务。

2006年6月8日 市委决定：

推荐赵士文同志为盘锦建设投资有限责任公司董事会董事人选；

推荐刘军利同志为盘锦建设投资有限责任公司董事会董事人选；

推荐杨山林同志为盘锦建设投资有限责任公司监事会主席人选；

推荐李春国同志为盘锦建设投资有限责任公司监事会监事人选；

免去单成祥同志的市城市信用合作社联合社经理职务；

免去王占权同志的市城市信用合作社联合社副经理职务；

免去曹贵馥同志的市城市信用合作社联合社副经理职务；

免去王常富同志的市城市信用合作社联合社副经理、总稽核职务；

免去李娟同志的市城市信用合作社联合社工会主席职务。

2006年7月3日 市国资委决定：

贾启才同志正式任羊圈子苇场场长、党委副书记；

刘伟同志正式任羊圈子苇场党委书记。

2006年8月18日 市国资委决定：

刘明伟同志任北方沥青股份公司副董事长，市国有资产经营投资公司董事长、总经理，免去其新北方(威德)公司董事长、总经理职务；

崔晓东同志任北方沥青股份公司监事，市国有资产经营投资公司董事、副总经理，免去其新北方(威德)公司副总经理职务。

2006年8月30日 市国资委决定：

王成金同志任东郭苇场场长、党委副书记，免去其东郭苇场党委书记职务；

张国成同志任东郭苇场党委书记、常务副场长，免去其市机械化施工公司总经理职务；

安福强同志任东郭苇场党委副书记(正场级)，免去其市机械化施工公司党支部书记职务。

2006年9月8日 市委决定：

推荐王宝成同志为盘锦建设投资有限责任公司副总经理人选。

2006年9月18日 市国资委决定：

岳连俊同志任北方沥青股份公司党委书记；

谭家民同志正式任北方沥青股份公司党委副书记、纪委书记；

邹殿臣同志任北方沥青股份公司董事，免去其北方沥青股份公司党委书记职务；

王成仁同志任羊圈子苇场副场长，免去其市机械化施工公司副经理职务；

刘华同志任羊圈子苇场副场长，试用期一年。

党的建设

·机关党建·

机关党建工作呈现新气象 通过开展保持共产党员先进性教育活动，全市机关党员的学习意识和服务意识明显增强，机关党建工作呈现出新的气象。一是围绕中心、服务大局意识不断增强。全市各机关党组织紧紧围绕市委、市政府提出的实现“十一五”规划三大重点战略任务，牢固树立围绕中心抓党建、抓好党建促发展的工作理念，努力为各级机关肩负起和完成好改革发展稳定的重任，始终坚持把推动业务工作的完成作为机关党的工作的出发点和落脚点，为全市改革发展提供了重要的组织保证。二是学习意识进一步增强。全市各机关党组织坚持把学习贯彻“三个代表”重要思想，作为机关党建工作的首要任务，以党章、党的基本理论、基本路线和市场经济知识、管理知识、法律知识为重点，积极健全和完善理论学习机制，积极抓好学习日制度、中心组学习制度的落实，采取上党课、辅导讲座、报告会等多种形式，提高学习效果，注重引导广大党员干部把理论学习与发挥党员先锋模范作用相结合，与提高服务水平相结合，与推动实际工作相结合，保证和促进了机关各项工作的落实。三是服务观念进一步转化。市直各党、政机关党组织以开展“抓作风、比服务、争一流”主题实践活动为主线，积极巩固和扩大先进性教育活动成果，促进了机关干部作风的进一步转变。许多机关党组织把开门评议机关同行政目标管理和机关党建工作有机结合，通过开展开门评议活动，对群众提出的意见和建议认真进行整改，机关党员干部的立党为公、执政为民意识得到增强。据统计，全市共清理和减少审批项目1872项，在窗口服务单位和管理机关，一大批党员先锋岗、红旗岗、示范岗以高效、便捷、文明的服务赢得了群众的赞同，有力地推进了服务型机关建设。

思想建设方面 2006年，市直机关工委按照市委统一部署，组织市直机关深入学习贯彻党的十六届五中、六中全会和市委五届四次、五次全会精神，围绕“十一五”发展规划学习内容，完善学习制度，加强督促检查。召开研讨会、座谈会、报告会142场，参加学习的党员干部达2400余人次，县处级以上领导撰写理论文章1350篇，其中，在省和国家级刊物上发表210篇。

党风廉政建设方面 按照中央和省、市纪委全会要求，市直机关工委把学习贯彻《实施纲要》作为反腐倡廉的重点，推动了机关党风廉政建设。组织开展学习贯彻党章教育活动，组织市直机关1300名党员参加学习党章基本知识答卷活动。认真抓好党风廉政建设责任制的落实，根据市委、市纪委有关要求，出台了《2006年工委班子成员党风廉政建设责任制分工》等文件，明确了班子成员的责任。重点抓好领导干部廉洁自律，认真落实“六不准”。按照市纪委的部署抓好市直机关违反规定收送现金、有价证券等项问题的治理。加大案件查办力度，做好群众来信来访工作。认真处理群众来信来访，共接到群众来信来访来电、网络博客（盘锦机关纪检）投诉、建议

15件次，对重要的来信来访，组成调查组进行了认真的查实。处分党员干部1人。做好政风行风建设工作，发挥机关作风建设特邀监督员的作用，及时向有关单位提出监督意见。对机关各部门落实市政府五届四次会议要求认真执行3项工作纪律情况提出具体要求，并多次对落实情况开展明查暗访。

组织建设方面 2006年，市直机关工委参加了全市第三批先进性教育活动。先进性教育活动结束后，制定了《关于构建市直机关保持党的先进性长效机制的意见》和《工委委员联系基层党组织建设制度》等，有力地促进了机关先进性建设。同时，还加大对《中国共产党党和国家机关基层组织工作条例》的贯彻力度，制作了《各级党和国家机关中党的基层组织的职责》和《党的基层组织的基本任务》等7块挂板，下发到市直各机关党组织。严格坚持"三会一课"制度，增强党组织活动的实效性和针对性。完善机关党建工作目标管理考核办法，把围绕中心、服务发展作为考评机关实绩的重要内容，强化了机关党的建设。在党员教育管理发展方面，培训入党积极分子196名，发展新党员176名。全年，调整和充实了15个机关党委、4个机关党总支、8个机关党支部和50多个二级基层党组织，新组建3个机关党支部。在市直机关纪念建党85周年暨"一先两优"表彰大会上，表彰了市直机关"十佳"先进党组织、"十佳"优秀党务工作者和"十佳"优秀共产党员。

作风建设方面 深入开展"抓作风、比服务、争一流"作风建设主题活动。在活动中，以建立共产党员示范岗、模范岗和公仆岗为突破口，强化各个服务窗口、执法单位、经济管理部门和与群众的生活密切相关部门的作风建设。一是坚持用制度管人。二是进一步提高服务质量。三是进一步树立执政为民理念和主动服务意识。继续在市直机关开展季评最佳实事活动，全年评选出最佳实事41件。另外，注重先进典型在作风建设主题活动中的示范带动作用，在年初机关党建暨作风建设会议上，表彰了作风建设"十佳机关"、20个先进单位和30名先进个人。先后总结和宣传各类典型110个，并在《盘锦日报》开辟专栏、专版和借助电视台、电台、《机关信息》等，对先进典型进行宣传，有力地促进了主题活动的深化和推进。

精神文明建设方面 为纪念建党85周年和红军长征胜利70周年，举办了市直机关"爱党、爱祖国、爱家乡"主题书法绘画摄影大赛。会同有关部门联合举办了"爱祖国、颂家乡"诗歌散文朗诵会。积极开展"创建文明城市、共建美好家园"活动，认真贯彻落实《公民道德建设实施纲要》和《盘锦市直属机关工作人员日常行为规范》，认真开展社会主义荣辱观教育活动。开展为实施盘锦市"十一五"规划出谋献策"金点子"征集活动。下发《关于开展创建节约型机关活动的通知》，努力加强节约型机关建设。

群团和文化建设方面 举办市直机关元宵节灯谜电影晚会，组织党务干部到省内外教育基地进行革命传统和爱国主义教育；开展推荐评选省、市级"五一"劳动奖章和劳动模范活动；组织团员青年开展青年义务奉献日、创建青年文明号等活动；以纪念抗日战争暨反法西斯战争胜利60周年为契机，开展弘扬爱国主义精神和奉献精神的各种教育活动。特别在扶贫帮困中，市直机关先后两次捐款300多万元。机关工委还为田家镇小郭村捐赠各种物资折合人民币近2万元。在维护职工权益方面做了大量工作，会同有关部门组织近6000名机关干部职工参加体检；"三八"节前夕，邀请专家为市直部分女职工进行女性健康知识讲座；组织市直各单位为女职工办理团体安康保险；在春节、"五一"、"七一"等节日期间走访慰问市直机关离退休老职工、特困职工等，体现了党的关怀，密切了党群关系。

· 基层党建 ·

精心组织，务求实效，圆满完成全市保持共产党员先进性教育活动 2006年，市委组织部把保持共产党员先进性教育活动作为全面加强基层组织建设和党员队伍建设的重要抓手，高度重视,精心组织,务求取得工作实效。一是认真组织开展全市第三批先进性教育活动。第三批先进性教育活动共涉及364个基层党组织和13131名党员,其中,村级党组织331个,农村党员12740名。在教育活动中,各级党组织紧紧围绕建设社会主义新农村这一主题,强化领导,落实责任,上下联动,整体推进,使先进性教育活动取得了积极的成效,得到了中央巡回检查组和省委领导的高度认可和肯定。特别是大洼县驻村指导组在先进性教育活动结束后继续留村的工作做法,得到了中央政治局委员、中央书记处书记、中央组织部部长、中央先进性教育活动领导小组组长贺国强同志的批示,为全市农村先进性教育活动指明了方向。二是不断巩固和扩大第一、二批先进性教育活动成果。通过进一步完善、落实整改措施和工作责任制,建立整改跟踪督办、整改结果反馈、整改效果评价制度,建立整改工作档案,对整改方案的落实进行全过程跟踪督查,促进了以"三项民心"工程为重点的一批涉及群众切身利益的重点和难点问题的解决,取得了积极的成效。通过测评,全市先进性教育活动群众满意度达到了99.65%,使先进性教育活动真正成为了群众满意工程,基本实现了中央和省、市委提出的预期目标。三是取得了初步的理论成果和制度成果。按照先进性教育活动务必取得"三大成果"的要求,在先进性教育活动取得实践成果的基础上,着手加强保持共产党员先进性长效机制建设,深入开展理论研讨。重点研究建立了在加强党员学习培训、教育管理、扩大党内民主和严格党内组织生活、联系和服务群众等方面的宏观管理制度,并在全市范围内推行。组织开展了"保持共产党员先进性教育活动与党的先进性建设"理论研讨会和党的部分机关"加强先进性建设,服务全市大局"专题研讨会,形成了一批对加强党的先进性建设有重要指导意义的理论成果。总体看,历时一年半的先进性教育活动,达到了提高党员素质、加强基层组织、服务人民群众、促进各项工作的目标,得到了广大党员、群众的拥护和社会各界的好评,取得了丰硕的成果,有力地促进了全市经济和社会事业的发展。

农村基层党组织建设取得新成效,农村党的建设"三级联创"进一步深化　通过采取市级领导干部联系乡镇、市直部门帮扶村以及选派优秀干部到后进村任职等多种形式,切实帮助各乡镇、村解决实际问题。在抓好先进县、"五个好"乡镇党委和"五个好"村党组织标兵创建的同时,市委组织部又把涉农部门和乡镇站所纳入到"三级联创"评选工作中,积极引导他们开展创建活动。同时,建立"三级联创"年度考评工作机制,变集中考评为经常考核,进一步提高了评选结果的科学性、准确性。"设岗定责、服务群众、建设新农村"活动全面展开。在全市农村深入开展了"设岗定责、服务群众、建设新农村"主题实践活动。目前,全市已有6349名农民党员经过自己申请、民主评议、村党组织审查后,签订了岗位责任状,在思想政治工作、党务、村务监督、经济发展等4大类的15个岗位上找到了自己发挥作用的舞台。三是村级党组织活动阵地建设开局顺利。结合先进性教育活动,重点加强了对村级党组织活动场所的建设。全市共新建了19个村级组织办公场所,对26个村党支部办公场所进行了维修。同时,按照省委村级活动场所建设工作会议精神,会同市财政局和市发改委成立了调研组,对全市村级活动场所情况进行了全面调研,初步确定了《全市村级组织活动场所建设方案》。

街道社区党建取得新突破　一是整合各种资源有成效。在整合人力资源方面,通过公开招聘、下派、驻街单位选派等措施,把政治立场坚定、熟悉城市管理、工作经验丰富、热爱社区工作的优秀分子吸引到社区工作,进一步加强了社区工作的力量。在整合物资资源方面,采取财政下拨、党费扶持、驻街单位赞助等方式,进一步加大了社区"一站四室"和社区服务中心建设。目前,全市90%以上的社区党员活动室都配备了必要的健身器材及电视机、VCD等电教设备,为加强党员教育奠定了良好的基础。全市共有12个社区党员活动室被评为省级标准化党员活动室。二是积极探索创新有进展。结合城市社区实际,市委组织部探索了以街道党工委为核心、社区党组织为基础、驻街辖区党员为主体、在职党员积极参与的工作思路。同时，积极拓展党建工作空间，组织协调驻街单位党组织共同参与社区建设。逐步形成“人人为社区建设服务、人人享受社区服务”的良好工作局面。全市社区党组织结合自身实际，通过建立“社区志愿者服务队”、“党员责任区”和广泛开展社区“党员设岗定责”、社区“六联创”、“民情日记”、“五个百”、“创建和谐社区十个相约日”、“二十美”、“两小”等活动，提高驻街辖区党员和在职协管党员群众参与社区建设的积极性和主动性，使党组织的凝聚力和影响力得到了不断增强。在做好服务社区居民的同时，把社区服务的重点放在面向特殊困难群体的社会救助，通过经常性的走访低保户、残疾人、五保户、军烈属、老党员及困难党员，时刻体现党组织的温暖。目前，全市共建立党员责任区 800 余个、党员示范岗 462 个，组建了家政、治安、保洁等 349 支、3000 余人的党员志愿者服务队，使社区党组织服务群众的能力得到了不断提高，广大社区党员参与社区建设的意识得到了不断增强。三是街企共驻共建有突破。本着“资源共享，优势互补”的原则，市委组织部不断探索和尝试与街企共驻共建的新模式。在工作中，坚持“双服务”（街道社区为企业服务，企业为街道社区服务）宗旨，在党员教育管理上，采用街企交叉进行的方式进行互补，通过开展联欢会、联谊会等形式进行互动，在遇到困难时发挥多方力量进行互援，形成了共建互动的良好局面。这一有益的尝试，突破了党员的常规教育，取得了良好的社会效果。

企业党建工作取得新进展 在国有企业，坚持以“五个好”党组织创建活动为载体，以“三句话”精神为指导，加强企业领导班子思想政治建设，充分发挥党组织在企业改革发展中的领导核心作用，为企业发展提供了坚实的保障。结合深化改革，及时调整企业党组织的设置，理顺隶属关系，扎实做好停产、关闭、破产等国有企业党的工作，切实做到这些单位党的组织不散、党员作用不减、党的工作不断。积极倡导了国有企业党组织通过多种形式、多种渠道参与企业重大问题的决策。目前，在全市已改制的国有大中型企业中，有 72.7％的党委委员进入了董事会和监事会。在非公企业，进一步加大党组织的组建工作力度。对改制企业，充分利用企业原有党组织基础比较稳固、职工队伍变化不大的优势，及时审批，成立党组织。对较大规模的新建企业存在党员队伍复杂等实际情况，采取先大后小、先易后难、因地制宜、分类实施的办法，探索适合企业发展的党组织组建形式，并采取属地管理和挂靠管理相结合的办法，保证党组织组建工作顺利进行。对规模相对较小、人员相对较少的非公有制企业，市委组织部采取联合组建、下派党建联络员等方式来开展党的工作。同时，还坚持采取定期走访、联谊、对业主进行培训等措施，加强党组织、工会组织与企业经营者之间的联系，使企业经营者充分认识到党组织组建工作的重要性。全市共建立党组织 176 家，组建率达 91％，有效地增强了党在非公有制经济组织中的覆盖面和影响力。

以保持共产党员先进性为目标，切实加强党员队伍建设 一是抓好党员队伍的理论学习。2006 年，市委组织部组织全市各级党组织围绕保持共产党员先进性教育活动，认真学习党章，自觉遵守党章，切实贯彻党章，坚决维护党章。切实把树立社会主义荣辱观教育纳入巩固和扩大保持共产党员先进性教育成果之中，把社会主义荣辱观教育作为干部理论学习、党员党课教育的重要内容，使全市党员能够深刻领会“八荣八耻”的精神实质，深刻对比反思自己与“八荣八耻”要求的差距。同时，组织全市党员认真学习党的十六届六中全会精神和市委五届五次全会精神，通过自身的行动深入贯彻会议精神，保持共产党员先进性。二是广泛开展“双找”活动。结合先进性教育活动，全市各级党组织广泛开展了党组织找流动党员、流动党员找党组织的“双找”活动，使 1436 名党员重新与党组织取得了联系，一批“口袋党员”和“隐性党员”也亮出了自己的身份，理顺了党组织关系，拓宽了党组织的覆盖面。三是积极做好老党员和特困党员的帮扶工作。“七一”前夕，各级党组织对优秀党员、老党员、特困党员进行了走访慰问，及时送上党组织的关怀和温暖,进一步增强党组织在广大党员和群众中的凝聚力、战斗力和号召力。按照省里要求,配合市民政部门就全市建国前入党的城镇未享受离退休待遇和农村老党员进行了摸底调查,并为全市168名建国前的老党员做好生活补贴的发放工作,使老党员的生活水平得到了提高。四是进一步做好发展党员工作。在发展党员工作中,严把入口关,重点做好在工人、农民、知识分子和干部中发展党员工作,加强了对发展党员工作关键环节的检查指导和监督管理,要求全市各级党组织发展党员前都要进行公示制,有的单位还进行了双重公示制,保证了新发展党员的质量,促进了全市发展党员工作整体水平的提高。2006年,全市发展新党员1458人。

树立先进典型,营造"学先进、赶先进、争做先进"的浓厚氛围　为了树立典型、学习典型、弘扬典型,市委组织部本着注重工作实绩和体现先进性的原则,采取由下自上,层层推荐,层层把关的方式,推出了一批基层党组织、共产党员和党务工作者的先进典型,并结合纪念建党85周年活动,在全市范围内对一先两优进行了表彰和宣传,其中,盘锦供电公司党委和江秀忱同志被中央评为全国先进基层党组织和全国优秀党务工作者,大洼县田家镇党委等4个基层党组织、颜敏等7名同志、王献国等4名同志分别为评为省级先进基层党组织、优秀共产党员和党务工作者。通过树立先进典型,激励和鼓舞了全市各基层党组织和广大共产党员,在全市上下营造出了"学先进、赶先进、争做先进"的浓厚氛围,巩固和扩大了先进性教育活动成果,党的基层组织建设和党员队伍建设得到了进一步加强。

加强党组织和党员信息库建设,党内信息化水平得到进一步提高　为了加快全市组织系统信息化建设,年初,市委组织部按照省里的要求,将全市党组织和党员信息的建库工作摆上重要工作日程,把建库工作与党务管理相结合,以党务管理来促进数据库的完善,最终使数据库为党务管理而服务,提高数据库的针对性和实效性。并通过信息采集工作,进一步了解和掌握了全市基层党组织和党员队伍现状。建立健全信息库相关的规章和管理办法,从制度上对党组织和党员信息在录入、信息交换和信息报送、信息的管理和使用等各个环节上做出规定,明确数据库管理人员的相关责任。做到数据库的"可信、可靠、可用",真正让党组织、党员数据库发挥实效。经过各级党组织的不懈努力,全市党组织和党员信息的录入工作基本完成,在全省排在前列。很多单位在建库之后都能够灵活运用,用信息库对党组织和党员的各种信息进行科学统计,科学分析,查找问题,使全市党内信息化的水平得到了不断提高。

宣传动态

·理论教育·

认真组织理论学习　2006年，市委宣传部在组织好市委中心组理论学习的同时，建立健全县处级领导干部学习档案，完善并严格执行全市县处级党委（党组）中心组学习的学前报告、学中督导、学后通报等考评制度，强化了各级领导干部的学习。通过编发《中心组学习参考》，加强政策理论解读和典型经验交流，重点强调推进“三大重点任务”来倡导良好的学风，增强了各级领导干部运用理论特别是科学发展观指导实际工作、解决实际问题的能力，有效带动了全市广大干部群众的理论学习。

积极进行理论研究　2006年，市委宣传部认真实施马克思主义理论研究和建设工程，加大了对科学发展观、加强党的执政能力建设和先进性建设、“三大重点任务”的理论研究力度，确立20个理论研究专题，举办宣传思想工作形势任务专题报告会，开展各类培训研讨活动30余次，组织撰写播发理论文章600余篇。认真总结了红星村、腰岗子村、赵家村建设社会主义新农村的好做法，参加全省建设社会主义新农村理论与实践研讨，较好地用科学理论回答了干部群众关心的热点、难点问题。

广泛开展理论宣传　全年，市委宣传部坚持“五进一抓”（即送理论“进机关、进工厂、进社区、进农村、进学校”，抓好全市宣讲员队伍建设），进一步发挥全市15个宣讲调研基地的作用，规范并扩大了市、县、乡三级宣讲员队伍，利用现代传媒优势，统一配发电子邮箱，组织网上理论宣传，增强了工作的实效性。全市各级宣讲队伍共深入基层宣讲350余场，受教育达7.5万余人次。

·社会宣传·

加强和改进思想政治工作，努力为改革发展稳定营造良好的社会环境　一是突出针对性，组织开展“统一思想、加快发展，构建和谐盘锦”主题教育活动。重点围绕树立科学发展观、“十五”辉煌成就、“十一五”规划的新思路新举措、构建和谐盘锦等内容，通过编写宣传提纲、组织系列访谈以及征文、讲座、展览、演讲等载体，广泛进行形势政策宣传教育，展示了和谐盘锦建设的大好形势、丰硕成果和广大干部群众的良好精神风貌，增强了抓住机遇、加快发展的紧迫感和责任感。二是突出典型性，加强了基层思想政治工作。开展两年一度的思想政治工作“评先创优”活动，涌现出11个省级思想政治工作先进典型。进一步加强农村思想政治工作，推出盘山县古城子镇七台子村党支部书记颜敏、盘山县“五老宣传队”的典型经验，在全省、全市进行了宣传推广。三是突出社会性，广泛开展大型宣传教育活动。围绕纪念建党85周年、纪念红军长征胜利70周年，精心组织革命题材电影放映周等社会宣传活动，弘扬了党的丰功伟绩和伟大的爱国主义精神。重新调整命名了一批爱国主义教育基地。接受省国防教育检查并受到好评。同时，认真组织“三下乡”、“婚育新风进万家”、“安全生产活动宣传月”、“第二次全国农业普查”等宣传教育活动，市委宣传部被中宣部等十部委授予“全国婚育新风进万家活动先进单位”称号。

牢牢把握正确舆论导向，推进求发展、促和谐、保稳定良好氛围的形成　一是强化了项目建设的宣传报道。精心策划组织了“开好局，起好步，全力推进项目建设”宣传战役。制定报道方案，成立专门报道组，先后5次召开新闻协调会，形成报道合力。按照市委书记陈海波的要求，组织媒体对以船舶修造产业园为代表的新项目建设情况、企业的生产情况进行了全方位的宣传报道，突出宣传了园区美好的发展前景，形成了全社会共同关注项目建设、齐心推进项目建设的浓厚舆论氛围。二是强化了全民创业的宣传报道。坚持常规宣传与创新宣传并举，一方面在媒体统一开设《推动全民创业，加快经济发展》专栏，对各地区、各部门鼓励引导全民创业情况进行及时报道；另一方面强化载体建设，精心设计了《全民创业·大讲堂》、《全民创业·经历》电视专题节目，有30位政府官员和专业人士就自主创业进行了现场解读。三是强化了新农村建设和构建和谐社会的宣传报道。围绕农业发展、农民增收，重点宣传了中央和省、市委的有关政策，宣传了各地在新农村建设上的新举措，宣传了工业强县的理念。加大了农业产业化及龙头企业、壮大县域经济的宣传力度，引导各地以发展带动新农村各项事业的建设。同时，对全市14个试点村给予跟踪关注。在构建和谐社会上，主要是对精神文明建设、就业、社会保障、城市建设等各项社会事业进行了及时报道。

切实强化对外宣传工作，积极树立盘锦开发开放的良好城市形象　一是精心组织外宣战役。充分发挥主流媒体优势，以实现“三大重点任务”为主题，利用盘锦大米北京展洽会、全国第六届工笔画展、“中国黑嘴鸥之乡”授牌仪式、盘锦宏冠船业与德国航运公司签约仪式等契机，组织大型外宣活动，共在上级媒体发稿件1800余篇，其中，在《辽宁日报》、辽宁电视台刊(播)发的《高起点布局，高速度发展，辽滨速度打造高弹力跳板》、《开拓出一片文化疆土》、《盘锦河蟹“爬出”国门》等新闻，对于宣传全市在贯彻省“五点一线”开发开放战略取得实质进展、发展文化产业、新农村建设方面所取得的成就等，产生了良好宣传效果，有效宣传推介了盘锦。二是积极拓展外宣渠道。积极与中央人民广播电台合作，制作播出85分钟的《直播中国·特别现场——走进盘锦》节目。向全国听众介绍了盘锦发展建设的巨大成就，全方位、立体式展示了盘锦形象。10月份，邀请中央电视台《走遍中国》栏目组走进盘锦，围绕抗战第一枪、收藏盘锦、湿地人鸟情、解码玉雕龙、漂泊者的家园等5个专题，充分挖掘与展现了盘锦丰厚的历史文化积淀、富有特色的民俗风情和美好广阔的发展前景。成功策划组织《万里海疆快乐行》、《激情广场——走进盘山》等节目，协调香港媒体采访团来盘就“五点一线”进行专题采访并做深度报道，为在港招商打下铺垫。三是不断完善外宣机制。健全新闻发布机制，正式实施盘锦市新闻发言人制度。有效应对各类突发事件，得当处理了外部媒体对盘锦市的教育问题、开发区土地问题、环保问题等多起拟刊播报道事件，维护了盘锦形象。加强网上舆情监控，实施“零报告”制度，关注网上舆论导向。

· 文 明 之 光 ·

以创建文明城市工作为龙头，深化群众性精神文明创建活动　广泛宣传发动，在各新闻媒体开设了多个专栏，采访播出稿件千余篇。在城市出入口设置大型公益广告牌10余处，在主街主路悬挂公益广告条幅千余幅。先后两次组织开展了创建文明城市短信互动大赛，发动近40万部手机、小灵通用户积极参与。开展“建文明城市、做文明人、办文明事”活动，涵盖诚信盘锦建设、百里文明带建设、城乡环境综合整治、向落后生活方式告别、“四进院”等系列活动，大力整治城市不文明行为。以迎接省文明城市检查组来盘锦市检查文明城市创建工作为契机，对全市城市建设、环境卫生、交通秩序、文化市场等方面进行了全方位整治，城市面貌焕然一新。省创建文明城市工作检查组在听取汇报、实地测评、明察暗访后，一致认为盘锦市在创建文明城市过程中，“坚持以科学发展观为统领，领导有力，高起点推进文明城市创建；丰富载体，公民思想道德建设不断深入；完善功能，城市环境面貌明显改观；执政为民，市民生活质量显著提高；优化结构，经济建设实现持续健康发展，各项工作取得了显著成绩。”经省检查组检查验收，省委、省政府下发了表彰决定，授予盘锦市“辽宁省创建文明城市工作先进城市”荣誉称号，使文明城市创建工作取得阶段性成果。

以培育弘扬地域精神为主线，大力提高市民文明素质 在连续3年广泛开展培育弘扬地域精神活动基础上，赋予地域精神新的内涵，取得了新的成效。深入贯彻落实《公民道德建设实施纲要》，向城市不文明行为和顽疾宣战，重点在移风易俗、倡导社会新风上下功夫。春节、清明等传统节日期间，联合发布禁止在市区销售焚烧冥币纸钱的公告，牵头联合相关部门进行治理整顿。动员广大市民文明迎节庆，倡导社会新风，提高文明素质。以纪念毛泽东等老一辈无产阶级革命家为雷锋题词发表43周年为契机，组织全市上下广泛开展了“学雷锋，树新风”活动，命名表彰了一批学雷锋先进集体和先进个人。在前两年诚信盘锦建设的基础上，推出首批诚信建设典型并命名表彰，形成了以点带面的诚信创建新格局。

以完善“三结合”教育网络为基础，加强未成年人思想道德建设 大力加强未成年人思想道德建设，全面构筑学校、家庭、社会等相互支持、相互协作的育人网络，积极推进“百万家长教育工程”，开展“家庭教育进社区”活动。通过知识竞赛、征文演讲、歌咏比赛等多种形式，加强爱国主义教育、民族精神教育、传统美德教育、革命传统教育和地域精神教育。举办未成年人以“八荣八耻”学习教育和“三有三为”道德实践活动为主要内容的主题征文、朗诵及书法、美术、摄影作品大赛，发动全市130多所中小学校、18万名学生参加。选送到省里比赛的美术、书法、摄影作品有16幅分获一、二、三等奖；6名参加省“知荣明耻”朗诵会的小选手2名获得金奖，4名获得银奖，在全省参加人数和获奖人数均居首位。组织青少年参观爱国主义教育基地，推广著名教育改革家魏书生的教育思想，组织开展向中小学生赠送“绿色口袋书”活动，进一步净化校园环境。盘锦市的未成年人教育工作经验，先后得到中宣部、中央文明办的肯定，曾3次被中宣部、中央文明办专题刊发，向全国宣传推广。

以荣辱观教育实践活动为抓手，培育文明健康的社会风尚 将树立社会主义荣辱观与贯彻落实《公民道德建设实施纲要》、群众性精神文明创建工作、培育弘扬地域精神活动、“诚信盘锦”建设及未成年人思想道德建设结合起来。全市共刊发荣辱观教育方面的稿件500多篇，各种板报、专栏近万块，宣传树立集体和个人典型30余个。在全市上下广泛开展“知荣辱、讲文明、树新风、促发展”系列活动，重点开展“平安出行，文明交通”、“文明行为，从我做起”、“移风易俗，文明乡风”三大主题活动。与盘锦日报社联合举办新闻做客厅，累计发稿200余篇，播出电视公益广告600余条(次)。出动警力2万余人(次)，纠正各种交通违章现象近5万起，为全市经济社会的全面发展创造良好的社会环境。

反腐倡廉

认真贯彻落实《实施纲要》，惩防体系建设稳步推进 按照建立健全教育、制度、监督并重的惩治和预防腐败体系的要求，进一步加大了落实《实施纲要》和市委《具体实施意见》的工作力度，市纪委（监察局）对2006年的重点工作任务进行了细化分解，明确了责任单位和完成时限，形成了逐级负责、层层落实的局面。加强了对县区和市直责任部门工作落实情况的指导和督促检查，实行责任部门工作落实情况季报告和领导小组办公室季通报制度，有力地推动了2006年各项工作的落实。召开了全市贯彻落实《实施纲要》理论研讨会，交流了30篇理论研讨成果。编辑出版了盘锦市《学习贯彻实施纲要理论文集》，总结和交流了两年来学习贯彻纲要的理论成果和实践经验。召开了全市贯彻落实《实施纲要》现场经验交流会，推广交流了5个单位的经验。将贯彻落实《实施纲要》工作纳入目标考核体系，实施目标管理，激发了各责任部门抓落实的积极性。2006年应完成的56项工作全面完成，并提前完成了9项2007年任务指标。

深入开展反腐倡廉宣传教育工作 2006年，市纪委（监察局）采取举办辅导班、主要领导讲党课、知识竞赛、召开理论研讨会等一系列措施，使党章主题教育系列活动收到了较好效果。共有9853名党员干部参加了学习党章百题知识竞答活动。建立了盘锦警示教育基地，全地区400余名县处级领导干部参加了启动仪式。先后举办了以县处级单位一把手为学员的“领导干部警示教育培训班”和“盘锦市第四期新任职领导干部警示教育培训班”。通过图版展示、职务犯罪人员忏悔、观看警示教育专题片、参观监管场所等形式，增强了警示教育效果。基地建成以来，已先后有9000余名党员干部走进基地，受到了深刻的反腐倡廉教育。举办反腐倡廉书画展，共征集作品500余件，展出130件，市几大班子领导和全市4000余名党员干部观看了展览。编印下发了《领导干部廉洁从政手册》1500册。加大了反腐倡廉宣传工作力度，在《中国纪检监察报》上刊发专版，宣传了盘锦反腐倡廉工作成果。在《盘锦日报》上连续报道了市国税局等14个单位加强党风廉政建设的经验作法。深入开展了社会主义荣辱观教育，积极推进廉政文化“六进”活动，大力宣传勤廉兼优典型先进事迹，形成了反腐倡廉宣传教育的浓厚氛围。通过开展多种形式的反腐倡廉教育，党员干部的廉洁自律意识和拒腐防变能力得到进一步增强。

从制度建设入手，促进领导干部廉洁自律 市纪委（监察局）严格执行“四大纪律，八项要求”和领导干部廉洁从政的各项规定，以解决收送钱物问题和狠刹借机敛财风为重点，不断强化制约机制，完善行为规范，加大监督检查力度，促进了领导干部廉洁自律工作的不断深入。针对重大节日期间容易发生的苗头性、倾向性问题，及时下发通知，重申有关规定，明确纪律要求。实行廉政监督卡制度，发放以坚决禁止领导干部收钱送钱为主要内容的无记名信函形式廉政监督卡4000张。针对监督卡中反映出的问题，对个别领导干部进行了警示、诫勉谈话。为从源头上解决领导干部违规收受代币券（卡）问题，组成联合检查组对全市各大商场进行明察暗访，对违规使用代币券(卡)的6个商家进行了处罚。进一步巩固了清车成果,对全市党政机关配备、使用的公务用车进行了登记造册,对检查中发现的借用下属单位小汽车问题及时进行了纠正处理。继续加大了对党员干部借子女升学等事宜操办敛财的治理力度,通过采取摸底调查、填表登记、纪委备案、个人承诺、领导签字和明查暗访、严肃查处等一系列措施,有效遏制了借机敛财的不正之风。加强对权力运行的监督制约,党内监督各项制度进一步落实。继续实行述职述廉和民主生活会制度,认真解决在思想、作风、生活等方面存在的各类问题。各级纪委领导同下级党政主要负责人谈话167人次,同新任职的领导干部进行任前廉政谈话654人次,有376名领导干部进行了述职述廉。

进一步落实党风廉政建设责任制 2006年,市委、市政府出台了全市党风廉政建设责任制目标考核办法,对各县区、市直各部门的党风廉政建设实行责任目标管理。将考核结果纳入市委、市政府对县处级领导班子、领导干部责任目标考评体系,使党风廉政建设同其它工作一起部署、一起检查、一起考核、一起评比,从而增强了各级领导干部抓党风廉政建设工作的责任意识,从机制上为深入推进党风廉政建设和反腐败工作提供了有力保证。组成4个检查组,由4名市委常委带队,对各县区和市直单位落实党风廉政建设责任制情况进行了全面考核,有力推动了责任制的落实。

加大惩处力度,继续保持了查办案件工作的强劲势头 全市各级纪检监察机关按照从严治党的方针,进一步加大了查办案件工作力度,使案件查办工作取得了新突破。全市立案总数和市本级自办案件数都达到了历史最高水平,特别是在全省普遍下滑的形势下实现了稳中有升,得到了上级纪检监察机关的高度评价。全年,共受理群众举报1033件,初步核实案件线索233件,立案212件,其中,查办大要案36件,结案205件,处分党员干部200人,共挽回直接经济损失183万元。一是着力统一各级纪检监察机关领导干部的思想认识。对一些同志在案件查处问题上的思想障碍进行了剖析,理清了查办案件与标本兼治、注重预防的关系,从而进一步提高了对查办案件重要意义的认识。二是进一步加强了对案件查处工作的领导。继续实行领导包案制度,主要领导亲自抓案件查处工作,亲自指挥,亲自协调,深入县区和市直各单位对案件查办工作进行调研和督办,有力地推动了案件查处工作的顺利开展。三是加强信访工作,畅通信访举报渠道。建立了领导班子成员接待来访日制度,认真受理群众来访。同时,严格执行实名举报反馈制度,实行实名举报“双向承诺”,较好地调动了群众举报的积极性。四是实行“一案双报告”制度,较好地发挥了案件查处的治本功能。

以解决损害群众利益和影响经济发展软环境的突出问题为重点,纠风和执法监察工作取得新成效 各级纪检监察机关紧紧围绕发生在群众身边、损害群众利益、严重影响经济发展软环境的突出问题,进行了重点整治,使纠风和执法监察工作取得了新的成效。一是在认真开展自查自纠的基础上,加大了商业贿赂案件查处力度,全市共排查线索20件,其中,结案14件,正在调查处理6件,涉案金额232.8万元,刑事处理10人,党政纪处理12人。严格执行义务教育阶段“一费制”、公办高中招生“三限政策”和对农民工子女免收借读费政策。严肃查处违规行为,对4名违规教师给予了纪律处分,通报批评了3所学校的违规收费行为,全市共清退违规教育收费368290元。实施医疗收费阳光工程和“医患双向承诺制”,重点解决检查、用药、收费“三不合理”和开单提成、临床促销等问题,有效地减轻了患者负担。坚决执行农民减负的“三项制度”,认真落实“一免三补”等惠农政策。严肃查处公路“三乱”行为,对6名责任人给予了纪律处分。二是按照以评促纠、以评促建的要求,进一步改进了民主评议政风行风工作。将75个被评议部门分成执法监督、综合管理、社会服务三种类型,综合运用测评和考评结果,增强了评议工作的激励作用。坚持把评议工作从部门向系统、向重要岗位和基层延伸,加强了对基层站所、窗口单位的明查暗访,通过改进基层工作作风提升了行风建设的整体水平。把行评工作纳入全市党风廉政建设责任制目标管理体系，进一步增强了参评部门抓好行风建设的自觉性。改进和加强了“行风热线”、民心网等载体建设，直接为群众解决问题234个。三是经济发展软环境建设得到优化。出台了《关于进一步加强经济发展环境建设的规定》等一系列规定，并加大了行政效能监察力度，采取督查督办、跟踪问效等措施，促进了有关规定的落实。在全市首次对涉及经济发展软环境的31个重点单位和186个重要岗位负责人实行既评优又评差的“双评”制度，有力地规范了执法行为，促进了软环境建设。四是加大执法监察工作力度。对《国务院关于落实科学发展观加强环境保护的决定》的落实情况、安全生产法律法规执行情况、扶贫帮困资金管理使用情况以及全市棚户区改造工程、老区供热改造工程等重点项目进行了监督检查。大力开展行政效能监察，建立健全了投诉受理机制，启动了城市规划行政效能监察工作。规范了行政服务中心和效能投诉中心的运行，强化对行政权力运行的监督和制约。认真解决损害群众利益的突出问题，通过督促有关部门工作，追发农民工工资239.5万元，涉及劳动者1241人。

创新体制机制和制度，源头治理工作不断深入　坚持以改革统领预防腐败的各项工作，围绕对权力的制约和监督，不断深化改革，创新体制机制和制度，推动了源头治腐工作的不断深入。行政审批制度改革不断推进。对市直行政审批项目进行了第三次清理，取消行政审批事项62项，并启动了第四次清理工作。财政管理体制改革继续深化。全面推行了各部门非税收入收缴制度改革，逐步完善了转移支付办法，全面实行了市本级部门综合预算。推进了国库集中收付制度改革，建立了财政资金绩效评价体系，形成了财政资金规范、安全有效的运行机制。完成了政府采购的管采分离工作，进一步规范了政府采购行为。市本级完成货物、服务和工程采购10949.3万元，节约资金253万元。政府投资行为进一步规范。制定实施了《盘锦市人民政府关于投资体制改革的实施意见》，改善和加强了对政府投资的管理。干部人事制度改革进一步完善。扩大了干部选拔任用工作中的民主，健全和完善了干部考察评价体系，实行了考察工作预告、差额考察和考察结果通报等制度。按照“政治坚强、公正清廉、纪律严明、业务精通、作风优良”的要求，进一步加强了纪检监察机关的自身建设。深入开展了“做党的忠诚卫士，当群众的贴心人”主题实践活动，纪检监察干部的政治素质得到提高，大局意识、自律意识、责任意识和使命感进一步增强。深入开展了以“创建学习型机关、创新纪检监察工作”为主题的“双创”活动，进一步完善了“五个一”、“评五佳”等活动载体，强化了激励和制约机制，把“双创”活动与机关目标管理、公务员考核、评先选优等结合起来，从而达到了动力与压力互融的效果，极大地激发了机关干部的积极性和创造性，推动了反腐倡廉各项工作的开展。

统战要事

·统战工作·

推动多党合作和政治协商制度规范化、制度化 市委统战部为进一步推进多党合作政治协商制度的规范化、制度化，全年协助市委召开民主协商会2次，各种类型座谈会5次，情况通报会2次，邀请党外代表人士参加重要内外事活动40余人次，使他们了解盘锦市经济建设和社会发展情况，并发挥了参政议政的作用。

协助民主党派加强自身建设 一是年初对民主党派、工商联领导班子进行民主测评和年度考核，肯定成绩，找出差距。二是举办新政协委员培训班。4月份，市委统战部与市政协在市社会主义学院举办了为期一周的政协委员培训班，有40名新委员参加了培训。培训班还邀请市政府常务副市长喻国伟就盘锦经济发展形势做了重要报告，组织培训班学员参加了市政协举办的听证会。三是九三学社盘锦市委会成立。在市委的高度重视下，市委统战部经过多方争取、沟通、协商，5月26日，九三学社盘锦市委会召开成立大会，市委会的9名提名人选全部顺利当选。

组织视察活动，给各民主党派参政议政和民主监督搭建平台 市委统战部于6月20日组织各民主党派、工商联主要负责人和部分民营企业家近40人，到大洼辽滨经济区视察，参观了辽宁宏冠船业有限公司等6家造船厂，听取了大洼县招商引资、重点建设项目及辽滨经济区发展情况的介绍。此次视察活动使全体视察人员开阔了思路，扩大了视野，感受了变化。

指导民主党派、工商联和统战团体继续深入开展“四个一”活动 “四个一”活动，是更好地发挥民主党派、工商联和统战团体作用的有效载体。市委统战部认真制定方案，广泛进行发动，经常检查督促，围绕辽宁老工业基地振兴和盘锦发展接续产业，深入开展“四个一”活动，取得了显著成果。2006年，全市各民主党派、工商联和统战团体共9个单位，写出调研报告204篇，开展社会活动146次，扶贫助学捐款捐物折合人民184.4万元，招商引资18795万元，促成合作项目16个，引进国家级、省级专家41人到盘锦讲学，开展学术交流9次。广大统战成员立足本职，爱岗敬业，创造性地开展工作。

加强了党外干部的选拔培养工作 为认真贯彻落实中央5号文件精神，结合盘锦实际，市委统战部提出了《盘锦市贯彻落实中央5号文件精神的意见》，并切实抓好文件精神的落实。在上年建立的民主党派领导班子后备干部队伍的基础上，对民革和农工党副主委人选进行考察，对党派、工商联秘书长人选进行考察谈话和培训。在市委组织部的高度重视和支持下，使民主党派、工商联的一批优秀干部得到了培养、选拔和重用。为防止党外干部队伍出现“断层”，经过各有关部门推荐和考察，统战部建立了一支由50人组成的、具有广泛代表性和各个阶层代表的党外后备干部队伍。有16名党外干部经过民主推荐和组织考察，被市委组织部列入县处级后备干部。

协助民主党派、指导工商联圆满完成换届工作　2006 年,市委统战部按照省委统战部的要求,贯彻省委关于各党派、工商联换届文件精神,深入调研、各方沟通协商,经过近 4 个月的紧张筹备工作,在市委组织部的重视支持下,于 11 月 8 日至 23 日,市民革、民盟、民建、民进、农工党及工商联分别召开换届大会,圆满完成了换届任务,使 6 名主委、85 名班子成员顺利当选。

开展"感情联系工程"　2006 年,市委统战部组织非公有制经济思想政治工作领导小组与 110 家中小民营企业结成帮扶对子,7 月 10 日至 21 日,在市领导李素芳、王广华、刘家升、玉玉侠、李学仁的带领下,领导小组成员分 4 组到辽河油田兴海建筑安装工程公司、兴海制药、振兴生态集团、辽河油田通域气体有限公司等企业走访调研,对企业生产、经营中遇到的困难与问题进行了解和调查,现场办公,帮助解决问题 5 件,协调相关部门解决问题 10 余件。

召开部分民营企业经验交流会　为落实市委五届五次全会精神,推动全民创业活动,8 月 11 日,由市委统战部牵头,市领导李素芳、王广华、刘家升、王玉侠、李学仁带领全市有代表性的民营企业家和市技术监督局、工商局、地税局等市直相关部门的领导一行 33 人赴中润集团沈阳分公司、沈阳兴隆大家庭学习参观,并召开经验交流会。会上,中润集团董事长李学仁和兴隆集团董事长李维龙向与会人员介绍了集团公司发展情况及未来规划。此次参观学习使同行的民营企业家受启发、受鼓舞、受鞭策,收到了良好的效果。

组织民营企业家赴外招商　一是组织全市部分民营企业家参与省"第五届辽宁台湾周"活动。期间,两次召开与台商项目座谈会,对盘锦市的资源优势、投资环境和发展"五大接续产业"的优惠政策进行了宣传和介绍,并就塑料加工、有机食品、农业开发和台商独资建鞋厂等合作项目进行了深入洽谈。盘锦市代表团与台商达成合作意向 4 项,引进 1 个台商团组来盘锦市考察,收效良好。二是组织招商团赴福州参加"5·18"海交会。5 月 17 日,由市委统战部牵头,邀请市委副书记李素芳、市政府副市长刘家升率领市直相关部门、各县区、各工业园区领导和部分民营企业家,参加福州第八届海峡两岸经贸交易会和第三届中国福建商品交易会。并分别于 18 日下午和 19 日上午举办了辽宁盘锦(福州)投资说明会,40 多位台商和 30 多位福州民营企业家分别参加了投资说明会。市委副书记李素芳在说明会上致欢迎辞,副市长刘家升在说明会上作市情介绍,向与会台商和福州民营企业家详细介绍了盘锦市的历史、经济发展状况、投资的区位优势、石化产业改造和塑料加工产业、绿色有机食品产业、现代服务业、船舶制造业、汽车零配件等 5 大产业的相关情况。重点介绍了盘锦市船舶制造业的发展现状和美好未来。充分展示了盘锦市勃勃生机和广大的发展空间。招商团成员与参会的台商、民营企业家通过认真、深入地洽谈,市经济开发区同台福(福州)有限公司就台福公司在市经济开发区投资流行珠宝生产项目签订了合作协议,项目总投资 500 万美元;大洼县与福州福华房地产开发有限公司就在田家镇投资房地产开发项目签订了合作协议。此外,还就游艇制造、抽油杆生产、花卉生产、石蜡外销等 15 个项目达成合作意向。三是积极做好来盘台商团组的接待工作。积极筹组旅游、司法和工商联 3 个赴台招商团组开展入岛交流与招商工作。在平时工作中,注重与台湾岛内的重点联系企业及同业公会的联系,邀请台商团组来盘就重点发展的"五大产业"开展对台招商引资工作。全年,共计接待台湾福景公司、美可食品等台商团组 5 个、20 余人次,并对盘锦市的汽车零配件、叉车组装、房地产开发、食品加工等项目进行考察与洽谈,并达成合作意向。四是积极开展招商项目跟踪服务工作。针对"第五届辽宁台湾周",赴福州、厦门等地的招商活动中达成合作意向的项目,进行逐个跟踪,盯住项目单位、密切双方联系,传递相关资料,使制鞋、流行珠宝生产、汽车零配件和游艇制造等项目取得了实质性进展。

加强统战宣传工作,为开展统战工作创造了良好的社会舆论环境　一是在《盘锦日报》开辟专栏进行宣传。为纪念建党 85 周年,在"七一"

前夕，市委统战部组织各民主党派、工商联、统战团体负责人撰写文章9篇，于6月30日在《盘锦日报》整版刊出。二是举办“盘锦市统战知识竞赛”。为贯彻落实第20次全国统战会议精神，向全社会宣传新世纪新阶段统一战线的基本知识和新政策，市委统战部自7月份起，在各县区、各民主党派、工商联、重点统战工作部门等19个代表队中开展知识竞赛预赛，经过层层选拔，有6支代表队获得决赛资格。10月31日，在盘锦电视台演播室举办了“盘锦市统战知识电视大赛”。市委副书记李素芳，副市长李淑云，市政协副主席索艳丽、王海学，市人大副秘书长关进勇等到大赛现场，并为获奖代表队颁发证书和资金。三是加强做好对台宣传工作。一方面，积极开展华夏经纬网组稿工作，共组发“辽宁神韵”宣传稿件8篇，刊发8篇；刊登盘锦市对外合作项目42个，很好地利用了华夏经纬网这个对台宣传平台，宣传了盘锦市的投资环境、区位优势、产业优势和部分对外招商引资优惠政策，宣传了盘锦的对台工作。另一方面，注重对台宣传与涉台教育的点面结合，从接待工作的点滴入手，顺乎自然，积极宣传党的“和平统一、一国两制”对台方针和相关政策，加深来盘台胞对我党的对台方针政策的理解，增进共识，凝聚共识。同时，编辑《台情快报》，及时、准确地向市委、市政府主要领导反映工作信息，提供政策参考，主动争取领导；分发各县、区台办和市直主要涉台部门，强化对台工作意识，提高对台工作干部队伍素质。及时将对台工作重要活动等动态信息通过《辽宁台湾工作》、《盘锦统战工作》等载体，扩大宣传层面，提高宣传教育效果。

搞好自身建设，统一战线两支队伍整体素质全面提升 统一战线两支队伍整体素质决定统战工作的效果和质量。按照全年工作思路，市委统战部围绕“学习型、思考型、创新型、实干型”的“四型”机关创建活动，狠抓统一战线两支队伍整体素质提高。一是加强学习培训。各级统战部门充分发挥机关党支部作用，经常组织机关干部学习邓小平理论、“三个代表”重要思想、党的十六大和第20次全国统战工作会议以及市委五届四次、五届五次全会精神，坚持用“三个代表”重要思想统领统战工作。二是落实目标责任制。市委统战部把全年工作任务进行分解，按照职能和任务逐一落实到科室，部长与副部长、副部长与科室之间签订责任状，做到各司其职、各负其责。在市、县(区)统战部领导班子中开展“5511”工程，取得显著成效。全市统战工作更加规范，统战部门机关建设达到新的水平，从上至下呈现出奋发进取、昂扬向上的生动局面。三是开展“一先两优”活动。按照省委统战部的部署，在两县、两区统战部中继续开展“一先两优”活动。各县区统战部按照“一先两优”条件，制定措施，调整工作，争创一流，使基层统战工作开创了新局面。

·民族宗教·

组织召开了全市民族工作会议，研究制定盘锦市民族乡、村发展规划 (一)4月11日，全市民族工作会议暨第二次民族团结进步表彰大会召开，这是建市20年来召开的第二次民族工作会议。会议的召开对全市认真贯彻中央和全省民族工作会议精神，促进民族地区经济和各项社会事业的发展，加快全市现代化生态城市的建设步伐和构建和谐盘锦具有十分重要的意义。市委书记陈海波出席会议并作了重要讲话，市委副书记、代市长陈淑珍就如何做好民族工作提出了具体要求，省民委主任佟钟时出席会议并作重要讲话。同时，由市民委起草的《中共盘锦市委、盘锦市人民政府关于进一步加强民族工作、加快少数民族乡、村经济社会发展的实施意见》也于会后出台。《实施意见》是指导全市“十一五”期间民族工作的纲领性文件，对做好新时期特别是最近5年民族工作具有很强的指导意义。同时，会议还表彰了市政协社会法制和民族宗教委员会等12个模范集体和市民族艺术馆馆长张学信等16名模范个人。会议号召全市各族人民以模范集体和模范个人为榜样，全面贯彻落实党的各项民族政策，为进一步加强民族团结，建设和谐盘锦而努力奋斗。(二)为认真贯彻落实全市民族工作会议精神，市民委召开了全市民委主任、宗教局长工作会议，正市级调研员张要武到会并讲话。会议传达了全省民委主任、宗教局长会议和全市民族工作会议精神，总结回顾了2005年民族宗教工作，安排部署2006年全市民族宗教工作。

加大对少数民族经济发展项目的扶持力度，推动少数民族乡村社会主义新农村建设 (一)2006年，市民委成功扶持了盘锦海园狐狸养殖场和盘山县甜水乡创业村河蟹、淡水鱼、禽类生态立体养殖园区两个具有很好发展前景的经济项目，这两个经济项目的建成投产，带动了600余户少数民族养殖户，实现经济效益700多万元。同时，市民委继续利用省少数民族地区补助费对平安乡平一村“朝鲜族风味酱菜加工”等6个项目进行定向扶持，以加快其发展。(二)从2006年开始，市民委将用3年时间在全市17个少数民族村(含自然村)中开展“千家万户”电脑致富工程，每村建立1—3个电脑中心示范户，每户辐射带动10户少数民族农户，旨在普及计算机知识，帮助农民掌握现代化信息技术，提高农民素质和致富能力。截止到2006年底，首批15台电脑已经发放到少数民族农户手中。

努力做好民族文化、教育和体育等工作，促进少数民族社会各项事业的发展与进步 (一)2006年7月17日，盘锦市第四届少数民族传统体育运动会在荣兴朝鲜族乡举行。本届少数民族传统体育运动会是盘锦市在“十一五”开局之年举办的一次大型综合性传统体育运动盛会。来自两县、两区的15支代表队，共进行了秋千、狩猎等9个传统项目的比赛。8月份，在辽宁省第六届少数民族传统体育运动会上，盘锦市的体育健儿奋力拼搏，取得了3银、8铜的佳绩，同时市民委获道德风尚奖，大洼县荣兴乡海滨村李永在等2名同志获省少数民族体育优秀工作者称号。(二)民族文化教育工作是民族工作的基础性工作，是“三个文明”建设的重要组成部分。省少数民族文教工作“星光计划”二期工程，目的是推动全省的民族文化教育工作再上一个新的台阶。为使全市的每一个星光计划单位都独具特点、各具特色的工作亮点和工作特点，市民委经过深入调研，并征求多方意见，最终决定申报大洼县荣兴朝鲜族乡文化中心站、大洼县朝鲜族中学和市民族艺术馆为省“星光计划”二期工程实施单位。(三)为丰富全市少数民族群众文化生活，弘扬少数民族传统文化艺术，年初，市民委会同市文化局和市民族艺术馆在生态园酒店举办了2006年盘锦市各族各界迎新春文艺联欢会。会上，朝鲜族老年阿里郎艺术团及各族群众表演了自编自演具有浓郁民族特色的精彩节目。9月份，在辽宁省第三届朝鲜族民俗节上，盘锦市代表团在仅有的4个项目中取得了2银、2铜和一个第5名的好成绩。

切实维护少数民族合法权益，加强民族政法工作 (一)2006年，市民委加大对全市清真饮食业的管理力度，在各个节假日期间，市民委会同工商等有关部门对全市80余家经营清真食品的业户进行了全面的检查，特别是对大型超市的清真食品专柜做了多次抽查，对违反《清真食品生产经营管理规定》的单位和个人进行了批评和处罚，有效地避免了清真不清现象的再次出现。(二)6月15日至16日，以省人大常委会民侨外委主任委员李慧贞为组长的省人大常委会检查组来盘锦市，就市政府关于《辽宁省散居少数民族权益保障条例》贯彻落实情况进行了检查。市人大常委会常务副主任李日宇、副主任马淑清、副市长张要武等同志陪同检查。检查组到大洼县荣兴朝鲜族乡进行了检查，并与部分少数民族村群众代表进行了座谈。会上，市民委代表市政府向检查组汇报了盘锦市贯彻落实《辽宁省散居少数民族权益保障条例》的情况。李慧贞同志充分肯定了全市的散居少数民族工作并希望各级政府及相关部门要进一步加快少数民族乡镇经济发展，确保少数民族群众的合法权益得到保障，把盘锦的少数民族工作做得更好。2006年，市民委会同市委组织部、市委统战部就全市少数民族干部情况进行了深入的调研，摸清了全市964名少数民族干部的基本情况，总结了全市培养选拔少数民族干部工作中存在的主要问题和原因，并研究制定了今后一个时期的工作思路。

认真贯彻《宗教事务条例》，促进宗教工作的落实 （一）2006年初，市宗教局对辖区内的宗教场所基本情况进行了全面的摸底调查，进一步完善了宗教管理的“三级网络”和“两级责任制”，加大了对各宗教场所的监管力度。上半年，市宗教局分别对基督教两会、二界沟等10处宗教场所进行检查，就其存在亟待解决的问题及时进行了处理。分别对大屯道观、二界沟等3处宗教场所的申请进行审查、批复。在教职人员建立宗教场所的过程中，市宗教局多方协调，在政策允许的范围内，帮助减免一些费用。备受伊斯兰信众关注的兴隆台清真寺礼拜大殿，在市政府及全市相关部门的大力支持下，已于10月建成，并于10月24日举办了“开斋节暨礼拜大殿落成庆典”。大殿的落成和回族墓地的投入使用，保障了回族等伊斯兰群众宗教活动的正常开展，成为盘锦市落实党的民族政策的窗口。经过多年的筹备工作，盘锦成立伊斯兰教协会的各项准备工作已全部完成。（二）2006年，市宗教局对全市各宗教场所进行了一次以开展“双文明”活动、财务及安全防火为主的检查。就宗教团体如何提高自身素质，加强自我管理，消除安全隐患等方面提出了具体要求，希望他们多开展慈善、助人等公益事业活动，坚持走与社会主义社会相适应的道路。11月份，在全省宗教界“双文明”表彰大会上，盘山县东郭镇基督教点等6个宗教场所被评为文明活动场所，祝理元等10名同志被评为文明个人，市基督教两会获优秀组织奖。

依法治市

·政府法制·

加强机关建设，夯实政府法制工作基础 2006年，市法制办切实加强党建工作，充分发挥党支部的战斗堡垒作用。年初，成立了两个党小组，严格组织生活制度，改进组织生活的内容和形式，切实把组织生活与解决党风和工作上存在的问题紧密结合起来。坚持每两周三下午集体学习制度，采取集中学习和自学相结合的方法，组织党员干部认真学习邓小平理论和党中央、国务院的各项方针政策，深入学习"三个代表"重要思想、党的十六大、十六届五中、六中全会精神和政府工作报告等，增强了政治意识、大局意识、责任意识和为人民服务的宗旨意识。在加强政治学习的同时，还注意抓好干部的业务学习，建立健全全办干部集中学法制度，用集中学习时间剖析典型案例，通过业务培训，提高干部的业务素质。结合《公民道德建设实施纲要》，修改制定了《市法制办创建文明单位实施办法》。为迎接建党85周年，法制办于6月份组织了参观革命老区西柏坡的"红色之旅"活动，回顾了革命先辈艰苦奋斗的历程，使全办同志受到了革命的洗礼，增强了政治责任感，坚定了信念。

贯彻实施《纲要》，推进依法行政工作 为认真落实国务院《全面推进依法行政实施纲要》，按照省、市政府推进依法行政5年规划，市法制办开展了依法行政基层年活动，并下发了《2006年度推进依法行政工作指标》，明确了县、区政府、市直有关部门依法行政工作指标，并于3月份召开了全市依法行政大会。根据形势发展和工作需要，重新调整了法律顾问组，制定了市政府法律顾问工作规则，充分发挥法律顾问在依法行政中的参谋作用。

改进立法方法，提高规范性文件审核质量 2006年，市法制办积极创新立法工作方法，建立健全立法工作机制，不断提高立法质量，圆满完成年度审核工作任务。全年，审核各类文件21件，经政府常务会讨论通过9件，其中，按照盘锦市2006年度规范性文件出台计划审核规范性文件7件，审核率达100%，经市政府常务会讨论出台了《盘锦市档案管理办法》、《盘锦市城市供热管理实施细则》等两件规范性文件。同时，市法制办制定了地方规范性文件清理制度，不断加大规范性文件清理力度。围绕市委、市政府鼓励全民创业，优化经济发展环境，结合贯彻《行政许可法》，开展了规范性文件清理工作。提交政府常务会审议废止了《盘锦市文化市场管理办法》等5件规范性文件，修改了《盘锦市兵役工作细则》等7件规范性文件。

加强法制监督，改善行政执法环境 为了提高全市行政执法水平，不断强化法制监督工作力度，市法制办一是开展了行政执法主体梳理和清理工作。按照《国务院办公厅关于推行行政执法责任制的若干意见》要求，市政府法制办组织全市行政执法单位开展了执法主体梳理和清理工作，确认市直职权执法单位49个、授权执法单位34个、委托执法单位25个，并对具有行政执法主体资格的部门梳理了执法依据，分解了执法职权，确定了执法责任，为全市行政执法工作奠定了基础。二是认真贯彻落实省政府148号令，加大行政执法责任制和评议考核制的力度，规范行政执法行为。三是协调行政执法争议、依法明确执法主体。针对锦祥一条街36家歌厅噪声超标，引发工商、环保、文化部门执法争议问题，依法界定了执法主体。四是加强了行政执法监督个案处理力度，维护公民合法权益。全年，收到行政执法投诉案件11件，依法立案8件，查处率100%，做到了件件有结案，案案有回音。按照国务院、省政府《关于进一步推进相对集中行政处罚权工作的决定》要求，切实解决城市管理领域执法职能过度分散、多头管理、重复处罚和执法效率不高等问题，市法制办按照市政府领导的批示意见，依法界定了综合执法局的执法职能，为行政执法体制改革，实行相对集中处罚权工作奠定了基础。

不断提高行政复议案件的办理质量和应诉水平，减少行政败诉案件 2006年，全市行政复议机构受理复议案件59件，经审查，不予受理9件，维持原裁决22件，撤销3件，自撤15件，终止1件，责令履行1件，转审3件，待结5件，其中，市法制办受理行政复议申请17件，经审查决定立案11件，自撤5件，撤销1件，终止1件，责令履行1件，待结3件。通过受理行政复议案件，化解了社会矛盾，为构建和谐盘锦做出了一定贡献。同时还实行了行政复议信息专报制度，对典型复议案件及时向市委、市人大、市政府、市政协等领导发送专报，为领导决策提供参考。全年，全市共发生行政诉讼案60件，法院撤销具体行政行为的2件，行政诉讼败诉率为3.3%，比全省平均败诉率25%低22个百分点，其中，市本级发生行政应诉案13件，法院审理结果维持1件、驳回4件、自撤4件，发回重审1件，待结3件。2006年，市政府行政诉讼案件败诉率为0。此外，审理强迁案40件，已强迁完毕，推进了棚户区改造进程，促进了盘锦的城市建设和经济发展。

积极开展政府法制宣传，加强对仲裁工作的协调指导 为了加强政府法制宣传阵地建设，设立了“盘锦政府法制”网，将盘锦的立法、行政复议、法制监督、经济仲裁等有关法制信息在网上公布，为各级领导决策提供参考，为盘锦经济发展、构建和谐盘锦提供法制服务。为了更好地为全市经济建设保驾护航，维护仲裁的“公正、高效、廉洁”的仲裁机制和信誉，在法制办的协调指导下，仲裁委解聘了9名仲裁员，重新增聘13名仲裁员，并进行了集中培训，提高了仲裁员自身素质，增强了办案能力。全年，共受理仲裁案件47件，已结40件，其中，协调33件，标的总额20747864.86元。在受理案件中，有拖欠工程款纠纷、商品房买卖合同纠纷、工矿产品购销合同拖欠设备款纠纷、消费争议纠纷等。同上年相比，案件类型呈现出多样化，办案质量有了明显提高。

·司法行政管理·

理清思路，寻求突破，全面开展法制宣传教育工作 一是认真调查研究，出台“五五”普法规划。市司法局认真贯彻落实中央、省“五五”普法工作要求，在深入调查研究和认真总结过去20年普法工作的基础上，制定了“五五”普法规划，经市委五届35次常委会讨论，通过了盘锦市《关于在公民中开展法制宣传教育和依法治市工作第五个五年规划》，为今后5年普法工作打下了坚实基础。二是高起点、多层面地开展“五五”普法启动。召开了全市“五五”普法启动大会，各县区、各部门认真落实会议精神，按会议要求制定了“五五”普法规划，并分别以不同形式启动了本地区、本部门“五五”普法工作，理清了普法工作思路，明确了普法工作任务，开展了法律进乡村、进社区、进单位等系列活动和多形式、多层面的法制宣传教育活动。三是强化整合资源，创新普法方式，逐步形成了具有广泛社会基础的普法工作格局。整合资源，充分利用各县区、各部门、各大型企业、新闻媒体等普法单位的普法资源，优化普法效果，以联合联动的方式，开展了法治文化创建活动。市直各部门、各县区司法局以不同形式组织开展了36场广场法治文化宣传活动；创新载体，市司法局开通了盘锦依法治市网，搭建了普法机构和广大群众进行沟通的新平台；强化人力资源，层层组建法律志愿者队伍，全市组建了由律师、基层法律服务工作者、社会离退休干部以及热心普法工作的人员参加的法律志愿者队伍，共计37人。

打牢根基，有效发挥基层司法行政工作职能 一是对人民调解、刑释解教人员安置帮教工作进行了调研。深入乡镇、街道、村、社区，重点对人民调解工作、安置帮教工作、司法所建设工作进行了一次全面调查，掌握基层司法行政工作的详细情况。二是加强基层司法所规范化建设。理顺司法所管理体制工作有新进展。盘山县、双台子区司法局已经完成垂直管理工作，机构、编制问题基本得到解决。三是狠抓了司法所基础设施建设。两县第二批国债资金建设的14个司法所办公用房已基本完成，配齐了摩托车、电脑、打印机等交通工具和办公设备。大洼县已提前完成第三批6个司法所办公用房建设。市委副书记齐继慧、市人大常委会副主任马淑清在对司法所建设工作调研中都给予了高度评价。四是抓实人民调解工作。加强了“三线一体”的调解网络建设，着力加强了村级调解组织、企事业单位调解组织建设；探索建立调解联动机制，形成党政领导、司法所主办、部门参与、联合调处的调解工作格局，形成抓矛盾纠纷调解的合力；开展了“化解矛盾在基层”活动，全市人民调解组织开展矛盾纠纷排查797次，调解各类民间纠纷2170件，调解成功2084件，成功率为96%。五是加强基层法律服务所建设。对新一批基层法律服务工作者进行了考核、评定。基层法律服务所担当法律顾问413家，代理诉讼169件、非诉讼103件，调解纠纷980件，解答法律咨询5957人次。六是刑释解教人员安置帮教工作。注重接续教育环节，狠抓安置帮教措施落实，全年接收释解人员134人，安置就业率达到95%。

劳教工作树立“大教育”的新思路，狠抓了教育工作的调整、完善和创新 2006年，全市劳教工作转变思想，实现从重管理轻教育到重教育促稳定的思想转变，彻底扭转教育工作的从属地位。劳教所从人力、物力、财力和制度落实上向教育工作倾斜，形成了人人重视教育、人人参与教育、事事想着教育的氛围；完善机制，实行劳教人员教育考核直接与三种管理模式挂钩，完成了与省局制定下发的三种管理模式的平衡过渡与对接；完善教育手段，提高教育矫治质量；积极开展教研活动，提高课堂化教学质量；狠抓个别教育，增强教育工作的针对性和有效性；整合社会教育资源，拓宽教育渠道，充分利用社会资源，采取“请进来”的方式开展教育；开展辅助教育，举行了牢记“八荣八耻”歌咏比赛、学习“八荣八耻”演讲比赛、春节走访特困学员、春种秋收民警献爱心捐献等活动，通过这一次次活动，发挥了辅助教育的作用。大教育思想在劳教所贯穿工作始终，大教育格局初步形成。一年来，劳教人员违纪率比上年同期明显下降，教育矫治质量明显提高，劳教人员脱逃率、非正常死亡率、重大案件发案率均为零，连续4年实现“四无”工作目标，劳教生产实现产值190万元。

提高法律服务质量，树立诚信形象 一是强化公证律师服务水平，提升社会公信力。公证工作，积极开展《中华人民共和国公证法》的宣传，开展了“假如我是一名当事人”活动，严格办证程序，实行规范化管理；拓展公证服务领域，加强公证工作管理，健全公证员社会保障和公证执业责任保险机制。全年，共办理各类公证11.536件，其中，民事类公证5456件，经济类公证3182件，涉外及涉港、澳、台公证2898件；拒办公证75件，其中，制止不法经济活动8件。律师工作，进一步拓展法律服务领域，参与涉法信访接待工作，依法化解疏导涉法信访案件；与经委联合，组建了盘锦市中小(民营)企业法律顾问团，切实提高了企业依法维权的能力；依法开展法律援助工作，为弱势群体服务；法律服务触角向农村延伸，积极为建设社会主义新农村服务；加大刑事辩护工作检查指导，配合人大开展“旁听百例庭审”专项活动。全年，担任法律顾问362家，刑事诉讼案件辩护及代理554件，代理民事、经济、行政诉讼案件1543件，办理非诉讼法律事务4835件，代写法律文书3500件。二是抓实法律援助和"148"工作,为弱势群体服务。法律援助工作,进一步加强宣传,提高群众对法律援助工作的认识度;实行法律援助量化考核,不断提高法律援助办案质量;扩大范围,新增加了请求工伤事故赔偿、请求医疗事故赔偿、请求交通事故赔偿、请求离婚的法律援助事项;积极做好政府、人大信访值班工作,依法化解疏导涉法信访案件;建立了由287名律师、法官、检察官、法学教授促成的法律援助志愿者队伍;积极采取各种措施,在资金、编制等各个环节赢得政府的支持。全年,承办法律援助案件572件,提供法律咨询1.7万人次,承办信访转变案件25件,接待涉法信访咨询2357人次,当事人的满意率100%。"148"法律服务工作以便民利民为宗旨,不断加强自身建设,提高服务水平,解答电话咨询4334人次,接待群众来访5862人次,协调办理法律事务531件,当事人满意率达到98%。司法鉴定工作,不断完善管理体制,新审批司法鉴定机构5家。全年,各鉴定机构共完成司法鉴定701件,其中,法医类鉴定573件,其它类鉴定128件,出庭质证8次,鉴定采信率达100%。干部教育工作,圆满完成了法律自考、函授两项助学工作向教育主管部门的移交,远程教育工作已步入正轨;圆满完成了第五次国家司法考试工作,有16人顺利通过审核取得法律职业资格证书,合格率达到10.6%。

狠抓队伍建设,提高整体素质,为司法行政工作发展提供保障 加强领导班子建设。全系统各级领导班子认真贯彻党的民主集中制原则,集体领导集体决策,办事公开;不断加强学习,认真落实中心组学习制度,着重领导班子政治理论素养、宏观战略思维、党性意识及驾驭全局的能力提高。积极开展自主性学习,在学习上起模范带着作用。市局领导班子成员经常利用休息时间主动学习,认真记学习笔记,写学习心得,积极为全体干部授课。积极开展调查研究,总结经验,查找问题,努力解决,保证了各项工作的有效开展。加强了县区司法局领导班子的协管工作,大洼县、双台子区司法局领导班子得到了加强,各项工作有了明显进步和提高。加强廉政建设,各级领导班子认真贯彻执行党风廉政建设责任制,坚持廉洁从政,坚持执行述职述廉、个人有关事项报告等廉洁自律各项规定,自觉接受群众监督,努力保持领导干部的清正廉洁。加强队伍建设,以干部队伍思想政治建设为先导,开展了社会主义荣辱观教育,开展了社会主义法治理念教育活动;在全系统开展"规范执法行为,促进执法公正"活动,劳教所开展了岗位大练兵活动,执法机关形象和执法公信力明显增强。加强党的建设,积极开展各项党组织活动,加强党支部建设,强化了对律师队伍中党员的管理教育,开展了"抓、比、争"主题活动,推动了机关党的建设。加强精神文明建设,开展了创文明机关活动。加强干部队伍的业务培训,开展了律师、公证员、司法所长、基层法律服务工作者、人民调解员、司法鉴定人业务培训,干部队伍的整体素质有了较大提高。开展党风廉政建设和反腐败工作,认真实施《建立健全教育、制度、监督并重的惩治和预防腐败体系实施纲要》,落实好"一岗双责",加大廉政建设教育力度,市局举办了警示教育培训班,开展了"读书思廉"、"家庭助廉"教育活动,在全系统开展了党风廉政建设系列文化教育活动,使党风廉政建设得到加强。

·工商行政管理·

深化"百人万户"帮扶活动,推动职能履行,服务创业发展取得新成效 一是加强政策研究、落实,营造宽松准入环境。积极响应市委、市政府提出的"全民创业"号召,修订出台鼓励全民创业的"37"条实施意见,在申办资格、经营范围、注册资本缴付等方面放宽了准入条件。全面落实首问责任、限时办理等项制度,压缩办事环节,简化审批手续,努力做到服务过程零障碍,服务质量零缺陷。主动争取,积极协调,圆满解决了辽河油田4个采油厂周边"飞地"问题,确保220户大中企业、284户个体工商户的登记权属和税收权益仍由市工商局管辖。截止到2006年底,个体工商户总数为44018户(其中,新发展6307户)、各类企业总数为7761户(其中,新发展1091户)。鼓励全民创业、营造发展环境的做法被市直机关工委评为第二季度最佳实事。二是加强地方品牌培育,推动商标兴企富农。帮助办理商标注册89件,其中,农产品商标20件。新认定市著名商标11件,比上年增加3件;推荐省著名商标11件,认定7件,比上年增加4件。有机大米认证继续推进,有机河蟹认证取得可喜进展。大米创牌增值工程被市直机关工委评为第一季度十佳实事。三是加强合同签约指导,推动订单携企助农。全市重点培育涉农龙头企业43户,签约农户3万余户,订单种植、养殖面积40余万亩。7月份,订单农业监管的创新做法在国家工商总局订单农业研讨会上作了经验介绍。四是加强经纪人培育,推动全市农村产业化。研究制定《2006年盘锦市经纪人培育发展实施意见》,明确培育发展的目标、行业及措施,努力促进具有地域特色和行业特点的产业经纪人群体的形成。目前,已重点培育大米、河蟹、动物养殖等特色产业经纪人1170人。五是作好市场启动与扶持工作,促进城乡就业。全年,成功启动天虹电子城等闲置市场8处,安置下岗失业人员1287人。深入开展文明诚信市场创建活动,全市有5处市场被评为省级文明诚信市场。中秋美食节、啤酒节的举办,丰富了市民的业余生活。制定河蟹市场培育方案,以"畅销售、创品牌、抓服务、促规范"的工作思路推动河蟹市场繁荣发展。协同城管、旅游等部门,按照就近、便民的原则,设立河蟹临时销售市场16处。

围绕经济发展需要,严格依法行政,整顿和规范市场秩序取得新进展　一是加强食品市场监管,确保群众饮食安全。严格制度落实,加强行政指导,索证索票、信用承诺等自我约束制度得到有效实施。县以上较大超市和市场进货索证、索票率达到98%。查处制售假冒伪劣食品案件15件,捣毁制假窝点5个。以肉禽、蔬菜、粮油、奶制品、豆制品为重点,抽查商品116批次。全市创建"放心肉"市场10处,"放心豆腐"工程得到巩固。在全省食品安全监管大检查工作中,盘锦市在14个市中排名第五。"放心馒头"工程进展顺利,并被市直机关工委评为第四季度十佳实事。二是加强12315申诉举报联络站、消协投诉站网络建设,建立消费维权快速反应机制。目前,已建立社区和企业联络站73处。受理消费者咨询、申诉和举报15270起。通过"两站"建设的深入开展,消费维权工作得到进一步强化。三是着眼市场秩序中的难点、热点问题,积极开展专项整治。立案查处各类市场违法违章案件730余起。深入开展"红盾护农"行动,抽检化肥、种子30批次,查处农资经营违法案件37件,取缔无照经营26户。严厉打击非法传销及变相传销活动,取缔窝点80个,遣返人员7300余人,移送司法机关处理80人,扣押传销工具价值20余万元。开展商业贿赂重点整治,掌握案件线索6条,立案2件。加大危险化学品市场整治力度,查处影响生产安全的油品经营案件29起。开展商标侵权及虚假广告专项整治活动,查处商标侵权案件6件,发出违法广告警示公告6期,收缴违法印刷品广告2万余份,医疗广告违法率由年初的33.3%下降到10%。

狠抓规范、夯实基础,干部队伍建设迈出新步子　一是开展队伍教育整顿,提高干部队伍管理水平。针对队伍存在的问题,及时开展教育整顿活动。通过个人自查、组织复查,对越权处罚、滥施处罚、重复处罚等6个方面的问题进行彻底清查。整改涉及市场监管、行政执法、为民服务等方面的问题35个。认真抓好两个禁令的执行,给予相关责任人警告处分6人、记过处分4人、记大过处分1人。二是以规范执法行为为重点,着力推进软环境建设。研究制定《盘锦市工商行政管理系统执法管辖权的暂行规定》,明确划分各部门的执法权限和责任,解决重复执法、交叉执法的问题。积极推进政务公开,建立约束机制,强化内外部监督。全系统聘请社会各界义务监督员425人,公布举报电话6部,通过启动局长接待日、走进"行风热线"和全民创业大讲堂等栏目,直接与市民沟通,为群众排忧解难。三是狠抓素质教育,提升干部队伍履行职责的能力。在对全系统干部职工文化层次、知识结构进行全面调研的基础上，制定《盘锦市工商局中长期教育培训规划》，确立“按需施教，保证质量，全面发展，注重能力”的工作原则。先后对《公司法》、《公司登记管理条例》等法律、法规进行系统培训。结合队伍职能履行的实际需要，组织干部职工参加经济法专业自学考试，10月末，全系统165名同志参加了2个科目的考试，合格率达到70%。四是积极开展一号工程，稳步提高信息化建设水平。加强硬件建设，相继投资40余万元建立电教室，购置投影仪、交换机等电教设备。开展全员培训，全系统掌握“三会”技能达到90%，优秀率达30%以上。集中对全市2万余本企业档案进行电子扫描，健全了企业监管数据库。投资建立红盾网站，畅通了政务公开渠道。五是强化财务管理，加强经费保障。坚持依法收费，规范收费行为，保障行政收费及时到位。坚持依法理财，预算执行力度进一步增强。加强节约型机关建设，倡导节俭，反对奢靡，从严控制公用经费支出。财务管理工作的做法在省工商局会议上进行了经验交流。六是稳步推进公务员登记及事业单位人员聘用工作。坚持从实际出发，严格公务员登记标准，对全系统1031名公务员进行登记，顺利通过省人事厅审核。按照省局要求，圆满完成事业单位人员聘用制工作，委任事业单位领导干部15人，签订聘用合同143人。七是加强信访工作，营造和谐融洽的工作环境。全年，共受理信访案件210件次，接待来访280余人次。本着实事求是的原则，澄清事实，教育引导，妥善处理了“4·20”上访事件。以此为戒，举一反三，全系统信访责任意识得到增强。

·食品、药品监督管理·

更新理念，以监管服务发展、以监管促进发展 2006年，市食品药品监督管理局紧紧围绕药品、医疗器械监管这个中心，努力规范药品生产、流通秩序，在严格执行“五个不放过”依法行政的同时，不断创新药品监管模式，由重审批、轻监管转变为审批与监管并重。由事后监管转变为事前防范与事后监管并重，并努力将监管关口前移。在先行调研、理清基本工作思路的基础上，开展了多形式、多层次的执法监督检查和规范管理服务，帮助企业向规范化、集约连锁化方向发展。以辽宁天龙药业有限公司为龙头的全市药品生产企业年产值超2亿元，有121个制剂品种，冻干粉针生产能力居全国第一。盘锦华成制药有限公司已成为全国最大的水飞蓟素生产企业，也是大洼县最大的出口创汇企业。盘锦森荣药业有限公司、盘锦天源药业有限公司通过GMP认证，企业重现生机活力。市食品药品监督管理局支持辽河药材经销处等实力强、管理规范的药品经营企业进行兼并、重组，扩大经营规模，增加连锁门店，使企业做强做大。同时，严格按照国家实施GMP、GSP认证标准，对全市8家药品生产企业、5家药品经营连锁企业、6家药品批发企业、405家药品零售门店进行认证跟踪检查，无认证后反弹现象出现。制定了全市“两网”建设实施方案，进一步完善了三级药品监督网，并建立了监督员举报记录，保障了供应网渠道明晰、管理规范。农村药品监督网已深入到全市29个乡镇、301个自然行政村，供应网的建设已深入到全市28个乡(镇)卫生院、757个村卫生所和个体医疗诊所、85个县以下零售药店，覆盖率已达到100%。确定了7个药品配送主体，平均药品品种配送率已达到90%。全市共有药品监督员11名、协管员49名、信息员301名，已达到了镇镇有协管员，村村有信息员。所有这些不仅加大了地方税收，促进了资源型城市转型，为民营经济发展做出了贡献，还安排了近万名下岗职工再就业，维护了社会稳定，同时也规范了企业的经营行为，保证了全市人民用药安全有效。全年，共审批开办药品零售企业43家、药品零售连锁企业连锁门店34家、办理《药品经营许可证》许可事项变更5件，并对其中23家零售企业进行了GSP认证现场检查验收。

严厉打击制售假劣药械违法行为，确保人民群众用药安全有效 一是巩固认证成果，加强了对已认证企业的日常监督，对不严格执行认证标准的企业依法进行了查处，从而推动了药品生产经营企业提高管理水平和技术水平,增强了竞争能力。加强药品安全信用体系建设,建立健全了监督档案。在加强日常监督检查的同时,做好现场检查记录,并将现场检查记录归档,为依法行政提供了可靠的依据。二是加大了药品抽验工作力度。制定下发了《盘锦市药品监督抽验实施方案》,充分发挥市药品检验所技术监督职能,增加了抽验批次。全年,共抽验检品500件,完成353件,不合格218件,不合格率43.6%,为净化药品市场提供了及时、准确、可靠的监督依据。三是加大了药品专项整治工作力度。根据省局查扣齐齐哈尔第二制药有限公司生产的所有药品的总体部署,在最短时间内、以最快速度在《盘锦日报》、盘锦电台、盘锦电视台向全市人民群众及药品经营和使用单位进行通告,立即停止销售和使用该公司生产的所有药品,提醒广大市民禁用。同时,组成6个稽查组,分区域对全市药品生产、经营和使用单位进行拉网检查,共出动行政执法人员150人次,检查药品生产企业8家、药品经营企业112家、医疗机构65家,查封、扣押药品23个品种3815盒、1910支,使该公司生产的所有药品在全市市场得到有效控制。8月3日,接到省食品药品监督管理局《关于安徽华源生物药业有限公司生产的"欣弗"克林酶素磷酸脂葡萄糖注射液使用过程中产生严重不良反应事件》的电报后,市食品药品监督管理局立即召开紧急会议部署工作,第一时间通知相关部门,采取应对措施,派出4个检查组对药品经营企业、使用单位和两县进行逐一排查,启动了"两网"建设中的药品监督网络,充分发挥乡村卫生助理、药品协管员的职能作用,形成以县药监局为中心,各乡镇为支点的排查网络。通过新闻媒体公告《关于暂停销售、使用"欣弗"克林霉素磷酸酯葡萄糖注射液的紧急通知》,告知相关部门和广大群众立即停止销售和使用"欣弗",并公布监督电话,让全社会关注和监督此项事件。共查出"欣弗"1245瓶,其中,被厂家召回681瓶、暂扣546瓶、使用18瓶。被使用的18瓶中,7月31日有1瓶被一个"黑诊所"用于一名11岁男童,并出现不良反应,后经盘锦市第二人民医院治愈。四是加大了对各类药品医疗器械违法案件的查处力度。坚持一手抓药品监督抽验,一手抓违法药品市场的原则,严厉打击了销售假劣药品的违法行为。全年,共立案423起、结案384起,结案率90.7%,没收假劣药品货值6.9605万元,罚款50.87841万元;取缔非法制售药品窝点5处。

加大了科研工作力度 2006年,盘锦市药检所完成了降糖类保健食品中添加化学药格列美脲、格列本脲的实验方法设定、方法验证和检验结果等工作,并与上年完成的补肾壮阳类保健食品中违法添加化学药枸橼酸西地那非、降糖类保健食品中违法添加化学成分二甲双胍、减肥类保健品中违法添加化学药盐酸西布曲明的检验方法及方法学验证等项目一并上报省药品检验所复核。与此同时,还承担了31个品种、共74个批次的以心脑血管类药品为主的起草工作任务。承接了中检所下达的中成药中违法添加化学药的科研项目,现已收集品种30个、共76批次;设定违法添加化学药7个,建立了对每个目标化学药的检验方法,并验证该方法的可行性、理论上的可操作性以及对所收集的76批的实验结果。组织开展了快速甄别假劣药品授权高效液相分析方法工作,其目的是为四川省药品检验所验证9个品种的性激素类药品的高效液相的授权方法。

把握食品安全综合监督工作主动权,积极推进全市食品安全形势进一步好转 2006年,市食品药品监督管理局充分发挥"综合监督、组织协调和组织对重大案件查处"的食品监管职能,使全市食品安全形势进一步好转。一是分别召开了4次食品安全委员会工作会议和食品安全委员会办公室工作会议,确定了以城乡结合部为食品安全重点整治区域。安排部署了"3·15"专项检查活动以及"五一"、"十一"黄金周食品安全工作,讨论了《盘锦市重大食品安全应急预案》征求意见稿。结合本市实际,制定出台了《2006年盘锦市食品安全专项整治行动方案》、《盘锦市食品安全事故应急预案》、《盘锦市食品安全信用体系建设试点工作方案》、《食品安全信用体系建设》、《食品安全重大事故查处预案》等制度。建立了食品安全综合评价4个分支体系。通过制度建设，规范食品安全监管工作，促进食品生产、经营企业由他律向自律的转变。二是积极开展食品安全专项整治工作。按照初级农产品生产、食品生产加工、食品流通、食堂和餐饮等消费4个监管环节，以食品保健、绿色食品、水产品、生猪定点屠宰及肉制品、散装食品、饮品罐头等为重点整治内容，先后组织开展了对农贸市场、超市食品以及清真食品生产经营企业的卫生状况进行了大检查，同时，对全市申报的48家放心食品生产企业进行联合评估检查。建立了各企业档案严把食品安全关。全市学校食堂量化分级管理率达到100%。畜产品“瘦肉精”平均检出率为零。县以上较大型超市、市场进货索证索票率达到98%。全市小麦粉等15类食品，具备生产条件的企业93%取得生产合格证。糖果制品等13类食品生产企业85%取得生产许可证。三是强化种植、养殖、加工、流通、消费环节的分段监管。从源头上严把农业投入品、畜牧饲料使用等安全关，严把生产加工领域质量标准关，严把市场准入关，最终实现安全消费。各监管部门实行24小时值班制度，设立举报投诉电话，及时处理食品安全事故。

全面拓展，打造和谐团队，创新监管亮点　一是强化干部队伍和制度建设，全面加强系统内部管理。建立健全了系统内部管理各项规章制度39项，做到以制度管人、管物、管事，避免制度流于形式。加强了社会监督工作，促进作风的根本好转，广泛征求意见，查找存在的问题。先后召开了行风建设社会监督员、社会各界民主人士、行政相对人座谈会，下发了征求意见函300余份，设立了作风建设举报电话，聘请社会监督员21名。邀请市人大、市政协的领导上门检查、监督、指导药品监督管理工作，广泛听取意见和建议，有效地促进了工作的开展。同时提倡“友爱和谐”的机关风尚，营造健康向上的机关氛围。形成共同的组织价值观和协同作战的团队意识，培育“敬业、奉献、求实、创新、包容、和谐”的机关精神，进一步增强机关工作的创新能力和凝聚力。二是深入开展了学习型、奉献社会型机关创建活动，全面提高了食品药品监管机关干部队伍的综合素质。建立了每周一学习制度，围绕提高机关干部职工整体素质，深入开展了学习政治理论、学习法律法规知识、学习专业知识、学习市场经济知识、学习先进经验的“五学”活动。三是开展了“联乡帮村”等扶贫活动，多次深入坝根子村调查了解情况，协调相关部门帮助建设文化广场，构建文化村，帮扶贫困户发展生产，脱贫致富。通过“创建学习型机关”，在机关确立了“在工作中学习，在学习中工作”和“终生学习”的理念，形成了团体学习和研究的互动局面。

大力开展“以规范行政行为，树立行业新风”为主题的“政风行风建设年”活动　2006年，市食品药品监督管理局重点突出抓好治理商业贿赂的专项工作，进一步增强了拒腐防变能力，营造爱民、便民、利民的优质环境。一是广泛宣传、明确责任。利用新闻媒介、发放宣传单、“盘锦药监动态”等宣传形式，发布相关信息、政策和商业贿赂行为的危害。二是强化监管部门自律。针对自身存在的问题开展自查自纠，实事求是做出处理。明确规定了药监系统工作人员不得参与或干预企业经营活动，特别是利用行政审批权和行政执法权进行索贿受贿，建立了监督举报制度。三是强化企业制度建设。帮助企业建章立制，规范从业行为，制定从业人员行为准则和职业规范，建立起一整套完善的工作制度和工作机制。充分发挥医药行业协会的作用，在企业中积极推行反商业贿赂承诺制，严格行业自律。四是加强监管，促进规范。加强对药品医疗器械生产经营企业的日常监管，规范生产经营秩序。强化对药品生产经营企业实施GMP、GSP认证后的督查，规范药品委托加工，完善相关政策法规。严格执行药品、医疗器械生产经营企业退出机制，对达不到GMP、GSP要求的一律停止生产经营，对严重违法违规的企业，依法予以吊销许可，对新开办的药品、医疗器械生产经营企业，依照法律法规，严格准入管理。五是加强企业诚信建设。积极推进药品、医疗器械生产经营信用体系建设，划分企业信用等级，按照信用等级，采取相应的监管措施，对采取不正当手段获取商业机会或优惠条件的企业，建立“黑名单”制度，凡列入“黑名单”的企业要向省局及国家局报告，并限期整改，逾期未改的，将采取措施予以制裁，直至吊销其许可证或撤销药品批准证明文件，5年内不再受理其申请。六是健全完善监管体系。坚持依法审批和“集中、透明、便民、高效”的原则，规范行政审批工作程序，完善行政审批项目的具体内容、标准和要求。制定优化审评资源配置、提高效率的办法和措施，建立健全科学、公正、透明的审评审批机制和审查体系，从源头上预防和治理腐败。同时，树立自律意识，加强执法监督。全面进行反腐倡廉教育，促进党员干部廉洁自律。坚决禁止在执法过程中为政不廉，吃、拿、卡、要、报等行为发生。上收行政处罚减免权，所有的行政处罚减免全部由班子例会研究决定。建立了对重大案件的审核和过错责任追究制度，杜绝为政不廉、违规执法、办人情案的现象发生。

· 质量技术监督管理 ·

实施以质取胜战略，突出抓好名牌工作　2006年，市质量技术监督局编制了《2006—2010年名牌产品发展规划》，全市69种具有培育及扶持价值的产品被编入争创国家、省名牌产品规划之中。辽宁化工(集团)有限责任公司生产的华锦牌“尿素”获得了中国名牌产品称号，从而结束了盘锦市无中国名牌产品的历史。全年，有11种产品荣获辽宁名牌产品称号，18种产品荣获盘锦市名牌产品称号，全市在有效期内的省级名牌产品数量突破了30个，提前完成了“十一五”规划目标。

抓好生产加工环节的食品安全监管工作　(一)全面推进食品安全监管责任制的落实。与各县区签订了食品质量安全监管责任状，将食品监管工作纳入年度班子考核的重要内容，确保把食品质量安全监管工作落到实处。(二)开展食品添加剂的检查备案工作。全市共检查了56家食品加工企业，并将统计数据录入到总局网站的食品添加剂调查系统中。(三)开展淀粉制品的检查工作及食品包装容器的专项调查工作。检查18家食品生产企业、8家大型商场超市、3家饭店，涉及的产品包括冷饮、香肠、肉丸、鱼丸和玉米淀粉速冻食品。调查食品包装容器企业6家，将这类企业的监管统一划归到食品企业监管中来，确保不会发生食品安全事故。(四)全面推进“两级发证、三级操作”新的食品市场准入制度的实施。重点抓好食品生产许可证前教育、证中抽查、证后督察。全年，共受理企业申请85家，已进行现场核查的82家。截止到2006年底，全市有224家企业获准使用“QS”质量标志。(五)全面推进分类监管的工作模式。重新划分了监管区域50个，涉及监管人员16人，确定协管人员50人，确定基层政府分管领导50人，建立食品企业质量档案760家，建档企业全部签订了质量安全承诺书。(六)深化食品质量安全监管“百千万工程”。完成列入“百千万工程”重点整治食品小作坊整治任务的90%，市局挂牌督办的已基本完成，受到省局检查组的表扬。

抓好特种设备安全监察工作　(一)深入开展安全大检查，确保特种设备安全运行。组织开展了4次全市范围内的安全大检查，共出动检查人员300余人次，检查使用单位365家，检查特种设备5200多台(套)，下达安全监察指令书85份，发现各种问题156个。对检查中发现的问题及时督促企业进行整改，对个别隐患严重的设备依法予以查封。(二)进行专项整治。一是电站锅炉及土锅炉的整治工作有所突破。13台电站锅炉已全部实现了登记建档，检验检测，并取得了特种设备使用证。联合市安全生产监督管理局和县区政府对有问题的10台土锅炉进行治理，收到较好的效果。二是对医疗单位使用的特种设备进行专项检查。通过检查发现，有4家医院的5台高压灭菌器等设备未办理登记注册和定期检验，及时下达安全监察指令书，督促和帮助企业完成了整改工作。三是加强电梯的定期检验及维保工作。(三)完成长输管道及公用管道的普查登记工作，对特种设备数据库进行清理。全市共有长输管道及公用管道使用单位5

家,管道总数 90 条,管道总长 730 千米。清理后的数据库有信息 24703 条。(四)加强对检验检测单位的管理,全面提高检验质量和定检率。全年,全市共完成锅炉定期检验 406 台,锅炉安装、修理改造监检 86 台,锅炉制造监检 116 台;压力容器定期检验 1943 台,制造监检 1944 台;起重机定期检验 592 台;电梯检验 491 台;厂内车辆检验 600 台;检验各类气瓶 54000 只;实现新安装特种设备注册登记率 100%,特种设备制造、安装、改造监检率 100%。其它设备的定检率也都达到了省局考核指标的要求。全市培训各类作业人员 3500 人,提高了作业人员持证上岗率。

抓好监督抽查工作和专项打假工作 (一)开展质量监督抽查。对抽查不合格的 12 家防水卷材、7 家桶装饮用水、5 家熏煮香肠企业开展了后处理工作,及时完成了化肥产品省级监督抽查的后处理工作。(二)开展计量监督抽查。一是对全市 6 家经销单位、37 家生产单位的 17 种 188 个批次的定量包装商品进行抽样检验,净含量标注合格率为 80.9%;净含量合格率为 93.6%。二是对全市 35 家防水卷材行业使用的计量器具、5 家机动车安全技术机构使用的 11 条在用检测线使用的计量器具进行监督检查。(三)开展专项检查和打假工作。一是组织开展无生产许可证查处工作。共抽查生产企业 28 家、经销企业 62 家。处罚金额 10 万元以上案件 1 件,立案案件 20 件。二是组织开展“3C”认证违法行为的检查。加强对生产领域未经“3C”认证违法行为的检查,检查生产、经销企业 22 家,立案案件 6 件。三是组织开展对计量违法行为的查处。查处生产聚丙烯短量案件 1 件,涉案金额 175 万元。检查啤酒经销企业 10 家、海鲜酒店 8 家,其中,啤酒抽取样品 12 种,合格率为 83%。共检查计量器具 120 台件,没收不合格计量器具 2 台件,立案案件 8 件。四是开展农资专项打假工作。对 12 家生产企业生产的 5 个品种 12 个批次的化肥、壮秧剂进行了抽样检验,合格率为 70%。

为工业经济发展服务 (一)加大标准化工作力度。2006 年,市质量技术监督局选定 1 家企业为标准化良好行为试点单位,选定 5 家企业为装备制造技术标准试点单位,积极引导企业产品采用国际标准和国外先进标准,全市采标的产品共 27 种,备案企业标准 86 家,产品标准数 220 个。(二)加强计量工作。以流通领域为重点,加强对市场计量器具的监督管理,对辖区内的在用计量器具登记建档。确定 35 家企业为耗能 3000 吨以上标准煤企业,评出 10 家企业为盘锦市节能示范先进单位,帮助 5 家企业建立完善计量检测体系。对 10 家企业建立的 26 项标准进行监督检查,对 2 家企业建立的 2 项标准予以撤销。对铁通、电信、网通 3 家公司的近 300 台电子计量计费器(含 IC 卡)进行检定。理顺煤气表、水表、电能表的专业计量授权工作,实施了“三表”入户前首次检定的监督抽查。对 160 家企业的 170 余名计量人员进行了培训。

为农村经济发展服务 完善农业标准体系建设,制定了 4 项农业标准技术规范。抓好农业标准化示范区建设,大洼县盘锦大米无公害国家标准化示范区通过了国家标准化管理委员会验收。积极推进良好农业规范试点工作,盘锦鼎泰农业开发有限公司种植的食用菌,被国家认监委和国家标准委批准为试点单位,被省局确定为 GAP 认证全省前 5 名企业之一。

为地方经济建设服务 紧紧围绕全市中心工作、重点项目,开展服务企业工作。制定并落实《盘锦市质监系统进一步优化经济发展软环境的实施意见》。出台了 4 项优惠政策及 10 项服务措施,在标准、计量、质量、监督、实验室建设等多方面为企业提供有效的服务。以“3·15”、世界计量日、安全月、质量月为契机,积极开展质量技术监督法律法规宣传工作,提高质量意识和守法观念。

· 审计监督 ·

概况 2006 年,全市审计机关在市委、市政府和省审计厅的领导下,认真贯彻落实市委五届四次、五次全会,市政府五届三次、四次全会精神和全国、全省审计工作会议精神以及全国审计工作座谈会精神,继续坚持“依法审计、服务大局、围绕中心、突出重点、求真务实”的方针，围绕全市经济和社会发展大局，突出审计监督重点，严肃查处财政财务违法违规问题，进一步创新工作思路，积极探索并开展了效益审计，为规范财经秩序，构建和谐盘锦，实现资源型城市可持续发展，做出了应有的贡献。一年来，全市审计机关共对283个单位实施了审计(调查)，查出违规金额32098万元，管理不规范金额37628万元；应上交财政389万元，应减少财政拨款112万元，应调账处理10305万元，应归还原渠道资金1547万元，应自行纠正57373万元；已上交财政290万元；提交专题或综合性报告、信息213篇，被批示、采用146篇次。市审计局先后4次被省厅评为优秀审计项目单位。在政治文明和精神文明建设上也取得了明显成效，2006年，市审计局被省委、省政府评为2004——2005年度精神文明建设先进单位。

本级预算执行审计　全市审计机关对2005年度本级预算执行和其它财政收支进行了审计。通过审计，发现和披露了2005年度市本级预算执行和其它财政收支中存在着预算的编制和执行以及部分预算单位财务管理不尽规范，借出财政资金未及时清理收回，税费征管存在漏洞、部分专项资金被挤占挪用或专款不专用等33个问题，违规金额2740万元，管理不规范金额16743万元。市局对审计查出的问题高度重视，向市政府专门提交了审计结果报告，对有关问题依据国家财经法律、法规，在法定权限内进行了妥善处理。2006年6月，市局受市政府委托，向市五届人大常委会第十次会议作了2005年度市本级预算执行和其它财政收支的审计工作报告。市人大常委会对市局预算执行审计工作给予了充分肯定和较高评价。按照市人大常委会的要求和市政府主要领导的批示意见，市审计局着重抓好审计查出问题的督促整改工作。由局有关科室就审计查出的30余个问题逐个提出具体的整改意见，并会同市政府督察室分别下达督办通知单，一件一件进行督办整改，要求限期上报整改落实情况。对未按整改意见进行认真整改或整改不到位的单位，局有关领导又会同市政府督察室深入到整改单位，督促其整改。到2006年末，督促整改工作取得了明显成效，有14个部门、单位将整改落实情况上报市政府督察室和市审计局，29个问题得到了有效整改。

经济责任审计　在经济责任审计中，全市审计机关继续坚持“积极稳妥，量力而行，提高质量，防范风险”的原则，着重在突出重点、规范行为、保证质量上下功夫。受组织部门的委托，全市审计机关全年共完成经济责任审计项目89户(市局完成18户)。查出违规金额747万元，管理不规范金额12462万元。通过向组织部门提交审计结果报告，对被审计人员任期经济责任进行了客观评价，为组织部门考核、评价、使用干部提供了客观依据。按照市委、市政府有关领导的指示精神，根据《审计结果公告准则》的有关规定，市审计局会同市委组织部联合行文就2005年经济责任审计工作情况向市直有关部门进行了通报，在一定范围内公开了审计结果，扩大了审计的影响，推动了经济责任审计工作向纵深发展。在此基础上，市局还着重做好对2005年度经济责任审计中查出问题的督促整改工作。对审计查出的变卖固定资产款项回收不及时、往来账款长期挂账、占用专用资金、企业亏损、企业外债等涉及20个单位的问题，进行了督促整改，并取得了明显成效。尤其是市粮食局按照市审计局整改要求，对出售市粮食大市场国有资产流失问题进行了认真整改，及时收回了粮食大市场，避免了1760万元国有资产流失。各存在问题的单位都向市审计局报送了整改情况和结果，有的单位对往来账款正在进行清理，有的企业通过采取有效措施，已经实现了扭亏增盈。

专项资金审计和审计调查　(一)根据省厅的统一部署，市局对全市2003年至2005年农业综合开发资金拨付、管理和使用情况进行了审计，并结合农业综合开发项目进行了计算机审计和效益审计尝试。此项工作得到了有关部门的充分肯定和好评，也受到省厅的表彰。(二)根据市政府目标管理考核工作领导小组的部署，市局对全市种粮农民综合直补资金的拨付、管理及发放情况进行了跟踪审计。查出双台子区延期兑付种粮农民粮食综合直补资金29万元、大洼县新立镇前胡村用农民应得的粮食综合直补资金抵扣农民欠款4545元以及县(区)级信用社对粮食综合直补资金发放服务不到位,监管不力等问题。在市局的跟踪督促下,有关部门(单位)对存在的问题及时进行了整改,确保了6356万元粮食综合直补资金足额发放到农民手中,保证了党的惠民政策落到实处。(三)根据审计署的统一部署,市局对2005年城市住房公积金的归集、使用和管理情况进行了专项审计调查。发现市住房公积金管理中心辽河油田分中心违规使用住房公积金购买国债2亿元,其中,有7000万元没有按照有关规定解除与金融机构的委托理财协议,有9000万元到期国债至今没有收回本息。另外,市局还查出市住房公积金管理中心1999年以前年度挤占资金3583万元的问题,市局要求该中心抓紧清理收回。

文教卫生行政等审计　为揭示学校在收费管理、使用过程中存在的问题,促进学校严格遵守财经纪律,规范收费行为,切实治理教育乱收费,全市审计机关认真开展了大中专院校及高中收费审计、全市教育附加审计。为促进解决老百姓看病难、看病贵的问题,开展了对部分医院2005年度财务收支情况的审计。对市高中分校(育才学校)未及时上缴代扣代缴的个人收入所得税135768.31元及市职业技术学院供暖中心漏缴的营业税及附加39239元,市局已收缴,上交市财政。此外,市局还对全市质量技术监督系统和工商系统2005年度预算内、外财务收支,盘锦供电公司2005年度资产、负债、损益,部分县(区)政府财政决算,市城市防洪工程建设项目预算执行和其它基建项目竣工决算,世界银行贷款项目资金使用以及有关事业单位的财务收支等进行了审计和审计调查,也都取得了明显成效。

·出入境检验检疫·

检验检疫任务完成情况　全年,累计完成出入境商品检验检疫342批,其中,进口31批,出口311批,商品总值3460万美元。完成出入境人员监测体检2410人次,其中,外籍人员23人。共进行了3543人次的预防接种,其中,对314人进行了黄热病疫苗接种,对1011人进行了霍乱疫苗接种,对2218人分别进行了甲肝、流感、麻腮风、白破、伤寒等疫苗的接种。在对2246名出入境人员监测体检中,检测出传染性疾病96例,检出率为4.27%;检测出非传染性疾病214例,检出率为9.5%。对港口123艘次船舶进行了检疫查验监督,其中,内贸船89艘,外贸船34艘。签发免预除鼠证书68份,卫生证书34份。全年,累计签发产地证207份,签证金额1234万美元,完成检验费收入127万元。与上年同期相比,进出口商品检验批次增长48%,其中,进口下降8%,出口增长68%;商品总值增长68%,其中,进口下降8%,出口增长126%;出入境人员监测体检量增长28%,体检收费增长35.6%。全年,检验费总收入增长49%,实现了全年业务量和收费比上年增长15%以上的预定目标。

依法行政,严格把关,确保国门安全　2006年,盘锦出入境检验检疫局在强化疫情监测,加强重大动物疫病疫情防范体系建设,完善从源头抓质量机制等方面做了大量的细致工作。一是加强疫情监测工作,杜绝疫病的传入和传出。保健中心在做好日常出入境人员监测体检的基础上,加强了传染病的监测力度,在对2246名出入境人员疾病监测体检中,共进行了3543人次的预防接种,比上年同期增长了60%。在管理上,逐渐完善了预防接种抢救药品检查制度,规范了服务行为,提出了"首问负责制",致使全年在体检量上、预防接种人次上、传染病检出率上、收费等方面都有了较大幅度的增长。为了加强口岸突发公共卫生事件的应急能力,成立了组织机构,制定和完善了《盘锦局突发公共卫生事件及现场处置预案》、《盘锦局预防人感染高致病性禽流感应急预案》。卫检工作人员克服了路途遥远,交通不便等诸多困难,积极工作在港口第一线,认真地履行了24小时全天候施检的对外服务承诺,做到了只要有船进港就有人在,及时做好口岸的检疫查验监督工作,杜绝了疫病的传入和传出。二是加强重大动物疫病疫情防范体系建设。为了全面落实“加强领导、密切配合、依靠科学、依法防治、群防群控、果断处置”的方针，禽流感流行期间，积极与地方防控禽流感办公室协作，成立了组织机构，出台了《盘锦局防治高致病性禽流感应急预案》，并深入两家注册加工厂、养殖场开展了现场检查和防疫消毒工作，及时地掌握了疫情动态，坚持了“零”报告制度。真正做到了防控组织机构健全，责任明确，加强了防范体系建设。三是完善从源头抓质量的机制。为了确保产品质量，从源头上坚持了驻厂监管、驻场兽医等制度，对大宗敏感性食品实行了重点监控，同时，加强了出口食品卫生注册监管工作。全年，完成了一家出口食品厂卫生注册；一家食品厂卫生登记；7 家对韩水产养殖场、中转包装场注册；一家水产养殖场注册；一家出口辣椒种植基地、两家出口食品包装厂备案等工作。同时，对上述各厂(场)家积极地开展了监督管理工作。在此基础上，还加大了出口产品从源头控制农药、兽药、重金属残留污染工作力度。按照省局部署，制定了《盘锦局水生动物残留监控计划》、《苗种残留监控计划》，完成了盘锦地区 6 个大米样品 25 项检测指标、两个大米土样 6 项检测指标的扦样检测工作，真正形成了从源头抓质量的机制。

发挥职能作用，积极促进地方外向型经济发展　2006 年，盘锦出入境检验检疫局在认真贯彻落实《国家质检总局关于落实中央振兴东北地区老工业基地战略的意见》和国家质检总局与辽宁省人民政府签署的《关于推动辽宁老工业基地振兴合作备忘录》的基础上，围绕振兴老工业基地的发展目标，强化了服务意识，加大了服务力度。一是为境外承包工作项目设备顺利出口保驾护航。随着辽河油田在海外市场的开发，境外承包工作项目不断增多，而且承包项目的设备出口往往时间紧、任务急，全局认真履行了 365 天均可工作制等服务承诺，坚持不分节假日，随报随检，决不拖延的原则，顺利地完成了境外承包工程项目设备出口 6 批，货值 150 万美元的检验任务。此项工作受到了企业和辽河石油勘探局领导的好评。二是千方百计扶持农产品出口。2006 年，全局积极响应省局提出的大力扶持农产品出口方针，与出口企业配合，开发了“蒸煮米”(又称“蒸干大米”)、麦芽糖浆、芦苇、速冻红鲜椒、菌棒、水飞蓟素、锅巴等农产品项目的出口。特别是蒸干大米项目，由于该产品属盘锦地区首次出口，名称上反复与国外客户确认，检测项目几经与省局植检处沟通，终于促成了该项目的顺利出口，目前，该产品已实现出口 13 批共 339 吨，创汇 16 万美元。上述农产品出口的检验检疫工作得到了省局相关处室的大力支持，现已成为了盘锦地区出口农产品创汇的重点项目。三是指导企业积极应对国外技术性贸易措施。针对出口韩国泥鳅鱼检验周期长、发货时间急的特点，根据中韩贸易协议，在确定硝基呋喃类、氯霉素、土霉素、孔雀石绿、结晶紫、重金属等检测项目的基础上，采取对养殖水质监控，出口泥鳅鱼、河蟹按标准检测的做法，指导企业采取积极应对国外技术性贸易措施，保证了鲜活泥鳅鱼、河蟹的顺利出口。全年，对韩出口泥鳅鱼 17 批共 196 吨，活河蟹 34 批共 61 吨，出口创汇 54 万美元。四是认真开展玩具产品强制认证宣传工作。为了实施以质量取胜战略，关爱儿童健康安全，“六一”前夕，相关业务人员深入盘锦兴隆大厦、实验小学、机关幼儿园等地，就儿童玩具认证的相关知识进行了广泛地讲解和宣传，活动期间发放宣传材料 350 余份。通过活动的开展，进一步提高了消费者对这方面知识的认识，在社会上起到了良好的效果。五是严格落实服务承诺。2006 年，全局进一步规范和完善了《盘锦检验检疫局检验检疫工作流程》、《盘锦检验检疫局服务承诺》，在报验大厅上墙公示，自觉接受社会的监督。继续实行了“365 天均可工作制、首问负责制、一次性告知制、办事公示制”等服务承诺，对应急货物和重点设备、产品采取了特事特办、急事急办措施，加快了通关速度。同时，还积极开展了政务公开工作，编制了《盘锦检验检疫局政务公开手册》，进一步规范了工作行为，提高了工作效率和服务水平。

严格内部管理，不断加强基础性工作　一是加强业务管理。按照省局的统一部署,相应地成立了工作质量、稽查工作、“一票一监督”工作、行政许可工作、政务公开工作、电子监管工作、行政执法工作等组织机构,并制定了相应的实施方案,进一步加强了工作指导和业务协调。同时,还积极组织开展了全年工作质量检查活动,对查出的问题进行认真分析,制定了整改措施。通过全年积极地工作,使全局的基础性工作得到了进一步加强。二是进一步加强政务管理。在办公楼、车辆的日常管理方面,建立了安全管理工作网络组织,落实了安全工作责任制,保证了良好的工作秩序;在着装、劳动纪律方面,完善了管理制度;政务工作方面,加强了督查督办力度,确保了全局的政令畅通。同时还进一步加强了全局的综合治理工作,在年初局长与市委签定综合治理目标管理责任状的基础上,又分别与下属7个责任科室签定了《盘锦检验检疫局维护社会稳定和社会治安综合治理目标管理责任状》,本着努力实现“争先创优的工作环境、公平正义的法制环境、安居乐业的发展环境、平安祥和的社会环境、安全稳定的政治环境和诚实守信的和谐环境”的目标,不断加强全局的综合治理工作。全局全年未发生一起违法违纪案件,综合治理工作得到了市综合治理办公室的好评,为全局的争先创优工作奠定了基础。三是进一步规范财务管理。在做好2006年财务预算编制的基础上,积极开展“增收节支,堵塞管理漏洞”等活动,并对计收费工作开展了专项检查,真正做到了不少收、不漏收、不多收、不乱收。同时,在做好现有固定资产登记、核实的基础上,对原有已达报废期限的国产奥迪轿车进行了报废处理,并及时调整了固定资产账。财务管理工作得到进一步规范。

坚持以人为本,努力构建和谐机关 全年按照“强化能力意识,建设学习型机关;健全和落实规章制度,建设高效型机关;改进工作作风,建设服务型机关;加强团结协作,建设融洽型机关;坚持与时俱进,建设创新型机关;贯彻依法施检,建设诚信型机关;提倡艰苦奋斗,建设节约型机关;推进反腐倡廉,建设廉洁型机关”的目标要求,不断加强了队伍建设、廉政建设、行风建设和精神文明建设。一是抓好队伍建设。通过积极开展“牢固树立社会主义荣辱观”、“八荣八耻”、“学习党章、遵守党章、贯彻党章、维护党章”等教育活动,不断地加强了队伍建设,进一步提高了领导班子的决策力和职工队伍的战斗力。二是全面推进党风廉政建设和反腐败工作。为提高全局干部党风廉政建设责任目标意识,年初,局党组书记、局长与副局长,各分管局长与所分管科室,层层签订了《党风廉政建设目标责任书》、《纠风工作责任状》,形成了主要领导负总责,分管局长各负其责,分工明确,一级抓一级,责任明确,齐抓共管,全员参与的党风廉政建设工作格局。为认真贯彻中央《建立健全教育、制度、监督并重的惩治和预防腐败体系实施纲要》精神,进一步加强反腐倡廉教育,组织全局干部职工到市反腐倡廉警示教育基地进行了反腐倡廉教育。通过参观反腐倡廉图片展览、参观服刑人员改造场所、听取劳教人员现身说法等,使大家接受了一次具体、形象、生动的警示教育,进一步提高了政治觉悟,筑牢了拒腐防变的思想防线。三是不断加强行风建设。按照省局的要求,积极组织开展了“优化软环境、强化作风建设”活动。为了加强领导,成立了组织机构,制定了实施方案。通过此次活动的开展,加强了全局的行风建设。四是努力加强精神文明建设。按照“建设和谐机关,争创‘四个一流’”的目标,全局积极开展了争创口岸文明单位活动。通过努力工作,盘锦检验检疫局被省委、省政府评为2005——2006年度“文明单位”。

· 安全生产监督管理 ·

夯实基础,安全生产工作不断走上制度化、标准化轨道 根据《安全生产法》和国家、省安全生产工作会议及有关文件精神,使安全生产工作不断走向制度化、法制化轨道,强化了安全生产建章立制工作的落实,建立健全了安全生产长效机制。(一)拟制安全生产有关规范性文件。建立和完善全市安全生产监管规章制度，制定了《盘锦市公众聚集场所安全管理规定》、《安全监察行为规范》等规章制度；完善了《重特大事故应急救援预案》、《盘锦市安全生产目标管理考核办法》和《重大危险源普查工作方案》；制定了盘锦市《安全生产"十一五"发展规划》；草拟了《安全生产风险抵押金管理办法》、《安全项目审查流程》等规范性文件，有力地推进了安全生产制度建设，健全了安全生产长效机制。(二)规范行政执法、审批程序。为落实市委五届五次全会和市政府五届四次全体(扩大)会议精神，加强经济发展软环境建设，强化了首问负责和跟踪问效制度的落实，规范了安全监管人员的执法行为。加强对危险化学品和建设项目安全设施等项目的审批，使安全生产行政许可审批发放工作趋于程序化、规范化，形成了企业申请、市级审查发证的行政许可审批的联动工作机制。(三)推进机械制造行业安全生产标准化试点及客货运输企业安全生产评估工作进程。严格落实省、市政府《决定》和全省安全生产工作会议精神，加大了机械制造行业安全生产标准化试点及客货运输安全生产状况评估工作。将辽河石油勘探局装备工程公司、盘锦中天容器制造安装有限公司、辽宁华孚—爱德摩环保设备有限公司和盘锦兴达石化设备有限公司等4家企业作为全市达标试点企业，开展了机械制造企业安全生产标准化创建活动。严格制定了实施方案，召开专题动员部署会议，明确指导思想、目标和工作要求。组织县区安监部门及创建企业有关人员参加了省局举办的安全生产标准化培训。组织4家达标企业到辽河石油勘探局总机械厂学习开展标准化工作先进经验，推动了全市以机械制造行业为试点安全生产标准化工作的进程，4家企业均已通过复评机构审核，达到二级企业标准。同时，还加大了对全市客货运输企业的安全生产状况的评估，在全市108家货运公司上报的安全生产评估材料中，已对104家货运企业进行了安全生产状况评估。

转变工作作风，强化服务意识，营造经济发展软环境建设氛围　为全面贯彻市委五届五次全会和市政府五届四次全体(扩大)会议精神，落实全市经济发展软环境建设会议的有关要求，进一步转变工作作风和监管方式，强化服务意识，营造经济发展软环境氛围。(一)推进政务公开，简化行政审批程序，提高工作效率。为提高机关的办事效率，减少企业申报、咨询行政许可的往返时间，将安全生产行政审批事项纳入到盘锦市行政许可审批事项"五公开"制度之中；将"危险化学品的经营许可"、"建设项目安全设施设计审查和竣工验收审批"和"烟花爆竹经营(零售)许可"等许可项目实行网上申报；将"危险化学品经营许可证"、"建设项目安全设施设计审查和验收审批"的申办材料，由原来的17项缩减到12项；将危险化学品经营许可证办理时限由原来的3个工作日缩减为2个工作日；将建设项目安全设施设计审查由原来的3工作日缩减为1个工作日；将竣工验收审批由原来的3个工作日缩减为2个工作日。(二)转变监管方式，增强服务意识。切实从转变安全监管方式入手，不断总结经验，积极探索安全监督方式，创新监管思路，确定了"变监管为服务、变检查为指导、变事后查处为事前帮助"的工作方式，形成了变被动为主动的安全生产工作格局，更好地实现了为老百姓和企业办实事、解难题、做好事的目标，使双台子区湖滨公园码头附近居民楼的锅炉房烟囱等事故隐患得到了彻底解决。(三)强化依法行政，规范安全监管工作秩序，促进社会经济健康发展。为适应全市经济社会快速、健康、可持续发展需要，定期组织全体安监系统人员进行党风廉政教育和监管业务的学习。通过新闻媒体和下企业跟踪调查，设置举报箱、向社会公布举报投诉电话，对在安全监管过程中存在的执法不规范、办事不公正等行为，进行严肃查处。对生产经营单位进行检查，将事先以文件等形式，向检查单位下达检查通知单，减少企业不必要的麻烦，规范了安全监管工作的秩序，促进了企业正常的生产和安全管理制度的落实。

关口前移，预防为主，强化安全生产大检查

先后组织开展了以非煤矿产业、危险化学品、道路交通、烟花爆竹、人员聚集场所及输油气管线等行业和领域为重点的"五一"、"十一"、"两节”、“两会”等不同行业和时期的安全生产大检查。共检查各类生产经营企业205家,发现不安全因素和隐患596项,消除550项,停产停业整顿企业8家。严格了“属地管理、谁主管、谁负责”的原则,将安全生产责任落实到部门、企业和个人,从源头上防范了安全生产事故的发生。

强化安全生产专项整治,有效消除安全事故隐患 全年,开展了以油气开采、危险化学品、烟花爆竹、道路交通、公众聚集场所、特种设备等方面的安全专项整治。对历史形成的2111处占压油田输油气管线的重大安全隐患,完成了9个井场共计42户、5000多平方米的占压房屋拆迁工作,对地下存在的21条油气管道安全隐患进行了整改。发现危险化学品安全隐患317项,已整改完毕299项,停产停业8家,其余10项正在整改之中;查封了7家无证经营的烟花爆竹经营点,没收烟花爆竹380箱。开展了“治三超”、“查三无”、“百日竞赛”等一系列道路交通专项整治活动,全年纠正违章行为5.3万人(次),查处无牌无证车辆4169台(次)。查出56项人员聚集场所的重大火灾隐患,已整治41项,10项正在整改之中,对其中5家不具备安全生产条件的场所予以停业。对全市气体充装单位、电站锅炉和土锅炉、游乐设施和起重机械压力容器等生产企业320余户、4600台设备进行了整治,下达安全监督意见书97份,完成整改122项。积极开展了游乐场所、建筑施工、旅游景点等方面的专项整治,共检验检测游乐设施33台,完善景点内的公共信息图形符号328处。对3家酒店进行了整改;对48个建筑施工现场下达了36份整改意见书,有效消除安全隐患605处。

严把市场入口关,落实企业行政许可准入制度 认真贯彻落实《安全生产许可证条例》,加强安全许可证发放的管理工作。全年,共有91家危险化学品生产企业和441家危险化学品经营企业取得了生产、经营许可证,其中,乙级证299家,甲级证142家。对48家非煤矿山企业和110家建筑施工企业发放了生产许可证。对23家企业新、改、扩建项目进行了安全预评价,其中有6个项目已通过验收。通过许可证发放和“三同时”的审查验收,促进了全市高危行业落实安全生产法律法规,严把了市场准入关,有效规范了安全生产秩序。

加强宣传教育,营造浓厚的安全文化氛围 (一)开展以“安全发展、国泰民安”为主题的“安全生产月”活动。在全市主要路段和街道上举行了安全生产宣传咨询活动。市委、市人大、市政府、市政协、盘锦军分区的领导和市直有关部门、市安委会成员单位的负责人,各县区、有关行业主管部门和有关企业近千人直接参与了活动。此次活动共设置咨询服务站95个,出动宣传车30台,悬挂彩虹门25座,拉设宣传标语140条,发放宣传单20余万张,全市近万人参加了活动,提升了全民的安全意识。(二)开展“安全进社区、进万家、进学校”活动。市政府领导和市安监部门在《盘锦日报》上分别刊登了题为《全面落实安全发展观,坚持不懈地做好全市安全生产工作》和《加强安全文化建设,增强全社会安全意识》的署名文章。市安委会领导在电视台发表了《积极倡导“安全发展、国泰民安”文化理念,为建设平安盘锦提供精神动力和舆论支持》的电视讲话。广泛开展了安全生产演讲、知识竞赛活动。编制了《六月的呼唤》、《安全生产简报》和《安全生产工作动态》等杂志。录制并播放了关于油气管线占压等方面的宣传教育片。通过活动的开展,提高了安全生产从业人员的基本技能,增强了广大市民的安全意识,营造了全社会由“要我安全为我要安全”的良好氛围。(三)加强安全生产政务信息工作。成立安监系统信息工作领导小组,加大了安全生产工作的管理力度,提高信息报送质量和采用率。全年,国家安监总局采用信息20条;在省安监局政务信息的16个直报点中,共累计得分86分,排列第七位;市委信息简报共得分420分,排名第十四位;市政府信息简报得分227分,排名第十位;市直机关工委采用9条,排名第三位。通过政务信息工作的有效开展,扩大了安全生产工作的宣传范围,提升了广大市民对安全生产工作的认知度。(四)加强安全生产培训工作。按照国家安监总局《生产经营单位安全培训规定》和《盘锦市人民政府关于进一步加强安全生产工作的决定》等规定,结合全市安全生产工作的实际,加强了对非煤矿产业、危险化学品、建筑施工等高危行业和领域的负责人、安全管理人员、特种作业人员的培训。全年,共培训特种作业23期,共计1573人;危险化学品及其它生产经营单位25期,共计1403人,颁发《安全生产资格证书》、《安全生产培训证书》和《特种岗位作业人员操作证书》总计2678份,发证率为90%以上,有效提高了全市安全生产从业人员的理论水平和操作技能。

完善应急救援体系,强化安全生产事故处置能力　认真贯彻"安全第一、预防为主、综合治理"的方针,全面落实"关口前移、重心下移"和国务院"横向到边、纵向到底"的要求,加强安全生产应急救援体系建设,提高全市各部门和各单位安全生产应急能力和水平。逐步完善由市政府安委会为核心,市安委会办公室牵头,各级政府和各部门相互配合的全市安全生产应急救援协调指挥和领导决策平台;制定和完善各级应急救援预案;在中油辽河石化分公司举行了重大突发性安全事故应急救援演练,检验了全市应急救援队伍的组织领导能力,提高了救援队伍的处置突发事件的快速反应能力和综合实战能力,极大地增强了人们的安全意识以及自防、自救和逃生技能,为预防和处置全市安全生产应急事故的突发提供了安全保障。

扎实开展保持共产党员先进性教育"回头看"活动,增强党组织的凝聚力和战斗力　按照市委的统一部署,结合自身建设的实际,局党组深入开展了以学习实践"三个代表"重要思想为主题的保持共产党员先进性教育"回头看"活动。切实加强组织领导,做到早安排、早部署、早落实,形成一级抓一级、层层抓落实的责任体系,把"边学习、边检查、边整改"始终贯穿于教育活动的全过程。通过"回头看",查摆出班子建设、工作作风等方面存在的不足,及时制定出7项整改措施,逐项加以落实。整改中,认真加强政治理论学习,采取自学与集中授课,报告与座谈相结合等方式,把邓小平理论和"三个代表"重要思想、"八荣八耻"社会主义荣辱观教育和《江泽民文选》的理论精髓作为教育活动的主要内容,不断强化局党组成员的政治觉悟,提升了政治理论素养,进一步增强了局党组的凝聚力和战斗力,提高了领导的科学决策能力和政策理论水平。

加强机关建设,塑造文明型机关新形象　严格落实市委《关于在市直机关开展"抓作风、比服务、争一流"主题活动的实施意见》要求,以培养一支"政治思想强、业务技能精、作风纪律严、完成任务好"的监管队伍,塑造一支"高效、廉洁、服务、创新"型的机关为目标,全面加强机关自身建设。(一)扎实开展社会主义荣辱观教育活动。主要采取聘请专家讲课,参观警示教育基地,参加市直机关工委组织的书法、摄影、球类比赛以及开展庆祝建党85周年和建国57周年活动等不同方式,有效进行了社会主义荣辱观教育,不断改进机关党员干部的工作作风,增强了"知荣辱、明是非"的政治敏感性和爱党、爱国的热情。(二)加强制度建设,转变机关工作作风。加强对《公务员法》、《关于加强机关干部队伍建设的决定》、《关于进一步加强安全生产监督管理和队伍建设的若干意见》等各项规章制度的深入学习;建立健全《党组会议制度》、《安监局党组中心组学习制度》、《机关事业单位工作人员年度考评制度》、《机关学习制度》等规章制度的长效机制。(三)积极开展扶贫帮困活动。落实市委、市政府关于切实加强社会主义新农村建设的有关要求,深化保持共产党员先进性教育活动成果,加大对帮扶村大洼县唐家乡关家村的帮扶工作力度,定期帮助该村党支部分析和解决政务、村务建设中存在的突出问题,把党的先进性教育成果不断引向深入。为帮扶村铺建了2300余米长的村级沙石路面,解决了路面差的现状;为特困户捐献衣物70余件、慰问金2000余元,有效缓解了特困户生产生活中的燃眉之急。

· 烟草专卖 ·

全年经济指标运行完成情况　(一)卷烟年销量计划41540箱,实际完成41474箱,完成年度计划的99.84%，比上年同期增销1482箱，增长3.7%，其中，一类烟完成4394.7箱，占总销量的10.6%；二类烟完成5953.9箱，占总销量的14.4%；三类烟完成21682.7箱，占总销量的53.2%；四类烟完成9156.4箱，占总销量的22.1%；五类烟完成286.1箱，占总销量的0.69%。(二)省内烟年销量计划13040箱，实际完成13486.7箱，完成年计划的103.4%，比上年同期增销316箱，增长2.4%。(三)省外烟年销量计划28500箱，实际完成27988箱，完成年计划的98.2%，比上年同期增销1165箱，增长4.34%。(四)"人民大会堂"系列年销量计划1560箱，实际完成1490箱，完成年计划的95.5%，比上年同期增销56箱，增长3.9%。(五)低档烟年销量计划为17450箱，实际完成17499箱，完成年计划的100.3%，比上年同期增长165箱，增长0.95%。(六)"省产红塔山"年销量计划310箱，实际完成562箱，完成年度计划的181.29%。(七)卷烟销售额完成42679万元，比上年同期增长4849万元，增长12.8%。(八)卷烟销售成本实现33112万元，比去年同期增长3643万元，增长12.36%。(九)卷烟回款率达到100%。(十)卷烟销售毛利额实现9567万元，增加额1206万元，比上年同期增长14.42%，其中，省内烟销售毛利额为2472万元，占毛利总额的25.83%，省外烟销售毛利额为7095万元，占毛利总额的74.17%。(十一)毛利率实现22.42%，比上年同期增长0.32个百分点。(十二)单箱费用额为800.74元，比上年同期增加32.11元。(十三)三项费用率实现7.78%，比上年8.13%，下降0.35个百分点。(十四)单箱毛利额为2306.75元，比上年同期增加216.75元，增长10.37%。(十五)单箱销售收入额为10290.54元，比上年同期增加831.14元，增长8.78%。(十六)单箱销售利润为1462元，比上年同期增加164元，增长11.2%。(十七)单箱销售税金额为456.19元，比上年同期增加76.37元，增长5.03%。(十八)利润率实际完成14.21%，比上年同期增加0.6个百分点。(十九)全年应缴税金3862万元，实缴税金3611万元。(二十)实现利润总额4063万元，比上年同期增加657万元，增长19.29%。

以贯彻落实国务院57号文件为动力，完成体制改革和资产上划工作 国务院办公厅下发《国务院办公厅转发发展改革委等部门关于进一步理顺烟草行业资产管理体制，深化烟草企业改革意见的通知》(国办发[2005]57号文件)之后，市局(公司)召开党组和中层干部会议，传达学习了57号文件精神。按照文件要求，市局(公司)成立清产核资领导小组，市局(公司)党组以对历史遗留问题负责、对企业未来发展负责的精神，按省局要求，对企业进行了产权理顺上划及清产核资工作，为2006年母子公司体制运行后，在资产经营管理中实现保值增值奠定了基础。根据10月17日省局(公司)召开全省烟草行业建立母子公司体制动员部署会议精神，成立了市局(公司)体制改革工作领导小组，在领导小组的正确领导下，以"职权法定，职责明确，规范具体"的原则，积极着手制定《辽宁省烟草公司盘锦市公司章程》，经过党组和中层干部会议一致通过上报。11月16日省局(公司)下发中国烟草总公司辽宁省公司关于《辽宁省烟草公司盘锦市公司章程》的批复(辽烟发[2006]16号)。经过有关部、室的努力，辽宁省烟草公司盘锦市公司于2006年12月1日正式挂匾成立，圆满完成了体制改革、资产上划工作，并及时办理了公司产权登记、工商注册、税务变更登记等手续。

2005年度财务收支同级审计自查工作圆满完成 市局(公司)为了贯彻落实国家局关于加强内部管理监督工作电视电话会议和省局下发的《关于开展2005年度同级审计工作》文件要求，市局(公司)于3月9日成立了同级审计工作领导小组，并成立同级审计办公室，及时制定了《关于开展2005年度同级审计工作实施方案》、《内部审计实施意见》及各项岗位责任制度。审计部门配合省局(公司)和地方会计师事务所一起，对本公司2005年度和2006年1至6月份财务收支同级审计进行自查。仔细查出企业为职工购买补充养老保险和费用中列支三员工资及多列成本费用等5项问题，在规定期间内已针对所查出的问题制定了整改措施，按照上级要求，圆满完成了本企业2005年财务同级审计自查工作，并顺利通过了省局复查和国家局检查。

内部专卖管理监督同级检查自查工作全面完成 根据国家局、省局关于开展内部专卖管理监督检查工作要求，市局(公司)成立了内部专卖管理监督工作领导小组，并设立了内部专卖管理监督办公室，制定了《加强行业内部专卖管理监督工作实施办法》、《加强内部专卖管理监督责任制追究制度》、《关于内部专卖管理监督工作运行机制》等文件。从3月下旬组织人员，对公司2005年度和2006年1至6月份卷烟销售业务经营环节进行了严肃认真的自检自查。根据7月26日省局在辽阳市局召开典型会议精神，市局(公司)对自检自查工作进行再动员、再部署，并成立5个相关小组，加强自查力度。在小组人员共同努力下，查出体外循环、捆绑销售、拆单分摊、为集团客户违规供货、不落地销售、虚拟入网等6种违规销售卷烟和9种不规范经营问题。据统计，违规销售卷烟1835.4箱，金额达5494万元，占2005年度总销量的4.59%。对违规和不规范问题在规定时间内进行了整改。在此期间还汇制《盘锦市烟草专卖局(公司)内部管理监督制度》手册，并下发到每个部、室，组织职工学习，不断提高职工对加强内部专卖监督工作的再认识。按照上级要求，圆满完成了本企业内部专卖管理监督同级检查自查工作，并顺利通过了省局的复查。

专卖和“打假”工作取得显著成效 2006年，全地区专卖管理工作按照省局整体部署和要求，在全面开展内部监管，严厉打击非法贩运、销售假烟网络，加强县级局专卖管理职能等方面做了大量工作，提高了专卖的综合管理水平，加强了专卖从业人员的教育培训工作，严格用制度进行管理，专卖执法人员的综合素质进一步提高，专卖装备等得到进一步改善。专卖除了完成内部专卖管理监督检查工作外，还按照省局“打假”工作要求，开展了春、冬两季打击制售假烟网络战役。市局(公司)成立打击制售假烟网络办公室，市、县局与公安部门密切合作，分别召开打击制售假烟网络联席工作会议。利用群众举报，摸清不法烟贩子运货渠道，一举侦破案件。7月16日、20日两天，专卖稽查人员在盘、海、营高速公路查获两车假烟，收缴假烟1283件，价值达181万元。全年，共罚没假烟103658条，查处违法案件163起，收缴罚没款80.3万元;端掉售假窝点9个，打掉售假烟网络3个。

牢记“国家利益、消费者利益”至上的行业共同价值观，进一步提高企业干部、职工思想道德素质 2月底至3月初，市局(公司)党组组织召开中层干部应聘会议，根据中层干部个人申请和述职报告，进行测评考核，再经党组研究决定，完成了对16名中层干部的竞聘工作。3月21日，全省烟草系统纪检监察会议结束之后，市局(公司)在3月28日召开全地区干部、职工大会，及时贯彻落实会议精神。为进一步加强党风廉政建设，分别制定了《盘锦市烟草专卖局(公司)党组关于领导干部报告个人重大事项暂行规定》、《关于领导干部述职述廉制度暂行规定》、《关于干部谈话制度暂行规定》等制度。为了开展好“两观”教育，市局党组印发《中共盘锦市烟草专卖局(公司)党组关于开展“两观”学习教育活动的实施方案》，多次组织教育。10月24日，组织全体职工收听收看长征录像和省局举办的“两个至上”演讲活动。10月25日，市局(公司)举办“两个至上”在岗位暨“四讲”演讲比赛活动，评出一等奖3名、二等奖5名、三等奖8名。12月6日，又组织一次全体职工听取省局组织“两个至上”在岗位“四讲”巡回演讲报告会。通过对干部、职工进行“八荣八耻”、“两个至上”的社会荣辱观和行业共同价值观教育及学习贯彻《党章》，弘扬了先进思想和先进事迹，提高了干部、职工的思想道德素质。

充分发挥3个管理委员会的作用 2006年，市局(公司)充分发挥投资、薪酬、预算3个管理委员会的作用，凡属内部重要事项均由集体研究决定。市局(公司)党组下发了《关于同级监督管理具体实施办法的通知》，对领导干部、职工实行了工作监督。领导干部能够带头严肃纪律，加强预算和投资管理，加强工资、奖金发放管理工作，认真落实国家局、省局薪酬管理各项政策，企业收入分配得到了规范。制定了《财务资金管理使用审批补充规定》。对投资资金超过 5 万元以上的支出，实行公开招投标，事件结果公开。招待费、汽车修理费、耗油费也实行公开监督和统一管理，分别制定了《关于招待费使用管理的有关规定》、《关于车辆运行管理办法》、《关于车辆使用和维修管理规定》。通过实践证明，收到明显效果。全年招待费、差旅费、办公费、燃油费、修理费、广告费实际支出均没有超出省局年初核批的标准。

认真抓好网建整体推进、全面提升工作

3 月上旬，省局(公司)对盘锦网建工作进行检查验收，提出了盘锦网建存在的问题。市局(公司)针对网建存在的问题，先后派人到省内先进单位进行学习，将原有的层级式的组织结构进行调整，按照国家局《规范》和省局要求全年网建工作以“突出服务、注重效率、优化流程、提高素质”为重点，着重抓网建基础工作，制定了《盘锦市烟草专卖局(公司)卷烟销售网络建设“全面提升”工作实施方案》、《盘锦市烟草专卖局(公司)卷烟销售网络建设营销管理业务规范》、《盘锦市烟草专卖局(公司)卷烟品牌营销管理办法》、《盘锦市烟草物流规范》、《盘锦市烟草专卖局(公司)按客户订单组织货源工作实施方案》、《盘锦市烟草专卖局(公司)货源供货管理办法》、《盘锦市烟草专卖局(公司)农村网建工作综合管理办法》、《盘锦市烟草专卖局(公司)关于加强市场专卖稽查综合管理工作意见》。完成了电话访销呼出式改为呼入式工作调研。到 2006 年底基本完成了网建“全面提升”各项制度的编制工作。根据省局网建工作要求，增设营销、信息、物流 3 个中心，将大洼、盘山、兴隆台区 3 个配送中心合并成 1 个物流中心。利用租用卷烟仓库，实行集中配货服务。为更好发挥企业在卷烟产销链条中的主体作用，提高卷烟营销市场化水平，减少非市场因素影响，企业实行按客户订单组织货源试点工作，举办客户经理订单订货专题培训。通过几个月的工作，基本达到货源组织工作实现消费者、零售客户、工业企业三满意。在打码及订单采集系统项目实施工作后，积极筹备物流设备，在 6 月底完成了 50 多万元的分拣设备安装工作，购进全自动卷烟内叠式热收缩包装机和两台电动托盘堆垛叉车及塑料托盘。网建工作取得一定效果，基本实现“一库制”管理模式，建立了机构扁平化、分工专业化、流程科学化、服务规范化的现代卷烟销售网络模式。

企业安全工作时时刻刻不放松 市局(公司)领导和职能部门非常重视安全工作，并把安全工作纳入重要工作日程。完善和建立了有关规章制度，设立独立安保机构，在新租卷烟仓库时，安装一套价值 30 多万元比较先进的安全监控器。为了仓库的安全，雇用社会保安公司，负责库房的保卫工作。为了加强行车安全管理，主要领导与 43 名司机签定了《2006 年交通安全责任状》，与 13 个职能部门和所属单位签订安全责任状。在重大节日实行统一封车。安全工作时刻不放松，经常组织人员进行安全检查，发现隐患及时进行整改。全年事故案件为零，企业平安、稳定。

维护稳定

·综合治理·

争创全国、全省综治先进市工作再创佳绩 2006年，市委政法委以科学发展观统领平安建设工作，切实维护社会安宁，展示了政法机关管理社会的能力；以科学发展观规范市场秩序，切实立足服务大局，强化了政法部门为经济建设服务的职能。在已荣获"2001—2004年度全国社会治安综合治理优秀地市"殊荣的基础上，咬定"先进市"目标不放松，继续争创全国、全省社会治安综合治理先进市，在省综治部门2006年度检查评比中，名列全省第二名，连续3年进入全省先进行列，也是全省惟一一家所属县区全部进入平安县区行列的市。实现了省委提出的"三个防止、三个减少、两个提高"的工作目标，维护了社会安宁，担负起了建设和谐盘锦的光荣历史使命，展示了政法机关管理社会、服务经济发展、建设和谐盘锦的能力。认真贯彻落实了市委为经济建设创造宽松环境的决定精神，强化主动服务大局的意识，为经济建设提供有力的法律支持、法律保障、法律服务。

平安建设工作实现高标准、规范化 2006年，全市把"争创"工作作为"一把手工程"，规范了平安创建标准，制定了统一的规范性档案，在开展"创建平安县区、平安乡(镇)街、平安社区(村)、平安示范单位"的"四级联创"活动基础上，扎实而广泛地开展了"十创平安"活动。各县区也将平安建设纳入到新农村建设五大指标之中。建立了新农村平安建设帮扶机制，31名副市级以上领导和35个综治成员单位、51名市直签状部门领导干部均建立了"平安村"建设帮扶对子，一包3年，平安建设的质量和水平有了较大提高。基层创建面达100%，达标率在80%以上。达到省级"平安县区"标准的县区100%，其中，盘山县实现3连冠。建立了"六类青少年社会化帮教体系"，"为了明天——预防青少年违法犯罪工程"深入实施。广泛开展了"六无机关"建设，并纳入到了《维护社会稳定和社会治安综合治理目标管理责任状》，达标率达85%以上。"盘锦市流浪少年儿童救助保护中心"成为全国、全省同行业标兵，被国家民政部确定为与联合国儿童基金会2006—2010年合作周期"流浪儿童项目"的合作单位。棚户区改造纳入了全市平安建设总体规划，全年完成29.06万平方米，超出省政府下达指标11.2%。

强化治安防控体系建设 以"城乡一体化"治安防控体系为屏障，强化"组织、人员、责任、措施"的四落实，进一步强化"社会面网格化治安巡逻网络，机关、单位(系统)内部治安防范网络，社区(村)治安防控网络，城乡出入口管理与区域技防监控网络，自动监控、报警的科技防范网络"这五大防范网络建设，社区民警进驻率、社区专职治安联防队、义务协防员覆盖面均达到100%，有效控制和减少了违法犯罪，维护了全市治安大局的平稳运行。交通事故危险路段和重大火灾隐患整改率均达100%。科技防范网络建设得到加强，共安装视频监控探头3373个，其中，20家重点单位、350个金融网点全部安装了视频监控系统,与110联网率达到了100%。市本级"六无"机关达98.9%。社区全部建立了警务室,达标率达98%以上;"无发案社区"及"无发案村"分别达到30%、35%以上。

建立矛盾排查调处机制 以"网络"排查、梯级调处为长效机制,建立零报告制度和民间有偿调节机制,构建四级矛盾纠纷、排查调处网络体系,形成了"领导挂帅、注重协调、部门联动、依托基层、各方参与"的大排查、大调处工作格局,有效疏导和化解了人民内部矛盾。政法委机关认真接待群众来信、来访,切实为群众办实事、解难事。按照中央联席会议和省政法委提出的"对上访群众的合理诉求解决到位,过高诉求教育到位,无理纠缠稳定到位,触犯法律处置到位"和"数量降、事情了、不反弹"的要求,结合实际,分析情况,加大组织、协调工作力度。接待人民群众来信来访100余件次,交办市直政法部门处理75件。市委政法委主要领导批转上访案件34件,日常的上访案件全部做到有专人接待、有主管领导批示、有责任单位进行处理。对影响稳定、有可能越级进京上访的重点案件要求责任单位反馈落实处理情况,加大督办力度,使多数上访人反映的问题得到进一步解决,有效地化解了矛盾,减少了不和谐因素。政法部门通过"大接访"、庭中调节、公开听证等各种措施,依法调处涉法上访案件,使人民群众的合理诉求得到保护,无理要求得到纠正,彰显了法律的公平与正义。

夯实平安建设基层基础建设 市、县(区)两级综治办建设得到进一步加强,做到了机构、编制、人员、经费四落实。市综治办增加了一个科室和两名人员编制。配备了两名副处级实职综治督查员。各县区高度重视乡镇、街道综治办建设,基本达到了"组织领导好、办公设施好、经费保障好、制度建设好、人员配备好、工作业绩好"的要求,县区综治办的创新活力不断增强。乡镇、街道综治办建设进一步加强,副科级综治委员和专职综治干部全部配备到位。以社区、村党支部为核心的综治领导小组正在发挥着积极作用。同时,市、县(区)、乡镇、街道普遍安排了综治专项经费,纳入了各级政府财政预算。

打造服务经济发展的法律环境 服务大局的法治理念已转化为全体干警普遍信仰、价值追求和共同操守。一是用法律营造宽松的经济发展环境。政法干警树立起了"人人是形象,个个是环境"的思想理念,人人都要成为盘锦市的一个靓丽"名片"。用优质的政法工作,为招商引资、发展经济创出了闪亮的治安品牌,形成了无形的资源。二是用法律规范经济发展环境。运用法律调节和规范社会关系,对过去制定的政策、规定和规章制度进行一次全面的清理。政法委领导相继深入到华锦集团、辽滨船业公司,征求企业对法治环境的意见,受到了企业界的好评。多次暗访,发现问题不护短,坚决予以纠正。三是用法律保护经济发展环境。运用法律武器,做促进经济发展的卫士,保护企业的正常生产、经营、管理秩序,维护公平、平等的市场经济秩序。在制定政策时,向有利于经济建设方向倾斜。在采取措施时,向有利于经济建设方向靠拢。注重激活企业自我保护功能,帮助企业完善自我保护措施,增强企业自我保护能力。公安机关普遍建立了警企共建制度,在大中型企业建立警务室,派驻人员轮流值勤。帮助企业建立和完善了内保制度,组建和训练保安队伍。对企业发生的伤害管理人员案、盗窃案等作为重要案件,派骨干力量,集中力量侦破。针对一些社会人员强行向企业"推销"产品,强行中介,或者收取所谓的"保护费",从中捞取好处费,采取非法恐吓等,发现一起,查处一起,及时斩断伸向企业的"黑手"。在实行警力下沉过程中,还注意把办案能力强、个人素质好、威望高的领导和干警选派到企业所在辖区任职。四是用法律治理经济发展环境。用法律手段抓营造、抓治理、抓保护、抓规范,保护合法,打击非法,规范不良,对存在的突出问题,开展专项整治,哪个地区问题突出就治理哪个地区,哪个方面问题突出就治理哪个方面,为企业解除后顾之忧,铺平发展道路。积极稳妥地处理了一批因企业改制,城市动、回迁等因素引发的集体上访案,继续开展了"5·13"特大非法集资案的协调工作,依法妥善处理华锦集团征地纠纷案件等,有力地推动了全市经济领域化解矛盾纠纷、预防群体上访工作,保证了改革的顺利进行。

全力服务于经济建设　2006 年,市委政法委继续实施政法机关为全市大企业提供便利"直通车"服务的若干措施。进一步改善全市的投资、融资环境,落实产业强市、发展接续产业的根本要求,改进服务方式和服务方法。以《中共盘锦市委政法委员会关于政法机关为经济建设率先全面服务的意见》为基础,制定并实施了《关于政法机关服务全民创业的若干意见》、《加大为优化经济发展软环境服务力度的意见》。起草并报请市委下发了《市委关于加强和改进党对政法工作领导的实施意见》。所有这些,都贯穿了这六条基本原则,有力地支持纳税者、鼓励贡献者、爱护建设者、服务投资者、方便办事者、打击破坏者,保护了经济发展的健康运行。

建立健全服务经济建设的工作协调机制　2006 年,全市政法机关加大与有关行政执法部门及政法各部门之间的协调沟通,防止因意见分歧导致案件久拖不决。建立重大案件报告制度,对涉及企业生存、影响社会稳定的重大案件,及时向同级党委、政府报告,并协助党委、政府及有关部门做好稳定工作。建立了政法机关服务全民创业的工作制度。加强组织领导,完善工作措施,落实工作责任,强化督促检查,在服务全民创业中发挥领导、监督和协调作用。大力支持政法机关依法独立办案。建立了投资创业主体涉法涉诉重点问题例会制度,及时协调、督办和处理好各类投资创业主体反映强烈的执法问题,提高了政法机关服务全民创业的工作效能。

全力维护社会的政治稳定　2006 年,全市公安机关积极打击"法轮功"非法组织活动,截获一批境内外非法宗教组织联系信和宣传品,有效削弱了"法轮功"等邪教组织活动能量,实现了"五个严防"的工作目标。盘锦市同"法轮功"斗争的经验得到了公安部、省厅的肯定和推广。通过先期预警,大力加强网上斗争,封堵、删除一批危害国家安全和社会稳定的有害信息。

进一步增强治安防控的整体效能　治安巡逻方面,在市区共划分 29 个巡逻区域,白天由派出所组织民警及"40、50"专职巡逻队员开展巡逻,夜间在市局机关抽调 50 名警力专司网格化巡逻,配备专用巡逻车辆 25 台。组建了 13800 名"40、50"治安巡逻员和 2142 名保安员。在物防上,在市、县主要交通路口建立了 7 个警务工作站。在技防上,全市安装动态视频监控探头 3373 个,其中,两区、两县新建 89 个与市局联网,并已在破案抓逃中产生良好效益。在处置群体性上访事件方面,始终坚持"可散不可聚,可解不可结,可顺不可激"的原则,做到不同群众对抗,不激化群众矛盾,不授人以柄,不因小失大,不滥用武器、警械和强制措施,不与群众形成对立面,采取说服教育的方法,对群众进行有针对性的宣传,使广大群众了解事实真相,明辨是非,引导群众通过正常的途径、合法的程序反映问题。全年,共成功化解了 7 起欲聚众闹事的群体性事件,妥善处置了党政机关门前 251 批(次)、12830 人(次)群体访,确保了盘锦政局平稳。在大型活动安全保卫方面,"两节"、"两会"和"五一"、"十一"黄金周安全保卫期间,全市公安机关全警出动,紧紧围绕"五个不发生"工作目标,全力开展维护社会稳定、打击现行犯罪、严格治安管理、开展安全检查、努力减少各种案件和事故,最大限度增强群众安全感,为打造平安盘锦,构建和谐社会,做出了应有的贡献。

积极开展创建"无毒社区"活动　2006 年,全市公安机关结合公安实际,与辖区单位娱乐场所签定了《禁毒责任状》。深入开展创建"无毒社区"、争创"平安家庭,构建和谐社会"活动,按照禁毒工作"进社区、进农村、进学校、进场所、进单位、进家庭"的"六进"要求,充分利用社会各种资源,与盘锦移动通信公司合作,向全市 472 个社区(村)、52 个乡(镇、街道)和车站、酒店、饭店、宾馆及娱乐场所发放禁毒公益警示牌 4500 块。盘锦广播电台《法制纵横》栏目与市禁毒办联合推出禁毒宣传系列节目,先后 15 次走进电台直播间,宣讲毒品的危害性和做创建经验介绍,进一步增强了辖区群众自觉抵制毒品的自觉性。充分发挥禁毒教育主阵地作用,提醒家庭成员远离毒品、拒绝毒品、增强防毒意识，为构建和谐社会作出积极贡献。

确保全市交通畅通 2006年，市公安交警部门紧紧抓住预防和减少道路交通事故这个中心，紧紧抓住队伍建设和保障安全畅通这两条主线，以深入开展交通安全宣传“五进”工作为重点，全面提高交警队伍的整体素质。全年，全市交警系统共出动警力4.958万人次；出动警车12594台次；纠正各类交通违法行为13.53万余起；暂扣车辆7686台，其中，机动车4774台，摩托车1975台，人力车193台，机动三轮车502台，“三无”车辆57台。暂扣证件217本，罚款685.3万元。大力开展道路交通安全“五进”活动，严厉查处“六种”严重交通违法行为，加大对事故“黑点”和隐患路段的排查整治力度，交通事故起数、死亡、致伤人数同比分别下降18.22%、1.86%和6.27%，其中，特大交通事故下降66.7%。

充分发挥审判职能，积极参与社会治安综合治理 2006年，市法院深入开展“规范司法行为，促进司法水平”专项整改活动和旁听庭审调研活动，增强司法能力，提高司法水平，受理各类案件866件，审结745件，为维护地区的社会稳定、促进社会和谐发挥了积极作用。一是充分利用新闻媒体、公开审判、召开公判会等形式进行法制宣传。二是严格依法办理减刑案件、假释案件。全年，共减刑1500件，假释24件。三是发挥民商事审判职能，及时调处社会矛盾，平等保护当事人的民事合法权益，促进社会和谐。共受理一、二审民商事案件522件，审结438件。认真审理婚姻家庭、人身损害赔偿、建设工程施工、劳动争议、保险合同、借款合同、买卖合同、农业承包等各类民商事案件，尤其是涉及农民工工资、土地承包和军人军属等案件进行了及时、慎重、妥善审理，重视保护社会弱势群体的合法权益。四是加强调解工作。全年，调解结案166件(含撤诉)，占审结案件37.8%，及时有效地化解了矛盾，申诉和缠诉案件明显减少，减轻了当事人讼累，节约了司法资源，实现了法律效果和社会效果的有机结合。五是稳妥审理了行政案件，促进依法行政。全年，共受理各类行政诉讼案件17件，审结16件，受理非诉审查和非诉执行案件17件，执(审)结17件。六是加大执行力度，维护司法权威。市法院受理执行案件111件，执结98件。按照省院工作部署，在市委政法委的领导下，在全市两级法院集中开展了专项检查和专项清理执行工作。全市法院对上报清理积案306件，已执结案件269件，其中，市中院结案74件，执结率85%。继续深入开展了“规范执行行为，促进执行公正”专项活动。七是加强立案和审判监督工作，践行司法为民宗旨。采取多种有效措施，扎实工作，努力化解矛盾，取得明显成效。全年，共收诉立案751件，指定管辖15件，诉前保全7件，程序审理8件。依法开展立案调解工作，成功调解2件商事案件，标的额460万元。全年，共处理各种来信390件、接待来访1650人次，进行法律咨询2010件次。加强了司法救助工作。对经济确有困难的当事人，依法实行诉讼费减、免、缓，保障困难群众的诉讼权利和合法权益。全年，共缓交诉讼费用30余万元。审查申诉案件91件，依法经审判委员会讨论决定再审案件1件，指令基层法院再审案件3件。进一步加强了涉诉信访工作，圆满完成了全国“两会”期间的进京接访任务，办结了上级交办的案件37件。信访案件结案率为100%，息访率为90%。进一步加强了再审案件的审判工作。共受理再审案件25件，审结24件。注重案件审理的法律效果与社会效果有机统一，同时，把调解工作运用到审判监督程序中去，确保了息诉服判的社会效果。

· 打击犯罪 ·

隐蔽战线斗争实施新举措获得新发展 针对敌对势力以“维权”等名义，内外勾联，插手社会热点问题和群体事件以及非法结党结社，利用现代化传媒进行颠覆破坏活动，进行了严密监控和防范，加强了有组织的犯罪调查和打击工作，强化信息的收集、利用和及时上报工作。通过调查、侦控和网上浏览，及时掌握了境内外敌对分子的活动动态和舆论动向，截获有价值信息18份，封堵非法网站6个，提供敌情信息2条。上报各类情报信息56份、国安信息48份，敌情专报18份。在以案件侦察为核心的现实斗争中，不断开辟域外和境外战场，努力开辟新的线索来源，强化技侦手段，发挥整体作战的优势，侦办各类案件12起，协查各类案件13起。

防范控制、依法打击邪教组织违法犯罪活动取得可喜成果　狠抓节庆日、敏感日及重大政治活动日的防控工作，确保零聚集、零进京、零插播。净网行动的开展，使"法轮功"网上信息有了明显下降。对未转化人员分别制定了包保帮教责任人，明确了职责和任务，成立了回访帮教领导小组，分解了目标任务。在帮教结对子的工作中，为转化人员解决了一些工作生活中的实际困难，确保他们的思想稳定，巩固了转化成果。妥善处置了其它邪教组织非法聚集传教活动，有效遏制了发展蔓延的势头。

深入开展反邪教警示教育及无邪教创建活动，全面推进反邪教工作深入开展　在反邪教警示教育工作中，市610办公室深入到基层，加大宣讲宣传力度，明确新任务，制定新措施，提出新要求。盘山县、大洼县拓宽了工作载体，利用科普之冬活动，开展了反邪教宣传活动，发放了各种宣传资料5万余份，扩大了受教育面。双台子区、兴隆台区将反邪教宣传材料向居民家中发放。在无邪教创建活动中，大力推广盘山县胡家镇、大洼县辽滨经济开发区两个无邪教创建的典型经验，使无邪教创建活动在全市全面展开。按照省办规定的"五无"标准，经过严格考评，全市的无邪教乡镇、街道已达到70%以上。警示教育的开展，挤压了邪教活动空间，净化了社会环境。同时，充分发挥激励机制的作用，充分调动广大干部群众同邪教组织斗争的积极性。各级政府加大了反邪教工作的投入，确保工作的顺利开展。

精确打击各种犯罪，人民群众的安全感指数不断提升　以刑事案件专项整治为重点，把依法从重从快严厉打击严重刑事犯罪分子作为综治工作的首要环节，通过"打黑除恶、凶杀命案、两抢一盗"等专项行动，实现了治安局势的总体稳定，影响群众安全感和破坏市场经济秩序的突出问题不断得到解决。全市公安机关共受理治安案件4635件，查处治安案件4353件，分别比上年下降14%和17.7%；受理刑事案件5955件，比上年下降14.3%；侦破刑事案件2869件，比上年提高了8.4个百分点；交通事故同比减少18.2%；查获犯罪集团27个，涉案人员218人。大力实施了"司法服务工程"，围绕油田管线等"五线两资源"及企业周边、铁路周边持续开展治安问题专项治理，在全市营造了安商、保商、尊商、护商的浓厚氛围。非法传销活动得到有力打击，绝大多数刑释解教人员得到了安置，流动人口和出租房屋管理工作得到加强，黄赌毒等社会丑恶现象明显减少，学校及周边治安秩序得到改善，预防青少年违法犯罪工作取得了显著成效。

全面提升打击犯罪整体效能　2006年，全市公安机关强化"以打固防、以打保稳、以打促建、以打强基"工作思路，坚持以完成"六项打击处理指标"为动力，紧密结合盘锦治安实际，始终把打击黑恶犯罪、"两抢一盗"和命案犯罪作为重点，全面提升打击犯罪整体效能。全年，共破获现行刑事案件2473起，同比提高8.4%；抓获作案成员1258人，同比提高13.2%；抓获各类逃犯476人，同比提高45.5%；打掉恶势力团伙13个，抓获79人，破案174起；破获"两抢一盗"案件1716起，同比提高17.3%；破获扒窃案件108起，有力维护了交通、市场、商场的治安秩序。全年，共发命案35起，破33起，破案率94%；破获经济犯罪案件106起，挽回直接经济损失195万元；破获毒品刑事案件15起，强制戒毒96人。充分发挥了行动技术部门攻坚克难、监管部门"第二战场"等职能作用，形成了打击犯罪整体合力。

加大治安管理力度　2006年，全市公安机关相继开展了治爆缉枪、行业场所、出租房屋、高危群体、校园周边和"五线两资源"等6项专项整治。收缴非法枪支285支；查处涉丑案件124起；取缔非法小炼油厂点14家；整治治安较差地区25处；建立校园治安岗亭62个；大力开展道路交通安全“五进”活动，严厉查处“六种”严重交通违法行为，加大对事故“黑点”和隐患路段的排查整治力度。全年，先后开展了9项消防专项治理，整改消防隐患2587项，“三停”单位80家，全市火灾直接经济损失下降50.3%；深入推进车辆办照、户口迁证、申办护照等公安行政管理工作改革，为群众生产生活提供了更大便利。

加大刑事检察工作力度 2006年，全市检察机关共受理提请逮捕各类刑事案件748件、1168人，经审查批准逮捕609件、940人。受理移送审查起诉886件、1387人，经审查提起公诉833件、1253人，其中，黑恶势力犯罪、严重暴力犯罪和盗窃、抢夺等多发性犯罪三类重点案件批捕犯罪嫌疑人565人，起诉694人，分别占批捕、起诉总数的60.1%和55.4%。从快从速批捕起诉了有37名犯罪嫌疑人参与的、总价值200余万元的“8·15”系列盗车案，打击了犯罪分子的嚣张气焰。在重点打击黑恶势力犯罪过程中，注意保护人民群众与犯罪分子作斗争的正当权利。依法对双台子区东风市场具有黑社会性质犯罪案件中，属于正当防卫的王金丹做出不起诉的决定，维护了公民的合法权益，伸张了社会正义，收到良好效果。在严厉打击严重刑事犯罪的同时，正确执行宽严相济的刑事政策，坚持区别对待，当宽则宽。对危害不大的未成年人犯罪和轻微刑事案件，在落实社会组织帮教措施基础上，通过不捕、不诉，或建议审判机关适用缓刑等方式，依法从宽处理，化解矛盾，缓和社会紧张度，促进社会和谐稳定。侦查监督部门在全市推行“刑事案件分类审理，简易案件流程提速”工作机制，公诉部门实行办案质量预警和无罪判决案件监控机制，有效地提高了办案效率和案件质量。盘山县检察院大胆尝试简化审理案件庭前进行证据开示，其中，已对3件案件进行证据开示的尝试，效果良好。认真落实检察环节社会治安综合治理工作的各项措施，市检察院被市委、市政府评为“综合治理工作先进单位”。

积极开展职务犯罪检察工作 全年，全市检察机关共立案侦查涉嫌贪污贿赂犯罪案件24件、37人，涉嫌渎职侵权犯罪案件9件、11人，其中，大案要案23件、24人，占立案总数的69.7%和50%。法院已作出有罪判决24件、24人。通过办案为国家挽回经济损失近千万元。在公安机关的协助下，组织力量重点加强对在逃职务犯罪嫌疑人追捕工作，有7名犯罪嫌疑人归案，归案率达60%。结合市委、市政府提出的软环境建设，把查办工程建设、土地出让等领域的商业贿赂犯罪作为重点，并通过致全市公司企业一封信的形式，广泛宣传检察机关职能作用，运用法律手段主动参与软环境治理。积极开展预防职务犯罪工作。全年，进行个案预防23项，提出检察建议40件，组织3000余人参观警示教育基地，对国家重点工程项目开展专项预防工作。

加强诉讼监督 侦查监督工作以立案监督为重点，办理立案监督案件53人，调阅公安机关、行政执法机关各类卷宗百余册，向公安机关下达《说明不立案理由通知书》20件、下达《通知立案书》8件、15人。大洼县检察院立案监督工作成效显著，连续3年有罪判决达到70%。公诉案件质量逐步提高，追加犯罪事实8起，追诉漏犯7人，除1人在逃外，均被法院作出有罪判决。民事行政监督建立并完善申诉机制，积极办理损害人民群众切身利益的案件，对认为法院确有错误的民事行政判决、裁定，依法提出抗诉12件，提出再审检察建议4件，改判6件。与金融等部门建立联系制度，积极开展公益诉讼，敦促并协助发案单位对18件国有资产流失案件及时提起诉讼，涉案标的额800余万元。同时，依法维护人民法院的正确裁判，认真做好申诉人服判息诉工作。刑罚执行监督在加强对监管场所监督的同时，进一步加大对监外刑罚执行的监督力度，对20名脱漏管罪犯，督促公安机关采取有效措施，加强监管。城郊地区检察院驻盘锦监狱检察室实行小机关大派驻效果明显。控告申诉部门办理申诉案件69件，受理举报、控告案件线索293件，同比下降5%，全年无涉检缠访、缠诉案件发生。用非诉讼手段解决涉法涉诉问题工作机制日趋成熟。

依法开展刑事审判工作，全力维护社会稳定 2006年，市法院受理一、二审刑事案件176件，审结155件。共判处被告人271人,其中,判处无期徒刑以上32人,判处5年以上有期徒刑的108人,判处5年以下有期徒刑的81人,判处管制、拘役刑罚的7人,定罪免予处罚的5人,缓刑31人,单处罚金4人,宣告无罪的3人。在刑事审判中,继续坚持严打方针,依法严厉打击各类严重刑事犯罪。通过审理王殿学、徐永、刘俊辉等故意杀人案和范双城等37人计107起盗窃、销赃、故意伤害、非法拘禁、非法持有枪支、故意毁坏财物案以及在全市影响较大、人民群众关注的孙宏伟、付国春、韩财君等多人集资诈骗案,严厉打击了严重暴力犯罪,维护了社会的治安秩序和社会主义市场经济秩序。严格适用罪刑法定和罪刑相适应原则,该重判的重判,对存在自首、立功等法定情节和未成年人的犯罪,依法从轻、减轻或免除处罚,做到宽严相济。加强了对案件审限和对被告人羁押期限的审查和监督。

· 队伍建设 ·

深入开展社会主义法治理念教育活动,大力加强政法队伍的思想政治建设 2006年,全市政法机关把开展社会主义法治理念教育作为一项严肃的政治任务,精心组织,力求实效。认真抓好学习培训工作。各级党委政法委和政法部门的主要领导同志普遍进行了宣讲辅导,引导干警深刻理解、准确把握社会主义法治理念的本质要求和基本观点。各政法单位不断创新活动载体,开展形式多样、别开生面、喜闻乐见的活动,召开了社会主义法治理念报告会,收到了较好的效果。不断加强督查指导工作。全市政法机关领导班子共建立131个基层法治理念教育联系点,对一些基层政法单位进行明查暗访,推动教育活动的深入。按照中央关于教育活动延长半年的要求,适时开展了“回头看”活动,提出了“五查”的工作思路,着力搞好查摆和整改,对照社会主义法治理念要求,认真排查梳理出公正执法和队伍建设等方面的突出问题,提出了整改措施,明确和落实了整改责任。通过教育活动的开展,社会主义法治理念深入政法干警心中,在全市政法系统营造了比学赶超、争当先进的良好氛围。广大干警和政法部门自觉地融入到经济建设的主战场,在服务经济建设中找准位置、扮好角色、做出贡献,用全市经济建设的成果来检验政法工作的水平和质量。在执法观念上迅速实现“四个转变”。一是由计划经济时期的执法方式向符合市场经济体制要求的执法方式的转变。二是由单纯执法向执法服务方向转变,兼顾执法效果与社会效果的统一。三是由简单执法向严格执法方向转变,体现实体与程序的结合。四是由粗暴执法向文明执法方向转变。政法系统整体执法水平和能力进一步增强,执法行为进一步规范,服务态度有了明显改观,队伍建设进一步加强,人民群众对政法队伍和政法工作的满意度得到进一步提升。认真组织开展了“争创人民满意活动”,涌现出了一批具有时代特征的先进集体和模范人物,展示了新时期盘锦政法机关的精神风貌。

“办案与服务质量竞赛”活动取得显著效果 按照省委政法委的统一部署,市委政法委在政法系统深入开展了“办案与服务质量竞赛”活动。同时,与政法系统的具体工作相结合,贯彻依法打击与依法保护并重、坚持实体公正与程序公正并重、坚持无罪推定及法定证据的原则,强化宣传、教育、检查、评比与监督,实现了“无错案、无瑕疵、无上访、高效率”的“三无一高”标准,涌现出了一批勇立潮头、争先创优的岗位标兵。

执法规范化工作扎实开展 为期3年的“规范执法行为,促进执法公正”专项整改活动,以解决突出问题为突破口,以强化教育培训为切入点,以完善制度建设为重点,推进了严格执法和公正司法,活动取得了显著成果。各级政法机关下大力气解决涉法涉诉信访问题,市、县政法机关实行了领导干部全员包案制度,深入开展了联合接访和集中处理非正常上访工作,妥善解决了一批越级访、缠访、闹访问题,正确落实了合理诉求解决到位,过高诉求教育到位,无理缠访稳定到位,触犯法律处置到位,确有困难救助到位的工作要求,对非正常上访问题的治理也取得了明显成效，稳妥处置了一批涉法上访案件，取得了息停访率在全省排名第一、万人口上访率在全省最低的优异成果。积极建立执法规范管理体系。全市政法机关以落实流程管理、岗位规范化标准、加强内外监督、科学绩效考评和执法质量考评为主要内容，探索新措施、落实新举措。公安机关的执法质量考评、检察机关的“两大考评体系”、法院系统的案件评查等均体现和落实了执法的全程管理。检察机关制定并执行了《案件质量管理规程》，成立了案件质量管理中心，对案件操作程序，质量标准，办理时限进行了规范化管理，被省检察院确定为案件质量管理工作试点单位。劳教工作建立了大教育的格局，突出了劳教特色，在全省独树一帜，被国家司法部授予“全国司法系统先进单位”称号。

执行难问题专项治理工作通过验收 按照省委政法委《关于对解决执行难问题专项检查和专项清理工作进行阶段性检查的通知》要求，市委政法委组织、协调市中级人民法院建立了解决执行难问题长效工作机制，使之从根本上解决这一难题。共执结有条件执行积案 269 件，执结率达 85%，执行标的额近 2.2 亿元。以严厉打击严重危害市场经济秩序的重大犯罪案件为重点，切实加大了对非法集资、涉税、商业贿赂、金融诈骗、妨害企业经营管理秩序、制假贩假等经济犯罪的打击力度。不断加强经济发展软环境建设。全市共破获经济犯罪案件 99 起，挽回了巨额经济损失。积极开展打击和预防职务侵占、渎职侵权犯罪工作，继续推进了反腐败斗争，及时查处影响社会稳定和侵害群众利益的经济案件，特别是对内蒙古西玛泰乳业责任有限公司非法集资诈骗案等一批案件的依法查处，彰显了政法工作在规范市场经济运行规则、维护群众切身利益方面的重要作用。

切实加强各级政法领导班子建设和党委政法委的建设 2006 年，市委政法委认真履行协管政法干部的规定，与市委组织部组成了联合考察组，对市直政法各部门及其所属县处级领导班子和领导干部进行了 2005 年的年度考核。同时，补充了部分县处级后备干部，检查了贯彻执行《干部任用条例》情况，形成了考核材料，为市委加强政法系统领导班子建设和调整使用干部提供了一定依据。完成对市直政法部门领导班子及部分县处级领导干部交流调整提拔的考察推荐工作，全年共交流调整县处级领导干部 39 人。按照《干部任用条例》、《公务员法》及有关规定，严肃认真地进行了审核备案及调入调出工作。全年，共审核并履行调入调出手续 8 人(调入)。审核备案市直政法各部门科级干部 254 人，其中，市公安局 200 人，市法院 47 人，市检察院 3 人，市司法局 4 人。各级政法机关领导班子建设得到加强。市委政法委机关纪检工作部门配备了纪工委书记；配备了 2 名副处级综治专职督察员；干部科更名为政治部，主任高配为副处级；增设了综治办督察科。各县区政法机关提拔、调整、交流了一大批不同级别的领导干部，改善了各级政法机关领导班子的知识结构、专业结构、性别结构、年龄结构，调动了广大干警的积极性、主动性、创造性。

推进司法体制和工作机制改革，完善执法监督工作，健全违法司法行为责任追究制度 在司法体制和机制上，市委政法委协调政法部门不断完善机构设置、职权划分和管理制度，逐步形成了权责明确、相互配合、相互制约、高效运行的司法体制和工作机制。完善了诉讼程序、人民陪审员、人民监督员、执法监督员、审判公开、检务公开、警务公开、所(劳动教养所)务公开等制度，实行警力下沉，充实一线，大大加强了基层处理问题、解决问题的能力。切实加强对执法机关的执法活动进行监督。重点对一些久拖不决的涉法上访案件、市直政法部门之间有争议确需市委政法委协调的重大疑难案件，把握好各类因素，协调处理好各种关系，取得了较为满意的协调效果。全年，市委政法委共组织召开了市公、检、法、司等部门主要领导参加的案件协调会 20 次，对几起多年未有结论的案件，统一了思想，落实了办案单位。通过协调监督，有力地促进了各项执法工作的开展。

强化了业务培训，提高干警的工作能力和素质 2006 年，市委政法委按照“干什么、练什么，缺什么、补什么”的原则,组织全体干警认真学习了有关本职工作的基本法律、执法程序和工作规范。市公安局组织全市44名干警参加了专业技术职位考试,安排两期130名的民警素质培训、警衔晋升人员培训及37名军转干部封闭式岗前培训。对办公环境“脏乱差”、内部管理“稀拉松”、对待群众“冷硬横”等突出问题,集中开展了为期3个月的专项治理。检察机关业务部门完成了高检院下发的光盘全部内容的学习,非业务部门完成了以岗位职责和业务规范为主要内容的在岗培训,并组织了两级院302人参加的考试。审判机关组织了3期6个班次的续职培训,共培训244人次,安排33人次参加了省法院的培训,尤其是执行人员进行了全员培训,并全部参加了最高人民法院组织的全国统一考试。司法行政机关的劳教工作结合岗位分工不同,组织开展了岗位培训和岗位练兵活动。市公证处对全体公证人员进行了为期两天的封闭培训。同时,还组织了一期律师合伙人培训班,一期律师事务所主任培训班。

以“基层基础建设年”为契机,全力打造一支过硬的公安队伍　2006年,是全国公安机关“基层基础建设年”。按照全省统一部署,市公安局认真组织了情报信息、防控体系、科技强警、警务保障、队伍建设“五大工程”。经过全市上下共同努力,全市“三基”工程建设呈现出重点突破、整体推进、全面发展的良好态势。一是提高了基层所队的实力。通过下派锻炼、军转干部和警校毕业生充实一线,全市共下沉警力132人。通过职能下摆、合并机构,县(区)局由原来的121个机构精简到91个,基层实战单位警力1359名,占总警力的91.1%,其中,派出所警力848名,比年初增加了186名。警务室警力305名,占派出所警力的35.97%。全市城区中心派出所为正科级,农村派出所为副科级,社区民警在同等条件下优先提职提级、立功受奖,使基层派出所工作更具活力,责权利更趋统一。二是提高了基础工作信息化水平。全市公安机关三级网络宽带全部达到百兆;基层实战民警配备了780部PDA手机,开通了移动信息查询系统;新建了2个350兆无线通信基站;公安机关公文流转实现了网络传输;两县公安局完成了110、122、119“三台合一”;派出所综合信息系统、刑侦综合信息系统建成并投入使用,情报制导警务初显成效。三是提高了警务保障的整体水平。全市2个新建、改建派出所如期完成;全市新增计算机666台,百名民警拥有计算机比例由年初的36%上升到65.64%;两县98个警务室民警配备124辆电动自行车;基层警务保障得到了整体改善。四是提高了社区和农村两大警务战略建设能力。市局下发了《关于加强社区和农村警务建设的决定》,建立健全了长效工作机制和从优待警机制。全市共设警务区227个,建立警务室217个,赋予社区民警五大职能,最大限度地把民警和群众融合在一起,涌现出5名社区民警标兵和28名优秀社区民警。五是提高了社会治安持续好转的实效。通过做强基层、筑牢基础、苦练基本功,有效地提高了公安机关维护稳定、打造平安的能力。在全面提高破案能力的同时,直接反映社会治安状况的刑事案件呈下降趋势。2006年,全市共立刑事案件5101起,同比下降14.3%。特别是通过开展“社会评公安、百姓评治安”活动,社会治安的持续平稳得到了认同。公安“三基”建设的各项成果正在惠及全市广大人民群众。

大力加强公安队伍建设　一是开展全员练兵。以“三所三队”为重点,以“三懂五会”为基本,全面启动了基层民警素质达标活动。采取外聘、内培结合的方式,不断调整充实师资力量。培养了185名专兼职训练教官;对全市215名基层所队长全部进行了素质培训;举办了19期、1794名民警参加的各种专业培训班;全市基层一线民警15天集中训练得到有效落实,广大民警的政治、业务、技能素质得到进一步提高。二是规范内务秩序。以窗口单位为突破口,进行内务管理、警风警纪集中整治,出台了《盘锦市公安机关内务建设实施细则》,对各级公安机关的外观标识、内务设施、警务公开样式和办公秩序以及民警行为进行统一规范。全市公安派出所外观标识、警务车辆及建筑外观形象已按标准统一。三是扩大内外部监督。深入贯彻“五条禁令”，加强警风警纪的监督，监督员由上届的24人增聘到30人，增大了社会监督的覆盖面，拓宽监督的范围，加大案件查办力度，严肃了党纪、政纪，确保了政令、警令畅通。

认真执行案件质量管理规程 随着《案件质量管理规程》的贯彻执行，市检察院执法行为全面实行规范化。每个检察人员执法办案都严格遵守《案件质量管理规程》规定的操作程序、质量标准和时限要求。案件质量管理中心对有阶段性诉讼结果和诉讼程序终结的案件全部进行质量等级评定。评为优秀的案件予以奖励，对有瑕疵的案件深刻剖析原因，追查责任，评定结果定期在局域网上通报，作为考核办案人员工作的重要依据。通过全面实行案件质量管理，检察人员责任意识明显提高，办案时间缩短、效率提高，法律文书制作、卷宗装订标准规范，保证了案件质量，提高了检察机关的执法公信力。

认真开展社会主义法治理念教育活动 按照省委政法委、省检察院和市委政法委的部署，组织检察干警深入学习准确把握中央提出的社会主义法治理念基本内容和深刻内涵，认真查摆执法观念和执法行为中存在的问题，结合检察工作和检察人员思想实际，开展有针对性的教育活动。同时，注意把社会主义法治理念教育和社会主义荣辱观教育、巩固和扩大保持共产党员先进性教育活动成果紧密结合起来，组织干警到辽滨船舶工业园区、高升镇和金马油田等地参观学习，了解全市经济发展和社会主义新农村建设取得的实际成果，引导广大干警树立爱民、亲民、护民的执法思想，增强为大局服务的自觉性和责任感，使社会主义法治理念教育既有声有色，又注重实际效果。

把学习和培训作为队伍建设的着力点 针对全市检察队伍结构不合理、人员素质参差不齐的实际状况，年初，市检察院党组决定把2006年作为“学习年”，把加强学习和培训作为队伍建设的重点。制定了全院干警学习规划，针对每一个干警的岗位需求和自身特点，本着“干什么，学什么”、“缺什么，补什么”的原则，确定具体的学习培训任务和目标，采取院里集中学习、部门组织学习和个人自学等多种形式开展学习和培训。院里举办检察官讲坛、专家报告和知识讲座，每周一讲。建立政治考试和业务考试制度，业务部门开展岗位业务技能培训，组织业务骨干成立案件研究小组、重点调研课题攻关小组，在干警中开展“读一本好书、掌握一项技能、培养一个健康的业余爱好”活动，提高干警的学习兴趣，形成浓厚的学习氛围，为创建“学习型”机关奠定基础，促进检察干警整体素质和文明程度的提高。市院机关被市直机关工委评为“抓作风、比服务、争一流”主题活动“十佳机关”、市直机关“十佳先进党组织”；被市文明委评为“诚信机关”。

检察研究、检察宣传和检务保障工作得到加强 深入实际研究问题、解决问题的良好氛围已经形成。按照《盘锦市人民检察院专题调研重点课题项目管理办法》要求，经过申报、审核、论证，确定的6个立项课题，在省级以上刊物发表。2月份，刘铁鹰检察长和白春生、张永会、刘晓阳撰写的《检察机关利用非诉讼手段处理涉法涉诉案件的探索和实践》一文，被评为辽宁省十大法学杰出成果。这是盘锦市检察院建院以来调研工作所获得的最高奖项。张永会撰写的《深化主诉检察官责任制的探索》一文在《检察日报》上发表。除此之外，还充分利用报纸、电台、电视、局域网、互联网等各种媒体开展检察宣传。在中央级媒体发表宣传稿件14篇。市检察院被最高人民检察院影视中心授予“检察影视宣传先进单位”称号，并被确定为“检察影视重点宣传单位”。政务保障工作高效运转，人民监督员工作稳步推进。后勤保障细化管理，强化服务，争取资金，保障有力。法警支队在加强管理的同时，圆满完成了各项出警任务。

加强基层检察院建设 按照最高人民检察院业务建设、队伍建设和信息化建设“三位一体”的指导方针，发挥检察机关上下领导关系的优势，对基层院各项检察业务工作加强指导。继侦查工作一体化之后，又推出民事行政监督工作和职务犯罪案件审查起诉工作一体化工作机制，带动并促进基层院业务工作开展。市检察院还强化检务督察职能，对于失职、违反正当程序，导致出现错案的基层院办案人员，启动错案追究机制，依照《检察官法》的有关规定追究责任。信息化建设已建成职务犯罪侦查全程同步录音、录像监控系统，开通了电子公文流转系统，继续保持在全省检察机关的领先位置。市检察院加强对争创先进基层检察院工作的指导，大洼县检察院进入省先进检察院行列。争取国家专项资金的支持，盘山县检察院办公大楼落成并交付使用，使盘锦市基层检察院“两房”建设又前进了一步。

坚持党对检察机关工作的领导，自觉接受人大监督　2006年，全市检察机关认真学习《中共中央关于进一步加强人民法院、人民检察院工作的决定》，结合全市检察工作的实际，制定具体的贯彻落实方案。坚持重要案件向市委请示的工作制度，检察机关重要工作、检察工作重要改革创新措施，及时向市委汇报，争取市委的支持。在查办职务犯罪案件中，注重同纪检监察机关的协调和配合，从而保证检察工作顺利开展。全市检察机关不断强化自觉接受人大监督的意识，主动将检察工作置于人大及其常委会和人大代表的监督之下。两级院对市人大常委会组织人大代表“旁听庭审”专项调研活动高度重视，精心组织，以此作为促进检察人员提高出庭公诉水平和能力的有利契机。对于人大代表关于检察员出庭公诉能力和表现方面的意见和建议认真落实，制定整改措施，及时进行反馈。市检察院把向人大常委会报告工作作为争取人大监督和支持的有效形式。2006年，分别在市人大五届十次和十一次常委会上，作了《关于监外刑罚执行监督情况的报告》和《关于预防职务犯罪工作情况的报告》。对人大常委会审议并通过两个工作报告提出的意见和要求，逐项研究落实整改措施，促进了监外刑罚执行监督和预防职务犯罪工作顺利开展。全年，市检察院重点加强和改善了与人大代表联系工作。召开专门会议，创新与人大代表联系的工作机制，创办《盘锦检察工作》专刊，定期向人大代表汇报重要工作情况。通过邀请人大代表到检察机关视察、列席检察委员会、参加案件听证会、深入基层与人大代表座谈、发征求意见函等形式，广泛听取人大代表对检察工作的批评、意见和建议，把与人大代表联系工作作为检察机关密切联系人民群众的纽带和桥梁，让更多的群众了解检察机关、监督检察机关、支持检察机关。

加强队伍建设，不断提高法官素质　2006年，市法院把队伍建设作为工作的重中之重，努力建设一支高素质的职业法官队伍。认真开展了以依法治国、执法为民、公平正义、服务大局、党的领导为主要内容的社会主义法治理念教育活动和社会主义荣辱观教育活动，法官队伍的思想觉悟、司法能力、审判作风和精神状态有了新的提高。一是努力加强领导班子建设。在认真抓好领导班子及其成员思想政治建设的同时，注意加强审判能力建设。严格执行党风廉政建设责任制和民主集中制，认真抓好领导班子的能力建设和作风建设。班子团结和谐，求真务实，班子成员带头遵守各项规章制度，发挥了领导班子的表率作用，班子凝聚力明显增强，推动了法院队伍整体建设。二是加强队伍的思想作风建设。认真开展了社会主义法治理念教育活动和社会主义荣辱观教育活动，深化理论学习，法官队伍的思想觉悟、司法能力、审判作风和精神状态有了新的提高。三是大力加强法官队伍的职业化建设。全年，市法院组织了全市法院系统1—5级法官续职培训，举办了民法、商法、刑法、立案、执行培训班，培训法官168人。组织了全市法院41名法官到省法院参加续职培训，组织了16名法官参加拟晋升高级法官晋职前培训。法官的审判能力进一步提高。四是加强队伍的组织建设。认真贯彻《公务员法》、《法官法》，组织开展了新一轮的中层干部竞聘和干警双向选择，促进了干部队伍建设。五是积极开展党风廉政建设。继续开展了“读书思廉”、“家庭助廉”及“文化倡廉”活动。组织全院干警观看了《生死牛玉儒》等电教专题片。组织全院副科级以上领导干部到盘锦市警示教育基地参观接受警示教育活动，提高了干警的廉洁自律意识，筑牢了拒腐防变的思想防线。六是加强党建和文明机关创建工作。全年，市法院开展了形式多样的党建活动，大力加强了文明机关的建设，步入了市文明机关行列。

新闻视角

·报社工作·

围绕中心、服务大局，以三大重点工作为主线，强化新闻报道工作 （一）围绕资源型城市可持续发展这一重点任务，不断加大项目建设、全民创业等新闻宣传力度。一是侧重对项目建设的报道。先后开设了《开好头、起好步，实现资源型城市可持续发展》、《开好局 起好步 全力推进项目建设》、《落实全会精神 推动项目建设》等栏目，成立以骨干记者组成的项目报道小组，对全市项目建设进行大篇幅、全方位、多角度、立体式的宣传，特别是对辽滨经济开发区等项目建设典型的报道，得到了领导认可。记者与市委政研室、市经委等部门组成联合调查组对宏冠精神、科技创新进行专题调研。这些做法为全市抓住老工业基地振兴和沿海开放双重战略机遇打下良好的舆论基础。二是强化对全民创业的报道。4月下旬，开设了《推动全民创业 加快经济发展》栏目，为全市全民创业、发展民营经济创造良好的舆论氛围。同时，对大会进行策划，除认真报道了大会新闻外，还配发了《让一切创造财富的源泉充分涌流》的社论，并用大篇幅全文刊载了市委书记陈海波和代市长陈淑珍的讲话精神。为加快全民创业、发展民营经济提供了良好的舆论氛围。三是抓好对发展接续产业的报道。对华锦集团争取国家资金支持、做大做强60万吨乙烯项目和资源重组及对汽车零部件加工等项目进行报道。（二）围绕建设社会主义新农村重点任务开展新闻宣传。全方位宣传党中央关于建设社会主义新农村的基本要求，努力挖掘小城镇建设、农村发展、农民增收和农业增效等典型。开展了以产业结构调整为主线的系列报道，重点报道了全市新农村建设试点乡镇、村的成果、经验，突出宣传了科技兴农、产业富农的发展思路，并大力报道农村致富典型，发挥了舆论引导作用。同时，在大周末开设《新农村文化建设巡礼》栏目，从民间的角度反映新农村建设的新气象。（三）围绕构建和谐盘锦展开宣传报道。开设了《开好局 起好步 构建和谐社会》栏目。在倒头题用大篇幅就构建和谐社会对县区委书记进行了专访，同时，几乎每天都保证此栏目的运行。结合创建全国卫生城、文明城、环保模范城等创建活动，相继开设《争做文明市民 共建美好家园》、《创建和谐社区 营造美好家园》等栏目，对在创建工作中涌现的新人、新事、新风尚进行报道。在晚讯先后推出了《弘扬社会公德 倡导文明新风》、《建设宜居城市 构建和谐盘锦》两个系列报道，从百姓身边的小事说起，从宜居城市的各方面条件说起，启发人、教育人、引导人，营造良好的舆论氛围。（四）加强对非公有制经济的宣传。坚持大力发展非公有制经济不动摇，尽快把非公有制经济做大做强是全市经济工作的战略重点。在报道中，注重引导非公有制企业按照市场经济的要求，建立现代企业制度，提高经营管理水平，加快产业、产品结构调整，增强技术创新能力，向科技型、外向型、集团化方向发展。对兴隆大厦、天龙药业等一些民营骨干企业进行了大量的宣传报道。(五)强化"开放牵动、油地融合"战略的宣传。全年,在"开放牵动、油地融合"战略的带动下,全市的项目建设取得了重大进展。对辽河油田派普钻具制造公司奠基等重点建设项目的进展情况进行及时报道,对油地招商引资和工业发展所取得的成果进行了及时宣传。特别是对辽河油田公司实施的"水平井"技术策略、海上"双一百"油田进行了系列报道。对辽河石油勘探局多种经营、实施技术、人才战略等进行全方位的宣传。这些报道,增强了全市人民的信心。对油田多种经营项目给予充分重视,找准对地方项目建设借鉴的结合点去报道。

发挥优势,不断为政治文明和精神文明建设提供良好舆论氛围 (一)抓好"两会"的报道。年初,在一版开辟了迎接市五届人大二次会议和政协五届二次会议专稿栏目,并专门成立"两会"报道组,为"两会"精神落实创造了良好的舆论环境。集中版面,集中人力,及时、准确、全面地报道了两会精神和人大代表、政协委员的精神风貌,全文刊发并详细地解读了政府工作报告。以各种新闻体裁和形式形成全方位的立体报道态势。(二)抓好党建报道。经济社会的跨越式发展必须以全面加强党的建设为坚强保证。党报报党是报社工作的首要职责。全年,市报社对党的思想建设、作风建设、组织建设方面取得的成果、经验和典型进行报道,尤其对基层党建的先进集体和先进人物以"党旗飘飘"、"基层好支书"栏目进行固定。(三)推出一大批三个文明建设的先进典型。全年,对市内和油田三个文明建设进行了广泛报道。一版开设了《开好局 起好步 构建和谐社会》栏目。在头版头题解读了《"八荣八耻"社会主义荣辱观》的内容和典型,并在三版用专版进行典型专访和内容解读,先后用大篇幅报道了有关部门和单位落实社会主义荣辱观的情况。在头版头题刊发了《我市将开发建设辽河南岸新区》等稿件,在倒头题用大篇幅就构建和谐社会对县区委书记进行了专访,同时,几乎每天都保证此栏目的刊登,为全市构建和谐社会创造了良好的舆论氛围。三版还开设了《人口与社会》等栏目,收到了良好的社会效果。年底策划了系列报道,内容涵盖了解决"零就业家庭"就业、棚户区改造、关爱农民工、和谐社区创建、平安社区建设、实施最低生活保障制度等,以人为本,形式新颖,文图并茂,新闻性、可读性都达到了很高水准。(四)对"五城"同创的报道。全年,在盘锦市提出的创建全国卫生城等"五城"同创的情况下,市报社及时开设了相应栏目,特别是在创建全国卫生城方面,在一版相继开设《争做文明市民 共建美好家园》、《创建美好城市 共建美好家园》,三版的《创建和谐社区 营造美好家园》等栏目,号召全市动员,全民参与,创建全国卫生城,"爱护环境、从我做起、高质量、高标准建设国家卫生城",对在创建工作中涌现出的新人、新事、新风尚进行报道,为"五城"同创创造良好的舆论氛围。

贯彻"三贴近"原则,增强可读性,提高服务性 (一)面对报业的发展趋势和读者群的市场需求,按照"三贴近"原则,强化了服务性和可读性。报纸离百姓更近了。特别是晚讯和大周末的推出,晚讯一年来策划了很多有影响力的大型和系列报道,给读者留下了深刻印象,有的报道引起了市委、市政府领导的高度重视并做出批示。在第五版即晚讯的第一版,先后推出了"弘扬社会公德 倡导文明新风"、"建设宜居城市 构建和谐盘锦"两个系列报道,在读者中产生了非常好的影响,并且得到了市领导的好评。(二)强化关注民生、顺应民意报道。在晚讯二版推出了关于环保方面的系列报道,同时,在不同版面先后报道了盘锦湿地及动物保护方面的系列稿件。这些报道活动为推动本地的生态建设、环境保护和建设文明城市起到了积极的作用。通过精心策划与市公园管理处合作,共同发起了"为黑熊宝宝起名"的社会公益活动,取得圆满成功,并且产生了极大的社会影响。(三)强化了舆论监督报道,努力为市民生活服务。《舆论监督》栏目已成为本报的重点栏目。通过"舆论监督"、"市民热线"及"市民直通车"等栏目,对市民关心的疑点和难点问题进行深入采访和公开披露,并对其背景问题进行分析,坚持有始有终,给读者一个满意的答案,让市民和政府各方面都满意。舆论监督栏目已经成为本报的重点名牌栏目，专栏及专栏记者得到省内的认可和表彰。《百姓与法》、《特别报道》、《市民直通车》等栏目拉近了与读者的距离，使报纸的服务功能得到强化。全年，大周末设《共同关注》、《真情》、《热点》等栏目，说读者身边人、身边事，从关注百姓的衣食住行、休闲娱乐做起，引领时尚，服务到位，成为市民的真爱，受到了读者的广泛赞誉。

战役性和重大报道，突出策划 (一)战役性报道，重大事件报道，突出策划。市报社与市总工会在“五一”劳动节期间共同推出的《劳模——时代的领跑者》栏目，对先进典型图文并茂的进行了系列报道，使劳模的精神在群众中得到认可和发扬。对全国第六届工笔画大展暨辽河美术馆开馆进行策划报道，除在头版头题图文并茂地进行了新闻消息的报道外，还配发了评论员文章，并且在会议前后开设了《全国第六届工笔画展 辽河美术馆专题报道》栏目，对这项活动的有关情况进行了详细报道，对名画家进行了专访，得到了有关部门的好评。11月末举办的著名画家宋雨桂画展，市报社派得力记者进行报道。在报道中，经过周密策划全方位进行报道，严格遵守新闻纪律，强调权威性，把握政策性，报道受到了市委、市政府领导的认可。(二)为纪念红军长征胜利70周年，市报社不失时机地策划出版了纪念特刊——《而今迈步从头越》，弘扬长征精神，展示全市及辽河油田“十一五”开局的成就，通过全社上下一个月的工作，在纪念阶段成功出版。这个专刊在社会引起强烈反响，并在全市新闻宣传表彰会上受到奖励，也取得了社会和经济效益双赢的良好效果。(三)推出高考专刊，全面而权威地介绍和解释了广大考生应该知道并且想要知道的政策、动态资料；关注版面定期地对于一些重点、热点问题进行细致深入的分析性报道。

在新闻实践和报道上大胆改革，不断创新 新闻做客厅是本报在2006年策划的一个大型栏目，旨在通过“做客厅”形式，就百姓关心的热点问题，搭建一个官与民面对面交流和对话的平台。在构建和谐社会这个大主题背景下，首先策划了两期以“打造平安盘锦、构建和谐社区”为主题的新闻做客厅活动，先后于9月21日、10月10日走进双台子区和兴隆台区，就棚户区改造、环境卫生、保障弱势群体生活、警务进社区等百姓关心的热点问题，与两区主要领导和群众代表面对面。10月26日，结合市文明委倡导的“知荣辱、讲文明、树新风、促发展”教育实践活动，举办了主题为“平安出行、文明交通”的新闻做客厅活动，就当前的不文明交通现象以及如何营造文明的交通环境展开座谈。截止到2006年底，《盘锦日报》的“新闻做客厅”已进行了3次大型采访，在社会上引起了强烈反响，并被评选为2006年度全市最佳新闻策划奖，受到表彰。新闻做客厅是《盘锦日报》在新闻报道和新闻采访实践中进行的一次改革尝试。

多元化开拓市场，报业经济稳步发展 全年，盘锦日报社的各经营部门努力开拓市场，拓宽经营渠道，使全社经营工作平稳发展。(一)广告积极开拓市场，应对整体市场的下滑，实现稳步增长。在广告策划上不断创新，从过去的对单一产品和企业的策划，转向对广告市场的整体策划、营造和培育上，树立广告大市场观念，努力寻找新的增长点。2006年，先后策划了“狗年旺旺”、“3·15特刊”、“2006年秋季车展”等。通过一系列的措施，使全年广告收入比上年同期增长25%。(二)印务中心经营收入可观。印务中心以“质量更好，速度更快，服务更佳”的经营理念，以市场营销为中心，拓宽经营渠道，上半年购进了对开四色胶印机、照排机、冲版机等设备，增强了市场竞争能力，提高了生产能力。通过开展劳动竞赛活动，实现80天收入209万元，创历史新高。全年主营业务收入761万元。在全省印刷质量评比中获优级，同时被评为全省39家诚信印刷企业之一。(三)发行部门全力开拓市场，扩大发行。发行公司强化过程管理，加强发行过程控制。在油田拓宽市场开发，扩大报纸覆盖。同时，通过“敲门发行”和多方协作，使报纸进家庭、进车厢。通过多方开拓市场和对发行工作进行全过程管理，报纸发行量实现了稳步增长。2006年，创下报纸发行量、报纸发行收入、员工薪金收入三项历史最高记录。(四)经济多元开发、前景看好。旅游公司本着以“稳定地方,拓展油田,散、团并举”的原则,利用各种营销手段开拓市场,较好地完成了全年的经济指标。小记者学校,在竞争激烈的市场上找准切入点和突破口,暑假期间开展了“小记者夏令营”和“书画夏令营”,为广大学员搭建了展示才华的平台。这些活动的策划,既提高了学校的知名度,又获得了可观的收入。

完善内部管理,加强队伍建设　(一)建立新机制,调动积极性。年初,盘锦日报社在进一步完善日报、晚讯、大周末的定位和首席记者、执行主编制的基础上,推出栏目化管理。下半年,又进一步深化了内部改革,实行了版面主编负责制,并对采编机构进行了调整。经过半年的运行,各版主编和首席记者在管理好部内工作外,业务上率先垂范,精心组织策划报道;版面执行主编积极发挥创新意识,精心编稿制题,策划报道,使各版面形成了自己的风格;栏目化管理,使各版上的一批栏目受到读者好评。这些新的举措,为《盘锦日报》、《盘锦晚讯》、《大周末》上档次上台阶锦上添花。(二)专业人员办报与群众办报得以强化。为了打破过去卡拉OK自娱自乐式办报模式,2006年,在完善过去通过读者调查形式让读者参与办报的同时,成立了新闻研究室,对优秀作品进行点评,并建起了业务档案和培训档案。同时,通过对通讯员的定期培训,有效地促进了新闻报道工作。(三)强化服务功能,加强机关党建工作。全年,机关各部门把年初社委会提出的建设“服务型机关”的要求,作为提高工作质量,树立良好形象的大事来抓,并结合市里开展的“抓作风、比服务、争一流、促发展”活动抓好机关建设。综合治理工作和计划生育工作作为“一把手”工程做到了常抓不懈,以本单位的小稳定,来促进全市的大稳定。机关党建工作,注意抓党员的宗旨观念教育,积极发挥党组织的战斗堡垒作用和党员的先锋模范作用。(四)完善管理,提高队伍素质。运用现代企业的管理理念,完善了各项管理制度和分配办法。在编辑部推出了栏目化管理,同时,进一步完善了量化管理和“系数计酬法”;在机关进一步完善了岗位奖金制度。按照工作人员的工作制度、责任和性质等设置奖金。完善了《采编人员月工作考核办法》、《编辑部各部门日评报考核办法》、《机关考勤办法》等各项规章制度,使各项管理工作进一步规范化、制度化。全年,围绕社委会提出建设“学习型报社”的目标,结合“三项教育”,进一步完善了“两小时学习制”。并通过社内讲师团以及“送出去”和“请进来”的办法强化学习和人才的培养。

· 广 播 电 视 ·

全年任务、指标完成情况　2006年,市政府赋予广电局责任目标共有12项。(一)广电工作细化为4项,新闻改革及宣传方面要求完成162篇。截止到2006年底,在省台以上上稿171篇,超额完成全年的任务。广告产业收入指标995万元,全部完成。严防“法轮功”破坏方面,由于局台制度落实,措施得力,没发生一起“法轮功”分子针对广播电视的破坏活动,节目播出零事故。各台新闻类节目没有发生停播、误播和误导事故。(二)共性指标细化为11项。1. 党风廉政建设。全年,全系统没发现一起违反党风廉政建设的现象。2. 认真落实政府交办事项。对政府交办的每项工作都能认真去落实,没有发生二次督办现象。3. 项目建设一是开了局党委会、局长办公会进行传达部署。二是专门发了文件,制定了措施,提出了明确的要求,人人肩上有指标,个个心头有压力。4. 市民投诉。全年,接市民投诉282次,做到了事事有着落,件件有回声,问题及时得到解决,办结率100%。5. 解决信访重点难点问题。两台整合后,原有线台一部分采编播人员成为上访重点,在局台以及市里有关部门的共同努力下,现在这部分人思想稳定,工作积极,上访问题得到解决。6. 人事编制管理工作。严格落实市人事局和编办的有关文件精神,树立编制就是法规意识,全年没有发生一起超编进人现象。

采取一切行之有效的措施,确保全年工作任务、指标完成　为确保全年任务、指标完成,市广电局采取一系列措施,始终坚持两手抓,两手都要硬，既务实又务虚，虚实结合，相得益彰。(一)抓局、台、报中心组理论学习。全年，市广电局组织局、台、报中心组学习10次，写学习心得120余篇，受到市委宣传部的肯定。(二)抓党风廉政建设。制定了具体措施，严格落实招待、用车、重大经费开支等项制度，与上年相比，每项费用降低20%左右。(三)抓党员先进性教育的巩固与延伸。局机关和各台、报组织党员和非党积极分子120余人次分别到西柏坡、李大钊故居、山东半岛等地参观学习。(四)抓党的组织、纪律、思想、作风建设。结合“七一”，邀请市委常委、总工会主席王广华给全系统党员和非党积极分子讲党课，157名同志受到教育，发展新党员10名。局机关每周集中学习一次，始终把贯彻落实《国家公务员法》和市局《机关管理制度》落实放在突出位置。电视台开展了“创新年”活动和“构建和谐电视台”活动，出台了《电视台职工工作日禁酒规定》。电台、有线台也都出台了相应的规章制度，有线台实行每天上午8时、12时和下午2时、6时4次签到，而且和工资、奖金挂钩，管理从松到紧，由差变好。(五)抓班子、队伍建设。主要是采取多种不同形式的培训。据统计，上半年局、台、报共培训1000多人次，其中，电视台集中培训了50余课时，520余人次；电台400余人次；有线台400多人次。同时，以台、报为单位，分别组织开展了篮球、排球赛，有条件的还开展了“拓展”活动，电台在中秋节与文联、作协联办了400人规模的《爱家乡、颂盘锦》诗歌朗颂会。通过各种活动的开展，进一步增强了班子的凝聚力和队伍的战斗力。(六)抓市委五届五次和市政府五届四次全会精神的贯彻落实。出台了招商引资的文件，签订了“机关8小时工作责任状”。(七)抓《江泽民文选》和党的十六届六中全会精神的学习。(八)抓远近典型人物事迹的学习、宣传，远学全国、全省先进模范，学习魏书生、江秀忱、沈霞等，近学本系统、本单位的劳动模范、先进人物，树立正气，扬长避短，以正去邪。由于措施得力，使全年的各项工作均取得了长足进步，其中，新闻宣传工作在省台以上上稿位居全省第六名。社会管理工作在省局11月份的卫星电视天线的检查中排名第三位。统计工作全省排名第二位。遵守国家广电总局17号令排在全省前五名。同时，节目质量也有了很大的提高，共有18篇作品获省以上一等奖奖励，其中，盘锦电视台制作的电视散文《翩然野鹤》获全国第六届百家电视台电视文学类一等奖，同时，该片还获省文艺播音一等奖。盘锦人民广播电台采写的《辽河娇子》获省专题一等奖。电视记录片《刘德天与黑嘴鸥》获中国国际环保记录片提名奖。电视新闻《滨海滩涂起宏船》、《感受禁鸣一周年》等同获辽宁新闻一等奖。

贯彻国家广电总局17号令有特色 2006年，市电台、电视台、广电报社和网络中心及时调整播出时间，严格规范广告时限，向20%广告总量靠近。更主要地是在避免伪劣广告特别是国家广电总局和省局明文禁止的广告方面取得了明显成效。国家广电总局和省局给予充分肯定。

对外宣传力度有突破 6月10日，市电台与中央人民广播电台联办的《直播中国》之《走进盘锦》的大型特别直播节目和东北三省以及四川广安、山东菏泽、安徽蒙城、湖南怀化、江西新余、浙江丽水、山西太原和内蒙古呼和浩特市电台携手联播节目，在全国听众中产生很大震动和反响。与市纪委、监察局联办的《行风热线》节目，接听各种咨询和反映问题的电话651个，进行记者调查418个，80%以上的问题得到解决，群众反响较好，收到感谢电话60个。市电视台充分利用辽宁电视台的“公共频道”，在开播的几个月时间内，采写、发送、播出了很多介绍盘锦的时政新闻和社会新闻，辽宁电视台非常满意。

“法轮功”防范有突破 2006年，市广电局狠抓了防范“法轮功”的安全保卫和安全优质播出工作。健全了安全播出领导小组，坚持“人不离座、眼不离屏、手不离键”，重点部位、重要地段安装监控器，尤其是节假日始终坚持双人双岗，死看死守，使这项工作没有出现大的问题。此外，网络传输中心还下力抓好人员安全稳定工作，基本解决了上访问题，完成了2004年以前的职工养老保险，困扰网络中心多年的大楼消防安全问题，融资100万元，在8月末得到解决。

教研大观

·党建研究·

围绕中心、突出重点，积极开展理论研讨

2006年，市党建研究会积极组织协调各分会、理事和特约研究员，围绕全市的中心工作和党建工作实际，开展经常性的理论课题研究工作。一是召开了发挥基层党组织作用，推进社会主义新农村建设研讨会。推进社会主义新农村建设，是市委提出的盘锦经济和社会发展的三大任务之一，在新农村建设中，如何发挥基层党组织的政治核心作用，如何发挥农村党员干部的带头引领作用，是市党建研究会一直在认真思考的问题。围绕这些问题，市党建研究会在充分调查研究，认真进行准备的基础上，于4月21日与市委党校、市先进性教育活动办公室、市委讲师团联合召开了有各党建研究分会和部分乡镇、村基层党组织代表参加的“发挥基层党组织作用，推进社会主义新农村建设”研讨会。会上，与会同志从不同角度畅谈了开展社会主义新农村建设的重大意义及面临的各种有利条件和急需解决的各种困难，并从理论和实践的结合上，就如何发挥基层党组织作用和党员干部的引领作用问题，提出了许多有价值的建议。会后形成了专题报告，呈报市委，得到了市委的充分肯定。二是召开了加强基层组织建设、保持共产党员先进性研讨会。为了巩固和扩大保持共产党员先进性教育活动成果，建立健全保持共产党员先进性和基层党组织先进性的长效机制，市党建研究会于9月26日召开了“加强基层组织建设、保持党的先进性”研讨会。会上，就如何进一步加强基层党组织建设，为党的先进性奠定坚实基础等问题，与各研讨分会及基层党员干部一起进行了研讨。会议认为，党的先进性建设对基层组织提出了更高的要求，就是要围绕中心，服务大局，拓宽领域，强化功能，调整组织设置，改进工作方式，创新工作内容，进一步扩大党建工作覆盖面，不断增强基层组织的创造力、凝聚力、战斗力，使基层组织成为人民群众信任和拥护，认真贯彻党的方针政策的坚强战斗堡垒，这些认识受到了市委的好评。

针对实际，注重实效，深入开展调查研究

调查研究是党建理论研究工作的生命所在，是党建研究工作的切入点和落脚点。市党建研究会十分重视调查研究工作。一是围绕如何巩固和扩大保持共产党员先进性教育活动成果，进一步发挥基层党组织政治核心作用和共产党员的先锋模范作用，推进社会主义新农村建设等问题，先后深入到大洼县荣兴乡、盘山县沙岭镇进行调研，抓住调研工作的重点和难点，不仅提出调研的指导思想和总体要求，还研究制定了调研方案；不仅发放调研提纲和各种统计表进行全面了解情况，还召集农村干部和党员代表进行深入座谈，详细了解农村党员干部以及广大农民群众对建设社会主义新农村重大意义的认识和理解，广泛征求各方面的意见和建议。同时，还组织各党建研究分会的同志赴四川广汉地区进行实地考察，学习他们建设新农村的好经验和好做法，在此基础上，形成了《“支部加协会”让农村党建与经济工作相融互动》的专题考察报告并呈报市

委。二是到兴隆台区就如何加强社区党建问题进行调研。先后听取了兴隆街道文化社区党支部关于“建设和谐社区、充分发挥党员的先锋模范作用,不断提升党组织影响力”、和平社区党支部关于“真心为居民办实事、办好事,提升党组织影响力”的经验介绍,以及兴隆街道党工委“关于党建工作规范化、制度化的做法和打算”等情况汇报。参加调研的同志深受启发,也为进一步加强社区党建工作提供了宝贵经验。三是圆满地完成了全国党建研究会及省党建研究会领导来盘锦市调研的接待任务。10 月 17 日,全国党建研究会《农村党建》和《社区党建》杂志主编陶植、副主编金蕾、记者宋军辉及省党建研究会副秘书长徐兆群一行来盘锦市调研采访农村党建和社区党建情况。调研组先后到大洼县腰岗子村和兴隆台区文化社区,调研组领导对大洼县腰岗子村的农村党建工作和兴隆台区文化社区的党建工作给予充分肯定。这次采访调研活动对全市党建工作起到了极大的推动作用。

及时总结,广泛宣传,不断加强党建研究成果的转化 一是将上年在党建研究中所形成的理论文章、调查报告、经验总结以及党建工作信息与动态进行筛选,从中选出 40 余篇文章汇集成册,及时编辑出版了《党建研究文集》第七集。二是以《盘锦市党建研究信息》为载体,进一步加强了党建信息交流工作。全年,共出简报 13 期,基本做到上情下达,下情上转,横向交流,互通有无,同时还利用报社、电视台等新闻媒体积极宣传党建研究工作动态和研究成果,凡有大型活动都及时报道,几次理论研讨会中的理论文章都在《盘锦日报》上设立专版进行刊载。三是积极向省党建研究会和上级各类党刊推荐优秀理论文章。全年,在省级以上刊物上发表文章 5 篇,在市级刊物上发表文章 59 篇。

努力学习,积极进取,不断加强党建研究会的自身建设 一是深入学习,不断提高党建研究工作者的理论水平。对上级的重要会议精神,对有关领导的重要讲话,及时组织学习。二是加强了领导班子和队伍建设。在 2006 年年会上,根据人事变动和工作需要,及时增补了副会长等领导成员,补充和调整常务理事及理事,并根据人事变动情况随时补充调整有关人员,使党建研究队伍始终保持着足够的研究力量。三是及时请示汇报,求得领导的支持和帮助。凡有重大活动,都及时向市委和组织部领导进行汇报,争取领导的支持与指导。市委和组织部的领导经常就市党建研究会的工作提出具体意见,对做好全市党建工作起到了很好的促进作用。四是与各党建研究分会保持了经常性联系,及时沟通情况,进行必要的指导。五是认真坚持了“例会”制度。做到每年召开一次年会、每半年召开一次常务理事会和课题组长碰头会、每月召开一次会长办公会或秘书长办公会,做到提前安排,认真准备,从制度上保证了各项工作的顺利开展。六是不断充实“盘锦党建”网页的内容,凡有新活动,都及时在网上进行刊载,并参照全国党建研究会网页的模式,精心设计网页,认真对党建网进行维护。

· 政策研究 ·

围绕中心工作,强化参谋服务 2006 年,市委政研室紧紧围绕市委五届四次全会提出的“基本实现资源型城市可持续发展、建设社会主义新农村、构建宜居城市”三大任务,着眼于解决当前及今后一个时期困扰全市发展的重点、热点和难点问题,确定了由市委、市政府主要领导牵头、市直机关相关部门参与的 23 个经济社会发展的重点调研课题。市委政研室在完成好自身承办的重点调研课题的同时,积极做好整个调研活动的组织、协调和指导工作。截止到 2006 年底,23 个市委重点调研课题已全部完成,有的进入了市委的决策,有的纳入到领导的视线,有的付诸于工作实践之中,有的转化成经济社会的物化成果。这些重点调研成果,对于实现和保持全市经济的繁荣与发展,有力推进资源型城市经济转型起到了促进作用。

紧贴决策核心,提供直接服务 在市委领导的带领下,市委政研室围绕如何促进全市全民创业问题进行了充分的调查研究。通过召开部门座谈会、民营企业座谈会、各类创业典型座谈会，赴营口等周边地区实地考察，借鉴江西、江苏等兄弟省市的经验做法，形成了《中共盘锦市委、盘锦市人民政府关于鼓励全民创业的若干规定》。在筹备全市全民创业大会中，起草了市委书记陈海波在大会上的讲话，为代市长陈淑珍的讲话提供了大量的调研成果。为使鼓励全民创业的有关政策措施落到实处，组织协调市直相关部门，按照全民创业规定精神，逐条逐项研究制定实施细则，将各部门的实施细则汇编成册，为有关部门和民营企业家参照执行提供了依据。根据市领导提出的全面梳理和完善盘锦市鼓励投资的有关政策的要求，市委政研室通过查阅历史文件、组织有关部门召开研讨会、座谈会和网上调研等方式，对现行鼓励投资政策进行了梳理，对现行政策存在的主要问题进行了深入分析，参考国家和省关于土地、支持东北老工业基地和“五点一线”，以及省内“五点一线”上其它各市的最新政策，在盘锦市现行鼓励投资政策的基础上，提出了关于《盘锦市鼓励投资若干规定(讨论稿)》，现已提交市领导审阅。参与起草了《盘锦市社会主义新农村建设实施意见》，提出了全市新农村建设的总体要求和改革措施。参与起草了苇纸一体化改革方案——《关于推进东郭苇场改革、推进芦苇产业化的实施方案》出台工作。根据省委提出的新农村建设要以发展县域经济为重要载体的要求，组织协调两县和市统计局对全市“十五”期间县域经济发展进行比较分析，提出壮大县域经济的对策措施，形成了《盘锦市县域经济发展状况研究》的调研报告，对全市新农村建设提供准确、可靠、全面的决策信息。针对盘锦市财政收入占税收比重过低的现状，与市国税、地税和财政部门，就如何提高税收对财政的贡献问题进行了研究和探讨，形成了《关于在现行财政体制下如何提高税收对地方财政收入贡献的调查报告》，提出了相应的对策建议。针对盘锦市沿海开发建设现状，提出了《加快盘锦市沿海开发建设的对策建议》。

立足本市实际，做好配合服务　2006年，中央和省领导先后4次到盘锦市进行不同内容的专题调研，市委政研室按照市委领导的要求，紧紧抓住上级领导来盘调研的契机，既及时收集整理了相关的工作情况和经验体会，又主动反映了领导和群众在实际工作中形成的真知灼见。既站在全市发展的宏观高度提出建议，又从需要急迫解决问题的角度提出希望，争取了上级对盘锦市建设的关注和关心，争取了中央和省悉心解决盘锦市发展过程中遇到的困难，争取了一些长远而重大建设的政策支持。一是有力地配合省委政研室对盘锦市沿海经济区的调研，争取“辽滨经济区”纳入辽宁“五点一线”沿海重点发展区域。4月底，配合省委政研室对盘锦市沿海经济区对外开发开放情况进行专题调研，形成了《统筹推进盘锦沿海经济区对外开放——关于将盘锦“辽滨经济区”纳入辽宁“五点一线”沿海重点发展区域的调查与建议》的调研报告，对将“辽滨经济区”纳入辽宁“五点一线”，享受配套政策起到了积极作用。二是积极配合省委关于重点县扩大经济管理权限的专题调研活动，提出了发展盘锦市县域经济的有益建议。5月下旬，省委就大洼县列入全省15个扩大经济管理权限重点县试点工作来盘锦市进行专题调研活动，政研室在市委、市政府领导的带领下，总结了近年来加强和扶持县域经济发展的工作情况，分析了扩大县级政府经济管理权限的现实意义和长远意义，提出了争取省委、省政府政策支持的“多予、少取、放活、平衡、稳妥”的积极建议，引起了调研组的重视。三是主动地配合中央党校关于盘锦市社会主义新农村建设的专题调研活动，得到专家教授对盘锦市新农村建设的肯定和指导。6月上旬，中央党校“建设社会主义新农村课题组”把盘锦市作为新农村建设基础较好的地区进行调研，政研室协调全市23个相关单位参加调研座谈，从不同侧面展示了盘锦市新农村建设的新探索。选取了2个有代表性的乡镇(村)作为典型供调研组观摩、调研，反映了盘锦市新农村建设的新风貌。组织了部分乡镇基层干部群众座谈，提供了新农村建设的新经验，调研组充分肯定了新农村建设的成果，对盘锦市如何加快新农村建设步伐提出了宝贵的意见。

着眼全面发展，开展引导服务 市委政研室注重掌握全市经济社会发展典型，积极深入基层调研，总结宣传各行各业好的经验做法，起到典型引路作用。农业机械化在发展县域经济中起着十分重要的作用，在市委领导的带领下，政研室对全市农业机械化工作进行了调研，撰写了《新农村建设的一支奇葩——关于盘锦市农业机械化发展状况的调查》调研报告，分析了全市农业机械化工作发展现状、发展趋势，提出了把发展农业机械化作为推进农业现代化的重要载体和新农村建设主要内容的对策建议，有效地推动了全市农业机械化工作的快速发展。盘山县坝墙子镇在构建和谐社会中起步早、成效快。党的十六届六中全会后，为更好地贯彻落实全会精神，市委政研室及时总结了坝墙子镇构建和谐农村的经验，形成《科学发展，协调推进——关于坝墙子镇新农村建设的调查与思考》。文化产业发展是全市近年来新兴的产业，为了贯彻党中央关于文化体制改革精神，总结了辽河文化产业园、龙石影视城等单位的新鲜经验，撰写了《关于盘锦市文化产业发展状况的典型调查与思考》的调查报告，对如何发展全市文化产业进行了有益的探索。根据市委领导的安排部署，全年，先后深入到市工商、城市监察等部门和大洼县，从不同的角度及时总结这些部门和地区在促进经济社会建设中的经验，撰写了《看似寻常实奇崛，成功容易却艰辛——关于盘锦工商部门服务地方经济发展的调查》、《一切为了城市更加靓丽——市城建监察总队工作纪实》、《铁手抓环境，清风促发展——关于大洼县优化经济发展软环境的调查与思考》等多篇宣传文章，其中，《铁手抓环境，清风促发展——关于大洼县优化经济发展软环境的调查与思考》一文被辽宁省振兴老工业基地领导小组在《政策环境通报》上发表，得到了市政府主要领导的批示，为其它部门和地区更好地开展工作起到了积极的促进作用。与教育局共同总结了大洼县新兴中学成功的办校经验，撰写了《追求催生希望，创新成就梦想——大洼县新兴中学发展的调查与思考》。与经委、科技局、报社对全市体制创新12个先进单位进行调研，形成了《创新铺就腾飞路——关于盘锦市体制机制科技创新状况的调查与思考》的调研报告。这些典型调研文章在新闻媒体发表后，得到社会各界的好评，有效地促进了全市经济社会持续健康快速发展。

注重理论宣传，提供智力服务 为推动全民创业大会精神的更快更好落实，进一步营造全市全民创业的良好氛围，在全市迅速掀起全民创业的热潮，政研室组织全室人员撰写了6篇关于鼓励全民创业的系列评论文章，在全市新闻媒体广为宣传，起到了很好的动员、引路作用。按照市委领导指示精神，政研室对辽滨开发区进行了深入细致的调研，全面系统地总结了“辽滨精神”，在全市广为宣传，营造了加快发展的氛围。为更好地贯彻落实市委五届四次、五次全会精神，政研室撰写了《坚持科学发展观，实现经济又快又好发展》、《关于发展县域经济的思考》等理论文章，对于广大干部群众理解把握市委工作思路、工作重点，提供了理论指导。

组织咨询论证，为科学决策建言献策 年初，市委政研室编发了全年咨询委员重点调研课题，组织咨询委员围绕重点课题开展了咨询论证工作。为筹备召开好市委五届五次全会，进一步促进全市园区和项目建设，市决策咨询委组织部分咨询委员到两县、两区就县区园区和项目建设情况进行了专题调研。针对园区和项目建设存在的问题提出了意见和建议，并被吸纳到市委五届五次全会报告中。同时，通过实地调查和与县区领导、企业负责人座谈，咨询委员进一步提高了感性认识和理性分析的深度，并为下一步进行更有针对性、符合县区和企业发展要求的调研课题奠定了基础。如兴隆台区提出的文化产业园发展问题，大洼县提出的为辽滨经济区的企业发展输送合格产业工人的问题，盘山县提出的新北站开发建设问题等等。在市委、市政府出台的一些政策过程中，部分委员对拟出台的政策认真思考，多方求证，反复推敲，提出了许多有价值的意见和建议。如《中共盘锦市委、盘锦市人民政府关于鼓励全民创业的若干规定》、《中共盘锦市委 盘锦市人民政府关于进一步加强经济发展环境建设的规定》、《盘锦市鼓励投资若干规定》、《盘锦市向上争取资金奖励办法》等,大部分都得到了市委、市政府的认可并被吸纳到有关的政策文件中。

开展调查研究活动,提供高质量的调研成果 2006年,市委政研室多次组织各位决策咨询委员深入社会,深入基层,针对盘锦市经济和社会发展中的热点、难点问题,主动从不同侧面开展咨询调研,结合各委员从事专业和工作经验,撰写了大量咨询建议文章,为市委、市政府领导科学决策提供了重要依据。王国库委员撰写的《村容建设既要高起点又要讲效益》和《推进农村富余劳动力转移促进农民增收》,对如何建设新农村提出了中肯的建议。卞有生委员在《盘锦——创新型城市建设中的环境保护》一文中提出,应通过对盘锦环境、生态、资源承载力、生态足迹的计算、分析,结合人口数量及盘锦城市总体规划进行综合研究,并从环境角度出发来考虑盘锦经济发展总量最高限值、年均经济增长最佳速度、产业结构发展最佳比例、能源结构及使用的最高限值等引起了各级领导干部的深思。苏存委员在《盘锦经济快速发展需要提高金融工作水平》一文中提出,地方政府需要尽快学好金融、维护金融安全、提高金融工作的效率与水平。

不断完善决策咨询运行机制,提高服务水平 2006年来,每当市委、市政府召开重要会议、下发重要文件之后或作出重大决策前,咨询办都及时将领导讲话和有关文件通过信函或电子邮件形式发送给各位委员,使各委员对市委、市政府关注的重大问题有所了解,并有针对性地提出咨询建议。按照省咨询办的要求,适应决策咨询信息化和网络化,开通了"盘锦决策咨询网站",为交流信息,展示决策咨询成果,高效率地开展咨询服务工作搭建了平台;使委员能够及时了解全市的重要会议精神和重大政策,对市委、市政府关注的重大问题有所了解,有针对性地开展咨询工作。咨询办对各位委员的调研成果及时在《决策咨询》上刊发。全年,共刊发《决策咨询》10期,每一期都是在第一时间送交给相关领导参阅,并将领导的批示及时反馈给有关部门和委员本人。

认真抓好以"八荣八耻"为主要内容的教育活动,着力加强思想建设 2006年,市委政研室集中时间进行了《模范带头树立和践行社会主义荣辱观》的专题教育,利用组织生活时间,对照"八荣八耻"要求,检查自身存在的差距、原因,提出今后的努力方向,使大家深扎社会主义荣辱观的思想根基,自觉做到知行一致,在工作岗位和社会生活中践行社会主义荣辱观。同时,认真落实中心组理论学习内容,既注意结合工作要求学习党的最新理论成果,又有重点地学习基础政治理论和高科技知识,做到将所学理论武装头脑、进入工作、指导实践。

开展以"提高五个能力"为主要内容的调研活动,大力加强能力建设 市委政研室把"提高把握大局能力、调查研究能力、综合协调能力、自我学习能力和廉洁自律能力"作为能力建设的重点内容,不断创新思维方式和调研形式。同时,十分珍视参与上级来盘调研活动的机会,在参与中学习中央和省专家教授的调研方法和经验。十分重视随同市领导进行调研实践的机会,做到既为领导出谋划策,又注意学习领导组织调研的手段和方式,既按领导要求完成调研任务,又通过完成任务提高调研能力。十分注意在组织重大课题调研中,组成以老带新、以强带弱的调研小组,在调研过程中取长补短、相互促进,形成内部互动的增长机制,使调查报告精品明显增多,引起市委重视的调研成果明显增多。

落实以"文明、高效、节约"为主要内容的日常工作制度,努力加强精神文明建设 市委政研室在反复学习领会机关工委下发的《机关文明行为准则》的基础上,从政研室的工作特点出发,健全并坚持了月工作布置会、周工作联系会等制度,结合政研室工作实际,出台了人员、经费、车辆、安全管理等制度,保证了日常工作的有序开展。牢固树立党委机关服务基层、服务群众的宗旨,到基层单位调研不出难题,到群众中去调查不添麻烦,真实及时地反映基层单位的要求,准确热情地传递人民群众的呼声，架通基层和市委、群众与领导的连心桥。积极搞好联乡帮村活动，先后帮助盘山县高升镇张荒村制定了脱贫致富规划，开发了草莓、蓝莓、香瓜等3个致富项目。为1名贫困大学生协调有关单位解决学费2000元，保证了这名学生如愿如期上学。为适应形势发展的需要，加大了机关现代化办公的建设力度，增添了电脑，达到了人人有电脑，人人会操作。购置了多功能复印打印设备，做到远程控制打印材料。改进了材料的印制方法，做到一般性的文件、简报由本单位自行印制。坚持把培养和倡导勤俭节约之风作为改进机关工作作风、加强机关效能建设的重要内容，从自身做起，从身边事做起，自觉养成节约一度电、一滴水、一张纸的良好习惯。

认真落实综合治理目标责任制，全力加强内部管理 坚持把综合治理工作作为机关建设的重要内容纳入全年工作计划，坚持定期分析本单位综合治理工作的形势，坚持结合阶段和年度工作总结考核综合治理工作，从而保证了综合治理工作进入日常工作之中。在与市综治办签订目标管理责任状的基础上，与各科室签订了本单位年度综合治理责任书。结合党课、室务会进行了法制教育，使大家克服了麻痹大意思想和侥幸心理，明确了所属各科室责任，做到责任到人，责任到位，切实保证了综合治理工作落实到每一个人头，贯穿到每一项工作，确保了政研室内防达标率达到了100%。

· 党校工作 ·

按照干部培训计划，认真组织教学，圆满完成教学任务 根据市委组织部、市人事局、市委统战部关于2006年各类干部培训工作的要求，经过多方的协商、沟通，科学合理地制定培训工作计划。根据计划要求，在校委班子的集体领导下，全年共完成了3个类型、14个班次的培训、轮训任务。共培训学员768人，完成教学课时3152课时，其中，外请专家、领导、教授13人次，利用远程教学设备上课28课时，组织集中上大课11次。通过认真组织实施，较好地完成了各个班次的培训任务，充分发挥了党校“三个阵地、一个熔炉”的作用。

严格教学管理，不断提高教学质量 为了保证教学质量，在教学单元课程设置、教师专题申报、组织集体备课、组织学员进行教学评估的每一个环节上都严格把关。根据党的十六大和十六届四、五、六中全会精神，重新设立了41个专题课，并对每个专题都组织教员进行认真备课、试讲。全年，共组织集体备课试讲35人次。同时，还加大了教学评估工作的力度，不断扩大评估覆盖面，在第25期、26期县处级领导干部进修班，第20期青年干部培训班，全市人事干部依法行政培训班中，组织学员184人次对教员的授课情况进行了认真的评估，使教学评估工作进一步制度化、规范化。为了使党校在教学、管理等方面的工作不断上水平、上台阶，在每期班教学过程中，都认真组织学员进行单元测试，组织召开学员座谈会，广泛征求学员的意见和建议，并将征求意见情况整理后及时反馈给教员。为了进一步完善和丰富教学内容，根据教学计划要求，市委党校组织4个主体班的学员进行域外考察，分别到苏州、无锡基地考察学习，每个学员都写出了外出考察心得及调查报告。另外，还组织学员到市开发区和两县、两区实地考察，了解市情，做到理论联系实际，使教学与实际相结合，收到了比较理想的教学效果。

严格班级管理，使干部培训班级管理规范化、制度化 在学员管理方面，严格执行培训制度和学员守则，对每个班次不能参加培训的同志都及时与市委组织部干部教育科和人事局教育培训科、市委统战部相关科室通报情况。在班级日常管理方面，注重加强班委会、党支部建设，实现学员自己管理自己。同时，还进一步严格班主任工作职责，加强班级考勤制度，制定了干部培训请假备案表，学员请假需经过层层批示，每天向市委组织部干部教育科上报出勤、缺席情况，结业后交给组织部备案。班级进行严格管理，严格把关，通过各项制度的有效落实，确保了培训工作顺利进行，学员们在教学管理方面非常满意，受到了市委组织部和学员的认可和好评。

全力做好成人教育工作　2006 年，市委党校以严格管理、提高质量为中心，以狠抓招生工作为基础，以培养现代化建设所需人才为目标，大力加强成人教育工作。一是加强组织领导，突出重点抓招生。招生工作是函授工作的重中之重，没有学员，函授教育也无从谈起。年初，充分利用新闻媒体、广播、电视、报纸等媒介，扩大宣传力度。制定措施，成立招生领导小组，充分调动教职工的积极性，组织动员全校员工边宣传边招生。经过努力，实现中函、省函本科招生 636 人，省委党校在职研究生 14 人，省刊授党校招生 280 人。在全省函授教育生员下滑的情况下，总计实现招生 930 人，较好地稳定了函授教育。二是从严管理，提高教学质量。按照省委党校、中央党校的教学管理的有关规定，结合各专业、班次、授课点多而且繁杂等诸多现实情况，合理细致地制订教学计划，科学选配教员授课，在优秀的中青年教师中选拔班主任管理班级。完成 04、05 级各专业 27 个班次、8 个授课点、1700 余人的授课任务，完成 06 级新生入学考试和新学年的教学工作。全年，成人教育各专业总授课达 6190 课时，接受中央党校、省委党校远程教学信号 150 多次。完成了中函、省函 2004 级本科各专业 700 名学员的论文收缴、装订、评审、答辩等工作。安排专人负责教学管理，坚持到课堂督导检查授课教师、班主任的工作情况和学员的听课状态及听课率，建立了教学管理考核记录，严格管理。三是从严要求，扭转考风考纪，建立以常务副校长为首，联合市委组织部、市监察局，以及其他校委成员和成教部工作人员的考务领导小组。在考务小组的领导下，全年完成 7 次大型考试，共计 4625 人次。在考务工作中，按照省委党校的有关规定，严格把关，各尽其责，较好地完成了全年的考务工作。

探索理论高端，科研工作不断提升水平　在抓好教学工作的同时，还十分注重科研工作，坚持以科研工作促进教学工作，以提升科研水平带动教学质量的提高。全年，科研工作取得了较大的成绩。一是围绕市委、市政府的中心工作，围绕盘锦的市情，围绕教学工作的实际需要，组织全体教研人员积极深入全市基层各部门、各行业进行理论调研 40 余人次，提交调研报告 28 篇。同时，上报市委政研室优秀调研成果 5 项。二是申报省委党校、省行政学院、省社会主义学院年度科研协作课题 8 项，年内全部结项，科研成果受到了上级科研部门的好评。三是完成四期《盘锦论坛》的编辑、出版、发行工作。发表各方面论文 150 余篇，对外交流到省内外党校和高校 30 多家，对内赠阅 130 多家市内有关部门。四是组织全体教师召开了关于社会主义荣辱观、社会主义新农村建设、党的十六届六中全会的理论研讨会 3 次，参加人员 120 余人次，在《盘锦日报》上发表了两篇关于树立"八荣八耻"的社会主义荣辱观和 3 篇纪念建党 85 周年的理论文章。同时，开设了关于党的十六届六中全会的理论专版。五是教师个人科研取得了一定的成绩。截止到 2006 年底，已发表省级以上论文 56 篇，市级论文 135 篇。六是科研档案管理与利用工作进一步规范化、制度化，档案资料齐全，门类清晰，科研成果、各类文件及时收集归档，分类保存，保证了科研各项档案的完整性、准确性和历史延续性，方便了对科研工作的管理和领导及有关部门的查阅。在 2006 年全市档案检查中，受到了市档案局的认可和表扬。

充分发挥党群组织作用，不断开创工作新局面　市委党校机关党委积极探索保持共产党员先进性的长效机制，注意抓好保持共产党员先进性教育活动的载体建设。对上年在党员中开展的"发挥模范作用，创建文明党校"的争创活动进行了认真总结。在纪念建党 85 周年之际，对评选出来的先进共产党员、优秀党务工作者和先进党支部、党小组进行了表彰，弘扬了正气，激发了广大党员和教职工学先进，争上游的热情。在开展争创市级文明单位的创建活动中，倡导党员在不同的工作岗位上，按照先进性教育活动中确定的党员岗位先进性的标准，做好每一项管理和服务工作，争当业务标兵，争做文明表率。通过活动，不断促进学校的各项工作上水平、上台阶，更好地完成市委、市政府交给的各项工作任务。在组织工作上，注意加强党的组织建设和党员队伍的管理。上半年按照党章的要求，对机关党支部进行了换届选举，实现了组成人员年龄结构的年轻化，增强了工作活力。注意加强对支部委员和党小组长的业务培训。对机关党组织的职责、支部委员职责、党小组长职责、党费收缴要求等内容，进行了讲解和明确，有效地保证了工作程序的规范性。注意做好发展党员工作。年内在严格标准、保证质量、严密程序的前提下，在一线教师和青年中发展党员 2 人，为党的机体注入了新鲜血液。同时，对 5 名预备党员按期进行了转正考核审批，又新确定了 4 名入党积极分子。对入党积极分子及非党人员进行了培训和教育，进行了党的基础知识、入党的基本程序、端正入党动机、树立正确的入党目的等教育。充分发挥机关工会、共青团、妇委会等群团组织的作用，通过多种途径和方式加强职工思想政治工作。积极引导广大工会会员认真学习党的路线、方针和政策，学习胡锦涛总书记关于“八荣八耻”的重要论述，努力营造统一思想、团结奋进的氛围。关心和维护党校教职工的利益，使教职工体会到党的关心和温暖。对团支部进行换届改选，使青年同志走上前台，进一步提升团组织的活力和凝聚力，加强对青年人的教育和培养。组织建立妇女工作委员会，组织参加了市妇联举办的维护妇女儿童权益知识竞赛，并取得较好的成绩。举办“妇女健康知识讲座”，为职工办理了“团体女性安康”保险。组织教职员工开展丰富多彩的文体活动，活跃教职员工的精神文化生活。

充分发挥行政后勤工作协调服务保障作用

为保证新教学楼在春季投入使用，在年初开始投入大量人力、物力和精力为新培训楼内部房间购置了电视、学员桌椅、床上用品、热水器等必要设施与备品，对电梯、空调、卫星信号等电器设施进行调试，安排服务员到兴隆宾馆进行为期一周的培训学习。新学期开始，狠抓了食堂管理工作，卫生标准提高，主副食周内不重样，继往年为学员送雨伞后，2006 年，食堂又开展了送病号餐和集体道歉制等新服务措施。这些送温暖措施的落实，使广大学员感到了党校的温暖，得到了学员的满意和好评。下半年，在雨季来临之前对教学楼、图书馆、报告厅进行了内墙粉刷；对各楼顶进行了防水处理，保证雨季不漏水；有针对性地对暖气管道设施进行重点维修，及时更换部件；对楼内门窗的破损及时维修，针对日常的跑、冒、滴、漏坚持及时检查、维修、处理，做到防患于未然。

社会科学

·党史编研与宣传·

切实搞好编研工作，编研水平进一步提高

(一)以编写出版《口述盘锦—历届领导访谈录》一书为重点，启动对口述史资料的编写工作。经市委批准(盘委[2006]6号)，市委党史研究室于2006年初启动了《口述盘锦——历届领导访谈录》一书的编写工作。该书设计编录盘锦建市以来，历届市委、市人大、市政府、市政协主要领导共计16位的访谈录暨口述史资料。经过近一年的努力，先后几次进北京、赴内蒙、到省城，行程万余公里，采访了曾经在盘锦工作过的白立忱、邓礼让、王占、王向民、曾维等12位领导，并已形成了15万余字的专访资料，待对后4位主要领导专访后出书。此项工作，标志着盘锦市党史工作在口述史研究上迈出了一步，开创了全省口述史资料编研工作的先河。(二)《中国共产党盘锦年鉴》(2006)卷如期出版发行。《中国共产党盘锦年鉴》全面翔实记录了2006年中共盘锦市委带领全市各级党组织和广大人民群众深入贯彻“三个代表”重要思想，全面推进党的建设和现代化建设事业的基本情况及新成果、新经验，为全市各级党组织和党员领导干部提供了可供随时借鉴的资料性教科书。该卷在总结前两卷成书经验的基础上，在栏目上做了相应调整，增加了地震气象、人民防空等栏目，使其内容更全面，也为编纂《中国共产党盘锦历史》第三卷打下了史料基础。(三)认真编制“十一五”党史工作规划，明确今后5年全市党史工作的指导思想和任务要求。“十一五”时期是盘锦市实施“十一五”规划，加快推进社会主义现代化建设进程的重要阶段，也是抓住辽宁老工业基地振兴和“五点一线”开发开放战略双重机遇，完成资源型城市可持续发展、建设社会主义新农村、构建和谐盘锦三大重点任务的关键时期，更是发挥党史资政育人作用的黄金时期。编制好党史工作“十一五”规划，对于今后5年全市的党史工作具有重要的指导作用。在编制规划过程中，得到了市委常委、秘书长宋文利的高度重视，他亲自把关，先后两次作出批示，使编制工作顺利完成，并以市委办公室文件印发。(四)加大《中共盘锦党史大事记》月刊编写力度，扩大发行范围。《中共盘锦党史大事记》月刊全面记载了各个月份全市政治、经济、文化等各个领域发生的大事、要事以及市领导同志的重要活动，为各级领导提供信息服务。《中共盘锦党史大事记》自2005年成功创刊以后，2006年加大了编写力度和发送范围，由2005年只发送市级领导，到2006年面向全市各县区委、市直各党组、党委发行，扩大了服务范围，提高了党史部门的社会影响面。全年，共编辑2006年度中共盘锦党史大事500条，共计6万余字。(五)《中国共产党盘锦历史》二卷编写工作已着手启动，编写大纲已初步形成。按照中央党史研究室和省委党史研究室的部署，市委党史研究室已着手二卷的编写工作，收集整理了专题资料30余万字，二卷编写大纲正在讨论之中。围绕二卷的编写工作，市委党史研究室对建国以来发生在本地区且在全国、全省产生重大影响的典型活动、事件和人物进行专题研究，为编写好二卷奠定了史料基础。（六）加强和推进社会主义新时期党史研究工作，进一步加大征集资料的力度。先后查阅复印了建市以来历届党代会、全委会、人代会、政协会的会议资料50余万字，并对资料进行了分类存档，为日后开展对社会主义新时期的党史研究工作和编辑出版《中国共产党盘锦历史》二卷打下了史料基础。（七）重要史料跟踪整理取得很大收获。全年重点对3个方面的资料做了收集整理：一是上级领导来盘视察的资料；二是市委重大活动的文字和图片资料；三是涉及全国、省、市的突发事件资料。全年，共收集、整理有重要价值的文字资料10余万字，照片30余幅。（八）配合省委党校张一波教授，开展了对九一八抗战史的研究。九一八事变爆发后，东北军陆军第7旅620团团长王铁汉（盘山县羊圈子镇才屯人），在北大营率军打响抗日战争第一枪。为了挖掘这一段历史，弘扬伟大的民族精神，市委党史研究室先后两次配合省委党校的有关专家及新闻媒体，到王铁汉的家乡盘山县羊圈子镇才屯村进行采访，获得了大量珍贵的资料及王铁汉的书信等。《华商晨报》、《盘锦日报》、《辽河石油报》、《辽沈晚报》先后报道了采访的全过程，并配发了王铁汉本人及其老宅的照片。

不断强化宣传教育工作，资政育人作用充分发挥　（一）为了充分发挥党史资料的资政育人作用，弘扬党的优良传统和作风，市委党史研究室继续开展了“千万不要忘记党的昨天”主题演讲活动。在原演讲稿的基础上，又增加了盘锦地方党史、党建等内容，使演讲内容更贴近实际，富有感染力。全年，在市职业技术学院、市直机关要求入党积极分子培训班上作党史报告2场，参加人数达2000余人，收到了良好的效果。（二）积极做好《党史纵横》、《先锋颂》等党史刊物、党史书籍的发行工作，提高党史成果的转化率，使其真正发挥资政育人的作用。（三）积极参加纪念建党85周年活动，组织全市党史工作者积极撰写理论文章，参加省委党史研究室组织开展的学术研讨活动，有多篇文章获奖，受到了省委党史研究室的好评。（四）加强了横向学习与交流。组织全室党史工作者先后到阜新、秦皇岛等地考察学习，交流工作成果，畅谈工作经验，起到了相互借鉴、相互提高的作用，而且也宣传了盘锦党史的工作成果。

积极完成中央党史研究室及省委党史研究室交办的各项工作任务　（一）认真完成中央党史研究室和省委党史研究室交办的关于抗战时期人口伤亡与财产损失情况调查专题调研活动。接到中央党史研究室和省委党史研究室下发的通知后，市委主管领导高度重视，立即做出批示，要求党史部门认真完成任务。市委党史研究室按照市领导批示精神，成立了以市委常委、秘书长宋文利为组长的领导小组，并聘请了两名有经验的老同志协助调研，室里派4名同志参加，形成了强大的阵容，并多次召开协调会，调动县区及乡镇认真完成任务。经过历时10个月的调研工作，通过查阅大量历史档案、历史文献，走访知情人等，较好地完成了调研工作，调研成果上报到省委党史研究室。（二）积极完成省委党史研究室交办的江泽民与辽宁有关资料的征集工作。向省委党史研究室报送了江泽民于1990年11月29日接见原市人大常委会主任刘振宧时的照片及刘振宧的回忆文章。在全省范围内宣传了盘锦。（三）完成了《中国共产党辽宁年鉴》的供稿工作。按照省委党史研究室《关于印发〈中国共产党辽宁年鉴〉编纂方案》的通知精神，向《中国共产党辽宁年鉴》报送中共盘锦市委大事25条，文字量达2万字。（四）圆满完成中央党史研究室副主任谷安林率中央党史研究室党务干部“以感受发展，明确责任”为主题的考察团来盘锦考察的接待工作。2006年4月18日，中央党史研究室副主任谷安林率中央党史研究室机关党务干部20余人在省委党史研究室主任王意恒的陪同下，到盘锦考察。市委领导高度重视，市委书记陈海波，市委常委、秘书长宋文利亲自陪同考察并向考察团成员介绍情况；市委副书记李素芳也接见了考察团成员。考察团先后参观了辽河油田采油树、鼎祥集团等，考察团对盘锦的发展给予了充分肯定，并对盘锦的党史工作提出了希望和要求。

强化政治理论学习,机关建设得到全面加强 (一)以巩固和扩大保持共产党员先进性教育活动成果,建立长效机制为契机,加强机关党的思想建设和组织建设。一年来,市委党史研究室始终坚持建设好班子,带出好队伍,提高干部队伍的整体理论水平和编研能力为重点,坚持学习制度,抓好全室同志的政治理论、党的路线方针政策和重要文件的学习,特别是重点安排学习了《党的若干历史问题的决议》。通过学习,教育全体干部职工坚定共产主义理想信念,坚定正确的政治方向,不断提高马列主义理论修养,推动了党史工作的开展。(二)继续深入开展"抓作风、比服务、争一流"主题教育活动,机关作风建设进一步加强。通过活动的开展,重点解决三个方面问题:一是解决工作作风不务实、乐于应酬、精神萎靡、效率不高、进取心不强的问题;二是解决目前一些干部职工存在的安于现状、不思进取,盲目乐观、心浮气躁、骄傲自满的问题;三是解决脱离群众,作风飘浮,搞形式主义的问题。建立和完善了五项制度:一是建立和完善了学习制度。规定每周三为政治理论和文化知识学习日,全年有计划按月定任务,并实行全体干部轮流主持学习。二是严格党的"三会一课"和组织生活制度。三是建立健全机关日常管理的各项规章制度,明确岗位责任制,并实行机关考核制、监督制以及月总结、季通报等措施,有力地规范了全室同志的行为,使各项工作井然有序,工作作风明显改进。四是为贯彻落实市政府五届四次会议精神,切实遵守三条工作纪律,制定了工作日中午禁酒的5条规定及3条处罚规定,并实行严格的监督检查。五是实行了目标管理责任制。把机关各项任务指标量化到各科室,各科室把目标分解落实到人,责任到人,有力地调动了大家的主观能动性。(三)积极开展各项有意义的活动,机关精神文明建设进一步加强。在3月5日学雷锋纪念日,组织团员青年带着慰问品,到高升镇敬老院慰问孤寡老人,奉献爱心。认真开展"联乡包扶"等扶贫活动。多次深入高升镇钱家村,帮助村里研究发展思路,并积极组织帮扶捐款。在全市开展的"送温暖、献爱心"捐款活动中,全体干部职工捐款1300元。全年累计捐款2300余元。(四)以开展"四型机关"创建活动为载体,努力争创市级文明单位。一是创建学习型机关。市委党史研究室始终把学习放在首位,不断汲取知识营养,优化知识结构,进一步解决知识贫乏、本领恐慌等问题。二是创建研究型机关。在全体机关干部中倡导建设研究型队伍,要求每名干部都会研究,能够撰写出理论文章,培养专业人才。三是创建节约型机关。制定了5项节约措施,并以文件形式印发到每个科室,日常加强对落实情况的督促检查,有效推动了节约型机关建设。四是创建创新型机关。工作中拓宽思路,转变工作重点,在抓研究的同时,抓好党史资料的利用、开发,组织党史报告团,深入机关、企业、学校进行宣传,党史资料资政育人作用得到充分发挥。通过"四型机关"创建活动的开展,机关精神文明、政治文明建设得到加强,各项工作取得可喜成绩,被市委、市政府命名为文明机关。

· 档 案 管 理 ·

基本概况 2006年,全市档案行政管理部门5个(盘锦市档案局、盘山县档案局、大洼县档案局、兴隆台区档案局、双台子区档案局),档案馆6个,其中,综合档案馆5个(盘锦市档案馆、盘山县档案馆、大洼县档案馆、兴隆台区档案馆、双台子区档案馆),专业档案馆1个(盘锦市城建档案馆)。档案馆共有库房面积6156m²,专职档案工作人员76人,保管档案全宗268个,馆藏档案总量136483卷,馆藏声像档案15892盘(张),底图1297张,电子档案162盘,档案资料13204册,现代化设备72台(架)。市、县、区直机关、团体、企事业单位现有档案人员426人,其中,专职297人,兼职129人。保管档案全宗357个,室藏档案总量562814卷,保管声像档案49458盘(张)、底图48454张,档案资料79204册。

档案基础业务建设得到加强　2006年，市档案局积极开展对各类重点项目的跟踪指导。一是对华锦集团的合成氨尿素装置节能增产改造项目、辽河富腾热电有限公司二期电网扩建工程项目、中润化工国债项目档案工作实行及时指导。对盘锦市棚户区改造工程项目档案工作及前期调研和建档工作进行了组织协调。同时，较好地完成了村村通油路项目档案指导工作。二是积极推动农业、农村档案工作。制定了《为“三农”档案工作服务的方案》、《盘锦市村级档案管理办法》(试行)，印制《农业农村档案管理汇编》400册，发放到各乡(镇)村。6月份，利用半个月时间对全市15家乡镇机关13家行政村档案管理情况进行调研指导，形成了《关于盘锦市农业农村档案工作情况的调研报告》。较好地完成了二轮土地承包档案进县区档案馆工作，此项工作被省局考核为优秀。

积极推进新的经济领域档案工作　修改、制定了《盘锦市民营企业档案管理办法》、《盘锦市开发区档案管理办法》，在盘锦富祥酒店、光合水产有限公司、盘锦恒昌隆药业有限公司等5家民营企业开展了规范建档工作。网通盘锦分公司以规范的档案业务基础、良好的档案管理环境通过了AA认定。银行、保险、电业、邮政等部门相继建立了信用档案。

机关档案工作稳步发展　充实制定了2006年机关文件材料归档范围及标准，贯彻《机关档案工作评定办法》，使市委和人大机关档案工作率先在全省党委系统、人大机关完成新标准的省特、省一级标准的评定。指导建立旅游、“创卫”、第三批先进性教育专项档案，为全市创建全国优秀旅游城市和全国卫生示范城市、保持共产党员先进性教育活动做好服务。

社会保障系统档案工作再上新台阶　2006年，全市劳动保险、职工保险、医疗保险、再就业、技术鉴定等工作都建立了系统规范的档案工作基础。市直通过省级认定达100%，其中，机关事业单位保险中心率先在全省机关事业保险系统进入省特级。社区档案成果得到巩固。会同市民政局下发《社区档案工作规范化管理等级考核标准》，将档案管理相关规定列入全市社区考核内容之中。全市社区规范建档率达100%，社区档案为社区发展和建设提供了有效服务。对县区的4个婚姻登记处11个婚姻登记站婚姻档案管理情况进行调研，为下一步全面实施《婚姻档案管理办法》奠定了基础。

认真抓好档案管理法制建设工作　2006年，《盘锦市档案管理办法》经市政府五届十八次常务会讨论通过。经市政府批准，市发改委、市档案局联合印发了《盘锦市档案事业发展“十一五”规划》。落实并完善了《盘锦市档案局行政执法责任制》。会同相关部门制定和修订3部档案业务规章制度。积极开展多形式的档案法规宣传。档案培训教育列入市委党校培训内容，接受培训80多人次，发放《档案法》普法学习手册100份。9月份，开展《档案法》宣传月活动。圆满承办了《辽宁省档案馆馆藏档案珍品巡回展览》盘锦展区展览，接待各界参观人士3000余人。依法实行档案工作监督检查。5月初到6月底，对全市90家机关、48家事业单位、30家企业单位的2005年度归档文件整理工作实行检查、复查，年度验收合格率达93%。9月下旬，对县区档案馆库建设及档案执法工作进行专项检查。

档案馆(室)功能建设得到加强　2006年，市档案馆库房改扩建项目正式立项。主体由原4层增为6层，增加建筑面积约1200平方米，前期计划投入专项建设资金100万元。市档案馆基础业务工作得到加强。接收晚清、民国、抗战时期、农垦、知青等档案资料3万余页，光盘66盘，家谱档案4部，征集国家级非物质文化遗产——《渔雁文化》档案1项，其它比较重要的资料70余卷(册)。《新编档案基础工作导读》一书30万字，经《人民日报》出版社正式出版，公开发行2000册。《盘锦档案通览》已完成90余万字的初稿。组织开发利用档案信息资源创效益活动，申报开发奖项目108项，创造了良好的社会效益和经济效益。对盘锦档案信息网进行了新的充实和修改，市档案馆全年共完成17个全宗、6693卷10余万条文件目录。机关、企事业单位全宗数据库建设打下了良好的基础。深化档案利用,切实为广大人民群众服务。建立现行文件数据库。对1167份法规政策性文件进行全息存储,并与辽宁省现行文件数据库进行链接。共接待查阅现行文件者240余人,查阅文件760份,查档利用人员430人次,提供利用档案3300余卷。

加强干部队伍建设　4月6日,市档案局举办了全市第5期档案岗位培训班,共招生280余人,240人结业。开展了档案继续教育班,授课16学时,92人结业。开展了不同形式的调研与实践。写出调研报告4篇。确立了《劳动和社会保障系统档案管理与探析》、《民营企业档案管理与实践》等研究课题,被评为辽宁省档案科研优秀成果一、二等奖,1篇调研报告被评为中共盘锦市委2004——2005年度优秀调研成果。14项工作成果及论文被评为盘锦市社会科学优秀成果奖。市档案局被评为2005年度辽宁省精神文明单位。在全市和谐社区创建工作中被评为"一对一"帮扶社区建设工作先进单位。业务指导一科被评为市级"青年文明号"。市档案学会被评为2004——2005年度全国大中城市社科联系统先进学会。

· 地方志工作 ·

学习贯彻《地方志工作条例》　2006年5月18日,温家宝总理签署国务院第467号令,正式公布并施行《地方志工作条例》。《地方志工作条例》的制定和颁布,标志着中国的地方志工作开始纳入了法制化轨道,是地方志发展史上具有里程碑意义的大事。《条例》是依法开展地方志工作的纲领性文件。《条例》实施后,市志办组织全市地方志系统进行认真学习,通过召开座谈会、举办讲座等形式,深化对《条例》内容的理解,并在此基础上查找全市地方志工作存在的差距,依法规范工作行为,使依法修志意识变成自觉的行动。为加强对《条例》的宣传,扩大社会影响,市志办全办人员在"世纪广场"举办宣传活动,悬挂条幅,架彩虹门,并携带志书向过往市民宣传《条例》精神,向社会推介盘锦地情知识,解答市民提出的有关地情问题,为市民提供地情咨询服务。

续修志准备工作　做好第二轮修志的各项准备工作。年内,制定了《盘锦市第二轮修志工作方案》,修订《盘锦市地方志编修行文规范》。在省志办审评基础上,对《盘锦市续修志篇目》进行了多次研讨和修改,使其更为科学,更具可操作性,更加突出盘锦地域特色和时代特征。

宣传地情知识,开发利用志书资源　2006年,以"知我盘锦、热爱家乡"为切入点,在《辽河时报》上发表了《盘锦交通小史》、《盘锦少数民族风俗》、《盘锦的芦苇》、《盘锦颂歌》等文章。在《盘锦日报》上发表了介绍李龙石的文章及《盘锦的旧志书》等文章。与盘锦电视台"海韵河风"栏目组合作,录制了介绍盘锦地情的专题片。指派掌握盘锦地情的人员,全力配合市委宣传部组织的央视《走遍中国》栏目——走进盘锦节目的调研、策划与史实敲定工作。积极为社会各界提供地情知识服务,共接待市劳动局、体育局、精神文明办、利是米业等单位及外地到盘锦投资人员查阅地情资料10余次,接待来电来访20余次,尤其是对计划入驻盘锦市的盘锦兴业传媒公司、辽宁北方农牧业高科技有限公司等提供全方位的地情咨询服务,受到被服务对象的赞许。

《盘锦年鉴》总第14卷出版发行　多渠道、多方面提高年鉴质量。调整2006卷年鉴的主体框架和内容,对因机构改革等情况变化的乡镇企业局、商业银行等方面内容的设置进行撤并,增加了安全生产监督管理局、银监局、国资委、农村信用联社等单位内容。增减征集资料单位11家。对防控禽流感等大事、要事及丛飞事迹等设置专题条目进行记述。加大支持民营企业的宣传力度,在2006卷年鉴的宣传彩版中,增加民营企业的版面,涉及企业21家,增加版面13版。完善年鉴资料提供网络,保证年鉴质量。年内,年鉴资料提供单位已发展到179家。全面采用网络手段进行资料收集,并实现编辑无纸化办公,已形成快捷、准确、节俭的一条龙编辑体系。加强业务交流,与43家市地级城市年鉴编纂单位建立起交流协作关系,并分别与大庆、东营、克拉玛依等石油城市及部分中等城市建立相关资料的互换关系。10月份，派出人员参加第十一次全国城市年鉴研讨会，会上介绍、交流了《盘锦年鉴》的编纂经验，并受到与会者的较高评价。

学习培训、指导修志　加强业务学习，注重基层培训指导。市志办利用集体学习时间，组织编纂人员学习《人民日报》发表的“构筑中华文化浩荡根谱”、“盛世修志，传承文明”和《中国地方志》刊登的“方志大事记如何定位”等理论专业知识。通过开展业务学习，提高干部职工特别是青年编纂人员的业务水平，为今后进一步做好志书编纂工作打下了坚实基础。组织、指导、督促和检查县区的地方志工作，是市志办的一项重要职责。为指导县区做好下一轮志书编纂工作，3月21—22日，举办了县区续修志培训班，由市志办专业人员对县区志办编纂人员讲授续修志书的指导思想、原则、体例和语言特点，资料收集和整理，行文规范及志稿中常见的问题等方志编纂基础知识。协调省地方志办公室主任为辽河石油勘探局作修志理论专题讲座，受到该局修志工作者的好评。

积极开展机关文明创建活动，加强队伍思想建设　市志办坚持每周三下午组织全办人员集中进行政治学习，学习邓小平理论和“三个代表”重要思想，学习社会主义科学发展观理论及建设和谐社会理论，学习国家和省、市重要会议精神。积极参加市委、市政府在市直机关开展的“抓作风、比服务、争一流”和“统一认识，加快发展，构建和谐盘锦”主题教育活动。党组召开3次座谈会，制定工作方案，并在科室中进行认真检查评比。深入开展社会主义荣辱观教育，特别是把这一教育与加强队伍思想建设、学习贯彻党章紧密结合起来，并列为中心组学习和支部组织生活的重要内容。通过多次座谈讨论，对全体党员进行思想教育。坚持对干部职工进行时事政治教育。年内，有1名同志被评为辽宁省地方志工作先进个人。

群团新绩

·市总工会·

职工群众经济技术创新活动取得了新成果 2006年，市总工会围绕全市“十一五”时期的“三大重点任务”，在全市开展了职工群众经济技术创新活动。一年来，全市职工通过提合理化建议、技术攻关、技术创新等共创造经济价值13429万元，比上年增加8.7%。会同有关部门评审和申报技术创新成果61项，其中，有14项受到省总工会表彰。举办了车、钳、铣、焊4个工种技能竞赛，选拔16名选手参加省总工会组织的大赛。举办了“蟹王争霸赛”，推进了全市“养大蟹、大养蟹”战略的实施。全市职工技术培训99801人次，“五型班组”达到698个。开展了安全生产月活动，举办了第六期工会劳动保护培训班，参与了两起安全事故的调查处理工作，发挥了劳动安全生产群众监督作用。开展了“创建学习型组织、争做知识型职工”、“知荣辱、树新风、当主人”、“职业道德双十佳评选”等活动，提高了职工道德素质。协助市政府评选了21名省级劳动模范、145名市级劳动模范，宣传和弘扬了劳模精神。

基层工会组织建设得到加强 市总工会站在巩固党的阶级基础，扩大党的群众基础的高度，狠抓基层工会组织建设。全年，在集贸市场、餐饮业、建筑业、出租车行业等非公有制企业新建工会71家，发展会员18283名，其中，农民工会员2904名。在外企新建工会23家，新增会员881人，外企工会覆盖面达到91%。加强了县区工会标准化建设工作，提升了县区工会工作整体水平。全市工会会员实行了实名制管理。开展了建家达标升级工作，3家单位获得了省级模范职工之家称号。

工会维权工作取得了新成效 2006年，市总工会在全市企事业单位开展了“双合同月”活动，在合同签订、履行、兑现等环节上维护职工的合法权益。全年，全市签订劳动合同职工为186471人。签订集体合同的企事业单位371户，集体合同覆盖职工76330人。召开劳动关系三方协调会议4次，对十几家企业改制中出现的劳动经济利益问题进行协商。有540家企业建立了劳动争议调解委员会和劳动法律监督委员会，及时调解基层矛盾。市总工会参与劳动仲裁20起，结案率达100%。与有关部门对818户外资、私营企业进行了劳动保障法律法规执法检查。会同有关部门清理拖欠农民工工资228万元。全年，市总工会共接待职工上访235案次，结案率为90%。有333户企事业单位实行了厂务公开民主管理制度，加强了职代会标准化建设。开展了评选尊重职工民主权利优秀厂长(经理)活动，进一步促进了职工的参与权、知情权、监督权、审议权的落实，切实维护了职工民主政治权益。

困难职工帮扶救助工作取得了新突破 2006年，市总工会帮扶救助工作纳入了市政府的救助体系，起到了“拾遗补缺、救急解难”的作用。“两节”期间，走访慰问特困职工4420户，发放慰问金121万元。为601户特困职工和23名建国前老职工发放供暖补贴35万元。为120名困难职工子女上大学发放助学资金23万元。与健舒大药房联手成立特困职工扶贫药店，为243名因病致贫职工发放5万余元购药券，为856户大病困难职工家庭发放专项救助资金28.68万元。开展了“改善农民工生产生活条件，国庆中秋送亲情”等活动，发放慰问金、慰问品合计4.8万元。“两节”期间，为56名农民工发放返乡路费2.8万元。为137家棚改回迁低保户发放救助金41.1万元。加强了市县区困难职工帮扶中心建设。市总工会帮扶中心接待职工1576人次，为困难职工发放救助金43万元，发放物品价值1.5万元。全年，安置就业人员8217人，培训下岗职工1360人，扶持创业带头人40人。

机关党的建设得到了新加强　市总工会从加强机关党的自身建设入手，不断提高工作能力，切实为职工和基层工会服务。一是加强了学习和培训工作。组织市总工会党员认真学习党的科学发展观和党的十六届六中全会精神，学习工会理论和省委工会工作会议精神，结合实际，开展讨论，加强对新时期工会工作的认识，增强了做好工会工作的责任感和使命感。同时，聘请中国劳动关系学院教授对工会干部进行中国特色社会主义工会发展道路的理论培训，提高自身的理论水平和工作能力。二是转变作风，深入基层，分别对农民工维权、企业工会工作、国企改制等情况进行调研。深入社区、家庭，对4586户困难职工进行走访慰问，弄清了致贫原因，实行了分类救助。针对十几户困难企业工会弱化问题，采取措施，解决困难，使其重新发挥了应有作用。三是强化了经费审计监督工作，实行了经费地税代缴，实现拨缴经费收入600万元，创历史新高。

· 团 市 委 ·

以理想信念教育为核心，扎实推进青少年思想政治工作　一是用实效载体推动全市青少年社会主义核心价值观的建立。组织全市各界70余名青少年代表召开了以“知荣辱、新青年、领新风”为主题的社会主义荣辱观座谈会，推出了实效的工作载体，表达了全市青少年践行社会主义荣辱观的信心和决心。举办了4期以“我与祖国共奋进，我的事业在盘锦”为主题的“青春公益大讲堂”系列活动，有近2000余名团员青年参与到此项活动中，活动已逐渐成为全市青少年思想道德建设的一个新品牌。二是扎实推进全市未成年人思想道德建设。实施了“盘锦小雷锋行动”主题实践活动，引导未成年人争当学习雷锋的标兵、争当弘扬雷锋精神的表率、争当实践雷锋精神的楷模，把雷锋服务他人、奉献社会的精神发扬光大。举办了城乡少年手拉手结对仪式，来自城乡10所小学的1500余名小学生结成了互帮互助手拉手对子。开展了以“和谐生活，快乐成长”为主题的系列活动，共推荐节能金点子2000余个，“三有三为”童谣1500多首，八荣八耻漫画560余张，引导广大中小学生养成崇尚节俭、明辨荣辱的行为习惯，收到了良好的教育效果。三是巩固和加强了青少年校外活动阵地建设。市青少年宫在青少年校外教育的主体作用得到了有效发挥。目前，开设了舞蹈、书画、声乐等6大类18个专业培训课程，年培训约1800人次，各专业技能培训班累计培训学员已达1.2万余名。为全市200余名困难群体未成年人子女免费开办英语专业培训班。举办了有2000余名少年儿童、727个作品参加的盘锦市第四届少儿才艺大赛，促进了全市少年儿童综合素质的提高。四是推进了增强共青团员意识主题教育活动。加强了团员的自身建设，提高了团员的吸引力、凝结力和战斗力，巩固和扩大了团的青年群众基础。

以“青年文明号”活动为载体，积极打造诚信盘锦　全年，团市委开展了“辽宁省青年文明号统一行动日”活动、青年文明号节约示范行动和青年文明号信用建设示范行动，建立了青年文明号扶贫帮困活动长效机制等措施，深化了信用建设示范行动，在全市信用体系建设中有效发挥了引导示范作用，展现了青年文明号形象，推动了构建和谐盘锦建设。全年，有26家单位被评为市“青年文明号”集体，10名青年被授予“杰出青年岗位能手”称号，有25名青年被授予“优秀青年岗位能手”称号,有3名青年被推荐参评辽宁省青年岗位能手。

以“希望工程”、青年志愿者行动为载体,积极打造爱心盘锦　团市委拓展了希望工程工作的品牌优势,通过“爱心助学仪式”、“关爱贫困学生行动”、“爱心大篷车进校园”等主题活动,全年,共募集资金104.8万元,结对救助795名贫困中小学生、88名大学生,为2764名贫困学生捐赠了价值14.2万余元的物品,新修建了双井子希望小学。在青年志愿者行动中,以“争做志愿者,建设新农村”为主题,开展了盘锦市医疗志愿者服务队赴农村义诊活动,为全市700余名农民免费提供了服务,发放了3.2万余元药品,受到了农民的热烈欢迎。以“当好志愿者,青春献六工”为主题,招募和培训了50名青年志愿者,为在盘锦市举办的全国第六届工笔画大展提供了会务服务,提升了志愿服务的品牌知名度。全年,全市共招募各类志愿者近5000人,建立了近200支青年志愿者服务队,有力地促进了和谐盘锦建设。

以青少年维权行动为载体,积极打造平安盘锦　2006年,市青少年教育办公室(市预防青少年违法犯罪领导小组办公室、市未成年人保护委员会办公室)初步完成了“12355”盘锦市青少年公共服务热线的前期准备工作,积极履行青少年教育、未成年人保护和预防青少年违法犯罪的职能,努力维护了全市青少年的合法权益。开展了家长学校示范点创建工作,选取了10个示范点,聘请了13位社会知名人士组成了讲师团,开通了盘锦市网上家长学校,初步形成了促进青少年家庭教育的模式和机制。开展了有全市各中学1200余名青少年代表参与的少年模拟法庭活动,起到了较好的普法教育效果,促进了平安盘锦建设。

以“关爱老前辈”活动为载体,积极打造温馨盘锦　2006年,团市委开展了“关爱老前辈,助耕献真情”、“关爱老前辈,心系红领巾”手拉手结对互助等活动,使老前辈们感到温暖和幸福,广大青少年也得到了教育和熏陶。元旦、春节期间,在全团广泛开展了“真情暖万家,青春促和谐”共青团扶贫帮困活动,共开展活动80余次,走访慰问困难群众500余人次,送出慰问钱物价值10万余元,切实帮助弱势青年和困难群众解决了生活中的实际困难。全年,全市各级团组织共有1.3万余人参加关爱老前辈活动,共走访慰问老人950余次,看望孤寡老人2600多人,赠送款物总计20万余元。通过诸多活动的开展,在全市各级团组织中已经形成了“人人关心老前辈,人人爱护老前辈,人人帮助老前辈”的良好氛围。

以“保护母亲河行动”为载体,积极打造绿色盘锦　以3月5日学雷锋日为契机,以3月9日“保护母亲河日”为重点,组织广大团员青年开展了以“建设绿色家园”为主题的清除白色垃圾和小广告的美化环境活动。为纪念全民义务植树25周年,团市委组织全市1000余名团员青年在螃蟹沟北岸开展了以保护母亲河活动为载体的2006年植树造林活动,共栽种旱柳1万余株,营建了盘锦市第6片青年林。4月份,以绿化村屯、美化家园为重点,以青年志愿者、青年绿色突击队、植绿护绿小分队为组织形式,开展了“青春装点新农村”义务植树活动,在培养青少年植绿护绿意识和社会责任感的同时,带动了更多的村民投身到村屯绿化美化活动中来。全年,全市各地组织近10万名青少年参与了春季植绿护绿活动,全市建设各级青年林3个,植树3万余株。

推进“青年创业行动”,服务盘锦资源型城市可持续发展　2006年,团市委落实市委、市政府全民创业会议精神,召开了盘锦市青年创业大会。据统计,受表彰的10名青年创业典型共提供就业岗位3000余个,已安置下岗失业人员300余人。组织开展了“创业青年与市长面对面”、“创业青年与创业名家面对面”等活动,有效指导和服务了青年就业创业,增强了青年的创业信心和热情。举办了两期SYB(创办你的企业)青年创业者培训班,培训学员170人。举办了一期城乡困难家庭子女订单式高技能免费培训班,培训学员近300人。全年,实现培训城镇青年790人,帮助城镇青年实名制就业1300人,在全市青年中叫响了“免费就业创业培训请找团市委”的工作口号。

实施青年人才攀登计划，为资源型城市可持续发展培养青年人才大军 举行了纪念“五四”运动87周年群英表彰暨青年创业大会，表彰了盘锦“五四”青年群英、盘锦青年创业行动先进集体和个人。团市委推荐的许晓军、李海生、李维龙、柏明玉等4名青年分别荣获辽宁省“五四”青年奖章、十大杰出青年、十大杰出青年企业家、十大杰出青年农民等荣誉称号。实施“青工技能振兴计划”硕果初成。团市委选拔、推荐的彭庆彤、李伟分别荣获省十大杰出青年技术工人荣誉称号和辽宁职工技术竞赛暨第二届“振兴杯”青年职工技能大赛第一名的好成绩。成功举办了“第七届盘锦十大杰出青年”评选活动，推动了全市青年人才队伍的建设，树立了时代楷模，辐射带动了全市广大青年勤奋学习、奋发成才。

实施“青春建功新农村行动”，服务全市新农村建设 开展了“城乡互动”农村青年转移就业促进计划和实用技能等各类培训，累计培训农村剩余劳动力400余人，帮助700余人实现转移就业。开展了“共青示范村”建设行动，选择10个村开展了科技致富、生态环保、文明诚信等示范创建工作，助推了全市社会主义新农村建设。评选表彰了“盘锦十大农村青年经纪人”、“盘锦十大外出务工有为青年”，为广大农村青年树立了致富增收的榜样。整合资源为农村青年中心送去了8台电脑和价值2万元的图书，服务了农村青年学习需求，丰富了农村青年的文化生活。春耕期间，开展了“助耕献真情”系列活动，组织团员青年4000余人，成立支农助耕服务队100余支，完成插秧2000余亩，促进了全市农村生产发展和乡风文明。

加强团干部队伍建设 举办了优秀团干部素质拓展训练，以活动和会议等方式组织团干部进行了多次集中学习。团市委机关开展了“火红的青春献给党”——纪念建党85周年主题演讲比赛、“走出去观摩，请进来学艺”、“读书共享会”等活动。开展了为期3个月的“到实践中去、到青年中去”主题调研活动，共成立了30多个调研小组，评选出22篇优秀调研文章并编辑成册，增强了团干部的调查研究能力，强化了求真务实的工作作风。团市委机关在市委的关怀下，有2名班子成员和4名中层干部走上新的工作岗位。联合市委组织部下发了《关于定期选派团干部进行双向挂职锻炼的意见》，团市委机关6名同志被选派到县区和市直部门挂职锻炼，基层3名优秀团干部被选派到团市委机关挂职锻炼。

加强了全市团建工作 按照“党建带团建”的要求，重点抓了全市非公组织的团建工作。全年，非公组织新建团组织20家，其中，规模以上企业7家，市本级示范成立了1家农村青年中心。实施了少先队辅导员素质提升计划，全面提高了辅导员队伍的综合素质。组织推荐了18名委员参加了省青联、青企协换届大会，青联、青企协工作有序开展。

加强团组织制度建设和信息化建设 制定了《工作制度汇编》，出台了《直属团组织工作考核办法》、《团市委机关各部室、基层团组织信息报送制度》、《机关学习制度》等涉及决策与建设、运行与管理、督促与保障各方面29项制度，促进了团市委工作、学习良好氛围的形成，使各项工作的开展逐步实现了科学化、规范化、制度化。在信息化建设中，于3月份建立了盘锦共青团网站，并于11月份开通了盘锦市网上家长学校网站，建立了盘锦青年博客圈。截止到2006年底，共青团网站点击数量累计达89717次，日平均访问量242次。网站已经成为团市委各项工作的好帮手、新纽带、新平台，实现了团旗在互联网上的飘扬。

· 市妇联 ·

积极开展创建学习型机关活动 2006年，市妇联以党的十六大精神和“三个代表”重要思想为指导，创新活动载体，结合妇联工作实际，努力创建学习型机关。除定期组织机关干部学习外，还开展了《妇女权益保障法》知识问答、计算机大赛、公文写作等活动，激发全体干部的学习热情，促进干部素质提高。

召开四届五次执委会议 1月23日,市妇联召开四届五次执委会。会议回顾总结了2005年妇联工作,部署了2006年妇联工作。市委副书记张久富出席会议并讲话。会议审议通过了妇联工作报告,同时增补了市妇联执委、常委。会议指出,2006年,市妇联将深入学习贯彻党的十六届五中全会精神,坚持用科学发展观统领妇联工作;以提高妇女的综合素质为目标,团结带领妇女为推动城乡统筹发展建功立业;以创建“和谐家庭”工作为重点,带动妇女为构建和谐盘锦做贡献;以“法制宣传年”为契机,切实维护妇女儿童合法权益;以能力建设为中心,不断增强妇联组织自身创新发展能力。张久富在会上指出,要充分认识妇女工作的重要性,增强责任感和光荣感。坚持围绕中心、把握重点,努力在盘锦“十一五”发展中做出新的贡献。切实加强妇联组织的自身建设,进一步提高做好妇联工作的整体水平;切实加强对妇女工作的领导,推动全社会形成尊重和保护妇女、关心和支持妇女工作的良好局面。

开展杰出女性走进直播间活动 为纪念“三八”国际劳动妇女节96周年,2月22日,市妇联开展杰出女性走进直播间活动。来自市中心血站、市中心客运站、市12315举报中心、市统计局等各行各业的杰出女性相继走进直播间,以“女性与和谐社会”为主题和全市的女性朋友进行沟通和交流,共同探讨盘锦广大妇女如何在实现“十一五”规划、建设社会主义新农村、打造和谐盘锦的伟大实践中贡献自己的力量。

开展纪念“三八”国际劳动妇女节96周年系列活动 在“三八”节期间,市妇联开展了多种形式的纪念活动,纪念“三八”国际劳动妇女节96周年。通过召开纪念“三八”妇女节大会、大型文艺演出、“十五”期间妇女成果展和《妇女权益保障法》宣传周等系列活动,激励全市广大妇女全面投入“十一五”建设的伟大实践。一如既往地竭诚为广大妇女姐妹服务,扎实、深入开展妇女工作,充分发挥妇联组织联系党和妇女群众的桥梁纽带作用,为妇女增收致富搭建更为广阔的平台,为妇女事业发展提供了更为广阔的舞台。

召开全市维权工作会议 3月20日,市妇联召开全市维权工作会议,总结一年来维权工作,对下一步工作进行精心部署,周密安排,启动法制宣传年活动。完善了六大社会维权体系,畅通信访维权渠道。健全社区维权工作站、四级信访窗口、咨询热线和法律顾问;充分发挥妇女儿童庇救中心、148法律援救中心、110家庭暴力报警中心、家庭暴力法医鉴定中心的作用。确立了2006年为妇联系统法制宣传年。印发《妇女权益保障法》宣传册子、发放宣传单2万多份,出宣传板300多块,增强了广大妇女学法、懂法、守法的意识,使全社会都来关心妇女的发展,共同促进和谐盘锦建设,为实施《妇女权益保障法》营造了良好的社会环境。

举办女干部培训班 为进一步提高乡镇女干部素质和执政能力,加大社会主义新农村建设力度,市妇联联合市委党校于4月11日举办为期4天的全市乡镇级女干部、正副女村长(书记)培训班,市委副书记张久富、市委组织部常务副部长敖连和等领导参加了开班典礼。在开班典礼上,市妇联主席徐玉敏做动员讲话。市委副书记张久富做重要讲话,他要求广大女干部提高认识,增强建设社会主义新农村的责任感和紧迫感。提高素质,在新农村建设中展现新女性风采;明确目的,切实保证学习、培训的良好效果。培训期间,召开了女干部座谈会。代市长陈淑珍、市妇联主席徐玉敏、市委党校校长张剑及全体学员参加了座谈。会上,工作在基层农村的广大女干部结合农村工作的实际,就建设社会主义新农村的看法、体会、存在的实际问题和行之有效的新举措进行了广泛的交流和深入的探讨,对农村亟待解决的增收致富、教育、卫生、乡风建设、女干部参政议政及民主管理等问题提出了自己的见解。

市妇儿工委迎接省《两纲》中期监测评估小组检查 5月9日,省《两纲》中期监测评估小组来盘检查,市妇儿工委将盘锦市《两纲》实施5年来各项工作和具体情况向检查组作了汇报,并提供了5年间大量翔实的数据和文字资料,省检查组先后到双台子区和大洼县进行检查。省检查组对盘锦市妇儿工委在《两纲》实施过程中的监测工作给予充分肯定，对盘锦市妇女儿童事业发展给予高度评价，并对省检《两纲》实施中存在的问题给予了指导。

召开欢庆“母亲节”座谈暨表彰会 5月12日，市妇联组织召开欢庆“母亲节”座谈暨表彰会。参加本次会议的有市委副书记张久富，市委副秘书长史伟和受表彰的“十佳母亲”、“优秀母亲”以及市直妇委会主任，县区妇联主席。会上表彰了“十佳母亲”、“优秀母亲”。与会母亲代表交流了培养教育子女的心得，使与会人员深受感动、受益匪浅。会上，张久富作了重要讲话，对母亲在盘锦社会发展和经济建设中起到的重要作用给予高度评价，并号召全市母亲向受表彰的杰出母亲学习，注重学习，争做学习型母亲；追求高尚，做新时代母亲；立足本职，自强不息，争做创业型母亲。

举办《妇女权益保障法》知识竞赛 5月25日，市妇联联合中保人寿盘锦分公司举办了中保人寿杯“妇女权益保障法”知识竞赛暨“团体女性安康保险”启动仪式。市领导张久富、马淑清、王金出席活动，来自市直和两县、两区的15个代表队参加了竞赛，市国税局代表队荣获第一名。此次知识竞赛有力地推动了《妇女权益保障法》在全民中的宣传和普及。

开展纪念建党85周年系列活动 6月28日，为纪念中国共产党建党85周年，巩固保持共产党员先进性教育活动成果，加强对党员的思想政治教育，市妇联党支部开展了组织党员上一次党课、召开机关党员座谈会、开展一次走访慰问老党员、为贫困妇女捐赠献爱心、学习树立表彰一名见义勇为的好党员、组织机关党员参观一次爱国主义教育基地学习受教育、结合“八荣八耻荣”辱观教育开展一次岗位奉献论谈会和结合创建卫生城市开展一次党员劳动奉献日为内容的“八个一”活动。活动中走访慰问了优秀女共产党员——盘锦市景园花卉董事长李景珍，李景珍也通过讲述自己的先进事迹给机关党员上了一堂生动的党课。

市妇联举办“三进三送”活动启动仪式 7月14日，市妇联在大洼县田家镇田家村举办了盘锦市“三进三送”（进社区、进村庄、进家庭，送科技、送法律、送医疗）活动启动仪式。来自全市县区妇联主席、乡镇（街）村妇联干部和部分妇女代表300余人参加了启动仪式。省妇联主席史桂茹、省妇联城乡发展部部长李红莉、市委副书记张久富、市人大常委会副主任马淑清、市委副秘书长史伟、大洼县委书记高科等领导参加了启动仪式。启动仪式上，市妇联主席徐玉敏致辞，副主席李晓秋宣读了活动方案，县区妇联主席代表和女科技带头人代表发了言。省、市领导为妇女代表赠送科技、医疗图书1000册，普法宣传单4000张。法律咨询、科技、医疗三支志愿者队伍现场为广大妇女服务。张久富代表市委发表讲话。

市妇联大做“家”文章 市妇联在文明家庭创建活动中，紧紧围绕“家”字做文章，借助基层妇联组织网络、新闻媒体、标语、板报、宣传专栏等形式，打造创建文明家庭的宏大声势，营造家家是和谐之家、人人是文明之人的良好氛围。妇联组织以“四治”（治脏、治懒、治愚、治贫）为载体，通过报告会、演讲会、成果展示会等活动，把读书与社会主义荣辱观教育结合起来，把读书与立足本职、岗位成才结合起来，把读书与家庭文化活动结合起来，使文明家庭创建活动真正落实在老百姓的学习、工作和生活中。本着载体牵动、优势品牌、打造精品的思路，在深入细致和调查上下真工夫。采取以点带面的方法，使文明家庭呈现放射状发展。

以家庭教育指导中心为依托，全力推进家庭教育工作 为加强家庭在少年儿童成长过程中的作用，市妇联以家庭教育指导中心为依托，全力推进家庭教育工作。家庭教育指导中心针对社会上家庭教育中存在的误区和青少年在成长过程中出现的心理问题，开设了《如何培养孩子的情商》、《家庭教养行为与成就》、《家庭教育的八大误区》、《青少年逆反心理及调试》等课程，对家长和青少年进行定期辅导。家庭教育指导中心还不定期地举行大型活动，聘请专家讲授关于学习方法、家庭教养方式等课程，受益人员达

2000余人,受到了家长和少年儿童的好评。

积极创建荣辱观教育载体　2006年,市妇联在全市妇女中广泛开展了"'八荣八耻'社会主义荣辱观"大讨论活动,开展以"时代女性,感动盘锦"为主题的社会主义荣辱观巡回宣讲活动。充分运用广播、板报、文艺汇演等形式在基层宣传社会主义荣辱观。把开展社会主义荣辱观教育作为创建"文明家庭"的时代主题、未成年人思想道德建设的核心内容和"妇女素质工程"的精神动力,为促进社会道德风尚好转,推进社会主义精神文明建设和先进文化发展做出应有贡献。

举办践行社会主义荣辱观先进事迹报告会　为全面贯彻市委五届五次全会精神,引领全市妇女积极投身"十一五"建设的伟大实践,提高全市妇女思想道德素质,市妇联于8月22日举办"践行社会主义荣辱观先进事迹报告会"。会上,来自不同行业的先进女性代表为来自全市各界的近200名妇女作了生动的报告。市委副书记张久富,市委常委、市总工会主席王广华出席了报告会。市委副书记张久富在肯定成绩的同时,对全市妇女提出了殷切希望。

举行"辽宁省三八红旗集体"、"辽宁省巾帼文明岗"授匾仪式　8月31日,市人大常委会副主任马淑清在市妇联领导的陪同下,到市政工程管理处慰问市政"三八清淤班"的同志们,授予她们"辽宁省巾帼文明岗"称号。之后,市领导又来到市绿化处和市工商局,为荣获"辽宁省三八红旗集体"的市绿化处兴隆台区绿化所和市工商局12315投诉举报信息服务台进行授匾。马淑清对获得荣誉称号的各单位表示热烈地祝贺,并希望她们在平凡的工作岗位上继续做出不平凡的业绩,为构建和谐盘锦贡献自己的力量。市妇联领导也希望这些优秀集体继续发扬艰苦奋斗、无私奉献的精神,努力成为盘锦各行各业妇女学习的榜样,为盘锦女性争得更大的荣誉。

召开家庭教育学会2006年年会　11月14日,市家庭教育学会2006年年会在市妇联隆重召开。市委副书记张久富、市关心下一代工作委员会常务副主任张树海、市政协副主席王金等市领导参加会议。会议传达了8月22日省妇联召开的双合格家庭教育工作推进会精神,全面总结和部署全市的家庭教育工作。市妇联主席徐玉敏在会议上作了题为"履行职责、发挥优势,全面开创家庭教育工作新局面"的工作报告。会上,宣读了关于调整家庭教育学会理事的说明;表彰了盘锦市家庭教育工作先进典型,交流了2006年优秀论文。市委副书记张久富在肯定市家庭教育工作的同时,强调要树立和落实科学发展观,高度重视家庭教育的特殊重要作用,要正确认识家庭教育工作的形势,要因势利导,全面推进盘锦市家庭教育工作。

召开农村妇女"增收致富项目进家庭"活动现场经验交流会　11月30日,盘锦市农村妇女"增收致富项目进家庭"活动现场经验交流会在大洼县召开。市委、市人大、市政府、市政协的领导及乡以上妇联主席和部分致富带头人80余人参加会议。与会人员首先参观了大洼县王家乡庆兴毛皮动物养殖场和大洼天野家禽养殖有限公司。会上,市妇联主席徐玉敏总结了全市农村妇女"增收致富项目进家庭"活动前一阶段工作情况和工作经验,并对下一步工作开展进行了部署。大洼县妇联、盘山县高升镇妇联、大洼县王家乡庆兴毛皮动物养殖场和盘锦鹤源发展养殖有限公司分别介绍了开展"增收致富项目进家庭"活动的经验。市委副书记张久富在会上讲话。他指出,"增收致富项目进家庭"活动必须在新农村建设中求发展,以发展促和谐。要不断丰富"项目进家庭"活动的内涵,推进农业生产新发展,实现农民生活新提高,促进农村社会新风貌。

· 市 社 科 联 ·

积极开展学术研讨活动　2006年,市社科联与市人口计生委等有关部门联合举办了"首届盘锦市人口与发展论坛"。论坛共征集论文20余篇,论坛围绕盘锦人口就业现状、特点及对策,人口与经济、社会、资源、环境关系,人口总量、人口素质和人口结构,人口与盘锦文化及加强人口发展战略等课题进行研讨,广泛交流了研究成果,并就全市人口与发展战略提出了建设性意见和建议。同时,积极组织社会科学工作者以多种形式开展纪念中国共产党成立85周年活动,并参加省委宣传部等有关部门组织的纪念建党85周年征文活动,市社科联的两篇论文均获奖,其中《对先进性教育活动显著成果的哲学思考》获论文二等奖。积极开展纪念中国工农红军长征胜利70周年活动。10月23日,在市教师进修学院参加了由市历史学会、市教育学会联合举办的纪念中国工农红军长征胜利70周年理论研讨会。与会同志回顾了中国工农红军长征的艰苦历程,从不同角度畅谈了红军长征胜利的重大意义,长征精神的丰富内涵,在构建和谐社会中应如何弘扬长征精神,把长征精神作为伟大的民族精神世代传承。此外,市社科联围绕市委、市政府的战略部署和盘锦改革、发展、稳定的大局,开展了重大问题研究。涌现出了《国学精粹古为今用探析》、《财政风险与防范》、《盘锦大米营销策略研究》等一大批优秀专著和论文。各学会、协会和研究会都发挥自身特点和优势,开展了多种形式的学术研讨活动。市农村财政研究会举办了"建设社会主义新农村"理论研讨会;市会计学会举办了"企业财务分析与经营决策"专题报告会;市纪检监察学会、市金融学会、市统计学会、市档案学会、市税务学会、市教育学会、市法学会、市科普作家协会等以召开学术年会、研讨会、交流会、报告会和学术讲座等形式,进行深层次的学术研究与探讨,追踪学科的前沿理论和发展动态,促进了学术水平的提高,为全市发展提供了智力支持。

社会科学知识普及活动得到加强 为全面落实科学发展观,推动社会主义新农村建设,促进盘锦经济社会和谐发展,按省社科联对社会科学知识普及周活动的统一部署,盘锦市第四届社会科学知识普及周于6月17日至23日在盘锦市城乡成功举行。市委副书记张久富作了题为《繁荣发展社会科学,开启知识与智慧之门》的重要讲话。与此同时,市社科联组织本市部分专家、学者和有咨证能力的同志,组成"成功与成长智力支援队",以传播社会主义新农村建设的应用类社会科学知识,帮助分析农村发展中存在的问题,设计解决问题的途径和方法,提供相关信息和能力培训,支持、支援社会主义新农村建设,同时,开展调查研究,形成智力成果,为市委和市政府决策服务。6月17日,支援队到盘山县高升镇二台子村格瑞康宝家庭农场调研和咨询;6月20日,到盘山县高升镇调研咨询,并做了"农民成功理财专题报告会";6月22日,到大洼县田家镇派出所调研,就建设和谐社区,创建全国一流派出所开展咨询服务。在科普周活动期间,市属各学会、协会和研究会,都根据本单位、本系统和学科特点,分别以举行研讨会、座谈会、报告会、讲演会等形式开展咨询服务活动,共计百余次,听众达万余人次。

资助优秀学术专著出版发行 2006年,市社科联历经9个月时间,从专著结构、观点、文字及联络出版、印刷等方面资助退休教授马荣春先生完成了22万字的《国学精粹古为今用探析》著作的出版发行工作。这在盘锦市社科联及全省社科联系统尚属首次。此书出版,得到了中国人民大学纪室成校长责成国学院来函的热情鼓励,得到了省社科联党组书记、副主席张沈立的热情帮助。为使社会科学知识普及经常化,让广大社会科学工作者有发表理论文章的平台,市社科联经过精心运作、细致筹划,编辑出版《盘锦社会科学》创刊号于8月成功出版发行,双月刊,每期12万字,发行1000册。2006年出版发行3期,共发行4000册。受到广大读者的欢迎。

加强社会科学成果评奖工作管理 根据《盘锦市社会科学界联合会章程》的规定每两年开展一次社会科学优秀成果评奖工作的要求,市社科联于3月份下发了"关于开展盘锦市第四次哲学社会科学成果评奖活动"和"盘锦市第四次哲学社会科学成果评奖申报办法"的通知。并成立了以市委副书记、市纪委书记张久富为主任,市社科联主席孙晓谦为副主任的盘锦市第四次哲学社会科学成果评审委员会。各学会、协会、研究会和各有关部门,按《通知》要求,认真组织,积极宣传开展征集参评文章,共征集参评成果215项。评奖办公室对征集的参评成果进行了认真审核、登记分类、并对每项成果作了匿名处理,然后分发到各评审组和每一位评委手中。每位评委根据文章质量、发表的档次、经济社会效益及有无创新等情况综合考虑,量化打分,提出获奖等级建议,然后再交到另一位评委审读。每篇文章,评审组内的每位评委都要审读一次,组内讨论,最后提出获奖数量和等级。然后各评审组交叉,集中讨论确定获奖数量和等级,再交评审委员会确定。经过认真研究讨论,最后评出一等奖20项,二等奖74项,三等奖112项。

学会与机关建设得到加强　市社科联按照国务院颁发的《社团管理条例》要求,加强对学会、协会和研究会的管理,使社会科学理论队伍不断发展壮大。2006年,盘锦人力资源研究会和盘锦市民营经济研究会成立,加入盘锦市社会科学界联合会,成为市社科联的团体会员单位。市党建研究会、市档案学会、市劳动和保障学会、市纪检监察学会于8月份在齐齐哈尔市召开的全国大中城市社科联工作会议上,被大会主席团授予全国先进学会的光荣称号,颁发了奖牌。在省社科联开展"两先一优"评选活动中,盘锦市党建研究会、市档案学会、市劳动和保障学会、市纪检监察学会、市统计学会、市法学会、市农村财政研究会被省社科联授予"辽宁省社会科学先进社团"光荣称号。陈日新等12人被省社科联授予"辽宁省社会科学优秀社团工作者"光荣称号。市社科联机关建设全面推进,人员素质、工作效率和整体形象得到迅速改观。圆满完成了市委、市政府和省社科联交办的各项工作任务。在省社科联开展的"两先一优"评比活动中,被评为辽宁省社会科学界联合会"学术活动组织奖",刘洋同志被市直机关工委授予"精神文明建设先进工作者"光荣称号。

· 科 协 工 作 ·

以实施"科普惠农兴村工程"为重点,深入开展农村科普工作,加快社会主义新农村建设步伐

一是按照省科协提出的"科普惠农兴村计划"要求,对"科普惠农兴村"试点县工作进行了认真地指导和督促检查。先行试点的3个乡镇和25个村,都完成了"一站、一栏、一员"的建设工作。市科协还在试点的田家镇、大洼镇和新兴镇,配套建设了3座52延长米的高标准科普画廊,为"科普惠农兴村工程"助力。"科普惠农兴村"工作紧紧围绕新农村建设展开,深受基层领导和农民的欢迎。8月17日,省科协副主席于明才到现场调研时给予了高度评价。二是由市科协牵头,市农委、市海洋与渔业局、市农机局、市动物监督管理局联合组织开展"百名专家进百村富万户"工程,经过周密的筹划、调研和广泛征求意见后,成立了领导小组,制定了《实施方案》,举行了启动仪式,印发了专家与示范村对接日志。首批专家与40个村签订了对接协议,并开始了一对一的技术指导和服务。截止到2006年底,市科协协同成员部门和单位共召开6次汇报会,下乡40多次,调查了解工程实施情况。经过反复细致地研究,出台了《工程实施细则》,形成了监督激励机制,以便进一步促进这项工作的开展。这项用科技助推农业增效、农民增收的工程,被农民亲切地称为"科技及时雨",同时,也为科技工作者更好地深入"三农"、服务"三农"搭建了平台。三是以引进推广新品种、新技术,开展先进实用技术培训为重点内容,依托产业龙头企业,充分发挥科普示范基地作用。在市科协组织、指导下,盘锦光合水产养殖科普示范基地面向盘锦和周边地区农民,采取培训、示范、咨询、服务、讲座、展览等多种形式,年均开展活动130天以上,全年,受益农民超过1.5万人次,普遍提高了受益农民的科学素质和致富技能。基地集中科技精英编写的22万字的《北方河蟹养殖新技术》一书,不仅是一本总结20多年来我国北方河蟹养殖技术和经验的经典之作,更是一本通俗易懂、被蟹农广泛认可的科普读物。经省科协考核组的评审推荐,盘锦光合水产科普示范基地被授予"全国科普惠农兴村先进单位"荣誉称号。四是为健全农村基层科普组织,服务于新农村建设,对全市农技协工作进行调研。全市共有农技协组织181个,会员19270人。协会包括粮食作物、瓜菜、林果、食用菌、水产养殖、畜牧等专业。大体分为技术交流型和经营实体型两种经营模式。针对各地发展不平衡、组织管理不规范、运行机制不健全等问题，市科协组织赴成都市科协、济宁市科协、葫芦岛市科协考察学习农技协工作先进经验。通过走出去查找差距、结合实际、借鉴经验，出台了《盘锦市农村专业技术协会示范章程》和《盘锦市农村专业技术协会管理暂行办法》，召开全市“农技协”经验交流会，树立自己的典型，表彰了大洼县农民水稻生产经营合作协会等10个先进农技协。五是以“科学普及与建设社会主义新农村同行”为主题，切实开展第十八届“科普之冬”活动。力求在广泛、深入、扎实、创新上有所突破。抓好“结合实际、讲求实用、展示实物、注重实效”工作。充分发挥科技、科普工作者的作用，采取多种形式，利用大众传媒，开展了一系列群众性的科普宣传和科技培训活动。全市24家成员单位开展的活动覆盖了29个乡镇、295个村。组织开展科技培训1800多场次，培训农民20多万人次，培训科技人员及基层党员干部3万多人次，培训农民经纪人3600多人次；组织科技下乡服务团105支，送科技下乡4000多人次；举办科普展览70多场次，观众13万多人次；播放科教影片2000多场次，观众15万多人次；发放科技图书资料60多万册(份)；推广新品种156个，新技术和先进实用技术141项次。科普大集是具有示范性、经常化的一项农村科普活动，第十八届“科普之冬”活动期间，上下共举办科普大集54次，直接受益农民10万多人次。六是由市科协主办，与科技局联合开展的“科技周”，与工、青、妇组织联合开展的“群众性科技创新联合行动”、与市水产站、土肥站联合开展的“科技扶贫”等，与“科普惠农兴村”工作结合在一起，为加快新农村建设步伐做出了贡献。

以创建“全国科普示范城区”为重点，大力开展城区科普工作，为文明城市建设奠定基础 一是召开全市“科教进社区”活动总结表彰暨现场观摩会，推动科普达标社区创建活动的有效开展。在严格按照盘锦市科普达标社区创建标准，深入社区认真检查评审的基础上，评出兴隆台区兴隆街道文化社区为“科普工作优秀社区”，兴隆台区渤海街道永祥社区等9家社区为“科普工作达标社区”，并在全市“科教进社区”活动总结表彰会上进行了表彰。越来越多的文明家庭、科普家庭在“科教进社区”活动中涌现出来，丰富了全国科普示范城区的创建内容，有力地促进了全市社区居民爱科学、讲文明良好风尚的形成，促进了社区精神文明建设。二是以“提高科学素质，共建和谐社区”为主题，以未成年人、公务员和机关干部为重点人群，以全国科普示范城区创建单位——兴隆台区为主体，有针对性地开展了“全国科普日”活动。

以组织“青少年科技创新大赛”为重点，不断开拓青少年科普工作，为培养高素质创新型后备人才服务 一是市科协和市教育局联合举办了盘锦市中小学生科技创新报告会。来自全市200多所学校的300多名学生和科技教师参加了报告会。报告会邀请了国家科技进步一等奖获得者、辽宁省科普报告团团长、中科院金属研究所研究员赵惠田教授主讲。这次报告会不仅启迪了孩子们的心智，孵化了孩子们的梦想，还教给了孩子们发明创造的方法，对调动中小学生思维动手能力，拓展科技创新意识起到了不可替代的作用。二是积极组织参加第二十一届辽宁省青少年科技创新大赛。推荐参赛的329件科技创新作品，有145件获得了一等奖，89件获得了二等奖，95件获得了三等奖，其中，优秀项目20个，优秀实践活动9项。3个一等奖优秀项目还被推荐参加第二十一届全国青少年科技创新大赛，有2个获得了三等奖。市科协获得了辽宁省和全国优秀组织奖。三是为了使中小学生开阔眼界、启迪智慧、培养思维方法和创新精神，市科协在本市没有科技馆的不利条件下，尽可能地组织学生外出参观科技馆，让孩子们在轻松的氛围中放松心情，近距离感受科技的魅力，培养了他们探索科学的兴趣和能力。

以完成“高标准科普画廊”建设为重点，强力推进科普基础设施工程，满足公众不断增长的科普需求 一是按照省科协要求，坚持“统一标准、统一建造、统一维护、落实管理责任”的原则，两批共新建21座232延长米的高标准科普画廊，并有一半建在了乡镇。二是主动协调兴隆台区委、区政府,将石油公园作为全市公众共享的科普主题公园,并将该公园推荐为省科普示范基地。

以扩大普及面增加覆盖率为重点,着力打造科普传播平台,形成科普工作广泛的社会影响 一是自创刊物《盘锦科普》,除按计划完成全年出版6期的任务,又新增1期第十九届“科普之冬”专刊,以农业新品种、先进实用技术、科技致富典型推介和地震安全知识介绍为主要内容,共收录了10万字的稿件,印刷4000册,在“科普之冬”活动期间陆续发放到农民手中。二是不断打造电视《百姓科普》这一公众喜闻乐见的科普窗口,面向广大公民,宣传和普及节约资源、能源,保护生态环境等方面的科学知识;倡导文明、科学、健康的生活方式;树立崇尚科学、移风易俗和破除迷信、陈规陋习的观念。在《盘锦日报》加大对科普工作的宣传力度,全年刊出新闻和专题报道稿件50余篇。三是建成了盘锦科协网站,并通过努力将其挂靠在市政府网站平台上,为增加点击率,扩大科普的社会影响又开辟了一条方便、快捷、广阔的传播渠道。

学术活动品牌意识日益加强,学术活动影响日益广泛 一是由市科协主办,市生态学会、市环境科学学会协办的“2006年盘锦市生态环境与可持续发展科技论坛”会于5月10日召开。9位科技工作者以务实创新、科学严谨的态度,深入探讨了生态与环境可持续发展亟待解决的现实问题和未来发展方向,提出了富有前瞻性和具有可操作性的意见和建议,供各级政府决策参考。二是于7月14日举办了“盘锦市2006年社会主义新农村建设报告会”。邀请中国农科院农业经济与发展研究所副所长、研究员、博士生导师王东阳作了题为“社会主义新农村建设”专题报告。此次报告使全市农业和农村干部进一步提高了对“建设社会主义新农村”意义和内涵的认识,对加快全市新农村建设步伐起到了积极的促进作用。三是国际学术交流活动成果丰硕。市科协为了加强国际民间科技交流与合作,更好地为经济建设发展服务,根据蔬菜生产需要,邀请了荷兰专家杰克先生到大洼县新开镇和盘锦鑫叶蔬菜种植有限公司,为企业和蔬菜种植户解决生产中遇到的植保、温室工程设计和夏季降温等难题,受到了企业和农户们的热烈欢迎。市野生动物保护协会与日本野生动物组织合作,完成了黑嘴鸥的调查和环志工作,共统计繁殖黑嘴鸥5360只,幼鸟2000余只,环志黑嘴鸥雏鸟328只,其中,佩戴彩环雏鸟300只。

广泛开展优秀学术论文评选和建言献策活动 一是开展优秀论文征集及评选活动,编辑学术论文集。全年,经市自然科学学术成果奖评审委员会评选,有102篇论文分获一、二、三等奖。市科协举办的“盘锦市生态环境与可持续发展科技论坛”共收集学术论文100余篇,经过筛选,将34篇论文编辑成论文集,并送市几大班子领导,供决策参考,有17篇论文获省级二、三等奖。二是开展建言献策活动。市科协组织科技工作者开展了“建言献策”活动,为政府及有关部门的决策提供科学依据。每季度出刊一期《科技工作者建议》,共有《关于盘锦市“十一五”期间建设节约型农业的建议》、《关于加快发展盘锦市农机合作服务组织的建议》、《加强盘锦气象事业发展的对策建议》和《盘锦市民营经济的发展与环境保护对策》等16篇很有价值的科技工作者建议,以“领导参阅件”的形式送市级有关领导参阅,这些建议已经引起了市政府和有关领导的高度重视。

科技工作者之家建设工作有了新的突破 一是建立了《盘锦科技专家库》档案。为实施科技兴市战略,加快科技工作者之家建设,更好地发挥科技人才的作用,市科协根据不同行业特点,分类建立了《盘锦科技专家库》档案,共涉及农学、水产、畜牧、蔬菜、农机、环保、医学、化工、机械等10个学科和领域的具有副高级以上职称的专业人才133人。用户只要点击盘锦科协网站就能方便快捷地找到自已所需要的专家,由专家提供技术服务,为生产和生活排忧解难。二是积极为科技工作者解决实际问题。辽宁华孚集团是盘锦市一家高科技企业集团,科技人员较多,而且分别来自全国17个省区,针对晋升职称难和其它有关待遇的问题,10月份市科协向市人事局专门起草了文件，请求予以解决，有效地维护了科技工作者的正当权益。

组织医务工作者下乡为农民举行义诊活动

市科协会同市医学会组织101名医务专家分别于9月7日和11月11日到盘山县陈家乡、坝墙子镇，大洼县新开镇，兴隆台区裴家村开展了大型义诊活动，涉及到普外、心血管、内科、儿科、妇科等9个专科。带去了B超机、心电图机、血糖仪等医疗器械以及一万余份的宣传单，共义诊患者达2000多人次，受到了农民的欢迎。

开展民企调研工作，向领导反映实际问题

2006年，市科协按照省政府下达的调研课题，重点开展了民营科技企业的调研工作。上半年，对全市民营科技企业的发展状况和存在问题进行了广泛地调查研究，重点走访了全市28家民营科技企业，了解其发展状况、存在的主要问题以及解决问题的对策，撰写了《盘锦市民营科技企业发展状况存在问题及对策》的调研报告，提交省科协和市委、市政府。

实施“金桥工程”，推动科技成果转化 2006年“金桥工程”围绕建设社会主义新农村开展搭桥活动，根据盘锦市地域环境，布置立项工作。经过认真筛选，大洼县农业项目立项4项，盘山县农业项目立项2项，双台子区工业项目立项3项。立项项目包括技术服务、技术推广、技术创新、产品开发等。按照要求在5月末已经上报省金桥办。根据县、区科协和市级学会上报市金桥办的金桥项目情况，9月末，市金桥办组织检查、验收项目，项目完成率达到100%，新增经济效益约10443.3万元，节约资金约1420万元。对2005——2006年度申报立项的21项项目情况进行比较，衡量项目的技术水平、综合评价预期达到的经济效益和社会效益以及推广的范围等指标，推荐辽宁省“金桥工程”优秀项目4项、优秀组织单位3个、优秀组织者3人。

贯彻落实六中全会精神，机关党建工作长抓不懈 一是围绕建设社会主义和谐社会这一主题，明确重点工作，全面推进《全民科学素质纲要》实施、抓好“百名专家进百村富万户”工程、“科普之冬”等重点工作，努力夯实为科技工作者服务基础，搭建农村党员干部科技素质培训新平台。进一步提高机关工作效能，创建学习型、创新型机关，不断提升科协的社会影响力。二是把学习领会党的十六届六中全会精神作为头等政治任务，组织机关干部采取多种形式，学习贯彻会议精神，扎实推进科协各项工作。三是起草了关于认真学习六中全会精神的通知，下发到县区科协、市级学会和企事业科协，指导基层学习。及时汇总基层科协落实全会精神的情况。

· 市文联 ·

突出特点，彰显优势 为了认真贯彻落实中央和省、市委《关于加强和改进未成年人思想道德建设的实施意见》和胡锦涛同志关于树立社会主义荣辱观的讲话精神，推动全市未成年人积极参与思想道德实践活动，充分表达思想情感，展示文艺才能，市文联联合市精神文明建设指导委员会、市教育局、市辽河油田基础教育管理中心，团市委等5家单位举办了盘锦市未成年人“知荣明耻”主题艺术大赛。大赛分征文、朗诵、书法、美术、摄影5大艺术门类。比赛从4月到10月，历时半年时间。参与活动的中小学生近万人。经过初赛、复赛、决赛3个阶段的评选，最终评出一等奖15名，二等奖30名，三等奖45名，优秀奖276名。在市级获奖作品中挑选出获一、二、三等奖的作品参加辽宁省“知荣明耻”主题征文、朗诵及书法、美术、摄影作品大赛，其中，征文朗诵荣获一等奖2个，二等奖4个，书法、美术、摄影大赛荣获一等奖2个，二等奖7个，三等奖6个。获奖人数居各市前列，得到省主办单位的高度评价。为了展示全市中小学生艺术教育成果，还举办了盘锦市“知荣明耻”主题朗诵会及征文、书法、美术、摄影获奖作品展览。为了提升全市人民欣赏高雅艺术的品位，充分表达全市人民爱祖国、颂家乡的美好情怀，金秋十月，市文联联合市直机关工委、盘锦人民广播电台、市作家协会举办了“盘锦市金秋诗歌、散文朗诵会”。全市各界人士及文学艺术工作者近千人聆听了诗歌、散文朗诵会。此次朗诵会突出“爱祖国、颂家乡”这一主旋律。作品的选取均为盘锦市本土作家和文学爱好者自己创作的,由盘锦人民广播电台的播音员和主持人朗诵。这是盘锦建市以来首次举办的大型朗诵会。12篇歌颂祖国、赞美家乡的诗歌和散文伴随着优美动听的乐曲,引起了现场观众的强烈共鸣,给观众以深刻的思想启迪和高雅的艺术享受。

植根沃土,开拓创新　2006年,市文联带领全市文学艺术者深深植根于鹤乡这片肥沃的土地,不断创新工作思路,工作每年都有新起色。10月份,在辽宁省县区文联交流研讨会上,盘山县、大洼县作为典型单位作了经验介绍,从而让全省各市同行对盘锦这座美丽富饶的城市有了全新的了解和认识。为了理清工作思路,明确发展方向,年初,市文联召集全市14个文艺家协会和下属事业单位的负责人召开了一年一度的盘锦市文联工作会议。大会本着增强文艺事业的责任感和使命感,用“三抓”、“三带”的原则,促进文联工作健康、繁荣、协调全面发展,激励全市文学艺术工作者以饱满的热情投身于建设和谐社会、打造地域文化的创作之中。作家协会主办的《红海滩》,摄影家协会主办的《盘锦摄影》,收藏家协会主办的《盘锦收藏》,文联机关主办的《鹤乡笔苑》,成为外界了解盘锦、了解盘锦文艺界的一个重要窗口。

协会工作,各领风骚　市作家协会一年来先后两次组织部分会员和作者进行文学采风活动,使作者大开眼界,感受颇深,同时,激发了创作灵感,创作出30多篇诗歌、散文作品,并在各种媒体上发表。同时,采取走出去、请进来的方法,组织作家参加县、区文学社团的文学活动。组织会员听取了著名作家李宏林、胡世宗的文学讲座。举办了王充闾学术报告会——话说张学良。市作家基地一年来共接待省内外作家、学者100余人次,为盘锦市作家与各地作家相互交流搭建了平台。

市戏剧家协会坚持弘扬民族戏曲,多次参赛。5月份,举行了赵俊芝DVD专辑发行仪式暨评剧名段演唱会。9月份,参加了在河北唐山举行的第五届中国评剧艺术节,改编的古装评剧《桂英与王魁》获优秀演出奖,两位主演分获一等奖和二等奖。

市书法家协会经过一年的不懈努力,编辑出版了大型书法文史画册《盘锦书法》,并举行了首发式和新春茶话会。先后举办了书法创作观摩会、盘锦市第二届篆刻艺术展、辽西5市书法联展和辽西3市硬笔书法联展等展览活动。书法、篆刻、刻字及理论成果斐然。6月份,马秉枢、邵立士、孙得胜作品参加庆祝建党85周年全国书法大展。8月份,史维静篆刻作品参加西泠印社第六届篆刻评展,张恒凯作品入选。王政佳、崔长武作品参加纪念红军长征胜利70周年全国书法展。9月份,董修善作品参加全国首届草书大展。10月份,马秉枢作品参加全国第二届中国书法兰亭奖书法展。王大军、王伟的作品参加第二届中国书法兰亭奖安美杯书法展。《中国书法》2006年第6期发表李德刚书法教育论文——《谈谈中小学生教学的多元化问题》。11月份,石岱、王冬梅、张显东刻字作品入选全国第六届刻字艺术展。辽宁电视台、《辽宁日报》、《青少年书法报》分别报道了盘锦市书法家马秉枢的书法艺术。

市美术家协会一年来先后3次组织全市美术工作者深入农村、厂矿、油田创作了一大批写生作品,并举办“家乡美”写生画展。画展以国画、油画、水彩画等来展示全市美术工作者一年来所创作的写生精品。6月份,在辽河美术馆举办的全国第六届工笔画展览中,画家崔志安、胡泽涛、齐红霞的作品分获银奖和铜奖,入选作品20余件。李凤翠获辽宁省女画家作品展一等奖。在省美协成立50周年美展中,赵世杰、杨忠作品获银奖。

市摄影家协会一年来有多名摄影工作者到国内外进行采风创作,其中,辽河油田“冷家一日”摄影创作出现了一批好作品。同佳能公司联合举办了“佳能数码相机演示会”,同兴隆台区委宣传部联合举办了“兴隆台建区20周年摄影展览”。全市摄影工作者先后在省“烟火杯”摄影展、省旅游摄影展、省十二届摄影展及平遥国际摄影大展中获一等奖3名,二等奖4名,三等奖9名,优秀奖30名。市摄影家协会秘书长徐春海的《摄影作品集》出版发行。同时,还荣获"中国摄影50年突出贡献奖"的光荣称号。

市音乐家协会2006年举办了少儿歌曲写作、歌词创作研讨会,建立了3个全国业余音乐考级培训基地,出版了盘锦市第一张由本市音乐工作者创作演唱的原创歌曲集——《盘锦好地方》光盘。成功地举办了盘锦籍在德国留学生徐卓钢琴独奏音乐会。音乐家协会还与盘锦网通公司举办了2006年盘锦市"网通杯"业余青年歌手大奖赛。

市舞蹈家协会一年来分别抓了舞蹈考级、舞蹈演出、舞蹈比赛3项活动。7月份,参加辽宁省少儿舞蹈考级工作,来自全市1000多名少年儿童参加了舞蹈考级。9月份,在翠南广场进行了舞蹈专场演出,10个风格迥异的舞蹈节目参加了演出,充分展示了舞蹈艺术的魅力。10月份,在辽宁省"舞协杯"群众舞蹈大赛中有6个作品参赛,其中,群舞《钻歌》获一等奖,群舞《米娘》、《幸福像花儿一样》获二等奖,群舞《康定情歌》、模特形体舞蹈《芦花》获三等奖,群舞《米娘》被辽宁电视台春节联欢晚会剧组选中,参加了2007年辽宁电视台春节联欢晚会的演出。

市曲艺家协会一年来注重对少儿曲艺人才的挖掘和培养,成立了少儿曲艺队。创作的少儿鼓曲联唱《星期天》参加了首届全国少儿曲艺大赛。经过初赛、复赛、决赛,鼓曲联唱《星期天》获得了本次大赛的三等奖。市曲艺家协会还深入两县、两区、辽河油田以及华锦集团等各大企业进行辅导,参加辅导的人数不断增加。

市电视艺术家协会一年来先后开展了业务培训活动和节目评奖活动。3月份,以广播系统评选优秀节目为契机,对参评节目进行了讲评,并进行了业务培训,参加了省、市电视节目的评奖活动。李泽新拍摄的电视散文《翩然野鹤》获2006年全国第六届百家电视文艺节目一等奖,电视专题片《乡情未了》获2006年中国电视纪录片提名奖,辽宁省二等奖,盘锦市特等奖。辽河油田电视台晚会《曙光永驻》获辽河油田电视艺术家协会中企电视评比一等奖。春节晚会《共奏和弦》获中国电视艺术家协会中企电视评比二等奖。电视专题文艺《工人文化室》获中国电视艺术家企业中企电视评比二等奖。

市电影家协会一年来放映党的好干部《生死牛玉儒》影片共10场,受教育1万多人次。为活跃社区和农村文化生活需要,放映了《平原游击队》、《奇袭》、《科技乐园》等影片30余场。组织全市中小学生观看了优秀影片《柳月弯弯》、《太行山上》、《三毛救孤记》、《少年英雄》等。参加了辽宁省第二届中小学生影评活动,获影评大赛一、二、三等奖作品7篇,优秀组织奖1个。

市收藏家协会2006年举行了收藏家协会迎新春茶话会。"五一"黄金周举办了"古玩艺术品交易大集"。组织部分会员参加了第九届春季中国古玩艺术品博览会的交流活动。7月份,举办了首届盘锦市民间收藏品鉴赏大会,聘请了瓷杂、书画鉴定专家和拍卖专家,与全市600余名收藏爱好者进行了收藏方向和收藏经验的交流与探讨。

市主持人协会一年来在市文联的领导下,已经开始起步。在辽宁省专业征文评奖中有8篇获奖,在辽宁省播音、主持作品评奖中有6件作品获一、二、三等奖,在辽宁省金话筒评选中有4人被选为金话筒奖。8月份,举办了盘锦市首届播音、主持、朗诵培训班,聘请省内专家前来授课。来自全市50多名专业和业余播音员、主持人参加了培训,收到了很好的效果。

市书画院全年组织了二次笔会。同时,组织部分书画家去闾山进行采风,创作了一批优秀作品。组织全市著名画家进行了"辽河油田创业史"大型主题画的创作。

市艺术学校一年来注重艺术教学质量,建立了学校正常的运转机制,不断探索,定期研讨,开展了一系列艺术实践活动。4月至5月,开展了爱我祖国、唱我家乡特别行动。5月至6月,开展了体验生活、走进新农村活动。7月至8月,开展了走进军旅艺术夏令营。8月至9月,开展了亲近自然、艺术采风活动。这些活动的开展,逐步建立起艺术学校系统品牌战略计划,使少儿艺术培训市场日益健康成熟。

· 市工商联 ·

积极参政议政　2006年,市工商联充分发挥参政议政作用,为全市经济发展积极建言献策。一是在市"两会"召开期间,工商联界别的政协委员、人大代表积极撰写提案,共提出提案21件,议案15件,质量明显高于往年。以市工商联名义向政协会议提交的《关于加快培育和充分发挥行业商会作用的思考与建议》,受到有关方面重视。二是参加市委、市政府召开的民营企业家座谈会,到会的民营企业家踊跃发言,就全民创业问题同市委、市政府领导直接交流,积极建言献策。三是工商联届别的政协委员、人大代表积极参与市政府《工作报告》的讨论,围绕发展非公有制经济、"十一五"规划、资源型城市实现可持续发展、建设社会主义新农村和建设宜居城市等问题,提出100多条意见和建议。四是初步实现了参政议政的经常化。履行参政议政已经不仅仅局限在市"两会"期间,关心社会热点、难点问题的工商联会员越来越多。对全民创业、"十一五"期间三大任务、构建社会主义和谐社会、树立社会主义荣辱观等问题,许多会员都在适当的场合提出自己的看法和见解,通过不同渠道反馈给市委、市政府。市工商联会长李学仁、党组书记耿淑芝还分别以《谈政协工作与构建社会主义和谐社会的关系》、《盘锦市民营经济现状的思考》为题,写出论文和调查报告,上报市政协和市人大。

完成了工商联换届工作　按照省委文件要求和市委指示精神,市工商联要提前半年换届,这是一项重要的政治工作。市工商联紧紧依靠市委的正确领导和统战部的大力支持,于11月16日召开了"盘锦市工商业联合会第五次会员代表大会",选举产生了由15人组成的市工商联领导班子和由13人组成的市总商会领导班子,圆满地完成了换届工作。

努力为经济建设服务　(一)招商引资。通过各种渠道、各种形式和搭建各种平台、选择各种媒介,帮助民营企业引进资金和项目。全年,市工商联帮助企业引进项目3个,引资4500万元。盘山县引进项目2个,引进资金2100万元。大洼县引进项目4个,引进资金4000万元。双台子区引进项目3个,引进资金2000万元。全市工商联系统共引进项目12个,引进资金12600万元。(二)为了解决中小企业融资难问题,市工商联牵头,组织13位有实力的民营企业家,集资入股3150万元,成立了盘锦市中小企业信用担保有限公司。公司成立以来,坚持科学管理,规范运作。全年,已为80多家民营企业贷款担保6000多万元。(三)帮助企业开拓市场。3月份,举办"盘锦市首届陶瓷节",展销产品2000余种,其中,知名品牌产品310余种,成交额6000多万元。9月份,举办"盘锦市首届家具节",展出时尚家具2000余种,精品陶器500余款,为瀚新家居城拓宽了市场,打开了销路。(四)深入企业调研,帮助排忧解难。市工商联领导经常到企业走访调研,联络感情,上门服务。全年,共走访企业50多家,并分别不同情况,帮助企业解决了引资、引智、注册、融资、企业管理、市场开拓等各方面存在的困难,为民营企业二次创业创造条件。同时,还主动与工商、物价、公安、质量监督等部门协调、沟通,改善民营企业发展软环境。(五)献爱心,送温暖。景园花卉有限公司有28头奶牛疑似"口蹄疫"而被扑杀,蒙受损失20多万元。市工商联党组书记耿淑芝、副会长马力强组织15家民营企业前去慰问,送去慰问金,帮助景园花卉有限公司渡过难关。全年,组织爱心活动25次,帮助25家企业解决了发展中遇到的困难。同时,对帮扶对子——盘山县吴家村5个贫困户的帮扶工作也取得明显成效。(六)组织女企业家参观辽滨经济开发区,开阔眼界,激励发展。组织市和县区工商联干部到抚顺、铁岭学习考察,提高机关工作水平。聘请市委党校教师给民营企业家上党课,增强办好企业信念。

组织建设工作得到加强　(一)全年召开2次执委会、4次会长办公会、3次县区会长会,保持了工商联组织的活力。举办1次工作研讨会,组织县区工商联会长、秘书长和行业商会会长进行工作研讨，为开拓组织建设工作新局面奠定了基础。(二)全年，市工商联共发展会员123名，两县、两区全年新发展会员78名。(三)成立了盘锦市食品、百货批发行业商会，市级行业商会增加到8个。指导双台子区成立了塑料行业商会。(四)在盘山县古城子镇召开了全市基层商会建设现场会，推广该镇办好基层商会的经验。全市现有乡镇商会29个，占乡镇总数的40%。(五)市工商联新产生的领导班子大专以上文化程度15人，占100%；45岁以下的11人，占73.3%。领导班子成员文化结构合理，年龄结构合理，行业分布合理，新老搭配合理。

加大宣传教育工作力度 (一)集中宣传典型。利用《盘锦商会》和工商联网站，全年，集中宣传了荣获“辽宁省第八届十大杰出青年企业家”、“盘锦市经济社会发展创业之星”光荣称号的李维龙，“辽宁省十大杰出青年”、“盘锦市十佳农村经纪人”李海生，“盘锦市青年创业奖”获得者马峰及程杰、柏明玉、李正大等先进人物的先进事迹，在民营企业家中引起强烈反响，在社会上树立起民营企业家的良好形象。(二)组织100名民营企业家参加市电视台举办的“全民创业大讲堂”活动，协助市电视台“经历”栏目组采访周忠志、张媛等民营企业家。(三)结合开展“光彩事业”活动，广泛宣传、积极引导非公有制经济人士参与新农村建设。据统计，全市民营企业已向农村转移工商业项目90个。(四)组织民营企业家学习以“八荣八耻”为主要内容的社会主义荣辱观和党的十六届六中全会精神，并专门向民营企业发出倡议书。(五)《盘锦商会》编印36期，解读民营经济政策125条，宣传先进典型48个。(六)全年编发《商会简报》26期。(七)筹办民营企业家新年联欢会，以期凝心聚力，鼓舞士气，再创2007年辉煌。

“光彩事业”活动 (一)全年召开3次“光彩事业”活动推动会，请典型企业和个人介绍先进事迹，对开展活动进行安排布置。(二)全市非公有制企业全年向贫困学生捐款700万元，资助城乡贫困户600万元，向公益事业捐款750万元，安排社会人员就业2万人。(三)参与社会公益事业的非公有制企业占全市非公有制总数的71.6%，比上年增加2个百分点。(四)市工商联领导班子成员中的非公有制经济代表人士带头参加“光彩事业”活动，会长李学仁为坝墙子镇双井子小学捐款60万元修缮校舍的工程已于11月末完工，为广大会员做出了表率。

· 残 联 工 作 ·

自身建设 2006年，市残联以邓小平理论和“三个代表”重要思想为指导，全面落实科学发展观，深入贯彻党的十六届五中、六中全会和市委五届四次全会精神，紧紧围绕资源型城市可持续发展、打造宜居城市的工作大局，全面提升残联系统文明建设和自身建设的整体水平。认真开展了“八荣八耻”社会主义荣辱观教育，党组制定了连创“文明机关”规划，并与各部室、就业中心、康复中心签订了责任状，做到层层把关，人人负责，自觉规范每个人的言行。为提高工作人员的业务能力，市残联聘请市聋哑学校老师，对机关和劳服中心的工作人员进行了手语及语训方法等多方面内容的培训。开办社区残疾人专职委员培训班，对残疾人概念、类别及标准、工作职责等项内容进行了系统培训，使残疾人、专职委员对残疾人工作及自身职责有了明确的认识，对推动社区残疾人工作的开展起到了重要作用。

康复工作 以紧紧围绕残疾人“人人享有康复服务”的目标，坚持以社区康复服务为主线，全年共为全市900名贫困精神病患者免费投药治疗；为280名白内障患者实施复明手术；为17名贫困聋儿配戴助听器；为22名下肢残疾人装配假肢；为63名智力残疾人和肢残儿童进行了训练；市残联康复中心开办培训班2次，训练聋儿17名。

扶贫解困 2006年，全市残疾人生存状况得到进一步改善，各级政府及相关部门都能将贫困残疾人纳入重要扶持对象。1月28日，省长张文岳在春节前夕，走访慰问残疾人许开颜，亲切询问了她的生活和收入情况，并要求各级政府要大力支持和发展残疾人事业，帮助残疾人解决困难，使残疾人充分感到党和政府的关怀。争取残疾人康复贷款600万元，采取“公司＋农户”形式扶持农村残疾人家庭发展生产，共扶持62户家庭，投入资金12万元。全年，全市共为残疾人捐款及物折款55.6万元，扶持贫困残疾人发展生产4882人，市人寿保险公司还为10名肢残人捐赠轮椅10台。

文体宣传 坚持宣传工作为党的中心工作服务、为重点工作服务的原则，充分利用报纸、电台、电视台等媒体，宣传残疾人事业和残疾人自强自立的典型。在报刊上发表文章、通讯、消息等57篇，出《残联信息》16期，在省残联信息网站和《辽宁残疾人工作》刊登信息文章19篇。为备战省十运会，市残联积极筹备，成立领导小组，深入到基层选拔和集中筛选运动员，在省十运会残疾人组比赛中，共夺取奖牌48枚，其中，金牌21枚，银牌11枚，铜牌16枚，奖牌总数名列全省第五，团体总分第六名，并获得体育道德风尚奖，实现历史性突破。9月份，为进一步丰富和活跃残疾人的精神文化生活，提高残疾人全面参与社会的能力，举办了“盘锦市第五届残疾人文艺汇演”，参加演出的县(区)、市聋哑学校等5支代表队通过歌曲、舞蹈、语言、器乐等不同形式的精彩演出，震撼和触动了在场观众，充分展示了全市残疾人的艺术才华。

劳动就业及培训 结合第十六次“全国助残日”和“就业促进日”主题开展了各项活动，精心组织了以“促进平等参与、关注残疾人就业”为主题的系列活动。在活动中，积极落实扶持政策，扶助残疾人个体从业，并协调沟通工商、税务、劳动等部门为其办理相关手续，减免了相关费用。全年，共安置残疾人就业304人，完成年度工作计划的170％，其中，分散安置16人、集中安置15人、个体就业113人、公益岗位160个。为有就业需求者提供适合自身特点、与社会相融合的培训项目，全年，共培训各类残疾人892人，完成年度培训计划的102％，其中，劳服培训45人、盲人按摩培训20人、城镇培训211人、农村培训616人。

残疾人抽样调查 2006年，大洼县被列为辽宁省25个残疾人抽样调查县(市)后，市、县领导高度重视，成立了市、县两级领导小组，及时抽调队员，认真组织培训。4月30日，全面完成了抽样调查工作。共筛查出7岁以上疑似残疾人370人，检查363人，定性205人。确定0—6岁儿童187人，检查177人，定性2人。定性残疾人比例6.1％，失查疑似残疾人14人。此项工作得到了省抽样调查领导小组的一致认可和高度评价，并有1人获国家级先进个人称号，6人获省级先进个人称号。

社区配备残疾人专职委员 在市领导高度重视和相关部门的大力支持下，由市财政局、劳动和社会保障局、民政局、残联联合下发了《关于社区配备残疾人专职委员的实施方案》，经过一段时间的筛选和培训，于2006年10月份，有155名符合条件的残疾人专职委员已全部上岗开展工作。

信访维权 2006年，市残联切实加强残疾人维权工作，根据残疾人维权需要积极介入的实际情况，积极协调动员各级法律服务援助机构，为有诉讼请求的残疾人提供切实有效的法律服务和法律援助。全年，共为残疾人办理法律援助案件52件次，开展普法讲座2次，普法文艺宣传3场，悬挂标语21条，法律咨询4次。市本级共接待残疾人来信来访48件次、345人次，其中，集体访14件次、297人次，并在一次处理进京上访案件中得到了省委、省政府驻京工作组和省处理信访突出问题及群众性事件联席会议办公室的通报表彰。

老干部之家

规范各种制度，认真落实老干部的政治待遇　切实加强离退休干部党支部建设工作。深入县区及市直相关单位调研，了解并掌握基层离退休干部党建工作情况，撰写调研文章。组织全市离退休干部党支部书记骨干到营口办事处联合党支部参观学习，座谈讨论做好离退休干部党建工作的有效方法和途径。积极协调市经委、兴隆台区委组织部，将原盘化 26 名离休干部党员组织关系划转到其居住地社区，切实保证这些老干部能够正常参加党组织生活。会同市委组织部下发了《关于加强和改进我市离退休干部党支部建设工作的意见》，对进一步做好全市离退休干部党支部建设工作起到了积极的推动作用。规范了理论学习制度。市局成立了市直老干部理论学习小组，坚持每月集中学习讨论一次。盘山县组织老干部集中学习 5 次，参加学习讨论的老干部达 800 余人次。兴隆台区全年有 458 人次参加各类辅导班、报告会和座谈会。市交通局机关离退休干部党支部扎实开展荣辱观教育，"七一"前组织 14 名老干部党员举行重温党的誓词签名活动，使老干部党员思想再一次得到升华。规范了参观考察制度。市局全年组织 3 次市级离退休老领导视察活动，组织一次赴鞍山市参观考察活动，并首次组织市直县处级实职离休干部就地就近参观考察。营口办事处全年组织了 6 次老干部参观考察活动，使老干部充分感受营口和盘锦两市社会经济发展变化。盘锦职院、市商业局、市建委等市直部门和单位也以不同方式组织老干部参观考察，让老干部充分感受改革发展成果。此外，老干部阅文、参加重要会议、定期通报情况、老干部工作者与老干部联系等制度不断得到规范和完善。

巩固和完善"三个机制"，全面落实老干部的生活待遇　围绕"三个机制"工作运行情况、老干部取暖费落实以及企业离休干部管理与服务等情况，分别深入县区及市直相关部门进行专项检查，对检查中发现的问题提出整改意见，并督促及早落实。召开市直部分老干部座谈会，对老干部反映强烈的新出台的医药费管理办法做好相关政策解释工作。协调解决了市运输总公司、市粮库 25 名离休干部缴纳统筹金问题。结合实际，调整了解放战争时期参加工作、县处级以下离休干部护理费标准。市经委所属改制企业老干部的住房货币化补贴落实工作全部结束，兑现房补款 150 多万元。大洼县针对大病号门诊费超标问题，尝试设立"家庭病房"，并适当提高门诊费标准，老干部比较满意。坚持和完善重大节日、纪念日走访慰问制度，切实为老干部做好事、办实事。市局全年走访慰问特困、生活不能自理老干部及老干部遗属、联系对象 260 余人次，发放慰问金 10 万余元。双台子区委老干部局对全区 55 名离休干部逐户走访，为 7 名老干部子女解决了二次就业问题。大洼县委老干部局协调解决了县经贸局离休干部历史陈欠的医药费和医疗统筹金收缴难问题。兴隆台区委老干部局协调有关部门特事特办，为患重病无力垫付医药费的老干部每月报销一次医药费。营口办事处积极争取资金，对老干部活动室外墙增加保温层，解决了多年来老干部活动室温度低的问题。

精心设计载体,进一步巩固了调研信息宣传工作成果　召开了全市老干部调研信息宣传工作会议,对荣获省、市优秀调研成果奖的个人和信息工作先进单位及优秀信息员进行了表彰,极大地调动了老干部工作者做好调研信息宣传工作的积极性。市、县(区)老干部局领导带头深入基层调研,注重针对性和政策性,就重视老干部工作、改制企业离休干部管理与服务工作等方面情况进行调研,并亲自动笔撰写调研文章。全年,完成14篇重点调研课题任务,向市委推荐上报了4篇县处级以上领导干部优秀调研成果,其中,有2篇分别获得一、二等奖,2篇获得三等奖。信息宣传工作稳步推进。在《辽宁老年报》和《老同志之友》杂志上大力宣传了全国先进老干部工作者的典型事迹。全年,编发《盘锦老干部工作》5期,向中央和省、市相关部门及媒体投稿180余篇,被选用60余篇。信息宣传工作在全省各市总评及市、县(区)单评中都排在第四位。

强化阵地建设,不断满足老干部的精神文化生活需要　领导重视,加大投入,为阵地建设注入了生机和活力。市老干部活动中心各协会、老年大学学委会等召开会议或组织开展活动,局领导都亲自参加,针对老干部提出的问题,切实加以解决。在局经费比较紧张的情况下,投入10多万元购买乒乓球桌、台球桌等器材、订做演出服装和组织开展各种活动,特别是10月中旬在市人民剧场成功举办了“和谐之声颂晚情”油地同庆重阳节大型文艺演出活动,充分展示了老干部的丰采。市老干部活动中心组织活动力求推陈出新,始终保持阵地的吸引力和凝聚力。坚持做到五个结合,即坚持政治性活动与文化娱乐、体育健身活动相结合;坚持日常活动与大型活动相结合;坚持自娱自乐与竞技比赛相结合;坚持室内活动与室外活动相结合;坚持组织活动与发挥作用相结合。通过举办老干部迎新春茶话会、庆祝元宵佳节专场演出、庆“五一”、“十一”、欢度重阳节联欢会等大型活动,极大地丰富了老同志的精神文化生活。两县老干部局“建家”成果比较明显,成立了各单项协会,通过发挥协会作用来保证各项活动的正常开展。市老年大学办学规模不断扩大,办学质量不断提高。全年共招收学员447人,626人次报名参加学习,开设了11个专业学科,有13个教学班,创历史新高。书画班学员参加各类书画展、“夕阳红”艺术团到部队慰问演出、大学舞蹈队参加省市各种文艺汇演等课外活动丰富多彩。专业课教学质量明显提高,书画班学员多幅作品获得国家级荣誉,合唱、模特、舞蹈班已成为学员踊跃报名的热门课目,具有很强的吸引力。教师编排的《幸福像花儿一样》、《纷飞》等舞蹈在全省大赛中分获二、三等奖。

加强学习培训和作风建设,努力提高队伍建设水平　理论学习坚持经常化。市委老干部局以扩大中心组学习范围的方式带动全局干部职工政治学习。在通读《江泽民文选》全文基础上,每人就重点篇目谈学习体会。通过开展“八荣八耻”座谈和“职工论谈”活动,进一步提高了干部职工的政治理论水平和语言表达能力。组织市直和县区老干部工作者参加了省局举办的老干部工作者培训班,并到外地学习参观,开阔了视野,提高了业务水平。盘山县老干部局全年开展了3次老干部政策业务知识学习培训和测试,增强了局机关干部掌握政策的能力。市委老干部局通过组织干部职工参加庆祝建党85周年系列活动和省局举办的乒乓球比赛及平时开展排球、台球等各种健康有益的文体活动,增强了干部职工的凝聚力和战斗力。同时,局机关干部职工全年5次深入到所帮扶村扶贫,协调有关单位为该村修村路,送去电教设备,为3户贫困户解决了多年来未吃上自来水问题,并为5户贫困户捐款、捐物,价值达2000余元。市委组织部副部长、老干部局局长王景华同志获得全国先进老干部工作者荣誉称号,另有两人荣获省老干部大学工作先进个人荣誉称号,为全市老干部工作者争得了荣誉。

文体卫生

·文化·

加强党建、社会主义精神文明建设 2006年,市文化局以荣辱观教育为重点,加强党员思想道德建设。局中心组集中学习了胡锦涛总书记关于社会主义荣辱观的论述和全面落实科学发展观的讲话,开展了学习《江泽民文选》活动;局直党支部采取专题讲座等形式开展学习,使全局党员充分认识了树立社会主义荣辱观的重要性和必要性,收到了知荣明辱的效果。以学习党章为重点,加强党的组织建设。全局各级党组织开展了纪念建党85周年学习党章等系列活动,召开了全局党建工作会议;对局直单位领导班子工作目标完成情况进行了量化考核,对考核结果进行了通报;举办了党支部组织委员培训班和要求入党积极分子培训班;巩固和完善了先进性教育长效机制,共产党员的先锋模范作用得到较好发挥。市艺术馆党支部和2名共产党员受到市委、市直机关工委的表彰。以贯彻《实施纲要》和发扬求真务实作风为重点,加强党风廉政建设。全局各级领导班子认真学习了胡锦涛总书记在中纪委六次全会上的讲话,对落实《实施纲要》情况进行了检查,转发了市纪委关于禁止收送礼金等通知,组织参观反腐倡廉警示教育基地,使全局廉政建设警钟常鸣。围绕发扬求真务实作风,全局狠抓了先进性教育活动中查找出的差距的整改措施的落实;结合贯彻中办、国办关于进一步加强农村文化建设的意见,制定了加强全市农村文化建设的意见等。以创建全国文明城市为载体,加强社会主义精神文明建设。全局制定了精神文明建设实施方案,从实际出发狠抓落实。以提高素质为重点,加强职工队伍建设。开展了岗位练兵活动,全局干部职工学知识、练业务已成风气。以创建全国卫生城市为重点,加强环境建设。认真落实"门前四包",结合开展健康教育,对职工进行了体检。以"四五"普法为重点,加强行政执法工作。对文化执法干部进行了培训,开展了文明执法活动,执法水平不断提高。以解决群众反映的热点问题为重点,加强群众来信来访工作。做到了群众投诉件及时调查处理,信访件及时回复。以创建平安单位为重点,加强社会治安综合治理工作。落实了责任制,开展了矛盾纠纷排查和调处工作,维护了社会稳定。以学习宣传和执行人口与计划生育法为重点,加强计生工作。层层签订了责任状,各项目标落到了实处。以优质服务为重点,加强文化窗口服务工作。各单位以优质服务、优美环境、优良秩序为目标加强建设,不断拓宽服务渠道。市图书馆、市少儿图书馆实行了读者无过错制度,树立了文化窗口的良好形象。以加强管理为重点,开展创建文明单位活动,促进了各单位的规范化管理和建设。

全力实施"十一五"文化发展规划,开创文化工作的新局面 大型文化活动丰富多彩。开展了《油城春潮》、《鹤乡之夏》、《辽河金秋》、《盘锦冬韵》季节主题活动和新年、春节等节日、纪念日大型系列文化活动。5月1日至30日,组织开展了庆"五一"广场文艺表演等14项内容的《油城春潮》系列文化活动;7月7日至9月30日,组织开展了市内外专业、业余团体和部队、少儿、农民文艺演出等15项内容的第七届《鹤乡之夏》广场文化活动;9月14日至10月3日,举办了《辽河颂歌》走进石山大型演唱会等11项内容的《辽河金秋》系列文化活动。组织开展了第四届文化家庭才艺竞赛、新年文艺晚会等10项内容的《盘锦冬韵》系列文化活动。举办了元宵节灯展高跷秧歌表演、盘锦市各族各界庆"五一"广场文艺表演、庆"六一"少儿活动周、"七一""党在我心中"文艺晚会和书画展、"八一"在8610部队专场文艺演出、"十一"庆祝建国57周年文艺晚会等各类活动40余场(次),吸引各界观众20余万人次,丰富和活跃了群众的精神文化生活。农村等基层文化建设稳步发展。加大了农村文化建设力度,召开了全市农村文化建设研讨会,拟定了盘锦市加强农村文化建设的意见稿。继续开展了乡镇文化中心建设,新建文化中心2个(盘山县高升镇、胡家镇)。目前,全市已建成文化中心10个。继续开展了文化先进乡镇、街道、村、社区创建活动。开展送文化下乡、进社区活动近50次,举办了《辽河颂歌》走进新兴大型文艺演出。实施了农村电影"2131"工程,利用省扶持的新设备开展放映场次达1400余场,观众近10万人次。非物质文化遗产保护工作取得佳绩。对全市域内非物质文化遗产资源开展了深入挖掘,大洼县二界沟镇"古渔雁"民间故事、西安镇上口子高跷、民间香蜡制作工艺和盘山县大荒乡三棵村皮影等非物质文化遗产资源积极进行了申报。"古渔雁"民间故事已被列为第一批国家级非物质文化遗产保护名录;"香蜡制作"工艺、上口子高跷秧歌进入省级非物质文化遗产保护名录。专业艺术工作水平不断提高。以实施"精品工程"为依托,狠抓创作和排演,打造艺术精品步伐逐渐加快。创作了《辽河水从我家门前流》、《芦花情愫》等舞蹈节目7个,排演了新年文艺晚会节目及校园教育专场等。市直专业文艺表演团体演出达300场。市艺术馆和评剧团联合排演的传统历史评剧《桂英与王魁》,参加第五届全国评剧节演出,荣获集体优秀演出奖(金奖)、优秀唱腔设计奖、优秀音乐设计奖、优秀音乐配器奖;赵俊芝获优秀表演奖(金奖)、刘显志获表演奖。市评剧团演员齐丽君赴韩国参加马山国际演剧节演出荣获金奖。由王政佳主编的大型文史画册《盘锦书法》被辽宁省博物馆正式收藏,开创了市级大型文史画册荣藏省博的先例。出版了名为《淑兰花香飘万里,评腔辽西第一芝》的赵俊芝评剧唱段专辑。

文化市场健康有序发展 加强了农村文化市场建设。通过宏观调控,政策扶持,使市、县、乡文化经营场所所占比例基本达到64%、10%和26%。全市共有文化市场业户712家,其中,县城和农村现有文化经营业户125家(两个县城34家,乡镇91家),全市文化市场布局更趋合理。积极开展了"扫黄"、"打非"工作。多次联合公安、工商等部门严厉打击文化、新闻出版市场违法经营活动。开展了"反盗版百日行动"。全市出动检查人员345人次,检查重点音像和计算机软件制品经营店档、摊点122家,处罚违规业户32家。全市共收缴盗版制品30850件,其中,音像制品15850件,计算机软件1.5万件,分别送省集中销毁和自行销毁。以"市场天天查,执法规范化"为主题,认真开展了文化市场集中执法活动,共出动检查人员近千人次,检查各类文化经营场所2050家次,其中,处罚81家,罚款71700元,有效地净化了全市文化市场。开展了网络及娱乐场所专项治理。采取集中整治与日常监管相结合,宣传教育与行政处罚相结合等方法,突出打击接纳未成年人等工作重点,开展了网吧专项治理。全年,共出动检查人员5520人次,车辆800台次,处罚违法违规经营网吧520家,予以警告503家,整改7家,吊销许可证10家,罚款14万元,严厉地打击了网吧违法经营行为。对兴隆台区锦翔一条街噪声超标歌厅依法进行治理。按照市政府3月22日解决歌厅超标噪声扰民问题协调会精神,文化部门会同环保、工商、公安等部门对锦翔一条街歌厅边界噪声进行了依法治理,查封了红楼梦等歌厅,部分歌厅正在按协议规定进行整改。歌厅扰民现象得到初步控制,居民上访问题得到解决,加强了文化市场日常监管工作。以调整稽查人员为重点，不断完善监管机制，举办120余名业主参加的贯彻新《娱乐场所管理条例》培训班和91人参加的音像市场从业人员培训班，业户守法经营的自觉性不断提高。

版权工作进一步加强 牢牢把握正确的政治导向。加强了报刊审读工作和内部资料出版物的审批工作。全年，召开审读会4次，审读报刊42种、2000余万字，形成审读报告50份，不断地坚持和巩固了马克思主义在意识形态领域的指导地位。加强了行业专项治理工作。开展了出版物市场专项整治，收缴非法小报9000余份，收缴非法印刷书刊2650册，罚款2000元，巩固了报刊治散治滥成果。5月份，开展了对全市图书报刊电子出版物市场的专项清理工作，收缴盗版图书3000余册、盗版计算机软件2000余张。对印刷企业进行检查，加强日常监管。全年，共出动执法检查人员203人次，检查印刷企业130家，规范了印刷市场秩序。开展了印刷行业清理整顿工作。8月7日，召开了全市印刷企业负责人参加的印刷行业清理整顿大会。在清理整顿中，全市共收缴非法印刷书刊2600册，查处无证经营业户10家。开展了印刷复制业专项整治，取缔无证经营复印社7家，规范了印刷市场秩序。加强了版权管理工作。开展了《著作权法》宣传及著作权作品整治工作，累计印发《著作权法》宣传手册1万册，举办著作权知识竞赛12次。开展了"4·26"版权宣传周活动。全市设展板20块，悬挂条幅标语40条，出动文化执法人员100余人次，收缴盗版书报刊和音像制品3万余册(件)，营造了保护知识产权的良好氛围。开展了政府机关正版化软件调查和使用安装培训工作，协调信息产业局等认真完成了中科红旗软件安装培训工作，实行了政府机关微机软件正版化。转变政府职能服务基层，开展了"互帮互学"活动。举办了2期印刷企业负责人及业务骨干参加的印刷行业培训班，组织出版专业人员参加第二届中国国际全印展学习，组织印刷技术骨干50余人到盘锦前进印务有限公司、大洼软包装厂等5家市内大中型印刷企业开展现场"互帮互学"活动，取得良好效果。

加强宣传落实保护措施，文博事业全面发展

圆满完成了历时两年的全市首次文物大普查。普查证明，盘锦市域内共有古文化遗址238处，明长城118华里，古烽火台41处，市级文物保护单位16处，省级文物保护单位1处。3月份，对文物普查工作进行了全面总结验收，对普查结果进行了逐一登记建档，网络化管理工作正在进行之中。加强了文物保护工作。"沙俄沉船"正式依法回收，完成了馆舍、护栏、值班房建设等一期保护工程；船体修复等二期保护工程正在筹划之中。"小白楼"回收保护前期调研与协调工作于7月份正式开始，并得到有关领导和部门的高度关注。完善和落实了"小红楼"冬季采暖设施设备的改造，征集和充实了"小红楼"近现代文物，增加了馆藏文物种类。加强了文博宣传。坚持和完善了《盘锦日报》开办的"盘锦民俗"专栏和《海韵河风》系列电视专题片的拍播工作。截止8月底，"盘锦民俗"已刊发60期；全年拍播《海韵河风》大型文博专题片120余期，发表文博专题文章20余篇。两个宣传版块刊、播期间创造了市民读视率的新高，进一步增强了盘锦文化底蕴，同时强化了市民的保护文物意识。盘锦民俗的抢救性征集保护工作持续进行，现已征集民俗物品750余件。编辑出版了《盘锦民俗》画册。

文化产业稳步发展 认真学习，拓宽思路。通过学习文化产业发达地区的先进经验，带着问题到邻市考察学习，组织有关人员参观沈阳世博园等，进一步拓宽了文化产业发展思路。完善了文化产业发展规划。按照省文化厅的要求，结合考察推荐省文化产业示范基地候选单位，对全市电影放映业、音像业、演出团体、民营文化企业、事业单位等文化产业状况进行了调研，推荐上报了民营文化企业老祖文化商厦和市群众艺术馆艺术培训中心为省文化产业示范基地候选单位。还根据调研掌握的文化企业状况，完善了《盘锦市文化产业发展规划》。典型示范，加强实践。利用会议和新闻媒体宣传了全国文化产业示范基地——辽河文化产业园的优势，不断提高了文化产业园的知名度。6月份，承办了全国工笔画大展,800 余幅绘画作品参加展出。此外还举办了当代著名画家张子愚书画作品展,促进了大型文化展事活动市场化运作和文化主体产业的发展。全市基本形成了演出业、大众娱乐业、音像业、文博业、艺术培训业、图书发行业、新闻出版印刷业的市场体系雏型,文化市场和新闻出版业户达 1100 余家。

文化体制改革全面展开　根据国家和省、市关于文化体制改革的总体要求,结合文化系统实际情况,制定了《盘锦市文化系统体制改革实施方案》(讨论稿),并进行了修改和完善。《方案》指出了文化事业单位改革的总体思路和具体方法步骤,提出了改革的相关配套政策。对红旗剧场、电影公司等经营性文化事业单位的改革成本进行了核算,分别制定了文化体制改革具体方案,已上报市政府待批。市歌舞团、市新华书店改革方案正在形成,公益性文化事业单位改革已经预热。

· 体 育 ·

群众体育蓬勃开展　2006 年,市体育局全面推进社会主义新农村建设,切实解决农民群众最关心、要求最迫切、最容易见效的事情,结合省体育局实施的建设村屯文化体育广场工程,实施农民健身工程,开展体育器材下乡,为部分村屯安装了健身器材、乒乓球台、篮球架等。盘山县高升镇边东村和大洼县新兴镇园林村建立了比较高档的健身广场和活动室,体育局投放了一批健身器材,以此带动其它村镇的建设。农村体育工作坚持组织在乡镇,活动在村屯,以满足农村和农民的实际需求为标准,同时,努力抓好社区的体育活动与体育建设。全年,有两个乡镇被推荐为"全国亿万个农民健身活动"先进单位,市体育局被省民委、省体育局授予全省民族体育先进集体称号,局长霍春元同志被评为全省民族体育先进个人。

竞技体育收获颇丰　2006 年,是省运会举办年。年初,市体育局组建了参赛队伍,提出了"从零开始,瞄准十运会,构筑训练平台,再创佳绩"的口号。省十运会全市取得奖牌 67 枚、总分 747 分的成绩,其中,金牌 17 枚,银牌 19 枚,铜牌 31 枚,有 2 人打破省运会纪录,田径项目居全省奖牌榜第五名。盘锦代表团被赛会评为"体育道德风尚奖代表团",取得了运动成绩和精神文明双丰收。

体育产业稳步推进　2006 年,市体育局全力搞好体育彩票的发行工作,其中,重点做好排列 3、排列 5 的新玩法发行销售。加强对各销售网点的指导、培训,注重体彩宣传。全年,体彩发行量 7960 万元,再一次创历史新高,位居全省第七名。根据市体育场总体规划,全年,在对市体育场健身广场进行维修、维护的基础上,在体育场东南侧建设了网球场地 4 片、篮球场地和排球场地各 2 片,满足了广大市民的体育健身需求。体育局作为政府的职能部门,特别是社会公益部门,能够在公共政策的制定和推动方面考虑到弱势群体的利益需求,能够从社会公平的角度处理工作和规划未来,全体干部职工"心齐、气顺、风正、人和",以良好的政风和精神状态投入工作。

· 卫 生 ·

全力推进新型农村合作医疗制度,农村三级医疗预防网络逐步健全　全市农村全面推行新型农村合作医疗制度,参合人数达到 543556 人,参合率达到 99.56%,筹资标准由每人 30 元提高到 50 元,共筹集合作医疗资金 2700 余万元。有 11434 人次获得报销补偿,补偿金额 2247.16 万元。通过国债建设项目的实施,两县县级医院、疾病预防控制中心的辐射和带动作用明显增强,巩固了预防保健技术指导中心地位;20 个乡镇卫生院基础设施建设相继达到标准,大大提高了预防保健和公共卫生突发事件的应急能力。全市 35 个乡镇防保站全部实现上划,乡镇防保机构实现了人员、房屋、设备、工资"四配套";对全市村卫生室进行了规范化设置,甲级率达到 81.4%。县、乡两级全部实现网络疫情直报,乡、村两级实现电话疫情直报，覆盖率达到100%。开展了医疗卫生机构的纵向合作，全市8所城市二级医院已建立起与县、乡医疗机构对口支援关系，有32名副高以上职称人员在农村工作半年，帮助农村受援单位开展新技术17项，援助设备总值32.3万元，举办培训班9次，免费接收进修39人次，培训卫生技术人员430余人次。

深入开展“医院管理年”活动，医疗质量管理和服务质量管理得到改善 继续开展“以病人为中心，以提高医疗质量为主题”的医院管理年活动，全面推进医院的质量管理和质量评价。以市二院和辽河油田中心医院三级甲等医院复审为牵引，围绕制度建设、提高医疗质量管理和服务质量管理等方面内容，强化了卫生行政部门对各级各类医疗机构的监管，全市的医疗质量和服务水平有了明显提高，医疗病志甲级率平均达到90%以上，医疗纠纷比上年下降30%，无重大医疗事故发生。市直医院运行质量较好，市直医疗机构全年共完成门诊量530954人次，较上年增加7740人；住院患者32496人次，同比增长8.42%；病床平均利用率达到65.4%，较上年同期提高7.9个百分点；实现业务收入19468.5万元，较上年同期增长33.35%。在1031种药品实行招标采购降价的基础上，又有42个品种实行降价，实现向社会让利1656万元。

积极整合卫生资源，城市居民享有的基本卫生服务水平不断提升 2006年，市卫生局认真贯彻落实国务院《关于加强城市社区卫生服务的意见》精神，积极制定和落实促进社区卫生服务工作发展的一系列配套文件，着力打造“15分钟医疗圈”。引导优良卫生资源向社区卫生服务转轨，将市一院、市中医院、市四院、市六院以及盘锦监狱医院纳入社区卫生服务中心设置规划，一、二级医院基本完成与社区对接，形成了遍及全市城区的社区卫生服务网络，构筑了由21个社区卫生服务中心、71个社区卫生服务站为主体的社区卫生服务网络，社区卫生服务人口覆盖率达到93.3%，有近50%的家庭有了固定的社区医生，市民步行15分钟就能享受到便捷的医疗服务。举办了2期全科医师、社区护士培训班，培训转岗医生、护士193人，为社区卫生服务机构输送了合格的全科医学人员。

公共卫生体系建设显著提高 2006年，全市2个国债疾控中心建设项目、4个医疗救治体系建设项目全部竣工使用，形成了遍布全市的预防和医疗救治两个网络系统，应对突发公共卫生事件的能力得到明显提高。经省级专家组评审，市疾控中心、大洼县疾控中心通过了规范化试点评审，省卫生厅于8月份在盘锦市召开规范化建设现场会，推广了试点经验。市疾控中心以此为动力，申报并通过了国家实验室认证，成为全省继沈阳、大连之后的第三个获得国家认证的单位。全年，开展了3次应对各类突发公共卫生事件模拟拉练演习，应对各类突发公共卫生事件的总体水平显著提高。

疾病预防控制整体水平显著提高 坚持“预防为主”的工作方针，落实各类传染病防治措施，有效地遏制了各类传染病的发生。2006年，全市共报告乙类法定传染病11种、发病1896例，发病率为147.64/10万。全市计划免疫“四苗”接种率达98%以上。全市连续15年无脊髓灰质炎病例发生，连续6年无霍乱疫情发生。全市孕产妇死亡率为10.53/10万，婴儿死亡率为10.00‰，5岁以下儿童死亡率为11.58‰；全市孕产妇和儿童系统管理率分别为92.00%、91.89%，住院分娩率为100%，较好地完成了省要求的主要指标。全市临床用血100%来源于街头无偿献血，成份用血率达到95%，在省内率先实现了无偿捐献成份血100%的工作目标，第二次申报“全国无偿献血先进城市”，有望再获殊荣。爱国卫生运动工作深入推进，完成了省下达的1000套无害化厕所的农村改厕任务，顺利通过省级卫生城复检，城市面貌得到改观。

理顺卫生监督体制，卫生全行业监管力度不断加大 7月份，完成了市级卫生监督体制改革，加强和理顺了各级卫生监督体制，卫生执法监督综合能力不断增强，实现了地方、油田、县区三方联动，监督覆盖率由过去的85%达到100%。在全市范围内开展了卫生许可、保健食品、婴幼儿配方食品、食品添加剂、餐饮业和食堂等专项整治行动。全年,出动监督人员12728人次,实施行政处罚69户次,罚款10.5万元,受理举报投诉案件35起。在节日、重大会议和"两考"期间,先后集中力量对重点场所进行监督,确保了重要时期的卫生安全。巩固扩大医疗市场专项整治成果,健全了一整套长效监管机制,强化全行业监管。在2005年注销、取缔300余家个体诊所的基础上,从年初开始在全市范围内又打响了"第二次战役",开展了"依法执业,规范诊疗行为"专项行动,下发并实施了规范执业行为"八不准",分阶段对民营医院、企业医院、公立医院、医疗美容等机构进行专项检查,共检查医院38家,医疗美容机构7家,门诊部11家,对部分违法行为进行了行政处罚,有28家医院受到警告、责令改正和行政处罚,罚款4.2万元,停业整顿3家,撤消1家,对2家门诊部因功能不足降为诊所;检查个体医疗机构318家,取缔非法行医52家,注销证照16家。

医疗技术和医学科研能力不断提高　2006年,全市卫生部门采取多种渠道提高在职医疗卫生技术人员业务素质,完成省级继续医学教育项目71项,完成市级继续医学教育项目232项,参加继续医学教育人员3992人,占应参加人员的比例达到98%以上,培训合格率达95%。加大了引进新技术、新项目的力度。全年,共引进和开展医疗新技术、新项目91项,申报省级科技进步奖2项,获市级科技进步一等奖3项、二等奖5项、三等奖2项。发表国家级论文64篇,省、市级71篇,市级12个重点专科在原有基础上又有新的发展。

认真治理商业贿赂行为,卫生行业作风持续好转　按照"五个阶段、五项重点"的要求,提高认识,落实责任,认真开展治理商业贿赂专项工作,到自查自纠阶段结束,全市卫生工作者及医务人员上缴不正当所得211036元。全市医疗卫生机构大宗医用耗材和药品已经实行了全市招标采购,对于5万元以下的医用耗材,下发了6章21条管理办法进行规范。在全市医疗卫生单位全面开展了以"争创医德医风示范医院、争当人民满意医务人员"、"诚信服务杯"竞赛以及"加强职业道德建设,树行业新风"为载体的行风建设活动。举办了庆祝"5·12"国际护士节大型表彰活动和2场大型健康卫士楷模先进事迹报告会,全系统有2500余人参加。各医疗卫生单位也开展了形式多样、富有成效的学习宣传活动,树立和维护医疗卫生工作者的良好形象,为卫生工作营造了良好的舆论环境和社会氛围,广大人民群众对医疗卫生服务的满意程度逐步提高,在上年首次进入行风建设先进单位行列基础上又有新的起色。2006年被省卫生厅评为行业作风建设管理先进集体。

信访之桥

信访总量呈大幅度下降 2006年，市县区信访工作机构受理群众来信来访4325案、28238件(人)次(信709案、943件次，访3616案、27295人次)，同比分别下降24.3%和30.8%，其中，集体访869批次、24384人次，同比分别下降18%和29.7%。全年，市本级受理群众来信来访2920案、20513件(人)次(信543案、717件次，访2377案、19796人次)，同比分别下降21.5%和28.6%，占全市信访总量的67.5%，其中，集体访514批次、17672人次，同比分别下降11.8%和33%，分别占全市集体访总量的59.1%和72.5%。去省集体上访7批次、83人次，批次同比下降10.9%。进京集体上访27案次、303人次，同比下降40.2%，在国家信访局登记为零。从群众集体上访反映的问题看，多是涉及共性问题或是一个时期的难点问题，主要集中在以下几个方面。(一)劳动社保问题占集体上访总量的26.1%；(二)城建管理等问题占21.1%；(三)征占土地等问题占18%；(四)企业产权改革问题占8.1%。此外，"三农"、政法、民政、文教卫生、环保、治安等方面也是群众比较关注的问题。

各级党委、政府切实加强对信访工作的领导，信访工作得到全面加强 2006年，市委、市政府把信访工作纳入到重要议事日程，市委常委会、市政府常务会将信访工作作为一项重要内容，研究部署工作。两次召开全市信访工作会议，市委、市政府主要领导在会上强调信访工作在构建和谐社会中的重要性。把信访工作纳入全市目标管理考核体系并加强督促检查，使各级党政主要领导的信访工作责任意识普遍增强，从机制上为信访工作提供了有力保证。市领导主动承担信访工作任务，带头落实信访工作领导责任制。年内，市委书记陈海波、代市长陈淑珍等市级领导包案处理重点信访案件近百件，接待和主持协调处理群众来访3500多人次，阅批群众来信338件次(占市信访局受理群众来信总量的47.1%)，调动了全市各级党政主要领导的积极性，使各级领导信访接待日、领导包案下访和信访工作责任追究等工作得到了进一步落实，全市上下初步形成了领导重视、齐抓共管的工作格局。

加大对不稳定因素的排查和越级上访的防控工作力度 加强排查预案，超前掌握信访热点、难点。对可能出现的不稳定因素，提前作出稳定工作预案，落实防控工作责任，并按要求坚持每月向省信访局报送可能越级上访的案件，排查预报率达到100%，为超前预防和及时落实处理措施，有效化解矛盾起到了积极的作用。强化信息预测、预报，确保跟踪劝返工作的及时到位。选派得力人员驻京值班，加大驻京劝返工作力度。市信访局专门成立了驻京信访工作组，由一名副处级干部带队，一名科级干部负责日常工作，使该项工作日常化、规范化，进而提高了工作效率。年内，市驻京工作组成功劝返了盘锦市进京上访93案次、592人次(其中，集体访23案、347人次)。维护了首都的社会稳定，受到了省驻京工作组的肯定。

加大进京滞留访和非正常上访整治力度 进京滞留访和非正常上访是2006年中央和省联

席会议部署的工作重点。对此市委、市政府领导亲自主持研究,进行工作部署。在信访活动敏感期,市领导亲自带队进京开展工作,促进了工作的开展。年内,市政府市长办公会议3次听取进京滞留访和非正常上访治理工作汇报,两次例会传达中央和省联席会议关于非正常上访专项治理工作的主要精神,对中央和省立项交办、涉及面广、问题复杂和非正常上访的信访事项进行了排查梳理,研究处理了信访人员反映比较突出的企业改制、社会公用事业管理、城镇动回迁等23件重要信访事项。

加大解决问题的力度,妥善化解各类矛盾 市信访局对群众初信、初访问题,认真按照《信访条例》的规定,积极主动工作,严格履行法定程序,畅通渠道,本着群众利益无小事原则,保证在第一时间完成分流、转送、交办工作,提高初信、初访事项的一次性处理率,避免因工作环节上的原因造成案件积压引发重复访和集体访的发生,使信访总量呈现下降趋势。加大信访案件协调力度。全年,对中央和省、市交办的信访案件和群众信访反映的热点、难点问题,市信访局组织有关部门召开信访事项协调会议69次,形成《信访事项协调会议纪要》39期、《协调处理重要信访事项通报》19期,妥善处理了173件疑难信访案件。加大信访案件督办力度,力争一次性解决问题。年内,市信访局深入基层督办28次,使92个信访案件处理在基层、大多数上访群众稳定在当地。盘锦市承办的24件中央、省交办案件全部按期结案,息访23件,按期结案率为100%,息访率为95.8%,高标准完成了案件办结任务。

发挥“绿色通道”的作用,提高立案率 为“更好地贯彻和施行《信访条例》,畅通信访渠道,鼓励广大人民群众通过来信方式表达信访诉求,降低群众信访成本,减轻群众的经济负担”,降低走访压力的目的,市信访局年内立案137案、215件,立案率达到了30%,通过跟踪督办,全部落到了实处,按期结案率达100%,息访率达到93.4%。使群众认识到“绿色通道”真的是直达各级领导的快捷通道,真的能够解决实际问题,进而减少了走访。信访部门面对群众走访的压力得到缓解,收到了良好的效果。

整合行政资源,开展“五项联动”,实现信访工作“双向规范” (一)按照《治安管理处罚法》、《警察法》、《集会游行示威法》等法律法规,与市公安机关联动依法规范信访秩序。联合制定了《关于维护市级党政机关驻地信访秩序暂行办法》,对违法信访行为采取强制措施,依法进行打击。年内,训诫24人次,拘留17人,刑拘2人。(二)与市总工会联动,维护弱势信访群体利益,救助特困职工43人次。(三)与市劳动和社会保障部门联动,维护农民工及困难职工利益。建议市政府先后出台《关于建立农民工工作联席会议制度的通知》和《关于援助“零就业家庭”就业长效机制的实施意见》等文件,使相关工作得到规范,从源头上杜绝了农民工和困难职工信访问题的发生。(四)按照辽宁省、盘锦市《信访工作责任追究暂行办法》的规定,与市纪检监察机关联动履行信访责任追究。追究在信访工作中因官僚主义、不负责任、工作懈怠、激化矛盾,引发信访问题造成不良影响的国家机关工作人员的责任。(五)与市检察机关联动探索信访工作责任追究的实现方式,推进涉法信访案件办结。制定了《信访与检察机关联动工作暂行办法》,将渎职检察和反贪工作引入了涉法信访事项的办理。年内,为国家挽回经济损失600余万元,惩治国家机关工作人员8人。“五项联动”从机制上维护了信访人权益,有效地规范了信访人和国家机关工作人员的行为。

建立信访风险评估机制 各级党委、政府在对涉及全局性的重大问题作出决策之前,都要求信访部门参加,听取信访部门的意见,把稳定工作作为前置条件,统筹考虑实施。对信访部门提出的合理化建议,都明确予以落实。年内,市委、市政府采纳信访部门行政处分建议1次,改进工作建议2次,完善政策建议13次。从决策高度为避免和化解信访矛盾、推动信访事项解决、推动经济和社会健康发展发挥了重要的作用。

夯实信访基础工作，信访队伍建设得到加强

2006 年，市委、市政府致力于建设一支高素质的信访工作队伍，加大了对信访部门的支持和投入。全年，市委为市信访局超编配备一名副局长，增加编制 6 人。市委组织部精心选派年轻后备干部到信访局工作锻炼，进一步充实了信访一线工作力量。

成绩显著，战果辉煌　2006 年，全市群众进京、去省上访为全省最少，集体访在京登记为零，全面完成了省委、省政府下达的信访工作指标任务，连续两年考核全省第一，被省信访局命名为“排头兵”，市政府被省政府授予信访工作优胜奖，市信访局在中共中央、国务院第六次全国信访工作会议上，被评为全国信访系统先进集体。

县区委大事

·盘山县·

掀起全民创业热潮 2006年是“十一五”开局之年，盘山县把强力推进全民创业和民营经济发展摆到了突出位置。制定了《进一步优化经济发展软环境的实施意见》和推进全民创业在土地、税收、奖励等方面的一些优惠政策。继续对挂牌企业实行保护制度。县领导包扶重点民营企业，县直相关部门主动进入角色。县治软办对全县行政事业性收费、行政许可主体、行政许可项目名称及设定依据逐一清理审核，聘请一批“隐性”监督员，对各职能部门的行政行为明查暗访，及时处理影响软环境发展的恶劣行为。同时，重拳整治经济发展软环境。召开了经济发展软环境整治大会，对县运输管理所、石新镇派出所等违规违法情况进行通报批评，给予7名责任人党纪政纪处分。决定2006年12月15日至2007年1月15日为全县软环境集中治理期。治理的主要对象是行政许可的各职能部门、单位以及具有综合管理职能的部门、单位以及提供社会服务的部门和行业。工商部门结合“百人万户”帮扶活动，把注册资本降到最低限额，允许注册资本分期到位、设立“一人一公司”等鼓励创业的各项政策，促进了个体私营业户的发展。各乡镇、各部门也积极招商引资，进一步完善了工业园区的水、电、路、气等基础设施建设，进区企业迅速增加。外贸部门“走出去，请进来”，把有合作意向的日、韩、港、台、欧美、东南亚等国家和地区作为招商的主攻方向，不断吸引外地企业来盘山创业。县信用联社积极为民营经济发展提供贷款服务。县委、县政府大力鼓励县直机关干部包括领导干部，在国家法律法规和党的政策范围内离岗创业。鼓励农村广大干部群众从事特色优势农产品种养、储运、加工和营销，尽可能拉长产业链，向深加工要效益，推动个体私营业主二次创业，扶持下岗职工自主创业。动员待业、转退和转制人员拓展就业空间，在全县范围内掀起了全民创业的热潮。截止到2006年底，全县共注册民营企业440家，新增120家；个体工商户8870户，新增1369户。注册资金和从业人员均有大幅增长。实现非公有制经济增加值28.2亿元，同比增长35.3%；实现税收1.55亿元，同比增长28.1%。

创新“三种模式”建设新农村 盘山县积极贯彻中央提出的新农村建设20字方针，以科学发展观统领全局，因地制宜，勇于探索，以县域经济发展为目标，以增加农民收入为核心，以改变村容村貌为突破口，用城市理念建设农村，用工业理念谋划农业，用现代理念培育农民，确立了以建设工业型、生态型、城镇型为主的三种新农村建设模式，扎实推进社会主义新农村建设，开创了新农村建设工作的良好发展局面。（一）工业型新农村。以发展乡村工业为导向，推进农村经济由农业主导型向工业型转变，增强工业对农业的拉动力。形成“以工促农、以城带乡”的趋势。目前，全县一个以大中型重点龙头企业（22个）为核心，小型龙头企业（58个）为骨干，中介组织（21个）、专业市场（6个）为基础的农业产业化组织群已初步形成。全县粮食、棚菜、水产、畜牧及林业成规模的组织已达 83 个。这些组织固定资产总值为 1.577 亿元，带动农户 3.1 万户，辐射面积 69 万亩。(二)生态型新农村。发挥特有的生态优势，开发利用生态资源，发展生态经济，以生态型农业为重点，逐步推进农业产业化进程的农村发展道路。盘山县是全国首批生态示范县。目前，全县有机水稻认证面积已达 13.45 万亩，六合有机食品基地生产的有机米已进入中南海，成为“贡米”。“利是”、“柏氏”等大米已打入北京、上海等城市的各大超市。A 级绿色蔬菜产量达到 10 万吨，产品远销东北三省及北京等地，其中，盘锦绿地发展有限公司成为辽宁省 19 家“京菜”供给地之一。生态县的建设不仅增加了农民的收入，还保护了生态环境。太平镇探索出沼气能源应用生态型农村新模式。坝墙子镇生态型经济模式成为建设田园风光型新农村的典型。全年，从 14 个乡镇、155 个行政村中，筛选出了边东村、红星村、榆树村、坝根子村和高升镇、四村一镇为市级新农村建设试点村镇。确定七台子村、西拉拉村和太平镇等五村一镇为县级试点村镇。公兴、南关、友谊等 11 个村为乡级示范村。申报了太平镇为省农垦系统新农村建设试点，高升镇为国家农业综合开发新农村建设示范区。各试点单位因地制宜、统筹安排、注重特色、着力推进，组织实施了“五通、四改、三建”工程，深入推进了“四进院”工程。全年，共完成投资 1.48 亿元，绿化村屯 55 个，绿化街道 122 条、145 公里，植树 47.6 万株。修路宅分离沟 52.33 公里，动用土方 97 万立方米。新建垃圾箱 744 个，清运垃圾 8.7 万立方米。完成改厕 2320 户，修进户大门 3089 个，修 U 形槽 99.8 公里，建进户桥 7020 座，新修院墙 90 条、43 公里，新修道路 253 条、180 公里。(三)城镇型新农村。按照统筹城乡发展的要求，坚持以城带乡、以乡促城，推进农业农村现代化，引导农民向乡镇集聚，加速资本和产业转移，加快建设城镇型新农村，促进农民职业和空间转移，形成新型的城乡产业结构和城镇体系。

隆重举行建县百年暨县城搬迁庆祝大会

10 月 10 日上午，盘山县在新县城广场举行了建县百年暨县城搬迁庆祝大会，结束了盘山县 20 多年有县无城的历史。市委书记陈海波，市委副书记、代市长陈淑珍，市政协主席于捷，市委副书记、辽河石油勘探局党委书记孙崇仁，市委常委、市总工会主席王广华，市委常委、宣传部长邵冰，市人大常委会常务副主任李日宇，市人大常委会副主任徐敬富、荆永强，市政府副市长张要武，原市、县老领导刘振宦、郑天西、刘永祯、李述仁等及辽河石油勘探局、辽河油田公司、辽河石化公司、华锦集团等驻盘中、省直企业的领导，兄弟县区主要领导应邀光临大会。北京军区政委符廷贵上将、空军后勤部副部长王国明少将、国务院政策研究室农村司司长李希荣等及友好市县纷纷发来贺电，对盘山县建县百年暨县城搬迁表示祝贺。县委书记孙占明发表了热情洋溢的致辞。市委书记陈海波代表市几大班子及全市人民对盘山建县百年暨县城搬迁表示祝贺。市县领导和嘉宾为新县城行政中心办公大楼落成剪彩。县委副书记、县长杨建军主持大会。县四大班子领导及县直、乡镇机关干部数千人参加大会。11 日上午 9 时，由中央电视台主办、盘山县承办的《激情广场》大型歌会在盘山县新县城广场拉开帷幕。市县干部群众近 2 万人观看。央视《激情广场》走进盘山，极大地鼓舞了全县人民创建家园的士气，产生了强烈的震撼效应。盘山自 1906 年建县以来，已走过整整百年历程。2002 年 7 月 18 日，辽宁省政府发文正式批复，同意“盘山县在太平镇筹备建设盘山县城，为县人民政府驻地迁移做好各项准备工作。”截止到 2006 年底，新县城累计完成投资 3.2 亿元，完成了行政区主干道、给排水、拆动迁、绿化、照明等 18 项工程；行政中心大楼、检察院办公楼、会议中心和盘山新高中如期交付使用；市民广场和行政广场全面竣工。建成区面积达 2.22 平方公里，城区人口 1.8 万人。市政基础设施、行政办公设施、公用设施基本实现配套。工业区已有 20 家企业进驻，项目投资 1.4 亿元，年创产值 3.3 亿元。2006 年 7 月 8 日，国务院正式批准县城搬迁至新址，从此翻开了盘山县发展史上崭新的一页。

以科学发展观为统领，加强党建工作　2006年，中共盘山县委坚持以邓小平理论和“三个代表”重要思想为指导，深入贯彻党的十六大和十六届五中、六中全会和县第十一次党代会精神，以加强党的执政能力建设为主线，按照“把握一个中心，服务一个大局，突出两个重点，做好八项工作”的思路，牢牢把握为全县经济社会又好又快发展服务这个主题，进一步巩固和扩大先进性教育活动成果，统筹做好各项工作，取得了明显成效。一是强化党的基层组织建设，巩固和扩大保持共产党员先进性教育活动成果。在农村和部分党政机关扎实开展了第三批先进性教育活动，切实抓好三个批次巩固和扩大成果工作，着力推进重点“民生工程”，解决了一些群众关心、关注的难点热点问题。广泛开展理论研讨活动，深化对党的先进性建设重大战略意义的认识。认真贯彻中央“四个长效机制”，使保持党的先进性成为各级党组织和广大党员的自觉行动。在农村，围绕建设社会主义新农村的要求，紧密结合第三批先进性教育活动，进一步深化“三级联创”活动，大力加强农村基层组织建设。实施基层组织建设年度考核制度，制定下发《关于对全县农村基层组织建设工作进行年度考核的实施意见》，变定性考评为定量考评，提高农村基层组织建设整体水平。继续实施乡(镇)、村领导班子素质建设工程和“三向培养”工程，切实提高乡(镇)、村干部驾驭农村经济社会发展的能力。积极开展农村党员“设岗定责、服务群众、建设新农村”主题实践活动，400多名农村党员参与这一活动，真正成为农民群众的贴心人。继续实施“共产党员心连心”工程，开展为贫困党员建房的扶贫帮困活动，按每户1.5万元建房标准，全县共计建房30户。在进一步扩大对贫困党员开发式扶贫的层面和范围的基础上，探索建立下岗职工党员和贫困党员就业技能培训机制。在企业，采取导、联、建、挂等形式，成立了19个非公有制经济党组织。在机关，以强化立党为公、执政为民意识为重点，将深化先进性教育活动和“四型机关”建设、经济发展软环境建设结合起来，机关作风有了进一步转变，工作效率得到进一步提高。强化发展党员和党员教育管理工作，党员队伍素质进一步提高，全年共发展党员348名。在党员教育管理中，把学习党章、贯彻党章、遵守党章、维护党章作为一项重要任务抓实抓好。在全县党员队伍中继续开展“亮身份，展共产党员风采；树形象，让人民群众满意”活动。通过送党课下乡、送科技下乡，提高了党员的政策理论水平和科技致富能力。二是强化领导班子建设，各级党组织的领导核心作用不断增强。县委组织部始终围绕加快发展这个第一要务，在提高各级党组织的执政能力和领导水平上下功夫。在选拔任用干部上严格按照《干部任用条例》的规定选干部，按照加快发展的要求配班子，大胆起用靠得住、有本事、想干事、能干事的干部。全年共调整科级干部159人。通过调整，乡镇和县直部门领导班子的结构进一步优化，活力明显增强。三是强化干部培训工作，干部队伍整体素质有新提高。根据中组部《关于深入学习贯彻“三个代表”重要思想，做好大规模培训干部工作的意见》等文件精神和省、市委的有关要求，结合全县实际，以科级领导干部轮训班为主体，强化培训，不断提高全县各级领导班子及成员的思想政治素质和实际工作能力。采取党校集中培训、中心组集中学习等形式，突出抓好县、乡领导班子成员的理论学习。落实领导干部理论学习责任制，做到有计划、有要求、有检查、有考核。在县委党校举办了440人参加的4期科级领导干部轮训班，通过培训，进一步提高了全县科级领导干部的知识水平和工作能力。此外，还选派14名同志参加省、市委党校的培训，为干部的健康成长提供了平台和保证。四是强化自身建设，进一步提高干部队伍素质。按照标准高、要求严、效果好的要求，完成组织部门先进性教育活动。在组织系统先后开展社会主义荣辱观、胡锦涛总书记“六三〇”重要讲话、《江泽民文选》、党的十六届六中全会精神专题学习活动，进一步提高了组工干部的思想政治素质。结合巩固和扩大先进性教育活动成果，通过专题培训、组织研讨等方式，营造组织系统全员学习、全程学习和创新学习的良好氛围，进一步提高组工干部的专业能力。

进一步推进组织系统信息化建设，加强“三网六库一平台”建设，完成组织系统局域网、党政内网、互联网的建设，党员信息库、干部管理信息系统已经初步建立，不断提升组织工作的科技含量。

连续四届获得省文明村镇建设先进县殊荣 盘山县把文明村镇建设作为社会主义新农村建设的重中之重，采取有力措施，调动全民参与，使农村各地出现了各具特色的文明风貌。(一)突出特色，积极推进生态文明村镇建设。从2003年起，在全县开展生态文明村镇创建活动。全县采取突出特色创品牌，提升质量强品牌，扩大宣传塑品牌等措施，全力创建了一批知名村镇。截止到2006年底，60个村环境整治已达标，占村总数的38.7%。“四进院”工程已完成总任务的75%以上，街道整治116条，全县乡村道路硬化率达98%。有2个乡镇推广了秸秆汽化技术。太平镇、坝墙子镇还分别进入“全国文明村镇”、“全国文明村镇建设先进村镇”行列，高升镇已连续保持“全国文明村镇建设先进镇”荣誉称号。(二)以城带乡，加快城乡文明一体化进程。全县开展了“以城带乡、城乡联动、共建文明”活动。一是着眼于占领农村思想文化阵地。据统计，县直共建单位为农村文化阵地投资30多万元，建立了3个乡镇文化中心、53个村文化室、33所农民文化学校、5个文化广场，培训文化骨干2100人。二是着眼于提高文明程度。通过城乡共建活动，共修标准村路20公里，植树10万株，修缮村部70间。逐步缩小城乡文明差距，提升区域文明创建水平。三是着眼于农村中心工作。提高农民素质、发展农村经济、共促城乡文明，是城乡共建活动的出发点和最终目的。为广大农民送致富信息、送实用技术，在满足农民求知求富愿望的同时，促进区域经济的快速发展，加快城乡文明一体化进程。(三)贴近实际，大力加强公民思想道德建设。坚持以人为本，着力在提高公民素质上下功夫。深入贯彻落实《公民道德建设实施纲要》，广泛开展各种形式的道德实践活动。突出抓好农村未成年人的思想道德建设。落实责任，把加强和改进未成年人的思想道德建设放在更加突出的位置。认真贯彻落实《盘山县关于加强和改进未成年人思想道德建设的实施意见》，建立学校、家庭、社会“三位一体”的未成年人成长网络。由县关工委牵头编写的《孝顺与忤逆》和《吸烟有害健康》等图文并茂的未成年人读物4000册，印发到各中小学，以丰富未成年人的精神文化生活。组织各乡镇“五老”宣传组深入学校、家庭、集贸市场、文化广场进行面对面宣传教育。各学校坚持把课堂教育与课外活动相结合，增强活动的针对性、实效性、吸引力和感染力。由县妇联牵头开展“代理妈妈”活动，与单亲家庭子女结对子，给单亲家庭子女特殊的关爱，营造了和谐的人际关系。(四)搞好企业文化、乡村文化、校园文化、家庭文化建设，积极开展丰富多彩的文化文艺活动，努力建设体现社会主义特点、时代特征和盘山特色的地域文化。积极发展各级各类教育事业，全县50%的学校成为环境建设示范校。13个乡镇学校已有12所进入示范标准“普九”行列。医疗技术、疾病预防、卫生执法水平不断提升，新型农村合作医疗试点工作全面展开，全县参加新型农村合作医疗共150528人，占应参加合作医疗农业人口的68%。大力推进“科教兴县”战略，科技进步示范县工作成果显著。扎实做好人口资源和环境工作，为盘山县实现经济社会发展的良性循环奠定了基础。加强社会治安综合治理工作，保持了全省“平安县”殊荣。

中共盘山县第十一次代表大会召开 3月16日至17日，中共盘山县第十一次代表大会召开。出席大会的正式代表280名，列席代表26名，他们代表着全县12000多名共产党员。县委副书记、县长杨建军主持会议。县委书记孙占明代表中共盘山县第十届委员会作了《抢抓机遇，务实创新，为实现盘山经济社会发展的新跨越而奋斗》的工作报告。县委副书记、县纪检委书记王会林代表中共盘山县纪律检查委员会作了题为《认真履行职责，加大防治力度，不断推动党风廉政建设和反腐败工作深入开展》的工作报告。县委书记孙占明在报告中总结回顾了过去5年的工作，明确了今后5年工作的指导思想、工作的奋斗目标、主要任务和党的建设工作的重点。大会经过充分酝酿和民主选举，选举产生了中共盘山县第十一届委员会委员31人。3月18日，中共盘山县第十一届委员会举行第一次会议。会议选举孙占明为县委书记；选举杨建军、杨斌、王会林为县委副书记；选举孙占明、杨建军、杨斌、王会林、刘松林、冯英(女)、张晓良、许海清、杨昕为县委常务委员会委员。会议还批准了中共盘山县纪律检查委员会第一次会议选举产生的书记、副书记和常务委员会委员。纪委书记王会林,副书记孙连山,常务委员王会林、孙连山、王云彪、李长山、赵柏忠。

社会事业全面进步　2006年,盘山县交通建设步伐加快。全年,共投资8410万元,新建和拓宽改造公路95公里,完成村村通油路59.2公里,实现村屯标准化27公里,全县133个村实现了村村通油路。截止到2006年底,全县公路总里程达到1571.5公里,公路密度达到每百平方公里77.03公里,在全省名列前茅,实现了"十一五"的良好开局。深入实施了科教兴县战略。全面完成了省科技进步示范县年度计划,大力实施了科技创新与推广,共申报科研项目37项,争取科技专项资金323万元,被确定为全国科技富民强县试点县。城乡教育统筹发展,办学条件进一步改善。投资1.08亿元,建成了全省一流的新高中,高中阶段累计招生1978人,高中阶段入学率达到75%,比上年翻了一番。文化事业不断繁荣,文化活动精彩纷呈。卫生基础建设显著加强,完成10个乡镇卫生院的改扩建,疾病预防控制和应对突发公共卫生事件的能力明显提高。全面落实了年初承诺的10件实事。着力扩大新型农村合作医疗,建成甲级卫生所159个,实现了全县村村都有甲级卫生所的目标。实施了4个乡镇饮水安全工程,解决了3个乡镇饮用水氟含量超标的问题。推进了新能源建设试点,新建了4处秸秆气化站。实施了宏志工程,投资56万元,资助特困学生300名。农村有线电视覆盖面进一步扩大,文化生活日益丰富,强化了农村信息服务,新建两个乡镇信息服务站。155个村全部建立了劳动保障工作站,完成实名制培训7817人、实名制就业12663人,城镇登记失业率为2.9%。启动实施了"三年扶贫帮困工程",对全县1200户贫困户实行结对子帮扶,提供致富项目120多个,为176户贫困户新建了标准住房,为5486名农村低保对象发放了低保金。各类保险覆盖面不断扩大,保障体系日益健全。

三次蝉联省级"平安县"殊荣　2006年,盘山县又一次获得省级"平安县"殊荣,成为全省12个连续3年获得省级平安县区之一。3年来,县委、县政府坚持以建设"平安盘山"和争创全国、全省"平安县"为目标,站在发展稳定、构建和谐社会的高度,审时度势,强化领导,认真落实社会治安综合治理各项措施,全力构建综治工作管理体系,不断创新工作思路和工作机制,增强全民参与意识,提高安全防范能力,构筑安全屏障,优化发展环境,为建设和谐盘山筑牢了根基。在"平安县"创建工作中,盘山县把平安是品牌,平安是资源,平安是效益,平安是第一环境的核心理念导入创建的各个层面。县委、县政府高度重视"平安县"创建工作,做到齐抓共管。坚持县委、县政府、县政法委一把手亲自部署、亲自挂帅、亲自督战。县委成立了"平安县"工作领导小组,县委书记孙占明、县长杨建军经常听取相关工作汇报,深入调查研究,解决实际问题。县人大、县政协还先后组织人大代表、政协委员视察和督察,分专题听取和审议工作汇报,提出建设性意见。配齐配强县乡村三级综治工作部门领导班子,坚持一把手负总责,建立专抓平安建设的精干队伍。组织部门根据省综治委与省编办《关于加强乡镇、街道社会治安综合治理基层组织建设的若干意见》,以强化乡镇综治组织建设为基础,制定《盘山县乡镇综治委员任职条件和管理办法》,选任14个乡镇综治办专职副主任,给予副科级待遇,保证这项工作在基层有人抓,有人管,形成统一指挥、反应灵敏、协调有序、运转高效的防范指挥系统。根据省、市有关争创活动要求,不断明确工作职责。县委出台了《盘山县争创全国全省平安县的实施意见》和《盘山县平安建设工作标准》。由县乡到村组户,层层分解工作任务指标,把"平安乡镇"、"平安村组"、"平安家庭"、"平安企业"、"平安校园"创建活动,作为"细胞工程"来抓,纳入县委提出的"经济发展版块"和"平安县"建设目标。为把创建工作真正落到实处,县委、县政府与14个乡镇和37个县直单位签订社会治安综合治理目标管理责任状。按照下管一级的要求,层层签订,严格考核,明晰责任。县综治委每年都对各乡镇和县直单位社会治安综合治理工作情况进行通报,以增强各级领导干部的工作责任心和紧迫感。建立综治工作信息调解员队伍。制定《盘山县综治工作信息调解员管理意见》,全县以每个村民组至少1名的比例，建立“县备案、乡培训、村管理”的656名义务宣传员队伍。在出租车司机、重点集贸市场和服务场所，挑选76名精干人员作为综治工作信息调解员。此外，全县每年都集中对综治干部进行培训，坚持培训对象到村到户。各乡镇、县直各单位也通过学习班或“以会代训”的方式逐级进行培训。

项目建设实现历史性突破 2006年，全县工业总产值实现75.8亿元，比上年增长31.7%，其中，规模以上工业总产值实现34.3亿元，同比增长39.3%，工业增加值实现16.6亿元，同比增长34.1%。石油炼制业支撑能力明显增强，机械制造业形势喜人，新型建材业产销两旺，专业汽车制造业发展迅速。全县规模以上企业达88户，新增34户。(一)把项目建设作为经济工作的“第一要务”。通过对项目的实施，不断培植新的经济增长点。年初以来，县政府就出台了关于发展民营经济、招商引资、优化软环境、全民创业等多项政策，为项目的顺利推进奠定了坚实的政策基础。同时，通过召开工业调度会、拉练会等形式，进一步统一全县上下的思想，增强了加快项目建设的紧迫感和责任感。“利用资源上项目，构建产业链条”。全年，在石油化工、井盐开发、苇业造纸等方面重点推进了一大批产业链条长、牵动能力强的项目。如恒源化工加氢树脂项目、恒兴化工硫酸钾项目、春城纸业瓦楞纸项目等。为保证项目的顺利实施，全县建立了项目管理考核责任制，并按照“在建项目抓竣工，新上项目抓进度，前期项目抓开工”的原则，加快在建项目的进度、抓好签约项目的开工建设、抓好大项目的策划和储备。县委、县政府主要领导亲自带队赴温州、厦门、上海等地招商引资，争取项目，并在香港举办了“盘山投资说明会”，进一步扩大了盘山的知名度，为多上项目创造了有利的条件。全年，全县开工建设各类项目126项，其中，投资500万元以上重点项目98项。竣工项目56项，续建、在建项目70项，累计实现投资6.8亿元。目前，兴牧肉联、民发肉联、鹤源生态养殖、润迪鹅业加工等9个项目基本建成。金碧汽车、银龙塑钢、兴达低碳烯烃等51个项目即将投入生产。和运集团总投资2.4亿元的C5C9项目，大明公司投资1.15亿元的石化项目，超越金属制品公司投资1.5亿元的标准件、纤细板项目，春城纸业投资2亿元的10万吨瓦楞纸项目等“亿字号”重点项目正在运作之中。(二)坚持把园区建设作为发展工业经济的重中之重，强力推进盘山经济开发区和重点园区建设。加大园区投入，完善基础设施，不断提高园区硬件建设的标准和水平；创新园区管理机制，落实园区优惠政策和服务，不断优化经济发展软环境；着力打造产业明晰、各具特色的专业园区，不断提高园区的产业集聚力。截止到2006年底，盘山经济开发区硬件建设达到了“七通一平”标准，入驻企业20户，2006年新增5户；精细化工园区完成投资6000万元，给排水工程基本竣工；石化工业园、盐化工业园、高新技术园、纸业工业园和沿海经济带规划进展顺利；以吴家、高升、太平为代表的乡镇工业园区已粗具规模，为全县工业经济发展提供了完备的载体。

扶贫帮困工作赢得民心 (一)让困难百姓喜庆祥和过春节。2006年，盘山县共筹措下摆资金200万元，走访困难群众近千户。县委、县政府把做好春节期间的扶贫帮困送温暖作为关心群众，构建和谐盘山的首要任务来抓，精心安排，周密部署。县委书记孙占明、县人大主任羡国仁、县长杨建军、县政协主席孟晓平等县领导分别率领有关人员进村入户，深入到特困劳模、特困职工、特困教师、特困党员、伤残特困军人、离退休老干部家中和乡镇敬老院，亲切交谈，既送去了慰问金和御寒衣物，又送去了党和人民的温暖。各乡镇、各部门、各单位也高度重视扶贫帮困送温暖工作。县总工会、县民政局组织干部对全县困难职工、困难群众进行细致的调查摸底，把扶贫送温暖工作量化到全年工作中去，使困难群众与全县人民一道欢庆祥和过春节。(二)为受灾困难户建新房。2006年的几场特大暴风雨，造成了盘山县176户房屋倒塌或成为严重险房。为此，主管县长张皓主持召开了县民政局长和各乡镇分管乡镇长、民政助理参加的专题会议，下发了《关于盘山县三年扶贫帮困工程的实施意见》，把为受灾贫困户建房工作纳入全县扶贫帮困工作体系。县里其他领导也多次过问此项工作并深入到各乡镇实地考察、现场指导。县政府有关部门制定了严格的政府帮助建房原则。一是重建住房对象必须是贫困户且被群众认可。二是确属因灾倒房户。三是张榜公布。在上级建房资金没有到位的情况下，县政府自酬资金100万元及时下拨到建房户手中，并采取政府出资、乡镇补助、包扶单位资助、个人自酬的办法，保证此项工作顺利进行。甜水乡、胡家镇采取由乡镇政府担保的方式，分别筹集了10万元和11万元建房资金；太平镇在资金十分紧张的情况下积极筹措5万元，并为建房户调拨红砖30万块。经过全县干部群众的共同努力，至上冻前，176户严重受灾户高高兴兴地搬进了统一标准、统一面积、水电配套、舒适明亮的新房子。

利是米业荣获全国农业最高奖“中国名牌农产品”称号 在10月17日召开的中国第四届农产品交易博览会上，农业部首次公布96个中国名牌农产品，利是米业榜上有名，与贡牌西湖龙井、太湖大闸蟹等名品同时入围获奖。此次评选共涉及水产、畜牧、果蔬、粮食等类别，全国只有9家大米加工经营企业获此殊荣，利是米业是辽宁省惟一一家大米加工获奖企业。中国名牌农产品是继中国名牌、中国驰名商标之后的又一含金量极高的奖项。2005年，利是牌优质米在中国优质稻米博览会上曾获得“中国十大金奖大米”称号，成为惟一入选的东北大米品牌。这一殊荣的有效期从2006年10月18日至2009年6月18日。

外经贸工作快速发展 盘山县外经贸工作围绕全县经济发展的大局，进一步做大做强“外”字文章，使外向牵动作用进一步显现，取得了显著的成绩。全县实际利用外资672万美元，同比增长9.3倍；出口创汇实现1050万美元，同比增长12.9%。2006年，县委、县政府进一步加大招商引资和出口创汇工作的力度，积极组织县外经贸部门对全县各乡镇、县直经济部门和重点企业的招商引资、项目建设、出口商品等情况进行了全面的调查，挖掘出了一些新的外经项目，进一步明确了招商主体，确定了全县招商工作的重点。积极参加省、市招商活动，不放过每一个可能的机会。县领导及外经贸部门的相关人员还自行组团招商20余人次，成功接待境内外投资考察团30余次、400多人次。通过全方位、宽领域、深层次的招商，为全县外经贸工作营造了良好的发展氛围。全年，新批外资项目6个，引进域外项目29个，引进资金3.2亿元。同时，还强化境外劳务输出工作，全县实现境外劳务输出240人，同比增长4%。县外经贸局在审批、生产生活、政策咨询等方面对外商实行全程服务，积极为他们搭建创业平台，用行动赢得投资者的信赖，有力地推动了全县外经贸工作的快速发展。

制定沿海大开发规划 借助辽宁“五点一线”沿海开发暨滨海大道的规划建设，盘山县把沿海经济带划分为4个特色渔业经济开发区，绘制了一幅盘山经济综合开发的美好画卷。盘山县海岸线全长72公里，潮间带滩涂面积33.6万亩，适宜文蛤、沙蚕、泥螺、青蛤、海参、海蜇等经济品种的养殖与开发。“十五”期间，全县已开发的滩涂贝类管养面积13万亩。2006年，将管辖的海域滩涂分别划分为广盐性鱼类种苗培育养殖区、三道沟渔港经济开发区、海参高效种苗繁育养殖区、滩涂贝类养殖开发区4个特色区块。广盐性鱼类种苗培育养殖区，是以开发梭鱼、鲈鱼、鳎板鱼等广盐性鱼类为主，形成以广盐性鱼苗培育、商品鱼养殖为主的立体综合开发养殖经济带。2006年已完成梭鱼养成面积1000亩。三道沟渔港经济开发区，是在三道沟建设国家一级渔港，计划建设码头400米，船舶停泊量达到800艘以上，年吞吐量达5万吨。远期目标是，以渔港建设作为带动全县海洋经济发展的支持平台和载体，形成船舶停靠、鱼货装卸、水产冷藏加工、商货运输、船舶修造、渔民新村建设、旅游观光、渔业休闲等多位一体的渔港经济区。2006年12月，盘山县建设国家一级渔港项目已经通过农业部专家组评审。海参高效种苗繁育养殖区，是把盘山县贝类增殖管理站、盘山双良育苗场作为海参、文蛤、沙蚕等名优新品种的种苗繁育基地，把裤裆沟至老背河区域开发及改造养虾池作为养成基地，建成3万亩的海参高效养殖区。滩涂贝类养殖开发区把裤裆沟至大凌河口的浅海滩涂区域建成以文蛤、四角蛤蜊、沙蚕为主的20万亩的贝类沙蚕养成基地。

全力创建环境友好型社会 围绕“生态立县”的目标，盘山县在加快发展县域经济的同时，不断加大环境保护和治理力度，使环境污染得到了有效控制，可持续发展能力得到了提高，生态环境得到了改善，实现了经济发展和环境保护的新跨越。

(一)生态农业全面铺开。以发展绿色食品、有机食品为方向,以农业产业化龙头企业和农业示范基地建设为重点,带动农业内部结构调整,建立健全农产品质量标准和检测检验体系,全面提升农产品质量,确保农业增效、农民增收。目前,全县有6个乡镇从事有机食品生产,申请认证面积12.5万亩,4家米业申报了有机加工认证。五大生态系统工程、六种生态种养模式、七大生态园区实现了资源良性循环和持续利用。(二)生态工业有序运行。全县切实加强了污染治理、环境审批管理、环境监测与监理能力建设,严格查处各重点区域、行业环境违法行为,实施清洁生产,发展循环经济。通过对生产全过程的污染控制,达到了节能、降耗、减污、增效的目的。目前,全县以盘锦节能设备厂、盘山晟华有机肥厂为主的环保产业已发展到12家,年创产值1.4亿元,利润253万元。(三)生态文化日新月异。为营造生态文化氛围,全县利用新闻媒体广泛开展多层次的环保宣传教育,树立正反两方面的典型,大力弘扬环保正气。聘请全国环保专家为县领导干部作可持续发展与生态县建设专题报告,在全县中小学开展创建绿色学校活动。目前,全县共有18所市级绿色学校,2所市级绿色幼儿园,1所国家级绿色学校。全县共有19个村、3个乡镇被评为市级生态建设先进村镇。高升镇已被评为“国家级环境优美小城镇”。2006年,新村、郑家村等22个村和太平镇、坝墙子镇已申报了省级环境优美村镇。(四)环保优先深入人心。全县上下建立并完善了党委、政府和有关部门环境宣传教育目标责任制,运用多种方式加大对环保优先方针的宣传教育力度,大力开展环境警示、环境法制、环境道德教育,增强全民尤其是各级领导的资源意识、环境意识和节约意识,树立尊重自然的价值观、道德观,正确的政绩观,科学的发展观和理性的消费观,加大“绿色学校”、“绿色幼儿园”、“绿色家庭”、“环境优美小城镇”等系列创绿活动力度,进一步提升全民爱护环境、保护环境、创建美好生态环境的意识,全力推进环境友好型社会建设。

依托科技创新激发经济活力 2006年,盘山县深入实施科技兴县战略,大力实施科技创新与推广,申报科技创新项目37项,全面完成了省科技进步示范县年度项目计划,被确定为全国科技富民强县试点县。(一)创新管理服务铺就信息高速路。县《科技信息报》为农民提供各类致富信息2000余条。根据各乡镇实情和发展趋势,盘山县大刀阔斧地整合了农村六站,对各站的技术人员进行岗位竞聘、量化考核,还组织了一批能力强、业务精的朝阳型干部,下乡入镇任科技乡镇长,对农企、农村、农民协调服务,受到了农民和企业的普遍欢迎。科技活动周坚持“三贴近“原则,使全县农民从中开启了智慧,多种多样的技术指导让农民获得了比金钱更重要的金钥匙。(二)提升技术激发工业活力。2006年,全县对科技的直接投入超过500万元。通过资金的有效运作,企业上新项目的积极性也不断攀升。石油炼制业、机械制造业、新型建材业和专业汽车制造业发展迅速。新增规模以上企业34户,总量达到88户。品牌开发有效拓展,新创市级名牌产品5个,新增产品质量体系认证企业9家。全年,实现工业总产值75.8亿元,比上年增长31.7%;实现工业增加值16.6亿元,比上年增长34.1%。(三)科技创新助推农业产业化。科技创新的触角已伸遍全县粮食、水产、蔬菜、畜禽、花卉、苗木等几大主导产业。已有11家农事企业项目相继在种植业、水产业、畜牧业等领域中标,并稳步推进实施。畜禽屠宰血液废弃物利用、微生物处理屠宰加工污水、泥鳅鱼人工孵化、大米微波杀虫等先进技术在项目中得到应用,取得了较好的经济效益。全县初步形成了以高标准肉鸡养殖及深加工,稻田河蟹、泥鳅鱼养殖及深加工,有机米种植及深加工,海产品培育及养殖,特种动物养殖以及A级、AA级绿色果蔬种植七大农业产业化链条。全县具有高科技含量的农业产业化龙头企业已达25户,带动农户3.4万户,实现了科技致富、创新致富的目标。(四)强化科技联姻,提高科技创新能力。通过“请进来,走出去”及“863省校合作”、“629海外学子创业周”、“专刊交流会”、“北方农展会”、“科技创业周”等国家和省、市搭建的技术平台,积极引导县域企业与高校、科研院所合作,在化工、精密仪器、建材、环境、能源、水产、畜牧等领域共签订技术合同180项,合同标的额达5.6亿元,其中,利是米业有限公司的有机米精深加工、兴达石化有限公司的延长沥青耐久性工艺开发等一批项目达产后,年产值超过亿元,为全县经济发展提供了有力的技术支撑。

农业综合开发项目通过国家验收组验收 8月19日至20日,国家农业综合开发验收组在副市长张要武的陪同下,对盘山县近两年农业综合开发工作进行了检查验收。验收组一行观看了盘山县农业综合开发电视片,听取了县领导的工作汇报,实地检查了沙岭、坝墙子、太平3镇和盘锦吉远种鹅养殖繁育基地等单位的中低产田改造、水利设施建设、工程管护、农民投工投劳及资金使用等情况,了解到绝大部分耕地实现了"一水多用"、"一地双收"。验收组认为,盘山县农业综合开发工作扎实有效,软硬件过硬,确实起到了应有的作用。(一)良好的生产条件赢得了良好的经济效益。全县以稳定粮食增产和农民持续增收为目标,按灌区、流域申请开发项目,农业综合开发累计投入资金6587万元(含参股经营投资3222万元),在双南、双绕、西绕几个灌区,治涝、改造中低产田3万亩;新建桥、涵、闸、站等配套建筑物143座,开挖和疏浚排灌沟渠937公里。截止到2006年底,盘山县已连续19届蝉联省农建"大禹杯"。农业基础设施的配套、生产条件的改善,极大地提高了项目区粮食单产和品质,全县新增粮食566万公斤,新增利润972万元,项目区农民仅此一项人均增收327元。(二)合理空间布局构建和谐的生态环境。农业综合开发改善浇灌面积2.8万亩,营造农田防护林4.4万亩,植树42万株。通过增施有机质含量,改良土壤1万亩。盘山晟华有机肥厂的生物有机肥加工扩建项目,是盘山县农业综合开发的重点项目之一。总投资864万元,新建有机生产车间、发酵车间和储存仓库。扩建后的生物有机肥产量达到5万吨,可满足100万亩水田的用肥需求。

召开县委十一届二次暨县政府十四届六次全体(扩大)会议 会议的主要任务是:贯彻落实市委五届五次全会精神,总结回顾上半年工作,安排部署下半年工作任务,动员全县上下统一思想,提高认识,进一步增强责任感和紧迫感,埋头苦干,扎实工作,全力推进社会主义新农村建设。会议指出,上半年,全县地区生产总值完成19.4亿元,同比增长17.1%,完成年计划的41.8%;固定资产投资额完成8亿元,同比增长35.3%,完成年计划的38.7%;全县税收总额完成1.54亿元,同比增长54.1%,完成年计划的49.7%;地方财政一般预算收入完成7041万元,同比增长20.2%,完成年计划的55.4%,均创历史同期最好水平,基本实现了时间过半、任务完成过半。社会主义新农村建设稳步推进。按照县委年初提出的"做好一个规划,抓好强产业、优环境两大任务,实现教育、卫生、文化三大资源统筹"的工作思路,编制完成了《关于"十一五"期间推进盘山社会主义新农村建设的实施意见》,各乡镇也根据各自实际着手编制了发展规划。同时,确定了市、县示范乡镇、示范村。目前,各示范点的工作已全面展开。各项社会事业全面发展,精神文明和民主政治建设成果显著,党的建设进一步加强。会议要求,各乡镇、各部门都要把推进项目建设作为发展的"第一要务",把抓项目的本事作为"第一能力",坚持把项目和园区建设作为经济发展的"牛鼻子"来抓。一是强力推进项目建设。要集中力量加快在建、续建项目,特别是要抓好21个投资500万元以上的在建项目,力争年内有一批重大项目竣工投产。二是要花大气力抓好项目储备工作。每个单位都要论证、筛选、包装、储备2—3个项目。三是强力推进招商引资。各乡镇、各部门下半年都要在招商引资上有新的更大的作为。全县至少组织两次大型组团招商活动,要突出抓好8月10日在香港举办的"盘山投资说明会"。不断增强非公有制经济活力。要积极推进民营企业改革。全面落实好县委、县政府《关于鼓励全民创业的若干规定》和制订出台的各项优惠政策,进一步激发全民创业的热情,推动民营经济快速发展。

畜牧业发展势头强劲 畜牧龙头企业的发展壮大,带动了全县畜牧业的快速发展。2006年,全县畜牧业产值实现9亿多元,增加值实现约4亿元,人均增收超过1100元。全县9家畜牧龙头企业不断扩大生产规模,拉长产业链条,并积极筹措资金进行项目扩建,以提高生产能力,扩大经营范围。盘锦兴牧饲料有限公司改造种鸡孵化厂，年孵化鸡雏达500万只，加工鸡饲料5万吨；建设养殖小区，吸纳养殖户2000户，饲养肉鸡140万只。投入资金1000余万元建设肉鸡屠宰加工厂，现已投入生产。盘锦吉远种鹅养殖场增加种鹅养殖存栏量，进一步提高供雏能力，现有种鹅5万套，全年孵化鹅雏120万只，带动农户1000户。种鹅养殖场已出栏育肥鹅6.2万只，成为省内最大的良种商品鹅供应基地。盘锦种鸽繁育基地实行了人工孵化、人工育雏新技术，大大提高了肉仔鸽的产出率。盘锦兴隆生态养殖场等几家企业先后进行了无公害产品认证，创出了自己的品牌。盘锦鹤源生态养殖公司是年内新建的一家集养鸡、饲料加工和有机肥料生产为一体的畜牧龙头企业，该公司一期工程建设鸡舍60栋，饲养蛋鸡30万只，让60个养殖户无偿使用，每户年可获利4.5万元，可安排剩余劳动力240人。截止到2006年底，公司已建成鸡舍10栋，有10个养鸡户进驻，饲养蛋鸡5万只。同时，年产2万吨的秸秆饲料加工厂和2万吨的有机肥厂正在紧张建设中。2万吨有机肥可施用绿色无公害保护地2万亩，实现农民增收600万元。

掀起公路建设新高潮 盘山县委、县政府十分重视基础设施建设，公路建设再上新台阶。2006年，公路投资8410万元，新建和拓宽改造公路95公里，完成了20个村59.2公里的村村通油路工程和6个村屯27公里标准化建设任务。全县133个村实现了村村通油路，村村通油路比达到86%，实现了“十一五”的良好开局。12月份，盘山县召开公路建设工作会议，会议提出，“十一五”时期，全县重点要建设好城市进出口道路甜仙线，省道大锦线、大盘线、中新线、沈盘线、库二线，县级公路湘拉线、田石线、双沙线、黄沙线等路基改造任务，力争晴雨通车里程和绿化里程比达到全市第一。同时，重点建设好五项重点工程，一是新县城路。二是加快经济路的建设，即27.3公里滨海公路盘山段的建设。三是东外环路盘山段新建工程。四是305国道绿化达标工程。五是西外环路拓宽和绿化工程。

· 大洼县 ·

蝉联“省级平安县” 继2005年荣获“省级平安县”殊荣后，大洼县更新观念、大胆改革、锐意进取、不断创新，以“培育文明大洼人，建设和谐新大洼”，促进政治环境稳定、文化有效支撑、执法严格公正、治安形势良好、公共秩序稳定为目标，以服务全县社会经济建设大局，促进政治文明、物质文明和精神文明建设为根本，以提高社会治安整体防控能力，实现全县长治久安为重点，持续开展创建“平安大洼”活动。一是健全完善经常性“严打”整治工作机制。紧密结合全县社会治安实际，以突出预防和惩治犯罪为重点，把集中统一行动与日常打击犯罪有机结合起来，建立贯彻“严打”方针的经常性工作机制。特别是对黑恶势力犯罪、严重暴力犯罪、毒品犯罪、“两抢一盗”多发性犯罪依法从重从快惩处。二是健全完善社会治安综合治理“四个网络”工作机制。严格实行领导责任追究制，使各级领导在社会治安综合治理工作中真正发挥作用。强化综治委职能，加强联防组织建设，增强自我防控能力。结合“五五”普法活动，强化法治教育，让法律真正进村、进社区、进校园、进企业。实行矛盾纠纷排查调处有偿调解，及时化解矛盾，最大限度地把矛盾纠纷化解在基层，解决在萌芽状态。三是健全完善治安防控工作机制。实行县城街区“网络化巡逻”和农村乡镇夜间巡逻，形成以田庄台镇、大洼镇、田家镇和庄林路为标志的“三点一线”防控格局。实行警力下沉，健全布局合理的基层“一办、一庭、两所”机构，在全县各村(社区)建立了警务室，挂牌服务。实行重点单位、重点场所、特殊人群的全面监管，达到防控工作全方位、无盲区。四是健全完善安全生产和事故防范工作机制，严格落实目标责任制，立足防范抓苗头、抓调节、抓管理。针对全县易燃易爆化工企业、民用爆炸物品生产使用，以及道路交通的实际，完善安全防火、安全运输措施，及时消除不安全隐患，有效防止各类事故发生。五是健全完善政法队伍建设管理机制。围绕政法队伍中存在的实际问题和执法工作的重点难点问题，开展办案与服务质量竞赛活动和政法系统职业道德教育活动，进一步提高干警思想理论水平及思想政治素质，规范执法行为，促进执法公正。2006年，全县社会治安综合治理工作取得可喜成果，刑事案件、凶杀案件、两抢一盗案件、交通事故、安全事故、农村火灾事故均比上年有不同幅度下降。全县不"发案村(社区)"达到43个，占全县村(社区)总数的25.4%。

《大洼风情》系列丛书出版发行　《大洼风情》系列丛书是县委、县政府经过多次会议协商、调查考证后决定编撰的，是大洼县有史以来适应新时期文化发展的第一部宏篇巨著。它的面世充分展示了全县精神文明建设的成果，是全县文化产业的一大盛事。丛书编撰，历时10个月，经百余人精心编审，由《大洼风情》(两册)和《大洼风华》(三册)组成，对大洼县域风情、历史、文化及当今经济社会的发展成果做了多层次、多角度、全方位的概括，涉及文稿1000余篇，照片500余幅，200余万字。《丛书》内容丰富，历史久远，从资源的开采到利用，从文物的发掘到保护，从名镇的建设到繁荣，从风俗的继承到延续，从文艺的原始到复兴，古往今来的大洼人民艰苦创业、战天斗地、百折不挠、与时俱进。无数个英雄人物的英雄壮举为《大洼风情》增添光彩，无数个跨越时空的日月星辰为《大洼风情》注入精华，它是文化的沉淀，是历史的积累，是智慧的结晶。《丛书》的编撰过程倾注了全体工作人员的智慧和汗水，跨越时空，深入实地，追根溯源，调查研究，字斟句酌，润色添彩，增补删节，数易其稿。《大洼风情》系列丛书是大洼县第一部全面系统展示大洼历史、资源和政治、经济、文化、社会的大型集成丛书。丛书的出版，是大洼政治生活中的一件大事，是思想文化建设的一项浩大工程，是精神文明建设的历史见证。作为大洼文化流传的载体，反映了独具特色的大洼人的文化气质和精神；作为对外宣传的载体，激发了人们更好的了解大洼、热爱大洼、振兴大洼的热情；作为"培育文明大洼人，建设和谐新大洼"活动的成果，开辟了大洼人民树立崭新精神风貌的新篇章；作为弘扬大洼人精神传承大洼文化，营造和谐大洼氛围的经典。丛书的出版发行，是大洼县先进文化的重要成果，标志着全县先进文化建设进入一个崭新的阶段。

采取多项措施，强化干部监督管理　(一)从思想教育抓起，强化干部监督意识。为了从源头上预防腐败，县委坚持把理想信念教育和反腐倡廉教育贯穿于干部的培养选拔和管理监督之中，对新提拔的干部进行任职谈话，签订《廉洁自律警戒书》。坚持和完善干部政治理论任职资格考试制度，注重对干部思想政治素质的考察，坚决防止和纠正重才轻德的现象。同时，还注重看干部在关键时刻的表现。(二)从"任人唯贤"抓起，打牢干部监督基础。在干部选拔任用中，县委始终坚持任人唯贤，唯才是用，唯德所重的标准，本着公开、平等、竞争、择优的原则，通过公开选拔、竞争上岗等方式，经过严格的笔试、面试、民主测评、组织考察等，使一批年轻有为、踏踏实实干事业、政绩突出的干部脱颖而出。3年来，共有105人通过公开选拔、竞争上岗等方式走上领导岗位。另外，还建立了乡镇领导班子和领导干部任届制度，形成"任职有期，任期有责，任职期满全体起立，重新就座"的干部任用新机制，防止了短期效益和政绩工程。(三)从事前事中抓起，建立干部监督预警。为了防止新提拔干部受"一朝任职万事无忧"错误思想的影响，对自己放松要求、进取心减退的情况发生，在实行任前公示的基础上，对42周岁以下新提拔的科级干部普遍实行一年的试用期。另外，会同纪检、审计、财政等部门，定期召开审计工作联席会议和领导小组专项工作会议，对有经济管理和行政执法职能的重要部门、单位的主要领导干部进行离任审计。为了使监督经常化，达到教育干部的目的，对班子不团结、工作有差距、群众有意见的干部实行领导干部谈话制度，及时了解干部的思想动态，及时提醒，及时监督。(四)从日常管理抓起，扩大干部监督防范。进一步完善干部监督工作督查员制度，建立健全全方位、多层次、宽渠道的监督体系。在设立专职科级干部监督工作督查员的同时，从社会各界聘请11名同志为义务干部监督工作督查员，对干部选拔任用工作进行全面监督。另外，还加大了对干部"八小时"之外的日常考察和监督，在与干部平时的"亲密"接触中准确了解干部内心的真实活动，侧面考察干部的思想作风、工作作风、领导作风和生活作风等方面的情况。对于那些搞形式主义，不干实事、弄虚作假的人，贪图享乐、不思进取的人，作风霸道、闹不团结的人，决不提拔使用，从而在全县形成积极进取、奋发向上的工作氛围。

村级基层党建工作实现"四配套" 一是抓组织建设配套。结合农村电教，采取以思想教育为主，思想教育和组织调整相结合的办法，先后调整了一批村党支部、团支部、妇代会等组织机构。按照干部队伍"四化"方针和德才兼备原则，把一大批乡村中乐于为民办事、主持公道、精明能干、有一定威望的先进分子充实进来，使全县村一级的党支部、团支部、妇代会、民兵连等组织机构健全率达100%。二是抓制度建设配套。建立健全《民主评议村"两委"班子成员制度》、《村民听政会制度》、《党员联系户制度》、《村干部廉政建设"六不准"》等11项制度，并张贴上墙，让群众监督，保证兑现落实。三是抓后备队伍建设配套。每个党支部建立3人以上的非党积极分子队伍和村级后备干部队伍。并注重发展生产一线先进青年、致富骨干、后备干部入党。四是抓外部环境建设配套。改善工作环境，村党支部办公室和党员活动室、电教室健全率达100%。同时，每个村党支部派驻1名治安员，维护治安，打击不法分子，为党员、干部撑腰壮胆，保护了干部的工作积极性。

开辟六条渠道，促进农民致富增收 一是落实政策促增收。不折不扣地贯彻落实国家粮食生产的有关政策，把粮食直补和水稻良种补贴按时足额发放到农民手中，调动和保护农民的种粮积极性。由于实施严格的保护农民得益政策措施和取消农业税，2006年，全县农民每亩生产成本降低100元，直接增加亩收入200元。二是推广项目促增收。在调整农村产业结构中，坚持因村制宜，因户制宜，实施了以家庭致富为中心的"五个一"工程，发展力所能及的增收项目。大力推广户建一栋棚或户养一台车、一艘船、出一个劳务，户养10亩蟹或10头畜，户养百只特禽，户养千只肉、蛋鸡，户加工万斤草制品工程。目标是实现人均年增收1000元。在发展家庭致富产业上，全县农户可根据自己的特长、条件和能力，选择适合自己的1－3个项目发展。实施家庭"五个一"工程，不仅调整了农村产业结构，而且消化了农村剩余劳动力，让农民获利。全县农村85%以上的农户拥有1－2个增收项目，形成了"人人有事干、家家有钱赚"的局面。三是普及科技促增收。大力推广普及农业生产实用技术和引进新品种。全县涉农部门组织由30人组成的农技服务小分队，活跃在乡间地头，传经授艺；利用"科普之冬"和举办培训班等形式，广泛向农民传授科技知识；科技示范带动，促进农业生产技术和种植品种的更新换代。全县"科普之冬"活动中举办"科普大集"培训2万多人次，引进新品种40多个，推广新技术30余项。2000多科技示范户在科技促增收中发挥带头作用，70%的农民掌握1—2门实用技术，科技真正成了农民增收的"金钥匙"。四是培育"龙头"促增收。把推进农业产业化作为促进农民增收的根本途径，着力培育农业产业化"龙头"企业，坚持用工业理念经营农业，进一步完善企业与农户利益联结机制，拉长农业产业链条，促进农民增收。五是打造诚信促增收。本着"打造诚信大洼，促进经济发展"的原则，在群众中广泛开展诚信教育活动，努力提高诚信意识，打造诚信环境，做诚信农民。六是发展非农产业促增收。鼓励农村剩余劳动力走出家门外出务工，发展劳务经济。劳务经济已成为农民增收的又一重要渠道。全年，全县劳动力转移达万人次，其中，出国打工的1000多人。同时，大洼县广辟就业渠道，通过推进城镇化和工业化，通过制定农民进城务工经商优惠政策，积极引导广大农民从事二、三产业，走非农产业促增收之路。

强力推进跻身"全省县域经济综合实力前十名"目标建设 "十五"期间，大洼县县域经济有了长足发展。到2005年底，县域经济综合实力名列全省第十四位，被列为省发展县域经济重点县(市)。为此，大洼县提出在“十一五”期间跻身全省县域经济综合实力前十名的目标，并围绕五项重点工作强力推进目标建设。一是大力实施工业强县战略，全面提升工业经济质量和效益。积极推进园区建设、项目落实和招商引资工作，以“三区三园一基地”为核心，全力构筑以南、北、中园区项目群为核心的“工”字型经济带；加快建设以盘锦辽滨经济区、盘锦油码头和二界沟水产品加工基地为辐射的临港经济带；以盘锦辽河油田晨宇工业项目区、田家镇高新技术工业园和新兴镇石化工业生产项目群为辐射的临市经济带；以盘锦食品工业循环经济示范区、大洼镇新材料工业园区为辐射的工业走廊。大力引进和扶持市场前景好、科技含量高、核心竞争力强的工业项目，积极做强做大船舶制造、机械加工、石油化工、食品酿造等重点产业，形成具有县域特色的工业产业集群。重点抓住项目的审批、环保、融资、技改等关键环节，积极帮助企业解决制约发展的瓶颈问题，促进企业发展壮大。继续实施走出去、请进来的招商战略，进一步明确招商区域、方式、项目，提高招商质量。二是大力发展现代农业，全面提高农民群众富裕程度。积极推进农业产业结构调整，加快科技兴农进程，提高产业化水平，促进农民增收。按照“优粮、扩渔、强畜、增菜、兴林苇”的农业结构战略性调整思路，向水稻生产优质化、水产养殖精品化、畜牧养殖专业化、蔬菜生产标准化、林果苇生产基地化迈进；加大农业科技投入，加强与科研院校、院所对接联合，创建科技研发基地，推广新技术、新品种、新经验；扶持和创建一批产业关联度大、技术装备水平高、经济实力雄厚、带动能力强的龙头企业和企业集团。实现市场牵龙头、龙头带基地、基地连农户的产业化生产方式。三是大力发展第三产业，全面拓宽县域发展空间。进一步做强特色旅游业，在打造国际湿地、红海滩、渤海金滩、将军故里四大品牌的同时，开发以农村田园风光、民俗风情为主的休闲度假旅游项目；进一步建立城乡市场体系，加快突出产业、行业特色的专业市场建设，加速培育市场网络；进一步发展现代服务业，在餐饮娱乐、物流配送、信息文化等产业上推进公共网络建设；进一步壮大民营经济总量，在营造良好的政策环境宽松的发展环境的基础上，创新民营企业发展机制，培育民营品牌企业。四是大力推进城市化进程，加速社会主义新农村建设。按照规划先行的原则，以完善基础设施为目的，加强城乡环境建设和管理；以提高城市品位打造魅力大洼为目的，改造旧城，开发新区，致力建设具有辐射带作用的县城和中心镇。五是大力加强财源建设，全面提高财政对经济社会发展的支撑力。完善公共财政体制，严格压缩一般性支出，进一步扩大和规范政府采购，努力降低行政成本。为进一步优化经济发展环境，大洼县还印发文件，在简化行政审批程序、规范行政事业性收费以及社会环境、诚信体系建设、服务等方面提出规范意见。一次性取消13项企业投资行政审批收费。全年，全县生产总值实现68.5亿元，同比增长34.1%；全社会固定资产投入实现28.1亿元，同比增长36.4%；各项税收实现4.16亿元，同比增长34.3%；财政一般预算收入实现2.21亿元，同比增长29.6%；城镇居民可支配收入可实现7000元，农民人均纯收入实现5650元，同比分别增长7.7%和11.9%。实现了“十一五”开门红。

实施五大工程，提高全民素质　2006年，大洼县在全县范围内广泛开展了“培育文明大洼人，建设和谐新大洼”活动。此项活动以解决在部分群众中存在的“愚、懒、脏、盲”问题为重点，以实施思想武装、精神扶贫、环境整治、法制教育、诚信文明工程为载体，通过广泛发动、深入宣传、丰富内容、完善机制、监督考评，使活动不断深入，并取得了明显效果。一是针对“愚”的问题，深入实施“思想武装”工程。积极开展“统一思想，加快发展，建设和谐新大洼”、新农村建设理论骨干培训、荣辱观教育等活动，普遍加强思想教育和科学文化知识的普及工作。全县共组织党员干部进行理论学习和业务培训210次。二是针对“懒”的问题，深入实施“精神扶贫”工程。开展扶贫帮困和“结对子”活动，全县党员干部共与群众结帮扶对子1280对。同时，还坚持与物质扶贫相结合，全县共投入扶贫帮困资金250.7万元，走访城市低保户、农村低保户、农村五保户、重灾民等10791户和14所敬老院。开展大规模的扶贫帮困捐助活动，捐款100多万元，走访慰问贫困群体3800户、近1万人。三是针对“脏”的问题，深入实施“环境整治”工程。完成418个自然屯的绿化任务，其中包括45个重点村屯和新农村建设试点“一镇四村”的绿化和环境整治工作。绿化街道2065条，新修U形槽18.21公里，新修院墙30.32公里，安装路灯381盏，新修进户桥4969座，植树64.92万株，栽花228.9万株。此外，还采取“大嫂子参观团”等形式，开展了“卫生好家庭”、“文明和谐家庭”评选活动。四是针对“盲”的问题，深入实施“科技培训”和“法制教育”工程。在劳动力转移“阳光工程”中，全县共建立完善培训基地15个，进行技能培训600人，引导性培训800多人，劳动力转移实现5.5万人。同时，还强化了法律、法规和政策信息的宣传工作，开展了送法律、科技、信息下乡等活动。五是针对“诚信”的问题，深入实施“诚信文明”工程。开展“诚信机关、诚信行业、诚信企业、诚信村(社区)、诚信公民”评选活动。农民群众“以诚信做抵押、以信誉做担保”，积极争创诚信户。全县累计投放支农小额信用贷款5.48亿元。

工业占主导地位的县域经济格局已形成

“十五”期间，作为以“水稻、水产、蔬菜、畜牧、芦苇”等五大主导产业统领县域经济的大洼县，充分认识到经济结构不尽合理、经济发展后劲不足、财政增长活力不够的症结，树立了用工业思维改造传统农业、走新型工业化道路的新思维理念，提出了“工业兴则大洼百业兴”的战略思想，把加速全县工业化进程作为城乡产业结构调整的一项战略任务来抓。通过大力实施“五个一批”工程，狠抓招商引资新上项目和扶强做大存量企业，着力推进园区基础建设，进一步加强油地融合等新举措，工业经济实现了超常规、跨越式发展，工业强县发展格局初现端倪。到“十五”期末，全县三次产业结构比由“九五”期末的55.3∶22∶22.7调整到40.3∶35.9∶23.8，工业经济在县域经济中所占份额提高了13.9个百分点。2006年，大洼县充分利用被列为辽宁省(15个)发展县域经济重点县(市)，以及盘锦船舶修造产业园被纳入辽宁省“五点一线”沿海重点发展区域的契机，强力推进园区基础设施建设，县财政列资200万元用于园区基础设施建设和贷款贴息。以盘锦辽滨经济区、盘锦西安现代农业园和二界沟水产品深加工基地为代表的“三区三园一基地”承载能力和服务功能得到增强。各园区共集聚项目124个，仅盘锦辽滨经济区当年就完成投资3.5亿元，全县招商引资额实现63.4亿元，当年完成投资15.1亿元，引进项目227个，其中，亿元以上项目5个。全县实施技术改造项目37个，年可增加产值10亿元。截止到2006年底，全县规模以上企业达到103家，工业总产值实现141.3亿元，同比增长84.7%。工业税收实现2.3亿元，同比增长28%。工业增加值实现22.7亿元，同比增长63.3%。第二产业在全县国民经济中所占份额首次超过第一产业，达到39.7%，成为支撑县域经济发展的主导产业。全县三次产业排序历史上首次实现了“二一三”。

以“三个围绕”为载体，加强基层党建工作

大洼县在加强党的执政能力建设中，以“三个围绕”为载体，注重发挥党员干部的积极作用，加强基层党建工作。一是围绕提高“五种能力”，强化干部队伍建设。注重干部培训，举办了“发展县域经济演讲会”等系列活动，加强了市场经济、现代科技等理论学习，提高了干部理性思考能力、开拓创新能力、工作实践能力、驾驭社会主义市场经济能力和处理复杂问题能力。建立完善了干部考核末位淘汰制，加强了对干部的监督和管理，推行“三荐两考”机制(个人自荐、群众举荐、组织推荐和考试、考察)，完善了后备干部信息库。同时，积极开展村级干部“五比五争当”、社区党建“六联创”等活动，提高了村干部和社区干部自己致富和带领群众致富的能力。二是围绕党员“七支队伍”建设，发挥党员先锋模范作用。为更好地激发全县广大党员的内在活力，做大做强党员“七支队伍”，做到“六结合、六抓好”，即结合产业结构调整，抓好领路人队伍建设；结合发展市场经济，抓好经纪人队伍建设；结合创建“三型”机关，抓好公仆人、贴心人队伍建设；结合学科技、用科技，抓好解惑人队伍建设；结合普法宣传，抓好明白人队伍建设；结合非公有制企业党建，抓好攻关人队伍建设。并将“七支队伍”建设延伸到村、社区，形成了党建知识宣讲队、政治指导队、廉洁自律监督队、村(社区)文体服务队、环境卫生巡视队、普法科技队、治安巡逻队，给村和社区党建带来了生机与活力。三是围绕非公有制企业党建，扩大党建工作覆盖面。积极探索非公有制企业党建路子，强化了责任意识，明确提出“企业要稳定，党建是根本”、“企业要发展，党建不能软”的企业党建工作指导思想，实施了分类指导，按党员数量和分布情况，成立了党小组、联合党支部，并坚持围绕企业生产经营开展党建工作，积极帮助企业掌握政策，抓好技术、项目。

“亮身份、定岗位、做样子”，共产党员在新农村建设中显身手　大洼县针对农民想致富、盼致富，但缺少资金的现状，充分挖掘部分党员在知识、技术、资源等方面的优势，把全县5000多名有服务能力的党员组织起来，通过以不同方式深入农村生产、生活第一线，及时解决农民群众遇到的各种实际问题。一是让党员的身份亮出来。为了进一步强化党员的责任意识，提高党员的政治素质和业务本领，在全县党员中开展“亮身份、创红旗、争先进”活动，充分发挥党员在全县经济建设中的示范带动作用、建设小康社会中的模范表率作用，塑造新时期党员的新形象。在农村，村支部把党员的姓名、照片、自然情况、特长、家庭电话等内容在村务公开栏上公开，使群众对全村的党员基本情况一目了然，同时，党支部还将印有党员自然情况、特长、工作单位及职务的联系卡向群众发放，群众有什么困难事，拿起联系卡，就可以根据需要找到党员，得到党员的帮助。机关、企事业单位工作的在职党员，单位都统一制发工作标牌，工作标牌上注明姓名、工作职责、监督电话，悬挂在办公室墙上或放在工作人员的办公桌上。全县的商业街和一些繁忙的商业网点，在共产党员的摊前，都挂着统一制作的“共产党员经营户”、“共产党员摊床”牌子；非公有制企业及其它经济组织中的党员，在工作岗位悬挂或陈放了“党员车间”、“党员岗位”的牌子，牌子上注明了党员的姓名、主要事迹及为企业创造经济效益情况等内容，以达到“亮明身份、提高素质、搭建舞台、发挥作用”为目的的“亮、争、创”活动，使全县党员在日常工作和生活中随时接受党组织和群众的监督。二是让党员的岗位定下来。针对农村工作的实际，在全县范围内实施“设岗定责”活动，建立上岗党员责任区，制作下发胸签，上岗党员家庭门口标识牌，让党员在思想政治工作、党务、村务监督、经济发展等四大类的15个岗位上发挥作用，解决农村党员“无权管事、不会理事、无法办事”的问题，使农村党员真正成为“三个代表”的实践者，成为建设社会主义新农村的中坚力量。三是让党员做出样子来。为了充分发挥党员的作用，各级党组织加强了对党员的技能培训，举办了各种技术培训班，组织党员集中教育和培训，提高党员掌握实用技术的水平，增强广大党员带头发展经济、带头致富、带领群众致富的能力和本领，使广大农村党员在建设社会主义新农村中，积极争当推动劳务输出、促进农业产业结构调整、建设集体经济的带头人。同时，各级党组织在广大党员中开展了争创“党员示范岗”、“党员服务窗口”等活动，使在职党员们立足本职工作岗位，恪尽职守、爱岗敬业，处处起到模范表率作用，让自己成为单位的标杆，身边群众学习的榜样。荣兴朝鲜族乡“帮带群众致富岗”上的党员蒋春庭拥有盘锦军策毛皮动物养殖场，现有存栏种狐近万只，他积极带动群众发展狐狸养殖业，为周围的群众和周边乡镇的养殖户提供狐种，提供技术，起到了龙头带动作用。2005年向养殖户提供种狐7500只，扶持201个养殖户发展养殖生产，在他的带动下，全乡存栏超千只狐狸的养殖场已达到14个。“科技示范岗”上的孙金艳是远近闻名的科技示范户，她在几年里向群众推广应用了地膜育苗、水稻抛秧、各种水稻病虫害防治等100多项种田新技术，使各种新项目、新技术源源不断地从这里产生并得到广泛的推广应用。针对农民致富、盼致富，但缺少资金的现状，充分挖掘部分党员在知识、技术、资源等方面的优势，把全县5000多名有服务能力的党员组织起来，通过以不同方式深入农村生产、生活第一线，及时解决农民群众遇到的各种实际问题。

辽滨经济区纳入省五点一线沿海重点发展区域 盘锦辽滨经济区成立于2005年12月5日，占地面积73平方公里，地处辽河入海口右岸，拥有33平方公里规划区。盘锦港坐落其中，与营口市中心区域仅一水之隔。因其傍河临海、靠港接城的有利区位和拥有广袤的可开发利用土地，使这里既有临海开发之便，又有傍河建设之利，还有依港发展之机。其毗邻“三港”(营口鲅鱼圈港、营口老港、盘锦港)，紧临“三站”(盘锦火车站、营口火车站、大石桥火车站)，近连“三路”(京沈高速公路、沈大高速公路、盘海营高速公路)，水陆交通便捷，货物流通顺畅。建设中的滨海大道将贯穿其境，已成为连接辽南与辽西地区的重要结合点。辽滨经济区的开发建设，始终坚持高起点布局不走样、高效率动作不脱节、高速度发展不含糊的原则，经济区的广大干部职工硬是凭着“敢为人先、开拓创新、无私奉献、跨越发展”的创业精神，采取多元投资市场化运作等措施，完成投资1.8亿元基础设施建设。“五通一平”的标准，满足企业入住需求，一个充满希望的船舶修造产业园区正在崛起。2006年6月，省政府决定盘锦船舶修造产业园区享受省“五点一线”沿海重点发展区域的优惠政策，正式成为五点七区中的一区。截止到2006年底，园区共入驻项目40个，总投资额65亿元，已开工建设22户，完成投资3.5亿元。全年，完成工业产值5.3亿元，财政一般预算收入实现1300万元，固定资产投入5亿元。

人居环境改善取得显著成效 2006年，县委、县政府以科学发展观统领城乡建设全局，按照社会主义新农村建设的发展要求，以打造最佳人居环境为目标，以城乡基础设施建设为核心，加大资金投入力度，统筹城乡一体化发展，美化人居硬环境，逐步提升城乡环境面貌和环境质量，为全县人民努力打造出舒适、优美的宜居环境。一是加强生态环境建设，绿化城乡大地。全年，全县在城乡植树造林、绿化村屯、美化家园工作中增加人力、物力、财力的投入，以实现“远看是森林，近看是村屯，房在林中，人在花中”为目标，努力提升生态环境质量，县城绿化覆盖率增长15%。加大了对东湖公园、湖滨路等区域的绿化，在东湖新区、珠江街等14条街巷路进行苗木绿化270亩地，新植及补栽乔木2万株，栽植灌木5万株。顺利完成了盘锦市新农村建设试点田家镇、新兴镇腰岗子村、西安镇桑林子村、二界沟曾家村、王家乡旭东村等“一镇四村”的高标准绿化、美化和环境整治工作。新农村建设共植树88.28万株，绿化街道2065条，长度1230公里。截止到2006年底，已有3个乡镇、17个村屯被评为省级“绿化模范乡镇”和“绿化示范村”。二是加强硬环境建设，净化市容乡貌。坚持以城带乡，加快村屯城镇化发展进程，对城乡公用设施薄弱环节及新农村基础设施建设和环境整治加大资金投入，进一步改善人居环境。县城内主要以小街小巷及平房区环境整治为主，修建了商达街、商业街等19条街巷路9075延长米暗排，并对久未清理的20余条暗排及明沟进行清淤，增容改造了城北排水站，增加了2台各2个流量水泵及配电设备，保证了汛期排水畅通。通过暗排建设及清淤工程，在汛期降雨量达到420毫米的高峰值时，往年需要24小时才能排干水量，现在仅用5个小时，就排干了县城内的积水。以建设社会主义新农村为契机，全力打造农村宜居硬环境。全县村屯共新修U型槽22.68公里，修院墙49公里，修进户桥10741座，改厕2671个，建垃圾箱1102个，清运垃圾1880立方米，修边沟110.3万米，修进户大门3086个，粉刷墙面7.68万平方米，建娱乐广场6个，共4.5万平方米，硬化路面305.7公里，暗排1.33万米等。新农村建设创历史新高，乡村人居环境得以明显改善。三是加强道路工程建设，亮化街景路巷。为解决城乡居民出行难，改善以往破损的街巷，减少晚间出行“摸黑路”的问题，县城内对中心路、湖滨路等若干条大街小巷、人行甬路、马路牙石进行修补修整及硬覆盖，及时整修路灯并新安装路灯240盏，景观灯40盏。设立3处标志性雕像,在云萍广场安装大屏幕彩色显示屏。乡镇对主要街路进行硬化 305.7 公里,安装路灯 650 盏,进一步解决城乡道路坑洼不平、雨天泥泞难行、有路无灯或有灯不亮等出行难问题。经过改造后,大街小巷边缘清晰,街景迷人,从而提升了城乡的整体形象和居民幸福感。加强道路交通设施建设,对庄林路大洼段、苏五线实施改造扩建和 60 公里村通油路工程。目前,县级公路已达 182 公里,乡级公里 360 公里,农村公路 570 公里,形成"四纵四横"公路网络格局。全年,县城内基础设施建设改造投入建设资金 1472 万元,重点以小街小巷及平房区环境整治为主,努力打造让老百姓满意的"民心工程"。全县新农村建设投入 1.3 亿元,完成 413 个村屯的绿化工作。提高了城乡的管理水平,提升了城乡的整体功能,达到市容整洁靓丽、空气自然清新、街道宽阔通畅,翻开了全县宜居生活环境的历史新篇章。

软环境铸就区域经济发展的"聚宝盆"　2006 年,大洼县把优化经济发展软环境真正当成永不竣工的"天字号"工程来抓,通过一系列强力措施铸就区域经济发展的"聚宝盆"。一是制度建设先行。从制度建设入手,让好的制度去约束人的行为,保证软环境建设走上程序化、规范化的轨道。建立完善了责任机制,形成了一级对一级负责的责任机制。建立治理公路"三乱"、治理教育乱收费、减轻农民负担、减轻企业负担和加强医德医风建设等 5 个专项治理联席会议制度。建立收费项目公开制度、一卡收费制度、检查收费卡制度、重点企业挂牌制度、建立招投标制度、建立检查制度、服务公开承诺制和帮扶企业责任制等十大制度保障。同时,把优化经济发展软环境与行风评议有机结合起来,以行风评议为主要抓手,对重点部门实行一把手行风述评制,邀请人大代表、政协委员、乡镇领导等对行风建设进行民主评议,排在末位的,对主要领导进行诫免谈话。连续两年排在末位的,对班子进行调整。二是优质服务保障。面对全国新一轮咄咄逼人的发展态势,本着帮助投资者就是帮助自己,服务投资者就是服务经济,关注投资者就是关注发展的宗旨,多策并举,为企业和投资者全力提供全程式、贴心式、保姆式的优质服务。不断完善行政服务中心职能,进驻中心的部门达到 20 个,设立窗口 25 个,共有 103 项审批项目和两个服务项目在中心办理。窗口单位全部实行"五公开"、"五件式"和"六制式"服务,极大方便了企业和投资者。为强化执法执纪人员的整体素质,实行持证上岗和执法,共清退临时工、合同工 60 余人,提高了执法执纪队伍的服务水平。针对政府审批项目和检查项目过多、过滥的实际,从审批制度改革入手,按照《行政许可法》的要求,对全县行政执法主体进行了认真的梳理,取消了 8 个单位的行政执法权,废止了 38 个审批项目,同时还废止和修改了 18 个县本级文件。三是用"重典"、下"猛药"。为彻底解决一些投资者反映的"菩萨好见,小鬼难缠"和"上面很好,下面好狠"的顽疾,用铁的纪律、铁的手腕,对那些我行我素、胆敢越过优化发展软环境"高压线"的违法乱纪行为严惩不贷,决不姑息。有力地维护了经济秩序的正常进行。

"双百工程"赢得民心　"双百工程"是大洼县委在第三批保持共产党员先进性教育活动中的创新之举,即百名机关党员干部包扶百个村屯。全县在实施"双百工程"活动中,有 300 多名县乡机关干部穿梭在城乡之间,活跃在农村生产第一线,结合先进性教育,紧扣社会主义新农村建设这个主题,体察民情,了解民意,谋划发展。他们以乡镇督导组和驻村指导组成员的角色进村入户开展工作,坚持以指导开展先进性教育活动为切入点,以"三级联创"为着力点,以促进农村经济为落脚点,以发挥党员干部表率作用为支撑点,以牢记党的宗旨为出发点,严格按照"建设一个好支部、带出一个高素质党员队伍、促进全县农村产业调整和农民增收"的目标要求,确实履行工作职责,真正安下心,"扎"下去,做到了深入调查民情。驻村干部积极配合村党支部开展了详细的摸底调查,对班子和党员队伍建设、村屯环境整治、产业结构调整、外出务工经商、民风民俗等一系列情况进行了解、掌握,做到底子清、情况明,做到了以民为本搞服务,身到心到解难题，亲民爱民融真情。活动中，驻村干部共为群众提供致富信息200条，办好事、实事500余件，发展致富项目100余个，协调小额贷款1000余万元，捐款捐物30余万元，不仅促进了全县第三批先进性教育活动的深入开展，提高了广大党员干部的整体素质，解决了一批党员关心、群众关注的突出问题，也极大地推动了全县农村经济的快速发展。2006年4月，保持共产党员先进性教育活动中央、省巡回检查组对大洼县驻村指导工作给予充分肯定，并作为经验推广。

旅游成果喜人　2006年，全县旅游业实现“十一五”开门红。呈现出旅游景点增多，旅游功能进一步完善，旅游人数增加，旅游收入增长的喜人局面。全年，接待国内外旅客数量和旅游收入较上年同比增长50%。2006年，是“十一五”规划的开局之年，县旅游局围绕红海滩景区被国家命名为AAAA级景区的有利契机，一是把景区建设作为重点，采取多种形式，加大项目和资金投入力度，鼓励民间资本投入旅游业，并整合优势资源，对重点景区进行整体规划和规模发展，集中力量对红海滩拓展中心、红海滩接待中心停车场商贸区、红海滩大众餐饮住宿、赵圈河兰石村农家客栈、赵圈河盛隆家苑项目进行攻坚开发。二是打造特色旅游品牌，创新宣传思路。辽河绿水湾经申报被国家命名为“全国农业示范点”。赵圈河乡被省评为首批特色旅游乡镇——“湿地生态旅游乡”，“农家乐”游和知青文化旅游的持续升温，从不同侧面、不同角度展示了大洼丰富多彩的旅游资源和旅游产品。三是立足拓展旅游客源市场，加大宣传促销力度。年初，着手筹建了大洼旅游咨询服务中心，并先后组织重点景区到北京、锦州、葫芦岛、沈阳、鞍山、辽阳等地开展宣传促效活动，与180多家旅行社签订了合作协议。同市旅游局成功举办了第六届“红海滩观赏会”。精心准备并参加了第三届东亚旅游博览会，为旅游发展奠定了基础。四是在确保旅游安全无事故的前提下，狠抓市场秩序整顿，创造安全和谐、有序的旅游环境。旅游市场得到进一步规范，服务质量明显提高。从落实《辽宁省旅游条例》入手，加强旅游行业管理，制定出台了《大洼县风景区环境卫生管理实施细则》和《2006年大洼县诚信旅游活动实施方案》，完善了《旅游安全突发事件应急预案》。

· 双台子区 ·

立足发展实际，确定“十一五”期间经济发展主要任务　2006年，双台子区委、政府从全区实际出发，确定了“十一五”期间经济发展的主要任务，努力做大做强第二产业，提升整合第三产业，提高招商引资和对外开放水平，促进城乡协调发展，全面提高经济效益和发展质量，以实现全区经济的跨越式发展。一是调整优化经济结构，转变经济增长方式。“十一五”期间，将继续实施“工业强区”战略，优化工业结构，大力发展高新技术产业，改造提升传统产业，积极培育新兴产业，构筑起多元结构框架。二是将稳步发展石化产业，采取更加积极的措施，促进河运油品、三鑫路用材料、太平河石化以及东方沥青等石油炼制企业年加工总量有新的提高。围绕阻聚剂、催化剂、油田化学品和石油脱腐剂等精细化工产品的开发，做大做强精细化工企业，把双台子区建成各种化工试剂、助剂的重要生产基地。引导和支持一批石油炼制和精细化工企业开发产业延伸项目，拉长产业链和产品链，积极培育产业集群，提升产品档次和效益。三是加快发展塑料加工业。依托辽河油田、华锦集团的技术、人才、资金和资产等优势，搞好区企共建，开发配套下游产品，鼓励域内民间资本和吸引域外资本投资塑料加工业。形成牵动效应和产业聚集，努力构建辽西重要的塑料加工基地。四是改造提升传统产业。利用新技术、新材料、新工艺，改造提升食品、轻纺、木业、制药、建材等传统产业，引导产业优化升级，实现由粗放型管理向集约型管理的转变。重点做好华信针织、出口手套、华圣木业、森荣制药等企业的规模扩张工作，提高其产品科技含量和附加值，争创名牌产品。五是大力实施“商贸兴区”战略，提升第三产业的档次。构建商贸核心区，打造特色商业街区，壮大“井”字形商贸核心区骨架，发展渤海路文化一条街、胜利服装专卖一条街、双兴路餐饮娱乐一条街、育红路陶瓷装饰材料一条街、城北物流和配送一条街、新华汽车配件一条街、兴农小食品批发一条街，完善和建设专业市场，培育骨干创汇体系。六是继续实施“城乡统筹发展”战略，瞄准市场需求，用工业经济的理念，项目农业的观点，集约经营的思路谋划发展农村经济。到“十一五”末期，全面转化城中村，实现城乡统一化。

采取得力措施，改善市容市貌　2006年，双台子区采取得力措施，找准切入点，大力开展以整治市容市貌为重点的专项整治工作，为居民创造了良好的生活环境。创卫工作开始后，区城管大队利用1个月时间，会同相关部门对全区露天烧烤进行了整治，取缔店外烧烤300余处，基本消灭了露天营业。同时，对全区主街主路两侧的18个废品收购点进行了专项整治，17家收购站统一规范了牌匾和护栏，拆除违章建筑，有1家收购站被取缔，基本达到了市专项整治的要求。区工商分局对农贸市场进行了专项整治，彻底清理市场乱堆乱放、乱贴乱画及不规整的牌匾40余个，清理出头业户170多户次，取缔占道经营和乱摆乱放业户20余户，督促市场开办单位清理集贸市场内外垃圾200多立方米，会同城管大队等部门规范了九化市场、城北市场的经营秩序，取缔东风市场外围占道经营，区环卫处开展了主街主路环境卫生专项整治，加大主街主路重要路段、重点区域的清扫保洁力度，清扫保洁率达到100%。市绿化处对东风东街、双兴北路路岛等绿化带垃圾、纸屑随处可见的现象进行整治，派专人保洁，基本达到了无白色垃圾、无污物。各街道办事处、社区、村上下联动，发动各方面力量共同参与，清理整治社区环境，清除卫生死角。东风、建设、辽河街道办事处及时为居民清理垃圾、白色污物、治理居民区下水，清除居民区内违章建筑、小棚栏，违规饲养家禽等。全区还开展了“城中村”和城乡结合部的整治行动，加大了对环境卫生基础设施的投入，支持和鼓励“城中村”和城乡结合部地区采取多种措施解决城中村环境卫生管理难的问题，使“城中村”的整治工作取得了良好的效果。

构建和谐社区，打造幸福家园　开展保持共产党员先进性教育活动以来，双台子区委、政府从解决群众最需要、最关心的事情做起，着力构建和谐社区，营造群众安居乐业的社会环境，社区建设焕发出勃勃生机。在先进性教育活动中，双台子区各街道社区党组织始终以群众满意为核心价值取向，努力办实事、做好事。铁东街道党工委针对前锋、河闸两个社区道路出行不便的问题，采取有力措施，投资11.5万元，对1000延长米道路及排水沟进行了彻底整修。多年困扰居民生活的老大难问题得到了解决，几百户居民敲锣打鼓，自发将绣有“修下水为百姓，解民忧情意浓”字样的4面锦旗送到了街道党工委。红旗街道党工委积极开展“走百家门、知百家情，解百家难、暖百家心”的实践活动，所辖区党支部经常组织党员利用休息时间走街串户，了解居民在生活等方面遇到的难心事和烦心事，把问题解决在居民家门口。积极从根本上解决困难家庭的生活问题，变“输血”为“造血”。在先进性教育活动中，全区9个街道党工委、总支和37个社区党支部为群众办实事、办好事、解难事，累计达700余件，走访困难群众633户，结成帮扶对子260对，慰问钱物价值5万元，自主维修路面6200平方米，维修公厕10座，疏通下水管道12814延长米。各街道社区党组织以为辖区内群众造福为己任，把党的温暖送到千家万户。群众发自肺腑的道出“社区是咱百姓温暖的家”。

在团员、青年中广泛开展荣辱观教育活动　一是“八荣八耻”进社区，提高社区居民的文明素质。双台子区团委充分发挥团员骨干及青年作用，切实把社会主义荣辱观的学习作为团课的重要内容，以“树立‘八荣八耻’荣辱观关键在行动”、“带头落实荣辱观，从我做起，从现在做起”等为主题召开专题支部会、座谈会，让团员青年从我做起，从身边事做起，从点滴做起，把“八荣八耻”转化为自觉行动。社区的青年志愿者服务队与老党员活动组联合起来，成立“八荣八耻”宣传教育辅导站，有效地提高了广大社区居民的文明素质。在青少年中广泛开展以“知荣辱、树新风”为主题的道德实践活动。各街道的团组织通过参观爱国主义教育基地(小红楼),在纪念碑前庄严宣誓,印发宣传单等丰富多彩的活动,有力地增强了广大团员青年的爱国主义、集体主义和社会主义情感。二是“八荣八耻”进校园。全区各学校通过主题班会、队会、黑板报、校园橱窗等多种形式,宣传“八荣八耻”,要求每名学生熟读成诵,了然于胸。各学校班级分别组织召开“八荣八耻”为主题的大队会、中队会,让学生在活动中知荣明耻,从而树立正确的荣辱观,为正确人生观的形成奠定良好的基础。三是“八荣八耻”进企业。区内各企业青年文明号单位的团员青年,利用公司板报、厂区文化栏、公司小报、网络等形式对广大青年职工进行荣辱观教育。兴隆大厦二百团组织举办了“五月风——青年文化节”系列活动。通过开展拔河比赛、歌手比赛、乒乓球比赛、服饰搭配赛、春游等活动,增强了企业团员青年的集体责任感和荣誉感。“八荣八耻”教育活动的普遍开展,为全区建设和谐社会起到积极的推动作用。

扶贫献爱心活动掀起新高潮　2006年,双台子区统筹规划,把扶贫帮困作为一项工程,通过深入调查研究困难群众的现状和实际困难,因户实施帮扶措施,大力推进扶贫帮困的整体行动。在让群众看到扶贫帮困办实事、办好事的同时,把提高困难群众的素质和组织困难群众开展脱贫活动结合起来,并突出重点,做好社会保障的应保尽保和临时救助工作,工作中,做到了城乡低保标准调整到位,农村低保制度推进到位,冬季取暖工作落实到位,优扶对象优待照顾到位,“五保”对象生活保障到位,扶贫帮困行动实施到位。全区救助贫困户6661户,户均救助款物标准不低于200元。区政府临时救助资金和集中性捐赠的款物全部用于救助城乡困难群众,以保证所有困难家庭都能过上一个欢乐、祥和、喜庆的新春佳节。

全面提升关心下一代工作水平　为了形成共同关爱下一代的浓厚氛围,提升工作水平,年初以来,双台子区着力把离退休老干部、老战士、老专家、老教师、老劳模组织起来,力求各个街道、社区都有“五老”队伍,形成工作网络,全面提升关心下一代工作水平。在认真做好青少年教育,维护青少年合法权益等工作的同时,充分发挥关工委和老同志在教育青少年中的作用。本着就地就近,发挥所长,量力而行的原则,动员“五老”同志积极投入到关心下一代工作中来。不断加强和改进未成年人思想道德建设,积极配合有关部门抓好政治教育、道德教育、职业教育、科普教育、文化教育、法制教育。继续抓好以学校为重点,把家长学校、五小(小主人、小公民、小卫士、小伙伴、小帮手)及爱祖国、爱家乡做好人好事活动开展起来。充分利用社区资源,努力构建有利于青少年健康成长的社区环境,强化青少年的思想教育和实践引导,促进青少年道德观的形成和素质的提高,形成“老少共建”社区精神文明的新局面。

中共双台子区第六次代表大会召开　中共双台子区第六次代表大会于2006年3月21日至23日召开。大会听取、审议、通过了区委书记杨卫新所做的题为《迎接新挑战,构筑新优势,全面开创我区经济社会发展新局面》的工作报告和区委副书记、区纪律检查委员会书记李大森同志所做的纪律检查委员会工作报告。大会选举产生了中国共产党盘锦市双台子区第六届委员会委员33名,其中,区委委员27名,候补委员6名。选举杨卫新为区委书记,解学灵、李大森、付艳华为副书记。同时,选举产生中国共产党盘锦市双台子区纪律检查委员会委员17名,选举李大森为区纪委书记。

再谱创业新篇章　2006年,全区深入贯彻区委五届六次全会确定的工作目标,在全区掀起新一轮创业热潮。经过一年的奋斗,全区工业企业已发展到205家,其中,规模以上企业21家。全年实现工业总产值24.7亿元,工业增加值5.3亿元,税金5300万元,与1985年建区时相比,增长了80倍,初步形成了以辽河油田、华锦乙烯为依托,以石油炼制为基础,以普通化工为重点,以制药、食品、木制品、轻纺制衣等产业为补充,以塑料加工、精细化工为方向的工业产业发展格局。各产业之间直接或间接地有关联或互补,同时又程度不同地服务于华锦集团和辽河油田，形成了初级的循环工业经济体系。

向不文明行为亮红牌　为了加强城区管理，让老城区更加通透整洁，双台子区从教育居民提高文明素质入手，出台了《盘锦市双台子区市容卫生管理处罚暂行办法》，以此来规范单位、个人的行为，向不文明现象亮红牌。《双台子区市容卫生管理处罚暂行办法》是依据国务院《城市市容卫生管理条例》、辽宁省《城市市容管理办法》和盘锦市《城市市容和环境卫生管理条例》等有关法律法规，并结合本区的实际，对违反城市市容管理行为制定的处罚办法。此办法具体处罚内容共有30余项，范围涵盖了居民的生活行为、公共设施保护、建筑施工工地管理等方面。

新型农村合作医疗快速发展　双台子区把建立新型农村合作医疗作为为农民办好事、办实事的一项民心工程来抓。2005年，全区补助参合148人，实际补助金额14.3万元，极大地调动了农民参合的积极性。为了进一步减轻农民的就医经济负担，促进农村经济社会发展，2006年，双台子区又启动了新一轮"新农合"工作。全区各村广大农民群众积极投保参加新型农村合作医疗，全区常驻农业人口17009人，参合农民达15723人，参合率达92%以上。为了建立健全组织领导体系与管理制度，双台子区政府成立了以分管副区长任组长的"新农合"领导机构，择优抽调卫生系统骨干力量充实到"新农合"办公室，并添置了必要的办公设备，各街道办成立了"新农合"办公室，从组织上保障了"新农合"工作的正常开展。组织制定了一系列规章制度及运行程序，摸清了本地医疗资源及参合农民医疗需求现状，并将各村享受最低生活保障线人员全部纳入到"新农合"范围，使那些弱势群体有了基本的医疗保障。为进一步方便农民就医，保障农民就医质量，将定点医院增至到7个，受到广大农民的热烈欢迎。通过有关部门的不断努力，"新农合"工作做到了家喻户晓、尽人皆知。广大农民群众深深地体会到党的好政策给他们带来的温暖。

鹤乡王系列白酒被授予盘锦市著名商标　3月29日，为鹤乡王系列白酒授予盘锦市著名商标的授匾仪式在盘锦鹤乡王酒业集团有限公司举行。授匾仪式上，鹤乡王酒业集团的负责人表示，鹤乡王会进一步做大做强自己的品牌，让百姓喝上放心的家乡酒。作为双台子区自主品牌的盘锦鹤乡王酒业集团有限公司经过10年的建设发展，成了家喻户晓的名牌企业。目前，公司的主导产品发展到以鹤乡王三星、五星、新世纪、鹤乡王振兴酒等10余个品种，市场覆盖面稳步拓展，形成了强大的品牌效应。

举办"庆祝建国57周年晟华钻石广场文化月"系列活动　9月29日晚，由双台子区委宣传部主办，晟华集团承办的"庆祝建国57周年晟华钻石广场文化月"系列活动在精彩的文艺演出中落下了帷幕。区政协主席杨春光，区委常委、常务副区长王政准，区委常委、宣传部长孙雅娟，区委常委、武装部政委滕凤余，区委常委、政法委书记王保利，区委常委、工会主席李久顺，区人大副主任李延方出席了闭幕式，孙雅娟致闭幕词。文化月系列活动从9月8日开始以"戏曲篇"、"歌舞篇"、"乐器篇"、"秧歌篇"、"演讲篇"、"社区文艺汇演篇"等不同文艺形式歌颂祖国，赞美家乡。活动形式新颖，内容丰富，为老城区人民奉献了一道道精美的"文化大餐"，营造了良好的节日氛围。特别是9月26日—29日的"社区文艺汇演篇"，把文化月系列活动推向了高潮。此篇中，以"社区才艺比拼"的形式，全区37个社区纷纷拿出"绝活"亮相晟华钻石广场舞台，一展社区文化活动风采，充分展示了双台子区社区文化活动的累累硕果。活动期间，有近10万人次欣赏了一道道精美的"文化大餐"，享受着快乐与和谐的美好。

举办2006全国巡环美食节盘锦展销会，活跃地区经济　9月4日晚，双台子区2006全国巡环美食节盘锦展销会在华锦宾馆拉开帷幕。市领导李素芳、孙绍云、刘家升、丁安贵，区领导杨卫新、解学灵、田长青、杨春光、李延方、李之栋及市、区有关部门的负责同志参加开幕式。参加美食节的全国18个省市、70多个商家的风味及名优食品、2000余种特色小吃竞相媲美。八方宾朋汇聚华锦宾馆院内，品美食，尝美味，寻商机。美食节由区政府主办，区工商分局、沈阳博创展览展示有限公司、华锦宾馆承办。这是东北地区首次在盘锦进行的一次规模较大、档次较高、活动内容丰富的餐饮文化与文化娱乐相结合的盛会。双台子区牢牢抓住这次大型美食展销活动良机，繁荣餐饮市场，丰富市民生活，活跃区域经济，提高区域餐饮品位，促进经济发展。

双台子区被评为省“2005 年度平安县(市、区)” 2005 年，双台子区把开展“争创省级平安区”活动作为党委、政府的“一把手工程”，作为服务经济社会发展的保障工程，作为增强人民群众安全感、安居感的“民心工程”来抓，致力于解决突出的社会治安问题，为振兴辽宁老工业基地和构建和谐辽宁、“建设法治盘锦，营造平安家园”创造良好的社会环境。全年，全区社会治安综合治理的基层基础建设明显加强，解决社会治安综合治理工作中存在的实际问题取得了突破性进展，根据省综治委关于开展“平安县(市、区)”创建活动的要求，经省综治办组织检查考核，省综治委决定，命名盘锦市双台子区为“2005 年度平安县(市、区)”。

· 兴 隆 台 区 ·

中国共产党兴隆台区第六次代表大会召开 3 月 23 日—24 日，中共兴隆台区第六次代表大会开幕。大会的主要任务是：坚持以邓小平理论和“三个代表”重要思想为指导，全面贯彻党的十六届四中、五中和市委五届四次全会精神，回顾总结过去 3 年来的工作，讨论确定今后 5 年全区工作的指导思想、奋斗目标和战略措施；选举产生中共盘锦市兴隆台区第六届委员会和新一届纪律检查委员会；动员和带领全区各级党组织、广大党员干部和人民群众，坚持以科学发展观统领经济社会发展全局，全面实施“十一五”规划，扎实推进建设全面小康城区的步伐。区委书记姜冰代表中共兴隆台区第五届委员会在会上作了题为《坚持以科学发展观统领全局，为构建和谐兴隆，建设全面小康城区而努力奋斗》的工作报告。报告认真回顾和总结过去 3 年全区经济建设和社会各项事业、党的建设取得的重大成就，提出了今后 5 年全区工作的总体要求，明确了今后 5 年中心任务。报告提出，要以科学发展观统领经济社会全局，以发展为第一要务，保持经济持续快速健康发展。大力推进和谐兴隆建设，打造宜居城区。全面加强党的自身建设，为构建和谐兴隆提供坚强的政治保证，要全面加强党的思想组织建设，要切实加强制度建设，要进一步强化各级领导班子和干部队伍建设。要切实加强党的基层组织建设和党风廉政建设，深入开展反腐败工作。要切实加强作风建设。会议号召全区广大党员干部和人民群众，万众一心，与时俱进，开拓创新，扎实工作，为构建和谐兴隆、建设全面小康城区而努力奋斗！会议以无记名投票的方式，选举产生了中共兴隆台区第六届委员会委员 27 人、候补委员 6 人，区纪律检查委员会委员 17 人。会议一致通过了《中共兴隆台区第六次代表大会关于中共兴隆台区第五届委员会工作报告的决议》和《中共兴隆台区第六次代表大会关于中共兴隆台区纪律检查委员会工作报告的决议》。大会闭幕后，中共兴隆台区第六届委员会举行了第一次全体会议，会上，新当选的 27 名委员以无记名投票的方式选举产生了 10 名中共兴隆台区第六届委员会常务委员会委员，选举姜冰为区委书记，马书斌、王德友、杨书芬为区委副书记。会议还通过了中共兴隆台区纪律检查委员会第一次全体会议关于区纪委常务委员会委员、书记、副书记选举结果的报告。

采取五项措施，加强机关建设 一是进一步加强机关党的组织和党员队伍建设，以巩固和扩大保持共产党员先进性教育活动成果。进一步加强机关党建目标管理，加强基层党组织和党员队伍建设，以提高基层党组织和党员队伍的整体素质，为建设和谐、向上的政府机关提供组织保证。二是狠抓机关作风建设，努力创建“四型”省级文明机关。努力巩固和扩大文明机关建设成果，进一步强化机关作风建设，完善和落实机关管理各项制度，规范机关干部职工上岗、值班和言行,规范机关各项事务管理。继续深入开展“学习型、效能型、服务型、节约型”机关创建活动,通过学习、宣传和发动,培养机关干部群众的学习意识,提高办事效率,增强服务意识,树立节约意识、主人翁意识。积极开展机关精神文明创建活动。加强机关文化建设,充分利用政府网站,探索建立机关文化园地,在机关营造浓厚的文化氛围。三是做好新形势下机关思想政治宣传教育工作,努力提高机关干部职工政治思想素质。继续努力抓好政治理论学习和“三德”、“三观”教育,抓好形势任务、法律法规教育,抓好廉政勤政和思想道德、职业道德教育以及爱国主义教育。努力打开机关信息工作局面,充分利用机关微机联网和政府网站平台,加强机关各部门、各单位信息交流,努力营造解放思想、干事创业、加快发展、和谐向上的浓厚氛围。四是深入开展机关党风廉政建设和反腐败工作,为积极开展机关建设提供良好的环境。认真贯彻落实兴隆台区委五届七次会议和纪检监察工作会议精神,结合区直机关的特点,进一步组织机关广大党员干部职工深入学习贯彻《实施纲要》,推进《实施纲要》在机关的全面实施。加强宣传教育,构建“大宣教”格局,深入开展反腐倡廉警示教育和典型示范教育活动。继续开展“读书思廉”和“家庭助廉”教育活动,加强党纪国法、艰苦奋斗教育。加强廉政文化进机关工作,在机关广大干部职工中普及传唱“两首歌”。积极组织参加区纪委开展的知识答卷、观看电影、文艺演出等活动,促进廉政文化进机关。五是积极开展工、青、妇工作,活跃机关建设的氛围。严格遵循相应的法规和章程,开展各项工作。筹备成立机关妇委会,搞好机关团组织的换届选举。结合元旦、春节等传统节日,组织机关广大干部职工广泛参与文体娱乐活动。继续开展“巾帼建功”、“青年文明号”、“五好文明家庭”和拥军优属活动。

坚持城乡统筹、以城带乡,加快推进农村城市化 2006年,兴隆台区按照建设社会主义新农村的要求,加快村屯改造步伐。一是重点抓好城中村、城边村的改造,逐步实现农民市民化、土地资源资本化、农民居住社区化。二是继续加大扶持“三农”力度,扩大公共财政覆盖农村的范围,大力培植农业产业化龙头企业,重点支持鼎翔集团生态建设和有机食品开发。三是认真研究、统筹规划利用农村经济资源,依法做好土地合理流转,吸引城市生产要素向农业转移,合理配置城乡生产要素,实现效益最大化。四是进一步加大农村劳动力向非农产业转移,加强农村劳动力技能培训、就业指导,力争全年转移农村劳动力1000人,拓宽农民增收渠道,不断提高非农收入比重。五是加快探索建立城乡统筹的社会保障制度,建立覆盖城乡最低生活保障制度和以大病统筹为主的新型合作医疗制度,不断扩大覆盖面。六是继续抓好农村土地延包工作,重点解决好无地农民、失地农民和无社保农民及弱势群体的就业和生活问题,妥善处理涉农信访案件和遗留问题,维护农村稳定和农民利益。

加强机关党的建设 一是大力推进机关作风和党风廉政建设。进一步转变作风,服务基层和群众,积极推进机关软环境建设。继续开展“人民评政府、基层评机关”活动,建立健全机关联系基层制度、调查研究制度和信访接待制度,完善举报监督、信访监督、人大政协监督、法制监督等“四个监督”系统,真正把群众反映强烈的问题摆到突出位置上,通过正确决策和有效工作及时解决。进一步加强党风廉政建设和反腐败工作。通过认真学习中央颁发的《建立健全教育、制度、监督并重的惩治和预防腐败体系实施纲要》和贯彻落实区纪委即将出台的《实施办法》,制定相应的具体措施,以推进《实施纲要》在区直机关的全面实施。二是坚持以人为本,加强和改进新形势下机关思想政治宣传教育工作。全面贯彻落实科学发展观。按照建设和谐社会的总体要求,坚持以人为本,进一步落实《思想政治工作责任制》,积极探索新时期适合机关干部特点的思想政治工作新途径、新方法,准确把握机关广大党员的思想脉搏和日益多样化的利益要求,引导党员把全面履行义务与正确行使权利有机统一起来。三是弘扬先进文化,深化机关精神文明创建活动。围绕建设和谐兴隆,加快改革、发展和稳定这一中心,以加强机关职业道德建设为重点，进一步落实《公民道德建设实施纲要》，全面推广文明诚信机关建设成果，积极创建省级文明机关。四是继续组织开展好创建“节约型机关”、“绿色机关”活动。五是加强对群团组织的领导。充分发挥工会、共青团、妇联等人民团体的桥梁纽带作用，并积极支持他们依法、按章创造性地做好新形势下机关群众工作。

搭建五个平台，推进高新技术产业发展 一是建立科技研发平台，培育双高（高新技术、高附加值）产业核心竞争力。二是建立科技创业平台，增强区域创新能力。进一步优化科技创业环境，同时孵化高成长性科技企业和科技企业家，不断提高创新效率，推动民营科技产业健康发展。三是建立成果转化平台，提升技术向产业转移能力。鼓励企业和大专院校建立科技成果中试及产业化基地，承接研发成果，促进拥有自主知识产权的高新技术成果向产业领域转化。四是建立中介服务平台，扩大科技集群效应。创建科技协作服务网络，建立专业化生产力促进中心，将科技要素向产业集群聚焦。五是建立科技融资平台，激活创业投资市场。建立科技担保体系，培育科技风险投资市场，发掘国内外融资渠道，多层次、全方位地加大科技投入力度。

采取七项措施，推进城乡一体化进程 2006年，兴隆台区按照城乡统筹、以城带乡的发展思路，加快推进农民市民化、土地资源资本化、农村城市化进程。一是加快推进城乡各类经济资源共享，用工业化、商业化的理念经营农村各类生产要素，吸引城市生产要素向农业领域转移，农村土地、劳动力等资源向资本转化，走以城带乡、城乡互动、资源共享、共同发展的路子。二是继续大力培育和扶持农业产业化龙头企业，大力发展有机生态农业、定单农业和与城市生活配套的特色农业，带动农业增效、农民增收。三是加大农村劳动力转移力度，开展多层次、多形式的劳务技能培训，广开就业岗位，促进农村劳动力向非农产业转移。四是认真落实扶持“三农”各项政策，全面推进农村税费改革，彻底取消农业税，加大财政对农村公共事业转移支付力度，切实减轻农民负担，确保农民增收。五是扎实做好农村土地延包工作，重点解决“三无农民”（无地农民、失地农民、无业农民）的就业和生活问题，妥善处理涉农信访案件，维护农村稳定和农民利益。六是继续做好村改居工程和村屯环境整治、绿化等工作。七是加快建立城乡统筹的社会保障制度，尽快建立起覆盖城乡统一的最低生活保障制度和以大病统筹为主的互助合作医疗制度，扩大社保覆盖面，最终建立起城乡一体化的社会保障体系。

努力培育特色产业集群，推进开发区建设 2006年，兴隆台区坚持区域化与专业化相结合的招商思路，围绕石油装备制造、塑料化工、服装及食品加工等重点产业，加大了招商工作力度。经过努力，美国塔克石油公司的油气开发项目、特种钻杆项目、油套管项目，香港丰源制靴项目，日本味之素项目，韩国NEXIN轮胎项目等一批重点项目相继落户开发区。同时，兴隆台区还进一步加强与重点区域、重点企业和经济组织的联络，巩固和拓展信息渠道，加强项目源建设。加强以商招商，努力培育特色产业集群。注重对区内骨干企业的重点项目进行包装、宣传，加强信息互动渠道建设，注重区内企业的技术嫁接、增资扩股、改建扩建，引导企业顺应市场规律，扩大生产能力，提高市场竞争力，谋求做强、做大，实现可持续发展。全年，以天龙集团、华孚科技、兴建助剂、平安印染等龙头企业项目为基础，发挥资源优势，培育石油技术服务和装备制造、石化和塑料加工、韩国小企业等特色产业群，使开发区向产业集群化方向发展。

“四会合一”，提高行政效率 2006年，经新一届区委领导班子研究，将每年例行召开的组织、宣传、政法、统战工作4个会议合成一个会议利用半天时间召开。会议内容也进行了科学的更改，会议上不搞表彰，除进行总结工作和布置工作外，只有签订责任状列入会议内容。参加会议的人员全部是和这几项工作有关人员，会上也只安排相关领导讲话。会期由原来一天压缩到半天。为了保障会议达到预期目的，区委领导班子会前对会议进行了认真的研究和部署，会后又责成有关部门和人员将各单位贯彻落实会议情况进行了督查。

采取三大措施,加强信访工作　2006年,兴隆台区委、区政府高度重视信访工作,从3个方面加大对信访工作的领导。一是领导共同抓信访。区委、区政府提出,信访不是哪个部门、哪一个人的事,是全区党政机关及各部门的事,人人都有解决群众反映的热点难点问题、做好稳定工作的责任和义务,全区各部门、各单位共同来抓,要发现一个问题解决一个问题。如每周一日的区长接待日,不仅区长、副区长参加,区委、区人大、区政协以及相关部门的领导也都参加,大家一起听信访人反映情况,共同分析问题,研究解决问题的办法。二是加强信访建设队伍。区信访办1999年时仅有4人,人员素质也参差不齐。2005年,区委、区政府开始为信访办加派力量,先后增加了6人,其中4人为大学本科毕业生。目前,区信访办在职人员共10人,人员平均年龄为31.8岁,大专学历4人,大学本科5人,研究生1人,其中法律专业的3人。三是信访实现信息化。区委、区政府投入大量资金用于完善办公设备的配备。目前,信访部门不仅配齐了微机,而且与省、市信访局专线联网,还配备了打印机、传真机、录像机、照相机、刻录机和扫描仪等各种现代化的办公设备。信访办办公条件得到了很大改善。信访案件的登记、格式化表格的填写等一律采用微机化管理,信访的信息化管理工作走在了全市的前列。

实施八项工程,提高政务服务水平　一是行风建设工程。通过规范行风活动,提高了各部门服务认识,转变了观念。二是制度建设工程。完善各项办事制度,梳理业务部门工作流程,建立规范高效服务的程序,实现政务公开、信息共享。三是电子政务工程。建立区政府电子信息系统,完善兴隆台区政府信息网,提高工作效率,方便群众办事。四是业务培训工程。通过思想学习和业务能力培训,提高工作人员办公效率和依法行政的能力。五是技术支持工程。创新服务方式和手段,为各级领导决策和各部门管理提供管理技术支持,利用技术手段促进管理工作的科学性和有效性。六是知识更新工程。对全体公务员提供知识更新培训服务,提升政府工作人员公共管理水平和业务能力。七是人才开发工程。探索建立高效的油地人才共享机制,实现人才信息共享。八是窗口示范工程。在涉外业务窗口部门开展“争先进、创名牌”活动,采取多种形式开展便民利民措施,为群众服好务。

通过“三助一扶持”,为下岗党员解难题　兴隆台区党员队伍有66%属有偿解除劳动关系党员,与企业脱离关系后,部分党员存在一定思想问题。一是认为已经下岗了党员身份可有可无,模范作用无处发挥。二是不及时缴纳党费,不积极参加组织活动。三是在群众中不注意树立党员形象,整天怪话连篇。四是流动性大,外出务工人员多,不主动与党组织保持联系,汇报思想。针对上述存在的主要问题,兴隆台区委结合保持共产党员先进性教育活动,采取了“三助一扶持”的方法,从解决党员的生活困难入手,释清了部分党员思想上的困惑,使他们自觉增强了党员意识。1. 助困。号召全区各级党组织开展助困活动,与特困党员和家庭结成共助对子,定期在生活上给予帮助,较好地缓解了这些党员在生活中遇到的困难。2. 助学。对于党员中难以支撑子女上学的家庭,由所在街道党工委及社区党总支进行备案,每年在学期前举行捐赠活动,近3年来捐款额达到10万余元。3. 助技。由街道党工委责成就业服务部门,逐一进行走访登记,再由区劳动就业部门每年定期举办1至2期再就业技能培训,帮助他们树立战胜困难生活的勇气和信心,提高就业能力,逐步摆脱贫穷。4. 扶持走上就业岗位。在组织好党员增强就业技能的同时,由基层党工委会同劳动部门及有关人员,针对个别下岗党员不同情况,提供多种就业渠道和门路,按照相关政策使大多数下岗党员走上再就业岗位。

“五抓”促“五新”,建设社会主义新农村

(一)抓项目建设,发展新产业。从8个村中筛选出一些经济效益好、带动能力强、发展前景好、有一定规模的产业项目,进行重点扶持,使其逐步形成一村一业、一村一品、多元发展的农村经济新格局。使全区农村中已涌现出了多个养貂、养鱼、养蟹和种植食用菌蘑菇大户。(二)抓新村规划,建设新农村。按照“布局合理、设施配套、环境整洁、村貌美化”的目标,切实抓好新村规划工作,积极推进农村城市化进程。裴家、东跃、西跃、李家4村被确定为新农村建设试点村,正着手进行村屯整治规划。赵家村通过到外地参观学习,摸索农村城市化新经验。(三)抓培训教育,培育新农民。培养有文化、懂技术、会经营的新型农民,提高农民的整体素质。有计划地对涉农街道初中毕业青年进行就业培训,与开发区建立就业义项联系,实现劳动力的转移。(四)抓精神文明建设,塑造新风貌。深入开展争创文明村、文明户、“好媳妇、好公婆”等群众性精神文明创建活动,倡导健康、文明、科学的生活方式,改变农村的各种生活陋习,创造一个安居乐业、物质文化生活丰富多彩、人与人和谐相处的良好环境。(五)抓基层组织建设,创建新班子。充分发挥典型示范带动作用,把开展第三批先进性教育学习活动与建设“五好”党支部结合起来。

四项措施“助跑”经济发展 (一)按照兴隆台区商业三级发展布局规划,进一步完善商圈建设,加大引导扶持力度,推进产业集聚进程。同时,加大产业结构调整力度,积极推进新兴业态的发展,改造和调整传统业态,积极培育新的消费热点,推进全区第三产业向更高层次发展。(二)加大西部生产资料物流群引导、扶持力度。一是加大对盘锦生产资料综合市场的引导、扶持力度,促其开业,尽快解决影响市场健康发展的相关问题,进而促进全区生产资料物流群建设工程全面启动。二是合理规划、引导高速公路入口两侧的商业布局,进而形成以路口为中心,全面辐射西部地区的生产资料物流群。(三)关注运营质量不高及经营趋势下滑企业,积极引导企业走上健康发展之路。深入企业了解企业具体经营状况,根据企业实际情况,鼓励支持企业开辟创新发展之路,帮助企业解决具体问题,引导企业走更新理念、转向经营、合作经营、招商经营等适应企业发展的健康之路。(四)规划区域性夜市市场。中心城区规划性的夜市市场呈现空白状态,选择合适中心区域建立夜市市场,以丰富市民夜文化生活。

进一步抓好领导干部廉洁自律工作 (一)深入治理领导干部违反规定收送现金、有价证券和支付凭证问题。严格执行《关于各级领导干部登记上交有关单位或个人所送现金、有价证券和支付凭证的通知》精神,加大了宣传力度,树立良好风尚,营造良好氛围。加强了对重点时段、重点部门、重点岗位、重点对象遵纪守法、执行规定情况的监督检查,发现问题,严肃处理。(二)深入治理跑官要官问题。认真落实《党政领导干部选拔任用工作条例》,做好监督检查。坚决防止和纠正跑官要官、买官卖官和拉票贿选的行为,对违纪违规的严肃查处,追究责任。(三)深入治理领导干部婚丧等事宜大操大办、收钱敛财问题。结合实际,制定了党员干部操办婚丧事宜的有关规定。子女升学、乔迁新居等非婚丧事宜一律不准操办。同时,加强监督检查,严肃查处违纪违规案件,并选择典型案件予以曝光。(四)严禁以各种名义用公款公车旅游。注意纠正有的部门和单位在革命传统和爱国主义教育活动中借机用公款旅游等行为,坚决制止以各种培训为名变相用公款旅游。(五)继续治理领导干部参与赌博问题。严肃查处党员干部参与赌博和为赌博活动充当保护伞以及打击赌博工作中失职渎职的案件。对参与赌博的,要先免去职务,再依据规定处理。(六)认真做好公务员工资制度改革和清理规范津贴补贴工作。严禁领导干部纵容配偶子女和身边工作人员谋取非法利益问题等。

全力打造最“宜居”环境 (一)以加快城区建设为重点,优化发展环境,推进协调发展。(二)以创建全国文明城区为主线,抓好城市环境综合治理,实施城区道路“畅通工程”,重点建筑“亮化工程”,逐步改善城区面貌。(三)以“迎奥运,创建国家级生态城市”为总目标,以创建绿色文明社区、绿色学校、绿色商场、绿色医院、绿色饭店、绿色单位、绿色家庭为主,在全区范围内全面开展绿色创建活动,向群众传播环保知识,增强群众的环保意识,倡导清洁生产、绿色消费、节约资源、保护环境、文明服务,提升大众文明素质和社会文明程度,提高人民群众生活质量和全区生态环境建设水平。(四)加大环保执法力度,按照“规范一批、整治一批、淘汰一批”的原则,对重点区域、重点行业、重点部位进行专项治理。深入开展工业企业污染防治设施运行的监督管理。加强餐饮、娱乐业等三产服务行业的油烟污染、噪声污染的监管,确保“三废”达标排放,努力遏制区域性、行业性环境污染加剧趋势。(五)紧紧围绕“生态立市”的方针,大力发展绿色农业,促进农业产业化调整,扩大有机食品的生产规模,广泛深入地开展社会主义新农村建设,改善农村环境质量。继续扶持鼎翔集团生态、高效农业的发展,发挥其品牌的带动作用,加快推进全区生态农业、产业化高效农业的步伐。(六)全面加强党的思想、组织、作风建设,不断提高党员干部的思想素质、领导能力和工作水平,努力打造高素质的行政执法队伍。

从五个方面入手,促进社区管理水平的提高 一是建章立制,完善各项管理制度。二是统一印刷记录本,由社区工作者对各种资料、记录和报表按要求认真填写,账卡册做到准确齐全,各种基础资料要切实达到规范化的要求。同时,街道还充分发挥社区建档的作用,对各种统计资料、报表都按要求做到真实可信,坚决杜绝突击编造的做法。三是树立先进社区典型,做到以点带面,推动社区建设和管理水平的不断提高。四是在模范社区召开社区建设现场会,促进各社区间工作交流,吸取成功经验,不断提高社区建设的管理水平。五是各街道成立社区建设领导小组,不定期下社区检查指导,促进社区建设和管理水平的提高。

新型农村合作医疗工作进展迅速 2006年,兴隆台区新型农村合作医疗工作得到了各级领导的高度重视,工作进展迅速,农民参合积极性较高。截止到2006年底,全区12个村都已开展了新农合工作,参合农民由上年的9292人增加到21466人。同时,为满足参合农民基本医疗服务需求和方便就医,区卫生局本着机构合理,让利农民的原则,组织成立了由涉农两街道、区农经局、区卫生局、区监察局等部门人员组成的区新农合定点医疗机构评审小组。评审小组于8月上旬,对报名参加新农合定点医院招标的6家医院进行了考评,最后确定了辽河石油勘探局妇婴医院和盘锦金禾医院两家医院为第一批兴隆台区新型农村合作医疗定点医院。

基层党组织坚持“四必访”与“四必谈”,做好离退党员思想工作 2006年,兴隆台区紧紧依靠基层党组织,以社区工作为切入点,以服务居民群众为重点,开展了“四必访”与“四必谈”的特色党建活动,开创社区党建工作新格局。社区党(总)支部根据党员年龄大、惰性大,退休后存有工作到头,一切到头的思想状况,适时开展了“四必访”与“四必谈”活动。即:党员生病或住院必访、家中发生特殊困难必访、党员过生日必访、组织生活不参加必访;新转入组织关系的必谈、出现重大矛盾的必谈、长期外出工作的必谈、社区有工作安排的必谈。通过开展此项活动,使社区支部真正地做到了“认党员人、串党员门、知党员情、暖党员心”,以此增强了党的凝聚力和战斗力,同时,也促进了社区各项工作上台阶。

通过三项措施,做好新转入社区党员的思想工作 近年来,随着辽河油田企业改革、改制工作不断深入,原由企业管理的党员,随工作和退休转入所在社区管理的越来越多。这些党员以退休老党员居多。为使广大社区党员在服务群众、维护稳定、构建和谐社区中发挥模范作用,开创社区党建工作的新局面,2006年,兴隆台区开展了把好党员入口关的特色党建活动。一是合理进行编组,明确所在支部。针对新转入总支的党员特点,以便于组织党员开展活动为原则,让原来在一个单位的,知识结构相近的党员编到一个支部,同时,明确所在党组织的小组长、组织委员、宣传委员、支部书记,让他们感到在职时有组织,有人管,退休了到社区也有组织,也有人管。保证每名党员工作退休,思想不退休。二是宣传社区成绩,激励个人奉献。向新转入的党员宣传社区取得的成绩,增强党员的使命感和归属感,激发他们在单位讲贡献,退休之后讲奉献的热情,保持党员的先进性。三是介绍社区党建工作，鼓励党员参与党内事务。通过向新转入党员介绍社区情况和社区党建工作，使他们对社区工作和党的建设工作有所了解，鼓励党员参与党内事务和社区管理工作，充分调动党员的积极性，促进了社区党组织工作的健康发展。

抓住“三点”，推进纳税软环境建设　(一)以廉洁自律建设为切入点，约束从政行为。加强对税务领导班子和领导干部的监督管理，发挥领导的表率带头作用。要求税务系统领导在管好自己的同时，管住自己的配偶、子女和身边的工作人员。要求税务干部必须做到：不贪、不偏、不随、不骄、不虚、不搞生活小圈子、不搞拉帮结派的哥们义气，规范行政行为。(二)以优化纳税服务环境为重点，开展文明办税。深入开展文明办税活动，不断提高税收服务水平。把纳税人的需求作为税收服务的第一要务，把纳税人的呼声作为税收服务的第一信号，把纳税人的满意作为税收服务的第一目标。本着“急事快办”、“特事特办”、“难事帮办”、“好事实办”的原则，积极、灵活处理涉税事项，切实帮助纳税人解决实际问题。继续实施阳光办税工程，坚持“七项承诺”、“文明办税八公开”，给社会各部门和广大纳税人充分的知情权、参与权和监督权。建立税企沟通联系制度，向纳税人及时提供税收咨询、预约服务、政策辅导，帮助纳税人解决各类实际问题。(三)以规范执法行为为归结点，营造和谐征纳环境。要求税务干部准确地理解和把握廉政建设相关政策，约束执法行为。落实干部重大事项申报制度，执法责任追究制度。设立投诉意见箱、公布举报电话，对群众和纳税人的投诉，要做到件件调查并及时反馈，对违法违纪的干部严肃查处，从源头上确保税务干部依法治税，文明服务，准确执行税收政策，营造和谐征纳环境。

非公有制经济组织党建工作逐步走上了制度化、规范化的轨道　兴隆台区共有各类非公有制企业2301家，经济增加值占全区GDP的94%。面对全区非公有制经济组织不断壮大的新形势，区委立足区情，根据实际需要成立了非公有制企业党工委。在非公有制企业党建工作中，突出党建活动的针对性和实效性，创新党建工作的新形式、新方法，开展了一系列的富有特色的活动，增强了非公有制企业党组织的影响力、凝聚力和战斗力。在非公有制企业党建工作中，兴隆台区摸索出了许多切合实际的方式和方法。如对改制企业整体过渡及时建，对规模较小、人员流动性的企业采取“单独建、挂靠建、带动建”等方式灵活建，对企业经营者沟通联谊指导建。在党组织活动中，坚持时间安排以业务时间为主，工作与业余相结合；内容上坚持以生产经营为主，党建工作与企业中心工作相结合；活动制度上坚持以组织活动制度为主。截止到2006年底，兴隆台区建立党组织的非公制企业达到了33家，非公有制经济组织党建工作逐步走上了制度化、规范化的轨道。

乡 镇 亮 点

·盘山县·

高升镇多上惠民项目推进新农村建设 高升镇党委、政府认真贯彻落实党中央建设社会主义新农村20字方针，坚持以经济建设为中心，协调推进农村经济建设、政治建设、文化建设、社会建设和党的建设，走出了一条农村城镇化的道路。(一)强化工业兴镇思路。2006年，新上工业项目5项，吸引资金6000万元，其中，投资超500万元的2家，实际利用外资50万美元以上。盘锦双业化工有限公司投资660万元，完成了主体办公楼、水泥路面、油泵房、消防池、地坪等设施建设；盘锦天业化工有限公司投资750万元，购进了设备，完成了围墙及储罐建设，9月份已投产；大兴沥青有限公司投资400万元，完成了建筑工程及设备安装；和泰瀚威路用材料有限公司投资85万元，完成了部分建设工程；盘锦富腾木业有限公司计划投资550万元，现已进入规模生产。该镇在谈项目3个，预计引进资金7000万元。(二)规模发展农牧业。高升镇整合一家一户的土地资源，大力兴建科学养殖小区和绿色蔬菜种植小区。投资562万元，在南关棚菜示范区以南，新建100栋辽沈Ⅰ型暖棚，已完成了通水、通电、通路配套设施。投资2352万元，在蛋鸡养殖集中的后屯村、东么村、边北村建成7个养殖小区，建鸡舍364栋，年养鸡可达73万只。(三)扩建农产品交易平台。高升镇科学规划，将在原址上改扩建3.6万平米的综合商业区，其中，有餐饮街一条、轻工步行街一条、商业广场一个、轻工和副食商场各一个、路边点式楼6栋。一期工程已完成。(四)推行农业生产机械化。中央一系列惠农政策调动了广大农民种田的积极性。钱家村和于家村开发现有荒地6500亩，以增加粮食产量，提高收入。投资1064万元，动用土方72万立方米，修渠143公里，建桥涵152座，每年可创造效益200万元。为提高劳动效率，降低生产成本，促进劳动力转移，还在水田种植区成立农机合作社，推行生产全程机械化，计划投资230万元，购置农机具130台，实现机械化耕作2.8万亩。(五)提升村容村貌档次。高升镇以点带面进行村屯环境建设。全年，共整治街道56条，总长达30.61公里，修U形槽50公里，栽种花木35万株，改水冲厕所400户，修黑色路面35条，长18公里。边东村秸秆气化项目总投资350万元，铺设管网2.1万米，使886户居民受益，促进了能源节约和环境保护。后屯、东么、文奎村的自来水改造项目，为6500人提供了安全、清洁的饮用水。边东村是省级新农村建设试点村，其建设力度、建设幅度、建设速度，堪称农村城镇化典范。(六)大力发展农村社会事业。全镇普遍实行新型合作医疗，2006年，参保率达到95%，近300名患者从中受益。同时，投资230万元在边东村新建了文化活动中心，以丰富居民们的业余文化生活。

太平镇固本强基推进新农村建设 2006年，太平镇党委、政府落实科学发展观，突出工作重点，推进社会主义新农村建设。(一)抢抓发展机遇推进全民创业。太平镇党委、政府及时召开全民创业推进经济快速发展动员大会，传达县委、县政府全民创业会议精神，要求全体党员干部带头创业，号召全镇群众积极投身到创业热潮中来。加大了招商引资力度，进一步完善了招商引资政策和全民创业的优惠政策。加大了工业园区、温州工业园和精细化工园建设的力度，加强了路、水、电等基础设施建设。派出专人常年在外招商，建立了领导班子成员招商引资责任制。经过多方努力，与盘锦前程润滑油品厂、辽河油田天宇石油机械制造有限公司、南国春生物有机肥厂、中天涂料厂、盘锦鼎隆米业有限公司、盘锦润源石化有限公司、盘锦富隆储罐有限公司、盘锦平杰科技开发有限公司、盘锦盛达盐业有限公司等10家企业达成建厂协议，其中，投资1000万元的1家，投资500万元以上的4家，总投资达3650余万元。从事商、饮、运、建、服等三产从业人员达5500人以上，使农村人口职业构成趋于合理，创收途径更加宽广。(二)构建无公害农产品网络销售平台。太平镇有4万亩水田被国家环保总局认证为有机食品生产基地，其中2万亩是无公害食品生产基地。该镇建立了监督管理制度，成立了三级监督管理小组，以确保生产的产品达到无公害产品标准。还利用各种媒介大力宣传无公害食品，加大对利是集团品牌农产品的销售力度，在全国30多个大城市设立销售网点3000多个，有效地利用互联网销售平台，扩大产品知名度，并与国内外大型集团企业联营，把无公害农产品打入国际市场。

胡家镇点面结合建设社会主义新农村 2006年，胡家镇党委、政府贯彻上级精神，扎实推进社会主义新农村建设，确立了红星、曹家、坨子为新农村建设试点村，使农村面貌焕然一新。(一)投资20万元，翻建了红星村委会，配备了图书阅览室。筹建了占地面积4亩的棚菜生产园区和占地2亩的休闲广场，安装20盏太阳能路灯。新铺设4000米长油漆路面，连接居民院落。(二)加快农村文化教育设施建设。投资100万元，兴建镇文化教育培训中心。投资100万元扩建的刘家小学教学楼，秋季开学交付使用。(三)大力提高农民生产经营素质。免费为农民提供生产服务。5位中高级农技师常年深入田间地头，为农业生产提供技术支撑。先后4次聘请省农科院专家集中为农民上课，讲解种稻养蟹技术，受培训人员5000人次。利用全市科技宣传活动周，免费向农民发放科技书籍2000册。召开座谈会，请日本专家解答农民养蟹过程中的疑难问题。采用冬储扣蟹增值，除自产的100万公斤外，还从周边县区购进100万公斤，冬储面积达到7000亩，实现增值1000万元。(四)支持河蟹养殖销售协会的工作，发挥1500名河蟹经纪人的作用，确保蟹农增产增收。胡家镇河蟹市场已成为省级龙头企业。2006年有固定商家160家，封闭大厅内有200个固定摊位，室外还可设600个临时摊位，年销量4000吨以上，交易额3亿元，实现利润1160万元。河蟹销往20多个省、市、自治区，并通过桃仙机场远销日本、韩国、朝鲜等国。(五)建立劳动保障工作站。2006年，全镇22个村、一个居委会都建起劳动保障工作站，对下岗人员、农民工统一管理，提供就业信息，使850名农民工实现了劳务输出。(六)实现了村村都有一个甲级卫生所。镇政府及镇中心医院负责对村医进行在岗培训，加强对药品价格监督和卫生状况检查，强化村医敬业意识，确保村民小病不出村，提高村民卫生保健水平。(七)加快工业园区设施建设，已完成自来水管线、通讯光缆、排水沟疏通及1800米路面的土方工程。投资130万元，实现园区“四通一平”。同时，引导农民从事运输、餐饮、修理等三产服务，调动全民创业热情。

吴家乡新农村建设突出“三新” 2006年，吴家乡党委、政府坚持“尊重群众意愿、尊重客观实际、彰显农村特色”的原则，围绕“建设新农村、培育新农民、树立新风尚”做文章，扎实推进新农村建设。(一)建设新农村。以建设新房舍、新设施、新环境为重点，着力抓好村屯建设规划，分步建设实施。加快道路、水利、供电、通讯等基础设施和文化、体育、卫生等基本设施建设，巩固义务教育成果，发展医疗事业，改善生产条件，提高农民生活质量。重点抓好榆树村、团结村的环境整治，通柏油路、通安全水、通新燃气、通信息网、通有线电视,改厕所、改圈舍、改卫生院。建农民文化活动场所,建垃圾处理场所。投资50万元对榆树村道路进行硬化、美化,打造榆树村品牌。投资40万元,重新规划团结村居民楼环境。对全乡各村采取梯次推进的方法,每年重点整治2至3条街,逐步改善整体环境。加大对盘海公路两侧,特别是居民楼环境整治力度,成立专业环卫队,设置垃圾箱。4个园区建设重点是搞好"七通一平"基础工程。(二)培育新农民。按照"培养有文化、懂技术、会经营的新型农民"的要求,以乡职教中心、村农民夜校为阵地,加大对农民的培训力度,使农民具有较高科学文化素质和较强的就业、创业能力,成为创业带头人、科技领头人、市场经纪人。民营企业发展到105家,成规模的有15家,形成了4个工业园区。出台了相应政策,加强软环境建设,给企业以优质高效的服务,降低企业投资发展风险,进一步增强了经济发展后劲和活力。(三)树立新风尚。扎实开展了文明村镇创建活动,改变现有的各种陈规陋习,大力倡导健康文明科学的生活方式,建设安居乐业、文体活动丰富、邻里和睦的宜居环境。开展知荣辱、建和谐,"富在农家增收入,学在农家比智慧,乐在农家爽精神,美在农家展新貌"活动。倡导健康向上的生活方式。用村规民约实现自我约束、自我管理、民主管理的浓厚氛围。让农民实实在在享受新农村建设的成果,再由衷地把精神文明建设成果投入到创建新农村中来。

坝墙子镇又快又好地推进新农村建设　2006年,坝墙子镇党委、政府以社会主义新农村建设为契机,不断提升环境优美村镇水平,把全民创业活动视为强镇富民,推动农业产业化、农村城镇化和工业化进程的根本举措,双管齐下,大力推进新农村建设步伐。(一)实施道路硬化、街道绿化、路灯亮化、排水暗化、家家院门整齐化"五化工程",提升村镇环境。(二)开展全民创业活动。为了激发全民创业的积极性,扩大招商规模,镇里政策规定,凡来投资者,土地使用费只交县以上部分。对新上企业实行税收优惠;对注册资金达到100万元以上企业按资金额度给予奖励;对引进企业的个人则按注册资金额度给予奖励;对纳税企业家则依据纳税额度分别授予镇先进企业家、劳动模范等称号并向上级部门推荐表奖;对外来投资者给予落户、福利及子女入学享受镇居民待遇。镇政府投资200万元,对养殖大蟹、黄颡鱼、南美白对虾项目等进行扶助和补贴,为张家村200栋大棚建引排水、电力设施。全年,建成投资500万元企业2家,在建800万元以上企业2家,达成500—1000万元投资意向项目2个。

甜水乡15名见义勇为者受到表彰　10月22日,甜水乡海云禅寺僧人释觉凡在青年水库遭遇大风浪被困7个半小时,县乡干部群众奋力抢救,在惊涛骇浪中谱写了一曲共建和谐的赞歌。事发当天,气温骤降,阴云密布,6—7级西北风夹着刺骨的雨雪铺天盖地。8000亩青年水库水天一色,狂风卷起2—3米高的巨浪哗哗作响。年已70多岁的老僧人释觉凡上午9时向弟子传经后返回寺院途中,所驾船只在水库里被狂风巨浪卷离岸边,越飘越远,船舱进水,失去了控制,随时都有船沉人亡的危险。在水库附近的甜水淡水养殖公司经理李长辉发现后立即组织人员抢险,当船奋力驶出500米时,却被大浪打了回来,救险失败。目睹险情的县机关事务管理局副局长陈宝健立即把险情通报给甜水乡。正在检查贫困户建房工作的甜水乡党委书记李桂林、乡长孙晓飞、副乡长孙绍敏闻讯后立即赶到现场,研究抢救方案,组织人员驾船抢险。曾在水库工作30年的水利站站长孙忠生奉命赶到,他带领养殖公司职工孙鹏跳上小船,向遇险船只方向全力划去。几次努力都失败了。下午1时40分,副县长梁建柏、县公安局副局长赵玉昆和110赶来了,县医院120以及有驾船经验的群众组成了一支强大的抢险队伍。南郭村村主任黄继灵接到乡领导的救援电话后,立即找来了6名有驾船经验的群众,顶着7级狂风,冒着冰冷的雨雪赶到了现场。37岁的青年农民张永纯划着橡皮船,在风浪中经过1个小时的搏斗,凭借自己的经验、胆识和智慧战胜了恶劣天气,冒着随时失去生命的危险,终于把遇险僧人救上了岸。再次谱写了干群联手大营救的赞歌。为表彰先进，甜水乡党委、政府决定：授予张永纯为“见义勇为模范公民”，授予孙忠生等14人为“见义勇为公民”；授予甜水乡淡水养殖公司、南郭分场、甜水派出所3家单位为“见义勇为集体”，并颁发荣誉证书和奖金。甜水乡党委、政府号召全乡干部群众要向受到表彰的先进集体和先进个人学习，大力倡导助人为乐、见义勇为的中华民族传统美德，进一步弘扬社会正气，构建和谐社会，为建设社会主义新农村建功立业。在辽宁省精神文明建设总结表彰活动中，南郭村农民张永纯荣获2006年度“雷锋奖章”。

古城子镇农业产业化成效显著 2006年，古城子镇党委、政府坚持科学发展观，立足本地资源，积极进行产业结构调整，遵循“巩固传统产业，扶持新型产业，培育后续产业”的发展思路，全力推进“三农”工作，取得了令人瞩目的成就。(一)粮食综合生产能力进一步提高。全年，全镇粮食总产达到2900万公斤，人均收入1164元。注册大米商标3个，产品远销京、津、沪等国内各大城市。(二)蔬菜产业稳步发展。截止到2006年底，全镇棚菜面积达到1.18万亩，建成高标准棚菜小区13个，建高标准大棚2400栋，棚菜人均收入达1531元。(三)肉食鸡养殖业呈现龙形态势。兴牧集团坚持走企业＋农户＋基地的产业化经营之路，现有种鸡孵化、饲料加工、肉食加工和养殖4个企业，年产值达2.5亿元，实现利税500万元，带动养殖户600户，年出栏肉食鸡550万只，人均增收648元，实现了企业集团和养殖户双赢。(四)河蟹养殖成为产业化经营新亮点。积极贯彻县政府“西蟹东移”战略，调整出1万亩低洼地块，建成万亩河蟹养殖基地，并以市场为导向养大蟹，追求效益最大化。河蟹养殖面积达到2万亩，实现人均增收148元。

陆家乡新农村建设落实当前，谋划长远 陆家乡党委、政府高举邓小平理论和“三个代表”重要思想伟大旗帜，坚持以经济建设为中心，与时俱进，开拓创新，全乡综合实力日益增强。2006年，全乡社会总产值完成7.2305亿元，同比增长22%，其中，第一产业产值实现1.3765亿元，同比增长19%；第二产业产值实现5.1亿元，同比增长18.6%；第三产业产值实现7540万元，同比增长10%；人均收入达5700元，同比增长13.8%。(一)农业生产稳步发展。中央“两补资金”等一系列利农惠农政策，极大地调动了农民种粮的积极性，粮豆产量达到历史较高水平。多种经营取得新进展。水产养殖达到1.1万亩，其中，河蟹养殖8400亩，淡水鱼养殖2600亩。畜禽生产势头强劲，生猪饲养量达2.5万头，家禽达100万只，特种动物饲养量达2万只。农田水利基本建设动作大。投入125万元，完成总土方量30万立方米，修干渠、斗毛渠515条，田间引排17.8万延长米。健全农业社会化服务体系，共举办各类农技培训班8次，受训农民3000人次。及时发放“两补资金”110.1万元，严格控制非生产性支出，切实保护农民利益。(二)工业经济快速增长。强化骨干企业的带动作用，华强石化、缘鑫建材、继刚米业、六合防水、中原调味等重点企业保持了稳定的发展态势。强化项目建设。全年，新上项目4家，续扩建项目2家，总投资额达3200万元。金碧汽车、金秋扶贫养殖场、福民化工厂等新型骨干企业成了新的经济增长点。(三)第三产业有了长足发展，产值达到7540万元。从事运输、餐饮、劳务的人员明显增多，近郊型经济优势得以体现。

陈家乡全力推进新农村建设 2006年，陈家乡党委、政府以新农村建设为契机，突出“增收、招商、争优、和谐”的工作主题，坚持高起点开局、高标准起步，创新发展，整体推进，各项工作取得了新突破。全乡地区生产总值实现8.33亿元，同比增长20.7%，其中，第一产业产值实现6.15亿元，同比增长15%；第二产业产值实现3.63亿元，同比增长25%；第三产业产值实现1.25亿元，同比增长24.9%。人均收入实现5560元，同比增长11.2%。(一)加强基础设施建设，围绕农田水利建设和农业综合开发，组织实施了省级土地整理项目和申报国家级土地整理项目。发展优势产业，河蟹养殖面积达3.2万亩，同比增长7%；泥鳅鱼养殖达3.2万亩，促进了农民增收。深加工项目取得新进展。鑫安源发展有限公司带动了水产养殖业的发展。投资

100万元扩建的兴盛大米加工、投资150万元的亿发养殖公司新建年屠宰2万头牛羊的肉联加工厂，将促进当地畜禽业的大发展。(二)推进项目建设，招商引资取得突破。扶持大禹防水卷材厂投资1000万元，新增一条生产线，年增产量6万平米，可实现销售收入超亿元。(三)鼓励、帮助全民创业，支持全乡居民从事商饮服务、建筑和运输业，在各村设置劳务输出信息员，为农民提供用工信息。全年，全乡有外出农民工3400人，年创收1020万元。(四)整治村屯环境，美化村容村貌。确定大板村、小刘家村等4个村为首批新农村建设试点村，共投资107.5万元，植树8000株，栽花1万株，美化街道18条、2.4万延长米，修环村路8条、1.2万延长米。投资40万元新建一个文化活动中心，购置15万元文体器材，改善了群众的生活条件。(五)修缮和加固了4处险桥。投资100万元，把乡府前路拓宽至8米并铺上了黑色路面。新增有线电视用户312户。举办各种农民培训班37次，受训农民3760人次。扶贫帮困工作落到了实处，争取上级资金和乡内干部捐款，为13户受灾贫困户建新房，资助困难群众98户，促进了社会和谐进步。

大荒乡新农村建设喜见成效　大荒乡党委、政府在邓小平理论和“三个代表”重要思想指导下，深入贯彻党的十六届四中、五中、六中全会和县委十一次党代会精神，开拓进取，求实创新，各项事业取得了新进展。2006年，全乡社会总产值实现5.2亿元，同比增长20%，人均收入实现5300元。(一)农业取得新进展。以东晟园艺基地为龙头，发展棚菜面积220万平米。以天鹅泡水产养殖基地为龙头，全乡实现养殖面积2万亩。以双丰牧业、双润养殖、双德驯养园为龙头，带动全乡畜牧养殖。以植树大户为龙头，全乡植树1000亩，绿化村屯6个。(二)工业经济取得新突破。加强基础设施建设，确保园区“三通”、绿化、美化，构建招商引资硬环境。全年，引进工业项目8个，完成技改项目3个，为全乡工业经济发展增大了动力。(三)社会事业全面加强。确定了大仓村和后胡村为新农村建设试点村。加强乡信息站建设，为群众提供实用信息500余条。建立村级劳动保障工作站14个，使1000人实现再就业，人均收入2000元。投资70万元新建了小荒小学校舍。投资60万元新建了乡卫生院。投资50万元硬化路面2.8公里。参加农垦企业保障5287人，参保率达98%以上。市县乡三级帮扶贫困户74户，为16户贫困户建新房。

沙岭镇全面谱写新农村建设和谐乐章

2006年，沙岭镇党委、政府以党的十六届五中全会精神和“三个代表”重要思想为指导，坚持科学发展观，完善“农业富民、工业强镇、生态立镇”的发展思路，以抓好繁荣“一区三市”(即镇区、大米批发市场、建材家具装潢市场、农贸市场)和“一区三带”(即腾龙工业园区、盘海路经济带、二沙路经济带、沙棠路经济带)建设为重点，促进镇域经济健康发展。实现总产值15.24亿元，同比增长20%；人均收入实现5500元，同比增长6.4%。(一)加强农业基础设施建设。全年，投资341万元，完成土方136.4万立方米，增产粮食1000万斤。依靠科技兴农，举办农技培训班23期，受训农民3000多人次。利用网络免费为农民提供种植、养殖、农资行情等信息服务。发展多种经营，引进种植新品种，使农民获得了较高的经济效益，被省人事厅评为农业引智成果优秀奖。新上两个养殖园区，发展蛋鸡和特种养殖。通过意丰、民发、拓翔、鹤源等龙头企业的带动，推动了沙岭镇养殖业的大发展。(二)做大做强工业，实现工业强镇。全年，全镇工业产值实现8.3亿元，固定资产投资11500万元，引进域外资金4100万元，引进项目12个。同时，镇政府出台了《沙岭镇推进项目建设的意见》，有力地推进了全镇项目建设。工业园区建设取得新进展。规范了园区布局，鼓励扶持企业扩建，改善园区环境，硬化园区道路1公里，绿化园区内外环境。(三)加快镇村环境治理，推进新农村建设。投资400万元，修暗排6840米，铺设人行道彩砖2万平米，安装路灯166盏，设立垃圾箱50个，成立了环卫队。文明“四进院”工程达到85%以上，栽花种草20万株，植树12000棵，安U型槽11000米。全镇22个村级卫生所均达到甲级卫生所标准。“村村通”工程修柏油路

15.12公里,修沙石路26公里,使人们出行更加顺畅。

东郭镇社会主义新农村建设初见成效 2006年,东郭镇党委、政府坚持科学发展观,加强领导班子建设,团结带领全镇人民真抓实干,社会主义新农村建设各项工作都取得了新进展。全镇社会生产总值完成21000万元。(一)抓好产业调整。新增瓜棚300多亩,总面积达到800亩,亩利润达到7000多元。提高抗旱能力,提早启动50多眼机井,确保粮食生产。聘请市县专家,在镇文化中心举办了4次农作物、畜禽科技讲座。加强镇财政审计制度建设,为群众减负,每亩降低成本约10%。(二)规划发展工业园。邀请市有关部门帮助规划新工业园区,容纳人口3万人,重点引进造纸、化工、轻工产品制造等项目。多次邀请国家轻工总会、造纸协会专家来镇视察,谋划建设造纸厂的可行性。并多次接触外商,洽谈项目。投资50万元的锅炉厂和投资200万元的稻米加工厂均已建成投产。(三)做好信访和综合治理工作,全年,全镇未出现上访问题。(四)镇容村貌明显改观。确定了东郭居委会、鲜族村为新农村建设试点,铺设柏油路8.5公里、沙石路11公里,铺人行路方砖2552平米,修暗排3.5公里,安U型槽15700米。实现劳务输出500人。投资140万元实施自来水工程,使群众告别了含氟水,喝上了安全水。

羊圈子镇新农村建设工作步伐大 2006年,羊圈子镇党委、政府全面贯彻党的十六届五中全会精神,坚持以人为本、坚持科学发展观、坚持以经济建设为中心,紧紧围绕工作目标,加快发展,开拓创新,狠抓落实,实现了经济和社会事业全面进步。(一)农业结构调整取得新突破。新一轮土地承包已经完成。大幅度发展甜瓜生产,种植面积达4000亩,创产值3400万元。“盘羊”牌商标注册和农业部质量安全中心的无公害农产品认证已顺利完成。全镇饲养大户43户,家禽总量达11万只,生猪饲养量达到3.7万头,鱼虾蟹养殖水面达26万亩。投资25万元,维修改造排水站,解决1万亩耕地的排涝问题。(二)项目建设实现新突破。新建投产项目4个,投资额达700万元,水泥厂投资500万元完成了技术改造。井盐资源得到进一步开发。新增盐滩40道,总滩数达200道,总面积达6000亩,实现产值840万元。推广“棚晒”技术使产盐率提高。(三)镇领导积极向上争取资金734万元,发展社会事业。以九龙村为新农村建设试点村,完成投资944万元。2006年,中考成绩喜人,升学人数达95人,超额完成县教委下达的指标。小学部被评为“省基础教育课改实验先进集体”、“养成教育示范校”。投资10万元,建成一处居民娱乐广场。投资100万元,完成了镇区1100户居民的有线电视网工程。在10个自然村增设甲级卫生所。聘请北京专家对瓜农进行培训,种植户受训率达95%。参加农村新型合作医疗达到10000人,参合率达100%。

石新镇经济建设和社会事业持续发展 2006年,石新镇党委、政府坚持科学发展观,紧紧围绕经济发展大局,戮力同心,开拓进取,扎实工作,夺取了经济建设和各项事业的全面进步。(一)农村经济持续发展。投资100万元,打深水灌溉井6眼及建设排水站。投资49万元,修建排干8公里。投资24万元,修建农田道路8公里。投资125万元,新开水田1500亩。减免农业税和及时发放良种补贴及直补资金281万元,推动了种植业发展。水稻、大豆、香瓜、辣椒、棚菜、杂粮等播种面积同比增加667亩,增加产值3800万元。养殖业完成产值3820万元,其中,奶牛存栏5000头,生猪出栏8300头,蛋鸡存栏16万只,肉鸡出栏6.2万只。芦苇产量3500吨,实现产值140万元。工业完成产值1.2亿元,其中,科尔沁乳业基础工程投资100万元,盘锦盛源海杰冷食有限公司扩建投资150万元,新上塑料颗粒厂一家。(二)社会事业不断进步。落实教育减免政策。中学生每人减免200元,小学生每人减免140元,对5%的贫困生实行零收费。对教师实行量化考核,奖优促劣。全面提高学生思想道德素质,大力表彰学雷锋标兵、模范团员、十佳队员。中考成绩明显提高,升学率达50%以上。加强计划生育政策宣传,做好计划生育服务。民政工作进一步展开,帮扶贫困户60户,为

8户贫困户建新房。协调相关部门,使4名白内障患者重见光明。对68名五保人员纳入正规化管理。为镇内240人办理了低保。投资5万元,完成了常屯村至周屯11.2公里黑色路面、路肩维护。在市、县交通局的支持下,新修石欢线10.22公里,安装镇村标志牌8块。农村新型合作医疗参保人员达11763人,给26名参保人报销医疗费16万多元。成立了劳动保障事务所,实现劳务输出170人。社会保障工作大幅度推进,参加养老保险5308人。

· 大洼县 ·

大洼镇唱好镇域经济发展"重头戏"　2006年,大洼镇坚持"围绕财政抓经济、围绕富民抓调整"的工作思路,狠抓项目建设和农民增收,强力推进镇域经济腾飞。一是抓好项目建设,做活"发展"文章。大洼镇结合实际情况,给自己定出目标,在完成县定目标1.5亿元的基础上,力争突破两亿元大关。为此,镇党委、政府把招商作为全镇工作重中之重,大力实施"工业强镇"战略,坚持"走出去"战略,千方百计拉项目引资金,全力加快辽河三角洲新材料园和盘锦循环经济示范区建设。镇党委、政府活化招商引资方式,强化招商引资手段,制定了"四个统一",即宣传统一口径、洽谈统一组织、服务统一跟踪、手续统一办理,以一流的诚信服务,凝聚客商、吸引投资、全方位优化经济发展环境,促进招商引资新跨越。全年,实现引资额1.61亿元,完成县定指标任务的107%。园区共入住企业41户,投产24户,在建17户,实现产值2亿元,税收800万元。二是抓好农民增收,做富"产业"文章。加快农业产业结构调整步伐,拉长产业链条,逐步实现传统农业向现代农业,粗放经营向集约经营,家庭式生产向规模化、产业化方向"三个"转变。重点发展有机水稻、有机棚菜、肉食鸭、肉食鸡、特种皮毛动物五大主导产业,初步形成专业化、规模化、市场化的农业产业新格局。重点实施"四龙头带动工程",以千鹤米业为龙头,推进有机米产业化,有机水稻种植面积实现3500亩。以泰园科贸有限公司为龙头,推进有机棚菜产业化,改造高标准科技大棚200栋。以大洼锦城肉食品加工和养鸡大户为龙头,构建大洼镇养殖业新格局。全镇肉食鸭、肉食鸡饲养量分别突破28万只、38万只,棚菜总面积达到1810亩,日光温室888栋,产量930万公斤,产值3420万元,纯收入2200万元。小额贷款730万元,转移农村富余劳动力5279人次。2006年,全镇国内生产总值完成47110万元,比上年增长26.4%。工业总产值完成90000万元,比上年增长45.6%,完成全年计划的106%。固定资产完成27000万元,完成计划的108%。农业总产值完成17120万元,比上年增长8%。财政收入完成1400万元,对上争取资金1024万元。

二界沟镇在农村党员中实施"三者"工程　一是引导党员争做思想建设的带头者。镇党委为提高党员在新农村建设中的思想政治素质,以学习《党章》为切入点,在广大党员中掀起了学习《党章》和胡锦涛总书记"七一"讲话的热潮,各支部普遍召开了以"当初入党是为什么,建设新农村应该做什么"为主题的党员大会。广大党员通过学习,提高了思想政治素质,增强了党组织的凝聚力、创造力和战斗力,使广大党员在建设社会主义新农村过程中,真正担当起思想建设带头者的角色。二是引导党员争做致富带富的推动者。针对党员缺乏实用技术、致富本领不强的实际情况,镇党委以培训技能为主要方向,结合落实主导产业发展计划,采取现场观摩学、典型示范与专家授课学相结合的方法,强化党员致富培训技能,增强党员在新农村建设中的致富带富本领。培训技能涉及特色种植、规模种植、贩运流通、农副产品深加工等方面。通过培训,使每名党员每年能掌握1—2门致富技术,帮带1—2户农民掌握1门以上的致富技术,提高了部分党员的致富带富本领。三是引导党员争做发展经济的实践者。镇党委以发挥作用为落脚点,引导党员在新农村建设中做表率,提出"五带头",即:带头贯彻执行党在农村的路线、方针、政策,带头遵守法律法规,带头弘扬先进文化,带头学习实用技术，带头改善生产生活条件。在广大党员中推行党员“设岗定责”活动，加强老党员和流动党员的规范化管理，充分调动党员的先进性、积极性、创造性。通过开展党性实践活动，使党员在新农村建设中挑重担、唱主角、做表率。在广大党员带动下，进一步夯实了农村经济社会发展的基础，全镇形成了“党员带头干、群众跟着干”的浓厚氛围。

荣兴乡狠抓“四大工程”，积极改善人居环境 荣兴乡以村屯绿化为突破口，以“四大工程”为载体，积极改善人居环境，扎实推进社会主义新农村建设。一是村屯绿化和村容整治工程。以植树造林活动为契机，结合各村建设规划，栽好环村林，环宅林，做好主路的绿化、美化、净化工作，做到路宅分离，环境整治。村屯整洁必须达到“四进院”。本着宜林则林，宜花则花，乔灌结合，花草结合的原则，进行村屯绿化。本着先成树后成林的原则，对南海滨村进行重点整洁。既达到“三统一”整齐一致，又要高标准的植树，种花种草。其它各村的绿化工作也全面展开，修台田，创造条件，打好绿化基础，改善村容村貌，美化环境，逐步达到人在绿中的标准，实现村屯道路绿荫化，居民庭院花果化的绿化美化水平。二是绿色通道工程。全年，新增绿色通道工程38.7亩，对4300米的荣前路进行全面绿化。同时，对“一线三路”进行补植，补植各类树木7.5万株。三是农田防护林、海防林建设工程。重点栽植双井子项目区更新的二干，二干九支、十一支和新建排水，建成全乡的亮点工程，成为县达标工程。并对其它三级以上的渠坝进行全面补植，逐步完善农田防护网。四是个体造林工程。创新机制，建设多元化营林格局，大力发展非公有制林业，鼓励个体造林，切实做到“谁造林、谁管理、谁收益”的原则，鼓励个人在房前屋后，坑塘坝及荒地造林。

荣兴乡以村容整洁为着眼点，大力推进新农村建设 荣兴乡为深入推进“培建”活动，加快社会主义新农村建设步伐，以村容整洁为工作着眼点，不断改善经济发展的投资环境和居民的生产、生活条件，再次掀起环境整治工作新高潮。在环境整治工作中，对全乡10个行政村，96条主路、437条巷路进行了调查摸底，确定了推进“四个工程”，突出“六个重点”的工作措施。“四个工程”。一是道路工程建设。各村充分利用这次环境整治的有利时机，大搞村屯道路建设，彻底取消泥水路。二是绿化工程建设。各村在农闲季节大搞村屯道路建设的同时，完成村内主路两侧绿化台田工程。三是环卫工程建设。全乡村主要街路设置垃圾箱或设有固定的垃圾投放场，各村村民院内也要有固定的垃圾堆放点。四是农户院墙工程建设。为了达到“四进院”标准，各村村民住宅房前屋后必须有院墙障防护措施。“六个重点”。一是重点治理乡辖区内的盘营公路、新荣公路、乡路、村路两侧的乱堆、乱放、乱建、乱占等问题。清除道路两侧及沟内的杂草，从而达到路面整洁、无堆积物，沟内排水畅通无垃圾杂草的标准。二是重点治理各村村民房前屋后左右的环境问题。各村要达到“四进院”、无杂草的标准。三是突出中心区域，重点治理乡驻村、村驻地主要街道两侧的环境问题。特别是治理乡驻地居委会辖区内黑色东西路、黑色南北路两侧商业门点及居民乱堆、乱放问题，使商业门点露天摆放的物品达到整齐有序，环境达到洁净如洗。四是重点治理乱写、乱画、乱贴、乱挂的广告牌匾。对于个人住宅及企事业建筑物上乱写、乱画、乱贴、乱挂的广告牌匾及破旧广告箱要予以拆除，或更换新颖美观的广告箱。对不符合要求的广告箱不准悬挂，对歪斜的广告箱要由所属单位给予校正，并对乡辖区内设置广告、牌匾、条幅的实行申请审批手续。五是重点治理整顿全乡的交通秩序问题。由乡交通部门拿出切实可行的有效方案，彻底解决“板的”、出租车乱停、乱占，无证无照，酒后驾车等违章驾驶行为，保证村民区的正常交通秩序和生活秩序。六是重点整顿农贸市场，规范经营秩序。规范个体商贩集体进入乡市场区域内，实行统一管理。

田庄台镇多措并举，牵动镇域经济快速增长 2006年，田庄台镇坚持县委、县政府提出的“两个围绕”不动摇，突出抓好重点工作，认真解决根本问题，因地制宜，多措并举，全面拓宽了镇域经济发展空间,促进了镇域财政增长,群众增收。一是实施工业强镇战略,全面提升工业经济质量和效益。2006 年,田庄台镇一方面加大招商引资项目建设力度,一方面积极努力扶强做大存量企业,狠抓项目的跟踪落实,积极营造发展氛围,以优惠政策吸引项目入驻,从而增加新的创收载体,提高存量企业运行质量。全年,共引进项目 14 个,其中,超千万元项目 6 个,已建成项目 9 个,在建项目 5 个。二是发展现代农业,全面提高农工群众富裕程度。2006 年,投入 448 万元兴修水利,确保了粮食产量取得丰收。积极为农户协调小额贷款 2200 万元,发放两补资金 120 万元。开展了各种农业实用技能培训活动,通过聘请专家举办专题讲座等方式,对农工群众进行农村实用技术和劳动技能培训。各村党支部还根据市场导向,帮助农民调整农产品品种及养殖结构。全年,粮食产量稳中有升,总产量 1.96 万吨,畜牧养殖总量达到 96 万只(头),实现了总增收 533 万元,农民人均收入达到 5650 元,比上年增加 500 元。全年劳务输出 5360 人,劳务输出实现增收 110 万元。三是发展第三产业,全面拓宽镇域经济发展空间。发展现代餐饮业。全镇商、饮、服、修、运等行业迅速发展,业户已达 1428 家,行业总收入全年可实现 1.5 亿元。做大做强特色旅游产业文章。通过挖掘田庄台镇浓厚的文化底蕴资源,恢复历史文物古迹,以甲午末战遗址群为轴心,以关帝庙、望海观(娘娘庙)、崇兴寺和清真寺 4 座古庙为纽带,全面整合、开发旅游资源,精心打造文化古蕴的历史名镇。同时,田庄台镇还积极吸收外地及民间资本发展旅游业。2006 年,崇兴寺鼓楼和偏殿的修建、关帝庙的复修、清真寺的维修,使田庄台镇形成了以甲午末战遗址群为主的三庙一寺为链条的旅游业,发展了庙会经济,促进了商贸流通,带动了第三产业的发展。2006 年,仅关帝庙会的旅游交易额达到 400 万元,有效地活跃了镇域经济。

西安镇扎实推进先进文化建设　西安镇认真贯彻党的文化工作方针,扎实推进先进文化建设。全镇有中心文化站一处,民间文化活动团体 8 个(上口子高跷队、上口子快乐农家院老年文艺宣传队、洼边子小剧团、高坎湾高跷队、高坎秧歌队、高坎交际舞队、夕阳红演出队、电影放映队),文化宣传阵地 2 个(广播站、《鱼乡小报》),大型文化娱乐广场 2 个(镇内休闲娱乐广场、洼边子娱乐广场),文艺创作基地 2 个(县摄影家协会西安创作基地、县电视台缤纷娱乐场创作基地)。实际工作中,加大了文化硬件投入,全力打造文化活动平台。《鱼乡小报》每月发行一期,无线广播自动接收系统覆盖全镇。12 个村都建立了群众文化活动室。2006 年,投资 280 万元修建了镇内和洼边子村 2 个共计 6000 多平方米的文化娱乐广场,吸引了本乡镇及外地文艺团体前来演出。加大文化扶持力度,力促文化事业与时俱进。2006 年,上口子高跷申报省非物质文化保护遗产获得成功,实现了民间文化遗产的传承。同时,大力培养和选拔文艺骨干。现在全镇有文艺骨干 30 多人。传播先进文化理念,提高全民思想道德素质。全年,放映爱国主义和科教影片 100 余场,演出近 200 场,观众达 7000 余人次。

西安镇支持龙头企业,提高产业化水平　西安镇坚持"整合资源、支持龙头、延长链条、提高水平"的原则,充分发挥国家有机农产品生产基地的优势,使产业化建设呈现出勃勃生机。从增强龙头企业核心竞争能力入手,全面提升龙头企业对本地产业的牵动力。支持辽宁振兴生态发展有限公司(原西安生态养殖场)加强与国内外知名企业的合作,实行强强联合,积极拓展有机猪、有机水稻的外埠营销市场,拉长产业化链条。引导大洼民意养殖场大力实施鸭业倍增计划。全年,已出口肉鸭 500 吨,带动了周边 240 户农户依靠养鸭致富。扶持盘锦达洋贸易公司建成泥鳅鱼人工孵化场,年孵化鱼苗 3 亿尾,每年两期孵化,可形成辐射全县 50 万亩稻田泥鳅鱼养殖的种苗基地。加强了兰建臣养鸡场、上口子村肉食鸡养殖小区和桑林子村特种皮毛动物养殖小区的建设。目前,全镇形成了以鸭、猪、鱼、蟹、泥鳅鱼、皮毛动物为代表的 6 个农业产业化经营项目。全镇建立养猪、养狐、养鸡小区6个，为产业化发展提供了基地保证。实现生猪饲养13万头，其中，有机猪3万头。家禽饲养量130万只。淡水鱼养殖面积12100亩，产量15100吨。河蟹养殖面积3.2万亩。皮毛动物4.2万只。

新开镇实施“六大举措”，发展农村经济 新开镇以优化发展软环境为核心，结合全镇实际，实施“六大举措”，推动全镇经济不断发展。一是搞好技术服务和市场开拓，解决农民“增收无法”问题。组织涉农部门成立服务队，深入田间地头农户家中，就各村的生产特色，因村施讲，现场解答群众提出的疑难问题，为群众传授种养技术，推广科技知识，提供致富信息。二是大力发展经济合作组织，解决农民“增收无力”问题。结合自身实际，通过政府引导，坚持“先发展、后规范，边发展、边规范”的原则，鼓励和帮助群众成立农机、生产资料销售、种养业协会等经济合作组织，将各行业从业人员集中在一起，开展经常性的技术研讨、经验交流和信息交流，提升市场竞争力，共同谋取产业发展。三是营造招商氛围，拓宽引资渠道，实现财政新增长。筹建了招商引资网站，制作了电视宣传片，广泛宣传新开的区位优势、投资环境和优惠政策，并在域内逐步规划一个工业园区，营造更好的招商环境。四是服务经济，加强综合治理，营造稳定的环境。进一步落实“培建”活动领导责任制，由党委书记负总责，每月听取两次活动情况汇报，制定了详细的月工作计划，并落实到具体的责任部门和责任人。全镇各单位不断加大环境整治工作力度，建立了环境整治与管理的长效机制，保持了社会稳定。五是狠抓机关建设，转变干部作风，树立干部队伍新形象。镇党委以“勤政、廉政、廉洁、为民”为核心目标，深化“三型机关”创建活动，狠抓干部工作作风的转变，强化干部服务意识，形成了纪律严明，办事高效的良好风气，增强了抓落实的责任感和紧迫感。六是深化党建载体，激发党员活力，促党建上新台阶。激发党员活力，发挥党员作用，挖掘、培养和树立一批党员先进典型，引领和带动更多的党员群众在新农村建设中建功立业，全面夯实农村基层组织建设基础。

· 双 台 子 区 ·

建设街道全力打造“温馨在建设”工程 “温馨在建设”工程是建设街道贯彻“三个代表”重要思想，履行街道党工委、办事处的职责，更好地为居民服务的重要举措，是打造和谐社区的具体实施方案。建设街道把这一工程贯穿于和谐社区创建的全过程，通过广泛动员社区单位和居民的共同参与，从人们的言谈举止抓起，营造一个温馨的人际环境；从强化管理抓起，打造一个温馨的居住环境；从强化管理抓起，打造一个温馨的居住环境；从整合资源抓起，为每一个社区提供一个温馨的活动场所；从培育志愿者队伍抓起，让需要帮助的人得到温馨的服务。建设街道不断创新工作载体，有序推进“三个文明”——形态文明、功能文明和素质文明。以“形态义明”构建社区的外在形象，以“功能文明”体现社区的服务水准，以居民“素质文明”来检验工作成效。实现“三个文明”的有机结合，提升社区建设、管理、服务的整体水平，为打造“温馨在建设”工程奠定坚实的基础。一是推进形态文明，让建设街道进一步靓起来、绿起来、畅起来。围绕建设一个“靓、绿、畅”的文明社区目标，从不断改善居住环境出发，加强资源整合，在管理手段上注意堵疏结合。积极探索社区市容环境长效管理的运作模式和工作机制，强化环保意识，加强综合整治，创造良好的居住生活环境。运用竞争上岗的办法，促进保洁队伍素质的提高。配合城管、卫生、绿化、交通等有关部门，使建设街道街容靓丽，小区绿美，交通畅通。二是推进功能文明，使服务载体不断完善，居民生活更加便捷。充分发挥社区服务中心载体作用，开展面向社区困难群体的公益福利服务，面向社区成员的便民利民服务，面向驻街单位的社会化服务，逐渐形成覆盖辖区的便民利民服务网络和幼有所托、老有所养、困有所帮、残有所助的服务体系，达到居民一般性服务需求，不出社区即可解决的目标。努力做到“民有所呼，我有所应”，为居民提供必要的劳动就业和社会保障，坚持劳动者自主择业，市场调节就业和政府促进就业的有机统一。三是推进素质文明，强化居民社区意识、法制意识和文明意识，不断推进居民素质的提高。以社区课堂、人口学校、职工之家、妇女儿童维权站、图书室、活动室、文化广场等为活动阵地，按照“分级创建、分类指导、培育特色、整体提高”的工作要求，一手抓文明社区巩固提高，一手抓居民素质提高，以文明楼组建设为抓手，深化文明社区的创建活动。让邻里的亲情、互助的友情、和睦的温馨和奉献的爱心在楼组里得到尽情发挥，以一居一品为特色，不断探索完善文明创建机制。挖掘艺术人才，充实秧歌队，戏迷协会，老年健身队等有特色的自愿者队伍。

红旗街道发展良好软环境　2006年，红旗街道办事处坚持“便民、高效、廉洁、规范”的服务宗旨，逐步完善制度建设，不断提升服务水平，为促进街道经济和社会事业科学全面发展营造了良好的软环境。街道积极推进“一站式”服务机制，竭诚为广大客商提供“一条龙”政务服务，有效地杜绝了企业和群众办事多头奔波，到处求人，部门推诿扯皮的现象发生，形成了“高效服务，一路绿灯”的良好局面。制定出台了“一事一议、特事特办”和重大项目现场办公制度，尽可能地为投资商提供最优的环境，真正打造出便商、亲商的浓厚社会氛围。不断完善服务机制，强化服务措施。重点实行了领导干部全程负责制、服务承诺制等项制度，实行一线服务，做到工作前移，主动地帮助企业跑资金、跑土地，积极帮助企业办理一切审批手续及建设过程中的相关事宜。优化环境促发展的做法，受到了企业的一致好评，同时也促进了二、三产业更快更好地发展。

化工街道为党员设岗定责　2006年，化工街道党工委结合党建工作实际，开展了党员设岗定责活动，设置了社区文化岗、社区维修岗和社区教师辅导岗，并对每个岗位的服务范围、时限、目标、职责都做出了具体的规定，让党员对照要求，量力而行，自愿上岗。设置党员示范岗以来，社区的各项活动开展得如火如荼。社区文化岗的党员带领社区居民组建了太极拳队、秧歌队等多个文体活动队伍，极大地丰富了居民的业余文化生活；社区维修岗的党员利用自己掌握的技能，义务为居民修理各种设施、电器，给居民带来了方便；社区教师辅导岗的党员均为在校教师，他(她)们经常利用周末或节假日为社区儿童辅导功课，进行思想道德教育，家长们再不用为孩子的“难题”无法解决而担忧了。

高家村发展食用菌产业，推进新农村建设
铁东街道高家村党支部把服务和促进经济发展作为党建工作的出发点和落脚点，实现了党建工作与经济工作的“双赢”。几年来，先后获得“全国民主法制示范村”、省级“文明村”、“小康示范村”、市级“先进党支部”等十几项殊荣。为了促进集约化经营，1998年，高家村组建了以生产珍稀食用菌为主的股份制企业——盘锦市双台子华东食用菌发展中心，开发建设了一座占地14万平方米，拥有30栋高标准日光温室，600平方米菌种繁育厂等相关配套设施齐全的，具有一定生产规模的食用菌生产科技示范园区，引导村民走上了食用菌致富之路。为了使党员真正成为带动村民致富的先锋模范，先后聘请了沈阳农业大学、农科院等知名教授对党员进行系统的农业科技知识培训，还从河北等地请来了多位具有实践经验的技术员指导生产实践，使党员对农经管理、食用菌栽培、菌棒制作、市场营销等方面知识有了深入了解，提高了党员的致富能力。同时，还组织许多年轻党员走出去，学习外地的先进经验和技术，着力培养发展食用菌产业的党员科技示范户。已进入小康生活的党员发挥他们的经济和智能优势，积极开展“富带贫”活动，呈现了党员提供服务、村民增收致富的良好氛围。党员闫海常在系统掌握了养菇技术后，积极发展食用菌生产，并带领其他村民共同致富，在他的带动下，全村百余户村民陆续走上了致富之路，闫海常同志也为此被市委评为“优秀共产党员”。

胜利街道积极开展荣辱观教育　胜利街道党工委充分结合实际，采取多种形式，组织开展社会主义荣辱观学习宣传教育活动，大力宣传、倡导和实践以“八荣八耻”为主要内容的社会主义荣辱观，筑牢全街上下团结奋斗的思想基础，努力促进积极向上的良好社会风气。一是充分发挥领导干部示范作用和党员的骨干作用，切实把社会主义荣辱观纳入中心组学习、业务学习和党课、团课的重要内容，并且把学习社会主义荣辱观与学习《党章》、实践《公民道德建设实施纲要》结合起来，与实践“三个代表”重要思想、落实科学发展观结合起来，与巩固扩大先进性教育活动成果、建立长效机制结合起来。同时，采取讨论会、座谈会等形式，从不同角度对社会主义荣辱观的时代背景、重要意义和科学内涵谈自己的认识和理解。二是发挥老党员宣讲团和本街理论宣讲员的作用，采取巡回宣讲的方式，组织理论宣讲员深入辖区，为广大居民群众逐条逐句地讲解“八荣八耻”内容，大力宣传和弘扬社会主义荣辱观，弘扬真善美，以此来进一步提高广大居民的文明素质。三是在青少年中广泛开展以“知荣辱、树新风”为主题的道德实践活动，增强青少年明辨是非、分清善恶、识别美丑的能力。组织辖区青少年参观爱国主义教育基地，教育引导他们树立荣辱观，坚持从我做起，从身边做起，从点滴做起，把“八荣八耻”转化为自觉行动。四是充分发挥公民道德学校、楼道文化、小巷讲坛、宣传板等文化阵地的作用，广泛开展社会主义荣辱观的宣传教育。把社会主义荣辱观渗透到人们日常工作、生活中，真正使弘扬社会主义荣辱观在全社会蔚然成风。通过多种多样的实践活动，切实把社会主义荣辱观教育和实践落到实处，为构建和谐社区，营造良好的社会道德环境打下基础。

建设宜居城市从我做起 2006年，东风街道党工委以区委、区政府召开的城市建设与管理千人大会为契机，开展了“提高环境质量，建设宜居城市，争做文明市民”主题活动。活动中，通过组织辖区居民在活动主题横幅上签名，参加清理卫生死角义务劳动等形式，号召广大居民行动起来，从我做起，讲文明、讲卫生、树新风，认真实践“八荣八耻”社会主义荣辱观，自觉遵守法律法规、《市民公约》和《公民道德规范》，养成良好的卫生习惯，爱护环境，革除陋习，自觉参加环境卫生综合整治活动。主题活动开展得有声有色，得到了全街居民的积极响应，300多名居民参加了签名仪式。

辽河街道党工委积极探索辖区党员管理的新路子、新途径 2006年，辽河街道党工委针对辖区党员多、结构复杂、管理难度大的实际情况，积极探索辖区党员管理的新路子、新途径，实行分类管理，党员模范带头作用得到了充分发挥。一是社区党员规范管理。健全完善了“三会一课”、政治学习、民主评议等制度，根据各个社区实际情况，由社区自定日期，每月过一次组织生活，每季度上一次党课，每年组织一次民主评议，不断强化他们的党性意识和组织观念，发挥了他们在社区管理、服务和建设中的骨干作用。二是农村党员设岗定责管理。科学设岗，明确责任，使其把先锋模范作用的着力点放在发展农村经济，维护农村社会稳定及带头执行党的政策上来。三是离退休党员社区化管理。按照就近管理的原则，社区组织辖区内的离退休老党员定期参加组织生活和有益身心健康的活动，使离退休党员在社区各项事务中发挥余热。四是下岗职工党员协同管理。对离开党组织和暂无工作单位的下岗职工党员，采取专人联系、入户走访等形式，全面调查，建立档案，由社区党组织接收管理，承担起教育、引导和管理职责。五是流动党员跟踪管理。通过建立社区流动党员服务站，健全了流动党员管理册和定期联系制度，采取电话联络等形式，教育和引导流动党员自觉接受社区党组织的管理，发挥他们在传播信息、促进再就业等方面的“桥梁”作用。六是在职党员双重管理。以单位党组织管理为主，社区党组织管理为辅，全面推行“双向联系”、“双向服务”等管理模式，建立在职党员登记、联系和情况反馈等制度，激发了在职党员主动参与社区建设的积极性。

辽河街道办事处坚持四个不动摇、七个新突破，加快创建和谐社区的进程 2006年，辽河街道办事处在创建和谐城区中，以“四个不动摇”、“七个新突破”为工作重点，加快创建和谐社区的进程。“四个不动摇”即：坚持招商引资，确保完成全年工作目标不动摇；坚持举全街之力，全力维护社会稳定工作不动摇；坚持构建和谐社区，三个文明一起抓不动摇;坚持抓好党的组织建设,提高党员、干部、群众整体素质不动摇。“七个新突破”即:深化招商引资工作,在加快经济发展方面要实现新的突破;构筑群防群治体系,在维护社会稳定方面要实现新的突破;抓好弱势群体救助工作,在加强社会保障体系建设方面要实现新的突破;进一步加强党的建设,在充分发挥党的两个作用方面要实现新的突破;做到统筹兼顾,在其它各项事业发展协调方面要实现新的突破;建立健全各种规章制度,在强化考核机制方面要实现新的突破;坚持求真务实精神,在转变工作作风方面要实现新的突破。

· 兴隆台区 ·

曙光街道以“创建”为载体,深化提高社区工作水平　2006年,曙光街道在工作中,坚持把“以人为本、关注民生”作为社区工作的指导思想,将卫生保健、创卫、治安等工作纳入到社区的中心工作。一是增强居民卫生保健意识,增加社区卫生医疗机构。在各社区的宣传栏中,居民看到和听到的内容更多的是如何做好卫生保健、如何做好疾病预防的相关知识。针对居民“小病不愿医、大病医不起”的现状,重点增强居民的卫生保健意识,通过社区志愿者队伍深入群众家中宣传健康教育知识,定期举办健康教育知识讲座,采取义诊、健康咨询等多种形式开展宣传知识普及,并为居民免费提供、发放宣传品。利用在辖区开设的社区卫生医疗点,为辖区居民建立家庭健康档案,定期动员居民做好平时身体健康检查,使居民病情做到早检查、早发现、早治疗,真正做到“小病不出社区,大病及早发现”。二是建立创卫长效机制,创造良好居住环境。街道与物业部门联手,组织社区志愿者队伍义务清扫卫生,使创卫工作做到“层层有责任、事事有人抓”,真正建立长效工作机制,为居民创造一个良好的生活居住环境。三是在物业部门的配合下,全街各人口流动出口处全部设置形成了门岗封闭楼院,保障一方居民安全。每逢节假日,社区志愿者队伍、老党员队伍等经常参与社区联防队中,义务巡逻,增强了居民的安全感。

曙光街道以抓好“五个不放松”,巩固先进性教育活动成果　2006年,曙光街道在落实好先进性教育活动整改方案的工作中,扎扎实实地抓好各项整改措施的落实,提出五个“不放松”的要求。一是加大组织领导力度“不放松”,持之以恒地抓好先进性教育活动,巩固扩大教育成果。二是解决群众最关心的突出问题“不放松”,让群众得到实实在在的利益。三是抓好基层党组织建设“不放松”,切实筑牢战斗堡垒。四是做好先进性教育活动长效机制的实施和规范“不放松”。五是统筹安排好各项工作“不放松”,努力做到“两不误,两促进”。通过抓好“五个不放松”,增强了党组织的凝聚力以及群众对街道、社区工作的认同感和归属感,为全街各项工作的顺利开展提供了坚强的组织保证。

曙光街道党工委抓住“三个提升”,稳扎稳打抓好“和谐社区”建设　2006年,曙光街道党工委在抓好“和谐社区”建设中,着力开展好“三个提升”,为和谐社区建设提供智力支持和组织保证。在组织建设中,着力提升党组织的凝聚力和战斗力;在群众工作中,着力提升居民群众文明程度;在社区指导方面,着力提升街道、社区人员工作水平;“三个提升”较好地促进和引领了“和谐社区”创建工作的顺利开展。在组织建设中,街道党工委通过组织党务工作者业务培训、每月(季)一次的(总)支部书记活动日、民主生活会、落实“三会一课”制度等党务活动,进一步强化党务工作者的职责意识和党组织的“战斗堡垒”作用,不断增强凝聚力,提高战斗力。鹤翔社区党总支几年来通过几届社区领导班子的共同努力,社区软件硬件建设均取得了较好的进步和发展,工作人员素质和工作能力显著提高。在群众工作中,街道党工委通过开展丰富多彩的文化活动,组织“腰鼓队”、“秧歌队”、“舞蹈队”等群众喜闻乐见的文体组织,并积极组织这些队伍参加市、区级的会演和庆祝活动,着力提升居民群众的文明程度。在开展活动的同时,街道党工委还注重把社区文化与企业文化有机融合,促成了街企共建，实现了资源共享，在“和谐社区”建设中起到了积极的作用。通过文化活动融合共建的同时，街道党工委还借助市委宣传部理论宣讲基地的功能作用，及时在社区成立“小宣讲”团，在形式上通过理论灌输，为群众在方针政策上答疑解惑，较好地提高了居民群众的文明程度。在社区指导方面，通过以会代训、坚持学习制度、集体谈心等形式，着力提升街道社区工作人员的工作水平，为进一步指导好社区建设提供支持。街道、社区建立每周一工作例会制度，周五学习制度，街道机关每月一次深入社区指导帮助制度，完善工委委员联系点等制度，不断提升工作人员工作水平。

兴海街道农村妇女用双手擎起半边天 兴海街道现有成年农村妇女8400多名，过去她们只能靠种地、养猪搞一些小型的致富项目。如今，在全面建设社会主义新农村的进程中，兴海街道的广大农村妇女，在街、村妇联组织的鼓励和引导下，一步步走上了依靠科技发家致富之路，靠自己的双手为家庭、为社会擎起了半边天。裴家村妇女王亚凤家的大棚从2005年开始，在两栋近1000平方米的大棚里引种了油桃树和毛桃树两种近500余株。当年栽树当年就获得了可观的效益。2006年，长势更加喜人，5月1日前，桃子就上市了，年获纯利2万余元。兴海街道庭院养殖基地的女能人刘秀芝，下岗后自己一人靠自学掌握了养殖水貂和貉子，在自家900多平方米的院子里养300多只水貂和貉子。她不但自己养，还能带动身边的10几户姐妹们一起养，毫不隐瞒地把自己的技术传授给大家，2005年卖出的仔貂、仔貉子共180多只，获纯利2万余元。兴海街道的农村妇女在各级政府和妇联组织的教育和引导下，已经成为了全街社会主义新农村建设的一支生力军，全街现有种植、养殖、经商等各个领域具有辐射能力的致富女能人共计20多名。她们真正用自己的双手擎起了半边天。

兴海街道依托农村党支部开展精神文明创建活动 2006年，兴海街道充分发挥基层党支部“战斗堡垒”作用，在全街积极开展文明村和“十星文明户”创建评选活动。在抓基础创建的同时，坚决依法取缔了坟头，通过平坟恢复耕地45亩。此外强化了农村的文化阵地建设，加大了党员活动室、电教室、图书阅览室的管理和使用。裴家村贴近农村实际，在文明户评选中加入了诚信建设、创业精神、农村合作医疗保险、有线电视等符合时代特征和要求的内容。同时，街道还组织开展文化、卫生、计生、科技、农技知识进村入户讲座，引导群众“告别陋习，走向文明”，倡导文明健康的生活方式。为了更好地让群众接受教育，组织农民自发成立了两支农民业余文艺演出队伍。裴家村成立一支40人的大秧歌队，粮家村由中心户长和本村喜爱文艺的妇女组成一支文艺队，自编自演身边人身边事，宣传计生科普知识。这两支队伍每年可在街内义务演出12场次。

兴海街道多渠道培育新农民 兴海街道是一个以农业为主的城市街道，在新农村建设工作中，街道紧紧抓住以培育新农民为根本，按照“坚持高标准、明确新要求、谋求新突破”的总体要求，多渠道抓农民培训，全街农民综合素质得以快速提高，成为新农村建设的主力军。人多地少是兴海街道不得不面对的现实，8个行政村最多的人均达到1亩/人，最少人均达到0.4亩/人。针对这种情况，街道党工委决定充分利用自然条件和靠近市区的近郊地域优势，多管齐下培养有文化、懂技术、会经营的新型农民。一是从基础教育抓起，全街各村学龄儿童入学率均达100%。二是鼓励和引导农民把子女送入职业高中或职业技校接受职业教育，全年有近百户农民把子女送到职高或技校进行培训。三是充分发挥“一村一名大学生”的作用，向农民传输各种实用技术知识。四是街道农业技术部门经常举办各类科技培训班，使农民科技素质有了提升。五是利用“科普之冬”请农业专家为农民讲课集中培训。六是与驻街企业签订协议，定向培训农民就近转移农村剩余劳动力。每年可向外输出劳务500余人，并已成为兴海街道新农村建设的有效途径。

**兴隆街道从六个方面入手，促进社区管理水

平的提高　2006年，兴隆街道在社区建设方面积极探索，向规范化方向发展，扎实有效地提高社区管理水平。一是建章立制，完善各项管理制度。二是街道各项工作按市区的要求，统一印刷记录本，要求社区对各种资料、记录和报表按要求认真填写，账、卡、册做到准确齐全，各种基础资料要切实达到规范化的要求。同时，街道还充分发挥社区建档的作用，对各种统计资料、报表都按要求做到真实可信，坚决杜绝突击编造的做法。三是采取一些有效措施，对内容陈旧，已经不能如实反映社区建设的旧图版，进行更换。截止到2006年底，全街道17个社区的旧图版，都按要求进行了更换，社区建设发展均衡，基层基础工作扎实。四是树立典型，做到以点带面，推动社区建设和管理水平的不断提高。五是在作业社区召开了社区建设现场会，发动大家参观学习，吸取经验，不断提高社区建设的管理水平。六是街道成立了社区建设领导小组，做到不定期下社区检查指导，有力地促进了社区建设和管理水平的提高。

平安街道党工委围绕“三个结合”下功夫，深化社会主义荣辱观教育　2006年，平安街道党工委组织各党(总)支部书记认真学习胡锦涛总书记关于“八荣八耻”的重要论述。党员干部紧密联系当前社会思想道德建设实际，结合街道、社区工作和干部队伍思想状况，深入开展了学习和交流。通过学习，使大家对深化社会主义荣辱观教育有了更深刻的认识。一是在结合贯彻落实科学发展观，全面建设和谐兴隆，打造宜居城区，促进全区经济发展上下功夫。将荣辱观的重要精神贯彻到街道、社区的各项工作中去，做到把发展作为第一要务，认真贯彻“工业强区、科教兴区、文化立区”战略。继续坚持“为全区人民服务、为油田建设服务”的建区宗旨，加强街企共建，大力推进精神文明、政治文明建设。紧紧围绕全区经济建设中心，全面实施油地融合、科技兴区战略。坚持“两手抓，两手都要硬”的方针，以人为本、服务居民、加强基础、理顺关系，促进社区建设上水平。二是在结合推进民主法治进程上下功夫。将荣辱观的德治思想落实到具体的实践中，加强纪检监察和司法工作，保障宪法、法律在本地区的正确贯彻与实施，积极营造和谐发展的良好氛围。三是在结合创新形象提高素质上下功夫。自觉把荣辱观作为修炼自身道德品行的标杆，结合党章学习，增强工作责任心和集体荣誉感，依法反映民意、保护民利、维护民权、促成民事，做到学习有行动，实践在岗位，充分发挥基层党组织贴近居民群众的作用，进一步实现好、维护好、发展好人民群众的根本利益。

锦采街道贯彻落实“八荣八耻”重要精神　为认真学习贯彻胡锦涛总书记提出的“八荣八耻”重要论述，牢固树立和大力倡导正确的社会主义荣辱观，锦采街道以加强和谐社区建设，创造良好的人文环境为切入点，全方位贯彻落实“八荣八耻”。一是组织全体街道、社区人员系统学习“八荣八耻”内容，并对《人民日报》的相关评论进行了认真地学习和讨论，使大家认真领会精神实质，对照自己的言行，清楚地判断是非，真正做到弘扬真善美、摒弃假恶丑。二是各社区充分利用橱窗、宣传栏、标语等宣传阵地，广泛宣传“爱国守法、明礼诚信、团结友善、勤俭自强、敬业奉献”20字基本道德规范，不断增强广大居民的道德意识，提高明是非、辨善恶的能力，培养积极向上、文明和谐的社会风气。与辖区学校联手，开展文明守法、尊敬师长和尊重他人教育。掀起学习和践行“八荣八耻”社会主义荣辱观的高潮。三是以党支部为单位，广泛开展“八荣八耻”大讨论。组织社区党员开展荣辱观的讨论和“扬荣弃耻我先行”学习实践活动推动会，以“树党员形象，提高服务水平”，深化“党员示范岗”活动，深化让百姓满意的工作目标，在全体党员中掀起“八荣八耻”学习热潮，推动全街道学习贯彻“八荣八耻”活动的深入开展。四是将文明和谐社区创建活动与学习落实“八荣八耻”讲话精神相结合，在街道、各社区积极开展比学习，创一流素质；比团结，创一流团队；比干劲，创一流风貌；比服务，创一流作风；比工作，创一流业绩的“五比五创”活动，切实把树立社会主义荣辱观贯彻到为百姓办实事上来。

红村街道党工委采取多种方式，积极开展社会主义荣辱观教育活动　2006年，红村街道党工委在开展社会主义荣辱观教育活动中，以“三个代表”重要思想为指导，以“八荣八耻”为标准，切实推进社会道德体系建设，树立正确的荣辱观，把开展社会主义荣辱观教育活动与落实科学发展观结合在一起，把开展社会主义荣辱观教育活动作为构建和谐社会的一个重要手段和根本措施，将社会主义荣辱观教育活动融入“两个文明”建设活动之中，用社会主义荣辱观教育活动来推动精神文明建设，在“两个文明”建设中树立社会主义荣辱观。一是成立了以街道党工委书记、主任为组长，党工委委员、社区总支书记、主任为成员的社会主义荣辱观教育活动领导小组，加强了社会主义荣辱观教育活动的领导。二是街道党工委根据现实社会中一些不明是非、不知荣辱、不辨善恶、不分美丑的现象，制定了开展社会主义荣辱观教育活动方案，明确了开展教育活动的方法、步骤和时间安排，有力保证了社会主义荣辱观教育活动的顺利开展。三是街道党工委积极组织全体干部职工、社区居民认真学习贯彻胡锦涛总书记关于“八荣八耻”的社会主义荣辱观的重要论述，使全体干部职工、社区居民充分认识我国正处在社会主义初级阶段，社会的深刻变革、经济的快速发展、文化的相互激荡，对人们的思想观念、生活方式和价值取向产生了多方面影响。热爱祖国，积极向上，科学文明，团结友爱，是我们社会精神风貌的主流。但也必须看到，不明是非、不知荣辱、不辨善恶、不分美丑的现象还大量存在，不仅严重地败坏了社会风气，也阻碍着经济社会的发展。落实科学发展观，全面建设小康社会，需要共同的思想基础，也需要共同的道德规范。树立正确的荣辱观，才能全面提高人的素质，促进人的全面发展，才能凝聚人心、激发活力，形成与社会主义市场经济相适应的道德体系，共同推进兴隆台区全面建设小康社会的历史进程。增强开展社会主义荣辱观教育活动的必要性、重要性和紧迫感的认识，深入扎实地开展社会主义荣辱观教育活动。四是采取有力措施，抓好社会主义荣辱观教育活动。街道党工委结合本地区的实际情况，抓重点、突实效，通过形式多样、内容丰富的活动，来推动社会主义荣辱观教育活动的全面开展，把社会主义荣辱观教育活动与全体干部职工的本职工作和干部职工道德教育结合起来，贯穿于工作的方方面面，规范全体干部职工的行为习惯，培养良好的思想素养和道德情操，使干部职工受到教育。五是利用附近地区爱国主义教育基地、油田总机械厂资源信息网、总机械厂分厂、车间、社区宣传橱窗等宣传手段的自身优势，全面深入地大力宣传社会主义荣辱观教育活动。通过一系列的宣传活动，营造出浓厚的教育活动氛围，使广大干部、居民群众都能自觉地投入到教育活动中来。六是把教育活动与街道党工委提出的建一流班子、带一流队伍、创一流业绩结合起来，与职能部门当前的工作紧密结合起来，不搞形式、不走过场，确保“八荣八耻”的社会主义荣辱观教育活动取得实效，切实推动街道社区各项工作向更高的方向发展。

高升街道办事处以三项措施，深化社会主义荣辱观教育　2006 年，高升街道办事处按照区委关于学习以“八荣八耻”为主要内容的社会主义荣辱观教育的通知要求，及早动手，在认真学习的基础上，以三项措施深化社会主义荣辱观教育。一是营造氛围。利用宣传阵地，广泛深入开展社会主义荣辱观宣传教育。充分利用橱窗、板报、《社区之友》等宣传阵地，大力宣传社会主义荣辱观的科学内涵，营造树立社会主义荣辱观的浓厚舆论氛围，使“八荣八耻”的道德要求辐射到家庭、学校、社区，做到家喻户晓，人人皆知。二是突出重点。重点抓好机关党员干部和未成年人的学习教育。在机关各职能部门当中，开展了争做“三个模范”活动，并规范制度建设，使“八荣八耻”成为机关党员干部的自觉行动。同时，还将协调校外辅导站和学校雷锋中队编写及传唱“八荣八耻”儿歌，进而推进未成年人思想道德建设。三是重在实践。扎实开展形式多样的道德实践活动。知荣明耻，重在实践。本着“三贴近”的原则，与创建和谐社区活动相结合，从小事做起，注重思想意识和行为习惯的养成教育，并创新活动载体，增强道德实践活动的吸引力和实效性，实施好“儿女尊老、敬老”工程、“社区志愿者服务”工程和“党组织凝聚力”工程活动，在为家庭谋幸福、为他人送温暖、为社区作奉献的行动中,感受真情,体验光荣,进而促进社区文明风尚形成。

渤海街道成立个体协会油城分会党支部　7月21日,油城工商所组织召开了“区个协油城分会党支部成立大会”。区工商局局长老延春,渤海街道党工委书记陈友利,油城工商所所长高洪权等参加会议。区个体协会油城分会党支部共有党员11名。会上,按组织程序,到会的8名党员选举产生了3名支部委员,分别是天丽超市总经理孙杰(女),百车汇装饰店经理孙雪松,兴油市场小百经理杨佩复。会后,3名支委召开第一次支委会,选举孙杰为支部书记。会上,3名支委表示要把党和人民的利益放在第一位,努力发挥共产党员的先锋模范作用,发展个体协会党员队伍,为全民创业,振兴盘锦做贡献。会上,老延春、陈友利做了讲话,对“区个协油城分会党支部的成立”表示祝贺,并对支部今后的工作提出了具体的要求。

振兴街道学习贯彻“八荣八耻”蔚然成风　2006年,振兴街道党工委组织全街广大党员干部和社区全体工作人员深入学习胡锦涛总书记关于社会主义荣辱观的重要论述,将荣辱观教育与构建和谐社区结合起来,与精神文明创建活动结合起来,与为居民办实事结合起来,使社区广大居民学习贯彻“八荣八耻”的热潮蔚然成风。街道、社区及直属单位利用宣传栏、板报等形式广泛宣传“八荣八耻”的具体内容,以及学习“八荣八耻”的重大意义。紫园社区将“八荣八耻”的具体内容打印出来,逐家逐户地分发到居民手中,共发放1600余份。街道机关、研究院社区、世纪社区、振兴社区组织党员干部和社区全体委员学习、研讨胡锦涛总书记提出的“八荣八耻”,围绕怎样树立社会主义荣辱观,怎样从自身做起、以身示范树立社会主义荣辱观等进行讨论,并把认真学习与求真务实的工作作风结合起来,热心地为社区广大居民排忧解难。为使“八荣八耻”教育活动有效开展起来,幸福社区在全社区开展了“知荣辱,树新风,促和谐”的文明风尚创建活动,把践行社会主义荣辱观与居民的日常工作结合起来,使“八荣八耻”转化为全体居民的自觉行动。4月1日,一场降雨给居民出行带来了不便。住在幸福小区1区7号楼的一位老师傅主动从家里拿来了工具,把门前路上积水清理干净。当社区党总支副书记张秀英上前询问老师傅叫什么名字时,他爽快地说:“我是个党员”。简单的回答道出了一名老党员的社会人生观。如今,街道、社区这样的小事随处可见。“八荣八耻”的社会主义荣辱观已经深深印在居民的心中。

兴隆农场采取多种措施建设和谐农场　一是转变观念、加强管理,全力实现国有资产保值增值,为建设和谐农场、效益农场奠定物质基础。农场党委将继续清查以往的建设用地,清理多占乱建,该回收的回收,该补偿的补偿,坚决维护好企业整体利益。管理使用好每一块土地,扩大增量资产,实现土地资源资本化。继续培植新优资产,不断提高诸如兴隆大厦、丰慧酒楼等优质资产的收益,实现相对增收。以股份制等方式,有选择地适时推进资产变现。继续加强租金的征缴和债权清算,做到应收尽收。加大招商引资工作的力度,积极承接经济开发区的溢出项目,引进商家盘活闲置资产,使之成为可增值的活化资本。抓住国家增拨移民资金以及加大支农力度等有利时机,用好用足政策,争取更多的政策、资金盘活闲置资产,成为受益主体。尽一切可能偿还债务,通过资产变现、增收节支等方式,实现零负债。二是发展特色、促进转移,千方百计确保农业增效、农民增收,建设社会主义新农村。继续扶持花卉基地的发展,引导其引进优质品种,利用现代商务手段,及时捕捉市场信息,在占领本地市场的同时,拓展域外市场,成为辽西大型花卉苗木产品集散地之一。继续发展奶(肉食)牛饲养业,争取政策倾斜,扩大规模。建设好盘锦兴隆野生动物繁育中心,突出特色,实现经营效益和资产效益的双提高。在继续抓好传统水稻种植的同时,着力做好富余劳动力的转移。三是全面加强党的建设和精神文明建设,为建设效益农场、和谐农场提供坚强保证。着眼于资产经营、农工关心问题的解决、农工增收长效机制的建立和社会主义新农村建设。加强后备干部和人才队伍建设，为企业发展提供人才保证。继续加强先进性教育，使总结的经验和取得的成效固化为经常之举，确保党员干部长期受教育，人民群众长期得实惠，党组织建设长抓不懈。四是切实抓好党风廉政建设和反腐败斗争。深入贯彻落实《建立健全教育、制度、监督并重的惩治和预防腐败体系实施纲要的具体实施意见》，加强反腐倡廉教育，认真落实领导干部不准违反规定收送钱物、借机敛财、参与赌博等有关规定。认真贯彻执行党风廉政建设责任制，严格责任追究，推动廉政建设和反腐败工作不断深入。五是以争创省(市)级文明单位为载体，广泛开展各种形式的公民道德实践活动和精神文明创建活动，努力提高居民的思想道德素质和文明程度。加强企业文化建设，建设学习型机关、学习型单位。

党管武装

·军分区·

党委贯彻科学发展观能力得到提高 2006年,盘锦军分区党委坚持把理论学习作为提高党委贯彻科学发展观能力的重要环节,认真落实理论学习制度,坚持围绕主题学、结合任务学、坚持经常学,不断加强对科学发展观理论内涵和精神实质的理解。军分区理论学习情况受到省军区表彰。结合学习贯彻党章活动,军分区、人武部分别召开了党委民主生活会,围绕"六个进一步"要求,逐条对照检查,查找解决存在问题,进一步增强了班子的凝聚力、战斗力。军分区加强党风廉政建设做法在《沈阳军区政工通讯》刊发,沈阳军区、省军区联合检查组对军分区党风廉政建设情况给予充分肯定。坚持抓本级带下级。大洼县人武部党委被省军区评为先进党委;兴隆台区人武部被省军区评为先进人武部。

思想政治建设有了新加强 2006年,军分区党委坚持以学习贯彻科学发展观为主线,狠抓忠实履行新世纪、新阶段军队历史使命教育、社会主义荣辱观教育,围绕教育活动要重点解决的问题和官兵思想实际,有针对性地设置了7个辅导专题,由军分区常委进行集中辅导。注重搞好结合,把新使命教育与学习科学发展观结合起来,与开展学党章活动结合起来,为提高教育活动效果,组织开展了知识竞赛、党的基本知识考核,印发了理论常识学习手册,组织官兵参加《解放军报》刊登的学习贯彻党章百题竞答活动。通过扎实活跃的教育活动,营造了爱军习武、履职尽责、知荣明耻的良好氛围。注重加强政治环境建设,完成了政工网建设。结合形势任务抓好经常性思想教育,广泛开展政治纪律教育、法纪教育和经常性的谈心交心活动,官兵思想稳定,全年没有严重违纪违法问题。军分区政治教育落实情况受到省军区通报表彰。

战备训练工作开创了新局面 2006年,军分区认真落实沈阳军区、省军区战备工作指示,修改完善本级"一纲八案"和各种保障计划。加强战备设施和情报信息网建设,狠抓了战备值班和战备制度的落实,提高了战备工作水平。贯彻全军军事训练会议精神,大抓军事训练。分两个阶段,对现役干部进行了20天的封闭式集训,做法被省军区转发。团以上干部参加省军区组织的军事素质考核认证取得较好成绩,优良率达92%。2月份,组织全市专武干部在省军区教导大队集训,进一步提高了专武干部素质。突出抓民兵应急分队、专业技术分队训练,训练质量有明显提高。结合防汛,组织民兵爆破分队进行防洪爆破实爆演练,锻炼了工兵分队实战能力。组织民兵高炮分队参加上级组织的实兵演练,训练成果较好,受到省军区通报表彰。组织水上对抗分队和海上运输分队训练,较好地完成了省军区赋予的试点任务,受到省军区肯定。利用民兵整组训练时机,对全市民兵应急分队进行了检验性应急拉动,提高了民兵应急分队遂行应急任务的能力。组织现役和民兵骨干参加省军区民兵"四会教练员"集训获总分第三名。注重加强作战理论研究,《民兵预备役人员执行维稳任务应把握的问题》等 3 篇学术文章在《陆军学术》等刊物刊发。

干部队伍建设不断加强 2006 年，军分区着眼军事斗争准备人才需求，加大干部教育管理和选拔培养力度。落实干部考评机制，坚持每季度讲评干部，不断激发干部争先创优的积极性。树立科学的用人观念，坚持把考核政绩与考核素质统一起来，公正评价干部的德才表现。采取以会代训、岗位练兵、集中培训等形式，加强干部培养，干部整体素质有了提高，100％通过了军事素质考核认证。结合纪念建党 85 周年，表彰了 8 名优秀共产党员。认真做好确定转业干部工作和干部调整接替工作，加强转业干部教育管理，确保了工作连续性和转业干部思想稳定。转业干部和退休老干部工作受到省军区通报表彰。认真做好预备役军官登记统计和计划生育工作，计划生育工作部门被省军区评为先进单位。

正规化建设成效明显 全年，军分区坚持依法从严治军，认真抓好条令和安全法规的学习，开展了“条令学习月”和安全教育整顿活动，军分区、人武部管理正规有序，安全发展的理念得到贯彻落实，实现安全无事故。组织官兵参加全军保密知识竞赛，被省军区评为先进单位。认真抓好以“四个秩序”为重点的正规化建设，军分区正规化建设水平有了进一步提高，4 个县区人武部均被省军区评为正规化建设达标单位。坚持把人员、车辆、枪弹管理作为安全防事故的重点，严格落实规章制度，先后 4 次进行安全工作大检查，及时消除安全隐患。军分区武器库被沈阳军区评为甲级仓库、被省军区评为红旗车炮库。

国防后备力量建设稳步发展 2006 年，军分区认真落实议军会、第一书记述职会等党管武装制度，不断提升武装工作质量。各县区及辽河油田分别投资 36 万元，高标准完成了 5 个民兵应急值班分队组建任务，落实了人员和装备。协调油田及地方财政支持，投资 130 万元，完善了民兵训练基地配套设施建设。坚持编组出战斗力的思想，调整组织布局，优化编组方法，编组质量进一步提高，形成了以专业技术分队为主体，以应急分队、高炮分队为骨干的民兵组织新体系。坚持抓基层、打基础，全市基层武装部、民兵连规范化建设得到加强。大洼县人武部、兴隆台区人武部被辽宁省评为民兵预备役建设先进单位。召开了全市民兵预备役政治工作会议，有力促进了全市民兵预备役政治工作的深入开展。加大对民兵预备役建设的宣传报道力度，军分区被《中国国防报》评为读报用报先进单位。坚持依法廉洁征兵，高标准完成了 640 名男兵征集任务，盘山县征兵办公室被评为省征兵工作先进单位。

后勤综合保障能力全面提升 全年，军分区着眼实战需要，对全市后勤综合潜力进行了全面调查。落实党委理财制度，加强对人武部主官离任经济责任审计，加大对民兵训练经费支出规范化管理力度，开展了财经管理专项整顿自查，综合保障能力得到加强。协调地方投资 20 余万元，对网球场、篮球场等进行了维修。大力开展节能活动，军分区被评为全省驻军部队中惟一的“节能型先进单位”，并在省军区资源节约工作会议上交流了经验。深入开展后勤工作研究，被省军区评为后勤系统调查报告优秀奖。深入开展国民经济动员潜力调查，军分区被辽宁省评为国民经济动员先进单位，被省军区评为后勤规范化管理先进单位。

国防教育和双拥工作深入发展 广泛深入开展全民国防教育，加强国防法规的宣传力度。在抓好全民国防教育普及的同时，把提高党政机关领导干部国防观念作为国防教育的重点突出出来，全市先后组织开展国防形势专题报告会 6 场，2000 余人次党政机关领导干部参加，有效提高了各级党政领导干部国防观念，省国防教育执法检查时对此给予充分肯定。华锦集团、盘锦日报社被省国防教育委员会评为“国防教育先进单位”。积极协调军地开展“双支”活动，着眼于“双拥”向“双支”拓展，协调和组织驻军及民兵预备役人员，积极投身社会主义新农村建设。参加重点工程建设、植树造林等活动，共出动兵力 8000 余人次，植树 7 万余株、种草坪 1 万余平方米、帮助军烈属插秧 6000 余亩。广泛开展扶贫帮困活动，军分区资助贫困学生上学，收到较好的社会反响,《中国国防报》头版予以报道。积极协调军地开展新一轮省、国家双拥模范城争创活动,在全市营造了浓厚的双拥工作氛围。军分区开展双拥工作及协调地方支持部队建设的做法在《沈阳军区政工通讯》刊发。

· 武 警 支 队 ·

以“振奋革命精神、提高素质能力、树立良好形象”为牵引,党委机关建设得到了加强　2006年,市武警支队党委机关先后开展了“振奋革命精神、提高素质能力、树立良好形象”为主要内容的使命教育、“三心”教育和“学党章、知荣辱、正风气、守纪律” 教育及读书思廉等活动。2月初,组织大、中队主官和机关全体干部举办学《纲要》强化“六熟、六会”的培训,机关制定出台了《支队干部管理规定》、《机关正规化管理规定》、《机关经费管理规定》、《执勤检查暂行规定》、《车辆安全管理实施细则》、《基层财务管理实施细则》、《新闻报道工作奖惩实施细则》、《政治机关督查干部在位暂行办法》等制度规定。4月份,在二中队种下了“安心林”作为官兵安心部队教育的基地。8月份,在强化“学习党章、遵守党章、贯彻党章、维护党章”教育中,组织机关干部观看了《科学发展观专题讲座》、《牢固树立社会主义荣辱观专题讲座》和《四反》录像片,进一步提高了党委机关指导部队建设和履行职责的能力。全年,班子成员召开2次民主生活会,党委5次召开扩大会,调整使用17名营以下干部,培训7名一期非专业士官,晋级10名士官(一期晋二期7人,二期晋三期3人)。

以“忠实履行新世纪新阶段历史使命、永远做党和人民的忠诚卫士”为主线,思想政治建设成效明显　为认真落实胡锦涛总书记“把武警部队建设成为政治可靠的威武之师、文明之师,把广大官兵培养成为党和人民的忠诚卫士”的重要指示,市武警支队始终把思想政治建设摆在首位。4月份,根据总队统一部署,在基层官兵中广泛开展了“忠实履行新世纪新阶段历史使命,永远做党和人民忠诚卫士”主题教育活动,支队涌现出了总队“十大标兵士官”赵伦等一批先进典型。为深化经常性教育效果,支队先后组织开展了“五四”主题团日,“学党章、用党章、遵守党章”党史知识竞赛,开展"牢记八荣八耻,争做忠诚卫士"歌咏比赛和“长城杯”篮球赛等活动,有力地激发了广大官兵永远做党和人民忠诚卫士的热情。先后转化了4名个别人,帮助1名士官和1名义务兵处理了家庭涉法问题。各基层单位也根据不同时期官兵反映出的现实思想,充分运用“三互”、“双四一”等有效载体,扎实做好一人一事的思想工作,确保了部队的安全稳定。10月份,支队深入开展“五个一”活动,超前做好老兵思想稳定工作,这些好的经验做法被总队以简报的形式刊发。全年,支队还为家庭困难的1名士官及8名特困干部进行了补助,为爱人患了乳腺癌、家庭困难较大的孙明海同志捐款近万元,并为结婚生子、家中发生变故的官兵进行慰问和补助。“八一”期间,专门召开了家属座谈会,安排干部及家属大连“两日游”活动,建立了支队子女教育奖励基金,在官兵中引起了强烈反响。

以科技强勤和信息化建设为主导,中心任务圆满完成　按照“以人为本、信息主导、正规执勤、确保安全”的要求,坚持“党委统揽、主官主抓、分管专司、机关合力”的原则,始终做到中心居中,紧抓不放,保证了各项任务的圆满完成。5月份,支队采取分编分训的方式分4批对看守中队执勤人员集中组织进行了勤训轮换,对执勤动作、军事素质、处突能力进行了强化训练,提高了官兵完成中心工作的能力。7月份,支队积极协调争取资金30余万元,为各中队安装了执勤哨兵对讲系统和监控云台。8月份,完成了二中队、三中队、大洼县中队的执勤监控信息化系统升级改造,并为三中队、大洼县中队安装了内外防护网。9月上旬,支队集中4天时间对各中队三级网维护员进行业务培训,配发了维修工具。9月下旬,完成了暑期抢险救灾训练、实弹射击训练考核、军事专业技能比武人员强化训练及一中队野外驻训等任务。10月上旬,协同配合总队、监管总队开展了违章建筑专项治理“回头看”，解决了长期以来违章建筑给执勤目标和哨兵带来的安全隐患，大大提高了执勤目标安全系数。10月中旬，总队对支队首长机关带实兵演练进行了检查考核，支队组织程序正规，战法运用灵活，情况处置得当，官兵行动迅速受到了总队考核组的好评。10月份，在总队组织的机动分队尖子比武中，支队1名干部和1名战士分别取得了54式手枪对不动目标射击和徒手攀登第三名的好成绩。全年，支队先后出动兵力1683人次，完成了131次临时性勤务，得到地方政府和用兵单位的高度赞扬。

以创建和谐发展的警营环境为重点，部队正规化管理水平不断提高 全年，市武警支队对照总队下发的《“四个基本”指导手册》，坚持从一日生活制度抓起，从一点一滴的养成做起，对部队的管理实施不间断的检查和指导，坚持每月对各中队的管理情况进行一次检查、录像、通报，把部队管理工作的好与坏直接与单位季度评红旗活动和干部的工作政绩挂钩，取得了较好的效果，充分调动了广大官兵参与部队管理的积极性。3月份，召开了“讲法规、严纪律、强秩序”教育大会，公开处理了2名违纪士官。5月份，集中基层班长以上人员在三中队召开了正规化管理现场会，使部队正规化管理水平得到进一步提升。针对教育、训练、行管中容易诱发的问题苗头和个别违纪情况，6月份，果断地调整了一个中队的主官，这三件事对官兵的触动很大，较好地强化了官兵的条令条例意识和法纪观念。7月份，根据甘肃总队定西市支队和贵州总队黔南州支队的剖析和反思材料及内蒙古总队赤峰市支队打骂体罚新兵问题的通报，支队随即组织开展了“两个针对性大讨论”，开展了听一次辅导，谈一次违章，看一遍录像，写一份保证的活动，严格落实武器装备使用管理规定，坚持军械库钥匙2名主官联管、出入兵器室向支队作战值班室报告和每月一次军械员政审等制度。开展了“六个一”和“八查”、“条令条例学习月”、“以老带新”、“安全知识竞赛”活动，进一步强化了官兵的自律意识，进一步密切了内部关系，确保了枪弹的绝对安全，确保了部队的安全稳定。

以推进基层基础设施建设为目标，后勤综合保障能力进一步提高 全年，市武警支队先后争取地方资金240余万元，投入110余万元用于基层基础设施建设。修建了一中队、二中队的网络学习室，5个中队的网络学习室全部完成。完善了支队、中队荣誉室，筹建了二中队荣誉室和支队指导员之家。基本完成了一、三、大洼县中队的营区绿化，完成了二中队挖建渔塘和营区初步绿化，并在二中队建设了支队干部、党员、士官“安心林”，在三中队建立了支队警营绿色生态园，基层基础建设得到进一步加强。仅在绿化上，共动用土方12000余立方米，植树4500余棵，栽种树墙近2000米，铺设草坪10276多平方米，增设凉亭、小区景点15个，铺设砖道400余米，种植“安心林”1000多平方米。支队把农场经营管理作为后勤建设的一件大事，多次召开了党委会和首长办公会议，专题研究农场经营管理问题。为了加强农场土地出租的管理，进一步严格审批权限，确保部队资产不流失，确保不发生任何问题，更好地增效创收，后勤处组织人员深入实地逐个地块进行了测量。2月份，对合同到期的1000亩土地进行了公开竞标。3月份，在市政府、大洼县政府支持下，支队积极工作，加大协调力度，依法解决和处理纠纷问题，原土地承包户上访要求赔偿问题基本得到了解决。5月份，投资11万余元对变压器和低压线路进行了改造。另外，支队新的指挥中心在市委、市政府的大力支持下，在总队党委、首长的关心帮助下，顺利地完成了规划测绘、管线测绘、土地测绘、土地预审、建设立项、总队审批、市政府批准方案、办理规划许可证、图纸设计、征地和桩基础招标手续等工作。

· 边防支队 ·

集中打好“四个战役”，确保“爱民固边”战略取得实效 依据总队“爱民固边”战略3年规划，围绕“创建平安盘锦，打造和谐鹤乡”总体目标，支队官兵以建立健全群防组织和整治治安热点为重点,以集中开展群体性事件隐患排查和矛盾纠纷化解、深化“三访四见”、集中开展提高执法质量活动等为主要内容,深入扎实地开展了群防、维稳、爱民、执法4个战役。期间,清理整顿群防组织12个,增加人员88人,化解矛盾纠纷50余起,妥善处理群体性事件3起,为群众做好事、解难事、办实事320余件。实行“爱民固边”战略以来,支队各级组织多次向驻地党委、政府汇报工作开展情况,工作得到了各级党委、政府的认可和大力支持,全市公安边防业务经费全部纳入地方财政预算,确保了“爱民固边”战略向纵深开展。

坚持打防并举,集中整治,确保沿海地区的社会稳定　2006年,市边防支队深入开展“五线两资源”、沿海地区治安秩序、反偷渡、打黑除恶、校园周边秩序整治等专项整治行动,以各港口、码头、停泊点为重点,全方位地加大沿海地区社会治安管理和控制力度,加强了对侵财、盗窃等多发案件的研究,严厉打击沿海地区渔霸、村霸等黑恶势力,进一步完善了社会防范体系,有效地打击了扰乱治安秩序、危害人民生产生活等违法犯罪活动。期间,共打击处理违法人员70人,其中,刑事拘留2人,劳动教养1人,行政拘留27人,抓获网上逃犯2人,遣返非法越境朝鲜人5人,作其它处理33人。全年,治安案件发案40起,查解40起,刑事案件发案2起,结案2起,有力地震慑了犯罪分子,确保了沿海辖区的安全和稳定。

坚持与时俱进,狠抓各级班子建设,提高部队整体凝聚力和战斗力　市边防支队党委坚持与时俱进,努力创建学习型、团结型、廉洁型、务实型班子;坚持“约法三章”,不折不扣地遵守党员领导干部廉洁自律各项规定和“十不准”规定。在干部的提升使用,战士入党、考学、转士官、大项开支等敏感问题上,做到公道正派,讲政策、讲原则,在官兵中树立了威信。按照两个《意见》的要求,进一步健全了党的各级组织,确保党的方针政策在部队的贯彻落实。年内,党委中心组共进行集中学习44课时,人均撰写3篇体会文章,有20篇被上级刊用;党委成员到基层检查指导工作均达到60天以上,为基层办实事30件,调动了官兵的工作积极性。

坚持政治建警,扎实开展主题教育活动,提高了官兵政治素质　2006年,市边防支队围绕“爱民固边”战略的实施,坚持把《“爱民固边”主题教育宣讲提纲》作为重点,认真学习贯彻党的十六届五中、六中全会和各级领导关于公安边防工作等一系列重要指示,切实把官兵思想统一到上级党委的重大决策上来。结合形势和部队实际,新增了科学发展观、社会主义荣辱观、弘扬盘锦地域精神等教育内容,使教育紧跟形势需求。采取邀请专家授课、组织官兵参观爱国主义教育基地等多种形式,拓宽教育渠道,丰富教育手段,确保了教育的“四落实”,使官兵自觉成为先进思想和优良作风的实践者、传播者,达到了提高官兵素质、促进各项工作的效果。

坚持围绕中心工作,积极加强精神文明建设,提升部队形象　市边防支队官兵立足本职,发扬我军传统,积极开展捐资助学、扶贫帮困、抢险救灾等活动。结合工作实际,先后与市司法局、广电局等10个单位开展共建活动,既密切了警民关系,又推动了中心工作。对广大官兵在“爱民固边”战略中涌现出的先进典型,大张旗鼓地宣传报道。截止到2006年底,官兵共捐款1.2万元,资助贫困学生5名,结贫困对子6对,先后抢救遇险群众15人,扑灭火灾2次,挽回经济损失100余万元。在中央媒体刊发稿件19篇,在《辽宁日报》等媒体刊发稿件121篇,超额完成总队下达的任务,在总队网页刊发调查研究类文章58篇,一般信息281条,工作简报23篇,政工信息取得全总队第一名好成绩,总信息获得全总队第三名好成绩,有力推动了“爱民固边”战略的实施。

坚持从严治警,增强队伍素质,提高部队正规化管理水平　通过开展条令条例学习月、现场督察、纪律作风整顿等活动,从点滴抓起,纠正管理松懈、作风松散、纪律松弛等现象,严明纪律,规范了部队的"四个秩序";认真学习《公安边防部队内务规定》,进一步改进工作作风,采取明查暗访和定期检查相结合的方式,检查指导基层落实正规化建设情况。逐级签订工作责任状,定期召开部队"两防"形势分析会,形成上下齐抓共管的工作局面,保证了部队的内部安全稳定。按照"干什么、练什么,缺什么、补什么"的原则,全面规范、细化大练兵工作,并对练兵实行绩效考评,建立奖惩机制,调动官兵岗位练兵的自觉性和积极性。全年,共举办业务、政工等10期培训班,进一步提高了官兵素质。

坚持稳步推进,大力加强边防派出所建设,提高管控能力 积极构建海陆结合、警民结合、打防结合的治安防控体系,有效地维护沿海地区社会秩序。从执法制度建设入手,针对接处警、受理、立案、调查取证、伤情鉴定等容易出问题的执法环节,完善了执勤执法工作规范,推行了"执法责任"、"执法质量考评"等制度,推动了支队法制建设。支队率先实现了派出所所长进入乡镇党委班子工作,同时,开通三级网络通道,提高了边防派出所管控能力。

· 消 防 支 队 ·

圆满完成全年各项工作 2006年,市消防支队以服务和保卫“和谐盘锦”为中心,坚持以“三基”工程建设统揽部队全局,突出抓好消防监督、班子建设、政治教育、执勤训练、后勤保障“六项重点工作”,全市消防工作和部队建设又跃上了一个新的台阶。全年,全市共发生火灾599起,死亡3人,伤1人,直接经济损失117万元,保护经济价值近亿元,抢救和疏散被困群众300余人,保持了全市火灾形势和部队管理的高度稳定。

加大力度,消防安全专项治理成果显著 年初以来,市消防支队相继开展了春防冬防大检查、灭火器使用和维修,企业、人员密集场所、校园及周边场所、违法投入使用的建筑工程和出租屋、火灾隐患普查整治等多项专项治理工作。全市共组建专项检查小组84个,检查单位1642个,发现隐患2147处,整改2139处,下发法律文书928份,进行了16次全市性错时制检查,发现和清除了一大批火灾隐患。火灾形势保持平稳态势。

多措并举,重大火灾隐患整改进展顺利 市消防支队坚持施压造势,在历次政府召开的全市性消防工作会议上,都要求重大火灾隐患单位的法人参加,提高其整改意识。坚持加大督促力度,通过领导告诫,推进其整改进程,不达到要求决不投入使用。同时,数次邀请省局专家根据实际情况,专门研究、论证现存的重大隐患的整改方案,制定出切实可行的整改措施。目前,全市现存10项重大火灾隐患经省局专家论证后,核定为8项,现已有3项整改完毕,3项正在整改,1项已停业,1项正在协调整改。

规范执法,消防行政处罚取得历史性突破 2006年,市消防支队进一步加强行政执法规范化建设,制定下发了《盘锦市消防局火灾事故调查处理工作规定》、《关于进一步规范消防行政执法工作有关问题的通知》;制作了《消防行政执法案卷样式》;开发了《消防行政执法台账软件》;编制了《盘锦市消防局执法职责汇编》。全年,共处理各类投诉案件42起,满意率达到100%。同时,加大了消防行政处罚力度。全年,共办理行政处罚案件125件,罚款75.59万元,传唤110人,三停86家,拘留1人,在案件起数、罚款数额等方面取得了历史性的突破。

丰富载体,消防宣传培训工作效果明显 2006年,支队制定下发了《盘锦市二○○六年消防宣传工作实施方案》,开展了颁发雏鹰奖章“消防章”活动,提高了全市中小学生关注消防、参与消防的积极性。开展了丰富多彩的119系列宣传活动,共设立咨询站点73处、发放传单4万份、出动宣传车辆40台次、悬挂宣传标语1668条、举办消防演出12场、播发消防公益广告3条、接待参观人员2万余人。特别是通过移动、网通、联通3家通信系统发送消防警示短信,使全市150万用户受益。支队全年拍摄制作了《高空营救》、《5·23高速营救》、《关注安全、关爱生命》3部专题片。

加强调研,夯实第三级消防监督管理基础 年初以来,市消防支队针对全市每年70%以上的火灾发生在农村和社区的现状，举办了公安派出所专兼职消防民警消防培训班，并制发了《公安派出所十二查十二看卡片》，增加了检查的针对性和操作性；举行巡警承担部分消防应急工作任务出警仪式，面向全市配备了70具消防灭火器具，进行了灭火演练；协同省局先后开展了两次农村消防工作走访调研，摸清了农村火灾的规律和特点，为制定相应的防范提供了保障。

深入开展执勤岗位大练兵活动　年初以来，市消防支队把深入开展全员大练兵活动作为中心工作来抓，认真落实党委参训议训制度，召开了全员岗位大练兵动员部署大会，制定了《全员岗位大练兵实施方案》和《全员大练兵考评细则》。支队党委和各单位层层签定了大练兵军令状，成立了由军政主官挂帅的练兵工作领导小组。全年，累计召开党委专项议训会议5次，基层练兵现场办公会7次。共设置了全员练兵岗位34个，确保全员参训。共开展大练兵督察22次，发现问题50项，扣发岗位津贴11590元，激发了全体官兵的练兵积极性。

狠抓熟悉演练工作　市消防支队以加强责任区“六熟悉”为依托，以人员聚集、易燃易爆单位为重点，全年共开展自行熟悉、交叉熟悉、网上熟悉等55次，并以大型商贸中心、人员聚集场所、石油化工企业为假想目标，全年开展实地演练25次，进一步提高了部队合成作战能力。同时，制定了8大火灾类型出动编成、6类车辆出动编成，完善了大型火场调集程序编成，实现了火灾类型、车辆器材、指战员的最佳结合，提高了大型火场统一调集能力。

狠抓抢险救援训练　针对全市抢险救援任务日趋复杂繁重的现状，市消防支队进一步制定和规范了各类抢险救援的受理程序、组织指挥、处置程序。制定了交通事故、化学危险品事故、建筑倒塌等各类灾害事故的处置方案、疏散方案和跨区域增援方案。举办了特勤业务理论培训班3期，现场救护培训班1期，开展特勤战法研讨5次，开展特勤器材装备竞赛4次，开展了救人、破拆、堵漏等专业训练，全面提高了部队的抢险救援能力。

狠抓科技强警工作　市消防支队始终把科技强警作为大练兵活动的突破口，研制了灭火救援数据库，包含了灭火力量、责任区综合情况、危险化学品理化性质等内容，为网上练兵搭建了平台。开发了责任区道路、水源、重点单位情况课件和网上考试系统，实现了大练兵网络化考核。开发了“火灾及灾害事故救援分级出警信号系统”，提高了出警效率，并借助广播功能规范一日生活秩序。各项科技成果的广泛应用，使部队训练的科技含量得到进一步提高。

夯实班子建设，增强各级党组织的战斗堡垒作用　坚持抓好党委班子的自身建设，出台了《盘锦市消防支队党的委员会议事范围》。全年，共组织中心组学习12次，召开党委会21次，党委成员能密切协调、集思广益，雷厉风行、不折不扣地执行。为了夯实班子拒腐防变能力，支队组织官兵观看了反腐倡廉光碟，召开了廉政教育民主生活会，组织参观了盘锦监狱廉政警示教育基地，筑牢了思想道德防线。坚持公开透明的原则，凡涉及消防工作的热点问题和官兵关注的敏感问题，都能做到以公开促公正，以公正促廉政，主动接受社会各界和官兵的监督。建立动态干部考评机制，加强干部队伍的管理。支队将部队督察扣分直接纳入每名干部年终考评之中，比例占考评总分的30%，进一步规范了干部队伍管理。全年，共有7名官兵荣立个人三等功，55名官兵受到支队奖励。

举办四项大型活动，丰富官兵警营文化生活　一是举办了好警嫂评选暨联欢活动。共有15名干部家属被评为“好警嫂”，并组织举办了好警嫂表彰和“三八”节联欢会，有力地提高了干部的积极性。二是举办了第九届支队篮球比赛。机关基层共有8支代表队参加了比赛。三是举行了党章多媒体知识竞赛，使广大党员更加深刻地理解了党章的深刻内涵和重要意义。四是举办了第九届支队周末育才竞赛会。5个基层中队百名官兵参加了6项集体项目和3项个人竞赛项目的角逐。邀请了市委宣传部、市精神文明办、团市委、市书协、市艺术馆等单位领导担任评委，进一步提高了警营文化水平。

加强精神文明建设,树立消防部队的良好形象 2006年,市消防支队官兵捐款3000元资助了田家镇22名中小学生,捐款5800元救助双台子区儿童张琦,为贫困群众捐款18715元。机关、基层共走访慰问帮扶对象和爱民点20余次。组织官兵到田家帮助农民水田插秧10余亩。基层单位常年坚持照顾孤寡老人,到敬老院、福利院帮助打扫卫生。盘山大队与两名大学生结成了助学对子,为两名大学生发放第一学期助学金2000元,为贫困重病患者于艳萍捐款670余元。大洼大队坚持照顾2名老荣军生活,并与杜家小学举行了“希望工程”联谊会,为小学生们捐出了新一学期的学费,还为贫困老人送去捐款1120元和米、面等生活用品。兴隆大队为瀚新小学20名贫苦学生捐款3000元。支队的精神文明建设,赢得了地方政府和人民群众的高度评价,支队先后被评为“省精神文明建设先进单位”、“省拥政爱民先进单位”、“先进团委”。盘山大队被评为“全国青年文明号”。盘山中队被评为“辽宁省雷锋号”。大洼大队被评为“市学雷锋先进集体”。辽化中队被评为“市青年文明号”。

加大经费筹措力度 针对2006年初支队家底经费严重不足的实际情况,市消防支队紧紧抓住财政经费供应主渠道不放松,积极拓展预算外经费来源,盘活闲置资产变现。2006年,争取地方财政经费1000余万元,较上年度经费增长25%以上。预算外经费筹集630万元,经费筹措实现了历史性的突破。有了充足的经费做保障,支队“三基工程”建设进展顺利,仅支队机关投入“三基”工程建设资金就达122.8万元,其中,投资20余万元更换了机关办公电脑和其它办公设施;投资10万元为机关和直属队购置了影像设备;投资70万元购置特勤器材、通讯设备及个人防护装备900余件套;投资4万元为机关配备了防火检查仪器箱;投资3万元购置1300个基础资料档案盒,配备文件柜15个;投资13万元建设烘干室和排烟设施;投入70余万元购置了个人防护装备、防灭火及抢险救援器材1274件套,完善三级通讯网,配备对讲机40部。同时,官兵福利待遇稳定增长,干部人均补助达3万元以上,士官人均补助5000元以上。官兵福利待遇保障水平在全省位居前列。

积极落实房改政策 市消防支队的房改政策落实工作是长期困扰支队党委如何解决好的一道难题。后勤部门以对支队党委、国家政策和广大官兵切身利益高度负责的精神,不厌其烦地逐级沟通情况,提出合理化建议和解决办法。搜集原始资料,并就有关文件专门召集老干部进行耐心解释。支队的房改工作做到了公开、公平、公正,房改工作得人心,暖人心。65名转业及部分在职干部的个人利益得到了很好的维护。

积极稳妥地推进指挥中心建设 市消防支队党委本着少花钱、多办事、办实事的原则,积极稳妥地推进指挥中心建设工作。进一步拓展财源,提供经费保障。已筹措经费700余万元,完成了“三通一平”等前期建设基础工作。在办理各种审批手续环节当中,调动一切积极因素,群策群力,促使相关部门减免各种审批费用40余万元。把好建设关口,重点搞好营区规划,精心设计,避免先天不足、造成损失浪费的现象发生。通过全年各项准备工作的落实,为明年的顺利竣工打下了坚实的基础。

完善制度建设,全面加强后勤基础工作 2006年,市消防支队制定了《财务管理规定》、《物资集中采购管理规定》、《车辆装备器材管理制度》、《器材装备维修保养制度》、《消防车辆装备检查细则》等规章制度,有效地加强了财务和物资管理,防止了跑、冒、滴、漏现象的发生,降低了行政消耗,保证了经费预算收支平衡。后勤基础工作亦日趋规范化、制度化和标准化。同时,进一步加强后勤管理信息化建设,积极做好“军财工程”建设,使部队经费管理、给养管理、营房管理、票据管理、被装管理、固定资产管理均实现了微机软件化管理。支队业务经费开支实行了网上支付结算,使后勤工作效率和工作质量有了明显提高。

树立服务意识,深入基层排忧解难 年初以来,市消防支队进一步规范给养管理,切实提高伙食营养水平。统一制订食谱网上发布,随机检查确保严格执行。补贴伙食费严格落实日人均

3元标准,并纳入开支预算。并开展了“先进食堂”和“优秀炊事员”评比活动。进一步协助基层搞好经费预算分析。专门组织财务人员现场指导基层年度经费开支测算工作,对优化基层单位经费开支结构和经费投向重点提出了合理化建议。同时,积极协调园林绿化等部门无偿捐赠花草苗木,为基层单位进行营区绿化、美化,基本建成了花园式营区。

· 人民防空 ·

人防工程审批与管理进一步规范　2006年,市人防办严格执行人防工程建设管理和审批程序,无一建设项目政策外减免。全年,共办理人防工程审批项目44项,批建防空地下室14290平方米,收缴异地建设费650万元,应建应收率均实现100%。收取人防工程施工费174万元。实现平战结合收入12万元,取得零的突破。制定《盘锦市人防办行政执法责任制实施方案》,进一步规范行政执法监督检查等6项工作制度。编制完成《盘锦市地下空间利用规划》。

人防组织指挥和通信警报建设进一步完善　进一步健全防空组织机构和专业队伍,对抢险抢修、医疗救护、治安消防等7种11支1683人的人防专业队伍进行了适应性培训和点验,增强了实战能力。按照沈阳军区要求,重新组织修订《盘锦市防空袭预案》。编制完成《盘锦市人民防空通信保障预案》,细化《盘锦市突发公共事件应急通信保障计划》。9月18日,与全省同步成功进行第5次防空警报试鸣。

人防指挥所功能进一步健全,应急救援工作成果显著　一是保障地上地下指挥功能畅通,做好设备设施的管理和维护,实现指挥自动化系统地上与地下互联互通。完善党政信息网、人防办公网、民防网站建设与管理。全年,办公网共收文46份,发文11份。二是完善地下指挥所各项功能。为保证市党政军领导防空防灾指挥需要,完善人防指挥所指挥自动化功能,明确管理机构,落实管理措施,保证各种设备始终处于良好工作状态。成功开设东北地区人防工作会议盘锦分会场。三是继续做好应急值班工作,成功协调“1·17”毒气泄漏和“5·27”京沈高速重大交通事故的应急救援工作。全年,参与重大交通事故救援8次,解救被困人员11人。协调完成《盘锦市海上医疗救助联动应急预案》和《盘锦市自然灾害救助应急预案》的编制工作。

加大机关建设工作力度　为巩固先进性教育活动成果,落实市政府五届四次全会精神,切实把人防办建设成为准军事化机关,出台了《市人防办机关工作督察考核方案》和《市人防办目标责任考核标准》,对机关干部和职工实行百分制考核。重新修订各项规章制度,严格坚持机关干部上下班签到、中午禁酒、领导干部外出告知等制度,形成按制度办事、用制度管人的良好机制。为降低行政成本,改进机关作风,办领导取消专车,上下班实行通勤车接送。精神文明建设取得新成绩,在连续两届荣获市级文明单位基础上,2006年,被评为省级文明机关。

《人防法》颁布10周年宣传活动有声有色　9月中旬,根据国家和省人防办文件要求,制定《盘锦市人防办开展纪念人民防空法颁布10周年活动实施方案》,成立宣传活动领导小组。市委书记陈海波、市政协主席于捷、市政府副市长王秉宽、盘锦军分区司令员陈克分别为宣传活动提词。一是面向社会在《盘锦日报》上开展人民防空知识有奖竞赛活动;二是组织有市建委、市财政局、市房产局、市规划办领导和部分开发商参加的纪念人防法颁布10周年座谈会;三是在新闻媒体上开辟专版和专栏,集中展示盘锦人防10年的辉煌;四是在步行街南端举办有市委、市人大、市政府、市政协和盘锦军分区领导以及武警官兵、部分中小学生和市民参加的大型街头宣传活动。

企业党建

中省直企业

·中油辽河石油勘探局·

以党建促发展，全面完成各项工作 2006年，局党委和全局各级党组织以科学发展观为统领，认真落实集团公司党组和辽宁省委的工作部署，以实施党委"五个一"系统工程为主线，围绕中心创一流，服务大局上水平，形成了企业两个文明建设相互促进、协调发展，矿区各项事业全面进步的良好局面。全局实施"五个一"系统工程、保持共产党员先进性教育、创建"四好"班子、开展"八荣八耻"三进入活动、加强廉洁文化建设的做法和成果，得到了上级的充分肯定，多次在国家国资委、集团公司、辽宁省委组织的有关会议上做经验介绍。局党委和勘探局先后获得全国先进基层党组织、辽宁省先进党委、全国"五一"劳动奖状、中国最具成长性企业等国家和省部级荣誉12项。勘探局4大主营业务板块和多种经营、基地后勤服务系统百舸争流、千帆竞发，主营业务收入170.8亿元，同比增加37亿元，内部利润14亿元，同比增长55.6%。多种经营收入70亿元，同比增长36.2%，实现利润1.8亿元，同比增长72.3%。全局经济总量突破240亿元，实现了"十一五"高起点开局，展示了企业良好的成长性和美好的发展前景。

大力开展创建"四好"班子活动，各级领导班子建设得到新的加强 按照集团公司党组创建"四好"班子的总体部署和勘探局的《实施方案》，全面加强各级领导班子的思想建设、组织建设、作风建设，增强了领导班子的创造力、战斗力、凝聚力，提高了领导班子引领企业科学发展、和谐发展的能力。坚持把理论武装作为首要任务，形成了"每周一学、每月一课、每季一讲"学习模式，深入系统地学习了胡锦涛总书记关于树立和落实科学发展观、构建社会主义和谐社会、开展社会主义荣辱观教育等一系列重要讲话和《江泽民文选》，以及中央领导视察石油石化企业时的重要讲话，举办了新《党章》、《管理心理学与领导艺术》、《社会主义荣辱观》、《十六届六中全会精神》等专题讲座，举办了处级党政正职培训班和新任副处级干部工商管理培训班，促进了各级领导干部思想政治素质和领导管理能力的提高。不断加大领导人员选拔和交流工作力度，先后对53个单位和部门进行了调整充实，提拔交流处级领导人员212人。对局团委副书记、文化处副处长等10个岗位进行了公开招聘，一批优秀人才脱颖而出。制定了后备干部管理、领导人员交流、领导人员谈话、领导人员带薪休假等4项规章制度，干部管理工作进一步加强。以落实惩治和预防腐败体系为主线，加强干部作风建设和廉洁文化建设，开展了“守法、廉洁、和谐”主题教育，建立了6个反腐倡廉教育基地。继续抓好查办违纪违法案件和效能监察等工作。全年立案25件，结案25件，挽回直接经济损失962.76万元。

不断巩固和扩大先进性教育成果，企业党建工作水平实现新的提高　按照中央和上级党组织的要求，认真做好先进性教育活动的收尾和“回头看”工作，注重抓好保持共产党员先进性长效机制建设，制定实施了《保持共产党员先进性长效机制实施方案》。通过在1556名党员和259名群众中进行问卷调查、召开不同层次座谈会等形式，完成了先进性教育活动群众满意度二次测评工作，调查结果满意率达到99.84%。坚持“三同时”原则，进一步加强基层党组织建设，全年建立、调整了353个基层党总支、党支部，顺利完成了勘探局参加辽宁省第十次党代会代表的选举工作和4个二级单位党委的换届工作。坚持严格标准、改善结构，做好发展党员工作，集中培训入党积极分子1004名，发展新党员1020名，为党组织增添了新鲜血液。为纪念建党85周年，“七一”前夕，举办了全局性“学党章、树形象、做贡献”主题演讲比赛，宣传集体和个人典型600多个，把学习贯彻新《党章》推向了新高潮。为纪念红军长征胜利70周年，举办了大型歌舞晚会《长征组歌》等系列活动，弘扬了长征精神。局党委召开了纪念中国共产党成立85周年暨推进党委“五个一”系统工程研讨会，总结经验、交流体会，进一步明确了深化推进“五个一”系统工程的思路、原则、方法，在全局上下产生了广泛共识，引起了强烈反响。

深入开展“三提一和谐”主题教育，思想政治工作迈上新的台阶　坚持以“企业发展全面提速、管理水平全面提高、职工素质全面提升，努力构建和谐矿区”为主题，广泛开展了“面对‘十一五’实现‘三提一和谐’”形势任务教育。通过局党政领导带队深入基层，进行7场近万人参加的面对面宣讲；组织局“外闯市场辽河人风采”报告团，深入街道社区，用鲜活的事例教育矿区群众；报纸、电视、局域网开辟专栏、专题，加强舆论宣传；各二级单位通过组织宣讲团、召开座谈会等方法和形式，教育引导广大干部职工进一步认清形势、统一思想、明确任务，增强责任感和紧迫感，积极为企业改革发展稳定做贡献。为巩固和扩大形势任务教育成果，先后以贯彻落实集团公司南戴河领导干部会议和冬季安全生产领导干部会议精神为重点，以促进安全生产、清洁生产为目的，开展了“安全环保与我的责任”群众性大讨论，深入推进安全环保教育工作；以调动干部职工的积极性和创造性为目的，开展了企业发展战略、思维创新、共建和谐和“身在辽河”的荣誉感、责任感系列教育，激发了广大干部职工的敬业热情、创业激情和兴业豪情；以理顺情绪、化解矛盾，增强职工对改革的心理承受能力为目的，各级党政工团组织深入基层，认真做好结构调整、专业化重组、队伍转移、市场配置和分离企业办社会等改革过程中的思想政治工作和政策宣传解释工作，保证了各项改革的顺利进行。为进一步加强和改进思想政治工作，12月22日，局党委召开了全局思想政治工作会议，总结了油田重组分立以来勘探局的思想政治工作，提出了坚持思想政治工作“四有六要”，实施“凝心聚力”工程的新思路、新举措，丰富拓展了思想政治工作的内涵和外延。

广泛开展“八荣八耻”三进入活动，精神文明建设获得新的成果　认真学习贯彻胡锦涛总书记关于社会主义荣辱观的重要论述，紧密结合勘探局实际，广泛开展了“八荣八耻”进矿区、进岗位、进家庭活动。局和各单位通过组织一次座谈会、一次故事会、一次演讲会、一次报告会、一次交流会、一次漫画展等形式，开展“八荣八耻”说家事、“做外闯市场职工的坚强后盾和温馨港湾”、评选“五好家庭、好媳妇、贤内助”等活动，有针对性地进行荣辱观教育，选树宣传了“困难职工的贴心人刘新伟”等一大批先进典型，“在社会遵守社会公德，在岗位恪守职业道德，在家庭传承家庭美德”深入人心、渐成风气。在加强社会主义荣辱观教育的同时，继续在主营业务单位开展了“精品工程、满意服务”、“安全、文明、优质工程”等群众性精神文明创建活动，推动了安全生产、环境保护、工程质量再上新水平；在“窗口”服务行业和单位，深入开展了“精神文明示范单位”创建活动，着力提高服务质量、规范服务行为、树立行业新风；在公用事业系统开展了“星级小区”评比和矿区环境卫生整治等活动，促进了物业管理水平的提高和矿区环境的美化；在局、处两级机关继续开展了“责任机关、阳光机关、效率机关”创建活动，并制定落实了《机关工作业绩考评管理办法》，机关建设进一步加强，工作作风有了明显改进。局有关部门采取问卷调查等方式，对局机关的服务质量、工作效率等进行了满意度调查，基层满意率94.22%。

大力加强基层建设和企业文化建设，强基固本工作取得新的进展 贯彻落实《集团公司基层建设纲要》，局、处两级多方筹集资金近10亿元，加大对基层建设的投入，改善了基层生产和工作条件，提高了基层队伍整体实力和市场竞争能力；党群政工部门、行政管理部门和经营管理部门密切配合、齐抓共管，按照勘探局《基层建设考核暂行办法》和《8个主要队种千分考核细则》，进一步健全完善基层工作制度体系，促进了基层建设的制度化、规范化、科学化；全局开展了以“强三基、反三违、严达标、除隐患”为主题的“安全环保基础年”活动，举办了勘探局第十届职业技能竞赛，提高了职工队伍的综合素质和操作技能；组织主要生产单位认真开展达标考评活动，查找存在问题，制定整改措施，努力培育基层建设样板队。年底，勘探局召开了基层建设工作总结推进大会，命名表彰了20个基层建设样板队，并对今后一个时期基层建设工作进行了全面部署。按照《集团公司企业文化建设纲要》的部署要求，进一步加强了集团公司企业精神、企业宗旨、核心经营管理理念、企业标识“四统一”的宣传工作；召开了企业文化理念专题研讨会，整合规范了勘探局的共同价值观、质量方针等文化理念；编发了《勘探局统一标识管理应用指导手册》，对“宝石花”标识的使用情况进行了检查和规范指导，全局标识使用率达90%以上；确立了9个新的企业文化示范点，对全局17个示范点建设情况进行了集中展示。在坚持“四统一”的前提下，本着“时代特征、石油特色、辽河特点相结合”的原则，经过上下结合、反复研讨，在年底召开的全局思想政治工作会议上，推出了以“我是石油人，辽河是我家，我与企业同创业共发展”为主题，探索建设勘探局“家文化”的总体构想。

全面推进和谐企业、和谐矿区建设，维护稳定工作出现新局面 坚决贯彻集团公司“四共”方针，5月24日，油田三家企业共同在沈阳油区召开了创建平安和谐矿区现场会，进一步明确了工作的总体目标和主要任务；勘探局、油田公司、石化公司及其所属单位两级领导班子坚持相互沟通、相互支持，定期召开协调会，共同研究改革发展稳定大计，形成了油区内所有企业相互促进、优势互补、利益共享、共同发展的格局。进一步理顺了油田信访工作领导体制和机制，充分发挥油田信访稳定工作领导小组的作用，统一安排部署、指导协调3家企业及所属各单位，认真学习贯彻《信访条例》，完善落实信访稳定工作长效机制，通过大量艰苦细致、卓有成效的工作，矿区稳定形势明显好转。坚持解决思想问题与解决实际问题相结合，努力为职工群众办好事、办实事、解难事，广泛开展“送温暖、献爱心”活动，全局有211名处级以上干部、798名科级干部与困难家庭建立了“一帮一”对子；二级单位“帮扶工作站”建站率100%，局、处两级共实施助学、医疗、就业、生活等各项帮扶9796人次，累计支出帮扶资金926万元；切实抓好平抑油田房价、增设小区健身器材和住宅楼外墙保温等工作，受到了职工群众的欢迎和好评。按照辽宁省建设“平安辽宁”的部署要求，大力推进平安油田建设，制定了《住宅小区“三防”建设安排意见》，抓好沈阳油区、科研小区、新华小区试点工作，带动了油田各小区人防、物防、技防建设；充分发挥政法机关和各单位、各部门的作用，强化矿区社会治安综合治理，开展了反赌博、反盗窃自行车专项整治和“平安单位、无邪教单位、无毒单位”创建活动。辽河公、检、法机关坚持服务油田、保卫油田，共侦破涉油等案件532起，打击处理犯罪嫌疑人103人，促进了油田矿区政治、治安稳定。同时，各级党组织重视和加强对工会、共青团等群众组织的领导和指导，支持他们独立自主地开展工作。各级工会组织广泛开展了群众性合理化建议征集、技术创新、“安全生产群众监督百岗千哨”、“万人岗位自学成才”等活动，认真做好扶贫帮困、推进厂务公开和民主管理、签订集体合同、建设“职工之家”等工作，勘探局被评为“全国厂务公开先进单位”。各级共青团组织深入打造“青年素质工程”，扎实推进青年技术创新行动和青工技能振兴计划，认真抓好“青年职业生涯展报”、青年志愿者、“希望工程助学”等活动，服务了“人才强企”战略和青年成长成才，局团委被评为全国五四红旗团委。民兵武装、离退休管理与服务、人口和计划生育、新闻宣传、文化艺术等部门和单位，紧紧围绕中心工作，主动服务、超前服务，工作扎实有效，获得了一大批全国和省部级荣誉称号，涌现了一大批全国和省部级先进个人，为企业两个文明建设做出了重要贡献。

·中油辽河油田公司·

以党建促生产，各项工作成绩斐然　2006年，公司各级党组织深入贯彻党的十六届六中全会和集团公司2006年工作会议精神，大力加强党建思想政治工作，全面推进基层建设和企业文化建设，积极构建平安和谐矿区，各项工作水平全面提高，促进了全年生产经营业绩指标的圆满完成，保证了油田改革发展各项事业的顺利进行。公司全年完成探明石油地质储量5370万吨，控制储量8300万吨，预测储量6049万吨，重新实现了储量替换率大于1的目标。生产原油1201.46万吨，天然气8.9亿立方米，全面完成计划指标。实现总收入301.22亿元，国内准则利润118.58亿元，国际准则利润129.09亿元，上缴税、费总额77.91亿元，利、税、费总额突破200亿元，创历史新高。公司荣获“中国最具影响力企业”、“中国学习型组织优秀奖”、“中国优秀企业(品牌)形象十佳单位”、“全国企业文化优秀案例”、“辽宁省精神文明建设标兵单位”等一系列荣誉。

大力加强“四好”班子建设　认真贯彻落实集团公司党组《关于加强各级领导班子领导管理能力建设的意见》，紧密结合油田实际，制定下发了开展“政治素质好、经营业绩好、团结协作好、作风形象好”的“四好”领导班子创建活动实施办法、加强领导班子建设的若干意见等一系列文件，进一步明确“四好”班子建设的任务目标、实施步骤和考核办法，大力推进“四好”班子创建活动。强化两级中心组学习，严格执行“三个一”学习制度，详细制定并实施领导中心组学习计划，采取专题辅导、集中讲座、视频会议等形式，认真组织学习中央、辽宁省委、集团公司党组和股份公司管理层一系列重要会议、领导讲话精神，突出科学发展观、构建和谐社会、社会主义荣辱观和正确的群众观、利益观、政绩观等重点内容，强化学习制度和学习计划的落实，确保学习质量。全年，公司党委中心组共集中学习39次。加大领导干部培训力度，采取集中培训、拓展训练等多种形式，开展理论业务知识学习培训。全年，组织培训班9期，培训处级干部333人次，在培训规模、培训范围和培训内容等方面都有新的突破。建立健全党政领导班子办事制度、议事规则、党员领导干部重大事项报告、业绩考核等制度，切实加强领导班子制度建设。全面加强领导干部作风建设，把严格纪律约束与典型示范激励相结合，在领导干部中大兴学习创新之风、调查研究之风、求真务实之风、联系群众之风，各级干部工作作风进一步转变。

深化干部人事制度改革　组织了3个系统8个岗位的竞聘工作，有42名符合条件的同志参加了竞聘答辩会，8名同志走上了副处级领导岗位。全年，组织调整二级班子15个、机关职能部门和直属公司25个，共提拔交流处级干部62人。目前，在职处级干部平均年龄45.2岁，45岁以下的占62.7%。领导干部平均年龄较上一年降低1岁，其它指标均比上一年有所提高。

深入开展保持共产党员先进性教育长效机制建设　进一步巩固和扩大先进性教育成果，将先进性教育活动“回头看”与“学习贯彻党章、实践先进性具体要求”活动有机结合起来，认真做好持续整改工作，确保先进性教育活动取得实效。结合油田公司党建工作实际，制定了辽河油田公司保持共产党员先进性教育长效机制的14项相关制度，各级党组织都相应建立了相关制度，形成了覆盖油田公司党建工作的制度体系。

基层党建工作不断夯实　针对基层党建工作存在的薄弱环节，通过层层落实领导责任、建立健全基层党支部、选好配强专职党支部书记、注重把党员发展与调整分布相结合，实现了一线生产单位100%建立独立党支部，100%配备专职党支部书记，无党员班组的问题基本得到解决。全年，共调整党支部130个，发展党员511名，党的基层组织建设得到进一步加强。围绕"增储上产、降本增效、科技攻关、节能挖潜"，深入开展"争先创优"活动，共创建共产党员工程658项、共产党员责任区1253个、共产党员示范岗1469个，基层党组织参与率和党员参与率均为100%。以迎接建党85周年、纪念红军长征胜利70周年为契机，组织了党建理论研讨会和"党的光辉照我心"歌咏比赛等一系列活动，党员领导干部率先垂范、带头参加，达到了强化党性观念、凝聚人心、鼓舞士气的目的。

积极推进惩防体系建设　认真贯彻落实中央关于构建惩治和预防腐败体系《实施纲要》精神和集团公司党组《实施意见》，以惩防体系建设为主线，以强化源头防治为重点，着力抓好教育防范、制度建设、监督惩戒等工作。结合实际制定了分工方案，成立了惩防体系建设领导小组，把任务逐项分解落实，建立了部门联席会、半年汇报会、年终考核讲评等制度，形成了一级抓一级，一级带一级，逐级负责，层层抓落实的工作格局。围绕进一步强化事权、财权、人事权、物权的运作管理，落实责任和措施。以各级领导干部和重要管理岗位人员为重点群体，强化党纪政纪条规、廉洁从业和典型案例等针对性教育，有效构筑起了拒腐防变的思想道德防线。

持续推进廉洁文化建设　以"四进"活动为载体，抓点带面，持续推进廉洁文化建设。完善了廉洁文化网站，举办了廉洁故事演讲、廉洁文化论文征集和理论研讨、廉洁歌曲大家唱等活动，推动了公司廉洁文化建设整体水平的不断提高。7月份，在国家国资委召开的"中央企业廉洁文化建设研讨暨观摩会"上，公司党委作了经验介绍。9月份，成功承办了"中国石油廉洁文化建设工作推进会"。

扎实开展"三增三新"主题教育活动　广泛开展"增储量、增产量、增效益，新目标、新要求、新发展"的"三增三新"主题教育活动。通过公司领导带头宣讲、图片巡展等形式，围绕勘探开发、经营管理、班子队伍建设的重点和难点问题，深入开展群众性大讨论活动，引导员工积极培育勘探无禁区、开发无止境、管理无终点的理念，统一思想，振奋精神，进一步激发了广大干部员工的潜能和积极性。

思想政治工作卓有成效　广泛开展科学发展观、社会主义荣辱观和构建和谐社会的学习教育及实践活动。举办了漫画展，开辟了"知荣辱、树新风、促和谐"、"社会主义荣辱观大家谈"等专栏和专题，开展了"查八耻、践八荣"等一系列主题实践活动，使教育活动进机关、进基层、进岗位、进家庭。加大选树典型、弘扬先进的力度，利用电视、报纸、网络等媒体，采取先进事迹图片展、报告会等形式，重点选树宣传中国高技能人才楷模束滨霞、省十佳女职工标兵王晓华、集团公司廉洁从业模范干部王家帮和集团公司杰出科技工作者、技能专家等一大批典型。优化宣传资源，加大宣传力度，突出主营业务、经营管理、节能降耗、班子队伍建设、企业文化建设等重点工作，在新华网、《经济日报》、《工人日报》、《中国石油报》等国家和行业媒体进行集中宣传，形成宣传强势。

深化基层建设　按照《集团公司基层建设纲要》要求，将基层建设纳入公司整体发展战略，制定实施《关于进一步加强基层建设的指导意见》。按照内控体系建设要求，健全完善各项规章制度，加强党支部建设和基层班站建设，强化岗位责任制检查落实，认真做好安全环保各项基础工作，组织开展基层建设理论研讨和经验交流，全面推进基层建设。

扎实推进企业文化建设　坚持基层建设与

企业文化建设相融共进,致力于员工价值与企业价值的紧密融合与共同提升,深入实施“五小”工程文化、廉洁文化和“安全、环保、健康”文化等主题文化建设,积极完善特色鲜明的企业文化体系。以小练兵为重点,深化“五小”工程建设,坚持整体推进,分步实施。截止11月份,共新建和完善基层班站“小文化角”1033个、“小练兵”935个、“小伙房”999个、“小厕所”976个、“小绿地”1025个。突出以“安全、环保、健康”为主题,从培育物质安全文化、制度安全文化、行为安全文化入手,开展知识答题、DV比赛、格言警句征集、颁奖晚会等3个系列11项活动,形成了良好的安全文化建设氛围。组织召开企业文化暨基层建设优秀成果发布会,发布优秀理论研讨成果60项,推动了基层建设与企业文化建设的不断深入。

逐步完善“三支”人才队伍建设体系 建立完善了经营管理、专业技术、操作技能“三支”人才队伍,集团公司、油田公司和厂(处)“三级”人才队伍体系,工程技术、经营管理和党务政工“三个系列”的专家队伍的“三三三”人才队伍整体构架。公司拥有集团公司级专家3名,油田公司级专家25名,厂(处)级专家136名;集团公司级操作技能专家9名,油田公司级技能专家33名,厂(处)级技能专家100名。

加强员工培训工作 围绕建立学习型组织、培育学习型员工,牢固树立科学的培训理念,加强培训基地的规划和建设,强化员工专业知识和岗位技能培训。以提高管理能力、提升科研攻关能力为重点,在科技骨干和青年专业技术人员中组织实施了“知识更新培训工程”。全年,共组织开办各类培训项目131个,开展岗位培训10.6万人次,人均培训7.6天。进一步强化“小练兵、大比武”活动,把“小练兵”融入员工工作学习的全过程,明确领导责任,落实保证措施,加强检查考核,确保培训效果。举办了油田公司第四届员工技术大赛,从全公司7个主体工种15000余名岗位员工中,层层选拔224人参加比赛,涌现出68名技术能手和优秀选手。在9月份中央企业职工技术比赛中,公司9名参赛选手取得了团体第二,个人4块银牌、2块铜牌的成绩,展示了油田广大员工的精湛技能和崭新风貌。

全面加强和谐企业建设 贯彻落实“四共”方针,坚持相互沟通、相互支持,共同研究改革发展稳定大计。加强信访稳定工作,围绕突出问题,采取有效措施,及时化解各类矛盾。加强治安综合治理。组织开展了加强油品管理、严厉打击涉油犯罪等6个专项整治打击行动,取得明显成效。深入开展“平安矿区”、“无邪教单位”、“无毒矿区”创建活动,有效维护了油区治安稳定。加大扶贫帮困工作力度,下拨帮扶资金,发放生活帮扶救助款物,走访慰问困难员工、患病员工1169人次,对困难家庭子女进行助学帮扶96人次,拓宽渠道解决了661名油田子女就业。在生产发展的同时,加大矿区建设的投资力度,进一步改善矿区的整体环境和员工生产、生活条件,员工收入较上年又有大幅度提高。同时,加强与地方各级政府的沟通、协调和交流,促进了油地融合,进一步推动了油田发展与和谐矿区建设。

发挥群团组织作用 各级党组织加强对工会、共青团的领导和支持。各级工会和共青团组织紧紧围绕生产经营管理中心任务,组织开展了“献良策、创佳绩”群众性节约挖潜、“送温暖、献爱心”大型募捐和“送清凉、送关爱、送健康”,青年“创新创效、素质提升、文化培育”三大工程等一系列活动,以特色求发展,以创新求实效,群团组织优势进一步发挥。

·中国石油辽宁盘锦销售分公司·

概述 2006年,中国石油天然气股份有限公司辽宁盘锦销售分公司党委在上级党委的带领下,以“三个代表”重要思想为指导,认真贯彻落实党中央及中油集团公司、股份公司党组和辽宁销售分公司党委的各项工作部署,紧紧围绕企业改革发展稳定的中心工作,统一思想,凝聚力量,努力抓好物质文明、精神文明、党风廉政建设及企业文化建设。工会、共青团充分履行各自的职责,发挥组织优势,积极为企业营造和谐稳定的氛围。全年,实现销量236685吨,同比增长18%;实现零售量146751吨,同比增长31%;实现利润3719万元;批发市场占有率达到60%,同比上升1个百分点;零售市场占有率达到78%,同比上升6个百分点。企业驾驭市场能力、持续发展能力和抵御风险能力明显提高,形成了快速发展的良好局面。同时,精神文明建设也取得了丰硕成果。2006年,公司先后荣获"诚信企业"、"文明企业"殊荣,并颁发牌匾,有1座加油站获得市级"青年文明号"荣誉称号。

党组织状况及基层组织建设 按辽宁销售公司要求,根据《党委工作制度汇编》,公司狠抓落实工作,明确了各机构职能和岗位职责,并围绕考核内容开展工作。2006年,公司党委集中调配健全了组织机构,完善了党委工作部的设置,党委下设党总支1个,党支部8个,党小组15个,党员共146名,基本上各库、站均有党员分布。公司现有资产型加油站55座,做到了站站均都有党员。通过健全机构完善制度,基层党组织作用得到加强,库站常年坚持"党员示范岗"、"团员示范岗"活动,油库党支部还根据实际制定了青年岗位能手标准,做到了每个示范岗都有党员示范,真正发挥了党员的先锋模范作用,党组织的凝聚力明显增强,先后有10余名员工向党组织递交了入党申请书,已有5名一线员工被发展为预备党员。在党员队伍建设方面,充分发挥党支部的战斗堡垒作用,坚持贯彻党支部"三会一课"制度,组织党员开展经常性学习教育,提高党员队伍素质,提升党员队伍的凝聚力。同时,对基层支部进行半年、年终工作考核,以考核细则为标准,实行百分制,评出名次,奖优罚劣,极大地调动了基层支部的工作热情。全年,各党支部对党员的管理明显加强,建立了党员信息档案,登记造册,便于管理。11月份,举办要求入党积极分子培训班,加强对要求入党积极的教育和培养,公司20余名要求入党的积极分子参加培训,培训内容包括了党的发展历程、党的纲领、党的基础知识等内容,重点讲授了党员的条件、党员享有的权利和履行的义务等知识,并采取理论测试方式对教育培训效果进行检验。辽宁销售公司党委于2006年下半年制定下发了《党委工作制度汇编》,《制度汇编》全面详细地规范了党群工作。为学习贯彻好《制度汇编》,公司党委召开总支书记、支部书记、团委、工会等部门领导参加的专题会议,认真学习贯彻落实《制度汇编》的内容,并有针对性地进行了辅导。通过学习和辅导,大家对各项制度及岗位职责有了更明确的认识,为进一步做好党群工作打下了良好的基础。

领导班子建设 2006年,公司加强了领导班子的思想建设,深入贯彻落实党的十六届五中、六中全会精神,扎实开展党员干部员工思想教育,按照"四好班子"标准进行了全面部署。年初,制定了《党委工作要点》及党委理论中心组学习计划,有时间、有内容、有步骤地开展了一系列领导干部学习活动。为了避免领导干部学习与工作时间上的矛盾,事先拟定学习时间,下发学习通知,将统一的学习时间、学习地点、学习内容等事项通知领导,有效地保证了参加人员以及学习质量和学习效果,确保了每月学习一次。通过学习,党员干部及时交流了思想,统一了认识,较好地掌握时政动态,提高了理论知识,从而使管理水平得到了不断提升。同时,结合实际制订了《关于开展"四好"领导班子创建活动实施办法》,制定了创建活动的指导思想和目标任务,提高对创建活动的认识。班子成员通过集中学习和自学,先后学习了党的十六届五中、六中全会精神和集团公司、省公司领导讲话,交流学习体会,撰写学习心得,理论水平和理论指导实际工作能力得到了进一步提高,在广泛征求意见和建议的基础上,召开了领导班子民主生活会,查找自身工作学习、生活等方面存在的不足,畅所欲言,开诚布公地交流思想,使班子更团结,思路更清晰,目标更明确。

思想政治工作和宣传报道 为了进一步加强和改进党的思想建设,公司2006年开展了多种思想教育活动。一是聘请市委讲师团的同志来公司进行社会主义荣辱观专题教育辅导讲座。二是组织党支部书记集中培训学习《党章》和《党委工作制度汇编》,学后结合岗位实际工作写出学习心得,观看纪录片《毛泽东》、《周恩来》、《长征》等。三是“五一”劳动节组织劳模参观世园会,“七一”前夕,组织党支部书记到革命圣地西柏坡进行了参观学习。四是各支部根据工作实际,利用自学形式组织党员学习党的十六届五中、六中全会精神,分别组织收看“十六大会议报告”,学习胡锦涛“七一”讲话精神。油库支部还组织部分党员重温入党誓词,学习《我身边的共产党员》一书,并形成学习心得,记录在案。通过学习,不但提高了广大党员学习的积极性,而且增强学习的有效性,真正把思想教育落到了实处,党员的自觉服务意识提高了,收到了良好的效果。

作风建设 2006 年初,公司领导班子及中层以上干部与油库、加油站签订协议,实行联系点制度,多次深入基层,深入群众,转变工作作风,了解和解决基层的困难,倾听员工的心声,切实帮助员工解决生活、工作中的难题,先后在油库建立了文化长廊、员工活动室、阅览室、食堂、洗浴室等,对油库的办公环境进行改善,提高一线社会用工的待遇。通过组织员工进行参观学习,走访慰问困难员工,探望退休老干部等,树立了领导干部的良好形象,解决了基层单位和员工的实际困难,避免了盲目指挥和决策失误。

创建文明单位 2006 年,公司深入开展文明单位创建活动,积极与市委、市政府、市文明办联系,周密部署、认真对待,并严格按照标准进行自检自查,通过市委、市政府、市文明办多次对公司的明察暗访,给予了高度评价,市精神文明建设指导委员会于 8 月份授予公司“诚信企业”荣誉称号及荣誉牌匾。12 月份,市委、市政府联合授予“文明企业”殊荣,并颁发牌匾。辽河高速加油站被团市委授予“青年文明号”荣誉称号。

· 华锦集团 ·

中共华锦集团首次党代会胜利召开 6 月 29 日,中共辽宁华锦化工(集团)有限责任公司第一次代表大会在华锦俱乐部召开。300 名代表肩负着集团万余名职工的重托,聚集一堂,共谋集团党建工作和企业发展大计。大会听取了冯恩良同志所作的题为《加强和改进党建工作,充分发挥企业政治优势,为实现“十一五”快速发展而努力奋斗》的党委工作报告。还听取了王久洲同志所作的题为《加强党风廉政建设,为实现集团“十一五”预期目标而努力工作》的报告。会上,李玉德同志宣读了《关于表彰 2005 年度先进党组织、优秀党务工作者和优秀共产党员的决定》,并对获奖的先进单位和个人进行了表彰。中共盘锦市委书记陈海波和省国资委副主任赵志文也分别发表讲话并提出了要求。大会根据《党章》规定,经与会代表充分酝酿讨论,采取无记名投票方式和差额选举办法,选举冯恩良、李玉德、王明江、王久洲、任勇强、于国宏、王成虎、吕庆刚、朱常清等 9 名同志为中共辽宁华锦化工(集团)有限责任公司第一届委员会委员,选举王久洲、刘建洪、邵力、张国文、张爱斌、徐洪满、高培福等 7 名同志为中共辽宁华锦化工(集团)有限责任公司纪律检查委员会委员。

学雷锋系列活动彰显实效 3 月份,集团团委集中开展了学雷锋月系列活动。3 月初,集团团委组织 30 余名青年志愿者深入基层,开展关爱企业老前辈活动。集团青年志愿者以集体帮扶的形式与集团 14 名离退休老职工结成了“一帮一”帮扶对子,留下了志愿服务卡,并为老人们送去了米面等慰问品。3 月 17 日,集团启动了青年志愿者服务活动。启动仪式上,集团首批注册的 82 名青年志愿者胸佩“青年志愿者”徽章,庄严宣誓:“尽己所能,不计报酬,帮助他人,服务社会。践行志愿精神,传播先进文化,为建设团结互助、平等友爱、共同进步的美好社会贡献力量”。同时,集团各二级团组织也纷纷结合本单位生产经营实际,大力开展学雷锋活动。锦天化公司组织 40 多名团员走上街头,开展了便民服务活动。置业公司团委开展了“爱岗敬业做贡献,立足岗位献爱心”活动。塑料公司团委开展了“立足岗位学雷锋,扎根基层建新功”活动。供应公司团总支开展了清洁日活动。技术中心团总支开展了学雷锋板报展和环卫活动。职培中心团委组织人员看望教育系统离退休老干部，并结成了帮扶对子。

举办先进性教育"回头看"汇报会 4月6日，集团举办保持共产党员先进性教育巩固扩大成果和"回头看"情况汇报会。集团各二级单位党委书记(副书记)、党群工作处处长参加了汇报会，集团党委副书记王明江到会并讲话。在"回头看"活动开展中，各单位严格遵循先进性教育的基本要求，因地制宜执行先进性教育的长效机制，不折不扣地落实整改措施，积极查找薄弱环节，使"回头看"活动成为先进性教育成果的一种检验手段和强力推进措施，持久、深入、巩固、提高，切实收到实效。乙烯公司党委在党内适时开展了"三个明确"大讨论活动，并在公司内树立10名叫得响、立得住的优秀党员，确实使全体党员统一思想，提高认识，积极自觉地投身到企业生产经营具体实践中。

深入开展"创效杯"劳动竞赛 4月20日，集团召开工会基层主席会议，会议下发了《关于集团"创效杯"劳动竞赛实施方案的通知》。2006年，集团深入开展以提合理化建议、实施技术攻关、改进新工艺、创新操作法、掌握新技能、冲刺新纪录、增产创效为主要内容的"创效杯"劳动竞赛活动。据不完全统计，全年组织职工实现重大技术攻关、技术革新120项；发动职工提改革、改造、发展、加强管理等方面的合理化建议11000余条；改进完善最佳操作法29项；刷新新纪录16项。通过开展"创效杯"劳动竞赛，提高了劳动生产率，提升了产品质量，降低了产品消耗，直接或间接创效达6800万元。

召开"八荣八耻"专题座谈会 4月27日，集团召开学习落实"八荣八耻"专题座谈会，就如何认识理解社会主义荣辱观和如何正确树立社会主义荣辱观两个议题进行座谈。会议由集团党委工作部部长孟庆吉主持。与会者纷纷结合本单位实际，畅谈开展"八荣八耻"教育活动的重要意义，交流各自的看法和观点。孟庆吉简要总结了各单位的座谈情况，并部署了下步工作。集团党委副书记王明江参加会议并作重要讲话。

集团第二届青年文化节开幕 为纪念"五四"青年爱国运动87周年，庆祝华锦集团建厂30周年，4月28日下午，由共青团华锦集团委员会与共青团双台子区委联合举办的"纪念五四运动87周年文艺演出暨华锦集团第二届青年文化节开幕式"在华锦俱乐部隆重举行。来自华锦集团和双台子区各基层团委的900多名团员青年欢聚一堂，唱响青春跃动的旋律，携手开创华锦集团和双台子区"十一五"蓬勃发展的辉煌未来。庆祝大会上，双台子区副区长苑秀娟、华锦集团党委副书记王明江、共青团盘锦市委副书记孙雨等领导应邀出席并致开幕词。华锦集团机关部室领导和各二级单位的党政领导应邀观看了演出。

举行党建信息化建设现场会 5月18日，集团党建信息化建设现场会在锦天化举行。会议由集团党委工作部副部长朱常清主持。会上，锦天化公司党委副书记刘建洪作了题为《加强党建信息化建设、推进党建工作与时俱进》的经验介绍。双兴公司党委副书记王玉波作了题为《构建信息化平台是党建工作创新利器》的介绍。集团党委工作部部长孟庆吉就如何宣传、贯彻、落实职代会精神对基层党组织提出要求。集团党委副书记王明江作了重要讲话。会后，与会人员参观了锦天化各基层支部党建信息化建设工作情况。

召开"爱心助学"救助会议 8月18日，集团召开"爱心助学"救助会议。各二级单位工会主席、受救助的学生及家长参加了会议。集团党委副书记、工会主席、纪委书记王久洲到会并发表讲话。按照集团三届五次职代会和首次党代会的要求，切实帮助困难职工解决子女上大学经济上的困难，不让一名考上大学的职工子女因家庭困难而辍学。2006年，集团公司工会继续开展"爱心助学"活动，并号召集团各级工会组织、干部和职工与困难大学生之间结成"帮扶对子"，切实帮助困难职工渡过子女上学和生活上的难关。会上，集团各二级工会组织分别与受资助的36名贫困大学生签订了"爱心助学"结对证书，并为受助学生发放了资助金。

隆重举行华锦建企30周年庆祝大会 9月

30日，华锦集团建企30周年庆祝大会在华锦宾馆隆重举行。兵器集团第三事业部主任王成国、省国资委副主任刘开勇，中共盘锦市委书记陈海波，监事会主席孙大林，离退休以及曾在华锦工作过的老领导刘振宦、杨宝善等应邀出席了庆祝会。集团领导冯恩良、李玉德、王明江、王久洲、于国宏、王成虎、吕庆刚、陈军、杜秉光、王志芳、王利人以及集团中层干部参加了大会。会议由集团总经理李玉德主持。集团公司从1973年创建第一个企业——辽河化肥厂开始，到目前华锦化工(集团)公司已发展成为具有5个大型企业、26套化工装置、2个主导产品、化肥(尿素)全国第一，总资产117亿元的跨地区经营的企业集团。30年来，企业共生产尿素2080万吨、聚烯烃358万吨、上缴利税35.8亿元，为国家和社会做出了重要贡献，实现了"三为"企业宗旨。

举办"冯伟杯"职工技术比武大赛　由集团工会主办的2006年"冯伟杯"职工技术比武大赛，经过紧张的筹备和激烈的比赛，260名参赛选手顺利完成全部赛程，于10月13日圆满结束。本次技术比武既是一次职工思想、作风、技术的交流，又是一次对职工精神风貌、技术水平和意志品质的集中检阅。本次"冯伟杯"技术比武大赛再次创下了历届"之最"。一是首次以全国劳动模范冯伟名字命名，突出集团对人才的重视；二是领导重视，第一次由行政和工会联合发文；三是筹备时间最短；四是比赛工种最多、参赛面最广、规模最宏伟；五是表彰奖励力度最大。全集团共有16个单位(部室)的260余名选手参加了化工操作、仪表、分析、电工、焊工、管工、钳工、车工、会计、计算机、中式烹调师、调度等12个工种(项目)的角逐。远在新疆的阿克苏华锦化肥也派出6人、3个工种的队伍参赛。

开展创建"五型"班组活动　为认真贯彻落实集团三届五次职代会精神，进一步加强企业班组建设，充分发挥工人阶级在企业振兴中的作用，集团工会在全集团开展创建"五型"班组活动。活动的指导思想是，加强以企业班组建设、夯实基层工会工作为基础，以调动职工积极性、主动性、创造性为手段，以全面提升职工队伍整体素质为着力点，以实现集团"十一五"规划建功立业为目标，在全集团各单位中广泛开展"技能型、效益型、管理型、创新型、和谐型"五型班组创建活动，促进职工岗位成才，岗位奉献，培养造就符合新时期、新任务要求的一流职工队伍。竞赛目标是，2006年，全集团创建"五型"班组10个，优秀班组长10名。竞赛内容为，建立学习培训制度，提高职工素质，努力打造"技能型"班组；建立高效安全的生产模式，降本增效，勤俭创业，努力打造"效益型"班组；建章立制，完善班组精细化管理机制，努力打造制度化、规范化、有效化的"管理型"班组；创造刻苦钻研、勇于攻关、奋勇争先的工作氛围，努力打造"创新型"班组；构建"团结、拼搏、互助、相融、快乐"的班组文化和人际关系，努力打造"和谐型"班组。

贯彻《实施纲要》，推进纪检监察工作　2006年，集团公司纪检监察部门认真学习贯彻《党章》和《实施纲要》，围绕集团发展的总体目标，加强党风廉政建设，搞好党风廉政教育，抓好案件检查和效能监察工作，求真务实，开拓进取，取得了可喜成绩。一是贯彻落实《实施纲要》，推进党风廉政建设。全年，纪检监察部门对98名新聘干部进行了上岗前廉洁从业谈话教育，组织了3次集体谈话。从"坚定理想信念，严格廉洁自律，自觉接受监督，认真履行职责"等方面要求新聘干部遵守有关规定，增强纪律意识，严格按党中央提出的"四大纪律"和"八项要求"，进入角色，不负职工的重望。二是深入开展党风廉政教育，不断增强领导干部的拒腐防变能力。纪检监察部门按照省国资委纪委的要求，在全公司党员干部中开展了"号角与警钟"的读书思廉活动。3月中旬，开展了党员干部学《党章》活动，聘请省委党校哲学研究室主任胡延风教授为二级单位班子成员、纪委委员和纪检监察干部辅导了《党章》，增强了学员党的纪律观念。三是认真对待群众来信来访，加大案件监察力度。全年，继续抓好违法违纪案件的查办工作和责任追究。截止到2006年底，集团纪检监察部门接到职工信访举报17件，自己承办了12件，转交二级单位2件，二级单位自查3件。四是加强效能监察工作，提高企业管理水平。华锦集团被省国资委评为效能监察先进单位；塑料公司的“限额领料制度”项目，被中国监察学会化工分会评为十佳成果；新疆化肥项目被省国资委评为效能监察优秀成果特别奖。五是加强纪检监察队伍建设，提高纪检监察干部工作效率。举办了纪检监察干部业务培训班，聘请省纪委宣教室年育忠主任为学员讲解了“纪检监察工作的形势和任务”，并播放了“邱彦文先进事迹报告”录像片，宣读了省纪委关于学习邱彦文同志的决定。

召开青年文明岗创建经验交流会 11月9日，集团团委召开青年文明岗创建经验交流会。团市委书记赵宏巍、集团党委副书记王明江出席了会议。会上，荣获全国青年文明号的辽通公司合成车间总控室，荣获省级青年文明号的双兴公司丁二烯车间，荣获市级青年文明号的乙烯公司聚苯乙烯车间分析岗、锦天化主控岗、工程公司乙烯维护处检修岗、公安保卫部办公楼执勤班、置业公司幼儿园等7个青年文明岗代表分别在会上作经验交流。青年文明岗创建是以基层青年为主体，以弘扬高度职业文明、创建一流工作业绩为宗旨的群众性精神文明创建活动。

集团开展“改革创新，加快发展”主题教育活动 为顺利实现2006年乃至集团“十一五”各项既定目标，为加快企业振兴发展步伐提供强有力的思想保证，集团党委在全集团集中开展以“改革创新，加快发展”为主题的思想教育活动。整个教育活动分为部署发动、查摆问题、整改实施和总结提高4个阶段。为确保活动开展得扎实有效，集团编印主题教育宣教提纲，同时开辟专题论坛、专栏，定期通报教育情况，并组织现场观摩，推选活动示范单位。12月20日，举办了“改革创新、加快发展”主题教育事迹报告会。集团党委副书记王明江，党委委员、党委工作部部长朱常清，各二级单位书记、副书记，党群部门负责人等160余人参加了报告会。

·九化公司·

以先进性教育活动为契机，抓好党组织自身建设，促进党建工作提高 一是以先进性教育活动为契机，抓好基层党组织和党员教育工作。落实整改措施，扩大整改成果。结合公司实际，建立符合公司特点的长效机制，本着“支部班子过硬，党员队伍过硬，保证作用突出，思想工作有力，基础工作扎实”的目标，加强支部建设。二是抓好制度建设。加强制度建设的整体规划和有机结合，加强对基层党组织的领导和工作指导，制定工作计划、目标、措施，督促党建工作责任制的落实，创建学习型、创新型组织。三是加强党风廉政建设，构建惩防体系。贯彻落实《建立健全教育、制度、监督并重的惩治和预防腐败体系实施纲要》，抓好党员领导干部廉洁自律教育和党纪政纪条规的学习。开展效能监察，加强廉政文化建设，构建风清气正的文化氛围。

精心组织，认真筹备，确保公司第八次党代会的顺利召开 2006年9月份，公司党委经过精心准备，严格按照程序精心组织，确保了公司第八次党代会的顺利召开，并圆满完成了会议的各项议程，选举产生了新一届党委和纪律检查委员会。会后，全公司积极贯彻落实公司第八次党代会精神，以抓好公司第八次党代会精神落实为主线，通过下发文件，利用《九化人》、电视站、画廊等宣传载体，把大会精神深入贯彻到广大党员和职工群众中去，有效地发挥了企业党组织的政治核心作用，促进了党员先锋模范作用的发挥，激发了广大职工的工作热情。

加强理论学习，促进思想政治水平的提高 全年，公司党委认真学习邓小平理论和“三个代表”重要思想，深入学习贯彻党的十六大、十六届四中、五中、六中全会精神，并按照上级相关部门的要求，发放了《江泽民文选》，并专门下发文件，组织公司各级党组织和广大党员认真学习、深刻领会和全面把握“三个代表”重要思想的精神实质。有计划、有目的地指导各基层党组织加强公司党员的思想政治教育和形势任务教育，各基层党组织利用组织生活等形式加强党员教育，收到较好的学习效果。同时，以贯彻公司第八次党代会精神为契机，按照公司党委确定的工作指导思想，抓好政治和业务学习，努力提高领导班子和全体党员的思想素质。在机关全体党员和党员领导班子成员中进行了党课教育,下发了党课讲课稿,通过深入学习党章,重温入党誓词,使全体党员进一步坚定了理想信念,增强了党员意识、党员的责任感和使命感,营造了为公司发展努力工作的良好氛围。结合建党85周年,在公司党员中开展了以党性教育和理想信念教育为主要内容的庆祝活动,召开机关党员大会,组织公司党员参加了由市委组织部举办的“纪念中国共产党成立85周年学习党章百题知识竞赛”活动,共有100人参加了《盘锦日报》答题。

加强宣传思想工作和企业文化建设　2006年,公司党委在企业经营困难的形势下,努力做到把人心凝聚起来、把观念改变过来、把思路拓展开来、把措施落实下来,尽心尽责地为企业生存和解困服务。一是认真学习思想政治工作有关材料,增强做好思想政治工作的责任感。以邓小平理论为指针,明确企业党政工团组织在企业思想政治工作中的职责,做到相互协调,各司其职,特别是把领导班子和干部队伍的思想政治工作放在突出的地位,在公司两级班子中开展了“四好”领导班子创建活动,并制定了活动计划。创建过程中,强化政治和业务学习,以提高思想政治素质,增强责任感和使命感。同时,转变观念,不断创新,使企业思想政治工作真正走上适应市场经济的轨道,坚持不懈地使思想政治工作服从服务于经济建设中心,服务于施工生产;坚持与解决职工的实际困难,维护职工的切身利益紧密结合。二是坚持正确导向,突出重点,做好宣传思想工作。宣传思想工作是一切经济工作的生命线,社会在进步,宣传思想工作也在不断创新。围绕公司生产、经营管理及改革稳定做好宣传工作。加强了电视站的管理,继续做好出版《九化人报》工作,结合贯彻落实公司第八次党代会精神,出版了党代会专刊,下发到公司各单位,进行深入学习,同时,还做好公司宣传画廊关于公司形势任务、企业动态的宣传。三是公司党委坚持正确的舆论导向和强化宣传思想工作。以会议、下发文件、利用宣传载体等方式为公司广大干部职工营造了良好的学习及舆论氛围,使干部职工进一步了解公司状况,改善精神面貌,从而增强舆论引导的针对性和有效性,增强了全体职工的责任感和凝聚力。四是注重加强企业文化建设。围绕企业经营生产主线,适时开展了文化活动,继续弘扬“团结、拼搏、创优、争先”的企业精神,使员工意识到自己同企业的命运息息相关,努力营造一种健康向上的良好企业氛围。五是深入学习领会“八荣八耻”的精神实质,树立社会主义荣辱观。在广大职工中进行了“八荣八耻”宣传教育,营造顾大局讲诚信的氛围,为公司扬正气、树新风,建设优秀职工队伍,创建创新型企业,提高精神文明创建水平做出了一定的努力。六是利用各种宣传载体对广大职工进行形势任务教育,使广大职工既能正视困难的存在,又能看到发展机遇,树立在困境中坚持的坚强信念。

加强群团组织的领导,创建和谐企业　2006年,在公司经济困难时期工会把救助困难职工、帮助困难职工再就业、维护公司稳定作为工作重点,深入群众,关心职工生产生活中的实际困难,及时有效地开展工作。共青团结合公司实际,把青年成才作为工作重点抓出了成效。公司党委有计划地加强对群团工作的领导,定期听取汇报、召开会议,发挥其桥梁纽带作用。

·盘锦供电公司·

党建工作结硕果　2006年,盘锦供电公司深入贯彻落实党的十六大精神和“三个代表”重要思想,以建设“一强三优”现代公司为目标,以开展保持共产党员先进性教育为契机,各项工作取得了令人瞩目的成就。电网建设步入高速发展阶段,对所辖供电设备进行了大规模的改造,提高了供电可靠性和电能质量。安全生产形势稳定。公司连续3年实现安全年,被辽宁省电力公司授予安全生产先进单位荣誉称号。市场营销工作取得了很大发展,电费回收实现双结零,售电量达31.26亿千瓦时,创历史最好水平。引入国际先进管理理念,开展了两标一体化认证工作，企业管理水平得到新提升。人力资源管理卓有成效，首批进入辽宁省人力资源管理AAA级诚信等级单位行列。优质服务工作再上新台阶。公司积极贯彻落实“国网”公司“三个十条”，以搞好“四个服务”、履行“十项承诺”为重点，扎实开展“供电服务品牌年”活动，赢得了社会各界的高度评价，获得全市社会服务单位行风考评第一名，被评为市行风工作先进单位，实现了十连冠。精神文明建设工作取得了突破性进展，公司党委以先进性教育活动为重点，全力打造群众满意工程，为全市教育活动的蓬勃开展树立了榜样，赢得市委的高度评价。公司连续14年被评为盘锦市文明单位，先后获得辽宁省文明行业、国家电力公司双文明单位、辽宁省思想政治工作先进企业、辽宁省电力公司思想政治工作先进单位、辽宁省文明单位标兵等多项荣誉称号。2006年，公司党委被中央授予全国先进基层党组织。

强化教育管理，提高党员干部的思想政治素质 一、抓好党员干部的理论学习。通过中心组学习、专家讲座、理论研讨等形式，深入学习了邓小平理论和“三个代表”重要思想，学习了胡锦涛同志关于树立和落实科学发展观、构建社会主义和谐社会、加强党的执政能力建设和先进性建设、树立社会主义荣辱观等一系列重要论述。两级班子成员坚持带着问题来学习，拿着成果去实践，做到不仅要学会，而且要会学，关键在应用的原则。通过学习和实践，提高了领导班子科学判断形势的能力、驾驭市场经济的能力、协调利益关系的能力、应对复杂局面的能力和总揽全局的能力，为做好各项工作打下了良好的思想基础。二、抓好廉政教育和廉政监督工作。始终把加强廉政教育，从源头上预防经济犯罪当作一项重要工作来抓。通过广泛的、经常性的宣传教育活动，引导干部员工树立正确的权力观、利益观，以提高干部员工的自律和自警意识。一是抓日常教育。利用各种会议及中心组学习，有计划分层次地对党员干部进行党纪党规教育，反复强调廉洁自律的重要性。二是抓集中教育。公司聘请盘锦市委党校教授、市纪委领导，分别就党的十六届五中全会精神、《建立健全教育、制度、监督并重的惩治和预防腐败体系实施纲要》等内容举行专题讲座，并播放了《小镇群蛀》廉政警示教育专题片，公司领导及中层干部130余人参加了培训。三是抓警示教育。认真学习了有关典型案例，吸取教训。特别是围绕四川绵阳电业局的违法违纪问题，公司组织党员干部深入剖析、查找案例的根源，从而达到真正触动思想、吸取教训、引以为戒的目的。同时，利用手机短信群发平台，建立廉政教育之窗，每周向公司干部、重要岗位党员的手机发送廉洁自律、党风党纪、警句格言、典型案例等方面的信息。四是加强廉政监督。严格执行党风廉政建设的各项规定，层层落实党风廉政建设责任制。加强公司内部反商业贿赂工作，把防治商业贿赂工作贯穿企业生产经营全过程，从源头上促进各级干部廉洁自律，促进各项工作依法依规有序进行。三、提高民主生活会质量。公司党委坚持求真务实的方针，认真组织开好班子生活会。两级班子以廉洁自律为主题，围绕理想信念、宗旨意识、纪律观念、监督和自我监督意识等9个方面的问题，开展了批评和自我批评，并讨论和制定了整改方案，收到了良好的效果，达到了加强监督、增进团结、改进作风、统一思想的目的。

抓支部、抓基础、促整体，发挥党支部的战斗堡垒和党员的先锋模范作用 一、抓党支部建设向更加规范化方向迈进。一是进一步健全和完善了《基层党支部工作细则》，明确了基层党支部的任务、职责、工作原则和方法。二是切实抓好“三会一课”制度的落实，采取多种形式，加大对党员教育的力度。三是严格支部工作考核，年初同基层党支部签订了《责任状》，通过签状，将基层支部工作的开展情况和支部书记的政绩考核挂钩，与党内创先争优评比挂钩，与经济责任制挂钩，与年终干部考评挂钩，调动了基层党务工作者的工作积极性、主动性和创造性。二、以先进典型为引导，激发学习热情。公司党委先后在党员干部中开展了学习牛玉儒、李百明等同志事迹活动，通过事迹宣传、座谈讨论、撰写学习心得等形式，进一步激发了党员干部学习先进的热情，特别是李百明同志的事迹在公司干部员工中引起了强烈的反响，纷纷表示要以李百明同志为榜样，立足岗位，努力工作，全心全意为用户服务，为公司的发展做出贡献。三、注重素质抓教育。根据上级的工作部署和要求，在广大党员中开展了“学党章、知荣辱、树新风”活动，下发了《关于组织开展社会主义荣辱观教育活动的通知》、《关于贯彻落实胡锦涛同志在中纪委第六次全会上的重要讲话精神，学习贯彻党章的通知》等文件，对学习的内容、方法做了全面部署。在以支部为单位组织党员开展教育活动的基础上，公司举办了理论骨干培训班，邀请盘锦市委讲师团副团长张玉春做了“社会主义荣辱观”专题讲座。“七一”前夕，公司举办了“学党章、知荣辱”知识竞赛，公司91名党员及入党积极分子参加了竞赛。同时，党委还组织开展了两期党员轮训班，共有512名党员先后参加了轮训，党员轮训率达到了99.22％。通过学教活动的开展，极大地触动了党员的思想，使党员以党章为镜子，自觉践行社会主义荣辱观，勇于改进思想、工作方面存在的不足，按照“三个代表”的要求，指导自己的工作实践，党员的责任更加明确，工作责任心进一步增强。四、开展党员先进性在岗位活动成效显著。一是开展“党员先锋岗”活动，树立党员形象。开展党员先进性标准大讨论，在党员之间开展“比学习、比本领、比贡献”岗位竞赛，使党员认识到，作为一名党员，必须做到学习热情高于群众，业务技能高于群众，工作业绩高于群众。从而调动了党员的先锋意识，在急难险重任务面前知难而上，勇挑重担。二是开展党员责任区活动。以实现“党员身边无违章、党员身边无违纪、党员身边无事故”为主要内容，开展了党员责任区活动。活动的目的旨在发挥党员先进性的辐射和示范作用，影响带动职工群众团结奋进。基层党组织根据公司党委的要求，结合工作实际，普遍建立了党员承包班组，党员和群众建立了帮扶对子，在党员之间、党员和群众之间形成了“比、学、赶、帮”的良好氛围。

开创新形势下宣传思想政治工作新局面

公司党委把宣传思想政治工作同企业的改革、发展和服务有机结合起来，发挥观念更新的导向作用、思想统一的保障作用、意识深化的推动作用，激励干部、党员和群众努力奋斗。一是召开了思想政治工作会议，坚持创新发展的原则，坚持求真务实的精神，对全年工作进行了全面的部署。二是进行了以“讲形势、讲任务、讲措施”为主要内容的形势任务教育。充分利用公司一报、一台、一网等阵地，宣传公司总体工作思路、指导思想和主要目标，有效配合了公司的阶段性重点工作。充分利用各种会议，宣讲形势，坚持把政策讲清楚，把道理讲明白，引导干部职工正确认识形势，坚定信心，解放思想，转变观念，积极支持和投身于电力改革。三是做好稳定工作。定期分析、研究影响职工思想稳定的因素，真心实意地帮助职工解决困难，办实事、办好事，把解决思想问题、维护稳定同解决实际问题结合起来，做好深入细致的思想政治工作，理顺情绪，化解矛盾，稳定职工队伍。四是加大外宣工作力度。先后在《辽宁日报》、《辽宁电力报》、《盘锦日报》上发表了《这里的荣誉实打实》、《风正好扬帆》、《新的跨越新的征程》、《勇立潮头铸丰碑》等170余篇文章，树立了企业的良好形象。

培育爱心文化、平安文化，建设和谐企业

2006年，盘锦供电公司全面启动了“爱心活动”和“平安工程”。活动旨在以培育爱心理念、建设爱心文化为落脚点，积极倡导“关爱企业、关爱他人、关爱自己、关爱家庭、关爱社会”的良好风尚，为建设和谐企业与和谐社会多做贡献。同时，通过创建“平安文化”，强化在日常工作、生活中的“相互关爱”意识和落实安全生产责任制中的自我安全意识，自醒、自警、自励、自勉。积极营造共保平安、和谐互动、诚信共赢的良好氛围。爱心活动和平安工程收到了明显成效。一是干群关系更加密切。公司领导坚持下基层、下班组，关心员工的思想和生活。每逢大型的施工作业，公司党政领导都深入一线，检查施工进度，监督安全保障，关心职工的作业条件和生活条件。每逢传统节日，只要有职工在现场作业，公司领导和工会部门都要到现场进行慰问。二是扶贫帮困工作进一步规范。工会对困难职工进行登记造册，变元旦、春节期间的慰问为经常性走访，建立了“互助基金”，帮助员工解决燃眉之急，对家庭困难的员工给予定期或不定期的补助。年内走访慰问困难员工和大病手术及去世职工家属150余人次，投入资金9万多元。三是设立员工健康档案。公司关心职工的身体健康，安排职工医院对职工进行体检，使职工及时了解自己的身体健康状况，教育职工自我保护，珍惜健康。四是员工文化生活丰富多彩。工会、团委利用节假日、工余时间开展小型多样的文体活动，相继组织了扑克、钓鱼、排球等竞赛，活跃了职工的文化生活。五是提高安全意识，强化安全生产。修订了安全生产监督管理办法，落实了安全监督到岗、到位制度。坚持用“三铁”反“三违”，规范作业流程，开展了标准化作业活动。同时，开展了青工安全演讲竞赛和“安全在我心中”征文、安全漫画展和安全理念、安全警句、安全合理化建议征集活动。营造了人人讲安全、人人保安全的良好氛围。

发挥核心作用，促进群团工作 为充分尊重员工的主人翁地位，最大限度地调动和发挥职工群众的积极性和创造性，在公司党委的统一领导下，凡涉及人事、组织、经营管理以及有关员工切身利益等方面的问题，工会等有关部门都组织员工代表讨论。企务公开进二级单位、班组工作进一步推进，奖金分配、业绩考核、评先评优等较敏感的问题都更加公开、透明，员工的知情权、参与权、监督权得到了充分发挥。坚持党建带团建，发挥共青团的桥梁和纽带作用，引导青年服务企业中心工作。重点抓好“青字号”活动，即青年岗位能手、青安岗、青年文明号和青年志愿者活动。同时，重视青年成才，开展青年推优工程。上半年，有3名青年走上了领导岗位，有5名青年光荣加入了中国共产党。

行风建设和优质服务工作硕果累累 公司党委始终坚持“四个服务”的原则，建立健全自我约束机制、社会监督机制、检查奖惩机制，认真落实各项承诺。开展了“行风规范管理年”和“真诚服务社会，共建和谐辽宁”等大型活动。修订了《报装接电管理办法》，简化服务流程，对95598系统进行升级改造，新增售电流动服务车，开通短信、电话催费业务，实现银电窗口联网。不断加强窗口建设，充实人员，完善制度，使服务观念、服务质量和服务效率、服务手段等方面都有了明显提高。全年，明查暗访窗口127次，受理电话63982次，投诉电话仅占0.06%，客户投诉率明显降低，满意度不断提高，收到锦旗9面，表扬信20余封。公司获得省公司行风建设“十连冠”突出贡献奖。

抓“四好班子建设，创建和谐队伍” 公司党委按照省公司党组关于开展创建“四好”领导班子活动的具体要求，结合自身实际工作，以科学发展观为指导，以“精细管理效益年”为工作思路，以建设“一强三优”（电网坚强、资产优良、服务优质、业绩优秀）的现代公司为目标，党政班子齐心合力，团结一致，认真开展了创建“四好”领导班子活动，安全生产、生产经营及精神文明建设态势良好，公司的发展进入了一个崭新的阶段。中层干部队伍素质进入一个新阶段。领导班子在“思想素质好、工作业绩好、作风形象好、团结协作好”等方面得到干部、职工认可，受到省公司考核组高度赞许。

·市邮政局·

经营业绩持续增长 2006年，全市邮政业务收入完成1.09亿元，同比增长7.9%；收支差额完成762万元；全员劳动生产率人均实现12万元，全省邮政行业排名第一位。继续保持“全国模范职工之家”、“全国精神文明建设工作先进单位”光荣称号。

建立长效机制，切实抓好党建工作 一是巩固和扩大先进性教育活动成果，不断加强党员思想教育。建立党员学习制度，全局党员集中学习教育每季1次，主要学习《党章》、《实施纲要》和进行“八荣八耻”教育以及警示教育等。各基层党支部坚持“三会一课”学习制度，在党员干部中开展了读书活动。通过开展学习教育活动,进一步提高了广大党员的政治思想觉悟,增强了事业心和工作责任心。二是加强企业全员的政治思想教育,做深入细致的思想政治工作。围绕企业发展建设这一中心,利用不同载体,对全局职工进行形势任务,职工主人翁责任感、使命感,职工理想、职业道德、职业纪律、职业技能及服务新理念"四个教育"活动,开展了以营业和投递两大窗口为重点的优质服务和规范化、标准化服务活动,每半年进行一次星级评定工作,树立了用户是上帝,服务是效益的新理念。三是认真抓好行风建设和服务工作。建立健全了党政工齐抓共管的管理机制和管理行业、行风的工作机制。(一)强化基础管理工作,认真落实各项规章制度。对重点支局实行监控管理,制定了《关于进一步加强支局管理工作的实施意见》。(二)进一步落实了人事、财务、安全、行管等各项管理制度。在加强行业管理方面,与公安、工商3家联合开展检查活动,共查获非法收寄的物品和信件806件。通过《盘锦日报》等媒体,大力宣传了邮政法律法规,树立了邮政品牌形象。(三)规范服务,提升服务形象。严格规范了营业服务,认真落实《辽宁邮政服务规范》。实现营业服务"四规范"。严格规范了投递服务,认真落实了《辽宁邮政投递服务规范》,城市主要报纸做到了当天见报。(四)认真开展了投递服务质量专项整治活动,制定了《投递服务专项整治活动方案》,采取了有力措施,达到了预期目标。进一步完善了作业流程,提高了投递时限和质量,账单投递率达到95%。(五)加强监督检查,促进服务质量不断提升。聘请社会监督员43名,定期召开联席会,收集意见,落实整改。企业内部新增4名综合检查员,长期深入基层,开展检查工作,监督检查部门采取明查暗访、电话查岗等多种形式,进行全方位的监督检查,及时解决了服务差错,确保了服务质量。四是精神文明建设工作进一步升华。教育全局干部职工做到思想文明、语言文明、行为文明,进一步规范了服务用语,优化了服务环境,以培养和弘扬先进企业文化为载体,深入开展精神文明建设,使先进企业文化入脑、入心、入行,体现在企业管理和经营服务上。坚持开展业余文艺队、军乐队的文艺宣传活动,积极参加省局和地方的文化活动,宣传邮政业务和企业精神,充分展现盘锦邮政的精神风貌。

充分发挥工会共青团组织的作用,凝聚企业发展力量　市局工会组织积极协助党委工作,充分发挥了"维护、教育、建设"的职能作用,开展了以"贡献杯、服务杯"双杯竞赛为主要载体的各项活动,继续实施"温暖工程"。动员和组织企业员工积极参与企业改革经营建设,深入开展了企业民主管理活动,调动了职工的积极性,为企业的发展献计献策。共青团组织坚持以创建"青年文明号"为载体,引导和教育广大青年团员爱岗敬业,在企业经营建设中,充分发挥青年团员的生力军作用。

·中国移动辽宁公司盘锦分公司·

切实加强党的组织建设,不断壮大党员队伍

2006年,公司党委坚持把建立健全基层党组织和加强对党员的管理作为重点工作来抓,努力做到机构调整与基层党组织的建立健全同步实施,党的组织关系随人员调整同时办理。实行行政工作与党建工作两项任务一同部署、一同检查、一同落实。全年,尽管党员有流动性,但各党支部均基本做到了一旦出现支部委员缺位及时增补,一旦有新的机构组建及时成立党组织,保持了基层党组织的建立健全。同时,加大对入党积极分子的教育、培养和考察力度。全年,各党支部经过认真培养、选拔,建立了一支有入党要求、并主动靠近党组织的积极分子队伍。每名积极分子都主动向党组织递交思想汇报,更加积极地向党组织靠近,并在工作岗位上更加积极主动,注意用党员的标准要求自己,以实际行动接受组织的考验。公司党委积极审慎地做好组织发展和预备党员转正工作。按照"坚持标准,保证质量,改善结构,慎重发展"的方针,全年,共发展新党员2名,办理预备党员转正5名。新党员的加入,给党的组织增添了新的力量、新鲜血液,壮大了队伍，增强了活力。更为可喜的是，新党员的发展，带动了一批先进青年要求入党的积极性。截止到2006年底，公司有入党申请要求的同志共有16名，均被确定为入党积极分子和重点培养对象。

加强党风廉政建设 党风廉政建设是党的作风建设的头等大事。建立健全相关的规章制度，加强监督检查，公司党委用廉政准则规范每一名党员和每一位员工，立足于防范于未然。全年，公司未发生违纪和违法案件，广大党员能够严格要求自己，做到自重、自省、自警、自励，领导干部能够做到模范带头遵纪守法，身体力行，率先垂范。

加强对群团组织的指导，发挥群团组织在企业改革发展中的作用 工会是党联系群众的桥梁和纽带；共青团是党的得力助手，是改革发展的生力军。党委注重加强对工会和团委工作的领导，支持和帮助工会、共青团组织按照法律和各自的章程创造性地开展工作。全年，工会和共青团的工作生动活跃，都能结合公司的实际，以增强企业凝聚力、提高员工队伍素质、维护员工的合法权益、关心员工的生活、活跃员工的文化生活为重点，卓有成效地组织开展了各类工作和形式多样的活动。利用元旦、春节、"三八"、"五一"、"七一"、"八一"、国庆以及电信日等节假日，广泛开展文化娱乐活动，分别举办了2007"心之韵"全球通VIP客户新年音乐会；举办乒乓球、羽毛球、足球、排球、篮球、老年门球比赛等。为响应市委、市政府号召，公司党委积极组织全体员工开展了"扶贫帮困送温暖"活动和"金秋助学活动"，捐款3万多元。此外，公司还积极创造条件，尽最大努力为员工办好事、办实事，帮助员工解决存在的实际问题，对家庭和个人有实际困难的同志给予适当的帮助，每逢节假日组织看望和慰问生病及家庭困难的员工，送去集体的温暖和企业的关怀。这些工作得到了全体员工的大力支持和好评，丰富了员工的业余生活，增进了员工的相互了解，培养了积极向上的团队意识，增强了企业的凝聚力，增进了员工之间的友谊，树立了企业形象。

·中国网通(集团)有限公司盘锦市分公司·

企业党的组织和党员思想政治建设取得了新成果 2006年，中国网通盘锦市分公司党委认真贯彻党的十六届五中、六中全会精神，全面落实市委五届四次、五次全会工作部署，抢抓机遇，超前发展，牢固树立科学发展观，以围绕经营抓党建、抓好党建促发展为主要内容，全力奋战质量效益年。公司在经营、管理、服务、建设、维护等方面都取得了可喜的成绩，全面完成省公司各项指标和市委、市政府的各项工作部署。公司党委始终把理论学习作为思想政治建设的首要任务，认真抓紧抓好，制定学习计划，对学习内容、课时、完成时限和标准做出安排。完善中心组学习制度，把理论学习列为党委会议题。全年，领导班子系统地学习了《党章》，学习了胡锦涛总书记在中纪委六次全会、建党85周年、《江泽民文选》报告会上的讲话和党的十六届五中、六中全会精神。各党支部坚持集中和自学有机结合，召开学习效果交流座谈会。在理论学习基础上，党委开展了"理想常在，信念常驻"主题教育活动，以学习、遵守和贯彻维护党章为主题，组织百名党员干部参加学习党章、永葆先进性知识竞赛答卷。组织了近百名党员干部参观辽沈战役纪念馆，进行革命传统和"两个务必"教育。对近300名党员干部、班组长、支局长和营销经理进行了拓展训练。市公司领导撰写向市委及省公司党组汇报学习体会10篇，中层副职以上干部撰写体会文章30余篇。认真学习胡锦涛同志关于树立社会主义荣辱观的重要讲话精神，开展"八荣八耻"教育。党委专门做出教育安排，为每名党员购一本"八荣八耻"辅导教材及一套"八荣八耻"邮折，以促进学习，要求全体党员干部和员工充分认识树立社会主义荣辱观的重要意义、深刻内涵和基本要求。开展"知耻明礼"教育实践活动，组织员工参与专题讨论，教育广大党员努力做社会主义荣辱观的模范实践者和积极推动者。

发挥党委的政治核心作用,企业党的凝聚力和战斗力明显增强　公司党委和领导班子在激烈的市场竞争中,牢牢把握企业发展方向,使党委和领导班子科学判断形势能力、应对复杂局面能力、依法经营能力、总揽全局能力、驾驭市场和抵御风险能力得到了进一步的增强,党委的政治核心、党支部的战斗堡垒和共产党员先锋模范作用更加突出,成为了全公司各项工作的旗帜。党员干部的思想政治素质和作风建设得到全面提高。党委始终坚持依靠人才办企业、依靠人才干事业和党管干部、党管人才的原则,为科技人才进行职业生涯设计,多渠道多形式给科技人员提供施展才华的优越空间,有目标地培养复合型人才。全年,有6名同志被列为市公司后备干部,3名同志被聘为专家,36名同志担任公司部门副经理以上领导职务,占市公司全体中层以上干部的70%。同时,公司党委在广大党员中丰富和创建"共产党员工程"、党员模范社区、党员营销标杆岗、党员优秀服务岗等主题活动,让理想在本职工作中闪光。广大党员主动压担子,扛硬指标,群策群力为企业排忧解难,处处起带头作用,为员工做出了表率,用实际行动巩固和扩大共产党员先进性教育活动成果,建立永葆先进性的长效机制,取得了明显的效果。公司党委获辽宁网通先进党委,开发区分局党支部获盘锦市先进党支部称号;总经理、党委书记于海全荣获盘锦市十大杰出青年称号,原任总经理、党委书记邵群荣获盘锦市劳动模范、辽宁网通优秀党务工作者称号;徐宝军获集团公司优秀共产党员、王斌获辽宁省优秀共产党员,黄巍、韩宝国、咸钦兰、赵延伟、付娜获辽宁网通优秀共产党员称号;双台子营销分局等4个党支部荣获市公司先进党支部,孟志鹏等9名同志获市公司优秀共产党员,王玉甫等4名同志获市公司优秀党务工作者称号。有6个单位获省、市公司优秀团队,近百名员工获省、市公司优秀员工、星级服务标兵等光荣称号。

全面推行客户关系管理,打造四大服务品牌　一是打造了星级服务品牌,把营业窗口作为与客户建立和谐关系的重要场所,改革服务模式,加强营业厅的环境建设。共创建五星级营业厅2个,四星级营业厅4个,三星级营业厅9个,将市公司兴隆台营业厅建设成为公司的旗舰营业厅。把营业员队伍作为网通服务的第一道风景线,在服务素质、仪容形象、礼仪举止方面均达到星级服务标准。坚持有客户代表参加的星级营业员考评。一年来,有46名营业员进入星级服务行列。二是加大了10060客服热线服务品牌建设,对客服热线进行策划包装,增加受理业务,完善网络智能系统、人工服务和其它应急服务功能,保证客户足不出户办理各种业务。积极解决客户诉求,与客户建立连心桥、热心线,对外树立良好的企业形象。三是打造大客户障碍一点受理"即时服务"品牌,健全完善大客户服务标准,做好支撑保障,实行一点受理、一站购齐,进一步理顺售前、售中和售后服务流程,建立快速响应机制,在技术和业务上提供全天候保障,保证客户满意率达到100%。四是打造了社区经理"通信管家"服务品牌,充分满足客户需求,达到和超越客户期望的追求目标。抓好《入户营销服务规范》的执行,强化服务礼仪、与客户沟通技巧要领的培训,使入户服务人员达到规范标准。认真落实ISO9001标准,在服务工作中贯彻国际服务标准,坚持全员参与、全过程管理,建立客户投诉预警、客户满意度预警和服务质量预警机制,推动服务工作的深入进行。班子成员做好盘锦网通的形象大使,推介企业品牌和服务。经常性地与大客户进行业务联谊活动,倾听意见和建议,集中力量解决问题,进一步增进与客户的关系。5月份,兴隆台营业大厅代表行业窗口接受省委对盘锦市创建文明城市的验收,得到好评,为全市赢得了荣誉,受到市委的高度赞誉。

实施企业文化推动战略,推动创建和谐企业　2006年,公司党委用深层次的精神文化形成企业文化的灵魂。抓好学习型企业建设,系统地进行营销理论、服务理论、新业务新技术的学习教育和培训,培养学习型班组、学习型员工,共举办各种讲座和学习班12期,近1600名党员干部和员工得到培训,提高了党员干部和员工的文化素养和综合素质,提高了党员干部和员工企业价值观，打造了高度执行力的优秀团队。加强了与新闻媒体配合，报道专题片和稿件16篇，大力宣传企业形象，提高了知名度。充分发挥宣传信息报道员作用，共出宣传板报、简报32期，在报刊上刊登文章近70篇，宣传公司工作部署，报道公司各方面工作的先进做法和成果，交流新的创意。举办“网通杯”小学生优秀作文颁奖文艺晚会。深入开展文化促销活动，结合网通员工送真情、千万客户大回访和“春雷行动”、电信日、节假日强力推出业务文化套餐，大力宣传和营销各种业务，推进业务发展，扩大了业务优势的影响力和竞争力，提升了盘锦网通的企业文化。以创建模范职工之家为载体，认真组织实施企业文化推进计划。组织了“心系网通，奉献企业”为主题的文化系统活动。开展了以创最佳经营成果为主题的各种劳动竞赛、“我为企业出点子”合理化建议和组织业务技术比武大赛活动。开展了争当“五四”红旗团支部、青年岗位能手和创建青年文明号活动，动员全体团员青年为实现经营目标贡献才智和力量。举办“爱党、爱企、创新营销”主题演讲会及员工书法、绘画、摄影展览。举办各种球类、棋类、拔河等体育比赛，用生动活泼的文体生活陶冶员工情操，营造和谐的企业氛围，企业凝聚力和向心力明显增强。

环境建设取得了显著成果 制定文明生产、清洁作业、整洁办公的长效机制，对生产楼、办公楼全部罩面粉刷和防水处理，对外服务窗口达到了正规化、舒适化。健全门前四包责任制，绿化和卫生居全市一流水平。在市委、市政府的支持下，公司投资40万元对盘锦大钟进行更新，为全市人民准确报时，时刻向广大客户致以盘锦网通的问候，极大地提升盘锦网通的外在形象。

企业综合治理取得新成果 深入开展遵纪守法教育。企业严格遵守国家法律和上市公司的法则，依法办企业，依法履行各类经济合同的法律责任。全年，企业未发生经济合同纠纷，使国家和企业利益得到维护。严格落实综合治理责任制，治保和安全生产未发生任何问题，实现了“三无”(无重大通信事故、无交通肇事、无违法犯罪人员)，为文明单位的创建打下了坚实的基础。

·人保财险盘锦分公司·

经营指标 2006年，全市系统通过夯实营销渠道，加强各项管理工作，有效组织系列营销企划活动及各项业务竞赛，采取积极有效措施应对“交强险”的实施，业务发展呈现出不少新的亮点。全市系统累计毛保费15630万元，实收保费15709万元，超额完成省公司下达的计划指标。从险种看，车辆险发展态势良好，实现保费收入10022万元，较上年同期增幅25%；非车险业务实现保费收入5608万元，其中，家财险、责任险增幅较快，发展势头看好。全年，累计支付赔款10302万元，综合赔付率64%。

业务拓展 2006年，市公司十分重视业务拓展和创新工程建设，在服务创新、营销创新等方面都有新进展。一是通过整合全市展业资源，发挥整体竞争优势，继续加大对地方及辽河油田骨干企业单位的业务拓展力度。除辽河石油勘探局业务招标因素外，公司承保的大多数骨干企业的保费没有丢失。二是充分发挥了直销、营销两个层面的展业积极性。各单位的营销队伍建设得到加强，分散型业务的保费占比份额有所提高，多数提前完成保费计划的单位依靠的正是营销团队的作用。三是以竞赛为载体，采取激励方式加快发展。重点开展了车险“超越行动”竞赛，结合“交强险”上路，大上车险业务。全年，车险业务规模位居全省前列；责任险以“亮剑”竞赛为切入点，以责任险拉动其它业务，责任险发展势头看好，业务增幅达15%；财产险开展了“竞回业务、外埠业务”以及“我爱我家”家财险竞赛活动，用分散业务弥补了团体业务掉户的损失。四是推进了与多家中介机构、代办单位的全面合作。普遍采取借力而行的办法，不断培育新的业务增长点。进一步加大合作力度，加强与邮政、银行机构的合作，推动了家财险、意外险、车辆险等分散性业务发展。全年，仅在公司外新增的

18个签单点，就实现增收保费325万元。五是在市公司的高度重视下，各展业单位努力调整业务结构，加大非车险业务。经过努力，全市系统各单位的货运险消灭了空白点。货运险电子商务完成省公司计划，网上投保实现零的突破。六是把握分散渠道，保险“三进入”工作稳步推进。经过各方不懈努力，兴隆台区及辽河油田所属学校实现了统保校方责任险，成为全市这一险种惟一的全保区。保险进农村在盘山、大洼两县试点成效明显。全年，共收取保费210万元。保险进社区也已取得了一定的突破。七是服务创新方面。兴隆台支公司、市营业一部等单位开动脑筋，面向社会和广大客户实施开办了车友俱乐部，靠人性化、时尚化的现代服务理念赢得保户的青睐，已有1000多名车主参与俱乐部活动。

内部管控　(一)差异化承保管理取得进展。年初以来，严格按照《三个中心操作指南》相关文件要求，根据产品线管理部门制定的业务承保政策和规定，细化承保流程，明确了具体操作规则。对权限内的拟承保业务及时进行审批，利用风险管理技术及定价体系，控制承保风险，确保承保质量。通过建设、使用和维护电子化承保处理系统等手段，建立承保基础数据库，确保承保数据真实、准确、规范。(二)理赔管理与服务水平得到提升。一是大力开展了简易赔案业务，特别是自上年11月初查勘定损完全分离以来，仅一个月内就处理简易赔案465件，其中，付款358件，付款率达77%，客户反响良好。二是车辆拆检中心运行顺畅。全年，共拆检机动车辆1707台，有效的减少了定损环节中的人为因素，真正发挥了拆检中心的关口作用。三是不断加大第一现场查勘力度。经过探索，实现了查勘与定损的彻底分离，加强对赔案的查勘、定损管理力度。并结合实际情况加强了对非车险赔案的管控。四是对修理费用高于整车购置价的老旧车辆引入“评估机制”，全年减少损失40万元。五是强化医疗跟踪和伤残评定的管理，设专人对伤者及护理人员进行病情全程跟踪，跟踪率达100%。全年，累计扣除不合理费用52.7万元。六是实施限时结案，缩短理赔周期，提高结案率。全年，结案率已达到总公司规定的85%指标。(三)基础性业务管理普遍加强。一是大力推进数据质量建设，提高信息技术利用水平。根据总、省公司对运维工作的要求，制定了一系列的管理规定，为3个中心的稳定运行提供了良好的技术保障。二是调整、细化各产品线职能，认真落实各产品线考核奖励办法，业务拓展和盈利职能得到加强。三是强化财务基础管理，全面开展应收保费清收突击活动并收到成效。四是加强审计监察工作，完成了年初确定的相关任务指标。认真开展了反商业贿赂行为预防和治理工作，全系统各单位依法合规经营的意识得到加强。

服务工作　2006年，市公司抓住奥运保险合作机遇，继续深入开展了“金牌服务工程”和“理赔无忧”活动，全力打造文明优质服务形象。加强客户信息源头管理，强化95518专线回访功能，完成了全市系统大客户的信息收集和归类工作，积极探索大客户差异化服务途径。积极尝试电子商务营销服务模式。有效组织开展保险知识宣传活动，将服务工作面向社会、面向大众。以全省“客户服务年活动”为契机，全市系统“规范服务、理赔服务、营销服务”三位一体服务工作模式基本形成。

队伍建设　一是调整充实部分基层单位领导班子。按照现实表现和工作需要，坚持德、能、勤、绩的标准，对一部分基层班子进行考察、充实和调整，从而提高公司市场竞争力和整体运营效能，并力争使管理者做到懂经营、会管理。二是市公司党委高度重视党建工作，充分认识学习贯彻党中央《关于加强党员经常性教育的意见》等4个保持共产党员先进性长效机制文件和中国人保控股公司党委《关于加强基层党组织和党员队伍建设的意见》的重要意义，并将其纳入党委理论学习中心组、基层党组织和党员干部培训的重要学习内容。三是进一步强化员工队伍建设，增强团队意识，知人善任，合理配置人力资源，切实提高员工队伍的综合能力和水平，着力培养员工共同的价值观和利益观。四是完善落实员工福利保障机制，执行好企业年金、补充医疗保险、年休假等制度和办法，切实保障好员工的切身利益。通过进一步落实好“激活点”的各项措施，在全市系统广泛营造公平竞争环境，最大限度地激发员工的敬业爱司之情，为公司发展增添活力。

精神文明建设 一是在公司企业文化建设方面，2006年作为市公司企业文化建设的宣传年，以落实《中国人保企业文化建设纲要》为重点，结合市公司实际制定了公司企业文化建设实施细则，建立了市公司企业文化建设领导小组及办事机构，主要开展了启动、普及、宣传等系列活动，新增设的公司荣誉室、阅览室和体育健身房等已相继投入使用，为丰富职工业余文体生活营造了活动空间。二是市公司系统的精神文明建设也取得新的成就，在全市性的地域文化建设、卫生城市创建、打造和谐盘锦、“送温暖、献爱心”捐款等一系列社会公益活动中，全体员工积极踊跃参与，得到地方党政领导的充分肯定。市公司先后荣获了市级“文明单位”、“综合治理先进单位”和省级“消费者满意单位”称号。市公司营业大厅荣获市级“巾帼建功岗”称号。公司系统有2名同志被授予“盘锦市劳动模范”荣誉称号，并受到表彰。

市属企业

·东郭苇场·

深化企业改革，向严格管理要效益 2006年，东郭苇场围绕“国企改革”这个中心任务，在经营管理体制上向股份制模式进行探索和实践。全场设有26个苇田分场，72个作业区，分场向苇场上交承包金和租金，实行自主经营，自负赢亏。投资664万元用于苇田改造工程，完成二、三级渠系排灌能力。投资400多万元，完成了苇田基本建设。在企业经济十分困难的情况下，苇场一方面积极筹措资金，保证职工工资发放，保证收割费兑现，保证离退休干部的医疗费用支出。同时，坚持适度从紧的财经政策，强化财经工作的制控能力，削减事业经费，压缩非生产性开支，从而稳定了职工队伍。另一方面，本着服务油田，增加创收的原则，多渠道融通资金。全年，共收取占地补偿费320万元，污染费47.7万元。

加强经营管理，提高经济效益 2006年，苇场购进50部大型收割机，150部小型收割机用于芦苇收割，基本实现了机械化收割，比往年节省了一半人力资源，劳动效率和工作效益明显提高。另外，引进大凌河上游的白石水库近亿立方米的水源，保证了全场30万亩苇田的灌溉和养殖需求。在大力发展苇业的基础上，积极扶持、鼓励养殖业的开发，加强对养殖政策的引导，加大资金的投放，增加品种，多方位、多层次管理，形成集养殖、销售于一体的产业化链条。

加强基础设施建设，大力发展芦苇生产 2006年，东郭苇场进一步加大了基础设施建设力度，针对苇田水利灌溉枢纽工程老化，输水渠系标准低，田间工程不配套的现状，投入11台机车进行田间格堤的修建，又重点解决了南井子、八仙等南部垛场的防火隔离工程，完成土石方57000立方米，累计完成1527台时。同时，对塘内运输道路进行了平整，为冬季芦苇收割工作顺利进行提供了有利条件。

全面加强党的建设，提高党的执政能力 2006年，东郭苇场党委认真实施《东郭苇场体制改革办法》，不断破除旧体制，实现机制上对接、经营上互补、产权上联合。切实加强和改进对经济工作的领导，增强各级班子驾驭市场经济的能力。以执政能力建设为重点，以组织建设为保证，以作风建设为切入点，努力提高企业的经济效益。一是大力发挥全场各级党组织的战斗堡垒作用和党员的先锋模范作用，增强保持先进性教育的自觉性和紧迫感，确保全场党建工作得到扎扎实实地开展。二是牢牢把握正确舆论导向，坚持以邓小平理论和“三个代表”重要思想为指导，紧紧围绕“立足科学发展，着力自主创新，促进社会和谐”的总体要求，健全社会舆论渠道，弘扬地域精神和时代精神，组织系列宣传活动，广泛开展群众性的精神文明创建活动。三是加强领导班子和干部队伍建设，深入开展争创“为民、务实、清廉、团结”的好班子，争作“求真务实、执政为民”的好干部活动。强化对干部选拔任用工作的监督，扎实做好发展党员工作，扩大党的工作覆盖面。四是认真贯彻落实《惩治和预防腐败体系实施纲要》，坚持标本兼治、惩防并举，毫无放松地做好反腐倡廉工作。加强党风廉政教育，促进领导干部廉洁从政。坚决查办违纪违法案件，加大惩治腐败的工作力度。进一步加强治本、抓源头工作，铲除腐败现象滋生蔓延的土壤和条件。

·石山种畜场·

加大农田基本建设投入，做好农业综合开发工作　2006年，石山种畜场为避免洪涝灾害，投资37万元，修排干8公里，共动用土方17万立方米。为解决种地大户农业生产和农产品销售问题，种畜场投资15万元，修建农田路8000延长米。投资125万元，新开水田1500亩。投资225万元(其中，财政资金171万元，自筹54万元)完成水田低改3000亩，优质饲料田6000亩等工程项目。在省、市农业综合开发部门的领导下，坚持以提高农业综合生产能力，农业增效、农民增收为目标，按照“高起点、高标准、高质量、高效益”的目标要求，完成了上级有关部门下达的工作任务。2006年，石山种畜场2003年——2005年度的农业综合开发工作通过省开发办的检查验收。

调整农业种植结构，促进农民增收　场党委按照中央1号文件精神，以调整农业种植结构为重点，努力寻求农民致富途径。2006年，全场完成耕地面积67470亩，其中，水田耕地面积完成20742亩，旱田耕地面积完成46728亩，旱田中大豆种植面积3500亩，西瓜栽种1000亩，香瓜栽种400亩，辣椒栽种250亩，棚菜种植230亩，种各种小杂粮260亩，各种经济作物播种面积比上年增加667亩。通过加强田间管理，健全病虫害防控体系，全年，粮食总产量达21561吨。按照中央和省、市文件精神，发放良种补贴及直补资金281万元。

林苇业稳步发展　2006年春季，全场植树造林完成1000亩，秋季植树造林500亩，完成苗圃建设基地50亩。投入4.7万元用于美国白蛾病虫害的防治工作，同时，做好护林防火工作。由于2006年春季干旱少雨，苇场积极采取措施，完成了苇田灌溉工作，为确保芦苇丰收奠定了基础。

畜牧业稳步向前发展　2006年，全场畜牧业均呈稳中有升的发展态势。截止到2006年底，奶牛存栏4850头，同比增长28%；家禽饲养量10.2万只；生猪存栏12000头。鲜奶产量完成1.8万吨，同比增长44%。职工饲养奶牛的积极性明显提高，奶牛养殖户由原来的310户增加到480户。7个奶牛养殖小区建设趋于完善，现已投入使用，形成了奶牛饲养专业化生产格局。在畜禽发展和疾病防治过程中，场畜牧兽医站始终坚持春秋两季常年循环免疫工作。由于工作抓得紧，落得实，有效地控制了重大疫情的发生与流行，从而保证了畜牧业健康稳定地向前发展。为发展以奶牛为主的饲养业，场奶业发展服务中心多次聘请省奶牛协会、饲料生产厂家的专家定期或不定期进行奶牛饲养管理、疾病防治、繁殖配种等方面的技术培训，提高了全场畜禽饲养户的饲养管理水平，使其获得了较好的经济效益。

非公有制经济发展势头强劲　2006年，盘锦盛源海杰冷食有限公司投资150万元，引进两条生产线，其产品供不应求，经济效益可观。全场经营化肥、种子、农药的经销商达11家，均取得了较好的效益。投资20万元建成一个民办塑料颗粒厂，解决了部分职工下岗再就业问题。全场非公有制经济发展势头强劲，实现产值9860万元。

社会各项事业蓬勃发展　通过加强对学校周边环境的整治，校园治安环境和学习环境明显改善。通过对教师的量化考核，教学质量有所提高。2006年，考入市重点高中学生21人，升入普高50人，升学率在50%以上。通过加强农村新型合作医疗，参保人员已达11763人，为26名医保人员报销医疗费16万多元。为加快小城镇建设，改善居住环境，投资300万元建住宅楼5200平方米。

召开场工会第八次会员代表大会和开展庆祝建场50周年活动 按照市总工会关于基层工会换届的有关规定，场党委组织召开场工会第八次会员代表大会，选举产生了新一届工会委员会、女职工委员会和经费审查委员会。按照市总工会的文件要求，认真做好特困职工的摸底调查及上报工作。为纪念石山种畜场建场50周年，活跃节日气氛，丰富职工的业余生活，场工会在9月中旬举办了庆祝石山种畜场建场50周年职工篮球赛。同时，邀请市歌舞团来石山进行文艺演出。

党的建设全面加强 2006年，场党委为建立健全基层党组织机构，加强基层领导班子和干部队伍建设，撤销了3个基层党支部，对37名领导干部进行了调整。完成对试用期干部的考核工作。在组织发展上，场党委始终贯彻“坚持标准、保证质量、改善结构、慎重发展”的方针，严格履行入党手续，对入党积极分子进行入党前的培训并经过严格的考核和考试。2006年，新发展党员9名，转正党员16名。为提高基层党支部书记的业务素质和工作能力，场党委邀请市委党校老师来石山就新形势下如何当好支部书记等课题进行了授课。为体现党的关怀和温暖，场党委对12名特困党员进行了走访，送去慰问金2400元。落实了老干部和“三类人员”的各种政策。场党委按照市委组织部的要求，为加强党员信息化管理，投资6000元购进了微机设备。按照市国资委党委的要求，认真参加“学习党章百题知识竞赛”活动。为纪念建党85周年，总结开展保持共产党员先进性教育活动的经验，加强党的先进性建设，场党委在“七一”前夕，召开了庆祝建党85周年暨新党员入党宣誓“一先两优”表彰大会。园艺场党支部被市委评为先进党支部，组织部长乔庆铎被市委授予优秀党务工作者，敬老院党支部书记兼院长于长会被市委授予优秀共产党员的光荣称号。场党办主任贾金光被市委授予先进性教育活动先进个人光荣称号。为加强人才队伍建设，场组织部、宣传部与市委党校沟通，在石山种畜场成立了辽宁省委党校盘锦分校工商管理专业本科函授班，招收学员49名。在党风廉政建设方面，场纪委在场党委和市纪委的领导下，认真贯彻落实中央纪委六次全会、省纪委六次全会、市纪委三次全会精神，坚持反腐倡廉的战略方针，认真组织全场党员干部学习党章、切实维护党的纪律，通过学习贯彻《实施纲要》，构建惩防体系，推动全场党风廉政建设和反腐败工作不断引向深入。场党委为加强基层党组织的战斗堡垒作用和执政能力建设，使之在建设社会主义新农村工作中更好地发挥基层党组织的作用，组织党委有关部门对基层党支部的思想建设、组织建设、制度建设等工作进行了年终考核。

·羊圈子苇场·

加大力度强化经营管理 多年来，由于苇场的发展受多方面的束缚和制约，经济始终处于低谷，发展步伐缓慢，芦苇销售渠道单一，回款率低，无法开拓更大的发展空间。内部管理模式陈旧，无法适应市场经济的发展。2006年，苇场领导认真分析场情，并走出去调查取经，制定了适合苇场发展的新制度，从企业内部强化管理，调动干部职工生产建设的主动性和积极性，苇场上下从苇田的田间管理到苇场基层单位，层层把关。一是严格整顿劳动纪律，转变干部职工的工作作风，强化责任与服务双层意识，树立以场为家、场兴我荣的思想观念，真正把工作做到实处，收到成效。二是整顿场容场貌，树立企业新形象，让干部职工在清新整洁舒适的工作环境中发挥自己的才能和智慧。三是压缩基本投资规模，严格规范财经管理，严肃财务纪律和审批制度，确保有限资金的合理分配和利用。四是深挖内部创收潜力,堵塞漏洞,严禁和避免损失浪费现象的发生。2006年,仅职工供暖一项节约用煤1000吨,节约资金50多万元。五是狠抓苇田生产,合理安排和利用水利资源,在田间管理和生产上责任落实到人,有奖有惩,向丰产增收要效益。2006年,芦苇产量较上年增产6%左右。

加强党的领导　场领导班子团结上进,时时处处为全场干部职工着想,顾全大局,廉洁奉公,关心职工疾苦,受到全场干部职工的一致好评。一是坚持每季度对基层单位工作、学习、生活等方面进行考察,发现问题及时解决,不拖不靠不等,合理配置各基层领导班子和人员,做到了人尽其才,物尽其用。二是加强政治理论学习,提高思想政治素质。组织干部职工认真学习贯彻"三个代表"重要思想,落实科学发展观。并根据各自的岗位需要提供有关资料,提高干部职工的业务水平和服务本领。三是加强工作作风管理。各级班子加强自身的工作作风修养,做到在其位,谋其政,尽心尽力,尽职尽责,党政一体,分工与合作并存,坚持正义,主持公道,全场上下形成了团结和谐、众志成城的良好创业氛围。

维护社会稳定　稳定是苇场发展和进步的大前提,群众利益、职工的利益直接关系到苇场的发展前景。苇场领导从关心职工群众疾苦入手,真正为职工群众办实事。由于苇场的资金紧张,本着轻重缓急、实事求是的原则,不回避矛盾,不推不拖不躲。场信访工作人员认真、及时掌握情况,配合市信访部门积极工作。主要领导定期召开信访工作会议,对群众上访所提出的问题认真细致研究探讨,能解决的及时解决,苇场能力范围所不能及的问题,给予耐心细致的解释,直至群众满意为止。在苇场资金严重紧张的情况下,为职工解决了医疗保险,对职工生活、生病、婚丧嫁娶、子女上学等特殊情况,都给予不同程度的经济补助。同时,在"5·09"事件一周年前夕,召开了全场干部职工维护苇场社会稳定会议,加强同职工干部的思想沟通和交流,进行了场情教育,积极化解不稳定因素。由于正确引导,扎实工作,措施得力,全场职工没有在最敏感的时期给上级政府增添麻烦。2006年,全场除了农垦职工有上访(其人员不属于苇场管理范围)现象外,苇场职工无上访现象发生,保证了苇场社会的基本稳定。

抓住苇业生产、水产养殖的关键环节,促进苇场经济增长　2006年,羊圈子苇场抓住苇业生产的有利契机,在淡水资源相对较充足的情况下,合理排灌,并借鉴了其它苇场增产增收的丰富经验,有效地减轻了苇田盐渍化,使芦苇亩产增加,芦苇长势良好。并在芦苇不同的生长期对病虫害进行了合理的控制,确保了芦苇的良好生长态势。在市农机部门的大力协助下,苇场购进新型收割机160台,近50%的芦苇真正实现了机械化收割,在有效提高收割质量的同时,大大节约了收割时间,比上年提前20天完成收割任务。同时,芦苇的高度、密度都有了明显的增加,芦苇产量达到了12万吨,实现经济收入5800万元。养殖业是苇场增加经济效益的另一大产业。在养殖方面,苇场给予职工大量的方便条件,激发了职工养殖承包的积极性。2006年,是养殖承包的又一个起始年,为了使职工真正得到养殖的利益,苇场制定了一系列的宽松政策,确保了职工的切身利益,得到职工的认可和好评,使这次承包顺利而有条不紊的完成。

加强企业党建,为苇场各项事业发展提供保障　2006年,苇场党委以开展保持共产党员先进性教育活动为契机,认真研究企业党建工作的新情况、新特点,及时召开党建工作会议,安排部署全年的党建工作。加强党员干部的业务技能培训,鼓励先进、鞭策后进,达到了党员受教育、群众得实惠的效果。各级组织的战斗力、凝聚力有所增强,党员干部的思想作风有了明显的改变,党员队伍的整体素质、精神面貌有了明显的变化,党风廉政建设得到了进一步加强。领导干部带头自检自查,做廉洁自律的表率。及时举办党员干部科技培训,召开党建工作总结表彰大会,为苇场的改革、发展、稳定奠定了坚实的基础。

有效合理利用资金,为职工群众营造良好的生活环境　2006年,苇场在资金短缺的情况下,始终把职工群众的生活放在首位,与镇政府联手,投资近百万元,维修了镇区内所有的下水道,修砌了卫生箱及街道两侧的所有设施,受到群众的一致赞誉。在取暖期到来前，苇场还大规模地维修了锅炉，确保了镇区群众的供暖。

·盘锦北方沥青股份有限公司·

加强党建工作，促进企业发展 2006年，公司党委认真贯彻落实党的十六大和十六届四中、五中、六中全会精神，以邓小平理论和"三个代表"重要思想为指导，紧密结合公司生产经营和环烷基馏份油项目建设，紧紧围绕庆祝建党85周年系列活动，组织和带领公司全体党员、干部、职工，积极参与公司生产经营各项工作，按照"围绕一个中心，贯穿一条主线，加强两项建设，抓好六项工作"（即围绕企业生产经营中心，贯穿庆祝建党85周年系列活动主线，加强党的基层组织建设和党员队伍建设，抓好思想政治工作、宣传工作、精神文明建设工作、纪检监察工作、群团民兵工作和统战工作）的总体思路，创造性地推进党的建设，促进了企业生产经营和各项工作的开展。销售收入实现税金和实现利润均创历史新高，生产经营取得较大成绩。全年，加工原油75.03万吨，实现销售收入24.35亿元，增长31.99%。实现税金3.31亿元，增长40.85%。实现利润4497万元，增长32.58%。实现重特大安全生产事故为零、沥青产品出厂合格率为100%的好成绩。

围绕生产经营，发挥政治核心作用 （一）加强理论学习，提高理论水平。坚持中心组理论学习制度，分别系统学习《党章》、胡锦涛同志"八荣八耻"的社会主义荣辱观和在庆祝建党85周年大会上的讲话，学习科学发展观和构建社会主义和谐社会，特别是党的十六届五中、六中全会精神，紧密结合企业实际，深入思考，认真领会，把握实质，掌握精髓，更新思维理念，做到学以致用，有的放矢。带领公司干部职工克服各种困难和不利因素，保证生产经营和新项目建设顺利进行。（二）培养创新意识，谋求企业发展。采取措施稳步推进环烷基馏份油加氢项目建设，提升企业的抗风险能力和竞争能力，促进企业更长远发展。（三）加强廉政建设，提高廉洁自律水平。组织班子成员认真学习贯彻两个《条例》和《建立健全教育、制度、监督并重的惩治预防腐败体系实施纲要》，开展党风廉政方面的警示教育活动，按照党员领导干部廉洁从政若干准则的标准，严格要求党员干部，做到廉洁自律，克己奉公。（四）坚持政工例会制度，总揽党务工作全局。定期召开政工例会，听取纪委、组织、宣传、工会、武装、共青团前阶段的工作开展和下阶段工作安排情况汇报，掌握政工系统近期的工作开展情况，对下阶段工作进行安排和部署，指导各部门工作扎实开展。

进一步加强基层组织建设，党支部建设迈出新步伐 一是不断加强支部书记培训工作。公司党支部书记都是行政与党务工作一肩挑，既要肩负组织本单位生产经营工作，又要承担支部党务工作的重任。全面提高党支部书记的水平和能力，对于加强基层组织建设尤为重要。4月份，举办党支部书记培训班，对提高他们的政治理论水平和党务工作能力起到了促进作用。二是不断加强支部基础工作。做到"三会一课"落实，基层组织生活进一步规范化和制度化。全年，以各支部为单位，共组织实施以"修旧利废"、"技改技措"、"扶贫济困送温暖"、"绿化美化"为主题的"共产党员工程"共20余项，创造经济效益近百万元。同时，为公司创造了较好的社会效益。

进一步加强党员队伍建设，在党员的教育、管理、发挥作用方面采取新举措 一是组织党员适应新形势，发挥新作用。在公司生产经营和新项目建设"急、难、险、重"任务面前，党员身先士卒，以实际行动体现党员的先进性，向党的85岁生日献礼。二是加强党员的教育与管理。以支部为单位，组织党员认真学习《党章》和党的十六届六中全会精神，组织党员参加以《党章》为主要内容的党的知识答卷，并邀请市委讲师团的老师对公司全体党员进行《党章》和党的十六届六中全会精神做专题辅导。"七一"前夕组织党员重温入党誓词。三是做好组织发展工作。严格按照组织发展程序，共发展党员5人，全部具备中专以上学历，其中35周岁以下3人，女性2人。

有6名预备党员按期转正，并集体参加了交通局党委组织的入党宣誓。四是召开纪念建党85周年暨“两先两优”表彰大会，对2个先进党支部，3个先进党小组，2名优秀党务工作者，15名优秀共产党员进行表彰，树立典型，发挥典型引路作用。并组织优秀党员和优秀党务工作者到山东考察和参观。五是按照上级党组织要求，建立公司党组织、党员、入党积极分子信息管理系统，使公司的组织管理进一步网络化、信息化、科学化。

开展各种活动，丰富党建工作载体 为了纪念和庆祝建党85周年，回顾党的光辉历程，讴歌党领导全国人民取得革命胜利和社会主义现代化建设的辉煌成就，激励公司全体党员及广大职工立足本职，甘于奉献，为党的事业和北沥的发展再立新功，为公司的生产经营和加速项目建设再创佳绩，“七一”前夕，在公司范围内深入开展庆祝建党85周年系列活动。组织了以“树立社会主义荣辱观，投身北沥大发展”为主题的演讲比赛。举办迎接建党85周年征文活动，让公司职工我手写我心，浓墨重彩歌颂党。制作纪念建党85周年宣传专栏和《北沥职工报》专刊，广播出专题节目，并举办了“七月的颂歌”庆祝建党85周年大型文艺演出。组织部分党员参加市委组织开展的纪念建党85周年答题活动，并获二、三等奖。工会组织开展庆祝“三八”联欢会、技术技能竞赛、猜谜、篮球、排球、拔河等文体活动。团委组织学雷锋板报展、扶贫助学、退团仪式等活动。各种活动的开展，鼓舞了昂扬的士气，营造了浓厚的氛围，促进了公司的生产经营和各项工作的开展，形成了以活动促进党建，以党建带动全局，以活动感召职工，最终党建推动公司生产经营的新局面。

抓好7项工作，打牢党建工作基础 (一)把思想政治工作落到实处。通过公司广播、报纸等媒体进行宣传引导，召开座谈会，使广大职工群众能够正确认识并且能以平和的心态对待企业内部改革和外界不稳定因素的影响，稳定人心，把握局面，为公司的生产经营营造了和谐的内部环境。(二)加大宣传工作力度。紧紧抓住公司生产经营、改革发展和各项重大活动，加大对内对外宣传力度，让职工及时掌握公司生产经营情况和各项活动动态，让外界关注北沥，了解北沥，提高企业知名度。在公司宣传栏上制作“八荣八耻”、纪念建党85周年、劳动模范事迹展、“11·9”消防日宣传、党的十六届六中全会精神解读等内容的宣传版16期。在春季和秋季装置检修期间，出快讯9期。在检修现场悬挂标语和彩旗，营造了浓厚的检修氛围。在市级报刊上刊登稿件30余篇，企业生产经营成果和新项目建设的进展在外界得到了广泛的宣传。(三)精神文明创建活动有效开展。每月向各党支部下发职工政治理论学习要点，各党支部采取具体的工作方法和途径，做到任务落实、责任分解。完善基础资料的记载，做到“三册六簿”记录翔实准确。公司被继续评为省精神文明建设先进企业。(四)加强党风廉政建设，为公司生产经营保驾护航。定期开展廉洁自律教育活动。组织学习贯彻中纪委六次全会、省纪委全会、市纪委全会会议精神，教育党员干部坚持两个务必，进行先进典型和腐败案例教育，增强公司党员干部反腐倡廉的自觉性。纪检监察人员参加比价招标会议，实施监督，协同有关部门为公司节约资金。全年，共参加比价招标会议30余次，通过比价招标，按可比口径计算，为公司节约资金41.1万余元。(五)进一步发挥群团组织的作用。年初，召开了四届三次职代会。工会在民主监督、维权、厂务公开、经济技术创新、扶贫救困、征集合理化建议、组织文体活动等方面做了大量卓有成效的工作，切实维护了广大职工群众的切身利益。领导共青团创建各种活动载体，开展各项工作。加强团的组织建设，组织广大团员青年开展学雷锋，为贫困学生捐款献爱心等活动。举办2004年——2006年度退团仪式，继续开展青年文明号创建和争当青年岗位能手活动。有1名青年被评为“盘锦市十佳青年岗位能手”。完成民兵整组工作和四课教育。与市消防支队举行了军民共建篮球赛，组织民兵开展“一日兵”打靶活动和防洪爆破训练演习，在生产和工作中充分发挥民兵的主力军和突击队作用。(六)积极做好统战工作和党外积极分子培养工作。提高认识，健全组织，落实市委统战会议精神，积极做好统战知识竞赛答题准备工作。全年，在市级以上新闻媒体共刊登和播放宣传北沥稿件30余篇、照片2幅，分管领导带头撰写理论文章并上报市委统战部1篇，圆满完成了统战工作的各项量化指标任务。（七）积极培养，重点选拔，发挥党外干部作用。全年，公司共提拔了3名年轻的中层干部，其中，非党人士2名，占总数的66%。公司高度重视包括非党干部在内的中层管理人员培训工作，并制定了中长期轮训计划。

民营企业

·盘锦中润化工有限公司·

积极争取气源，保证装置低负荷连续运转 2006年，公司生产用天然气十分短缺，造成生产紧张，长期低负荷运转。面对严峻的生产形势，公司采取有力措施，尽最大努力与油田联系气源，争取用气指标。与大沥青协商，确保尾气供应。同时，加强以调度为中心的指挥生产系统管理，优化操作，操作人员认真巡检，发现问题及时处理，避免多次停车事故的发生。精心调整工艺指标和参数，探索低负荷生产情况下，降低生产成本的规律。认真做好氨碳分离装置产出的氨和二氧化碳输送到尿素工作，提高尿素产品产量。实现装置优化联产，降低成本。

注重安全管理，防患于未然 本着“安全第一，预防为主”的方针，公司组织有关部门开展定期或不定期的安全检查。全年，共进行安全综合大检查10次，查出安全隐患29项，对查出的安全隐患及时下发隐患整改通知书，限期进行整改，现已整改27项，安全隐患整改率达到93%，全年千人负伤率在0.5‰以下。加强安全宣传教育工作。全年，对新员工进行三级安全教育人数64人，外来施工人员321人，安全教育率100%，共出安全简报12期。相关部门继续对员工违纪情况进行检查。全年，共出岗检通报20期，共有96名员工受到不同程度的处罚。为了配合国家安全生产活动月，公司在6月开展安全无事故活动，组织员工进行《安全生产法》学习，举办安全知识图片展览活动等。实行重点安全监护。在抓好日常安全工作的同时，注重新三聚氰胺项目现场和大修一段炉技术改造工程的安全监护工作。做到每天都有安全人员在现场监护，发现违反安全和安全隐患问题及时制止，避免了重大安全事故的发生。

进行化肥系统检修，确保装置长周期运转 为了保证装置连续运行，从10月16日开始，进行了为期39天化肥系统停车大修。此次检修共有检修项目141项，在检修过程中对相关各系统进行置换，对各水冷器进行清洗、试漏等工作，重点对尿素合成塔、原料气球罐等160多台压力容器进行检查、维修、堵漏，对供水甲乙线进行“秋检”等。对生产工艺系统和设备存在的隐患进行全面的大修，保证了化肥装置的正常运行。

做好新三聚氰胺装置开车、试车、调试工作 在新三聚氰胺项目建设后期，相关部门积极筹备新装置试开车，有计划、有步骤地安排各项工作，落实各种单机试车、联动试车等方案和工艺操作规程的编制。为了保证新三聚氰胺项目单机试车、联动试车的顺利进行，公司成立新三聚氰胺项目单机、联动试车领导小组和各项工作保证组。经过各方面的不断努力，新三聚氰胺装置于8月7日开始投料试生产，8月8日，生产出三聚氰胺优级产品。在开车、试车、生产调试期间，从公司领导到操作人员、施工人员，夜以继日、不辞辛劳、连续奋战，探索新三聚氰胺装置正常运转的规律，认真查找存在的问题，不断进行调试、完善装置系统，使新三聚氰胺装置尽快达产达效，提高企业经济效益。

调整产品结构，确定公司新的经济增长点 年产1.8万吨的三聚氰胺装置于8月竣工并试车生产，初步实现了公司产品结构的调整。在三聚氰胺的销售方面，不断加大市场开发力度，将周边市场划分为黑龙江、吉林、辽宁和华北4个区域，每个区域设2—3人负责市场开发与产品销售。与泰国、马来西亚、印度、日本、韩国、美国、法国、德国、丹麦、土耳其等国家的一些用户建立了经常性的联系，有选择地与部分用户签订了长期供货合同，建立了较为稳定的供求关系。

着力技术改造，探索可持续发展道路　由于天然气供给量不足和其价格的上涨，为了降低产品成本和能源消耗，公司领导通过对原料市场的预测及国外、国内合成氨节气技术的考察，决定在2006年投入2000万资金进行一段炉技术改造工程。该工程采用中国成达工程公司的双一段转化专利技术，技改工程的核心是增加换热式转化炉。一段炉技术改造工程的成功，使生产每吨氨节天然气约150立方米左右，降低了合成氨的成本，提高了尿素的产量，缓解了因天然气短缺而造成开工不足的局面。

保证尿素生产连运，全力打造"渤海"品牌　2006年7月，尿素合成塔上部工艺孔泄漏冷凝液和蒸汽，严重威胁尿素生产连运。公司组织相关人员召开专题会议，研究制定尿素合成塔安全运行及维护方案，确保了尿素合成塔安全运行到化肥系统停车检修。正是由于及时发现问题和解决问题，实现了尿素生产从6月15日到9月28日连运106天，保证了全年尿素产量和质量的稳定。在国内尿素市场价格出现波动的情况下，积极开发国际市场，在出口关税高达30%的情况下，与日本用户签订了合同，使2300吨"渤海"牌尿素远销日本。此项合同比国内市场多创收20多万元，实现了经济效益和社会效益的双赢。

严格控制成本，使企业步入良性发展轨道　(一）制定计划目标，审减计划金额。结合2006年天然气供应不稳定和项目建设等实际情况，相关部门经过多次调整和测算，制定符合实际的各项年度目标，进行近30项的预算及审计工作。全年，预算金额近3000万元，审减金额达300余万元，节约了10%以上。这些工作为全年各项工作的全面完成奠定了基础。(二）继续实施招标采购制度，降低采购成本。在物资、物品采购中，采取比价采购、定点采购、竞争性议标、现场报价投标等多种形式，对日常生产所需物资和备品备件、2套9000吨/年新三聚氰胺项目安装用的各种材料、一段炉技术改造的设备材料等进行了招标采购。全年，采购资金总额（不包括新三聚氰胺项目）2419万元，采购招标率达99%，降低了采购成本。(三）处理废旧物资，加速资金回笼。按照公司的废旧物资利用管理制度，全年累计处理废旧物资回笼资金达6362473.45元，盘活了资金，加速了企业资金回笼。(四）严格控制各项管理费用的使用。为了最大限度地降低各项管理费用支出，严格管理费用支出的审批程序，2006年，制定了关于借款、审批等时间及程序的暂行规定。严格按照暂行规定和相关标准执行，防止费用超标，降低了各项管理费用的开支。

深化管理制度改革，不断提升综合管理水平　(一）重新制定管理标准和部门、岗位工作标准。随着企业改革的不断深入，完善企业标准化工作已成为企业管理的一项重要任务。2006年，公司重新制定管理标准和部门、岗位工作标准。此次共重新制定各类管理标准21个方面、118项，部门工作标准64项，各类人员岗位工作标准236项，为公司深化管理、提升综合管理水平提供了标准。(二）引进ERP软件项目。为了推动公司现代化、信息化建设的进程，不断提高管理和决策水平，公司投资50余万元的ERP软件项目，经过3个月的谈判、招标、采购、系统安装、基础数据准备、审核录入、操作人员培训等工作，财务核算系统、购销系统、人事考勤管理系统等陆续开始上线运行。提高了财务、计划、销售、供应、仓储等部门的管理水平。(三）健全激励机制，促进销售工作。随着1.8万吨三聚氰胺装置的建成投产，公司产品结构和市场形式都发生了根本性的转变，原有的销售机制不利于完成销售任务。为此，在12月份，公司研究制定了《销售公司经济责任制实施方案》，该方案的实施量化了日常管理，进一步调动了员工的积极性。同时，公司将以此为契机，全面推行经济责任制考核工作。（四）通过质量管理体系强化生产管理。公司一直按照ISO9001质量管理体系的要求，不断强化生产管理的每个环节，在9月份，进行了内部监督审核，以此进一步提升整体的管理水平。12月6日，东北认证公司专家一行3人对公司质量管理体系进行了年度的外部监督审核，总体评价为满意。这一结果为下年的质量管理体系复审和加强今后的生产管理工作奠定了基础。

进行全员培训，全面提高员工技术水平和业务能力　（一）开展全员岗位培训。2006年，各单位31名培训教师对近50个工种岗位进行了培训讲解，尤其是对三聚氰胺分厂新员工的三个阶段性培训及考试验收，强化了新员工的操作技能，为三聚氰胺项目的顺利开车生产提供了人员保证。（二）开展管理人员专业培训和技术人员特种业务培训。对管理人员进行了工作标准、管理标准、专业标准等培训，邀请市委党校教授吕建华为中层以上管理人员讲授《夯实管理基础，掌握激励艺术，提升管理水平》一课。组织安全员13人参加安全资格培训，组织4名电气焊人员参加压力容器焊接取证培训，组织9名接触放射性物质的仪表人员参加辐射工作技术人员培训等相关特种业务培训。（三）开展大、中专生招聘和岗前培训工作。为满足新三聚氰胺项目、复合肥的生产需要，全年通过人才市场及劳动力市场，招聘大中专生、化工操作各类新员工84人，通过岗前培训、岗位轮换学习、理论考试，择优录用。

创新企业文化，增强员工的主人翁意识　（一）开展丰富多彩的文化体育活动。在公司工会的组织和各分工会的大力支持下，举办了春节综合联欢会及乒乓球、拔河比赛、仿宋体书写比赛、扑克、迎春长跑等活动，公司的乒乓球代表队参加盘锦市举办的2006年度乒乓球比赛，男女两队双双获得团体比赛第二名。这些活动的开展和成绩的取得，促进了企业文化建设，增强了员工的主人翁意识。（二）加大舆论宣传力度。利用广播和简报发布公司生产经营管理方面的新闻，宣传公司涌现出的先进人物及其典型事迹。全年，共刊出《中润化工》简报41期，播出稿件800多篇，制作、更换宣传画廊及临时版面450块，其内容涉及“八荣八耻”教育、优秀员工展示、新建项目介绍、环境保护法规、安全月宣传等方面。（三）关爱员工，解决员工的后顾之忧。春节期间，为了鼓励员工积极为公司作出贡献，使特困员工无后顾之忧，公司领导走访了劳模、特困员工，送去年货和扶助资金，让员工感受到企业的关怀和温暖。2006年，公司总经理张子蜀被授予“盘锦市非公有制企业关爱员工优秀经营者”的荣誉称号。（四）发挥员工代表监督检查作用，充分营造民主氛围。全年，组织8次员工代表检查机关工作，机关工作人员自觉接受员工代表的监督检查，促进了机关劳动纪律、环境卫生、工作作风的好转。积极开展“非公有制民主管理争先创优”活动，在公司的管理方面，广泛征求员工意见，尊重员工依法行使权力，创造了和谐良好的企业内部环境。2006年，公司被评为“盘锦市非公有制企业民主管理先进单位”。

·禹王集团·

基本情况　禹王集团是目前亚洲最大的改性沥青防水材料专业生产厂家，下设盘锦禹王防水建材集团有限公司、南京禹王防水建材有限公司、武汉禹王防水建材有限公司、三河禹王防水工程有限公司4个改性沥青防水卷材生产基地及盘锦禹王化工涂料有限公司。年设计改性沥青防水卷材5600万平方米，涂料5万吨，全套引进意大利和西班牙技术与设备，有7条卷材自动化生产线，5套涂料装置，实验设备近百台。禹王的销售网络已占据国内三分之二的防水市场。连续3年来市场年销售量超过1000万平方米，经营额度1.5亿元以上，并以每年10%的速度递增，市场占有率全国第一。

2006年，集团克服原料价格暴涨，利润空间下降等不利因素，创造了销售额度近2亿元，销量比上年上升14%，回款率98%。销售额度比上年增长10%，施工产值比上年增长16.2%的好成绩。

禹王集团发展规划暨工作汇报会在盘召开　8月26日，“禹王集团发展规划暨工作汇报会”在集团副总裁张建华的主持下在盘锦召开。集团供销总公司、财务审计部、生产技术中心、营销管理中心、企划人事部、法律契约部、制品分厂等部门负责人分别在会上做了发言。他们在认真总结了上半年工作的基础上，结合本部门的实际情况，有针对性地对下半年的工作做出了具体的安排和部署。在汇报发言结束后，集团总裁詹福民对大家的发言进行了总结和点评。他说，这次会议开得非常成功，汇报内容具体、翔实，量化、细化了工作内容，而且可操作性极强，可以看出这次汇报的内容具有一定的广泛性和群众性。希望会后大家加强学习，加大学习力度，从各方面提高自身的素质。各部门也要适当地给员工提供更多的学习机会，为企业培养后备力量。詹福民对下半年的工作进行了总体安排，他强调指出，下半年以至今后的一段时期里，我们要从搞好经营、发展企业文化、引进人才方面狠下功夫，争取早日使禹王集团发展成为现代化的科学的管理型企业。

加强党的建设，促进禹王发展　7月1日，禹王集团党委召开纪念建党85周年暨新党员入党宣誓大会，一名新入党的同志在党旗下庄严宣誓。会上，集团党委书记詹福民代表集团党委向辛勤工作在各岗位的全体新老党员致以节日的问候和诚挚的祝愿。詹福民在回顾了我们党所走过的85年历程后强调，今天，我们纪念党的生日，目的是回顾历史，缅怀先烈，吸取力量，开创未来，树立信念，坚定决心，为党的事业，为企业的繁荣与发展而努力工作，贡献力量。禹王集团从1987年起，在党的领导下，在全体党员的共同努力下，已经历了建厂、投产、市场开发、体制改革和扩大生产经营规模等20年的风雨历程，现已形成了以生产、销售、施工、科研、设计、服务为一体的，具有综合实力的现代化企业集团。集团现有总资产3.48亿元，累计产量8000万平方米，实现产值12亿元。并以每年平均12%增长的速度稳步向前发展。20年来，企业前进的每一步都凝聚着全体禹王共产党员的心血和汗水，是广大党员和员工艰苦拼搏、无私奉献的结果。这一点党不会忘记，禹王的全体职工更不会忘记。但是，历史的发展，时代的进步，给我们的党提出了新的要求、新的课题。无论是新党员，还是老党员都同样面临着新的考验。提高认识，为党工作，为党争光，是我们神圣的义务，也是我们为之奋斗终身的誓言。詹福民强调，2006年，是禹王集团快速发展的一年。目标已经明确，任务非常艰巨。分析企业和市场形势，机遇和挑战并存。他要求，一是要充分利用十几年已积累的丰富理论和实践经验，全力以赴地组织好生产销售经营活动。二是要认真贯彻执行确保当年各项任务目标顺利完成的措施和方案。三是要充分调动全体员工的积极性，使之团结在党组织的周围，培养员工与企业同呼吸、共命运的责任感，激发干劲，形成艰苦创业，开拓进取的强大合力。

·盘锦辽河防腐建安工程有限公司·

基本情况　盘锦辽河防腐建安工程有限公司的前身为盘锦辽河防腐绝热工程总公司，始建于1999年10月。2006年12月进行了公司制改造，成为有限责任公司。公司党委于2000年4月组建，下设6个党支部，党员52人。2006年，公司党委在党的“十六大”和十六届五中、六中全会精神的指引下，牢固树立科学发展观，深入开展主题教育活动，为公司各项工作稳步开展提供了思想保证。公司先后荣获“全国防腐工程百强企业”、“辽宁省建筑施工企业（安装行业）综合实力排名第十一名”、“兴隆台区先进党委”、“盘锦市先进团委”、“盘锦市劳动和社会保障诚信等级AA级企业”等荣誉称号。

领导班子建设进一步加强 一是建立了理论学习制度，提高了领导干部的领导能力。公司党委组织领导干部系统地学习了社会主义荣辱观、党章、合同意识教育等多种学习资料，使领导干部的政治意识、法律意识得到增强，对做好各自的工作起到了思想上的指导作用。二是坚持和完善了民主生活会制度和领导班子会议制度。组织召开了“尽职履责，团结和谐”民主生活会，进一步加强了领导干部之间的沟通与协作。每月召开一次总经理常务工作会议，对公司的重大决策进行商讨。同时，按照“系统工作系统抓”的原则，由主管领导按月汇报本系统工作情况，实现了分工明确、权责清晰。三是按照“三优先，七不聘”的原则完成了两级机关管理人员的再聘任工作，并在机关管理人员中实施了业务精度考核。对公司领导、部室长、业务人员分别进行领导能力、管理环节和业务水平考核，使工作达到数量化、精细化和透明化，为公司实行绩效考核打下了良好的基础。

党的基层组织建设进一步夯实 一是积极探索对基层党支部的管理机制。根据公司党员的分布情况，重新组建了6个党支部，并对新一批党支部书记进行岗前培训，努力塑造出一支政治素质过硬、工作能力较强、知识结构合理、实践经验丰富的复合型干部队伍，提高了党员参与企业管理的能力，真正发挥职能作用。二是丰富党支部工作形式和内容。根据思想政治工作安排，采取上党课的方式，由党委书记和党支部书记就如何学习社会主义荣辱观和开展“二提一信用”主题教育活动进行了授课。三是完善工作规章制度，加强内部管理。通过定期检查支部书记的会议记录、活动记录本、党费收缴记录本等及时反馈了解党员队伍的基本情况，党支部的基本情况，党费收缴情况，党组织生活情况，党组织活动开展情况等，规范了党支部的管理，保障了党组织生活的正常有序开展。

企业文化活动进一步活跃 公司团委于4月份召开了关于社会主义荣辱观学习、讨论座谈会。共有20名团员参加了座谈。会上气氛热烈、发言踊跃、认识充分、意见具体，开成了一个团结奋进的会议。5月份，工会与共青团联合举办了以“激情在岗位上燃烧，风采在赛场中展现”为主题的篮球、拔河比赛，丰富了员工业余文化生活。6月份，举办了辽防公司第三届安全生产知识竞赛，来自各生产一线的24名青年员工参加了本次竞赛。通过活动进一步强化了职工的安全生产意识，帮助员工树立了安全生产就是经济效益的新观念。11月份，在党委组织的“决战60天，建功06年”劳动竞赛活动中，团委和工会也都积极响应号召，充分调动广大团员和职工群众的积极性，在劳动竞赛中发挥出了不可估量的作用。

综合治理工作进一步强化 通过签订综合治理承包合同，使基层经营领导对此项工作从思想上引起高度重视，增强了工作的紧迫感、责任感，为企业深化改革、稳定发展创造了良好的环境。通过在岗位责任制大检查中组织群众座谈，分析员工队伍的思想动态，对可能引发的矛盾和纠纷，做到超前预测，主动工作，及时化解各种不安定因素，将问题消灭在萌芽状态。组织开展了有针对性的厂规厂纪教育，使广大员工做到自觉遵守各项规章制度，增强自我约束能力，杜绝违反治安法规行为的发生。定期进行普法教育，增强职工的法制观念。在进行普法教育的同时，认真抓好法制宣传，特别是国务院《信访条例》和《治安管理处罚法》，使职工群众做到了通过正常的渠道、正确的方式、正规的程序，真实地反映情况和问题。

光荣园地

市委、市政府表彰全市思想政治工作先进集体和先进个人 2月16日，中共盘锦市委、盘锦市人民政府作出《关于命名表彰盘锦市思想政治工作先进集体和先进个人的决定》，授予市直属机关工作委员会等89个单位盘锦市思想政治工作先进集体称号，授予牛春阳等62名同志盘锦市思想政治工作先进个人称号。

一、先进集体（89个）

市纪律检查委员会
市委办公室
市直属机关工作委员会
市人民检察院
市政府办公室
市发展和改革委员会
市经济委员会
市司法局
市人事局
市信访局
市总工会
共青团盘锦市委员会
市妇女联合会
市国家安全局
市住房公积金管理中心
市国家税务局
市国家税务局稽查局
盘山县国家税务局
市地方税务局
市地方税务局直属分局
盘山县地方税务局
大洼县地方税务局
市地方税务局兴隆台分局
市地方税务局双台子分局
市工商行政管理局兴隆台分局
市工商行政管理局双生分局
市交通局
市公路管理处
市机动车驾驶员培训管理处
市劳动和社会保障局
市农机局
市城建监察总队
市建筑业劳动保险统筹基金办公室
市绿化管理处
市垃圾处理厂
市图书馆
市群众艺术馆
盘锦职业技术学院
市高级中学
市实验小学
市辽化小学
盘锦日报社
盘锦电视台
市卫生局
市中医院
市中心血站
市粮食局军粮供应部
市房屋产权产籍管理处
兴隆台房地产管理处
市供销合作社联合社
市救助管理站
市光荣院

市环境保护监测站
市质量技术监督稽查队
盘锦供电公司
盘锦供电公司双台子供电分公司
市邮政局
中国网通（集团）有限公司盘锦市分公司
辽宁移动通信有限责任公司盘锦分公司
中国联通有限公司盘锦分公司
中国工商银行股份有限公司盘锦分行
市商业银行大洼城市信用合作社
辽宁华锦集团党委工作部
盘锦北方沥青股份有限公司蒸馏车间
辽宁中润集团实业有限公司
辽宁兴隆百货集团有限公司
盘山县坝墙子镇
盘山县吴家乡
盘山县财政局
盘山县高升镇东莲花村
盘山县农村信用合作社联合社
盘山酒业有限责任公司
大洼县西安镇
大洼县大洼镇
大洼县财政局
大洼县新兴镇初级中学
大洼县人民武装部
双台子区胜利街道办事处
双台子区建设街道铁西社区
盘锦双益百货有限公司
盘锦和运油品储运有限公司
兴隆台区城乡建设环境保护局
兴隆台区渤海街道办事处
兴隆台区兴隆街道文化社区
兴隆台区兴隆农场
东郭苇场罗家分场
羊圈子苇场马丈房分场
市第十中学
盘锦监狱一监区

二、先进个人（62 名）

牛春阳　市客运站党支部书记、经理
李　朋　市直属机关工作委员会纪工委副书记
李素芬　市政府公共行政服务中心党总支副书记
田正文　市国土资源局机关党委副书记
陈　平　市农村经济委员会主任科员
李树民　市人民防空办公室综合科科长
李华田　市环境保护局宣传教育中心主任
刘踪萍　市中级人民法院政治部干部科科长
潘　庆　市公安局政治部秘书科副科长
汤建宁　市公安局兴隆台分局政治处主任
韩侍峰　兴隆台区国家税务局副局长
王喜文　市地方税务局稽查局副局长
李雅慧　市地方税务局双台子分局人事科科长
牛正民　市工商行政管理局兴隆台分局党组书记、局长
常宝贵　市工商行政管理局双生分局局长
李乃光　市城市规划建设委员会人事科科长
李宁思　市城建监察总队办公室科员
周继伟　兴隆台区人民武装部政治委员
李可伟　市农机局办公室主任
张　勇　市劳动和社会保障局法规与劳动关系科副主任科员
张维君　市质量技术监督稽查队队长
周德民　市公园管理处纪检书记
李小彪　市文化市场管理办公室主任
刘银章　盘锦职业技术学院财贸系党支部书记
金　秘　市第一完全中学副校长
樊红艳　市实验小学副校长
王　克　市粮食局人事监察科科长
张显臣　市卫生局党委宣传干事
郭素文　市第二人民医院党办主任
常福刚　盘锦电视台办公室副主任
梁　琦　市公路管理处党委副书记
赵鹏程　市房产局组织人事科科长
郭兰萍　市供销合作社联合社纪委副书记
高景孝　市社会福利院院长

李胜文　盘锦供电公司党委宣传部干事
郑殿文　市邮政局发投转运分局局长
王　斌　中国网通（集团）有限公司盘锦市分公司综合部主任
王奎文　中国工商银行股份有限公司盘锦分行党委宣传部部长
汪福德　辽宁华锦集团辽通公司党委副书记
张友柱　盘锦北方沥青股份有限公司蒸馏车间党支部书记
辛亚萍　盘锦富祥酒楼总经理
崔长武　盘山县水利局党委书记、局长
张金发　盘山县交通局党委书记、局长
张玉才　盘山县民政局局长
杨　昕　盘山县坝墙子镇党委书记
张岩松　盘山县太平镇党委副书记
郭民桥　盘山县陆家乡新农村党支部书记
李林军　市商业银行大洼城市信用社主任
陈宝库　大洼县西安镇党委书记
徐　伟　大洼县大洼镇党委书记
张凤印　大洼县荣兴乡党委书记
韩　雪　大洼县田家镇党委副书记
印祥顺　大洼县东风镇党委宣传委员
孟庆强　双台子区委宣传部常务副部长
高雪静　双台子区民政局党总支副书记
孟庆宇　兴隆台区于楼街道办事处党工委书记
肖　焰　兴隆台区曙光街道办事处党工委书记
李艳杰　兴隆台区兴隆街道文化社区党总支副书记
张世伟　东郭苇场党委宣传部部长
李春印　羊圈子苇场党委宣传部部长
尤志昌　市第十中学党支部书记
杨友山　盘锦监狱一监区教导员

市委、市政府表彰全市优秀非公有制企业和个人　4月25日，中共盘锦市委、盘锦市人民政府作出《关于表彰全市优秀非公有制企业和个人的决定》，对为促进盘锦市经济社会发展作出突出贡献的优秀企业和个人进行表彰。

一、盘锦市经济社会发展特殊贡献奖企业名单

辽宁兴隆百货集团有限公司
华润雪花啤酒盘锦有限公司
盘锦辽河油田大力集团有限公司
辽宁振兴生态集团
盘锦辽河油田晨宇集团有限公司
盘锦北方沥青燃料有限公司
盘锦兴达股份有限公司
盘锦辽河石油房地产开发有限公司
盘锦市大洼石油化工总厂
盘锦辽河油田金宇集团有限公司
辽宁中润实业集团有限公司
盘锦市天力房地产开发有限公司
盘锦市盘山酒业有限责任公司
辽宁天龙药业有限公司
辽宁华孚集团
盘锦辽通化工有限责任公司

二、盘锦市经济社会发展重大贡献奖企业名单

盘锦辽河油田辽海集团有限公司
盘锦辽河油田兴海建筑安装（集团）有限公司
盘锦茂顺沥青有限公司
辽宁省盘锦石油化工厂
沈阳三鑫集团盘锦路用材料有限公司
辽宁天意实业股份有限公司
盘锦辽河油田天都实业有限公司
盘锦和运实业集团有限公司

三、盘锦市经济社会发展贡献奖企业名单

盘锦辽河油田创业特种油开发有限公司
盘锦昂由沥青有限公司
盘锦辽河油田金环实业有限责任公司
盘锦龙驿房地产开发有限责任公司
盘锦日兴化工有限公司
盘锦辽河油田裕隆实业有限公司
盘锦摩天房地产开发有限公司
盘锦新广厦房地产开发有限公司

盘锦华源石油物资装备有限公司
盘锦鼎信实业集团
盘锦辽河油田恒泰利建筑安装工程有限公司
盘锦春成纸业有限公司
盘山源昊批发部
辽河油田华联实业总公司
盘锦辽河油田恒业有限公司
盘锦天安房地产开发集团有限公司
盘锦汇源溶剂油助剂厂
盘锦兴建助剂有限公司
盘锦辽河油田大明实业有限公司
盘锦瀚新房地产开发有限公司
盘锦辽河油田广茂油气公司
盘锦市兴隆台区鑫海钻探工程处
盘锦志达房地产开发有限公司
盘锦辽河油田华飞实业有限公司
盘山县甜水盐厂
大商集团股份有限公司盘锦新玛特购物休闲广场
盘锦市新兴化工有限公司
盘锦辽河数码科技发展有限公司
盘锦禹王防水建材集团有限公司
盘锦大米王酒业有限公司
盘锦新富祥餐饮有限公司
盘锦兴海制药有限公司
盘锦辽河油田天兴科技实业有限责任公司
盘锦裕华商厦有限公司
盘锦辽河油田力合工程有限公司
盘锦辽河油田辽南实业有限公司
盘锦辽河油田科技实业有限公司
盘锦曙光房地产开发有限公司
盘锦辽河油田环利实业有限公司
盘锦八方石化有限责任公司
盘锦东跃钢结构彩板有限公司
辽宁华商能源有限公司
盘锦人合房地产开发有限公司
盘锦星河汽车销售服务有限公司
大连国美电器有限公司盘锦分公司
辽河油田抽油泵制造厂
盘锦丰顺建材有限公司
盘锦大众花园宾馆集团有限公司
盘锦辽河油田双兴实业有限责任公司
盘锦辽河油田泰成实业有限责任公司
盘锦辽河油田天华工程实业有限公司
盘锦太平河石油化工厂
盘锦市桃源新村饭店
盘锦辽镁耐火材料有限公司
盘锦华镁耐火材料有限公司
盘锦电力建设有限公司
盘锦辽河油田鼎盛车辆燃气有限公司
盘锦辽河金贸环境工程有限公司
盘锦旭东水利工程有限公司
盘锦新宇大酒店有限公司
辽宁庆平房地产开发有限责任公司
盘锦东方沥青有限公司
盘锦道博尔石油新技术开发有限公司
辽河油田机关小型汽车大修厂
盘锦金信房地产开发有限公司
辽宁紫澜门国际酒店有限公司
盘锦天业建筑工程有限公司
盘锦供销大厦有限公司
盘锦上通汽车销售服务有限公司
盘锦锦鹤门业有限公司
大洼昆仑大酒店有限公司
百胜餐饮（沈阳）有限公司盘锦分公司
盘锦昌明电子有限责任公司

四、盘锦市经济社会高速发展贡献奖企业名单

盘锦北方沥青燃料有限公司
盘锦汇源溶剂油助剂厂
盘锦人合房地产开发有限公司
盘锦辽河油田鼎盛车辆燃气有限公司
盘锦新广厦房地产开发有限公司
盘锦星河汽车销售服务有限公司
盘锦辽河油田创业特种油开发有限公司
盘山县甜水盐厂
盘锦东跃钢结构彩板有限公司
盘锦辽河油田恒泰利建筑安装工程有限公司

盘山源昊批发部

盘锦市盘山酒业有限责任公司

盘锦上通汽车销售服务有限公司

盘锦辽镁耐火材料有限公司

盘锦兴达股份有限公司

盘锦曙光房地产开发有限公司

五、奉献爱心回报社会奖企业名单

辽宁振兴生态集团

盘锦兴隆大厦

盘锦旭东实业有限公司

盘锦华成制药有限公司

六、盘锦市经济社会发展创业之星奖名单

张　媛　盘锦双益百货有限公司董事长

李晓东　盘锦光合水产有限公司董事长

李维龙　辽宁兴隆百货集团有限公司董事长、总裁

李贵海　辽宁华孚集团总裁

杨春生　盘锦意丰肉联加工（集团）有限公司董事长

雒荣吉　辽宁天龙药业有限公司董事长

王　彬　辽宁天意实业股份有限公司董事长

周忠志　盘锦市盘山酒业有限责任公司董事长、总经理

卢志乐　辽宁宏冠船业有限公司董事长

钱　勇　辽宁振兴生态集团董事长

市委、市政府表彰全市信访系统先进单位和先进工作者　5月12日，中共盘锦市委、盘锦市人民政府作出《关于表彰全市信访系统先进单位和先进工作者的决定》，授予盘山县等23个单位盘锦市信访工作先进单位称号，授予梁庆复等49名同志盘锦市信访工作先进工作者称号。

一、先进单位

盘山县

大洼县

双台子区

兴隆台区

市纪律检查委员会信访室

市委政法委

市人大常委会信访办公室

市中级人民法院

市人民检察院

市教育局

市公安局

市财政局

市人事局

市劳动和社会保障局

市建委

市城建局

市卫生局

市人口和计生委

市环保局

市国土资源局

市房产局

市邮政局

辽宁华锦化工（集团）有限责任公司

二、先进工作者

梁庆复　盘山县太平镇镇长

佟跃良　盘山县甜水乡党委书记

张德坤　大洼县新开镇党委书记

毕素梅　大洼县信访局副局长

张艳霞　双台子区信访办副主任

颜景华　双台子区信访办副主任科员

孙　琳　兴隆台区信访办副主任

赵丽辉　兴隆台区信访办办公室主任

刘志杰　市纪律检查委员会信访室副主任

杨　丽　市委办公室秘书科科长

李宪国　市委组织部办公室主任

徐　冰　市委宣传部科员

刘庆军　市委政法委执法督查科科长

李　朋　市直机关纪工委副书记

王金生　市法院立案庭庭长

张俊岭　市检察院控申举报中心科员

王　岩　市政府办公室秘书科科长

陈晓梅　市经委老干部科科长

张　峰　市教育局办公室主任

张维龙　市科技局办公室主任

董大鹏　市公安局控申科科长
陈文辉　市公安局兴隆分局主任科员
刘　宁　市民政局优抚科科长
李秀艳　市司法局监察室主任
沈维明　市财政局办公室主任科员
李享占　市人事局办公室副主任
张　勇　市劳动和社会保障局副主任科员
刘凤清　市建委法规信访科科长
孙　丹　市城建局科员
孙维彬　市交通局办公室副主任
牛振军　市农委办公室主任
高中威　市海洋与渔业局办公室主任
杨德振　市商业局办公室主任
符廷华　市文化局办公室主任
李　亮　市卫生局办公室主任
王　靓　市人口和计生委政策法规科科长
董玉忱　市环境监察局副局长
王宏伟　市粮食局办公室主任
吕远航　市房产局动迁科科长
于秋梅　市旅游局主任科员
李可伟　市农机局办公室主任
刘素荣　市国土资源局信访接待室主任
李凤影　市工商局办公室副主任科员
郑永华　盘锦供电公司办公室主任
柳文彪　市邮政局人事教育部主任
王贺华　市供销社科长
王慧媛　辽宁华锦化工（集团）有限责任公司专职信访员
赵春华　市信访局办信科主任科员
黄寅卿　市信访局接访一科科长

市委表彰先进基层党组织和优秀共产党员、优秀党务工作者　6月26日，中共盘锦市委作出《关于表彰先进基层党组织和优秀共产党员、优秀党务工作者的决定》，对近年来在全市改革开放和现代化建设中取得优异成绩和在保持共产党员先进性教育活动中表现突出的盘锦供电公司党委等55个基层党组织和李晓东等68名共产党员、江秀忱等45名党务工作者予以表彰。

一、先进党委（14个）

盘山县太平镇党委
盘山县高升镇党委
大洼县田家镇党委
大洼县大洼镇党委
双台子区胜利街道党工委
兴隆台区城建环保局党委
兴隆台区曙光街道党工委
市城乡规划建设委员会党委
盘锦职业技术学院党委
市纪检监察机关党委
市国土资源局机关党委
盘锦北方沥青股份有限公司党委
盘锦供电公司党委
辽宁省盘锦监狱党委

二、先进党支部（总支部）（41个）

盘山县吴家乡孙家村党支部
盘山县古城子镇七台子村党支部
盘山县财政局党支部
盘锦兴达石化设备有限公司党总支部
大洼县新兴镇腰岗子村党支部
大洼县西安镇桑林子村党支部
大洼县财政局机关党支部
大洼县地税局党总支部
大洼县国税局党总支部
双台子区双盛街道常家村党支部
双台子区胜利街道三千米社区党支部
双台子区东风街道东风社区党支部
盘锦双益百货有限公司党支部
兴隆台区兴隆街道文化社区党总支部
兴隆台区渤海街道测井社区党总支部
兴隆台区锦采街道绿园社区党总支部
盘锦经济开发区国税局党总支部
市总工会机关党支部
市统计局机关党总支部
市档案局机关党支部
市人防办机关党支部
市公安局行动技术支队党支部
市城建监察总队党总支部
市房屋产权产籍管理处党总支部
市中医院党总支部
市群众艺术馆党支部

盘锦职业技术学院卫生系党支部
市高级中学党总支部
辽河油田实验中学党总支部
市绿化管理处党总支部
市再生物资回收公司党总支部
市客运站党支部
东郭苇场离退休办党总支部
羊圈子苇场沙河子分场党支部
石山种畜场园艺场党支部
中国化学工程第九建设公司第一安装公司党支部
中建二局四公司机械租赁中心党支部
市邮政局发投转运分局党支部
中国网通（集团）有限公司盘锦市分公司开发区营销分局党支部
盘锦供电公司大洼供电分公司党支部
辽宁省盘锦监狱二监区党总支部

三、优秀共产党员（68名）

张维新　盘山县劳动局局长
张金发　原盘山县交通局党委书记、局长
梁雨华　盘山县胡家镇党委副书记
颜　敏（女）盘山县古城子镇七台子村党支部书记
胡建华　盘山县吴家乡榆树村党总支部书记
朱立忱　盘山县沙岭镇郑家村党支部书记
孙　丽（女）盘山县教育局东郭中学教师
夏智财　盘山县经济局兴达沥青有限公司总经理
周国生　盘山县高升镇特种油品厂厂长
李永夫　盘锦辽滨经济区党工委副书记、管委会副主任
冉春复　大洼县工商局党组书记、局长
吴祥玉　大洼县新兴镇腰岗子村党支部书记
白洪库　大洼县西安镇桑林子村党支部书记
孙金艳（女）大洼县荣兴朝鲜族乡中央屯村农民
王月祥　华润啤酒（盘锦有限公司）总经理
李晓东　盘锦光合水产有限公司总经理
齐志斌　盘锦大洼石化总厂党委书记、厂长
李景云　盘锦旭东集团有限公司总经理
王艳华（女）双台子区审计局局长
张　军（女）双台子区东风街道党工委副书记
邱鹏举　双台子区民政局城市最低生活保障办公室主任
王贵学　双台子区双盛街道宋家村农民
张继成　盘锦东方沥青有限公司炼油车间党支部书记
肖　焰　兴隆台区曙光街道党工委书记、办事处主任
王明业　兴隆台区农村经济发展局局长
杨　栋　盘锦经济开发区管委会招商二局局长
孙　迅（女）兴隆台区地税分局办公室主任
马玉莲（女）兴隆台区渤海街道测井社区党总支书记
李艳杰（女）兴隆街道文化社区主任
任桂芝（女）兴隆台区振兴街道幸福社区第三党支部书记
张爱功（女）兴隆台区茨采街道茨采社区主任
李景珍（女）盘锦兴隆农场景园花卉有限公司董事长
谷万石　市信访局助理调研员
沈艳丰　市发改委产业项目规划办副主任
李广明　市劳动和社会保障局社保一科科长
高　杨（女）市委组织部办公室科员
夏　华　盘锦日报周刊部主任
赵喜忠　市友谊粮库主任
刘澜波　市工商行政管理局机关党委专职副书记
王喜文　市地税局稽查局副局长
王宪波　市文化局助理调研员

李永男　市公安局机关党委助理调研员
李　贵　市公安局计划财务装备科科长
陆　馗　市房产局办公室主任
田　野　市城乡规划建设委员会办公室文书
卢云生　市交通局组织人事科科长
王玉喜　市直属运输管理所所长
池军华　市第二完全中学校长
王太水　市高级中学校长
杨　梅（女）盘锦职业技术学院卫生系主任
柳庆林　市垃圾处理厂维修班班长
刘振铎　市公园管理处工人
赵素凤（女）辽河油田胜利小学政教处主任
刘英传　辽河油田第一高中教师
王　斌　盘锦电视台新闻部记者
吴永强　市网络传输中心主任
贾秀菊（女）市商业银行实验储蓄所所长
于长会　石山种畜场敬老院院长
张贵安　羊圈子苇场生产管理科科长
张　晖　盘锦移动公司副总经理
王昌双　中国化学工程第九建设公司党委工作部副部长
王　斌　中国网通（集团）有限公司盘锦市分公司综合部经理
王志兴　辽宁省盐碱地利用研究所优势研究室主任
范龙江　盘锦监狱七监区教导员、党总支副书记
张　磊　中建二局四公司总经理助理
赵　利　市邮政局储汇分局局长
李洪双　市国家安全局主任科员
李百明　盘锦供电公司双台子供电分公司内线班长

四、优秀党务工作者（45名）

冯　英（女）盘山县委常委、组织部长
李树久　盘山县坝墙子镇党委副书记
李春生　盘山县东郭镇党委副书记
任国兴　盘山县大荒乡党委副书记
张庆才　盘山县甜水乡党委组织委员
郭民桥　盘山县陆家乡新农村党支部书记
郑井顺　盘山县陈家乡大阪村党支部书记
张凤印　大洼县荣兴朝鲜族乡党委书记
张百军　大洼县田家镇党委书记
徐　伟　大洼县大洼镇党委书记
谢连祥　大洼县唐家乡党委书记
张冰洁（女）大洼县直机关工委常务副书记
金东升　大洼县委组织部副部长、县委组织员办公室主任
丁　艳（女）大洼县卫生局党委副书记
何玉中　大洼县王家乡党委副书记
李　勇　双台子区胜利街道党工委副书记
于素玲（女）双台子区建设街道铁西社区党支部书记、主任
周大岐（女）双台子区辽河街道化建社区党支部书记
谷玉峰　兴隆台区锦采街道党工委书记、办事处主任
耿淑芳（女）兴隆台区兴隆街道党工委副书记、纪工委书记
闫秀芳（女）兴隆台区于楼街道筑路社区党总支书记、主任
赵俊英（女）兴隆台区创新街道商东社区党支部书记、主任
于文生　市纪检委机关党委书记
江秀忱　市救助管理站党支部书记、站长
邬兰英（女）市人事局机关党委专职副书记
高立华　市检察院机关党委专职副书记
王介修　市财政局机关党委副书记
翟　辉　市国税局机关党委副书记
赵鹏程　市房产局组织人事科科长
张敬东（女）市城市建设管理局组织监察室主任
李乃光（女）市城乡规划建设委员会组宣科科长
盛　昕　市国资委组宣科科长

李仕忱　市卫生局纪委副书记、组织科长
赵玉坤（女）市第二人民医院党委书记
贺丽娜（女）盘锦职业技术学院组织人事部副部长
吕成军　市供销社组宣科科长
李再伟　辽河油田迎宾小学党支部书记
张　涛　东郭苇场党办主任
王　伟　羊圈子苇场党委组织部长
乔庆铎　石山种畜场党委组织部长
汪月新　中国化学工程第九建设公司党委书记
卢瑞祥　盘锦供电公司党委书记
王献国　盘锦监狱党委副书记、纪委书记
郑德有　辽宁省盐碱地利用研究所统战部长、党办主任
刘新建　中建二局四公司石家庄分公司搅拌站书记

市委、市政府表彰全市 2001——2005 年度法制宣传教育先进县（区）、先进集体和先进个人　9 月 4 日，中共盘锦市委、盘锦市人民政府作出《关于表彰 2001—2005 年度法制宣传教育先进县（区）、先进集体和先进个人的决定》，对法制宣传教育先进县（区）大洼县、辽宁华锦化工（集团）有限责任公司等 33 个法制宣传教育先进集体、张家轩等 50 名法制宣传教育先进个人予以表彰。

一、法制宣传教育先进县（区）

大洼县

二、法制宣传教育先进集体

辽宁华锦化工（集团）有限责任公司
北方沥青股份有限公司
市委宣传部
市人民检察院
市教育局
市公安局交警支队
市财政局
市人事局
市劳动和社会保障局
市交通局
市文化局
市人口和计生委
市环保局宣教中心
市国土资源局
市地税局
市工商局
市总工会
市妇联
盘山县陈家乡人民政府
盘山县高升镇人民政府
盘山县太平镇人民政府
盘山县坝墙子镇人民政府
大洼县公安局
大洼县司法局
大洼县大洼镇人民政府
大洼县田家镇人民政府
双台子区化工街道
双台子区化工街道双河社区
双台子区双盛街道常家村
兴隆台区文教局
兴隆台区公安分局
兴隆台区振兴街道
兴隆台区锦采街道

三、法制宣传教育先进个人

张家轩　辽宁华锦化工（集团）有限责任公司公安保卫部部长
胡海松　北方沥青股份有限公司司法助理
于　涛　市委宣传部宣传科科长
姜大群　市经委机关党委专职副书记
郭彦敏　市教育局办公室副主任
王自良　市民政局社区和基层政权建设科科长
高月利　市司法局法制宣传科副科长
宋　玉　市财政局办公室主任
刘凤清　市建委法规信访科科长
郭忠权　市城建局园林环境科科长
马明跃　市审计局综合科副科长
马万荣　市总工会法律工作部部长
程　哲　团市委青服中心主任
陈淑荣　市房产局法规科主任科员
刘俊峰　市自来水公司安全保卫科科长

左　丹　盘锦日报社记者
方　青　盘锦人民广播电台生活娱乐广播副总监
杨大卫　盘锦人民广播电台记者
卞　红　盘锦电视台记者
王　勇　市国土资源局征地服务站副站长
李艳秋　市国税局法规科副科长
刘起敬　市质量技术监督局法规科科长
王书明　中国建设银行股份有限公司盘锦分行办公室主任
江兆林　辽宁移动通信有限责任公司盘锦分公司综合部经理
许传恩　辽宁法士达律师事务所主任
周兴华　盘山县司法局法宣股股长
谢家民　盘山县大荒司法所所长
郑丙贵　盘山县吴家司法所所长
刘文治　盘山县石新司法所所长
夏井凡　盘山县太平司法所所长
高永彬　盘山县沙岭司法所所长
林万义　盘山县电视台记者
张凤印　大洼县荣兴朝鲜族乡党委书记
宗克昌　大洼县新兴镇党委书记
付宝奎　大洼县卫生局党委书记、局长
金祥贺　大洼县蛤蜊岗管理站副站长
依恒权　大洼县实验小学党支部书记
冷　金　大洼县司法局法宣股股长
厉铁恩　大洼县田庄台镇北大社区主任
张凤珍　双台子区司法局副局长
房剑飞　双台子区司法局法宣股股长
付晓静　双台子区化工司法所所长
张秀艳　双台子区辽河司法所所长
卢学双　双台子区铁东街道办事处高家村调委会委员
陆红丹　兴隆台区司法局法宣股股长
郑长青　兴隆台区创新街道司法所所长
陈向阳　兴隆台区渤海街道司法所所长
刘庆文　兴隆台区兴隆街道司法所所长
花向阳　兴隆台区平安街道办事处主任
董秀盈　兴隆台区国税分局监察室科员

市委、市政府表彰 2004——2005 年度文明单位和精神文明建设先进个人　10 月 13 日，中共盘锦市委、盘锦市人民政府作出《关于命名表彰 2004—2005 年度文明单位和精神文明建设先进个人的决定》，授予双台子区东风街道办事处等 7 个街道“文明街道”荣誉称号，授予大洼县大洼镇向阳社区等 23 个社区“文明社区”荣誉称号，授予盘山县东郭镇等 7 个乡镇“文明乡镇”荣誉称号，授予盘山县大荒乡后胡村等 22 个村“文明村”荣誉称号，授予辽宁天龙药业集团有限公司等 24 个企业“文明企业”荣誉称号，授予中共盘锦市委办公室等 95 个单位“文明单位”荣誉称号，授予沈艳丰等 35 位同志“精神文明建设先进个人”荣誉称号。

一、文明单位（178 个）

文明街道（7 个）

双台子区东风街道办事处
双台子区建设街道办事处
双台子区辽河街道办事处
兴隆台区创新街道办事处
兴隆台区曙光街道办事处
兴隆台区于楼街道办事处
兴隆台区振兴街道办事处

文明社区（23 个）

大洼县大洼镇向阳社区
大洼县大洼镇新兴社区
大洼县大洼镇兴顺社区
大洼县田庄台镇北大社区
双台子区东风街道东风社区
双台子区红旗街道中心社区
双台子区化工街道滨河社区
双台子区化工街道双河社区
双台子区建设街道铁西社区
双台子区辽河街道湖滨社区
双台子区辽河街道化建社区
双台子区胜利街道旌旗社区
兴隆台区渤海街道测井社区
兴隆台区渤海街道油建社区
兴隆台区创新街道鹤鸣社区

兴隆台区创新街道商东社区
兴隆台区曙光街道怡园社区
兴隆台区兴隆街道金河社区
兴隆台区兴隆街道文化社区
兴隆台区于楼街道永盛社区
兴隆台区于楼街道筑路社区
兴隆台区振兴街道幸福社区
兴隆台区振兴街道紫园社区

文明乡镇（7 个）

盘山县东郭镇
盘山县古城子镇
盘山县吴家乡
大洼县荣兴乡
大洼县西安镇
大洼县新开镇
大洼县新兴镇

文明村（22 个）

盘山县大荒乡后胡村
盘山县东郭镇东郭村
盘山县古城子镇七台子村
盘山县胡家镇红星村
盘山县陆家乡大板村
盘山县陆家乡新农村
盘山县沙岭镇郑家村
盘山县太平镇杜家村
盘山县甜水乡创业村
盘山县羊圈子镇九龙村
大洼县东风镇二道边村
大洼县二界沟镇曾家村
大洼县清水镇小清村
大洼县荣兴乡佟家村
大洼县唐家乡何家村
大洼县田家镇大堡子村
大洼县王家乡曙光村
大洼县新开镇西武村
大洼县新立镇前胡村
大洼县赵圈河乡蓝石村
双台子区红旗街道秃尾村
兴隆台区兴海街道赵家村

文明企业（24 个）

辽宁天龙药业集团有限公司
辽宁天意实业股份有限公司
辽宁兴隆百货集团有限公司
中国人民财产保险股份有限公司盘锦市分公司
中国石油天然气股份有限公司辽宁盘锦销售分公司
盘锦北方沥青燃料有限公司
盘锦大米王酒业有限公司
盘锦新富祥餐饮有限公司
大商集团盘锦新玛特公司
盘锦兴牧饲料有限公司
盘锦辽河油田大力集团有限公司
盘锦辽河油田辽海集团有限公司
中国银行盘锦分行
中国工商银行盘锦市分行于楼支行
中国农业银行盘锦市锦城支行
中国农业银行盘锦市辽河支行
中国农业银行盘锦市油田支行
盘锦市商业银行辽油支行
盘锦供电公司大洼供电分公司
盘锦供电公司双台子供电分公司
盘锦供电公司兴隆台供电分公司
辽宁移动通信有限责任公司双台子分公司
大洼县农村信用合作社联合社
兴隆台区兴隆农场

文明单位（95 个）

中共盘锦市委办公室
中共盘锦市委统战部
中共盘锦市委政研室
中共盘锦市委老干部局
中共盘锦市委党史研究室
盘锦市中级人民法院
盘锦市人民检察院
盘锦市人民政府办公室
盘锦市经济委员会
盘锦市城乡规划建设委员会
盘锦市城市建设管理局

盘锦市农村经济委员会
盘锦市对外贸易经济合作局
盘锦市文化局
盘锦市卫生局
盘锦市环境保护局
盘锦市质量技术监督局
盘锦市国家安全局
盘锦日报社
盘锦市房产管理局
盘锦市农机局
盘锦市旅游局
盘锦电视台
盘锦市城建监察总队
盘锦市市政工程管理处
盘锦市中小企业信用担保中心
盘锦市农业综合开发办公室
盘锦市公共行政服务中心管理办公室
盘锦市气象局
盘锦市供销合作社联合社
盘锦市总工会
盘锦市妇女联合会
盘锦市城郊地区检察院
盘锦市经济技术学校
盘锦市第一完全中学
盘锦市第三完全中学
盘锦市第二初级中学
盘锦市实验小学
盘锦市辽化小学
盘锦市聋哑学校
盘锦市政府机关幼儿园
盘锦市社会福利院
盘锦市鹤栖园公墓管理处
盘锦市劳动教养所
盘锦市投资审核中心
盘锦市行政事业性收费管理处
盘锦市机关事业单位社会保险中心
盘锦市劳动监察大队
盘锦市公园管理处
盘锦市垃圾处理厂
盘锦市建筑业劳动保险统筹基金办
盘锦市建设职工学校
辽宁省盘锦交通征稽局
盘锦港务局
盘锦市运输管理处
盘锦市直属运输管理所
盘锦市机动车驾驶员培训管理处
盘锦市交通工程质量监督站
盘锦市中心客运站
盘锦市图书馆
盘锦市文化市场管理办公室
盘锦市第一人民医院
盘锦市第二人民医院
盘锦市第四人民医院
盘锦市中医院
盘锦市疾病预防控制中心
盘锦市妇幼保健站
盘锦市公安边防支队
盘锦市工商行政管理局企业注册分局
盘锦市工商行政管理局双生分局
中共盘山县委组织部
盘山县民政局
盘山县财政局
盘山县水利局
盘山县工商行政管理局
盘山县农电局
盘山县高级中学
盘山县公安局石山派出所
盘山县陆家中心敬老院
大洼县人事局
大洼县水利局
大洼县工商行政管理局
大洼县公安消防大队
大洼县新兴中学
辽宁省高速公路管理局大洼管理处
双台子区民政局
双台子区劳动和社会保障局
双台子区文教幼儿园
双台子区油田矿产资源办公室
兴隆台区文教局
东郭苇场罗家分场

东郭苇场孙家流子分场

东郭苇场土地分场

羊圈子苇场胜利分场

羊圈子苇场西湾兴分场

二、精神文明建设先进个人（35名）

沈艳丰　盘锦市发展和改革委员会产业项目办主任

卢千昭　盘锦市公安局助理调研员

田　野　盘锦市城乡规划建设委员会办公室文书

李　威　盘锦市交通局宣传教育科科长

常　建　盘锦市农村经济委员会林业科科长

王培夙　盘锦市对外贸易经济合作局招商一科科长

徐　杰　盘锦市统计局法规科科长、党总支副书记

曹　琨　盘锦市国家税务局文明办科员

宋士明　盘锦市地方税务局兴隆台分局人事监察科科长

徐　波　盘锦市工商行政管理局机关团委书记

王者恩　盘锦市质量技术监督局机关党委副书记

郭兰萍　盘锦市供销合作社联合社机关党总支书记

高景孝　盘锦市社会福利院院长

刘　英　盘锦市劳动教养所一大队民警

朱光茹　盘锦日报社记者

李雅静　盘锦职业技术学院教师

李胜文　盘锦供电公司党委宣传部干事

杨大立　盘锦监狱十三监区监区长

左云青　北方工业学校党委书记、校长

张幸六　中铁十三局第三工程公司党委书记、副总经理

杨　飞　兴隆大厦总经理助理

杨　昕　盘山县委常委、政法委书记，高升镇党委书记

杨　凯　盘山县经济贸易局局长

齐昌光　盘山县水利局党委副书记

张振国　盘山县高升镇边东村党支部书记

唐晓明　盘山县公安消防大队指导员

王守昌　大洼县人大副主任

张富强　大洼县政协副主席、县委统战部部长

陈宝库　大洼县委办公室主任

冉春复　大洼县工商行政管理局党组书记、局长

徐　伟　大洼县大洼镇党委第一书记

李　斌　双台子区文明办副主任

许亚峰　双台子区红旗街道办事处党工委副书记

李　元　兴隆台区创新街道党工委书记

叶　明　东郭苇场土地分场党支部书记

概况要览

经济总量　初步核算，全年地区生产总值513.3亿元，比上年增长7%，其中，第一产业增加值50.7亿元，增长7%；第二产业增加值380.5亿元，增长6.1%；第三产业增加值82.1亿元，增长11%。第一、第二和第三产业增加值占地区生产总值的比重分别为9.9%、74.1%和16.0%。

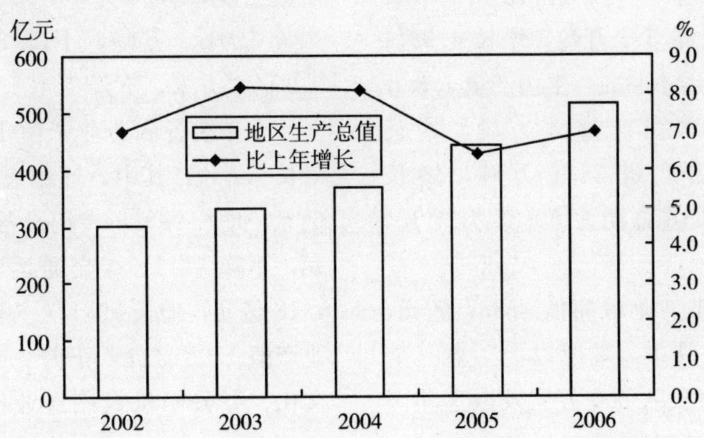

图1　2002—2006年地区生产总值及其增长速度

农业　全年粮食种植面积123129公顷，比上年增加2088公顷，其中，水稻面积105038公顷，增加2545公顷；玉米面积13198公顷，减少341公顷；蔬菜面积12932公顷，增加273公顷。

全年粮食产量106.1万吨，比上年增加6.9万吨，增长7%，其中，水稻产量98万吨，增长4.6%；蔬菜产量94.7万吨，与上年基本持平。

表1　2006年主要农产品产量及其增长速度　　单位：吨

产品名称	产　量	比上年增长%
粮　　食	1061453	7.0
水　稻	979978	4.6
玉　米	65125	70.3
大　豆	13575	−0.4
油　　料	97	—
花　生	97	—
水　　果	12237	−20.4
蔬　　菜	946853	0.8
芦　　苇	479270	7.4

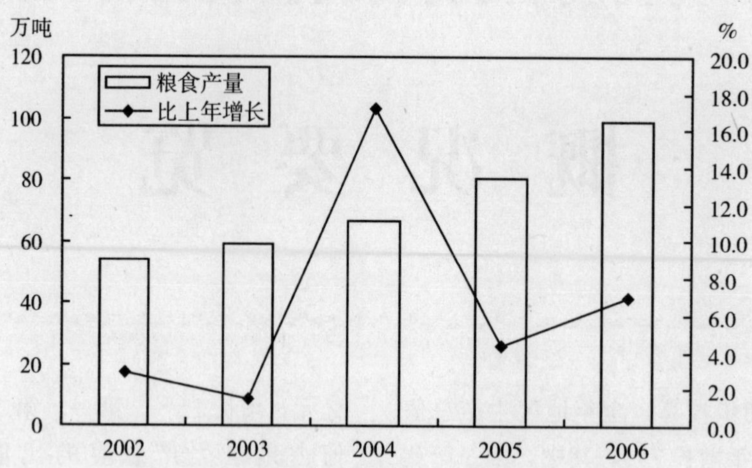

图2　2002～2006年粮食产量及其增长速度

全年肉类总产量9.3万吨，比上年增长12%，其中，猪肉产量5.4万吨，增长4.9%；禽肉产量3.7万吨，增长3%。牛奶产量1.8万吨，增长23.1%。禽蛋产量3万吨，增长4.7%。全年水产品产量25.1万吨，增长13.6%。全市农业机械总动力60.32万千瓦，增长1.6%。

工业　全年全部工业增加值358.7亿元，比上年增长5.7%，其中，规模以上工业（全部国有和年产品销售收入500万元及以上非国有工业，下同）增长5.6%。

全年规模以上工业企业工业总产值772.34亿元，比上年增长23.7%。按经济类型分，国有及国有控股企业产值633.98亿元，增长21.2%；集体企业产值2.19亿元，下降52.2%；股份制企业产值476.02亿元，增长21.7%；外商及港澳台投资企业产值12.54亿元，增长1.2%。按轻、重工业分，轻工业产值26.18亿元，比上年增长32%；重工业产值746.16亿元，增长23.4%。工业出口交货值10.24亿元，比上年增长42.2%，占全市规模以上工业销售产值的1.6%。

全年原材料工业产值711.44亿元，占规模以上工业产值的92.3%，比上年增长38.2%，其中，石油天然气开采业产值416.54亿元，增长25.9%；石油加工及炼焦业产值214.95亿元，增长36.1%；化学原料及医药制造业产值79.95亿元，增长2.1倍。其主要产品中，原油加工量539.95万吨，增长9.1%；天然原油产量1201.5万吨，下降3.3%；天然气产量8.9亿立方米，下降3.4%。

全年装备制造业产值16.82亿元，比上年增长5.8%，其中，通用设备制造业产值3.79亿元，增长99%；专用设备制造业产值7.53亿元，下降31.5%；交通运输设备制造业产值4.18亿元，增长53.1%；电气机械及器材制造业产值1.08亿元，下降4.4%；仪器、仪表及文化、办公用机械制造业产值0.24亿元，增长20%。

全年绿色有机食品业产值16.77亿元，比上年增长45.6%，其中，农副食品加工业产值13.87亿元，增长54.6%；饮料制造业产值1.96亿元，增长10.1%。

全年规模以上工业企业产品销售率为98.4%。按轻重工业分，轻工业为94.1%，比上年提高4.5个百分点；重工业为98.5%，减少1.8个百分点。按经济类型分，国有及国有控股企业产销率为99.6%；集体企业产销率为87.1%；外商港澳台投资企业产销率为86.8%。

全年规模以上工业企业主营业务收入750.69亿元，比上年增长24.7%；实现利税182.1亿元，增加20.2亿元，增长12.5%；实现利润124.0亿元，增加10.6亿元，增长9.3%；亏损企业亏损额2.1亿元，减少1.3亿元，下降38.2%。

表 2　　2006 年主要工业产品产量及其增长速度

产品名称	单位	产量	比上年增长％
天然原油	万吨	1201	－3.3
天然气	亿立方米	8.9	－3.4
原　盐	万吨	16.2	1.3
发电量	亿千瓦时	7.7	2.7
配混合饲料	万吨	17.3	17.7
酱　油	吨	3506	15.3
饮料酒	千升	91318	37.4
白　酒	千升	2067	－18.8
啤　酒	千升	89251	39.7
服　装	万件	162	43.4
机制纸及纸板	万吨	2.4	26.3
原油加工量	万吨	540	9.1
汽　油	万吨	13.2	－61.5
柴　油	万吨	127.3	4.1
润滑油	万吨	28	3.7
燃料油	万吨	51	－21.7
石油沥青	万吨	187.3	29.8
盐酸（含量 31％以上）	万吨	2.1	90.9
合成氨	万吨	32.2	－9.3
尿素（实物量）	万吨	55	－9.8
化学肥料（折纯）	万吨	25.6	－10.5
乙　烯	万吨	18.1	15.3
甲　苯	吨	73281	13.0
塑料树脂及共聚物	万吨	33.4	13.2
化学原料药	吨	1736	41.3
塑料制品	万吨	4.3	19.4
水　泥	万吨	27.8	42.6
砖	万块	21467	4.0
防水卷材	万平方米	748	91.3

表 3　　2006 年规模以上工业企业实现利润及其增长速度　　单位：亿元

指　　标	利润总额	比上年增长％
规模以上工业	124	9.3
其中：国有及国有控股企业	120.41	9.1
其中：集体企业	0.1	持平
股份制企业	113.23	6.8
外商及港澳台投资企业	1.01	－28.9
其中：私营企业	0.67	1.6倍

建筑业和房地产业　全年全社会建筑业增加值21.8亿元，比上年增长15.4%。全市具有资质等级的总承包和专业承包建筑业企业实现利润1.7亿元，增长1.6倍；上缴税金2.3亿元，增长35.3%。

全年房地产开发投资12.9亿元，比上年增长24.9%，其中，商品住宅投资12.1亿元，增长31.5%。商品房竣工面积44.2万平方米，增长21.3%。商品房销售额8.1亿元，其中，住宅销售额7.8亿元，所占比重为96%。

固定资产投资　全年全社会固定资产投资201.2亿元，比上年增长17.2%，其中，城镇投资184.9亿元，增长17.2%；农村投资16.3亿元，增长16.7%。

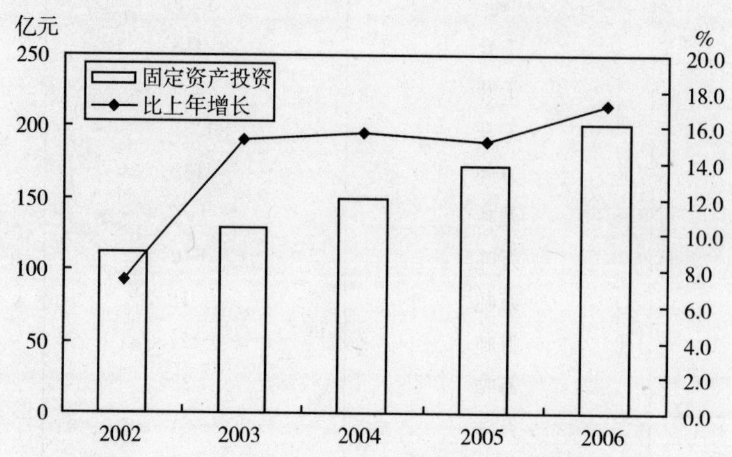

图3　2002—2006年固定资产投资及其增长速度

在城镇投资中，国有及国有控股单位投资144.8亿元，比上年增长16.3%。第一产业投资1.3亿元，增长17.8%；第二产业投资151.5亿元，增长18.3%；第三产业投资31.7亿元，增长4.3%。

国内贸易　全年批发零售贸易业商品销售额154.4亿元，比上年增长24.6%，其中，商品批发额79.3亿元，增长35.0%；商品零售额75.1亿元，增长15.1%。

全年社会消费品零售总额91.7亿元，比上年增长14.5%。按城乡分，城市消费品零售额67.3亿元，增长15.9%；县及县以下消费品零售额24.4亿元，增长10.7%。按行业分，批发零售贸易业零售额75.1亿元，增长15.1%；餐饮业零售额15.1亿元，增长10.6%；其它行业零售额1.5亿元，增长22.3%。

全年限额以上批发零售贸易企业商品销售额85.6亿元，比上年增长16.2%，其中，商品批发额62.5亿元，增长13.5%；商品零售额23.1亿元，增长24.2%。从主要商品类值看，食品、饮料、烟酒类商品销售额23.4亿元，增长28.2%；服装鞋帽、针纺织品类商品销售额6.6亿元，增长7.0%；金银珠宝类商品销售额1.0亿元，增长78.0%；日用品类商品销售额1.1亿元，增长23.7%；家用电器和音像器材类商品销售额3.2亿元，增长8.7%；中西药品类商品销售额1.5亿元，增长41.9%；通讯器材材料商品销售额0.97亿元，增长33.1%。

对外经济　全年进出口总额1.56亿美元，其中，出口总额1.02亿美元；进口总额0.54亿美元。出口大于进口4762万美元。

全年对美国出口590万美元，比上年下降24%；对香港地区出口260万美元，下降60%；对日本出口1718万美元，增长14.6%；对韩国出口2915万美元，增长54%；对俄罗斯出口154万美元，增长73%。年末，全市对外贸易国家（地区）97个。主要贸易伙伴位于前五名的是韩国、日本、欧盟、美国、印度。

表 4　　2006 年分行业城镇固定资产投资及其增长速度　　单位：万元

行　　业	投资额	比上年增长％
总　　计	1849031	17.2
农、林、牧、渔业	12580	17.8
采矿业	1228905	30.2
制造业	240961	−13.1
其中：化学原料及化学制品制造业	55014	−58.4
非金属矿物制品业	11010	7.8
黑色金属冶炼及压延加工业	3100	
交通运输设备制造业	25053	120.0
通信设备、计算机及其他电子设备制造业	514	48.9
电力、燃气及水的生产和供应业	16417	−61.0
建筑业	32747	74.1
交通运输、仓储和邮政业	21883	−6.7
信息传输、计算机服务和软件业	16317	29.8
批发和零售业	8164	58.9
住宿和餐饮业	3485	−19.4
房地产业	130270	15.4
科学研究、技术服务和地质勘查业	5020	177.3
水利、环境和公共设施管理业	74389	−0.8
居民服务和其它服务业	2300	−22.0
教育	7400	−19.9
卫生、社会保障和社会福利业	542	−70.0
文化、体育和娱乐业	2677	−67.4
公共管理和社会组织	44974	148.5

表 5　　2006 年固定资产投资新增主要生产能力

指　　标	单　位	绝对数
天然原油开采	万吨/年	130
天然气开采	亿立方米/年	0.35
学生席位	个	2100
医院病床	张	20
城市道路扩建长度	公里	26.5
城市道路扩建面积	万平方米	35
城市排水管道铺设长度	公里	14

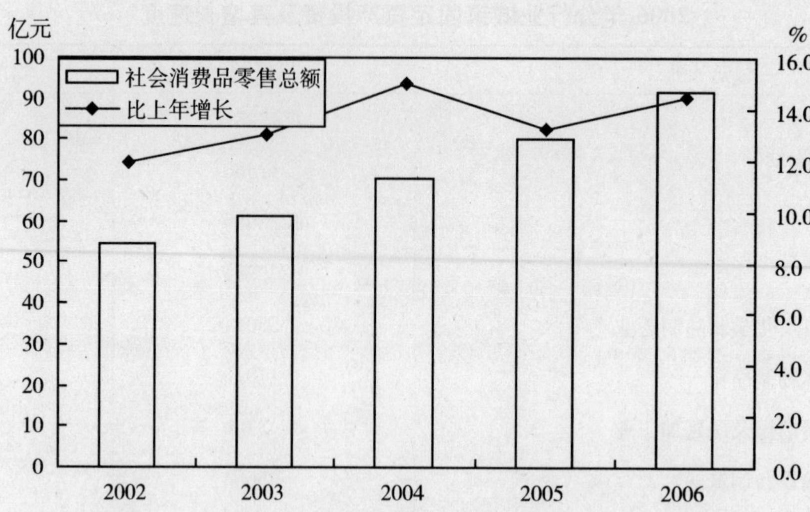

图 4　2002—2006 年社会消费品零售总额及其增长速度

表 6　　2006 年进出口总额及其增长速度　　单位：万美元

指　　标	绝对数	比上年增长%
进出口总额	15602	−14.5
出口额	10182	−24.8
其中：一般贸易	9430	−26
加工贸易	83	−49
其中：机电产品	1428	−51
高新技术产品	740	56
其中：国有企业	4398	−46
三资企业	2907	47
其它企业	2877	7.5
进口额	5420	14.9
其中：一般贸易	4676	7.5
加工贸易	717	724.1

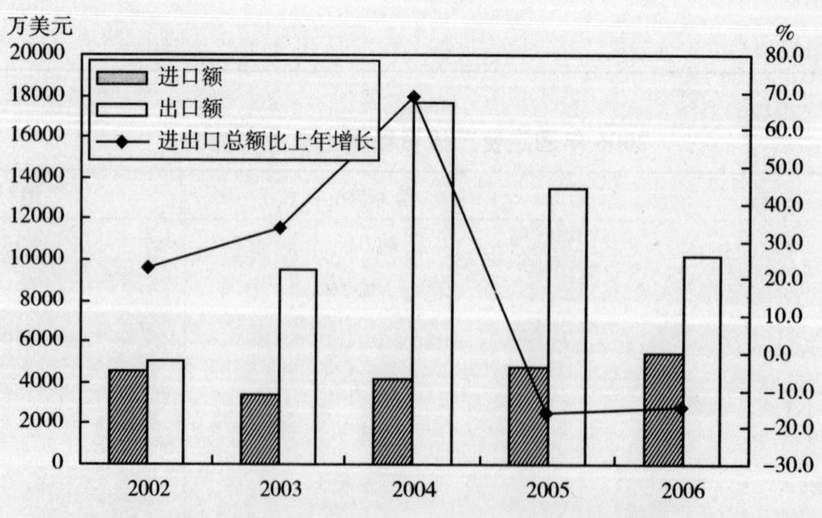

图 5　2002—2006 年进出口总额及其增长速度

全年新签外商直接投资合同项目40项，合同外资金额3623万美元，分别比上年增长29.0%和69.4%。实际利用外商直接投资额2053万美元，比上年增长40.0%。在新签外商直接投资项目中，合同外资额在100万美元以上的大项目有12个，合同外资额2961万美元，占外商直接投资合同额的81.7%。投向制造业的投资额3093万美元，占外商直接投资合同额的85.4%。年末全市工商登记注册外商投资企业129户，其中，当年新增24户。

表7　　2006年分行业外商直接投资及其增长速度

行业名称	合同项目（个）	投资额（万美元）	实际使用额（万美元）	比上年增长%
总　　计	40	3623	2053	40.2
农、林、牧、渔业	1	7		
制造业	35	3095	1901	64.7
住宿和餐饮业	2	40	39	
房地产业	1	360		
科学研究技术服务和地质勘查业	1	121	113	

对外承包工程和劳务合作新签合同项目14个，与上年持平；新签合同金额2476万美元，增长55%。完成营业额8397万美元，增长34%。全年外派劳务人员1399人，增长7%。年末全市在外劳务人员859人，比上年末增加142人。

交通、邮电和旅游　全年各种运输方式（不包括铁路）货物周转量221843万吨公里，比上年下降0.6%。货运量3811万吨，下降6.5%。旅客周转量88899万人公里，增长15.9%。客运量1722万人，下降2.4%。全年港口货物吞吐量87.7万吨，增长5.8%。

全年邮电业务总量17.55亿元，比上年增长15.9%，其中，邮政业务总量1.52亿元，增长15.2%；电信业务总量16.03亿元，增长16%。在邮政业务中，全年函件253.45万件，下降16%；特快专递18.94万件；邮政储蓄平均余额46.62亿元，增长15.6%。在长途电信业务中，全年国内长途电话3727.57万次；年末，全市局用交换机总容量139.97万门，比上年末增长11.7%。年末，全市固定电话用户43.84万户，比上年末下降9.8%，其中，城市29.41万户，下降15.7%；乡村14.43万户，下降0.4%。年末，移动电话用户55万户，比上年末增长16.8%。年末，全市固定电话普及率33部/百人。年末，国际互联网络用户6.97万户，比上年末下降11.1%。

全年共接待国内旅游者512万人次，比上年增长96.9%；接待入境旅游者3.1万人次，增长1.2倍，其中，外国人14692人次，港澳台同胞19128人次，分别增长72.7%和2.3倍。全年国内旅游收入29.93亿元，比上年增长90%；旅游外汇收入1275万美元，增长76.3%。

物价　全年居民消费价格比上年上涨1.1%，其中，服务项目价格略有下降。商品零售价格上涨1.5%。全年工业品出厂价格比上年上涨13%。原材料、燃料、动力购进价格比上年上涨6.69%。

金融保险　年末全部金融机构本外币各项存款余额488.8亿元，比上年末增长15.1%；全部金融机构本外币各项贷款余额162.1亿元，增长20.8%。

全年农村信用合作社人民币贷款余额15.2亿元，比上年末增加3.2亿元。全部金融机构人民币个人消费贷款余额9.3亿元，减少4.2亿元。

表 8　　**2006 年居民消费价格比上年涨跌幅度**　　单位:%

指　　标	城　　市
居民消费价格	1.1
食品	1.2
其中：粮食	0.9
烟酒及用品	1.4
衣着	-1.9
家庭设备用品及维修服务	7.2
医疗保健和个人用品	2.0
交通和通信	-1.2
娱乐教育文化用品及服务	0.7
居住	5.0

表 9　　**2006 年全部金融机构本外币存贷款及其增长速度**　　单位：亿元

指　　标	年末数	比上年末增长%
各项存款余额	488.8	15.1
其中：企事业单位存款	119.3	23.8
居民储蓄存款	327.1	9.0
其中：人民币	321.9	9.3
各项贷款余额	162.1	20.8
其中：短期贷款	116.0	25.3
中长期贷款	43.0	9.7

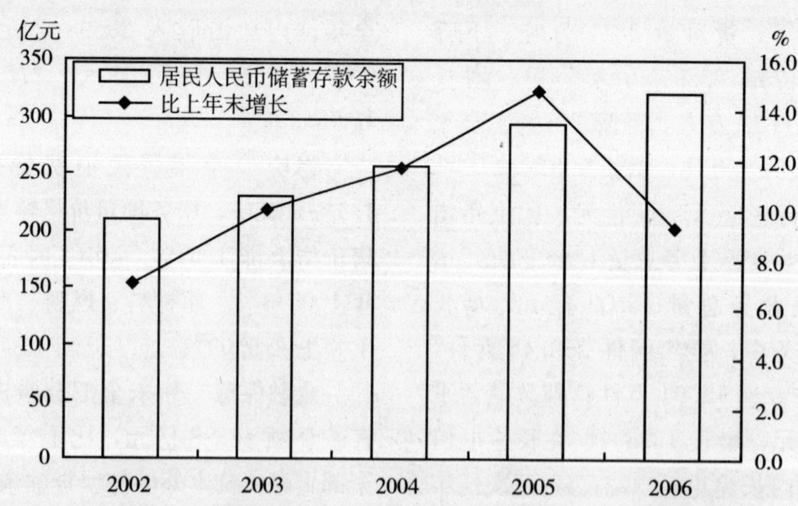

图 6　2002—2006 年居民人民币储蓄存款余额及其增长速度

全年保险公司保费收入 11.9 亿元，比上年增长 20.5%，其中，寿险业务保费收入 9.0 亿元，财产险业务保费收入 2.9 亿元。支付各类赔款及给付 4.6 亿元，其中，寿险业务给付 2.9 亿元，财产险业务赔款 1.7 亿元。

财政和税收　全年各项税收 99 亿元，比上年增长21.7%。地方财政一般预算收入25.9亿元，比上年增长20.5%。地方财政一般预算支出40.1亿元，比上年增长22.7%。

表10　　2006年地方财政一般预算收支及其增长速度　　单位：亿元

指　　标	绝对数	比上年增长%
地方财政一般预算收入	25.9	20.5
其中：增值税	6.9	11.0
营业税	3.6	24.2
企业所得税	1.6	10.5
个人所得税	1.1	15.2
地方财政一般预算支出	40.1	22.7
其中：农业支出	2.3	20.0
教育支出	4.6	19.3

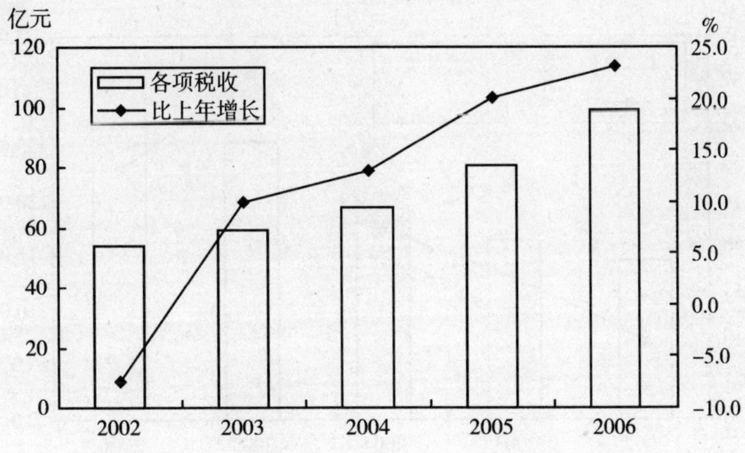

图7　2002—2006年各项税收及其增长速度

教育和科学技术　全年普通高等教育招生1478人，在校生4032人，毕业生791人。各类中等职业教育招生4996人，在校生11680人，毕业生2566人。全市普通高中招生8249人，在校生24881人，毕业生7316人。全市初中招生16860人，在校生53626人，毕业生16064人。普通小学招生14393人，在校生86591人，毕业生16862人。特殊教育招生20人，在校生102人。幼儿园在园幼儿27651人。全市小学生升初中升学率100%；初中毕业生升学率农村75%，城市95%。

全年全市三项科技费用投入1800万元，比上年增长28.6%。认定省以上企业技术中心28家。全年共取得科技成果41项。全年受理国内外专利申请754件。全年共签订技术合同410项，技术合同成交金额9000万元，比上年增长12.5%。

年末全市共有产品检测实验室62个，法定计量技术机构3个。全年强制检定计量器具3.2万台（件）。

文化、卫生和体育　年末全市共有艺术表演团体3个，公共图书馆5个，文化馆6个，文化站50个，档案馆5个。市级以上广播电台1座、电视台1座，全市有线电视用户18万户。年末图书馆藏书361千册。广播电台、电视综合人口覆盖率100%。

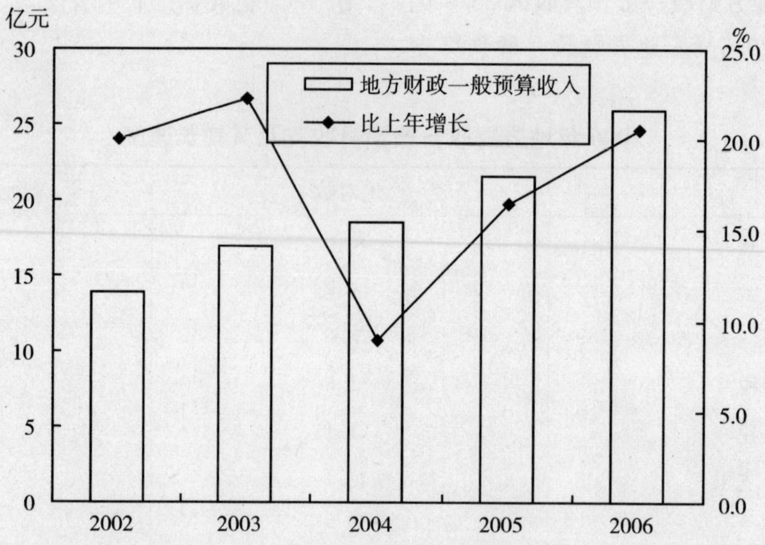

图 8　2002—2006 年地方财政一般预算收入及其增长速度

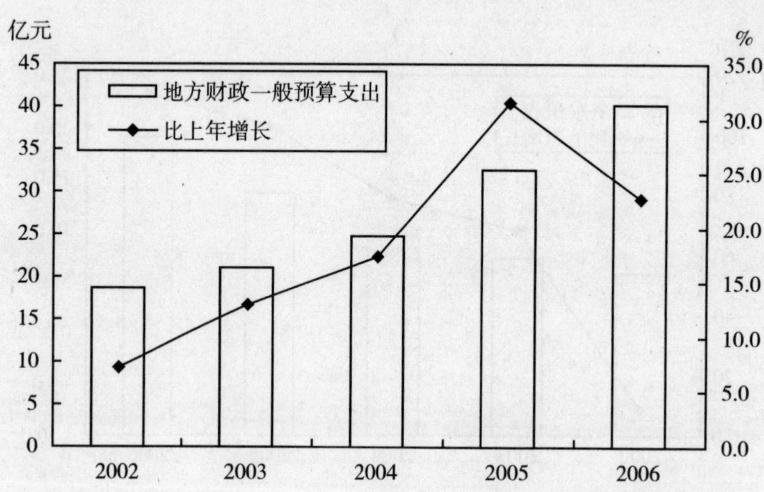

图 9　2002—2006 年地方财政一般预算支出及其增长速度

年末全市共有卫生机构 127 个，其中医院、卫生院 70 个，妇幼保健站（所）3 个，专科疾病防治所（站）4 个，疾病预防控制中心（防疫站）6 个，卫生监督、检验机构 7 个。卫生技术人员 6358 人，其中，执业医师 2552 人，执业助理医师 428 人，注册护士 2106 人。医院和卫生院实有床位 5102 张。乡镇卫生院 31 个，实有床位 572 张，卫生技术人员 463 人。全年全市报告甲、乙类传染病发病人数 2025 例，报告死亡 3 人；报告传染病发病率 154.6/10 万人，死亡率 0.23/10 万人。全市各县、区全部开展了新型农村合作医疗试点工作，覆盖面 100％。

全年全市体育运动员在国内各大项目比赛中，获得 17 枚金牌，19 枚银牌，31 枚铜牌。全年销售体育彩票 7960 万元。

人口、人民生活和社会保障　年末全市户籍总人口 127.1 万人，比上年末增加 1.2 万人。全年出生人口 8680 人，出生率 6.82‰；死亡人口 4509 人，死亡率 3.54‰；自然增长率 3.28‰；计划生育率 99.14％。

全年城市居民人均可支配收入 12205 元，比上年增长 10.7％；城市居民家庭恩格尔系数为 33.8％。全年农村居民人均纯收入 5711 元，比上年增长 12.7％；农村居民家庭恩格尔系数为 43％。

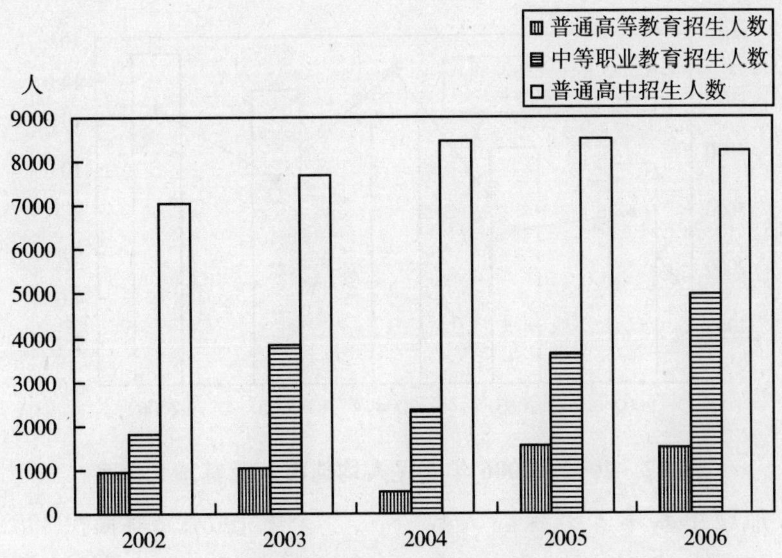

图 10　2002—2006 年各类教育招生人数

表 11　2006 年户籍人口数及构成　　单位：万人

指　　标	年末数	比重（%）
全市总人口	127.1	100
其中：城镇	79.2	62.31
乡村	47.9	37.69
其中：男性	64.4	50.67
女性	62.7	49.33
其中：0—14 岁	24	18.88
15—59 岁	92	72.38
60—64 岁	4	3.15
65 岁以上	7.1	5.59

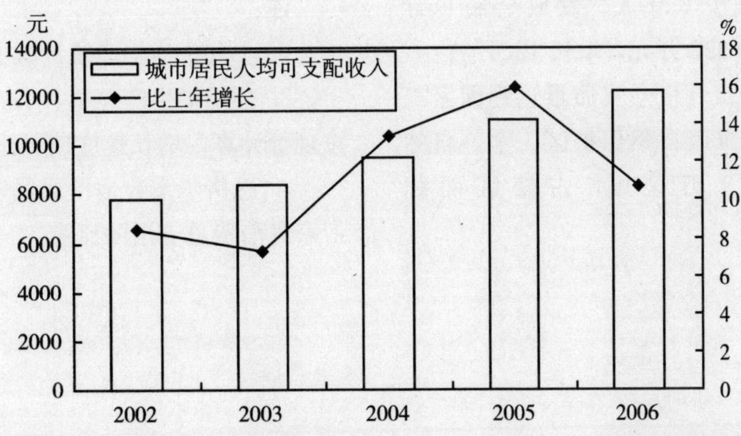

图 11　2002—2006 年城市居民人均可支配收入及其增长速度

年末全市城镇单位从业人员 450660 人，比上年末增加 16175 人，增长 3.7%。私营个体从业人员 146870 人，其中，城镇私营个体从业人员 81937 人。年末城镇登记失业率 3.1%。

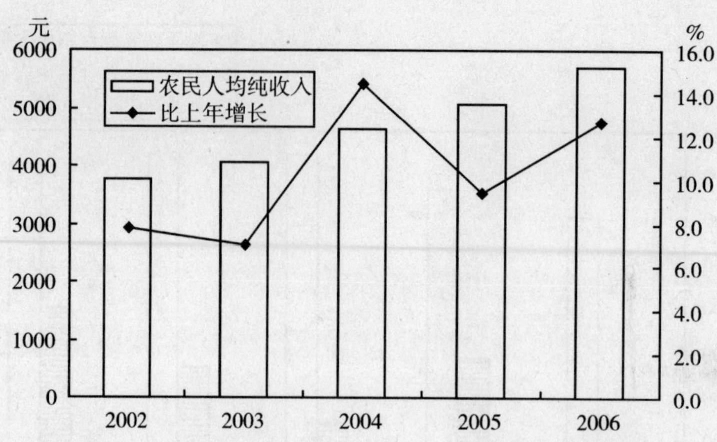

图12　2002—2006年农民人均纯收入及其增长速度

年末全市参加城镇基本养老保险人数235709人，比上年末增加22313人，其中，参保职工180834人，参保离退休人员54875人。全市参加城镇基本医疗保险人数305000人，增加15945人。全市参加失业保险人数288989人，增加20837人。全市参加工伤保险人数175094人，增加12768人，其中，参保农民工467人。全市参加生育保险人数74669人，增加5097人。全市领取失业保险金人数5660人。

年末全市城镇福利院10个，拥有床位1041张，收养660人；全市农村集体办敬老院29个，拥有床位2367张，收养5097人。全年发售社会福利彩票16215.9万元。年末全市享受低保人数39583人，增加659人，增长1.7%，其中，城镇居民23659人，增加1519人；农村居民15924人，减少860人。发放金额总计3547.7万元，增加392万元，增长12.4%。

资源环境　全市环境空气质量达到国家二级标准。全市有国家级自然保护区1个，自然保护区面积12.8万公顷，占辖区面积的33.3%。

全年完成营造林面积788公顷，其中，国有林34公顷，集体林268公顷，非公有造林486公顷。植树510万株，其中，义务植树208万株，四旁植树134万株。木材产量12436立方米。育苗面积227公顷。苗木产量640万株。

2006年底，城市污水处理厂日处理能力达10万立方米，污水处理率达到53.1%。集中供热面积1249.6万平方米，比上年增长5.3%；建成区绿化覆盖率达到36.8%。

全年全市共发生道路交通事故372起，亡158人，伤419人，造成直接经济损失折合人民币160万元。

全年全市共发生火灾599起，亡2人，伤1人，直接经济损失81.3万元。

注：

1. 本公报为初步统计数或初步核算数。

2. 公报中生产总值、各产业增加值绝对数按现价计算，增长速度按可比价格计算。

3. 恩格尔系数是指居民家庭食品消费支出占家庭消费总支出的比重。

世纪英姿专栏
SHIJIYINGZI

世纪英姿专栏目录

035　盘锦市烟草专卖局
036　盘锦电视台
037　盘锦人民广播电台
　　盘锦市劳动就业局
038　盘锦市城市管理综合行政执法局
040　盘锦市房产局
041　辽宁双台河口国家级自然保护区管理局
042　盘锦市农机局
043　盘锦市公路管理处
044　盘锦市运输管理处
046　盘锦市农业综合开发办公室
047　盘锦市中小企业信用担保中心
048　盘锦市行政事业性收费管理处
049　盘锦市县乡财源建设办公室
050　盘锦市水资源管理处
051　盘锦市市政工程管理处
052　盘锦市住房公积金管理中心
053　盘锦经济开发区
054　盘锦市房屋产权产籍管理处
055　盘锦市房地产交易管理处
056　盘锦市河务管理处
057　盘锦市机动车驾驶员培训管理处
058　盘锦市城市规划管理办公室
059　辽河碑林管理处
　　盘锦市双台子河闸管理处
060　盘锦市新华书店
061　奋进中的盘锦市地方税务局兴隆台分局
062　盘锦市地方税务局开发区分局
063　盘锦市地方税务局直属分局
064　盘锦市地方税务局稽查局
065　盘锦军分区
066　中国人民武装警察部队盘锦市支队
067　盘锦消防支队
068　盘锦市公安局巡逻防暴支队
069　盘锦市第二人民医院
070　盘锦市第三人民医院
072　盘锦市第四人民医院
073　盘锦市中心血站
074　盘锦馥安医院
076　盘锦市疾病预防控制中心
　　兴隆台区红村街道办事处
077　辽河油田第一高级中学
078　辽河油田第二高级中学
079　辽河油田第三高级中学
080　盘锦市第二完全中学
081　盘锦市实验中学
　　盘锦市实验小学
082　和谐进取的盘锦市社会福利院
083　盘锦市军队离退休干部服务管理中心
084　盘锦市温州商会

085　盘锦市福利彩票发行中心
086　盘锦市双台子区社会福利院
087　中国工商银行股份有限公司
盘锦分行
088　盘锦市商业银行
090　招商银行盘锦支行
092　盘锦市农业发展银行
093　天源证券盘锦泰山路营业部
094　辽宁省农村信用社联合社
盘锦办事处
096　盘锦市财产拍卖有限公司
盘锦市征地勘测队
097　中国联通盘锦分公司
098　中国网通（集团）有限公司
盘锦市分公司
099　中国化学工程第九建设公司
100　中国石油辽宁盘锦
销售分公司
101　盘锦大米王酒业有限公司
102　蓬勃发展的盘锦市友谊粮库
103　辽宁省储备粮管理有限公司
新开储备库
104　盘锦北方农业技术开发
有限公司
105　盘锦鼎实实业集团有限公司
106　瀚新房地产开发有限公司
107　辽宁华孚石油高科技股份
有限公司

108　辽宁天龙药业有限公司
109　新宇大酒店
110　盘锦腾飞肉类食品有限
责任公司
112　福德汇餐饮管理有限公司
114　辽河石油勘探局录井公司
116　辽河石油勘探局测井公司
118　辽河石油勘探局华油实业公司
120　中油辽河工程有限公司
122　辽河石油勘探局装备工程公司
124　辽河石油化工总厂
125　盘锦辽河油田蕴泽实业
有限公司
126　大商集团盘锦新玛特购物
休闲广场
127　华润雪花啤酒（盘锦）
有限公司
128　盘锦辽河油田博洋工控技术
有限公司
129　万众医药
130　盘山县
132　大洼县
134　双台子区
136　兴隆台区
138　盘山县国土资源局
139　盘山县交通局
140　盘山县粮食局
141　盘山县太平镇

142　盘山县甜水乡
143　盘山县陈家乡
144　盘山县高升镇边东村
145　盘山县吴家乡
146　大洼县卫生局
大洼县劳动和社会保障局
147　大洼县农电局
148　大洼人民广播电台
大洼县田庄台镇
149　盘锦市大洼三角洲开发区
150　大洼县第一人民医院
151　大洼县大洼镇
152　大洼县王家乡
153　大洼县田家镇
154　大洼县粮食集团有限责任公司
155　大洼县二界沟镇
156　盘锦长发福水产有限公司
157　兴隆台区兴隆街道粮家村

中共盘锦市委办公室

市委副秘书长、办公室主任：看金明

中共盘锦市委办公室是中共盘锦市委的综合办公部门，是市委承上启下、联系内外的桥梁和纽带，是市委领导的重要参谋和助手，承担着办理政务、管理事务、搞好服务的职责。在市委的正确领导下，市委办公室坚持以邓小平理论和“三个代表”重要思想为指导，紧紧围绕市委的中心工作，开拓进取，积极创新，大力强化政务，努力搞好事务，充分发挥了参谋助手的作用，为市委领导提供了较高水平的服务，得到了市委领导的认可。文秘工作运作规范有序，办文、办会、办事水平不断提高。综合调研工作不断得到加强，坚持深入基层为市委领导收集第一手资料，整理了大量高质量的文稿。信息工作围绕党的中心工作和阶段性工作重点，全方位、多角度地收集上报信息。督查工作扎实有效，紧紧围绕市委的中心工作，认真履行职责，为推动市委决策落实和解决领导关注、群众关心的问题发挥了重要作用。机要工作坚持突出密码通信主体，强化管理，不断提高密码工作的服务和管理水平。保密工作坚持“保安全、保发展”，充分发挥保密工作部门的服务和保障作用。行政工作从强化管理、完善制度入手，不断提高服务意识和管理水平，较好地完成了市委机关安全保卫工作和行政后勤、财务管理等工作。面对“十一五”全市经济社会发展目标和市委中心工作，市委办公室将继续以科学发展观为统领，积极履行工作职能，牢固树立政治意识、大局意识、服务意识、奉献意识、竞争意识、节约意识等“六种意识”，着力创建学习型机关、创新型机关、竞争型机关、服务型机关、节约型机关、和谐型机关等“六型机关”，努力提高“三个服务”工作水平，使办公室各项工作取得新进展，为全市经济社会又好又快发展作出更大的贡献。

团结奋进的领导班子

中共盘锦市直属机关工作委员会

领导班子成员

中共盘锦市直属机关工作委员会，是市委的派出机构，负责对市直机关党的工作进行统筹规划，监督指导，协调服务。内设纪工委、组织部、宣传部、工会工委（含团工委、妇委会）、办公室等5个委部室。下辖76个机关党组织，其中，机关党委29个，机关党总支12个，机关党支部35个。2006年，市直机关工委在市委的领导下，认真贯彻落实《中国共产党和国家机关基层组织工作条例》，严格坚持“三会一课”制度，增强党组织活动的实效性和针对性，完善机关党建工作目标管理考核办法。深入开展“抓作风、比服务、争一流”作风建设主题活动及精神文明创建活动，使市直机关党的建设、党风廉政建设、精神文明建设及群团建设取得了长足发展，各项工作均取得了优异的成绩。

领导班子成员

中共盘锦市委政策研究室

中共盘锦市委政策研究室是市委的综合部门，是一支由博士、硕士研究生和大学本科以上学历组成的高素质、高学历、年轻化的干部队伍。负责全市调查研究的综合协调工作，承担市委、市政府决策咨询委员会办公室的工作职能。内设秘书科、农村经济调研科、城市经济调研科、政治文化调研科，及市委、市政府决策咨询委员会办公室。

2006年，市委政策研究室紧紧围绕市委中心工作，创新调研方式，努力提高调研水平，主动为全市经济社会又好又快发展当参谋、出主意，高质量地完成市委、市政府重大课题调研任务，受到市领导的充分肯定和高度赞誉。全年，共起草市领导重要讲话、撰写理论文章和调研报告 32 篇，围绕经济社会重大问题开展的专题调研 5 个，参与市委、市政府 6 项重大政策的研究制定，编印《调查研究》、《盘锦调研》和《决策咨询》等期刊 20 期。

市委政研室在积极履行工作职能的同时，十分重视加强机关自身建设，实现了业务建设与精神文明建设双丰收。在全国党委系统政研联席会上，主办刊物《盘锦调研》被评为“全国优秀党刊”，并在大会上介绍了经验做法；在全省 2004——2005 年度优秀调研成果评选大会上，作为全省先进单位在大会上作典型发言；室领导班子被市委评为“好班子”，单位先后被评为市级先进单位、“十佳”党支部、综合治理工作先进单位和“抓作风、比服务、争一流”活动先进单位。

团结的领导班子

做好事　办实事　解难事
——盘锦市总工会

市委常委、市总工会主席王广华参加扶贫药店开业典礼

2006年，全市工会组织紧紧围绕完成“十一五”时期“三大重点任务”，以开展“一组三动”活动为平台，组织职工通过提合理化建议、技术攻关、技术创新，共创造经济价值13429万元。协助政府评选省级劳模21名，市级劳模145名，宣传和弘扬了劳模精神。以地税代缴工会经费为契机，在非公企业建会71家，外企建会23家，新增会员18283人。以开展“双合同月”活动为载体，加大“两个合同”的签订力度，全市签订劳动合同职工186471人，签订集体合同覆盖职工76330人。同时，在540家企业建立劳动法律监督委员会和劳动争议调解委员会，参与劳动仲裁。在333户企事业单位建立和实行职代会及厂务公开民主管理制度，进一步落实职工的参与权、知情权、监督权和审议权。以服务职工为宗旨，为职工做好事，办实事，解难事。“两节”期间，走访慰问特困职工4420户，发放慰问金121万元。同时，还开展了专项救助活动，为601户特困职工发放供暖补贴，为120名困难职工子女上大学发放助学金，为243名因病致贫职工和856户大病困难职工发放购药券和医疗金，为56名农民工发放返乡路费等项合计金额达181.88万元。全年，共安置就业再就业人员8217人，培训下岗职工1360人，扶持创业带头人40名。市工会组织帮扶救助工作在全省率先纳入市政府救助体系的作法得到省总和全总的肯定。市总工会被评为全省工会帮扶工作先进单位。

主席：徐玉敏

盘锦市妇联

2006年，市妇联在市委的正确领导下和省妇联的指导下，坚持以邓小平理论和“三个代表”重要思想为指导，以经济建设为中心，全面落实科学发展观，实践社会主义荣辱观。全体同仁敬业勤奋，开拓创新，遵纪守法，清正廉洁，努力学习钻研现代科技知识和妇女工作理论，认真开展保持共产党员先进性教育活动，密切联系妇女群众，倾听妇女的呼声，及时反映妇女的意见、建议和诉求，积极为妇女儿童办事实、办好事。带领全市广大妇女积极投身“三个文明”建设，深入开展了“四大工程”和“三项主体活动”。创新发展了妇女再就业指导工作和妇联基层组织建设。深入贯彻落实男女平等基本国策，进一步实施妇女、儿童发展规划，较好地履行了市妇联的工作职责，出色、圆满地完成了各项工作任务，得到了省妇联和市委、市政府的认可，受到社会各界的广泛赞誉。被全国、省妇联授予 “双学双比” 先进集体，“三八”红旗集体，工作创新奖等荣誉称号，被市委、市政府评为文明单位。

盘锦市群众艺术馆

市群众艺术馆始终坚持“三个代表”重要思想，坚持加强党的思想建设、组织建设和作风建设，坚持以人为本的科学发展观，为全市的社会主义精神文明建设和创建和谐社会做出了应有的贡献。市群众艺术馆党支部多次被评为市先进党支部、市先进集体。市群众艺术馆多次被评为市级先进集体、文明单位。

1998年以来，先后晋升为省二级群众艺术馆、省级文明单位、全省文化系统先进集体、省社会文化工作先进集体、省级档案管理先进集体。2002年跃升为国家二级群众艺术馆，并受到文化部的通报表扬。

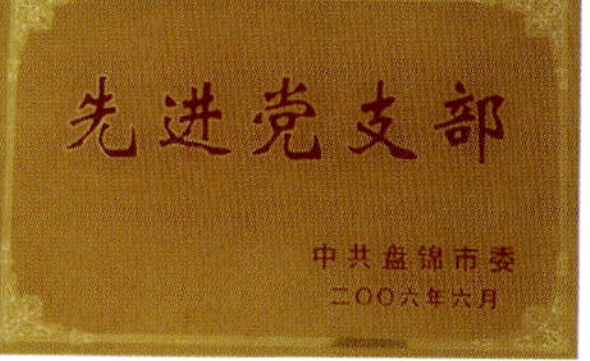

盘锦市经济委员会

市经济委员会是市政府经济综合部门，内设17个行政科室，辖5个事业单位。主要职责是：编制工业和民营经济发展规划，并指导和扶持其加快发展；推动全市工业领域与国内外企业合资合作；实施以节能降耗和污染减排为主要内容的可持续发展战略；加强企业经营管理人才队伍建设；推进企业改革和技术进步；强化盐业执法、电力执法和能源执法等。

2006年，在市委、市政府的正确领导下，市经委领导班子带领全体干部职工上下同心，努力拼搏，克服各种困难，全面完成了市委、市政府赋予的各项任务。工业结构调整步伐加快；节约型社会建设取得新进展；工业企业市场竞争能力不断提高；招商引资工作再上新台阶；工业投资大幅度增长；项目开工率创历史新高；工业和民营经济实现持续快速发展。

主任：杨学明

刘家升副市长和杨学明主任在经贸洽谈会上

刘家升副市长和杨学明主任在洽谈项目

杨学明主任在工业暨民营经济会议上做报告

副市长刘家升在啤酒美食节上讲话

盘锦市城乡规划建设委员会

盘锦市城乡规划建设委员会，正处级建制，全系统现有职工392人，下设8个科（处）室，所辖14个事业单位，主要负责全市城市规划、城市建设、村镇建设、建筑行业管理和城市开发工作。建市以来，盘锦市城乡规划建设委员会在市委、市政府的正确领导下，全面加强城市规划、建设和管理，建成区面积由建市初期的24.5平方公里拓展到55平方公里，累计投入城市建设资金100多亿元，城市面貌日新月异。城市规划布局日趋合理，城市基础设施建设逐步完善，建筑市场管理日益规范，开发市场秩序明显好转，城市环境质量总体水平稳步提高，市民生产、生活环境得到明显改善。

盘锦市邮政局

盘锦市邮政局下辖盘山县、大洼县邮政局。内设人事教育部、计划财务部、经营服务部、监督检查部、办公室、工会。下辖储汇分局、邮资票品分局、速递物流分局、发投转运分局、电子通信分局、函件广告分局、信息技术分局、运输分局等8个分局。全局共有城乡营业网点83处。全市汽车邮路单程总长度1008公里，服务面积4094平方公里，服务人口120万。全局从业人员945人，其中，在岗职工446人，劳务工499人。

2006年，全地区邮政业务收入完成1.09亿元，比上年增长7.9%；收支差额完成762万元；全员劳动生产率达到12万元。

领导班子成员

盘锦市民族事务委员会

市民委（宗教局）是市政府负责民族、宗教事务工作的职能部门。

党组书记、主任（局长）：陈建中

2006年，市民委（宗教局）认真贯彻中央和省、市三级民族工作会议精神，努力促进少数民族经济社会全面发展，维护民族团结。认真组织召开全市民族工作会议，研究制定盘锦市民族乡、村发展规划。积极开展“千家万户”电脑致富工程、辽宁省社会主义新农村少数民族示范村工程及“星光计划”二期工程。认真组办盘锦市第四届少数民族传统体育运动会并参加辽宁省第六届少数民族传统运动会。切实加强清真食品的检查、监督和管理。认真贯彻落实《宗教事务条例》，维护社会稳定。坚持依法管理宗教事务，加强宗教干部的培训，认真处理历史遗留问题，严防境外渗透，取缔非法传教活动，积极引导宗教与社会主义社会相适应。开创了盘锦市民族宗教工作的新局面。

盘锦市人口和计划生育委员会

领导班子（左起）：纪检书记周德庆，副主任耿素荣，党组书记、主任贾洪琳，副主任杨宗占，副主任田德顺

2006年，市人口计生委坚持以科学发展观统领人口和计划生育工作，认真执行计划生育基本国策，把各项计生工作任务落到实处。全市出生人口8938人，人口出生率和自然增长率分别为7.03‰和3.48‰，总和生育率稳定在1.0左右，圆满完成年初制定的各项工作指标，继续保持全省先进水平。市人口计生委非常重视班子建设，从思想和制度建设入手，解放思想，开拓创新，不断提高领导干部的理

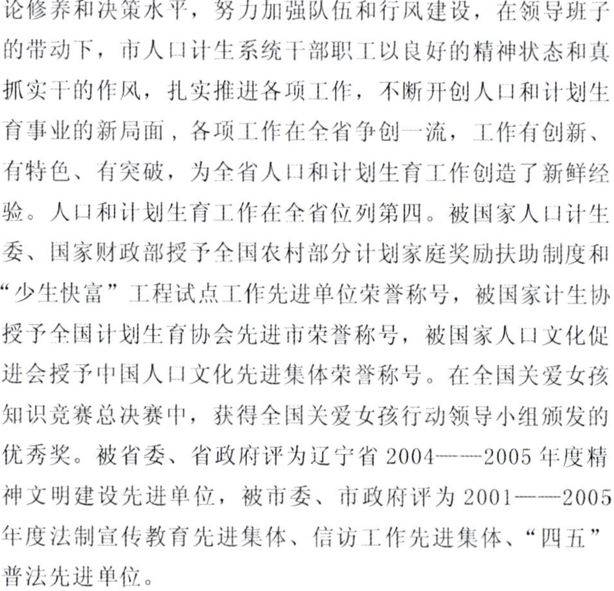

论修养和决策水平，努力加强队伍和行风建设，在领导班子的带动下，市人口计生系统干部职工以良好的精神状态和真抓实干的作风，扎实推进各项工作，不断开创人口和计划生育事业的新局面，各项工作在全省争创一流，工作有创新、有特色、有突破，为全省人口和计划生育工作创造了新鲜经验。人口和计划生育工作在全省位列第四。被国家人口计生委、国家财政部授予全国农村部分计划家庭奖励扶助制度和“少生快富”工程试点工作先进单位荣誉称号，被国家计生协授予全国计划生育协会先进市荣誉称号，被国家人口文化促进会授予中国人口文化先进集体荣誉称号。在全国关爱女孩知识竞赛总决赛中，获得全国关爱女孩行动领导小组颁发的优秀奖。被省委、省政府评为辽宁省2004——2005年度精神文明建设先进单位，被市委、市政府评为2001——2005年度法制宣传教育先进集体、信访工作先进集体、“四五”普法先进单位。

2006年，市委宣传部和市人大、市政协教科文卫委及市人口计生委、市社科联共同举办了盘锦市首届人口与发展论坛。市领导邵冰、孙绍云、李淑云、丁安贵及市直相关部门领导、全市人口计生系统相关人员参加了论坛。

为倾听群众声音，更好地向全市广大群众宣传计划生育政策、法律法规、生殖健康等知识，一年来，市人口计生委领导及相关人员先后4次走进电台直播间。

2006年7月14日，由市人口计生委、市计划生育协会、驻盘武警8610部队联合举办“迎八一军地青年联谊会”。

2006年3月17日，我市举行“盘锦市农村部分计划生育家庭实施奖励政策首发仪式”。副市长李淑云代表市政府讲话

局长：刘宝凯

盘锦市人事局（编委办）

盘锦市人事局（编委办）是全市人事编制工作的行政主管部门，主要职能是负责全市公务员管理、人才资源开发、专业技术人员管理、政府目标考核、智力引进、工资福利与退休、军转干部安置、人事制度改革、行政管理体制和机构改革以及机构编制日常管理等方面工作。现有党员 77 人，党支部 6 个。2006 年，局党组把加强党的组织建设作为党建工作的突出环节来抓，以班子建设为核心，充分发挥党组织的战斗堡垒和党员的先锋模范作用，抓班子带队伍，抓制度建设，抓组织发展。在局党组和全局党员干部的共同努力下，市人事局连续多年被评为省级文明机关以及市精神文明建设先进单位、思想政治工作先进单位，局机关党委被市直机关工委评为优秀机关党委。在加强党建的同时，坚持不懈地开展党风廉政建设，大力倡导勤政廉政的工作作风，多次被评为行风建设工作先进单位。

招聘会

中共盘锦市委、盘锦市人民政府信访局

2006年，市信访局领导班子带领全局同志，在全市各级党委、政府的重视和支持下，在全市信访系统干部职工的努力下，主动创新，大胆开拓，通过整合接访力量，加强综合协调，强化督查，实行驻京工作组、市信访局、县区及市直有关部门三位一体、资源共享的接访工作模式，做好矛盾纠纷排查和初信初访工作等，使98.7%的信访问题解决在当地。信访部门与纪检监察机关联动履行信访责任追究，与公安机关联动规范信访秩序，与工会、劳动部门联动维护弱势群体利益，与检察机关联动推进涉法信访案件办结的“五项联动”工作机制，实现了信访工作的“双向规范”，群众来信免邮资的“绿色通道”经验在全省推广，并得到中央、省联席会议的肯定。连续3年考核评比列全省第一位，被省信访局命名为“排头兵”。在第六次全国信访工作会议上，市信访局被评为全国信访系统先进集体。

局长：朱中国

盘锦市人民政府法制办公室

市政府法制办公室成立于1990年12月，正处级单位，系市政府组成部门。2006年，市法制办审核各类文件18件，其中，按照盘锦市2006年度规范性文件出台计划审核规范性文件7件，审核率达100%。提交政府常务会审议废止了5件规范性文件，修改了7件规范性文件。完成省政府交办的19件规章调研稿件。举办了5期行政执法人员培训班，组织两次行政执法资格考试共有735人参加行政执法人员资格考试，其中714人取得了辽宁省统一制式的行政执法证件。召开会议部署行政执法责任制工作任务，依法界定执法职责，确认市直职权执法部门48个、授权执法机构34个、委托执法组织61个。依法受理并立案查处行政执法投诉案件8件。办理行政复议案件13件，承办省政府受理被申请人是盘锦市人民政府的复议案21件。代市政府参加行政应诉13件，2006年度行政诉讼案件败诉率为0。受市政府委托，审理强迁案件40件。加强对仲裁工作的协调指导，推动全市仲裁事业的健康发展。2006年，共受理仲裁案件47件，其中，协调36件，标的总额20，747，864.86元。

全市全面推进依法行政工作会议

盘锦市环境保护局

局长：周杰林

市环保局成立于1987年，是全市环境保护的行政主管部门，对全市环境保护工作实施统一监督管理。全局现有职工248人，大专以上学历161人，拥有专业技术人员144人，其中，高级工程师15人，工程师57人。

2006年，市环保局在市委、市政府的正确领导下，在省局关怀指导下，从服务于经济建设的大局出发，开展了“环保十大工程”建设，环保各项指标全面超额完成。

“城考”名列全省第三名，目标考核获省政府优胜奖，进入全市优秀单位行列。环境质量保持稳定，空气质量保持国家Ⅱ级标准，城市空气优良天数（国家二级标准）达334天，达标率92%。辽河盘锦段出境水质优于入境水质，功能区噪声全部符合标准，各项工作均取得了新的进展，呈现出健康、向上、跳跃式发展的良好态势。

领导班子成员

市委书记陈海波视察砖厂

市委领导在环保局调研工作

盘锦市卫生局

党委书记、局长：曾兆平

市卫生局是主管全市卫生工作的职能部门。近年来，市卫生局党委以巩固和扩大保持共产党员先进性教育活动成果为重点，坚持以党建抓班子，以党建带队伍，以党建促业务的工作思路，不断提高党建整体工作水平，全面推进了卫生系统各级党组织的思想、组织和作风建设，增强了党组织的凝聚力、向心力和战斗力，为全市卫生事业发展提供了强有力的组织保障。全市卫生工作坚持以科学发展观统领卫生事业全局，牢固树立“大卫生”的工作格局，把卫生工作定位为“卫护生命、卫护生活、卫护生态”并把“三个卫护”作为一切工作的出发点和结合点。2006年，市卫生局开展的优先发展农村卫生、城市社区卫生服务，完善公共卫生、城市医疗卫生、卫生执法监督服务体系建设，强化重大疾病防治、医院管理和人才梯队建设、卫生行风建设等各项工作均取得了优异的成绩。在全省卫生工作目标考核评比中名列第一。

市委书记陈海波到卫生系统调研新型农村医疗

市委副书记李素芳到卫生系统调研

盘锦市民政局

殡葬执法检查整装待发

副市长王秉宽陪同民政部柳永法专员到大洼县视察灾情

2006年，市民政局紧紧围绕构建和谐盘锦，促进经济发展这个主题，开拓创新，真抓实干，全面完成年度目标任务。一是社会救助体系不断完善，救助水平进一步提高。全市享受城市低保11312户、23659人；享受农村低保9028户、15924人。二是社会福利工作进一步拓展，服务与管理水平不断提升。全市各类福利机构床位数达到3141张。全年福彩发行突破1.62亿元，为发展社会福利事业提供了资金保障。三是和谐社区创建工作成效显著，村民自治稳步推进。四是双拥工作应对新形势，创城工作取得新成绩。与驻军部队携手克难攻关，高质量地通过了省双拥检查组关于下一轮双拥模范城评比工作的检查验收。五是依法加强专项社会事务管理。民间组织管理工作健康有序发展，实现了网上年检。深化了殡葬改革，市殡仪服务中心被评为省级行业标兵单位。老龄工作、婚姻登记、儿童收养、城市生活无着落流浪乞讨人员救助管理都取得新进展。

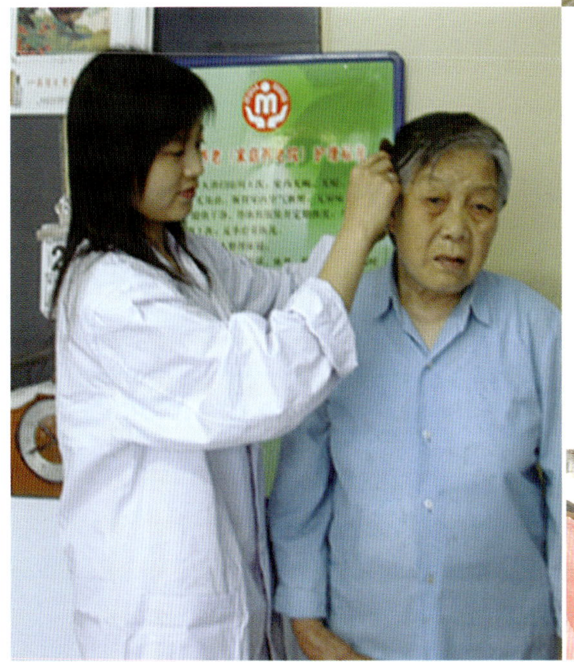

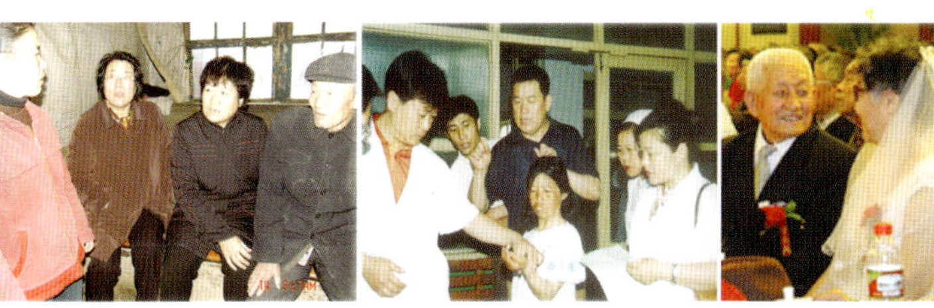

党组书记、局长：于长山

盘锦市劳动和社会保障局

市劳动和社会保障局是市政府综合管理全市劳动和社会保障工作的职能部门。负责全市的就业再就业工作、养老保险、医疗保险、失业保险、工伤保险、生育保险和劳动工资规划、劳动保障监察、劳动争议仲裁等各项工作。局机关下设6个职能科室和8个事业单位，共有干部职工500余人。2006年，市劳动和社会保障局坚持以邓小平理论和“三个代表”重要思想为指导，以落实科学发展观为统领，以劳动保障各项方针政策为依据，不断完善政策体系，逐步健全工作机制，充分发扬团结协作、主动补位的团队精神，全市城乡统筹就业工作、各项社会保障工作、和谐劳动关系构建工作都取得了可喜成绩。就业再就业总量持续扩大。全年实现实名制就业 55012 人。城镇登记失业率为 3.1%。确保了1004名“零就业”家庭成员和952名棚户区改造居民在15个工作日内实现就业。各项社会保险的覆盖范围进一步扩大。截止到2006年底，全市养老保险参保人数达到31.1万人，年内新增企业职工扩面1.3万人，完成年度扩面任务的104%；医疗保险参保总数达到 30.5万人，年内新增扩面1.6万人，完成年度扩面任务的160%；失业保险参保总数达到25.3万人，年内新增扩面1.6万人，完成年度扩面任务的107%；工伤保险参保总数达到17.5万人，新增扩面 1.2万人，完成年度扩面任务的 150%；生育保险参保总数达到7.5万人，新增扩面 0.5万人，完成年度扩面任务的 170%。在努力扩大社会保障范围的同时，确保了各项社会保险待遇按时足额发放。和谐劳动关系建设取得新的进步。年内签订劳动合同12066份，其中，国有企业劳动合同签订率达到了95%，非国有企业劳动合同签订率达到了85%；为劳动者追缴拖欠工资259万元，追缴入库各项社保基金2609万元。接待各类人员信访2892人次，接办各类信访信件36封，息访率达到 100%。全市社会平均工资水平进一步提高，达到 14269元，在岗职工平均工资达到14695元。

在劳动保障各项事业竞相发展的同时，局系统的精神文明建设硕果累累，局机关被评为省级“文明单位”；劳动保障信息宣传工作得到了国家劳动和社会保障部办公厅的表彰；工会、学会、共青团组织活动内容丰富，成果显著，劳动保障学会被评为全国社科联先进学会。

全市劳动和社会保障工作会议会场

盘锦市商业局

省商业厅厅长赵颖奇、副厅长乔军到大洼县检查指导“万村千乡”市场工程建设情况

2006年1月18日，省长张文岳在市委书记程亚军，市委副书记、市长陈海波的陪同下，莅临兴隆大厦检查指导工作

省长张文岳、市长陈海波走进顾客当中

统一规格、统一标识的“万村千乡”市场工程试点企业

兴隆大厦董事长李维龙向省长张文岳介绍节日市场供应情况

省长张文岳检查节日市场供应情况

盘锦市交通局

全市公路建设工作会议

营口港、盘锦港合作协议签字仪式

运输市场整顿（宣传）

市交通局党委在市委、市政府的正确领导下，以邓小平理论和“三个代表”重要思想为指导，以科学发展观统领全局，稳步推进交通基础设施建设，加强道路运输市场监管，提升行业管理水平，大力创建文明行业，充分发挥交通行业基础性、先导性、公益性作用，为全市经济社会发展当好先行。全市公路总里程达到3210公里，公路密度达78.8公里/百平方公里，居全省第一位；桥梁配套率达100%，居全省第一位。现有营运车辆23391辆，营运线路220条，“人便于行，货畅其流”的格局基本形成。交通经济健康发展。2006年，北沥公司加工原油75万吨，实现工业总产值24亿元，销售收入24.3亿元，利税3.6亿元；盘锦港完成吞吐量87.8万吨，均创历史最好水平。全局物质文明、政治文明、精神文明齐头并进，协调发展，取得了丰硕成果。局党委被市委评为先进党委，局机关连续多年被省委、省政府评为文明行业，获行风建设先进单位、纠风工作先进单位、社会治安综合治理先进单位等40多种荣誉称号。

盘锦市文化局

局长：王永恒

2006年，市文化局以发展和繁荣为第一要务，紧紧围绕打造文化盘锦，深入贯彻党的十六届四中、五中、六中全会精神，坚持党的文艺“二为”方向和“双百”方针及“三贴近”原则，落实科学发展观，加强党建工作和社会主义精神文明建设，深化改革，全力实施“十一五”文化发展规划，开创了各项文化工作的新局面。社会文化和艺术事业全面发展，群众精神文化生活进一步活跃；农村文化进一步加强；文化市场健康有序发展；新闻出版版权工作进一步规范；文博事业全面发展；文化产业稳步发展，为加快盘锦经济社会发展，不断丰富群众的精神文化生活做出了积极贡献。

盘锦市档案局

班子成员

2006年，市档案局全体干部围绕区域经济建设，充分发挥自身优势搞好服务，搞好重点工程项目档案的指导、验收工作。为社会主义新农村建设服务有了新进展，全力做好农村第二轮土地承包合同档案进县（市）区档案馆工作。依法对全市档案工作实行监督检查，《盘锦市档案管理办法》（新修订）出台实施。市档案馆馆库房改扩建项目正式立项，增加建筑面积约1130平方米。市档案局被评为2005年度辽宁省精神文明单位；在全市和谐社区创建工作中被评为“一对一”帮扶社区建设工作先进单位。市档案学会被评为2004—2005年度全国大中城市社科联系统先进学会。出版发行《新编档案基础工作导读》，并写出大量调研报告，多项工作成果及论文被评为省、市社会科学优秀成果奖。

盘锦市体育局

成功举办市五运会

局长：霍春元

“国运盛，体育兴”。2006 年，全市各项事业的发展，人民生活水平的提高，各级领导的高度重视，为体育事业的发展奠定了良好的基础。

群众体育蓬勃发展。全年，有两个乡镇被推荐为“全国亿万个农民健身活动”先进单位，盘锦市体育局被省民委、省体育局授予全省民族体育先进集体。竞技体育收获颇丰。省十运会全市共获取奖牌 67 枚，有 2 人打破省运会纪录，田径项目居全省奖牌榜第五位。盘锦代表团被赛会评为“体育道德风尚奖代表团”。体育产业硕果累累。全年，体育彩票发行量 7969 万元，再一次创历史新高，位居全省第七位。场地设施建设进展顺利。对市体育场健身广场进行维修、维护，在体育馆东南侧建设了网球场地四片、篮球场地和排球场地各两片，极大地满足了广大市民的体育健身需求。

市人大领导调研全民健身情况

市领导视察体育场馆建设

凯旋归来的运动健儿

盘锦市信息产业局

市信息产业局是主管全市电子信息产品制造业、软件业，推进国民经济和社会服务信息化及无线电管理工作的市政府工作部门。2006年，市信息产业局以邓小平理论和"三个代表"重要思想为指导，坚持用科学发展观统领全局，以建设一流班子、带一流队伍、创一流业绩为重点，牢牢把握为经济建设服务这条主线，充分发挥部门职能作用，创造性地开展工作．以发展接续产业，加快信息产业发展为已任，开拓进取，真抓实干，信息产业在开拓和创新中不断进步，整体实力不断增强，初步形成了以软件研发、电子信息产品制造、通信及信息网络服务和信息系统集成服务为主要门类的产业格局。充分发挥了信息产业在全市经济发展中的拉动作用，信息产业逐步成为全市的优势产业，支柱产业。

盘锦市地震局

局长：李兴贵

2006年，市地震局以"三个代表"重要思想为指导，认真贯彻党的十六届五中、六中全会精神，落实科学发展观，以人为本，坚持预防为主、防御与救助相结合的方针，全面加强地震监测预报、震害预防、应急救援三大工作体系建设，使我市防震减灾事业实现了较大突破，出现了崭新局面。一是强化基础性建设，地震监测预报能力得到了全面提高。二是开展防震减灾知识宣传教育，增强了公民的防震减灾意识。三是加强震害防御工作，提高全社会的地震应急能力。四是强化管理，提高了机关整体综合素质。

盘锦市海洋与渔业局

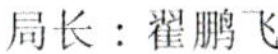

局长：翟鹏飞

2006年，市海洋与渔业局以邓小平理论和“三个代表”重要思想为指导，全面落实科学发展观，全局上下团结一心、奋力开拓、真抓实干，推动全市海洋与渔业事业快速发展。全市海洋经济总产值完成110亿元，同比增长8.5%，完成年度计划的102%；渔业经济总产值完成48.3亿元，同比增长 9.6%，完成年度计划的106%（全省排名第二位）；水产品产量完成25万吨，同比增长9.2%，完成年度计划108%；渔业为全市农业人口人均增收120元，同比增长17%，完成年度计划的150%。同时，党的建设和精神文明建设得到加强。围绕“抓班子、带队伍、强素质、创一流”的工作思路，落实“两个优化”，强化“两项创新”，深入贯彻落实《党政干部选拔任用工作条例》；加大党务工作力度，制定下发了《市海洋与渔业局党务工作规范》、《党员学习教育制度》和《保持共产党员先进性教育长效机制》。认真坚持“三会一课”制度，加强对党员的教育管理；深入开展“五型机关”、精神文明创建活动及形势教育和社会主义荣辱观教育。在市直机关2006年季评十佳实事评选活动中，《对虾放流辽东湾，增补资源惠渔民》和《打造北方蟹都，致富盘锦渔民》，分别被评选为第二季度、第三季度十佳实事。

积极参加各类宣传教育活动。结合开展廉政教育宣传月，组织系统内干部职工观看教育片两部，参观市纪委警示教育基地1次。在“海洋宣传月”活动中，编排了依法行政、减轻农（渔）民负担、送科技到户等节目，进行了三场专场演出，取得了良好的宣传效果；积极参与“爱党、爱祖国、爱家乡”书法大赛活动，我局参赛的书法作品获得了优秀奖；自编自演了舞蹈《江山》，参加了市直机关工委举办的“党在我心中”文艺演出活动，得到了好评。

市委书记陈海波视察稻田养蟹

2006中国北方（盘锦）河蟹展洽会新闻发布会

盘锦市科学技术局

局长:张文林

科技厅领导视察我市科技工作

市科学技术局前身为市科学技术委员会，成立于 1984 年，是市政府综合管理全市科技工作的职能部门。其主要职能是，负责拟定并实施全市工业、农业、科技成果推广和社会发展领域的科学技术发展中长期规划与年度计划，“科学三项费用”的分配和管理，高新技术产业及产品认定，管理市高新技术开发区，全市对外科技合作与交流，科技成果鉴定、评审、奖励、转化，实施农村科技示范工程、科技下乡和科技扶贫，技术市场和民营科技企业的发展，知识产权发展规划与组织实施和社会发展领域的科技工作。2006 年，全市科技进步的贡献率达到 50.82%，全年实现高新技术产值 123.6 亿元，全社会研究与开发投入达到 14.8 亿元，以上三项考核指标综合排名位居全省第三位。自 1999 年至今共举办 8 届科技合作项目洽谈会，签订正式合同 495 项，实现技术交易额 51 亿元，完成了市高新技术产业开发区建设方案、规划制订和申报工作。全年，完成专利申请 754 件，其中，发明专利 81 项。完成科技成果鉴定 32 项。评选 2006 年度盘锦市科技进步奖 41 项。丰硕的科技成果，为提升全市经济整体水平提供了重要支撑，为资源型城市可持续发展、建设和谐盘锦做出了重要贡献。

局领导班子

付连营局长接待日

深化“执法服务环境年”建设

——盘锦市工商局

提高自身素质 服务社会经济

2006年，市工商局以经济建设为中心，紧紧围绕全民创业活动，大力深化“执法服务环境年”建设，积极转变职能，着力服务发展，主要开展了以下几个方面工作：一是继续深化“百人万户”帮扶活动，推动职能履行。修订出台了《盘锦市工商行政管理局关于鼓励全民创业的实施意见》，积极营造宽松的市场准入环境。二是围绕经济发展需要，严格依法行政，整顿和规范市场秩序取得新进展。三是狠抓规范、夯实基础。以开展队伍教育整顿为载体，提高干部队伍管理水平。以规范执法行为为重点，着力推进软环境建设。狠抓素质教育，提升干部队伍履职能力，并结合队伍职能履行的实际需要，组织干部职工参加经济法专业自学考试。积极开展一号工程，稳步提高信息化建设水平。全年，各项工作取得了较好的成绩，尤其在降低准入门槛促进全民创业、支持非公经济发展、整治市场环境及队伍建设等工作上都有新的突破，得到地方党委和政府的较高评价。全系统的服务水平和服务能力明显提升，先后有1个分局被评为全国精神文明建设先进单位，2家单位被评为省级文明单位、4个分局被评为市级精神文明建设先进单位。

盘锦市国土资源局

局领导深入土地整理项目现场

局领导班子

被省委、省政府授予文明机关称号

市国土资源局是主管全市土地资源、矿产资源等自然资源的规划、管理、保护与合理利用、测绘行业管理的政府工作部门。内设 12 个行政科室，辖 7 个事业单位，现有干部职工 188 人。

近年来，全市国土资源系统紧紧围绕“保护资源更加严格规范、保障发展更加持续有力、维护权益更加切实有效、服务社会更加全面优质”的总体要求，全面履行国土资源管理职能，积极开展各项工作。通过地籍、测绘、储量和信息等基础业务建设，不断增强社会服务功能；通过落实耕地保护责任、实施土地整理项目等多种有效措施严格耕地保护，稳定了全市耕地数量，提高了全市耕地质量；通过争取用地指标、推进节约集约用地、加强土地市场管理等方式，不断提高国土资源保障能力，确保了全市重点项目、各类专业园区及其它经济发展用地需求，土地收益逐年增加；通过开展国土资源法律、法规的宣传教育活动，广大群众的国土资源法律意识不断增强，国土资源管理的社会环境不断好转；通过开展“完善体制、提高素质”活动，国土资源队伍建设不断加强，管理和服务能力进一步提高。仅 2006 年度，就获得全国开发区清理整顿工作先进集体、省文明机关、省思想政治工作先进单位、市先进党委、市直机关十佳先进党组织、市“四五”普法先进单位、市行风建设先进单位等 16 项市级以上荣誉称号。

盘锦市质量技术监督局

局长张晓辉到陆家村帮扶

市质量技术监督局是管理和组织全市质量、计量、标准化和特种设备工作的政府职能部门，担负着行政执法和综合管理两大职能。市局内设11个职能科室；下设稽查大队、产品质量监督检验所、计量测试所、锅炉压力容器检验所、特种设备检验所、组织机构代码管理中心6个直属单位；辖盘山、大洼、兴隆台、双台子4个分局。

2006年，市局党组紧紧围绕经济建设中心，抓班子带队伍，抓投入夯基础，抓行风树形象，抓团结促和谐，提出要“外树形象，内构和谐，建设一支优秀的质监队伍”，在全局干部职工的共同努力下，质量技术监督的各项工作都有了新的突破。服务地方经济的能力逐年提升，管理水平进一步提高，队伍凝聚力不断增强，在狠抓两个安全、提高产品质量、打击假冒伪劣、促进企业技术进步、维护消费者合法权益等方面作了大量工作。分别被省局授予“争创中国名牌先进单位”、“国家免检产品先进单位”、“科技工作先进单位”；被市政府授予“培育名牌工作特殊贡献奖”；连续4年被评为盘锦市“文明机关”；连续5年被评为盘锦市“纠风工作先进单位”。

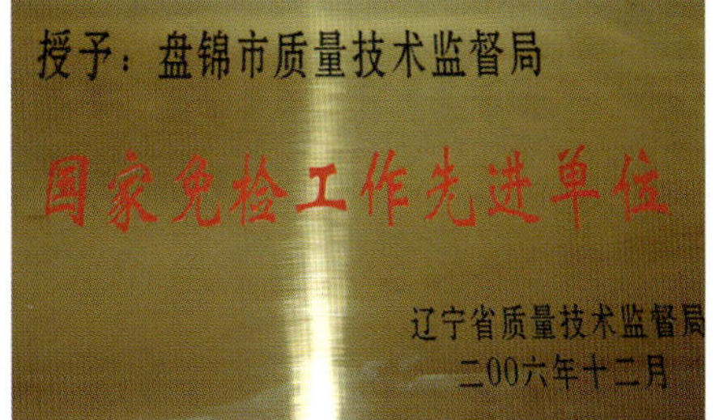

盘锦市食品药品监督管理局

党组书记、局长：孙程

2006年，市食品药品监督管理局在省局和市委、市政府的正确领导下，全面落实《政府工作报告》和市政府五届三次、四次全会精神，以科学发展观、促进全市医药经济健康发展为根本，以人为本，打造和谐社会新面貌为指导，紧紧围绕对全市药品研制、生产、流通、使用实行全过程监督管理和对食品监管“综合监督、组织协调、组织对重大案件查处”的职能，认真履行食品药品安全监管职能，加大行政执法力度，狠抓干部队伍建设，较好地完成了省局、市政府年初下达的目标考核指标。一是更新理念，以监管服务发展、以监管促进发展。二是严厉打击制售假劣药械违法行为，确保人民群众饮食用药安全。三是把握食品安全综合监督工作主动权，充分发挥“综合监督、组织协调和组织对重大案件查处”的食品监管职能，积极推进全市食品安全形势进一步好转。四是全面拓展，打造和谐团队，创新监管亮点。

盘锦市国家税务局

团结务实的领导班子

举办“创新论坛”，促进工作实现跨越式发展

创建“星级办税服务厅”，优化税收软环境

税收宣传活动丰富多彩、扎实有效

盘锦市国家税务局在市委、市政府和省国税局的正确领导下，坚持以邓小平理论和“三个代表”重要思想为指导，树立和落实科学发展观，紧紧围绕“聚财为国，执法为民”税收工作宗旨，充分发挥税收职能作用，为推进“实现资源型城市可持续发展、建设社会主义新农村、构建和谐盘锦”三大历史任务的完成不断作出新贡献。建局以来，累计组织税收收入479.8亿元，形成地方财力75.01亿元，目前收入总额稳居全省第四位，人均征税额全省第一。2006年，税收收入797384万元，创历史新高。其它各项工作全面发展。科学完备的制度体系初步形成；依法治税进程深入推进；以税收分析和纳税评估为主要手段的常态化税源管理机制初步建立；各税种管理质量日益提高；信息化建设步伐不断加快；税收软环境日益优化；全市国税系统惩治和预防腐败体系不断健全，队伍建设水平全面提高。截止目前，市局和各县区分局全部跨入省级文明单位行列，全系统进入文明行业，共拥有全国青年文明号、全国精神文明建设先进单位、全国“巾帼建功”先进集体、全国税务系统纪检监察先进集体、辽宁省思想政治工作先进单位等省级以上荣誉称号50多个。

盘锦市地方税务局

局长：蒋景晨

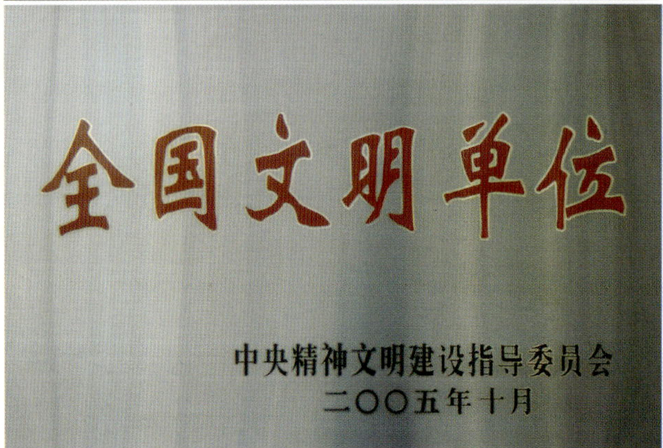

2006年，全市地税系统认真贯彻落实国务院依法行政实施纲要，坚持组织收入原则，强化执法各环节的监督和检查，规范执法行为，推进征管改革，征管质量和效率有了提高。加强领导，全力推进，确保了“金税三期”如期上线；增强服务意识，提高了服务地方经济发展的能力；落实以人为本的思想，队伍综合素质显著提高；落实“惩防体系”建设，党风廉政建设获得全国税务系统先进单位称号，是全省系统 14 个市局中惟一的一家。以和谐地税文化建设为载体，有效地推进了文明创建活动；强化“两基”建设，基层面貌焕然一新；推进规范化建设，内部行政管理不断加强；巩固创建全国文明单位、改革和教育培训的成果，在全省地税系统考核及其它工作位次前移。树立盘锦地税更好、更新的形象。以邓小平理论和“三个代表”重要思想为指导，认真贯彻执行省局和市委、市政府的决策部署以及对税收工作的要求，全面落实科学发展观，坚持聚财为国、执法为民的税务工作宗旨，进一步大力组织收入，推进依法治税，完善“金税三期”工程，强化科学管理，突出基础基层，着重效能建设，确保税收收入实现省局和市政府下达的目标，为构建和谐盘锦做出新的贡献。

团结务实的地税领导班子

盘锦市烟草专卖局

团结奋进的局领导班子

稽查队员正在为市民传授如何鉴别真假烟

订单部的同志正在访销订货

2006年，市烟草专卖局不断巩固和扩大保持共产党员先进性教育活动成果，以建设“四好班子”为重点，通过制度和体制创新，积极探索“使广大党员长期受教育，永葆先进性”的长效机制，推动了各项工作的开展。一是经济运行高效平衡。全年，实现卷烟销售41474箱，卷烟销售额实现42679万元，实现利税7925万元。二是企业改革进一步深化。三是专卖打假、打私工作成效显著。四是党建和企业文化建设蓬勃开展。五是以网建提升为突破口，推动和谐烟草建设进程。

盘锦电视台

台长：吴彧舜

建台二十年庆典

盘锦电视台成立于1987年，现有职工135人，其中，党员48人，具有高级专业技术职称9人，初中级职称72人，大学学历65人。经过20年的发展，盘锦电视台已粗具规模，采编、制作、播出、发射实现了网络化、数字化，具备了现场直播能力，已成为盘锦最具影响力的媒体。

多年来，盘锦电视台不断强化队伍建设，深入开展“做文明职工，建和谐电视台”活动，坚持“传承文明、关注民生、彰显时尚、服务百姓”的办台宗旨和“政治建台、新闻立台、精品名台、科技强台、人才兴台”的办台方针，圆满地完成了对内、对外宣传任务，实现了新闻宣传和事业建设的与时俱进和共同发展，创造了引人瞩目的业绩。1999、2001、2003年党支部连续3年被市委授予“先进党支部”称号；2001、2003、2005年连续3年被市委、市政府授予“思想政治”工作先进单位称号；2006年荣获“市文明单位”称号。此外，盘锦电视台还荣获市“岗位练兵先进单位”、“新闻宣传质量年最佳单位”、“振兴东北老工业基地宣传先进集体”等30余项集体荣誉称号。

盘锦人民广播电台

盘锦人民广播电台是国家批准的市地级城市广播电台，是市委、市政府的重要宣传工具。作为盘锦市三大主流媒体之一，在盘锦的“物质文明建设、精神文明建设、政治文明建设”中做出了重大贡献。1985、1986年盘锦抗洪抢险，1998年全国抗洪救灾等重大新闻宣传中发挥了其它媒体不可替代的作用。同时，经过22年来的培育生成，盘锦人民广播电台涌现出了《盘锦新闻》、《行风热线》、《新闻早班车》、《伴你同行》等一大批党和政府满意、人民群众喜欢的名牌节目和品牌栏目。每年在省、全国获一、二、三等奖的作品都在十几件以上。2006年，共有30篇新闻、社教、播音主持作品和论文荣获辽宁广播电视奖和辽宁新闻奖，其中，一等奖5篇，二等奖6篇。

领导班子：左二台长刘忠，左三副台长陈月昌，左一副台长苏志伟，右一副台长王彦闵

市委副书记、市长陈淑珍在直播间向全国听众介绍市情

盘锦市劳动就业局

局长：王刚

2006年，全市劳动就业各项工作得到全面整体推进，重点、难点工作得到了有力加强，基础工作夯实，劳动就业得到了全面健康协调发展。全年，实名制就业55012人次，农村劳动力转移就业14033人，安置“40、50”等困难群体就业4326人，实名制劳务输出12817人，城镇登记失业率为3.1%，全省最低。开展职业指导4263人次，接待政策咨询8287人次。全市42家培训机构开设56个专业，全年培训49841人。全市从事个体经营的下岗失业人员享受税费减免4754.6万元；享受小额担保贷款1137万元。认定扶持政策企业10家，现在享受政策的劳服企业82家，享受新一轮再就业扶持政策的商贸服务企业22家。再就业优惠政策的不断完善，使百姓受益匪浅。

盘锦市城市管理综合行政执法局

局领导班子

党组书记、局长：盖林

2006年，市城市管理综合行政执法局（原市城建监察总队）在市委、市政府的正确领导下，以“构建和谐盘锦、建设宜居城市”为主题，以拆除违章建筑、整治市容市貌为中心，开创了城市管理工作的新局面，取得了显著的工作业绩。

一是以服务群众为出发点，彻底取缔露天烧烤。集中开展清理取缔市区（含油田矿区）露天烧烤活动，净化了城市环境，并在集中整治的基础上加强日常巡查管理，有效杜绝了露天烧烤。

二是以提高人居环境为落脚点，加强市容管理。拆除全市街巷路及重点部位的不规范、有碍观瞻的牌匾及条幅；清理占道经营、占道加工；取缔马路市场、清理商家店门、橱窗张贴物、乱竖乱立灯箱广告；清理非法喷涂广告，利用已成熟的环卫清扫保洁网络对城区内的非法办证喷涂广告、小招贴进行治理，使城市市容市貌有了进一步改观。

副市长陈斯来慰问夜间执法一线队员

三是以规范建设市场秩序为重点，完善规划监管体系。在规划监察方面按照“控制增量、减少存量”的工作要求，对规划区内，尤其是城乡结合部、商业繁华区等重点地段开展地毯式排查，发现一处，拆除一处，绝不让一处违章建筑漏网。加大拆除违章建筑工作力度，先后开展了几期拆除违章建筑活动，并配合城市道路建设拆除了建城区内兴隆大街、惠宾大街、辽河南路、工业大街和双台了 12 条主要街路的违章建筑，共10 万平方米。极大地净化了市民的共享空间，仅拆除违章建筑一项就为国家节约拆迁资金达数千万元。

四是以处理市民投诉和开展城镇绿叶杯竞赛活动为准则，推动城市管理工作上水平。始终将市民投诉工作作为工作重点，本着为市民“办实事、办好事”的工作原则，建立催办制度和保密制度，提高了效率，投诉处理工作得到了社会各界的一致好评。

按照省城镇“绿叶杯”竞赛活动实施方案的具体要求，充分发挥城市综合管理办公室协调作用，积极组织、督促城建、交通、房产、工商、环保、交警、环卫等部门深入开展城乡环境综合整治活动，不断推动“绿叶杯”竞赛工作向纵深发展，受到了省检查团的一致好评。

集中销毁违规人力三轮车

市人大副主任徐敬富、副市长陈斯来视察城管工作

盘锦市房产局

党委书记、局长：李体昌

市房产局于1990年组建，是受市政府委托承担房产事业管理的职能部门。2006年，市房产局不断加强思想政治建设，坚持民主集中制，改进工作作风，严格执行《房产局议事规则和工作纪律规定》，发扬房产精神，创建一流领导班子，带出一流的职工队伍，实现了政治创新、改革创新、业务创新、管理创新、观念创新。一是双台子区集中供热改造取得新突破。二是继续提高房屋动迁工作质量。三是进一步规范房产服务大厅和交易大厅的管理。四是抓好物业管理工作，提升居住环境档次。五是全面加强房屋修善和房改工作。2006

年获市政府授予目标综合考核优胜奖；同时，被省委、省政府授予信访突出问题专项治理先进单位；被市委、市政府授予盘锦市社区建设“一对一”帮扶活动先进单位；被市委办公室授予2006年信息工作先进单位；被市直机关工委授予市直机关作风建设主题活动十佳机关；被市委、市政府授予文明单位；连续4年在年度考核中被市委评为好的领导班子。

辽宁双台河口国家级自然保护区管理局

2006 年，保护区管理局以科学发展观为统领，以提高管理水平和保护效果为重点，坚持严格保护、科学管理、合理利用、持续发展的方针，认真贯彻执行《中华人民共和国自然保护区条例》。通过对湿地及生物多样性的保护，全面维护了湿地生态系统的生态特性和基本功能；开展了资源本底调查，建立了准确的数据和档案储备；加强了湿地监测、宣教培训、科研与技术推广等方面的能力建设，建立了完备的湿地保护管理体系；加强了警察大队和巡护队伍的建设，完善了巡护执法体系；加强了和县区、油田等方面的协调，进一步推进了社区共建。通过全社会上下共同努力，全面提高了湿地保护、管理和合理利用水平，有效地保护了自然资源，对维护本地区生态安全，促进人与自然和谐，保障经济社会全面协调可持续发展起到了积极作用。

盘锦市农机局

水稻机插作业

局长：伏承宽

2006年，市农机局认真贯彻中央1号文件精神，落实《盘锦市人民政府关于加快农业机械化发展的实施意见》，通过努力，共争取市级以上专项资金710万元，通过财政补贴政策拉动，带动全市农民购机投入880万元，进一步优化了农机装备结构，提高了薄弱环节农机化水平，推动了全市农机化发展。一是大力推广农业生产机械化。二是加强农机服务体制创新工作。三是抓好农机耕整地作业及安全生产工作。四是积极引进、示范、推广棚菜生产机械化新技术，新机具。五是加强学习，提高领导班子的整体素质。到2006年末，全市农机总动力达60.3万千瓦，同比增加0.92万千瓦，全市推广插秧机500台、水稻收割机15台、芦苇收割机165台，保有量分别达635台、80台、395台。水稻机插秧、机收获分别完成12.21万亩、25.3万亩，插秧、收获机械化水平分别达7.18%、14.8%，分别比上年增长5.53个、5.29个百分点。全市实现农机经营总收入2.13亿元。

2006年度，市农机局被国家农业部评为“农业机械化管理先进单位”，被省农委评为“农业机械化管理先进单位”，被省农机局评为“全省农机化管理标兵单位”。

盘锦市公路管理处

处长：李铁荣

党委书记：高雪松

市公路管理处是全市公路行业主管部门，受省交通厅公路管理局和市交通局双重领导，系统内共有职工1200人，负责盘锦地区县级以上公路的建、养、管、收任务。

2006年，全系统广大干部职工坚持以科学发展观为统领，以构建和谐社会为主线，以改革创新的理念、艰苦奋斗的精神、求真务实的作风、顽强拼搏的干劲，圆满地完成了各项工作任务，为全面完成“十一五”规划目标奠定了坚实的基础。

几年来，涌现出全国先进集体大洼县公路管理段“三八”道班等一大批先进单位和先进个人。全系统共有省厅级文明单位5家，市级文明单位 2家。从1994年开始至今，连续被省委、省政府评为省级文明单位。2006年被市总工会授予“盘锦五一奖状”称号，被市委、市政府授予“盘锦市思想政治工作先进集体”、“盘锦市先进集体”称号，被市政府纠风办评为纠风先进单位。

处长、党委副书记：孙英科

党委书记、副处长：李平

盘锦市运输管理处

市运输管理处现有在岗职工 54 人，下设 7 科 2 室，下辖 6 个运输管理所，其中，有 3 个所为处直属所，有 3 个所为县区所。全系统共有职工 716 人，其中，处机关和直属所 172 人。该处（包括 6 个运输管理所）是授权的行政执法单位。主要职能是：依法具体实施全市道路运输管理工作，按照《中华人民共和国行政许可法》、《中华人民共和国道路运输条例》和《辽宁省道路运输管理条例》规定，对道路运输业务实施行政许可，对辖区道路运输市场实施依法监管和行政处罚。主要业务范围：一是制定行业发展规

站前广场秩序井然

划和年度计划。二是运用政策法规，依法行政，加强行业管理。三是对道路运输经营活动进行统计分析，引导道路运输市场健康发展。四是搞好运输市场经营活动中心的组织协调，理顺关系，组织完成重点和紧急运输任务。五是对道路运输规划、法规的执法情况和道路运输经营行为进行监督检查，维护道路运输市场的正常秩序。六是为道路运输经营者和服务对象提供有效、优质服务，培育统一开放、竞争有序的道路运输市场，促进道路运输市场健康发展。

几年来，该处党委不断解放思想，更新观念，开拓进取，高举邓小平理论伟大旗帜，坚持两个文明一起抓的方针，取得了显著的成绩。先后荣获省、市级文明单位，省运管系统先进单位，省出租汽车优质服务竞赛先进单位，省职工思想政治工作先进单位，省、市“绿叶杯”竞赛先进单位，市“三五”普法先进单位。连续多年保持全市交通系统先进单位称号。

走访慰问困难家庭

安全生产工作会

优质的服务窗口

消防演习

系统内部举办各种体育比赛活动

服务大厅

盘锦市农业综合开发办公室

领导班子

主任：屠践华

盘锦市农业综合开发办公室隶属于盘锦市财政局，人员编制 29 名，是以农业综合开发建设为主，对农业综合开发进行总体规划、立项、投资、组织实施、综合性管理的正县级行政性事业单位。按照国家和省农业综合开发部门的要求，盘锦市农业综合开发办公室负责编制和制定农业综合开发的年度计划和中长期规划；负责审批全市农业综合开发项目的立项，对项目进行实施、指导、监督、检查和验收；负责全市农业综合开发项目资金的筹集、审批和拨付，对项目资金的使用进行监督、检查、管理和有偿资金的回收；负责制定全市农业综合开发项目和资金使用管理的各项规章制度；负责引进、推广先进的科研成果和典型经验以及对农业综合开发管理人员的技术培训等工作。

近几年来，盘锦市农业综合开发办公室连续 6 年被市直机关工委评为先进单位； 2005 年被市委、市政府授予“市级精神文明单位”称号；连续 4 年被市财政局评为创建文明机关先进单位和优秀党支部；被省开发办评为农业综合开发先进单位，并授予“农业综合开发优胜单位”称号；连续 3 年被省开发办评为“财务决算先进单位”、“信息报道先进单位”、“统计核算先进单位”。

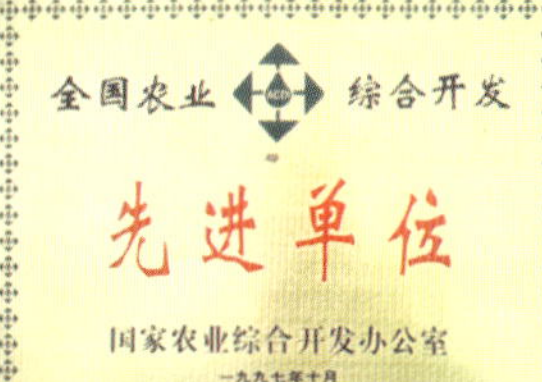

文明机关

中共盘锦市委员会

盘锦市人民政府

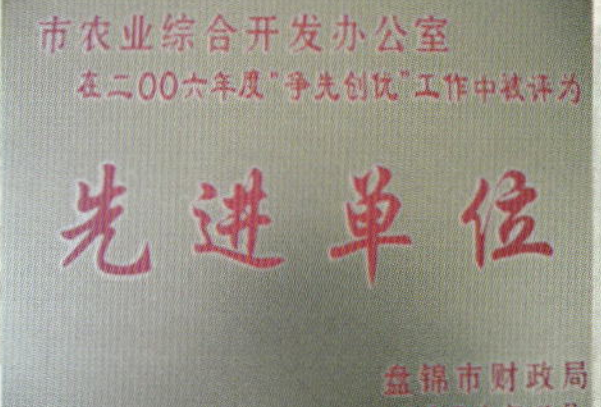

市农业综合开发办公室党支部

在二〇〇六年度“双评”工作中被评为

先进党支部

中共盘锦市财政局党组

二〇〇七年二月

盘锦市中小企业信用担保中心

主任：葛玉山

领导班子

担保签约

2006年，中心在局党组的正确领导下，以邓小平理论和“三个代表”重要思想为指导，认真学习贯彻党的十六届六中全会精神和市委五届五次、市政府五届四次全会精神，认真落实全市优化经济发展软环境动员大会的有关要求，结合担保工作实际，积极开展“抓作风、比服务、争一流”主题实践活动和精神文明创建活动，全面提高职工队伍素质。以为我市中小企业发展和下岗失业人员再就业服务为宗旨，牢固树立服务意识，不断增强担保能力，扩大担保范围，提高服务质量。充分发挥信用担保的桥梁和纽带作用，为全市的经济建设和社会稳定做出了突出贡献。一是坚持以信用担保工作为中心，努力为全市中小企业健康发展和下岗失业人员再就业服务，使中心的注册资本金由3000万元增加到1亿元。担保能力不断增强，担保规模不断扩大。二是加强财务管理，严格执行财务制度。三是强化内部管理，营造最佳服务环境。四是认真搞好政治理论学习和业务培训，不断提高干部职工队伍的整体素质。五是积极开展精神文明创建活动。

党支部书记、处长：赵显良

盘锦市行政事业性收费管理处

盘锦市行政事业性收费管理处成立于 1994 年，隶属于市财政局，是管理全市非税收入的专门机构。主要职能为：“贯彻落实国家、省有关非税收入（含罚没收入）管理的法律、法规和制度，制定非税收入管理的各项政策、规章；配合财政部门对全市行政事业性收费项目的设立、变更、取消进行审核、申报；负责市本级非税收入征管工作，开展非税收入预算执行情况分析；负责对全市非税收入行为及资金收支活动进行监督、检查，清理乱收费、乱罚款，受理群众举报和投诉；统一监管全市行政事业性收费、政府性基金、罚没收入等非税收入票据；负责票据印购、发放登记和缴销，检查、指导票据使用；负责市本级城市基础设施配套费的征收；指导县、区非税收入征管工作。”

多年来，在各级领导和社会各界的关心和支持下，市收费管理处全体干部职工精诚团结，锐意进取，不断深化非税收入管理体制改革，取得了丰硕成果。1998 年被命名为“省级青年文明号”。1998 年至 2006 年连续 9 年被市委、市政府授予“市级文明单位”称号，被市财政局党组评为优秀党支部和创建文明机关先进单位。

领导班子

主任：夏风武　　副主任：刘昌杰

panjin
xianxiangcaiyuanjianshe

盘锦市县乡财源建设办公室

市县乡财源建设办公室是受市财政局委托，负责管理县乡财源建设工作，指导县乡编制并实施财源建设规划，考核规划目标完成情况，为县乡财源建设及经济发展提供咨询服务及负责清理回收财政支农周转金等工作的业务部门，并负有盘锦市农村综合改革领导小组办公室的工作职责。现有人员编制 11 人，下设综合科、业务科。其主要工作职责为：

一、参与县（区）财政管理工作，负责乡（镇）财政管理工作。

二、参与市对县转移支付资金的分配、管理工作，负责市对乡（镇）转移支付资金的分配、管理工作。

三、参与县（区）财政预算执行情况的监督检查工作。

四、负责乡（镇）财政预算执行情况的监督检查工作。

五、负责乡（镇）财政决算及统计资料的汇编工作。

六、参与县乡财政管理体制、建设与调整工作。

七、负责乡（镇）财政事业费的管理工作。

八、负责清理回收支农周转金工作。

九、负责农村综合改革组织协调工作。

盘锦市水资源管理处

处长：管海明

2006年，市水资源管理处以落实科学发展观和保持共产党员先进性教育为契机，全面加强党的思想、作风建设，为推动全市水资源管理工作提供了有力保证。领导班子成员以身作则，带头深入基层和用水户征求意见，全体党员通过开展先进性教育活动，进一步提高了思想政治觉悟，加强了作风建设，解决了全市水资源管理工作中存在的实际问题，取得了成效。坚持树立科学发展观和水资源可持续利用支持经济社会的可持续发展的思想为重点，大力开展水法宣传，提高依法治水的全民意识，进一步增强公民对水资源危机感的认识，加强水资源保护，改善水生态环境，建立了地表水和地下水水质监测系统，着力开展水资源智能信息化建设，完成了取水实时监测网络系统工程安装和布设远程监控点工作，实现了计划取水和水资源现代化管理水平。促进了水资源的优化配置、合理利用和有效保护，为构建和谐社会奠定了基础。

领导班子集体学习

盘锦市市政工程管理处

市市政工程管理处，隶属于市城市建设管理局，承担着全市市政基础设施建设、管理和维修养护职能，全民所有制事业单位。现有职工1500余人，具有职称的工程技术和经济管理人员282人。

几年来，市政工程管理处广大干部职工在处领导班子的带领下，戮力同心、与时俱进，聚精会神抓建设，一心一意谋发展，各方面工作取得了全面进步。先后承建了京沈、盘海营部分标段高速公路工程，305国道沟盘段、沈阳青年大街、抚顺安泽街等市内外城市主干道道路排水工程，双台子河防洪工程，京沈与盘海营高速公路连接立交桥、双台子河大桥、盘锦大桥、双绕河大桥等大中型桥梁工程。工程合格率100%，优良品率35%以上。多项工程被评为国家、省优质工程，其中，双台子河大桥工程被评为国家市政工程金杯奖，市府大街、泰山路等道路排水工程荣获省金杯奖，抚顺市新城路道路维修改造工程被评为辽宁省建设工程世纪杯优质工程，是省内建设领域最高奖项。同时，市政工程管理处先后荣获省级守合同重信用企业、文明窗口、先进单位、优秀市政公用施工企业和全国厂务公开先进单位，市级先进单位、文明单位、最佳效益企业、精神文明建设先进单位等近50项殊荣。

盘锦市住房公积金管理中心

左起：副主任潘生武，党组书记、主任李宝武，总会计师高风良

参加运动会

参加元宵节灯展活动

市住房公积金管理中心是直属于市政府的不以营利为目的的事业单位，负责全市住房公积金的管理运作。2006年，在市委、市政府的正确领导下，在市直有关部门的大力支持下，中心领导班子带领机关全体同志携手拼搏、锐意进取、开拓创新，圆满地完成了各项工作任务，取得了丰硕的成果，实现了“十一五”时期的良好开局。一是全市住房公积金的归集额有了新突破，再创历史新高。二是全市住房公积金的使用工作稳步有序地开展。三是住房货币化补贴资金发放工作顺利开展。

在工作中，中心重点做了以下几个方面的工作。一是抓班子、带队伍，不断加强党的执政能力建设和先进性建设。二是降低门槛、简化手续，提高住房公积金的使用率。三是大力开展便民服务，努力实践党的根本宗旨。四是深入帮扶村，办实事、做好事，为建设社会主义新农村做出应有的贡献。

盘锦经济开发区

2006年，开发区深入贯彻落实党的十六届五中、六中全会和中央经济工作会议精神，按照市委五届四次、五次全会的总体部署，结合开发区实际，抢抓机遇，真抓实干，各项工作取得了新的成绩，实现了“十一五”规划的良好开局。一是经济进入快速增长期。全年，开发区实现区域增加值11.64亿元，同比增长62.1%；实现工业总产值20.69亿元，同比增长30.6%；固定资产投资完成5.78亿元，同比增长117.5%。二是项目引进工作取得显著成效。全年，开发区新批入区项目30个，引进外资项目4个。三是石油装备制造业和油气开采技术服务业发展迅猛。

展望未来，开发区将在市委、市政府的正确领导下，高举邓小平理论和“三个代表”重要思想伟大旗帜，全面落实科学发展观，按照市委五届六次全会的总体部署，紧紧围绕中心工作，团结一心，开拓进取，抢抓机遇，乘势而上，为建设具有石油高新技术产业特色、现代化的生态工业开发区而努力奋斗！

盘锦市房屋产权产籍管理处

处长：刘晓莉

书记：周玉祥

市房屋产权产籍管理处于 1996 年 10 月正式成立，隶属于市房产管理局。主要职责是代表市政府依法行使房屋产权产籍管理行政职能。

在工作中，推行政务公开，实行了“行政执法公示制”、“全程办理负责制”，以“严格依法行政，热情优质服务”为宗旨，做到了“办事七公开”。

几年来，市产权产籍管理处先后被国家建设部房地产业司授予“创全国先进达标单位”称号，“全国建设系统创建文明行业示范点”，并连续多年获得“省级文明单位”、“市思想政治工作先进集体”荣誉称号。党总支部被市委评为“先进党总支部”，房产服务大厅被团省委、省建设厅评为“省建设系统青年文明号”，产籍科被评为“全国巾帼文明示范岗”，档案室、抵押科被省妇联、省建设厅评为“巾帼文明示范岗”，测绘队被省建设厅评为“文明测绘队”，登记科被省建设厅评为“省建设系统文明窗口”。

在以后的工作中，市房屋产权产籍管理处将继续努力，开拓创新，求真务实，为促进全市房地产业发展贡献力量，再创辉煌。

服务大厅

盘锦市房地产交易管理处

处长：于长永

盘锦市房地产交易管理处于1992年经市编制委员会批准成立，于1995年升格为副县级事业单位，主要负责全市城区范围内的房地产转让、房地产抵押、房屋租赁、商品房预（销）售管理、房地产评估、房地产信息咨询等业务。

几年来，在市委、市政府的正确领导下，在处长于长永同志的带领下，各项工作取得了可喜的成绩，经济工作年年迈上新台阶。先后被市委、市政府授予精神文明建设先进单位，被省建设厅授予精神文明建设先进单位，被国家建设部授予全国达标单位等荣誉称号。

服务大厅

盘锦市河务管理处

2006年，市河务管理处坚持以河务管理工作为重心，以防汛、河道整治及中小河流治理工作为重点，经全处干部职工的团结协作、努力工作，无论在管理标准、工程质量、整治规模上都有了进一步提高，出色地完成了各项任务，取得了良好的成绩。全年，新铺设提防顶砂石路面 50 公里，完成堤顶沥青路面建设3公里，完成树木栽植5万余棵。清除辽河、绕阳河河道内违法建筑 55 处，完成清障土方 4.26 万立方米。在中小河流整治工作中，共完成投资1958万元。

多年来，市河务管理处坚持新时期水利工作方针，依法治河、依法管河，加强河道工程建设，不断推进河务管理工作的规范化、现代化建设，努力提高防洪工程对全市国民经济、社会发展和人民生命财产安全的保障能力。

上图：于岗站堤防高喷灌浆

下图：李家段堤防垂直铺塑

盘锦市机动车驾驶员培训管理处

市机动车驾驶员培训管理处是在我市道路运输市场日趋繁荣的形势下应运而生的，成立于 1997 年 3 月，现有干部职工 41 名，其中党员 20 名。主要职责是：对机动车驾驶员培训市场实施行业管理；对营业性道路运输从业人员进行岗位培训管理；对全市交通行业技术工种从业人员进行职业技能鉴定。建处 10 年来，按照交通部和省运输管理局的有关文件精神，全面开展驾驶员培训行业管理、道路运输从业人员岗位培训和交通行业技术工种从业人员职业技能鉴定工作及党建、精神文明建设。利用科学的管理手段和先进的培训方法，打破驾驶员单层次培训的格局，实现从“应试教育”向“素质教育”转变。2006 年，全市驾管工作有了新的突破，市场秩序明显改善。全年，招收初学驾驶员 19164 名，培训合格率达到 96% 以上，好于历史任何一年。全市已拥有 12 所驾校，其中，一级 1 所，二级 5 所，三级 6 所。新增教练车 18 台，扩建教练场地 74460 平方米，取缔了全市 82 家招生报名点，净化了培训市场，为发展我市道路运输事业培养了一大批具有较高驾驶技能和职业道德素养的驾驶员。

从 2000 年起，连续 5 年被市委、市政府授予“文明单位”称号；2003 年被市委评为“先进党支部”；2005 年被市委授予“思想政治工作先进单位”光荣称号；连续 5 年被市交通局评为“先进单位”。

处长：秦德林

领导班子　左起：副处长张立志、书记吴书华、处长秦德林、副处长李龙

盘锦市城市规划管理办公室

左起：副主任许龙，副主任张振利，党总支书记、副主任黄维，副主任吴东平，工会主席史洪强

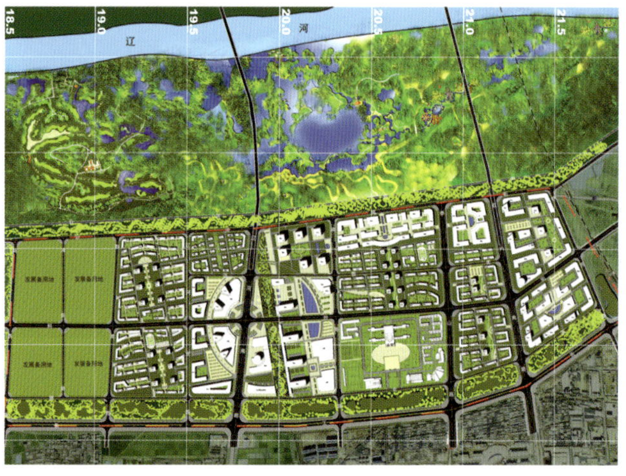

2006年，市城市规划管理办公室坚持以邓小平理论和“三个代表”重要思想为指导，认真贯彻党的十六届五中、六中全会精神，全面落实科学发展观，紧紧围绕全面建设小康社会和服务全市经济社会发展目标，注重加强党组织建设和党员干部的思想政治建设，努力提高领导班子的创造力、凝聚力和战斗力。充分发挥城市规划的综合调控作用，坚持以人为本的规划理念，围绕调整城市布局结构，完善城市基础设施建设，不断加强城市规划和管理。

城市规划编制工作得到加强，确定了《盘锦市城市总体规划》修编的原则、思路和内容，并顺利通过市人大常委会审议。依法行政工作全面推进。全年，共办理建设项目选址意见书47件，建设用地规划许可证52件，建设工程规划许可证 31 件，满足了城市建设发展的需要。党的建设、思想政治工作得到进一步加强，精神文明建设进入省级先进单位的行列，2006年被省建设厅评为“文明单位标兵”。

辽河碑林管理处

辽河碑林位于双台子区胜利街283号，它是在以启功先生为首的书法艺术大师及老领导刘兴泉、甄质等各界有识之士的策划下，于1993年动工兴建，1999年一期典礼落成。占地近50万平方米，林林总总的刻石，上启新石器时代的陶文符号，下至当代书法名家精品。历时上下五千年，囊括纵横九万里，刻碑2000余通，是我国惟一不断代的碑林。孔子第77代传人——台湾著名学者孔德成先生欣然命笔，题曰：“中华第一碑林”。

辽河碑林作为集书法艺术、石刻艺术、园林艺术为一体的大型人文景观，是我国几千年文化的延续，是我国劳动人民智慧的结晶，是取之不尽的文化宝库，用之不竭的艺术源泉。它必将同盘锦的石油、苇海一起逐渐为世人瞩目，成为中华大地上一处新的文化名胜。

辽河碑林

在“百姓喜爱的盘锦旅游品牌”评选活动中，被评为：

十佳景区（点）

盘锦市旅游局
二00五年九月

中国辽河碑林正门牌楼

松雪瀚墨香

古代馆一角

盘锦市双台子河闸管理处

处长：李国山

班子成员

双台子河闸管理处隶属于盘锦市水利局，为正科级、自收自支事业单位。该处下设8个科室，现有职工85人，党员25人。该处以工程管理为主，主要工程由拦河闸、双绕进水闸、船闸、小柳河倒虹吸及左右岸导流堤组成，其中，拦河闸是辽河干流下游一座大Ⅱ型水利枢纽工程，1968年建成投入运行，1995年进行改扩建，1997年主体工程投入运行。改建后的拦河闸全长160m，共14孔，每孔净宽10m，20年一遇设计洪水位为8.29m，设计洪水流量为5000m^3/s；50年一遇校核洪水位为9.27m，校核洪水流量为6800m^3/s。年均供水量在6亿m^3以上，使工程枢纽的经济效益和社会效益得到了充分的发挥。该处担负着两县、两区80万亩农田和70万亩苇田的灌溉用水及部分工业用水任务，为全市的工农业生产做出了重要贡献。

盘锦市新华书店

经理：罗春玉

团结奋进的领导班子

盘锦市新华书店始建于 1984 年，是盘锦市惟一一家国有大型书店，现有职工 60 人，其中，高级职称 3 人、中级职称 10 人、本科生 9 人、专科生 15 人。

几年来，书店始终发挥着图书发行主渠道的作用，严把图书质量关，坚持从正规出版社和批销中心等正规渠道进货，不进不售盗版书、淫秽书、劣质书。2005 年 7 月书店被辽宁省版权局评为“辽宁省正版出版物经营单位”。

优质服务是新华书店的口号。多年来，书店非常重视提高员工综合素质，坚持把岗位练兵活动放在工作首位。每年定期在全体员工中开展“岗位大练兵”活动。为加强企业内部管理，制定并完善了各项规章制度。

1996、1997 年荣获省“三优”竞赛“十佳书店”称号；1997 年荣获市级文明单位、1998 年荣获省级文明单位；1997、1999 年两次被国家书刊发行协会评为“成绩优异、服务优良”双优单位；1998 年开始连续多年被市文化局评为“先进单位”；2000 年被市委宣传部评为“岗位练兵先进集体”；2003 年被评为市“厂务公开先进集体”。

奋进中的盘锦市地方税务局兴隆台分局

团结奋进的领导班子

市地税局兴隆台分局现有干部、职工106人，分局下设20个科（室）、所，担负着辽河油田附属企业、兴隆台区属企业1966余户及3824户个体工商户的税收征管工作。分局固定资产由建局初的60万元增长到1817万元。

分局自1994年12月份组建以来，干部、职工在市局党组和兴隆台区委、区政府的正确领导下，以“三个代表”重要思想和科学发展观为指导，紧紧围绕组织收入这个中心，以饱满的工作热情，崭新的工作姿态，全力以赴投入工作。分局党组织以建一流的班子，带一流的队伍，创一流的业绩为目标，连续12年超额完成税收任务，税收总量近15亿元，年均增长12%以上。2006年，税收收入23843万元，取得了建局以来最好水平。同时，兴隆台分局连续8年获得省“文明单位”称号，连续7年保持省地税系统“先进集体”荣誉。分局下辖的9个税务所有6个所分别进入全国、省、市、区级青年文明号，三个文明建设同步发展。

常年开展丰富的文体活动

为学生普及税收政策

省局领导来区局视察工作

盘锦市地方税务局开发区分局

局长：裴国庆

盘锦市地方税务局开发区分局成立于1994年10月，现有班子成员4人，干部职工44人，分局下设6个科室，3个税务所，负责经济开发区西外环以东、六零河以西、螃蟹沟以北、北至区界区域1400余户纳税人的税收征收管理工作。负责征收的主要税种有营业税、个人所得税、城市维护建设税、房产税、土地使用税、企业所得税（部分）、印花税、契税、耕地占用税、土地增值税、车船使用税以及地方教育费、教育费附加、河道工程维护费、社会保险费及残疾人保障金、工会经费、文化事业建设费的征缴。

分局成立以来，在市地方税务局和开发区管委会的正确领导和支持下，艰苦创业，开拓进取，在税源严峻的情况下，紧紧围绕组织收入这一中心工作，依法治税，从严治队，强化管理，优化服务，克服了一个又一个困难，取得了一个又一个可喜的成绩，使两个文明建设连年获得双丰收，年年圆满完成税收收入任务。税收收入由建局的几百万元上升到2006年的5000万元。自2001年以来，分局连年被评为省级文明单位。分局的中兴地税所连年被授予省"青年文明号"荣誉称号，2005年又被授予省"雷锋号"集体荣誉称号。双兴地税所2005年被授予市"青年文明号"荣誉称号。

服务大厅

盘锦市地方税务局直属分局

局长：赵喜永

2006年，市地税局直属分局在市地税局党组的正确领导下，按照市地税局“有效执行年”中确定的工作目标，紧紧围绕分局“围绕主线，抓住主题，打牢基础，狠抓落实”的工作思路，以组织收入为中心，以“两基”建设为重点，以“金税三期”工程建设为载体，坚持依法治税，强化征管改革，优化纳税服务，狠抓队伍建设，使分局年初确定的5项工作目标全面完成。一是以组织收入为中心，税费收入再攀新高。二是以深化改革为基础，税收征管工作取得了新进展。三是以政务公开和人性化服务的有机结合为标志，纳税服务工作进入新阶段。四是“金税三期”新征管系统的成功上线，使信息化建设实现质的飞跃。五是实施“开放式稽查”新模式，税务检查工作开创了新局面。六是以依法治税为灵魂，以税法宣传为手段，税收环境得到不断优化。七是以班子建设为重点，干部队伍建设迈出新步伐。八是以落实“惩防体系”建设为根本，党风廉政建设实现了“四无”的目标。九是以优化纳税环境为推动力，地税形象得到充分提升。

分局积极开展“送温暖，献爱心”活动

分局干部经常深入企业面对面讲解税收政策

图为局长赵喜永（左一）、副局长卓光（左三）、副局长曲文交（左二）在分局召开的“共谋税企和谐”座谈会上，认真听取纳税人的意见、建议和要求。

为构建和谐的征纳关系，直属分局领导经常深入基层，开展“登门求谏”和“开门纳谏”活动。

盘锦市地方税务局稽查局

局长：赵长存

团结的领导班子

办公室人员查阅、整理档案

稽查人员对企业进行税收检查

全局人员进行业务培训

2006年，市地方税务局稽查局按照市局确定的“固本强基，突出重点，规范行为，创新载体，保持荣誉，争创佳绩”的工作目标和“有效执行年”的要求，紧紧围绕税务稽查这一中心工作，注重做好依法行政，从严治队，内强素质，外树形象和科学加管理等3篇文章，狠抓党风和行风建设，不断强化队伍的思想、业务素质和能力，努力建设一支政治坚定、业务过硬、执法规范、作风优良、纪律严明的税务稽查队伍。全年，依法对183户各类企业实施了专项、专案稽查，对来自群众举报的30起涉税案件依法进行了查处，对50余组发票进行了协查，累计查补地方税费1180万元、加收滞纳金251万元、罚款376万元。现已组织入库税费、滞纳金、罚款合计1446万元，超额完成市局下达的税收计划。用辛勤汗水，在鹤乡大地上筑起了牢固的护税防线，被誉为“永不松动的铁闸”和“护税的利剑、偷税的克星”，被评为省级文明单位。

局领导带领全局人员帮助贫困户插秧

盘锦军分区

司令员：陈克

政委：朱洪田

2006年，盘锦军分区党委以“三个代表”重要思想和科学发展观为指导，以军事斗争为中心，积极开拓进取，狠抓工作落实，军分区全面建设取得明显进步。

坚持以学习贯彻科学发展观为主线，深入开展使命教育、荣辱观教育，营造了爱军习武、知荣明耻的良好氛围。注重政治环境建设，完成了政治工作网络建设。贯彻全军军事训练会议精神，大抓军事训练，团以上干部军事素质100%通过省军区组织的考核认证。突出抓民兵应急分队、专业技术分队训练，训练质量有明显提高。着眼军事斗争准备人才需求，加大干部教育管理和选拔培养力度，干部队伍素质有明显提高。坚持依法从严治军，牢固树立安全发展理念，实现安全无事故。认真落实议军会、第一书记述职会等党管武装制度，不断提升武装工作质量。适应新形势，改革民兵编组方式，编组质量进一步提高。落实党委理财制度，加大对民兵训练经费支出规范化管理力度，综合保障能力得到加强。广泛深入开展国防法规的宣传力度，有效提高了全民国防观念。

积极协调军地开展“双支”活动，促进了“双拥”向“双支”的拓展。广泛开展扶贫帮困活动，分区资助贫困学生上学，收到较好的社会反响。一年来，军分区先后被省军区评为转业干部工作先进单位、宣传报道先进单位、计划生育先进单位、后勤规范化管理先进单位；被辽宁省评为国民经济动员先进单位、节水型先进单位。

军地领导观看民兵分队防洪泄洪实爆演练

中国人民武装警察部队盘锦市支队

支队长：路武

政治委员：崔洪玮

武警盘锦市支队为正团级单位，下属1个直属大队、1个教导队、6个中队。主要担负全市武装巡逻、处置突发事件和市及两县、辽河油田看守所的看守任务。支队实行“双重领导”体制，既隶属武警辽宁省总队，又接受盘锦市委、市政府和市公安局的领导。

多年来，支队在辽宁省总队党委和盘锦市委、市政府、市公安局的领导和具体指导下，先后圆满完成了盘锦市百货大楼重大火灾、盘锦军分区大楼爆炸等抢险任务及抗灾防洪，参与处置“1·21”劫持人质案、“7·10”持枪杀人抢劫案、“1·20”杀人犯的抓捕案等突发事件和“三辰事件”、“羊圈子苇场职工拦截火车”等群众性上访事件20余起，树立了武警部队“威武之师、文明之师”的良好形象，为维护盘锦市的社会稳定和经济腾飞做出了积极的贡献。支队于1994年、1995年、1997、1999年，先后4次被辽宁省总队评为“先进支队”。1994年、1995年，连续2年被辽宁省委、省府授予“抗洪抢险英雄部队荣誉称号”。1994年至2006年，连续13年被盘锦市评为“双拥工作先进单位”。2006年，被武警总部评为“连续12年预防事故案件先进单位”。

盘锦消防支队

党委书记、支队长：鲁晓明

党委副书记、政治委员：王长川

盘锦消防支队成立于1985年，现有官兵208人。支队机关设司令部、政治处、后勤处、防火处4个部门，基层设盘山县、大洼县、兴隆台区、双台子区4个大队。共有消防执勤主战车辆38台，其中，常规战斗车辆27台，特种战斗车辆11台。消防支队的职能是依据《消防法》进行消防监督和负责全市的灭火救援任务。

多年来，盘锦消防支队牢记全心全意为人民服务的宗旨，坚持“执法为民”的理念，始终把维护全市经济发展、维护火灾形势稳定作为第一要务，在消防监督和灭火救援两条线扎实开展工作，取得了显著成果。全市连续15年没有发生特大火灾事故。支队连续7年被评为“全省消防部队先进党委”，连续9年被评为“全省消防部队先进支队”。盘山县大队先后荣获“全国消防部队基层建设先进单位”、“全国消防部队执勤岗位练兵先进大队”、“全国消防部队示范大队”等荣誉，荣记集体二等功2次，集体三等功8次。大洼中队先后被省委、省政府评为“文明单位”，荣记集体二等功1次，三等功3次。建队以来，支队先后成功扑救了辽河化肥厂氨分厂、盘锦二百、兴隆宾馆、顺佳化工厂、春成造纸厂等重特大火灾事故，圆满处置了东郭液化气站泄漏和京沈高速公路炸药车颠覆、双台子宋家液氨泄漏事故、“5·23”京沈高速公路重大交通事故、2007年初抗御特大雪灾等抢险救援任务，2005年被市政府授予“特别能战斗的消防劲旅”荣誉称号，为全市经济发展和保卫一方平安做出了应有的贡献。

盘锦市公安局巡逻防暴支队

支队长：孙永贺

政委：杨文君

市公安局巡逻防暴支队于 1994 年 4 月底组建，副处级单位，内设政办室、勤务调度室、处置突发事件大队、巡逻防控大队、特警大队，现有民警 62 人，党员 53 人，支队党总支下设政办室、勤务调度室、处置突发事件大队、巡逻防控大队、特警大队 5 个党支部。支队承担着维护盘锦政治稳定和社会安定、打击犯罪、防暴反恐、协助政府有关部门综合执法等任务。

支队注重加强党的思想建设，用马列主义、毛泽东思想、邓小平理论和“三个代表”重要思想来武装民警头脑，认真组织民警学习贯彻党的十六大和全国、全省公安工作会议精神以及全国“三基”现场会精神，紧密联系思想和工作实际，不断适应新形势、新任务的要求，创造性地做好了各项巡防工作。支队注重加强组织建设，切实严格党的组织生活，坚持“三会一课”、民主评议党员、民主生活会、党员领导干部双重组织生活等相关制度，确保了党内生活的经常化、制度化和规范化，建立党员先进性建设的长效机制，充分发挥党组织的战斗堡垒和共产党员的先锋模范作用，更好的履行工作职能，为构建“和谐盘锦”做出了应有的贡献。

盘锦市第二人民医院

市委书记陈海波视察希望社区卫生服务站

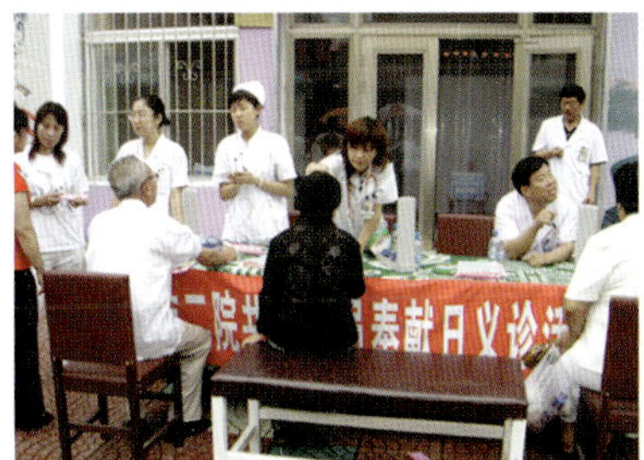
党员奉献日义诊活动

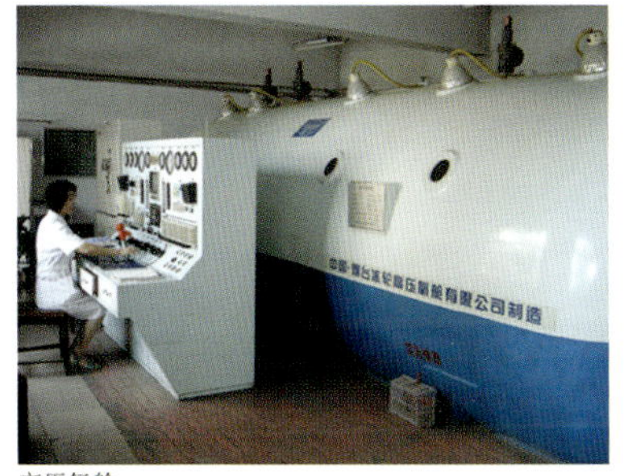
高压氧舱

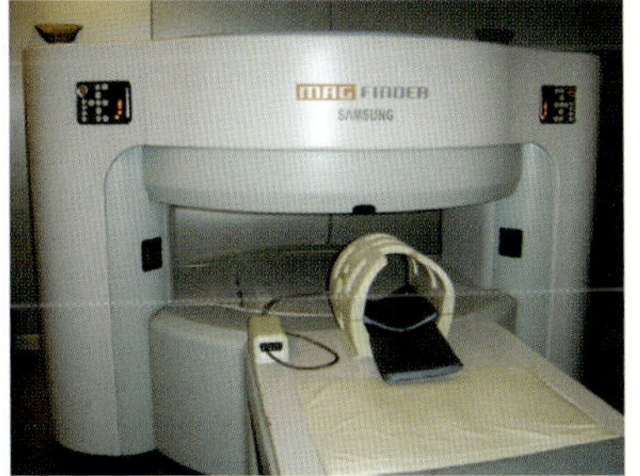

核磁共振

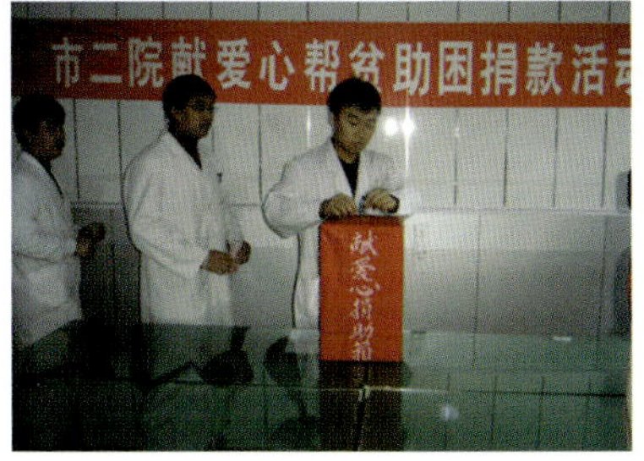

献爱心捐款

党委书记、院长：李洪秀

市第二人民医院始建于1958年，是全市惟一一家国家三级甲等医院，承载着盘锦城乡130万人口的医疗、预防、科研、教学中心任务。

医院占地面积32000m²，建筑面积31000m²。开设床位550张，设置医疗科室52个，专业水平居全市领先地位。现有职工945人，其中，有高级职称125人，中级职称363人。年门诊量23万人次，年平均住院量12000人次，年均手术4000例。拥有韩国三星核磁共振、日本东芝16排全身CT机、大型高压氧舱、血液透析仪、全自动生化分析仪、日本导津大型X光机等万元以上设备230余台件。

医院以急诊急救为龙头，以加强专科建设为重点，各科系全面发展，填补了市内多项技术空白。心脏冠状动脉造影，冠状动脉狭窄扩张术及内支架置入术等介入治疗、双侧人工全髋关节置换术治疗双侧股骨头缺血性坏死以及骨关节镜等微创治疗、胰十二指肠切除术、全胃切除术等甲级手术及腹腔镜微创手术、多种恶性肿瘤的局部栓塞和灌注化疗等多项技术居省内领先水平。

医院始终坚持以人为本，以病人为中心，以临床服务为重点，以病人满意为"金标准"的办院方针。多年来，受到上级部门及社会各界的好评，先后荣获辽宁省"优秀爱婴医院"、辽宁省"优质服务杯"标兵单位、辽宁省"诚信服务杯"标兵单位、盘锦市"人民满意医德医风示范单位"等多项荣誉称号。

三级甲等医院
中华人民共和国卫生部

文明单位
中共盘锦市委员会
盘锦市人民政府

授予2006年度工会工作
先进单位
盘锦市总工会

院长：张凤山

盘锦市第三人民医院

老百姓信得过医院

市第三人民医院（市传染病医院）始建于1972年，占地面积54120m²，建筑面积15030m²，主要担负着全市传染病的防治任务，同时开展内、外、妇科疾病的治疗，年门诊12000人次以上。医院现有职工178人，卫生技术人员占75%，其中，副高级以上职称10人，中级职称46人，在兴隆台区和双台子区设有门诊部，在双台子区设有社区卫生服务站。医院连续6届被评为省级文明单位，省医德医风建设先进集体，省规范服务先进集体，辽宁省“老百姓信得过医院”，盘锦市花园式医院，全国抗击“非典”先进单位，市、区综合治理先进单位。

温馨家园护士站

医院坚持走科教兴医之路，大力实施人才战略，聘请解放军302医院传染科主任定期出诊、查房、讲学；聘请沈阳传染病医院传染科主任常年坐诊。每年按计划选派优秀青年医生到中国医科大学、上海传染病医院、北京解放军301、302医院进修学习，临床医生本科化达到81%以上，具有较合理的专业人才队伍，能够较好地担负起全市各类传染病的防治任务。医院全面实施专科建设战略，不断加大科研投入力度，尤其是采用微创技术治疗肝病引进人工肝支持系统外科技术治疗急慢性肝病和电脑肝病治疗仪结合药物治疗肝病技术，处国内领先地位，肝病科研项目被市科技局评为科技进步二等奖，肝病等传染病的治疗处于全市领先地位，医院的肝病科被评为市级医学重点专科。

医院有国内领先的检验、试验及治疗设备，可开展各类传染病病原学检测，尤其是肝病各种检查，达到省内同级医院先进水平，试验室通过国家标准实验室达标验收。

医院始终坚持以病人为中心的办院宗旨，坚持以人为本，诚信立院、严谨管理、科技兴院的文化理念和发展战略。认真贯彻市卫生局提出的“三个卫护”卫生工作要求，坚持“三个文明”一起抓，开展全程导诊、“四心”、“四个一”为主要内容的“满意在三院、温馨在病房”全程优质服务活动深受患者欢迎，开展病人选择医疗组、护理组，选择“用药菜单”、“一日清单制”等一系列活动为患者提供了优质服务。在每年卫生质量万里行问卷调查中，患者满意率在95%以上，同时也获得了可观的经济效益。为实现医院可持续发展，院领导班子提出“三个深化、六个加强、三个提高、两大战略、实现一个突破”的战略目标。目前，市三院的干部职工正在以饱满的热情，迎接新的挑战，为我市卫生事业又好又快地发展做出新的贡献。

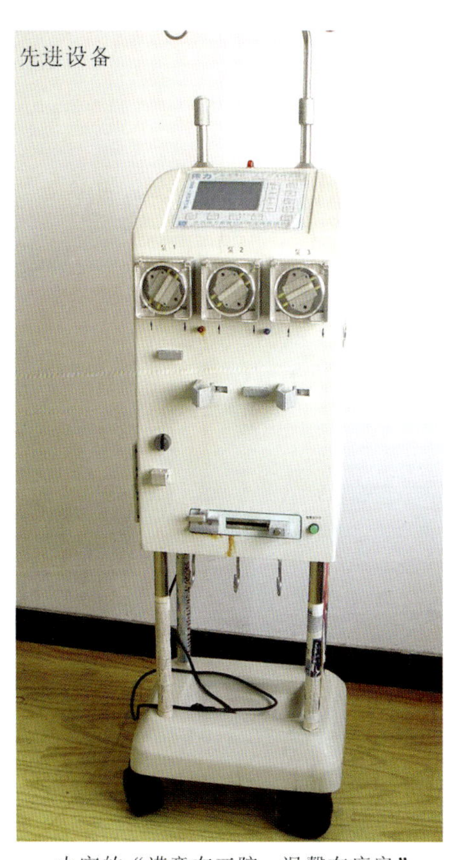
先进设备

门诊大楼

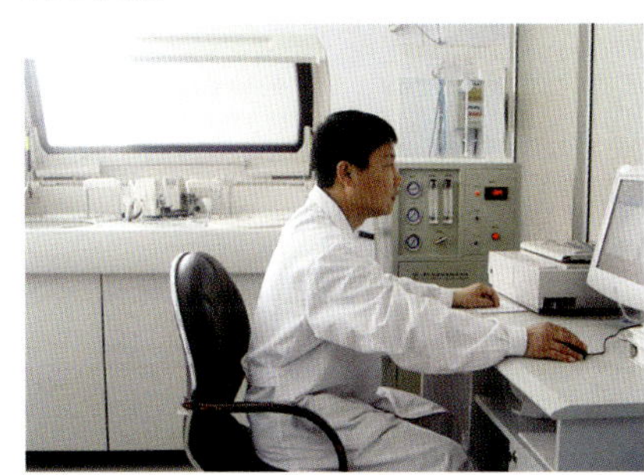
现代化的化验室一角

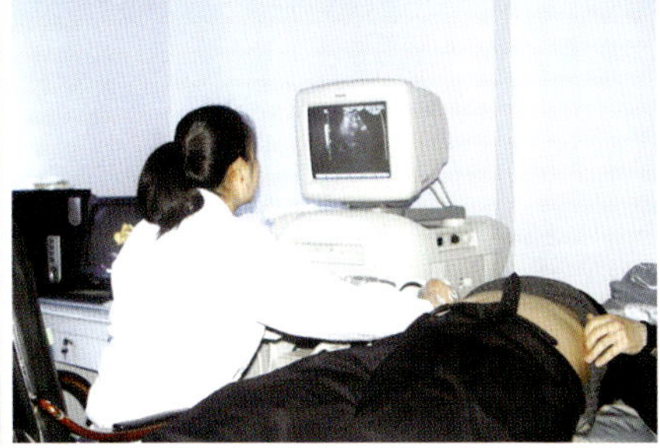
医生利用彩超为病人检查身体

环境优美的住院部

盘锦市第四人民医院

盘锦市第四人民医院（原妇婴医院）坐落于双台子区辽河路长征街330号，成立于1989年，占地11000平方米，建筑面积6600平方米，设床位150张，员工263人，其中，具有高级专业技术职称人员25人，中级职称83人。医院设外科、产科、妇科、儿科、眼科6大病区及内科、疼痛、口腔、病理、检验、B超等十几个医疗医技科室，经过十几年的努力，已建成为具有一定专科特色的现代化医院。医院坚持走差异化的专业发展道路。注重“人无我有，人有我优，人优我专”技术优势的塑造，使医院核心竞争力不断提升，在妇科、产科、儿科、腔镜及肿瘤的诊治方面均形成了较强的专科特色和优势。1996年，医院开展了宫腔镜电切术，填补了东北地区的科技空白。1999年在盘锦市首家开展了腹腔镜手术。2004年元月，在盘锦地区首家推出“温馨家园”高档产科病房，向产妇提供全方位的服务和保障。2004年10月，与沈阳何氏眼科医院合作，成立了何氏眼科盘锦四院分院，依托何氏强大的技术优势及国内外先进的技术设备，为盘锦的眼病患者带来了福音。2005年3月，盘锦市首家疼痛治疗专科正式开诊。目前，已成功开展了椎间盘介入治疗技术。2006年7月，成立了宫颈疾病诊治中心、不孕不育诊治中心及乳腺疾病诊治中心等多个治疗专科。

建院十几年来，医院以高科技为龙头，以文化为依托，以管理为前提，以服务为根本，在激烈的市场竞争中站稳了脚跟，赢得了社会的赞誉。多次被评为“文明医院”、“社会公认满意医院”、“老百姓信得过医院”及“行业高信誉单位”等。

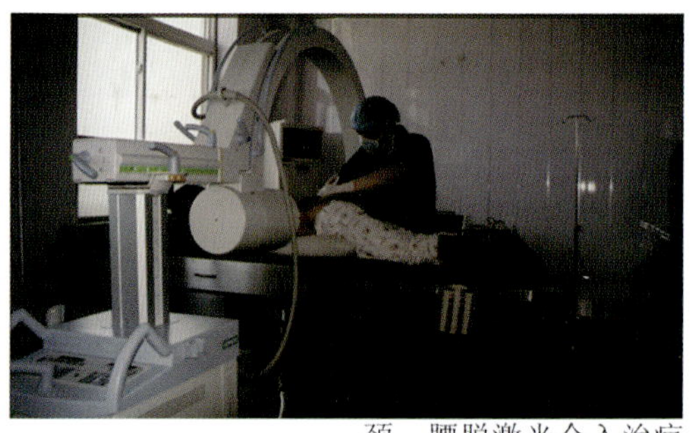

颈、腰脱激光介入治疗

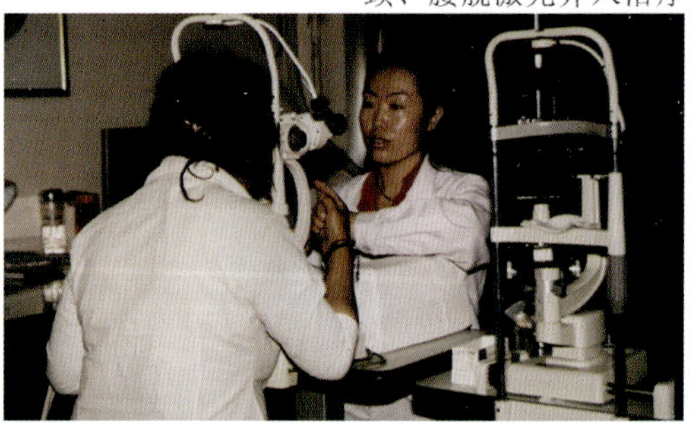

眼科诊室

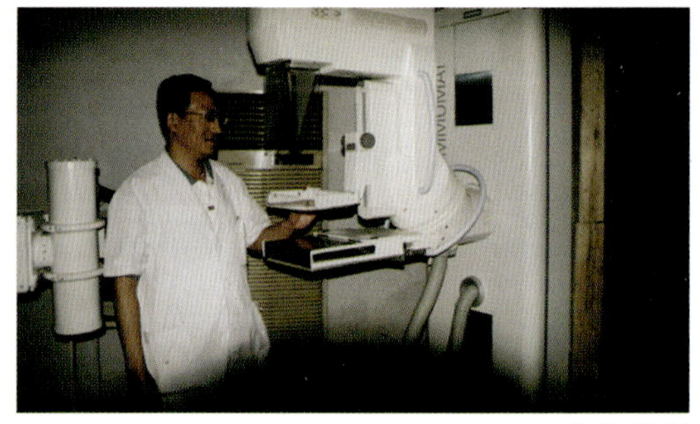

乳腺钼靶

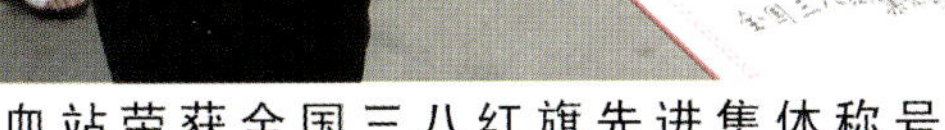
血站荣获全国三八红旗先进集体称号

市领导到血站新办公楼视察工作

党员到西柏坡接受革命教育

平安夜到街头宣传无偿献血

走进直播间行风热线

盘锦市中心血站

临床用血100%来自自愿无偿献血

盘锦市中心血站成立于1989年，隶属于市卫生局，是我市惟一一家采血、制备储存和供应临床用血的公益性卫生机构。现有职工45人，其中，高级职称1人，中级职称18人，初级职称15人。

自《献血法》颁布实施后，血站领导班子带领广大职工，以“三个代表”重要思想为指导，以“献血者、患者”为中心，以“血液质量”为核心，认真执法，团结协作，锐意进取，扎实工作，实现了“临床用血100%来自自愿无偿献血”的工作目标，成分输血比例大幅度提高，质量管理体系顺利开展并不断完善。

血站领导班子十分重视职工的职业道德教育、素质教育和服务质量教育，血站连续5年获得“全国采供血系统免疫学检验室间质评优秀单位”；连续4年被评为“辽宁省优秀血站”；连续6年获得“盘锦市文明单位”；2004年和2005年先后被市卫生局评为“最佳业绩单位”、“最佳形象单位”；2006年被评为“辽宁省文明单位”、“辽宁省行风建设先进单位”、“全国三八红旗先进集体”，两次为我市获得“全国无偿献血先进城市”称号做出了应有的贡献。

市委领导与中国医大专家合影

PANJIN FUAN YIYUAN

盘锦馥安医院

开诊庆典

盘锦馥安医院（中国医科大学老年病研究中心盘锦分院）是盘锦市第一所花园式、园林式医院。作为盘锦市医疗保险定点医院、盘锦市失业职工定点医院、盘锦市离休干部、副市级以上领导干部、革命伤残军人、工伤人员定点医院、盘山县医疗保险定点医院、盘山县离休干部定点医院、双台子区城镇低保医疗救助定点医院、盘锦医保门诊特定病种定点医院、辽河社区卫生服务中心，本着“以病人为中心、以质量为核心、以满意为标准”的质量方针，建院一年来凭借专科的技术、先进的设备、优质的服务，受到广大市民的好评，同时也得到了社会各界的大力支持与关注。

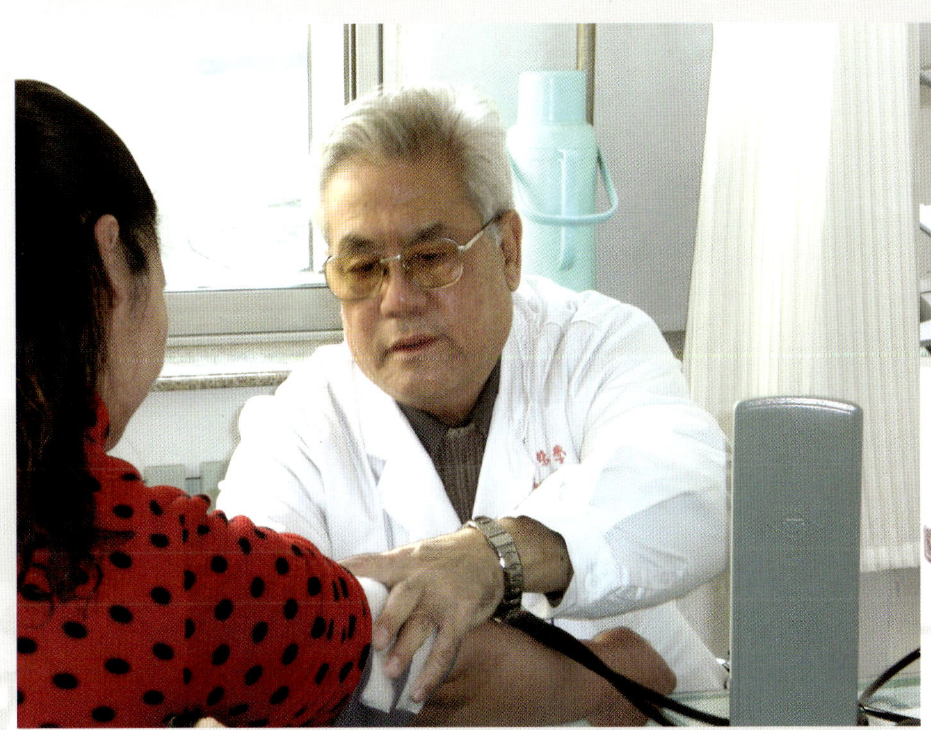

中国医大专家为患者诊察

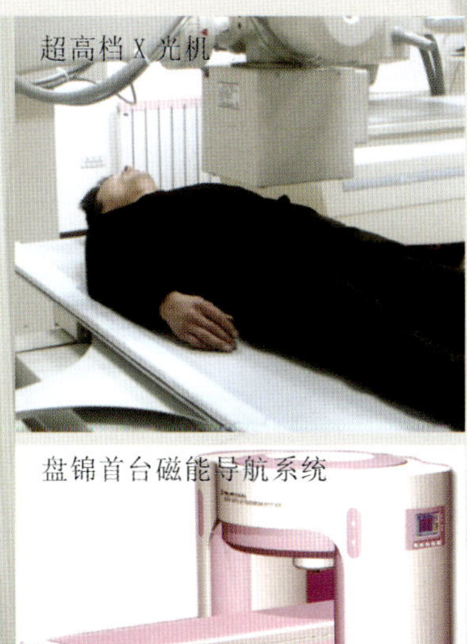

超高档X光机

盘锦首台磁能导航系统

美国GE豪华螺旋CT

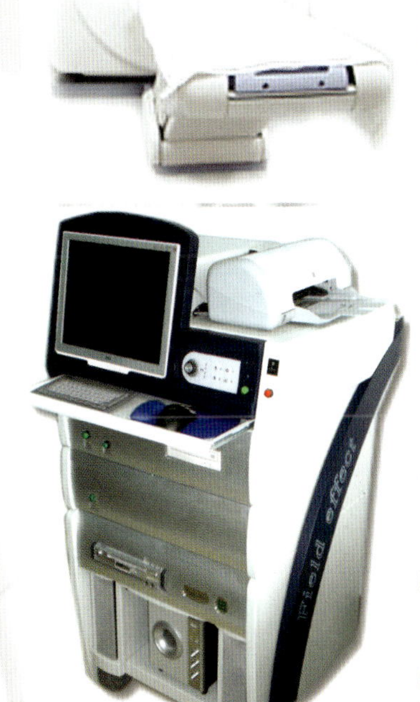

腔内场效应 微创消融系统

医院设有内科、外科、妇产科、儿科、皮肤科、中医科、泌尿科、疼痛科、康复理疗科、心脑血管科等医技科室20个，拥有最新的美国GE三维全身螺旋CT机、飞利浦飞凡先进型彩超、王者至尊型磁能导航系统、脑彩超、日本磁振热治疗仪、温热式低周波治疗仪、电子数码阴道镜、前列腺消融治疗仪、红外乳腺诊断仪、体外短波治疗仪、高级腰椎、颈椎治疗仪、血流变分析仪等先进设备80余台套，其技术性能在全市处于领先地位。

治疗条件：病房环境优美、整洁、温馨，设有普通间、标准间、高间。家庭式格局，宾馆式服务。

治疗特色：采取“西医治标，中医治本”的原则，综合治疗各种心脑血管疾病、糖尿病、呼吸、消化、外妇科、男女泌尿系统疾病、皮肤病等各种疑难病症。尤其对冠心病、心绞痛、心肌梗塞；脑出血、脑血栓、脑血管病后遗症；糖尿病、高血压及各类妇科、男科系统疾病治疗显著。

高间病房

盘锦市疾病预防控制中心

行风建设座谈会

2006年，盘锦市疾病预防控制中心顺利完成了卫生体制改革，实现了疾病预防控制中心与卫生监督所、健康教育所的独立分设。独立运行后的盘锦市疾病预防控制中心人员编制97名，内设16个科室。

一年来，市疾控中心先后荣获市委、市政府颁发的“先进集体”，卫生系统“最佳业绩单位”、行风建设“先进集体”、继续医学教育“先进单位”、“文明单位”、“全省艾滋病防治工作先进集体”、“全省碘缺乏病防治先进集体”、“全省流行性出血热防制工作先进集体”等20多项荣誉称号。

省卫生厅厅长姜潮来视察

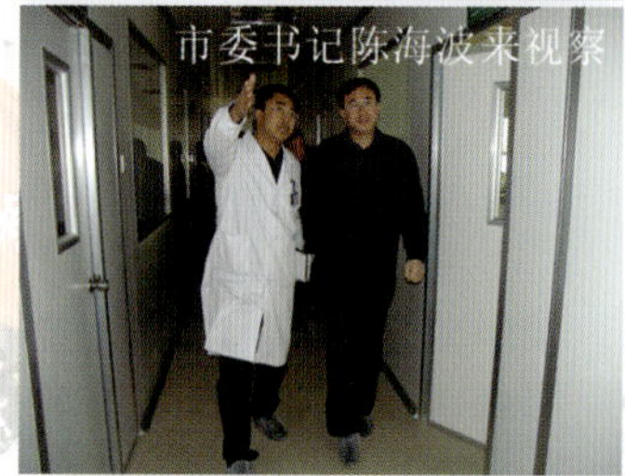

市委书记陈海波来视察

市长陈淑珍来视察

兴隆台区红村街道办事处

书记、主任：范立海

副书记、副主任：田洪德

2006年，红村街道党工委、街道办事处，在区委、区政府的领导下，以学习《党章》，开展保持共产党员先进性教育和优化街道社区活动为主题，以辖区单位、居民对街道工作的认同感为落脚点，坚持以街道社区党建为核心，大力推进街道社区服务与管理的进程，积极维护社会稳定，加强精神文明建设，促进辖区内各项事业持续、平稳、健康发展。全年，街道各项工作取得了较好成绩，赢得了区委、区政府、辖区企事业单位、居民普遍认可，树立起了街道社区的良好形象。

辽河油田第一高级中学

校长：何绍纯

市委副书记李素芳、市教育局局长魏书生来校视察指导工作

副市长李淑云来校视察指导工作

辽河油田第一高级中学是辽宁省首批示范高级中学，始建于 1981 年，校园占地面积 10 万平方米，建筑面积 4.7 万平方米，现有 48 个教学班。学校有雄厚的师资力量，其中，特级教师 4 人，高级教师 113 人，研究生毕业（结业）92 人，并有全国科研骨干教师 1 人，省级骨干教师 6 人，市级学科带头人 11 人，市级骨干教师 12 人，有多人在国家、省、市、局级担任学术团体、协会中的理事职务。教师队伍已形成以青年教师为主体的结构合理的师资队伍。

多年来，学校全面推进以培养创新精神和实践能力为核心的素质教育，教育教学质量明显提高，为高校输送了大批合格人才。学校获得省政府授予的“模范学校”、全国教育科学“十五”规划国家重点课题“整体构建学校德育体系深化研究与推广实验”科研先进实验学校、全国教育科学“十五”规划教育部重点课题《实施研究性学习的专题研究》先进实验学校、省中学图书馆示范校、省“绿色网络示范学校”等诸多荣誉。

在 2007 年高考中，辽油一高捷报频传，成绩辉煌．辽河油田第一高中以“七项第一”的好成绩在辽宁省高中遥遥领先，成为辽宁省教育界瞩目的亮点。学校本着“依法治校、以德立校、以质强校、科研兴校”的宗旨创建“辽宁省名校”，为千万学子的梦想插上腾飞的翅膀。

学生排球赛

多媒体教室

运动会整齐的鼓乐队和彩旗队

辽河油田第二高级中学

校长：夏玉书

副市长李淑云来校视察工作

市教育局局长魏书生与学生交谈

团结务实的学校领导集体

师生同台表演

外籍教师给学生上课

实验室是发明的摇篮

教师指导学生实验

辽河油田第二高级中学于1973年建校，是油田最早的一所学校。2006年被评为辽宁省示范高中。校址位于盘锦市兴隆台区，全国优秀小区兴油小区内，环境优雅，交通便利。

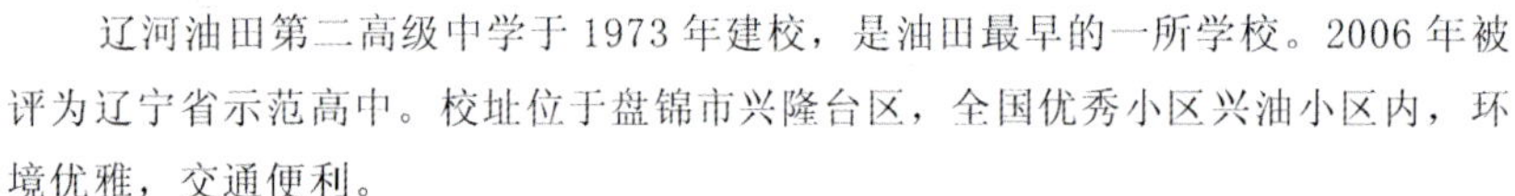

现在学校总占地面积60000平方米，拥有一个标准400塑胶运动场，8个标准篮球场，3个排球场，1个体育馆，3栋教学楼，3个学生公寓楼，2个学生食堂。学校有设施一流的物理、化学、生物实验室，有先进的电教室、语音室、微机室、多媒体教室和校园电视台，可以现场直播小型活动。学生教室全部安装空调，并有闭路电视，学校校园网和高清晰数码实物展示液晶投影等。

目前，学校有专业教师126人，教师学历全是大学本科以上，其中，研究生学历37人，特级教师1人，高级教师61人，一级教师26人。学校实行封闭管理，以“一、二、三、四、五、六”工程为载体，本着为学生终生发展服务的管理理念，从管理入手，以引导教育为主，实行五个渗透教育（教学渗透，管理渗透，活动渗透，服务渗透，环境渗透），从而全面提高学生道德素质，使学生思想素质获得提高。

学校在建校30多年时间里，先后被评为中国石油天然气总公司先进集体、两度被评为辽宁省文明单位、辽宁省文明学校、辽宁省德育先进学校、辽宁省绿色学校等30余项省级先进荣誉。学校曾培养出诺贝尔奖获得者李政道的两名研究生，曾培养出清华大学等名牌大学的数以千计优秀毕业生。学校高考连年雄居辽河油田普高前列，全国数学、物理、化学和生物奥林匹克竞赛辽河赛区连续数年普高第一。

学校以“高质量、现代化、创特色、争一流”的办学理念，把走入二高中的学生培养成为品德高尚、成绩优秀、人格健全、国格崇高的新世纪优秀人才。现有30个教学班，在校学生1600多人。学校实行校长负责制，设校办、教务处、德育处、3个教学年部和一个后勤7个职能部门。现在全校教职工精神饱满，干劲十足，务实进取，本着“一切为了学生，为了学生的一切”思想，使每位考入二高中的学生都能成才。

辽河油田第三高级中学

辽河油田第三高级中学位于兴隆台区双兴中路32号，校园占地面积60000平方米，建筑面积22000平方米，拥有2栋教学楼，1栋实验楼，1栋办公楼，2栋学生公寓，1栋教工公寓，1栋多功能综合楼，1栋体育馆，建成了400延长米标准塑胶跑道和人造草坪足球场，并配有完整的体育设施和4组广场照明灯。

第三高中本着“以人为本、科学发展”的办学思想，提出了“强化教育管理，优化教学过程，在阳光下生活，在自信中成长，以团结生活力，以活力促发展，营造和谐校园”的办学理念，学校得到了健康长足的发展。

第三高中拥有一支过硬的师资队伍，全校104名专职教师，其中，省级学科带头人1名，局级学科带头人4名，局级骨干教师8名，具有研究生学历44名，中学高级教师65名。学校每年的高考升学率匀保持在90%以上，为国家输送了大批优秀人才。

校长：王东新

勘探局、油田公司领导视察我校

盘锦市第二完全中学

校长：池军华

省教育厅领导到校视察

李天与、安明晓获得省青少年科技创新一等奖

大课间活动全市第一

盘锦市第二完全中学现有高中、初中部 54 个教学班，163 名教工中特级教师 1 人，高级教师 78 人，中级教师 42 人，教育硕士 20 人；40 多人先后被评为市学科带头人。作为全国整体教育改革实验基地，国家重点课题实验研究基地，省美育实施实验基地，市德育工作示范学校等诸多荣誉的获得者，它以一流的环境、一流的师资、一流的管理教育教学水平吸引着国内外人们的广泛关注。

以全国模范教师、全国师德标兵池军华校长为首的领导班子，坚持“稳定中求发展，改革中求特色，创新中求品牌”的全新办学理念，以魏书生教育教学思想为指导，以人为本、依法治校，全面实施素质教育，带领师生在构建平安、和谐校园的教育教学实践中，创造出非凡业绩：大课间活动，全市第一；科技创新，全市领先。教育教学成果显著：考取点高平均录取率连续 6 年全市第一；55 人考取清华、北大等名牌大学，440 多人升入重点大学。2007 年的高考、中考再续辉煌，令人瞩目：高考超过 600 分 3 人，一本 56 人，二本 207 人，本科进线率再次超过 80%。徐薇同学以 659 分的成绩列市直第七，获市英语单科状元。王倩、李露双获市中考状元；进入市直前 20 名有 6 人；超过 700 分 132 人；指标到校分数达到 712 分，列全市第一。

盘锦市实验中学

2006年，在上级党委的正确领导下，市实验中学党组织的创造力、凝聚力和战斗力进一步增强，党员的先锋模范作用和先进性进一步得到体现，有力促进了学校的各项工作。在教育教学工作中坚持以魏书生“民主、科学”的教育思想，坚持以魏书生“学习、工作、尽责、助人是享受”的苦乐观，从“一分钟”做起，以培养学生的良好习惯为教育工作的切入点，真诚奉献、扎实工作。尤其阳光分班、家长开放日、家长学校等项工作，把教育的公正、公平还给了孩子。多项工作在全市名列前茅。

团结进取的领导班子

教育成果展

新加坡教育考察团来访我校

盘锦市实验小学

校长：樊红艳

团结进取的领导班子

市实验小学坐落在兴隆台区松林路14号，占地面积3万多平方米，建筑面积1.9万平方米，现有54个教学班，3322名学生，实行高低年部分址管理，新区东为高年部，新区西为低年部。实验小学全体教职工本着“学习、工作、助人、尽责是享受”的服务宗旨，不断探索，以教育科研为先导，以培养良好的“学习、工作、健康”习惯为主线，以课堂教学为主渠道，艺术教育、环境教育、科技教育多翼齐飞，实现了办学规范+特色+发展的奋斗目标。2006年，实验小学先后接待国内外教育考察团近20个，获得国家、省、市各种荣誉、奖励31项。

教育要面向世界，面向未来，面向现代化。实小人一定会用人格塑造人格，用智慧唤醒智慧，用创新启迪创新，用成功激励成功，激流勇进，规范管理，精心育人，为给每个学生留下美好的童年，夯实其人生的起步，为盘锦教育事业的开拓创新添上浓墨重彩的一笔，谱写壮丽的篇章。

和谐进取的盘锦市社会福利院

党支部书记、院长：高景孝

养员楼正门

工作人员细心照料老人

消防队员在进行灭火演习

孤残儿童在院内花园玩耍

养员们在活动室娱乐

市社会福利院隶属于市民政局，是一所综合性的社会福利事业单位。主要收养无依无靠、无生活来源、无劳动能力的孤寡老人及弃婴孤儿，为其提供生活、医疗、护理、康复、娱乐等服务。该院创建于 1990 年，占地 11000 平方米，建筑面积 7300 平方米，绿化面积 3300 平方米，现有床位 170 张，可增床位 50 余张。养员楼按照国家《老年人建筑设计规范》设计建造的，体现了适合老年人（儿童）生活的人文特点，房间内设有卫生间、太阳能热水器、高档组合家具、电视、空调、呼叫系统、智能管理监控系统等配置；院内设介助区、介护区、自理区、儿童部和医疗康复中心等 5 个区域；楼内设有电梯、亲情电话、浴室、餐厅、健身室、棋牌室、乒乓球室、阅览室、功能作业室等，医疗康复及生活服务设施功能齐全。1998 年被晋升为省二级福利院；2003 年档案管理晋升为省二级单位；2004、2005 年度被评为市级“学雷锋先进集体”、“绿色福利院”、“优秀青少年维权岗”、“行风建设先进单位”、“精神文明建设先进单位”、“民政工作先进集体”；2006 年度又分别被评为省级“青少年维权岗先进单位”、“行风先进单位”和市级“精神文明单位”、“城市绿化先进单位”及“‘抓管理、赛服务’先进单位”等荣誉称号。为适应市场经济发展和养老服务社会化进程的新形势，该院党支部一班人正以昂扬向上的工作态度，饱满热忱的工作作风带领全体员工努力向管理规范化、经营市场化、服务人性化、措施制度化、队伍专业化的目标迈进，使市社会福利院成为老人和儿童和谐幸福的乐园。

军休干部参加市老人节汇演

盘锦市军队离退休干部服务管理中心

盘锦市军队离退休干部服务管理中心，隶属于盘锦市民政局，是惟一一个为军队离退休干部服务的机构，负责移交政府安置的军休干部接收、管理和服务工作，负责按国家和军队的有关规定落实军休干部的政治待遇，负责军休干部思想政治工作和党的组织建设，组织开展适合军休干部特点的文化体育活动和社会公益活动，是服务军地、共建双拥模范城工作的重要组成部分。

中心始终把建设一个团结奋进、民主务实、开拓进取、廉洁奉公的领导班子，塑造一流素质的职工队伍，争创一流工作业绩作为工作的中心环节，把全面落实军休干部的“两个待遇”，提高服务管理质量作为衡量工作的标准。2004年，中心进行了全面推进军休服务管理社会化工作，提出了“规范化、社会化、人性化”的服务管理方针，建章立制，管理规范，服务周到。并在军休干部的医疗保障、工资发放、交通用车、住房物业等方面进行了统一的宏观管理和调整。为活跃军休干部文化生活，军休中心吸收集中两区一县工作站的骨干军休干部，组建了盘锦市军休“两团一队”（军休艺术团、宣讲团、志愿者医疗队），参与社会，融入社区，发挥余热，奉献爱心，扩大了军休文化的辐射面、知名度和影响力，从而在军休艺术精神、传统教育、医疗保健领域，展示了军休风采，树立了军休形象。通过军休中心工作人员的不懈努力，使工作取得了长足的进步，军休干部满意率达到100%，无一起上访事件发生，充分发挥了军休工作稳定社会机制的作用，被省民政厅授予“军休工作先进单位”光荣称号。

近年来，军休中心在市局党组的正确领导下，紧密结合盘锦的城市建设步伐和社会发展特点，逐步建立起以国家保障为主体、地方政府为主导、社会服务为依托、军休中心服务为基础、家庭赡养为核心的军休保障运行体制，形成了国家、地方、社会、集体、个人相结合的社会化服务体系，使我市的军休服务管理工作始终充满生机和活力。

军休中心主任陈希宏（左二）研究布置工作

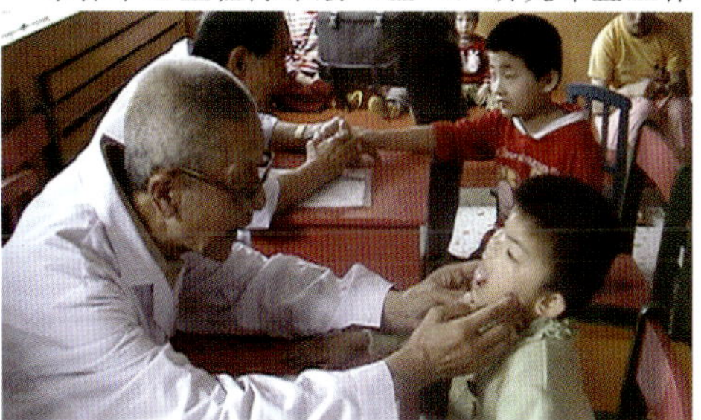
军休干部志愿者医疗队六一到市福利院义诊

市委党校专职教授给全体工作人员上党课

军休干部在国贸酒店举行新春招待会

盘锦市温州商会

会长：倪忠平

在盘锦这片热土上，1000多温州人依托盘锦市良好的投资环境，依靠温州人特有的聪明才智和勤劳实干的意志品质，积极参与盘锦各领域的经济建设，为盘锦的经济发展和盘锦人民早日跨入小康社会默默地贡献自己的力量。自2002年，盘锦市温州商会成立以来，积极加强商会的自身建设，不断自我完善，激励了更多的温州人投身到盘锦来。多年来，大家客观上扮演了架接温州与盘锦经济发展的桥梁和纽带的角色。盘锦的热土养育了我们，为我们提供了发展的土壤和根基，反过来，我们为推动盘锦经济和社会事业的发展做出应有的贡献。一是传播了温州的创业精神。二是促进了盘锦的招商引资工作。三是为盘锦的公益事业做出了贡献。四是加强了会员间、会员与政府间的联系，维护会员的合法权益。五是不断完善商会的自身建设,使商会从雏形到逐渐成为一个功能齐全的行业自律组织。六是商会广招会员，为商会的长远发展注入新的活力。温州商会一定有机会在二十一世纪的扉页上抒写豪情，描绘蓝图，为盘锦的经济和社会进步增添新的动力。

盘锦市福利彩票发行中心

主任　张凯

团结的领导班子

慰问老军人

福彩助学捐赠现场

2006 年，在市民政局党组的正确领导下，市福利彩票发行中心实现了跨越式发展。全年，共发行福利彩票 1.62 亿元，其中，电脑票 13777 万元，网点即开票 500 万元，"中福在线"即开票销售 1938 万元，筹集社会公益金 5600 多万元，市本级公益金 1600 多万元，为盘锦福利事业做出了突出贡献。获得辽宁省销售进步奖二等奖，人均销售二等奖，销售总量三等奖，组织工作三等奖。

福彩中心坚持对投注站服务的理念，在全市设置 10 个服务片站，负责热敏纸、宣传资料的发放。为了进一步弘扬福利彩票"扶老、助残、救孤、济困"的宗旨，从福彩公益金中拨出 31 万元，资助贫困大学生 155 名。为体现福利彩票"公开、公平、公正"原则，倡导"购买福彩、奉献爱心、支持公益、共建和谐"的慈善意识，福彩中心先后两次组织了部分投注站及彩民到北京"双色球"和"3D"摇奖现场观看摇奖，并参与整个摇奖过程，现场体验摇奖时的激动心情，让彩民亲身感受福彩的公开、公平、公正。市福利彩票发行中心将以饱满的热情投入到福彩事业中，为民政福利事业和构建和谐盘锦贡献力量。

盘锦市双台子区社会福利院

领导班子

双台子区社会福利院位于盘锦市双台子区东部近郊，占地9000平方米，建筑面积2600平方米，床位130张，职工16人，现有养员51人，弃婴9人，最大85岁，最小2岁。

院长：李胜华

养员在户外锻炼

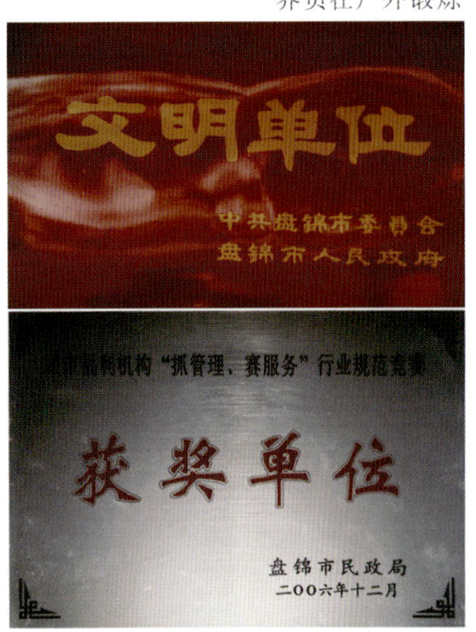

建院20年来，在各级政府的关怀下，福利院由小变大，由弱到强，从无到有，逐年发展，不断壮大，得到社会各界的好评。为改善养员居住环境，进行了室内装修、浴池改造、锅炉改造、铺设下水管道，基本形成了设备齐全，养员生活舒适，领导班子得力，职工素质明显提高的良好局面。

中国工商银行股份有限公司盘锦分行

党委书记、行长：杨青

中国工商银行股份有限公司盘锦分行是盘锦市最大的国有股份制商业银行，下辖 11 个支行、9 个二级支行，共有 38 个营业机构，遍布全市的各个角落，现有员工 832 人。自 1985 年建行以来，始终坚持以经济效益为中心，支持和服务盘锦经济发展为己任，努力探索国有商业银行的改革和发展之路，连续多年被评为省级文明单位，并先后荣获中国质量万里行质量信得过单位、辽宁省“五一”劳动奖状、“九五”创业先进集体、思想政治工作先进企业、“窗口”行业优质文明服务优胜行、省行先进基层党组织、党风廉政建设优秀单位、总行文明建设先进单位等荣誉称号。各项经营指标一直在全省工行系统名列前茅，曾先后进入全国二级分行经营效益“五十强”、“三十强”、“二十强”行列。

2006 年，实现利润 7868 万元。年末，各项存款余额达 94 亿元，存款额位居全市金融系统前列，各项贷款余额 14 亿元，全年向优质客户投放贷款 81700 万元，实现了自身经营效益和社会效益的双赢目标。

领导班子中心组理论学习

市行领导到基层调研

盘锦市商业银行

董事长：单成祥

行长：张成杰

市商业银行是在盘锦城市信用社基础上改制，并经中国银行业监督管理委员会批准成立的地方性股份制商业银行。2005年2月开业。设有12个一级支行，1个营业部，17个二级支行。

2006年，市商业银行实施了“以发展求生存、以发展强大实力、以发展化解历史问题”的经营战略，围绕重点、难点问题，全行上下努力工作，各项业务有了新的拓展，经营规模实现了新的突破，经营实力和能力有了显著的提高。截止到2006年12月末，各项存款达46亿元，各项贷款25亿元，在提取一般准备1094万元、专项准备2000万元后，实现利润807万元。

市领导参加商业银行开业庆典

PANJIN SHANGYEYINHANG

市委常委、常务副市长喻国伟在商业银行开业庆典上讲话

市委副书记、市长陈海波在商业银行开业庆典上讲话

省政府金融工作办公室主任王新权在商业银行开业庆典上讲话

通过多年来的工作，市商业银行解决了困绕多年的支付风险和经营徘徊不前问题，使得存款规模快速增长，信贷规模有效扩张，财务状况进一步改善，为化解财务包袱和各类风险创造了前提条件。与此同时，还初步建立了一些有效的，具有基础性、前瞻性的管理运作机制。一是公司治理架构进一步完善。“三会一层”健全，各机构职责明确，能够依法依规实施管理。二是逐步实现了对信贷、财务、资金等方面的集中统一管理，形成了资产负债结构相对合理，比例协调的经营运作平台。三是构筑了严谨规范、安全有效的内控管理体系。四是实施了“能高能低”的分配管理制度，实行了效益工资制，充分调动了全员的工作积极性。五是通过招聘大学生和强化岗位培训，搭建了结构优化、充满活力的人才保障机制，为可持续发展奠定了基础。六是通过形象宣传和精神文明建设，商行形象逐步提升，商行的工作得到了社会各界的认可。

CHINA MERCHANTS BANK
招商银行盘锦支行

招商银行股份有限公司盘锦支行是招商银行沈阳分行在辽宁地区设立的第二家异地支行，成立于2004年5月28日，支行下设两部两室（行长室、办公室、市场开发部、营业部），目前有在职职工34人。

3年来，招商银行盘锦支行秉承“科技兴行”的发展战略和“因您而变”的经营服务理念，以打造“百年招银”为目标，立足于市场和客户需求，相继推出“一卡通”、“一网通”、“金葵花”、“点金理财”等一系列知名金融品牌，树立了“技术型领先银行”的公众形象，资产规模迅速扩大。截止到2006年末，全行本外币自营存款（全折人民币）余额为6.8亿元；本外币自营贷款（全折人民币）余额为4.4亿元。

营业大楼

自助服务

外汇交易

在金融创新、科技立行和客户至上的经营方针指导下，招商银行盘锦支行在盘锦地区率先推出昼夜服务的自助银行。"一卡通"功能日益完善，目前已经开通代缴手机话费、网通话费、铁通话费、代缴电费等功能。在经营过程中，盘锦支行坚持依法合规、稳健经营，不断建立健全内控体系。得到了盘锦市银监局和人民银行的认可和赞许，同时获得了"全市金融系统安全防范工作先进单位"荣誉称号。

为了促使企业健康发展，盘锦支行在全行积极培育企业文化。将风险文化和管理文化作为商业银行企业文化的核心，始终遵循"质量是发展第一主题"的经营理念；稳健经营、强化管理的文化氛围在招商银行盘锦支行已经初步形成。

作为一家公众的上市银行，招商银行正日益得到社会各界更为热烈和广泛的关注。招商银行盘锦支行将依托科技领先优势，向管理先进、服务一流、信誉卓著的现代化商业银行的目标迈进，为支持盘锦地方经济大发展贡献自己的力量。

业务宣传

文艺演出

客户植树活动

客户联谊

社区服务

领导视察

盘锦市农业发展银行

行长：金鹰

领导班子中心组理论学习 副行长陈宝华（左）、行长金鹰（中）、副行长姜维新（右）

2006年，市农发行紧紧抓住社会主义新农村建设这一发展机遇，全面落实科学发展观，按照“支农、经营、管理”的工作思路，坚持以业务经营为中心，切实加大信贷支农力度，稳步推进内部改革，强化业务经营管理，积极开展治理商业贿赂专项工作，大力推进企业文化建设，狠抓干部队伍建设，各项工作取得了新的成绩和进展。截止2006年底，全行各项贷款余额358,764万元，各项存款余额 40,324 万元，实现利润2,608万元，人均利润64,85万元。不良贷款下降28,115 万元，下降率为5.4%，在全省各项综合指标考核评比中名列第二名。在支持盘锦新农村建设和农村经济发展中迈出了大步伐。在防控风险前提下实现了跨越发展，做出了新的贡献。一是认真执行政策，扎实做好粮油收购资金供应管理工作。二是突出重点，大力支持农业产业化龙头企业和加工企业发展。三是积极开展新客户营销工作。四是做好农业综合开发贷款和农业生产资料贷款业务。

天源证券盘锦泰山路营业部

营业大厅

天源证券盘锦泰山路营业部由中国证券监督管理委员会（证监会）批准设立，营业执照注册号为2111031200982，证券经营机构许可证编号为J36921003，隶属于南方航空集团公司，注册资金1亿8千万元，资产质量优良，是国内少有的几家资产质量优良，规范经营的经纪类券商之一。

天源证券盘锦泰山路营业部多年来秉承“以人为本，客户至上”的服务理念。本着在规范中经营，在发展中壮大的方针；客户资产由过去的6000万元发展到现在的6亿多元，成为辽宁省进步最快的营业部之一。竭诚为盘锦市广大投资者提供优越的投资环境。天源盘锦营业部荣获2005、2006年度天源证券经纪有限公司先进营业部光荣称号。

为投资者提供最好的投资环境

党委书记、主任：李连成

辽宁省农村信用社联合社盘锦办事处的成立，是盘锦市金融发展史上的一件大事，标志着盘锦市农村信用社管理体制改革迈出了关键性步伐。

辽宁省农村信用社联合社

——盘锦办事处

省联社党委书记、理事长到盘锦慰问贫困户

盘锦办事处召开2006年旺季工作会议

市政府召开清收农村信用社不良贷款工作会议

盘锦市农村信用社自上世纪50年代初成立以来，几经变革，先后归属于农业银行、人民银行、银监局管理。2005年7月辽宁省农村信用社联合社正式挂牌成立，2005年10月，作为省联社的派出机构，盘锦办事处正式成立，同时，组建了盘锦办事处临时党委，在省联社的授权范围内依法履行职责。辽宁省农村信用社联合社盘锦办事处的成立，是盘锦市金融发展史上的一件大事，标志着盘锦市农村信用社管理体制改革迈出了关键性步伐。

盘锦办事处下辖县区联社4个，基层信用社（部）30个，信用分社17个，储蓄所23个，总数达74个，遍布城乡各个角落，全市共有员工799人。全市农村信用社业务范围包括储蓄存款、个体经济户、农村经济组织及企事业单位存款、贷款、结算业务；代理发行国库券及其它资金收付业务。全市农村信用社市场定位在服务客户、服务股东、服务县域经济、服务全民创业。

2006年，办事处各级党组织认真负责地开展工作，自觉在抓好行政工作的同时，做好党的建设和思想政治工作，使业务工作与党的建设工作相互促进。全年，全市农村信用社各项存款余额达到225906万元，较年初增加38210万元，比上年多增10948万元，完成省联社下达计划的112.4%，增长幅度达到20.4%，存款增加额实现了历史性的突破。各项贷款余额达到152308万元，较年初增加32348万元，比上年多增19551万元，增幅为27%。

领导班子成员（左起）：韩启杰、李连成、赵长越

召开党员大会选举产生了新一届的党委和纪委

男子篮球赛

加强企业文化建设

盘山联社营业部营业大厅结算柜台

盘锦市财产拍卖有限公司

董事长：张庆启

市财产拍卖有限公司是根据《中华人民共和国拍卖法》、《中华人民共和国公司法》、《辽宁省公物拍卖暂行规定的通知》的有关规定，经辽宁省贸易厅、辽宁省公安厅批准，盘锦市工商行政管理局注册登记，于 1999 年挂牌营业。公司自营业以来，共承办公物、依法还债财产、公交线路经营权、广告时段经营权、森林资源、破产企业资产拍卖会等百余场，拍卖金额数亿元，项目成交 70%、增值 20%，受到了委托人及竞买人的好评和认可。公司将继续以“开拓、进取、服务、创新”的企业精神自勉，坚持公开、公平、公正的执业原则为社会各界提供热情、优质、高效的服务。

盘锦市征地勘测队

队长：张凤芹

市征地勘测队成立于 1990 年 12 月，全民所有制企业，隶属于市国土资源局。主要工作任务是对全市征地勘测、登记发证、埋桩定界、土地整理等业务，为用地单位服务机构。几年来，面对测绘市场竞争日益激烈，单位对现有人员进行岗位培训，不断开发人才，队伍由原来的 12 人发展壮大为目前的 60 人，并购置了全球卫星定位 GPS、全站仪、RTK 等现代化仪器设备，大大增强了技术力量和科技含量。于 2002 年晋升为乙级测绘资制单位，使企业在市场经济的大潮中站稳了脚根。为国土资源管理工作提供了翔实可靠的技术支撑，为领导决策提供科学依据，为全面科学管理土地资源做出了应有的贡献。

中国联通盘锦分公司

2006年，中国联通盘锦分公司本着“围绕中心工作，发挥党建积极作用”的宗旨，结合省分公司党委《党的建设目标管理责任制考核细则》和“创建四好领导班子”等相关活动要求，重点加强了党员思想教育、组织建设和党风廉政建设。公司的基础工作得到了进一步夯实，员工精神面貌有了很大的转变，领导干部和党员同志在群众中的形象、地位得到提升。

截止到2006年底，公司已经完成了GSM九期和CDMA五期网络建设，GSM十期和十一期工程也即将在2007年6月份完工。共建GSM基站230个，CDMA基站近200个，基本实现了盘锦业务区内的100%优质覆盖。在2006年的全省基站标准化改造评比中荣获第一名，全省维护总成绩排名第二，先后有4项技术课题获得了辽宁省联通系统技术创新奖项。

通过细分服务职能、完善硬件设施、加强素质培训等措施，公司的服务质量也在原来的基础上有了较大程度的提高。公司共有7个自有营业厅，近百个合作厅和专营店，近150个村级代办点，形成了全方位的营销、服务网络覆盖。

联通七一党员重温誓词

捐助职业技术学院贫困学生

中国网通（集团）有限公司盘锦市分公司

中国网通（集团）有限公司盘锦市分公司是盘锦地区历史最悠久、通信网络覆盖面最大、用户数最多、技术维护实力最强的固网基础电信运营商。公司拥有技术先进、功能完善、安全可靠的大容量、高带宽的现代化通信网络，为广大客户提供固定电话、宽带、小灵通、互联网接入、互动电视、宽带商务、信息查询、小灵通短信、悦铃等200多种基础电信业务和各类增值业务。

公司党委认真贯彻落实党的十六届六中全会精神，坚持科学发展观，努力践行“三个代表”重要思想，巩固和扩大保持共产党员先进性教育活动成果，使党委的创造力、凝聚力和基层党支部的战斗力不断增强，党员队伍素质得到全面提升。公司大力加强诚信服务体系建设，在顺利通过ISO9001质量管理体系认证后，按照《萨班斯法案》的监管要求，建立内控体系，促进了企业管理水平和服务水平的进一步提高。

党委书记、总经理：于海全

10060客服中心

兴隆台区旗舰营业厅

几年来，公司深入开展精神文明创建工作，先后荣获省市诚信单位、消费者满意单位、综合治理先进单位、全国模范职工之家、精神文明建设先进单位、省文明单位，连续12年获市行风建设先进单位，连续多年获“守合同、重信用”企业等荣誉称号。

机房

中国化学工程第九建设公司

总经理：徐健

书记：汪月新

中国化学工程第九建设公司（九化建）成立于1965年，坐落在辽宁省盘锦市，是从事化工、石油化工建设的大型综合性施工企业，隶属于中国化学工程集团公司。公司现有职工3828人，其中，工程技术和经济管理人员766人。具有高级职称的103人，中级职称的400人；具有国家一级、二级资质的项目经理150人，建筑安装各主要工种技工3062人。40多年来共为国家建成138套石油、化工、炼油等装置。

公司已取得了ISO9001标准质量体系认证，ISO14001环境管理体系认证，ISO18001安全管理体系认证。经辽宁省评级委员会审查评定企业信誉等级为（AAA）级，被建设部命名为全国先进施工企业；1986、1987连续两年被国家计委、中国施工企业管理协会授予施工企业管理优秀奖；海南富岛化肥厂30万吨/年合成氨工程获2000年中国建筑工程鲁班奖；并跻身全国500家最大建筑业企业第 277 名；连续 20 年被辽宁省工商局命名为重合同守信誉单位。

中国石油辽宁盘锦销售分公司

经理：潘辉

党委书记：刘健

中国石油辽宁盘锦销售分公司始建于 1956 年，其前身为盘山县石油公司，2000 年 11 月正式更名为中国石油辽宁盘锦销售分公司，担负盘锦地区石油成品油市场资源配置、市场供给、组织管理等职能。多年来，公司始终坚持“诚信、创新、业绩、和谐、安全”的经营管理理念，全力打造中国石油品牌，努力为客户提供一流的服务和一流的质量。

自上划“中油”以来，公司认真贯彻落实上级各项经营方针和战略目标，坚持以扩大销售网络终端市场为目标，扎稳根基，占领市场，扩大销售。几年来，年销量实现稳步增长，公司综合实力得到稳步提升。截止到2006年底，公司拥有加油站 56 座，在岗员工 680 人。

2004 年,被辽宁省安全生产委员会评为“安全生产先进单位”；2004 年—2006年连续 3 年被市工商局评为“守合同重信用企业”；2004年—2005 年被市委、市政府评为“精神文明先进单位”；2006年,被市精神文明建设指导委员会评为“诚信企业”、被市总工会评为“劳动保护先进单位”。

公司领导班子

全国酒界泰斗秦含章及其夫人与公司董事长王佩昌品评宴王酒

中国质量万里行

全国先进单位

中国质量万里行工作委员会

二〇〇二年十二月二十日

盘锦大米王酒业有限公司

盘锦大米王酒业有限公司地处渤海湾中部，辽河三角洲腹地——盘锦大洼县城内，始建于1975年。现拥有固定资产3000万元，厂区占地面积2.3万平方米，职工350人，技术力量雄厚，检测手段先进，采用传统的固态发酵法白酒生产工艺，选盘锦优质蟹田大米和东北高粱为原料，取甘甜纯净的大洼地下泉水，精酿成色泽透明，醇厚丰满，回味悠长的白酒，年产量10000吨。产品共分4大系列30余个品种，档次齐全，风格各异。主导产品有经典宴王、特贡宴王、十年窖、五年窖、宴王老窖、金宴王、金世纪大宴王、金品宴王、淡爽型宴王、一品宴王、红地毯商务庆功专用酒、红地毯喜宴专用酒、大米酒等。公司1998年经国家认证机构——东北质量体系审核中心审核，顺利通过GB/TI9001质量管理体系认证，2006年通过国家食品安全管理体系认证。“老老实实做人，踏踏实实酿酒”的企业经营理念让企业的产品多年来畅销省内外，深受权威机构和广大消费者的一致好评，获得了国内外多项殊荣。宴王酒是大米王人智慧创造的结晶，是盘锦大地的物华之宝，宴王酒的芬芳给人们带来祥和、欢乐、平安与健康。

蓬勃发展的盘锦市友谊粮库

盘锦市友谊粮库是一家集仓储、加工、贸易于一体的综合性粮食企业，坐落于盘锦优质水稻主产区腹地的盘山县太平农场，紧邻京沈高速公路，背靠沟海铁路。库区占地面积9万平方米，拥有3500万元的固定资产，粮食储存能力6万吨。

经过20年的发展，企业逐步拓展规模，并在市场竞争中取得了显著的效果，全国人大代表、全国劳动模范、粮库主任赵喜忠自2001年上任以来，坚持创新发展的理念，内抓管理，外拓市场，努力打造品牌，很好地完成了传统粮食企业与现代市场经营机制的对接，经济效益连年攀升，累计创利超千万元。

友谊粮库储粮仓

作为直接面向农村的粮食收储加工企业，一头连着农业生产，一头通向消费市场。为支持新农村建设，提高农民收入，几年来，企业与农民开展订单合作，向农民提供无偿的有机产品水稻种植技术指导、提供富硒水稻所需硒肥和技术帮助。在原粮收购期间，企业对没有运输能力的种粮户派化验员直接到田间提供检验服务，免费派车收粮，受到了农民的欢迎。

依靠盘锦大米的资源优势，企业努力做强大米品牌，采用科学的管理体系，狠抓质量管理，积极开拓市场，主导产品圣牌大米从单一品种迅速发展成包括有机米、富硒米等高档米在内的20多个规格品种的知名产品，销往全国各大中城市，进驻多家国际国内大型商场、超市。

圣牌大米主要产品

圣牌大米先后荣获省、市名牌产品，国家质量免检产品和中国粮食行业协会的放心米。作为盘锦大米旗下的一个品牌，圣牌大米于2007年获得中国名牌产品和中国驰名商标。

在全库职工的共同努力下，企业取得了长足发展，也获得了诸多荣誉：2002年，分别荣获省、市“五一”奖状；2003年荣获省粮油工业“优秀企业”称号；2004年荣获国家六部委颁发的“中华诚信鼎”，是全国惟一一家获此殊荣的粮食企业；2005年，被中国储备粮管理总公司授予“中央储备粮管理先进单位”；2006年被省委、省政府授予“文明单位”，同年被辽宁省政府授予“先进集体”。

友谊粮库继续秉承“敬业、创新、诚信、高效”的企业精神，不断追求更高的企业境界！

友谊粮库现代化高大平方仓

辽宁省储备粮管理有限公司新开储备库

辽宁省储备粮管理有限公司新开储备库坐落于辽河下游渤海之滨的盘锦市大洼县新开镇境内，地处东经 122.17′、北纬 41.4′的滨海盐碱地生态区，土壤为盐渍土，含盐量 1%， PH7.2—7.6，土壤肥沃，有机质含量 1.8-2.3%，年平均气温 9℃，无霜期 178 天，降水量 600-700 毫米，年日照时数 2747.8 小时，有效积温 3420℃。独特的地理位置，优越的气候环境和天然无污染的辽河水，铸就了米质晶亮、色泽洁白、粒粒剔透、米质清香可口、滑而不腻、味道香醇、营养丰富的盘锦水稻，盘锦大米名扬国内外。

辽宁省储备粮管理有限公司新开储备库北临沟海铁路 1 公里，南临盘海营高速公路 20 公里与沈大高速、京沈高速公路相连，距盘锦港、营口港 60 公里，距鲅鱼圈港 100 公里，距锦州港 130 公里，铁路、公路、水路四通八达。

辽宁省储备粮管理有限公司新开储备库占地面积 14 万平方米，是集收购、储存、销售为一体的惟一省级水稻储备库，铁路专用线 900 米，库内有效长度 330 米，货位 100 个，铁路罩棚 2 万平方米，五栋密闭隔热水稻储存专用高大平房仓，三台水稻专用烘干塔以及配套的现代化的仓储设施。

仓容量为 6 万吨，年经营量为 30 万吨，年储存省级储备水稻 3.5 万吨，经营商品水稻 10 万吨。我们利用先进的仓储设施和设备，结合科学的保粮方法，保管和轮换了一批又一批保鲜的盘锦水稻，赢得了可观的经济效益。

我们的服务宗旨是以质量求生存，以效益求发展，用户至上，信誉第一。我们诚恳恭候各界朋友光临，洽谈合作。

盘锦北方农业技术开发有限公司

全国著名水稻育种专家许雷在育种田里观察、研究水稻新品系授粉结实情况

中国著名水稻育种专家——许雷

许雷，男，1948年10月出生。1966年毕业于辽宁省熊岳农业高等专科学校（农学，大专）。1966年9月至1984年先后在乡农科站、县农业大学、县农科所及县农业中心从事水稻育种及栽培研究、农业教学及技术推广工作。历任站长、教师及主任等职，职称由技术员晋升到农艺师；1985年至1995年在辽宁省盐碱地利用研究所任水稻育种室主任，职称由助理研究员晋升到研究员，主要从事水稻育种及栽培研究；1995年至今，在辽宁盘锦北方农业技术开发有限公司（原北方农业技术开发总公司）任董事长、研究员，主要从事水稻育种及栽培研究。“七五”至“十五”期间，主持国家水稻重点项目11项，省、部级水、旱稻重点项目10项。有1项获国际最高金奖；2项获优质米水稻品种国际名牌产品奖；1项获中国农业博览会优质米水稻品种金奖，3项获银奖；2项获国家重大科技发明三等奖；6项获省、部级科技进步二等奖；5项获省政府科技进步三等奖；12项获市（厅、局）级科技进步一等奖，2项获二等奖。是中国农业领域作为第一完成人，选育水稻品种最多、获奖最多的专家。他主持选育的水稻品种，已在中国北方适宜稻区累计推广1.4亿多亩，增产稻谷80亿多公斤，增收人民币120多亿元。

由于他工作积极、政绩突出、成果显著，自1989年以来连续18年被评为辽宁省盘锦市先进政协委员。多次被评为省、市优秀科技工作者及优秀盟员。先后获得国家级专家，全国农业科技推广先进个人，民盟全国先进个人，中国当代科技之星，全国农垦系统科研先进个人，辽宁省劳动模范，辽宁省民主党派为经济建设做出突出贡献先进个人，辽宁省优秀企业家，辽宁省优秀专家等荣誉称号，被（GC）国际评委和（WEC）欧共体国际评委授予对人类贡献荣誉称号，被世界科学院授予世界科技成功人士荣誉称号，被国际名人交流中心授予“创造世界的中国人”荣誉称号。1991年享受国务院政府特殊津贴。

全国著名水稻育种专家许雷与全国人大委员长吴邦国合影

盘锦鼎实实业集团有限公司

盘锦鼎实实业集团有限公司成立于 2003 年，是集房地产开发、建材、太阳能电池板和纸制品生产及销售、建筑施工、汽车维修于一体的综合性集团企业。

盘锦鼎实实业集团有限公司占地 35000 余平方米，注册资金 1100 万元，集团下设盘锦鼎实集团辽河油田嘉诚建筑安装有限公司、盘锦鼎实实业集团鑫叶纸业有限公司、盘锦鼎实实业集团摩天房地产开发有限公司、盘锦鼎实集团先锋汽车修配有限公司、盘锦嘉星太阳能科技有限公司、盘锦永洁物业有限公司等 6 个子公司，以及混凝土制品厂、轻钢彩板厂、修缮公司等 3 个直属分公司。于 2006 年初通过了 ISO9001 质量管理体系认证。集团拥有先进的生产设备和技术，有大型磨光机、150 吨液压机、彩钢板成型机、C 型钢生产线、高频焊接翅片管专用机床等专业机械设备数十台、套，并拥有一支技术精、素质高、经验丰富的专业建筑施工和维修队伍。集团公司共有全民职工 109 人，各类工程技术人员 28 人，其中，高级技师 1 人，中级技师 2 人。

盘锦鼎实实业集团有限公司秉承以人为本的原则，以科技创新、诚信服务为企业宗旨，愿与各界朋友携手，共创美好生活。

CERTIFICATE

管理体系认证证书

盘锦鼎实实业有限公司

GB/T 19001-2000 idt ISO 9001:2000标准要求

方圆标志认证集团

IQNet

THE INTERNATIONAL CERTIFICATION NETWORK

CERTIFICATE

IQNet and CQM hereby certify that the organization

Panjin Dingshi Industry Company, Ltd.

Postcode: 124010

is in conformity with

ISO 9001:2000 Standard

This certificate is valid to the following product(s)/service:

Dr. Fabio Roversi, President of IQNet

Zhang Wei, CEO of CQM

DS 集团 -ISO9001 证书

DS 集团 - 董事长兼总经理 - 杜好田

辽宁天龙药业有限公司

辽宁天龙药业有限公司于1994年正式投入生产，总资产2.3亿元，现有员工420人，各类专业技术人员120人。公司位于市经济开发区兴隆工业园，由总厂区、东厂区和天龙制药园3个厂区组成。

公司拥有8个剂型的生产车间，先后通过国家食品药品监督管理局GMP认证。并按生产要求设有质检中心、机修车间、动物检测中心和印刷车间。公司拥有78个生产品种，其中，“注射用降纤酶”等47个品种被列入国家基本医疗保险目录。已经形成了生化药、中成药、化学药3大类，心血管、脑血管、抗感染、解热镇痛、免疫系统、消化系统、呼吸系统7大系列的产品结构。2001年被辽宁省评定为“高新技术企业”，2002年“天龙”商标被省认定为“辽宁省著名商标”，2003年企业字号“天龙”被省认定为“知名企业字号”。2004年“脑蛋白水解物注射液”被评为“辽宁省名牌产品”。2005年被省人事厅、科技厅认定为“民营企业博士后科研基地”和省外经贸厅认定为“先进技术企业”。2006年被市政府评为“规模效益企业”、“企业纳税增量奖”和“明星企业”奖，公司主打药品“注射用阿奇霉素”，2006年被评为“辽宁省名牌产品”。

天龙工业园

办公大楼

制药车间一角

车间监控系统

天龙药业

新宇大酒店

让诚信体现在每一个细节 XIN YU HOTEL

盘锦新宇大酒店于2002年1月18日开业，是盘锦第一家按照国际四星级水准建立的休闲度假型旅游涉外酒店。

新宇大酒店地处富饶辽阔的盘锦市兴隆台区，总占地面积18000平方米，建筑面积21000平方米，为盘锦市商业中心所环抱，东临连接市内两区的交通咽喉要道双兴路，西靠盘锦唯一市区内公园中兴公园，北接兴隆台经济开发区和科技大街，是一处具有良好的自然生态环境，充满高尚浓郁文化气息的酒店。它距商业中心和汽车站、火车站仅5分钟和10分钟的路程，出行可谓畅通无阻。

酒店主体大楼共四层，一楼是最具时尚元素、火暴激情的热场慢摇迪吧，宽敞明亮、具有异国情调的巴西风味自助餐厅以及功能齐全的共享空间。二楼、三楼是具有不同格调的KTV包房，整体风格豪华气派、富贵典雅，包房内使用金色餐具，特设酒水吧台和单独使用的卫生间，给顾客营造一个幽雅的就餐环境。中、西餐厅的菜品堪称盘锦一绝，酒店经常举办各种美食活动和厨艺比赛，特色菜品深得盘锦人民的喜爱，为大家口碑相传。

宾馆大堂特设商务中心，复印、传真、国际快递、卫星电视、国际信息网络等一应俱全，令宾客身居异地亦能运筹帷幄。三楼、四楼是装修豪华气派、风格炯异，拥有国际标准的现代化各式高中档客房、豪华套房及总统套房共109间，各房间内包括可独立调控的空调系统、微型冰箱、国际直播电话及背景音乐，饮品和小食品齐全的小型酒吧，给宾客带来充分的方便和快捷。此外，功能完备的大小会议室及多功能厅可满足十几至几百人的各类会议，无论是小型酒会还是重要会议，它都是机关团体、企事业单位举行会议活动的首选场所。

2003年新宇大酒店为了给顾客提供更为新颖、时尚、健康的服务项目，特增设了名仕桑拿洗浴中心，又称名仕桑拿会所。它是盘锦市唯一的一家绿色洗浴场所。营业面积3000多平方米，150张床位，同时可容纳120多人洗浴。足疗室、按摩室、中医理疗室、高档豪华的贵宾浴室、休闲静吧、晚茶酒吧、风情吧、VIP包房等，集洗浴、足道、演艺、休闲、娱乐为一体，采用智能化、现代化的配套设施，令顾客全身心地投入洗浴带来的高档享受。

新宇大酒店扩建工程即将开工，气势恢弘的现代建筑，主体楼高25层，建筑面积5.8万平方米，是目前盘锦的第一高楼，工程竣后，将成为盘锦酒店行业一颗最为璀璨的明珠，唯一一家国际五星级酒店。新宇人将恪守"让诚信体现在每一个细节"的服务宗旨，用品牌名店的服务标准将新宇打造成全国知名的大型餐饮企业集团。即将兴建的"登舟大酒店"，将坐落在盘锦市双台子区火车站南侧，主体建筑16层，建筑面积1.45万平方米。集餐饮、客房于一体的"登舟大酒店"将成为双台子区标志性建筑，为来往于盘锦的全国各地旅客，提供最优质便捷的服务，为盘锦的形象工程再次挥写下光辉灿烂的一笔！

豪华国际宴会厅

高档中餐包房

巴西烤肉自助餐厅

大型会议室

豪华总统套房

名仕桑拿洗浴

地址：盘锦市兴隆台区双兴中路77号　电话：6687999 6686999　传真：6687666　邮编：124010

盘锦腾飞肉类食品有限责任公司

以质量求生存，以信誉求发展，打造绿色产业链，经营百姓放心肉。

团结的领导班子

盘锦腾飞肉类食品有限责任公司以实现放心肉工程为目标，以让百姓吃上放心肉为己任，以质量求生存，以信誉求发展，打造绿色产业链，经营百姓放心肉为宗旨，2006年初，投资530余万元，进行设备改造和厂区建设，严格按照国家SJB02-1999生猪屠宰设计规范要求和六条标准对屠宰车间，污水处理、无害化处理等配套设施、设备进行达标改造。目前，一座花园式现代化的生猪屠宰厂，已展现在世人面前。本厂年生猪屠宰能力40万头，污水处理达标，检疫、检验队伍专业，急宰、无害化处理及配套设施齐全，是盘锦市人民政府在市区内审批的唯一一家生猪定点屠宰厂。

公司坐落在盘锦市双台子区辽河北路243号，现有员工150名，拥有固定资产3,100万元，下设肉联厂、冷冻厂（600t和700t冷库两座）、熟食加工厂、肉类分割厂、无害化处理厂、生猪产品交易中心等。为了让政府满意、市民放心，该公司严格产品质量管理，大力打造益康腾飞品牌肉，并获得HACCP食品安全管理体系认证证书，公司+农户万头以上生猪养殖基在稳步发展，是目前盘锦市最大的生猪产品加工企业，现跻身全省同行业前列，相信这个企业在“十一·五”期间会有一个跨跃式的发展。

发展地方经济　构建和谐盘锦

我们益康腾飞永远的宗旨，益康腾飞人以诚信为本欢迎社会各界谒诚合作！

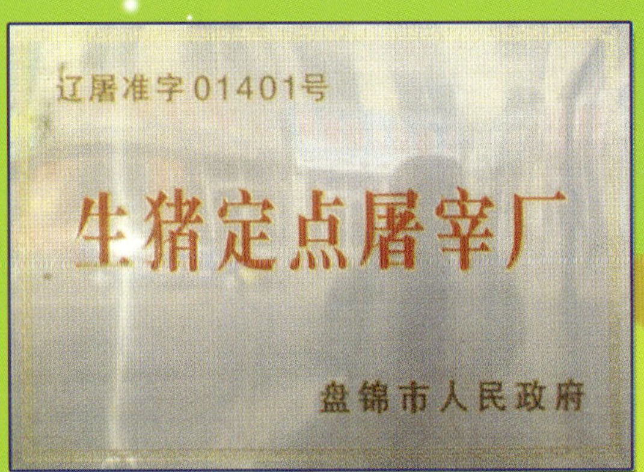

市政府审批的生猪定点屠宰厂

市消费者协会颁发的证书

食品安全管理体系认证证书

白条半猪肉

污水处理厂

企业形象

快捷方便的顾客服务车

厂址：辽宁省盘锦市双台子区辽河北路243号

业务电话：0427-6649002　0427-6649011

传真：0427-6648555

(2006)-(2007)

信得过产品

市消费者协会

上乘朴素·低调奢华
福德汇餐饮管理有
Foodway Dining Manages Cor

全城最炫自助餐--藍韵自助餐

擁有T臺的時尚大廳

盘锦福德汇餐饮管理有限公司于2007年3月开始创建并动工，她坐落在盘锦文化产业园区，是吸纳融合了当今内地和香港、台湾的优秀餐饮企业的精华，全新建立在辽河流域的专业餐饮企业。福德汇的名字来源于辽河，因东、西辽河汇合于福德店后称为辽河而取名。辽河精神是福德汇的灵魂。有了辽河，福德汇便形成自己的特色和风情；有了辽河，福德汇有了宽容、诚信、执着、创新的企业文化内涵。

她与辽河美术馆毗邻，聘请国内外知名设计团队设计，中国现代建筑与传统文化相结合的新古典主意风格和清水混凝土楼面，与全国首个混凝土建筑辽河美术馆遥相辉映相得益彰。福德汇追求以文经商的精致餐饮，为消费者提供商务交流聚会的最佳场所。整体的尊贵与高雅，让您体味到“低调的奢华”。

上乘樸素低調奢華的五樓會所

第8棟手工咖啡--一個有好咖啡的好地方

精致餐饮机构

辽河石油勘探局录井公司

经理：王悦田

党委书记：安树勋

经理王悦田深入工作现场

录井职工工作实况

辽河录井是一家集录井技术服务、信息技术服务及地质综合研究于一体的专业化技术公司。拥有精良的各类装备377台套，资产净值1.41亿元，设备新度系数0.67，用工总量超过1600人，其中，具有高、中、初级职称人员占50%以上。公司设11个机关部室、2个直属单位、6个生产单位、6个科研技术服务单位、3个辅助生产单位、3个社会服务单位及4个多种经营单位，各种录井队200多支。“十五”期间，公司共完成辽河石油勘探局重点项目22项，完成辽河油田公司项目20项，获局级以上科研成果10项，其中，集团公司科技创新二等奖1项、辽宁省国土资源厅科技成果二等奖1项、辽宁省“金桥工程”优秀项目奖1项、辽河石油勘探局科技创新一等奖4项。获国家专利成果15项，专利成果数量比“九五”期间增加了7倍。

辽河录井先进的技术与设备，实时监测钻井状态和评价油气显示，是安全钻井、科学钻井、勘探开发的必备手段。具有直接、快速、连续、定量、精确等特点，在浅层油气藏、裂缝性油气藏、低阻油气藏等一些特种油气藏的解释评价方面显示出了独特的优势。辽河录井坚持以市场为导向，按照“发展特色、瞄准先进、完善配套、拓展领域”的技术路线，大力实施科技兴企战略。

先后为辽河油田、冀东油田、吉林油田、长庆油田、塔里木油田、海南福山油田、中石化东北分公司、西北分公司、黑龙江煤层气项目、壳牌公司、苏丹、巴基斯坦、哈萨克斯坦等国内外用户提供了各类井的综合录井、气测录井、地质录井、地化录井、煤层气录井、远程数据传输等服务。多次荣获“全国用户满意企业”、“辽宁省用户满意工程先进单位”、勘探局“先进党委”、“先进单位”等称号。

辽河录井公司通过实施人才强企、科技兴企、市场开发、管理创新、企业文化等各种管理手段，实现了企业的跨越式发展，经济效益大幅度提高。2006年，完成收入2.54亿元，实现利润4771万元。

党委书记安树勋与职工交谈

工会主席马喜军慰问一线职工

科技人员地质综合研究

领导班子

辽河石油勘探局测井公司

经理：王绿水

党委书记：于占军

辽河石油勘探局测井公司担负着油田勘探开发过程中的测井、射孔、井壁取芯以及相关资料处理解释工作，是一个知识、技术、人才密集，生产与科研并重的工程技术服务单位。公司拥有职工 1948 人，拥有野外施工小队 82 个，年生产能力超过 1 万井次，解释米数超过 1935 万米。近年来，公司在稳固占领辽河地区市场的同时，先后开辟了冀东、吉林、陕北、中原、大庆、新疆、南阳、江苏、巴基斯坦、利比亚、蒙古人民共和国等 22 个外部市场。2006 年，创产值 6.09 亿元。

2006 年，测井公司党委努力学习实践邓小平理论、“三个代表”重要思想，牢固树

领导班子合影

解释人员在认真解释资料

立和落实科学发展观，牢牢把握正确的政治方向，加强、改进、创新党的建设和思想政治工作，取得显著成效。公司党委深入探索思想政治工作与生产经营中心工作有效融和的新途径、新方法，提出了“突出‘五个主体’、开展‘五大五小’活动，深入实施党委‘五个一’系统工程”的工作思路；推行以“固化于智法、感化于心法、融化于体法、强化于行法”为中心内容的“四化工作法”，对生产经营中心工作起到了保驾护航与推波助澜作用；不断培育建设具有辽河测井特色的企业文化，提升队伍的向心力与凝聚力，铸造辽河测井品牌；七一前夕，又推出了“党建七律”框架体系，从弘扬旋律、强化自律、有效他律、严守纪律、升华德律、尽责践律、探索规律7个层面引领、规范、约束、保障、升华、践行、深化党建各项工作，使企业两个文明建设取得丰硕成果。从2003年起，公司党委连年获勘探局“先进党委”称号；2004年，公司荣获勘探局“十佳效益先进单位”殊荣；截止到2005年，公司连续8年获勘探局“安全生产先进单位”称号，连续15年获局环境管理先进单位称号；2005年，公司被局评为社会治安综合治理先进单位，并荣登“全国诚信单位光荣榜”；2006年，公司被评为勘探局思想政治工作先进单位、辽宁省文明单位、辽宁省平安建设先进单位；2007年6月，被评为中国石油天然气集团公司先进党委。

局党委书记孙崇仁和局长张凤山到测井公司检查指导工作

辽河测井小队首次走出国门赴巴基斯坦施工作业

外方专家来测井公司参观考察

辽河石油勘探局华油实业公司

经理：杨天佑

党委书记：张桂森

华油实业公司是隶属辽河石油勘探局的全民所有制企业，拥有全民单位17家，多种经营母公司2家和中日合资公司1家。固定资产原值5.1亿元，净值3.5亿元，从业人员 2000 多人。主要为油田生产建设提供产品和技术服务，包括油田建设、稠油注汽、新型能源、石油化工、污水处理、环保工程、机电修造、机械加工、油井测试、建筑安装、锅炉制造、电子仪表、劳保用品、客运服务等。企业生产经营总值9.2亿元，主营业务上缴局利润指标988万元，实现内部利润 3190 万元，上缴各种税金6497万元。2002年，全面通过了ISO9001-2000质量体系认证，2005年又全面通过复评。2006年，获得了国家（AAA）信用企业和省（AAA）信用企业等级证书，通过了“HSE”体系认证，取得了辽宁省人民政府颁发的安全生产许可证，具备了开发国内、国外市场的条件和资质。

几年来，公司以科技为先导，消化吸收国际、国内的先进技术，与省内外 50 多家企业及大专院校、科研机构建立广泛联系，共同合作开发出 50 多项油田及社会产品，其中，油田地面建设、注汽服务、锅炉修造等项目在局内市场有较大的市场份额，外部市场领域也正在逐渐发展壮大，相继开发了中石油、中石化、中海油等市场。国外市场开发已经迈出实质性步伐。2007 年，稠油注汽、油田化工、机械加工等业务，将要走出国门。新型能源开发与利用已粗具规模，成为油田燃料的替代产品。以油泥、污水处理为主的 4 家环保企业，取得了较好的经济效益。有机热载体炉及工业、民用锅炉制造填补了油田制造业的空白。这些产品的开发、应用，不仅为企业的发展壮大注入了生机与活力，而且也为油田和社会经济的蓬勃发展做出了积极贡献。

目前，华油实业公司围绕“新华油、新文化、新形象”，以崭新的面貌，全新的工作标准，向技术先进、管理科学、效益良好、整体和谐的名牌企业发展，使公司不仅成为油田内部市场的一流服务企业，而且逐步向社会市场和国际市场上的优秀服务商方向迈进。

公司经理杨天佑、党委书记张桂森及全体同仁，愿与广大有识之士真诚合作，携手共创美好未来！热诚欢迎社会各界朋友前来参观洽谈业务。

与哈萨克斯坦洽谈项目

华油注汽队伍外闯市场

中油辽河工程有限公司

辽河石油勘探局局长助理、中油辽河工程有限公司总经理：郭野愚

中油辽河工程有限公司党委书记：马景源

中油辽河工程有限公司（英文缩写 LPE）是国家甲级勘察设计单位，中国勘察设计综合实力百强单位，中国石油天然气集团公司高凝油、凝析油气田地面工艺技术指导性设计单位，稠油、超稠油主力设计单位，是具有研发、咨询、勘察、设计和工程总承包全功能的工程公司。

公司成立 5 年来，公司党委紧紧围绕企业中心工作，服务改革发展稳定，服务人的全面发展，坚持贴近实际、贴近生活、贴近群众，出思路谋发展、抓思想促发展、创和谐保发展。坚持以科学发展观为统领，紧紧围绕创建国际型工程公司发展目标，解放思想、锐意进取，充分发挥思想政治工作的生命线作用，公司两个文明建设实现了新发展。公司先后被授予辽宁省思想政治工作先进单位、辽宁省文明单位、勘探局先进党委、勘探局先进单位等荣誉称号。

经济效益大幅增长。2006年，实现总收入28000万元，与改制前1998年5215万元相比增长了437%，与改制初期2000年的11043万元相比增长了154%。

市场领域迅速拓展。坚持“稳固油区市场、做强社会市场、积极参与国际市场”的原则，到2006年底，市场领域覆盖了27个省、市、自治区及哈萨克斯坦等国家。

员工素质不断提升。根据企业发展需求，坚持“压力学习，强制培训”，员工队伍整体素质明显提升。1人获全国五一劳动奖章，6人获集团公司、省、局劳动模范，7人获集团公司、局技术专家，设计大师，杰出科技工作者。

党建工作硕果累累。强化基层党支部建设，党建工作与生产管理紧密结合。先进性教育成果突出。公司党委被评为勘探局先进党委；28人次获局、公司优秀党务工作者，35个党支部和125名党员获局、公司先进党支部、优秀共产党员称号。

思想政治理论研究成果丰厚。充分发挥政研分会作用，结合实际选题立项，获集团公司政研成果一等奖、局科技成果三等奖1项、局政研成果一等奖1项、辽宁省思想政治工作优秀论文一等奖1项、集团公司优秀论文奖1篇、局先进性教育成果奖2项。

企业文化建设跃上新台阶。大力实施企业文化建设工程，公司相继颁布实施了《企业文化建设纲要》、《视觉识别系统》和《员工手册》等文件，初步形成了具有公司特色的企业文化建设新模式。

团结奋进的领导班子

召开一届二次党代会

壳牌长北气田地面建设工程总承包合同授标仪式

“学党章、树形象、做贡献”主题讲演比赛

辽河石油勘探局装备工程公司

党委书记、经理：胡德祥

公司领导班子合影

LIAOHE SHIYOU KANTANJU ZHUANGBEI GONGCHENG GONGSI

装备工程公司成立于2005年4月8日，现有用工总量1662人，公司党委下设4个党总支、10个直属党支部、16个党支部，有党员237名。公司成立以来，公司党委紧紧抓住勘探局加快产业结构调整，大力实施"四四四二"发展思路，加快发展装备制造业的良好机遇，坚持以经济效益为中心，以局党委"五个"系统工程为主线，不断加强党的建设，充分发挥党组织的政治核心作用，率领广大党员和职工克服困难，奋发进取，夺得了两个文明建设双丰收。公司成立以来实现了三年翻三番，生产经营呈现出跨越式发展的态势。公司党委在保持共产党员先进性教育活动测评中，综合满意率为100%。公司先后获得集团公司2006年度"装备制造先进单位"，局"先进单位"、"先进党委"、"党建思想政治工作先进单位"等荣誉称号。

目前，公司拥有高级工程师12名，工程师56名，大专以上技术人员217名，公司的产品研究所有60名专业技术人员从事设计工作。公司已经具备年独立设计、生产3000—7000米各种型号钻机30部的生产能力，公司已在兴隆台区石油工业园征地800亩，计划建设4万平方米的结构件二厂和能同时配套15—20部钻机的中国最大的钻机成套中心，可实现年生产70部以上大型钻机的能力。公司生产的产品已经远销美国、阿塞拜疆、巴基斯坦、印度、伊朗等国。目前，公司可以设计生产从2000米到7000米多种型号石油钻机和不同型号抽油机，并且已经具备了设计制造连续油管作业机的能力。现在公司已经与美国、伊朗、巴基斯坦、阿塞拜疆等国家的客商签订了钻机出口合同，生产订单已经排到了2008年。

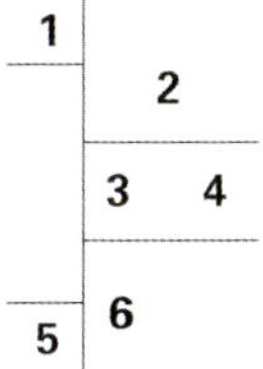

1. 省长张文岳到公司视察
2. 原673厂创业者到公司参观
3. 印尼石油部副部长参观公司生产现场
4. 省委书记李克强到公司视察
5. 中国工程院院士到公司参观
6. 阿塞拜疆专家验收7000米钻机

辽河石油化工总厂

厂长:孙家国

党委书记:苏廷盛

辽河石油化工总厂党委是辽河石油勘探局下属二级单位党委。2006年，厂党委确立了围绕生产经营抓党建，抓好党建促发展的工作思路，认真贯彻落实科学发展、构建和谐的工作理念，不断推进企业快速发展，先后兴建了10万吨/年煅烧焦装置、3万吨/年二氧化碳装置等勘探局重点投资项目，企业综合实力在勘探局的位次逐年上升，并获得勘探局先进单位、先进党委称号。

厂党委着力在继承和创新上下功夫，在工作实践中，总结提炼出党务工作“创新十法”；把班子建设作为党委工作的重要内容，将“四好班子”以易读、易懂的“三字经”的形式进行归纳总结提炼。厂党委还提出：“与困难职工结对子、与不稳定群体建关系、给新机制用工送关爱”，为实现企业又好又快发展提供了有力保障。

石化总厂班子

盘锦辽河油田蕴泽实业有限公司

盘锦辽河油田蕴泽实业有限公司于2006年2月成立，坐落于盘锦市兴隆台工业开发区，是一个新兴的高科技股份企业，主要从事油气田勘探开发技术服务及新技术研发，检测及清洗油田管道和采暖管网，果汁饮料及大桶饮用水生产销售。

2006年4月，公司开始对大桶水生产车间进行改造，按照国家有关食品生产场所的要求创造了一流的优良生产环境，同时，公司与北京启连华集团合作引进尖端的生产设备和工艺技术，保障了公司大桶水的质量安全。公司还根据盘锦市水市场的实际情况，建立了完善的客户服务体系，遵从“沟通零距离，服务无止境”的服务理念，设立由公司销售部、水站、送水工到客户的服务快车，优良生产环境、尖端的生产设备和工艺技术及完善的客户服务体系奠定了蕴泽公司大桶水在盘锦市水行业的领先地位。辽河蕴泽凭借着超强的技术实力、新锐的运作模式、完善的服务体系，充分发挥人才、技术与设备优势，蕴聚凝集，厚积薄发，竭诚为客户提供全面而卓越的服务。

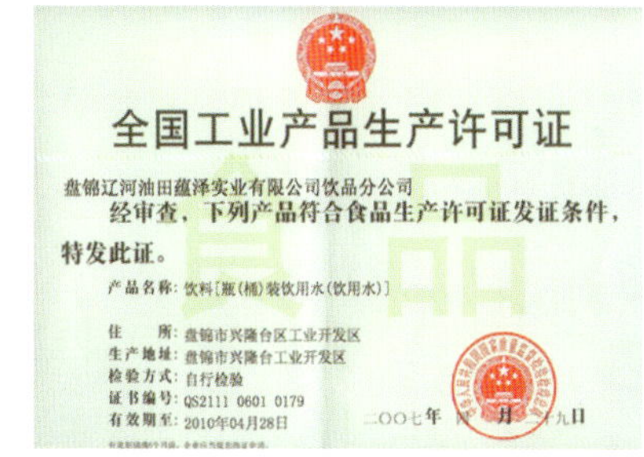

全国工业产品生产许可证

盘锦辽河油田蕴泽实业有限公司饮品分公司

经审查，下列产品符合食品生产许可证发证条件，特发此证。

产品名称：饮料[瓶(桶)装饮用水(饮用水)]

住　　所：盘锦市兴隆台区工业开发区

生产地址：盘锦市兴隆台工业开发区

检验方式：自行检验

证书编号：QS2111 0601 0179

有效期至：2010年04月28日

二〇〇七年　月　九日

1 优良的食品生产环境

2 尖端的生产工艺及技术

3 安全优质的PC饮用水桶

我们采用美国“可口可乐”、“百事可乐”公司质量认可，指定为该两大公司的饮料提供包装材料的中富集团生产的PC饮用水桶，为您提供最放心的桶装水。

4 完善的客户服务体系

我们遵从"沟通零距离,服务无止境"的服务理念,设立由公司销售部、水站、送水工到客户的服务快车，显著特点就是畅通，保证在约定的时间内为您提供规范的服务：统一着装、挂牌服务、礼貌用语、套鞋、入户、换桶、清理，全程为您贴心服务。

我们为团购客户提供专门的服务人员定时换水，免费清洗饮水机。为您开通总经理投诉电话13804278032，二十四小时接受您的监督。

我们提供专业的饮水机清洗和保养服务

我们提供的是专业的服务，对您的饮水机进行从外到内的彻底清洁，并且对机械制动部位(如：饮水机风扇处)，进行润滑处理。并且我们的专业清洁过程需要将饮水机彻底地拆开，通常这个过程需要两个多小时。所以我们的专业洗机服务是付费的。这有别于一般的免费清洗，因为一般的免费清洗只是将饮水机专用消毒药水滴在饮水机内部，浸泡数分钟，再用纯净水冲洗干净。这个清洁过程也不可能做得很彻底。所以我们向您推荐专业的洗机服务。

台式饮水机：15元/次/台　立式饮水机：30元/次/台

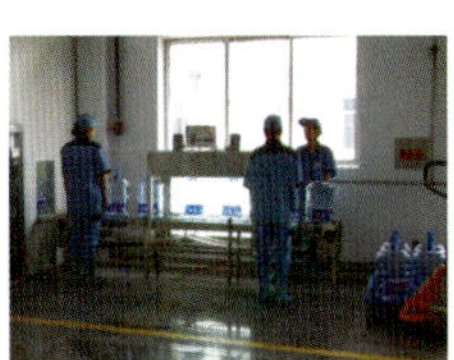

订水热线：7800570　7821151

大商集团盘锦新玛特购物休闲广场

大商集团是全国著名上市公司，是中国最大的百货连锁集团，首家通过 ISO 质量体系认证，在东北、华北地区拥有店铺 120 余家，年销售额过 230 亿元，连续 8 年保持销售年均递增 30% 以上的高速度。

新玛特是“NEW-MART”的汉译，是大商集团的新店、新标识，新玛特具有浓厚的“SHOPPING MALL”色彩，盘锦新玛特建筑面积 9 万平米，营业面积近 4 万平米，总投资 2 亿元；盘锦新玛特由中高档时尚流行百货、万米绿色大超市和东北最大的家电连锁机构大商电器 3 大业态优势组合，共分 5 层，1 层为大商新玛特绿色超市和仕女名品馆，经营超市、珠宝、名表、女鞋、女包、眼镜等；2 层流行少淑馆，经营少女装、淑女装、内衣、家居服、皮草等；3 层运动休闲馆，经营运动休闲、牛仔、中性休闲、羊毛、羊绒等；4 层绅士精品馆，经营男装、男鞋、男包、箱包、羽绒等；5 层为家居儿童馆和大商电器，经营童装、床品、家居用品、大商电器等。盘锦新玛特自 2005 年 1 月 29 日开业以来，秉承大商集团“无限发展、无微不至”的经营理念和新玛特“融合、高效、创新、完美”的企业精神，不断书写着盘锦零售业的新篇章。

雪花®啤酒

勇闯天涯

华润雪花啤酒（盘锦）有限公司企业简介

华润雪花啤酒（中国）有限公司成立于1994年，是一家生产、经营啤酒、饮料的外商独资企业。总部设于中国北京。其股东是华润创业有限公司和全球第二大啤酒集团SABMiller。华润雪花啤酒从一个区域性的单一工厂，发展成为行业中的知名企业，仅用了十年的时间。目前华润雪花啤酒在中国大陆经营超过50家啤酒厂，旗下拥有30多个区域品牌，在中国众多的市场中处于区域优势。2006年华润雪花啤酒销量超过500万吨，不但实现了雪花啤酒单品销量第一，并且公司总销量一举超越国内其他啤酒企业，成为中国销量最大的啤酒企业。

华润雪花啤酒（辽宁）有限公司是华润雪花啤酒的发祥地，是一个拥有沈阳、大连、鞍山、辽阳、盘锦、葫芦岛等9家生产企业、具有一流管理和生产设备的辽宁省最大的啤酒生产基地。华润雪花啤酒辽宁公司拥有雪花、沈阳、黑狮、瑞德、美月、辽河、菊花等系列产品，销售网络已经覆盖到全省各市、县区等地，市场占有率快速增长,其产品已成为众多辽宁人必不可少的朋友！

华润雪花啤酒（盘锦）有限公司成立于2002年12月27日，是辽宁西部最大的啤酒生产企业，是由华润雪花啤酒（中国）有限公司与原盘锦辽河啤酒有限公司共同投资组建的。合资后公司的销量持续上升，为满足市场需求，进一步提高产品质量，公司投入巨资进行改造，2003－2005年共投入近1500万元进行设备改造，主要改造项目有：二氧化碳回收系统、高浓稀释系统、CIP刷洗系统、酵母扩培系统等。06年市场需求量上涨，公司产品已供不应求，为保证市场供应，投入3000万元进行二期改造，已于12月28日改造完毕。07年综合产能将达到十五万吨。拟在08年，继续实施三期改造工程，届时公司产能可达到20万吨以上。

CRB 华润雪花啤酒（盘锦）有限公司

盘锦辽河油田博洋工控技术有限公司

盘锦辽河油田博洋工控技术有限公司成立于 1996 年，位于盘锦市经济开发区。公司占地面积为 2700m²，注册资金 369 万元，固定资产 500 余万元，年产值超千万元。职工人数 27 名，其中，高级工程技术人员 4 名，销售人员 2 名，工程预算员 2 名。公司以雄厚的经济技术实力，丰富的生产经验，周到的售后服务，重点生产变频器控制设备、自动化控制设备、高压变频器、低压成套控制设备。公司致力于科技兴厂，不断推广先进的企业管理理念，使企业的生产、经营、管理逐步迈向信息化、标准化、现代化。2003 年 1 月取得了 ISO9001 国际标准体系认证。2004 年 5 月又通过了国家强制性产品认证 3C 认证。中国 AAA 级诚信企业。

进入新世纪，公司继续秉承“质量第一、用户至上、技术创新、跃身国内”的经营宗旨，实施营销战略，进一步提升我公司产品在油田各企业的知名度，不断开拓油田市场，不断开发适销新产品，全力推广我公司的产品在油田市场的占有率，创优质品牌。

总经理：杨贺轩

低压成套设备、高频控制设备

厂址一角

万 众 医 药

万众医院院长：李健

万众大药房有限公司经理：李涛

万众医药成立于1995年3月，历经10余年的风雨，已发展成为盘锦的知名企业，下辖盘锦万众医院、盘锦市第六人民医院门诊部、盘锦万众大药房、盘锦万众大药房二部、盘锦万众大药房中医诊所5个子企业，拥有员工100多名，其中，高级职称8人、中级职称15人。

盘锦万众医院成立于2006年6月，现有医护人员30余名，12个科室，20张床位，营业面积达1000m²。本医院拥有500毫安X光机、乳腺钼靶X光机、脑彩超、心电图、血流变、半自动生化仪、妇科治疗仪等先进设备，最近又购进了盘锦第一台国家卫生部推广项目，血管疾病早期评估工具：动脉弹性检测仪。2007年经市经委批准为盘锦市中小型企业体检中心。本医院秉承万众人的治学精神，本着“专科、专药、服务、创新”的办院宗旨和“以特色求生存，以疗效求发展”的经营方针，以“先进的设备、温馨的环境、百姓的价格、优质的服务、精湛的技术”做鹤乡人民的健康管理专家。

盘锦万众大药房有限公司成立于1996年3月，经营西药、中成药、保健品、医疗器械等4000余个品种。品种全、价格廉，并有执业药师指导用药，盘锦万众大药房中医诊室聘请省内外名老中医常年坐诊，为患者诊断疑难病症，并且有全自动电脑中药煎煮机免费煎药。万众大药房本着“100%专业药房，100%专业服务”的经营理念，视药品质量如企业生命，以优质的服务、低廉的价格为盘锦万众的健康保驾护航！

万众医院

药房营业大厅一角

县委书记：杨建军

县长：杨斌

盘山县

盘山县位于辽宁省西南部，辽东半岛与辽西走廊的交汇处、著名的红海滩之乡。幅员面积2145平方公里，辖14个乡镇，总人口29 万人。县内自然资源十分丰富，是全国商品粮基地县和重要的大米出口基地之一，盛产优质稻米。世界级大苇田坐落于此，是金城、营口两大造纸厂主要原料基地。东北最大的河蟹养殖基地和批发市场也坐落于此，河蟹、淡水鱼、对虾、贝类等水产品极为丰富，畅销国内外。地下蕴藏着丰富的油气、井盐资源，国家第三大油田辽河油田横贯县内腹地。这里交通发达，京沈高速公路和秦沈高速铁路可以使

县四大班子领导研究新县城发展规划

地产品一日内抵京出境成为异乡佳肴。

百年盘山谱新篇，新县城孕育新希望。2006年，盘山县各级党组织认真贯彻党的十六大，十六届五中、六中全会精神，高举邓小平理论和“三个代表”重要思想伟大旗帜，深入贯彻科学发展观，按照县委十一次党代会总体部署，抢抓机遇，创新发展，大力实施“农业富民、工业强县、生态立县”战略，掀起全民创业热潮，加快“四大经济板块”建设，打造工业型、生态型、城镇型三种模式，推进新农村建设。保持了快速增长的态势，社会各项事业全面发展，政治文明、精神文明、社会和谐、党的建设取得了新成果。成功承办CCTV《激情广场》大型歌会，扩大了盘山县的知名度。新县城整体搬迁增加县域经济活力和吸引力。2006年，全县地区生产总值完成49.27亿元，比上年增长18.1%，其中，第一产业增加值完成19.75亿元，比上年增长7.3%；第二产业增加值完成18.41亿元，比上年增长33.8%；第三产业增加值完成11.11亿元，比上年增长16.4%。财政一般预算收入完成1.45亿元，比上年增长25%。农民人均收入实现5726元，比上年增长13.1%。2006年，盘山县三次蝉联省级“平安县”殊荣，连续四届获得“省文明村镇建设先进县”殊荣，还率先加入了“全国科技富民强县试点县”行列。

县领导参加项目签约仪式

县领导在新县城现场办公

“共产党员心连心”工程，开展为贫困党员建房活动

2006年10月10日，盘山县隆重举行建县百年暨县城搬迁庆祝大会

大洼县

市委书记陈海波到大洼视察

县委书记高科、县长孙占和到基层调研

一年来，全县各级党组织团结带领广大党员、干部和群众，坚持以邓小平理论、“三个代表”重要思想和科学发展观为指导，深入贯彻落实中央、省、市一系列方针政策和工作要求，按照县第八次党代会总体部署，紧紧抓住大洼县被列为全省发展县域经济重点县，盘锦船舶修造产业园被纳入省“五点一线”战略布局的重大机遇，以“培育文明大洼人，建设和谐新大洼”，跻身全省县域经济综合实力前10名为目标，抢抓机遇，拼搏进取，取得了令人振奋的成绩，实现了“十一五”良好开局。全县生产总值实现68.5

《大洼风情》发行仪式

建设中的新农村

亿元，同比增长34.1%，其中，第一、二、三产业增加值分别实现27亿元、27.2亿元和14.3亿元，同比分别增长8%、77.8%和32.4%。三次产业排序历史上首次实现了“二一三”，标志着工业占主导地位的县域经济发展格局已形成。全县财政一般预算收入实现2.21亿元，较上年增加5000万元，同比增长29.6%。政府可支配财力达到4.9亿元，较上年增加1.7亿元，同比增长53.1%。对上争取资金3.1亿元，较上年增加6000万元，同比增长24%。各项税收实现4.16亿元，较上年增加1亿元，同比增长34.3%。全社会固定资产投资实现28.1亿元，较上年增加7.4亿元，同比增长36.4%。城镇居民人均可支配收入实现7000元，农村人均纯收入实现5650元，较上年分别增加500和600元，同比增长7.7%和11.9%。卓有成效地开展了保持共产党员先进性教育活动，特别是驻村干部在保持共产党员先进性教育活动后继续留村一年的做法，得到中央、省、市的认可和肯定，并在全县推广。“培育文明大洼人，建设和谐新大洼”活动不断深化，“愚、懒、脏、盲”问题进一步得到解决。实现了“零就业家庭”至少有一人就业。蝉联省级平安县。呈现出经济发展，社会和谐、人民安居乐业，一派红红火火、欣欣向荣的喜人景象。

建设中的万吨轮

畜牧养殖

皮毛动物养殖

水产养殖

红海滩旅游风景区

水稻生产

市人大领导视察经济建设情况

双台子区

区委书记：杨卫新

区长：解学灵

2006年是双台子区经济建设与城市建设取得新成绩，社会事业全面发展的一年。一年来，在区委、区政府的正确领导下，继续认真贯彻落实“三个代表”重要思想，深入开展先进性教育，坚持以科学发展观为指导，进一步实施“工业强区、商贸兴区、环境立区、外向牵动、城乡统筹”的发展战略，认真研究和破解经济和社会发展中遇到的矛盾和难题，有效地推动了经济快速健康发展，更好地促进了社会和谐进步，全面完成了区六届人大四次会议确定的工作任务，实现了“十一五”的良好开局。

一年来，全区生产总值实现22.3亿元，同比增长16%，其中，第一产业增加值完成0.65亿元，同比增长6%；第二产业增加值完成8.75亿元，同比增长18%；第三产业增加值完成12.9亿元，同比增长15.5%。财政总收入完成17946万元，同比增长17.5%；一般预算收入完成9837万元，完成年计划的102.2%，同比增长12.4%。固定资产投资额完成8亿元，同比增长12%。完成实际利用外资额206万美元，实现出口创汇450万美元。实现税收19000万元，同比增长12%。城市居民可支配收入和农民人均纯收入分别实现7600元和5540元，同比增长9.1%和9%。在狠抓经济建设的同时，精神文明建设和民主法制建设也得到了进一步加强。广泛开展了以“八荣八耻”为主要内容的思想教育活动，积极开展了文明城市创建活动，广大群众文明意识不断增强，其它社会各项事业也取得了显著成就。2005年度被评为省级“平安区”，2006年度荣获市级教育工作优胜奖和城区建设与管理优胜奖。成功举办了全国巡环美食节盘锦展销会。

双台子区这一昔日的老城区正以一个社会稳定、经济发展、文化繁荣、环境优美、人民安居乐业的新形象展现在世人面前。

区长解学灵到农村检查内涝情况

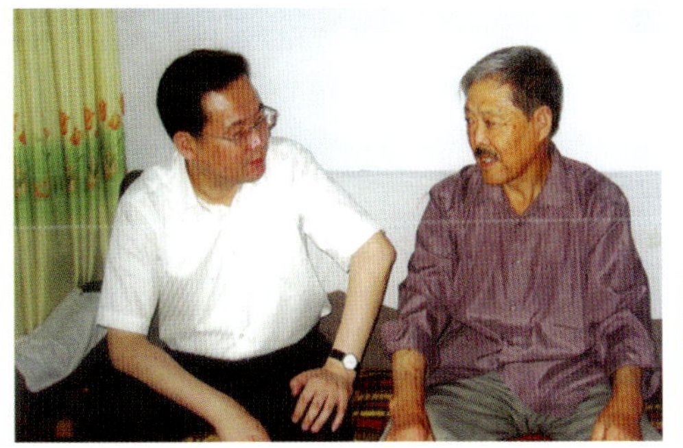

区委书记杨卫新走访老党员

市委书记陈海波与区领导到灾民家中慰问

2006年全国巡环美食节---盘锦展销会开幕式

兴隆台区

区委书记、盘锦经济开发区党工委书记：姜冰

区长、盘锦经济开发区管委会主任：马书斌

中国共产党盘锦市兴隆台区第六次代表大会隆重开幕

加拿大客商考察盘锦经济开发区

兴隆台区位于辽河下游南岸，地处盘锦市政府及辽河石油勘探局驻地。全区下辖 18 个街道办事处，区域面积 213.85 平方公里，2006 年底总人口 390533 人，是盘锦市政治、经济、文化中心。自然资源比较丰富，地下蕴藏着丰富的石油和天然气资源，境内地势平坦，土地肥沃，农作物播种面积 5550 公顷，年产粮食 4.2 万吨。

2006 年，全区经济保持了良好的发展态势。全区实现地区生产总值 52 亿元，同比增长 18%；实现全口径税收 6.2 亿元，同比增长 8.8%；实现地方财政一般预算收入 2.7 亿元，同比增长 21%；地方可支配财力达到 3.6 亿元。其它各项经济指标都比去年有较大幅度提高。第二产业快速健康发展。全年实现工业总产值 59 亿元，同比增长 21.9%。第三产业继续保持快速发展的态势。全年实现社会消费品零售总额 43.5 亿元，同比增长 21.2%。结合兴隆台区农村实际，区分不同情况，积极推进“城中村”改造工程和社会主义新农村建设试点工作。项目建设和出口创汇工作取得新突破。全年共新建、续建项目 54 项，完成投资 11 亿元。积极扩大商品出口，实现出口创汇 3400 万美元，同比增长 8.6%。经济开发区建设实现了历史性突破。石油高新技术产业园已形成以石油装备制造和石油技术服务为主的特色产业集群。全年新批入区企业 23 个，总投

区委中心组集中学习党的十六届六中全会和省第十次党代会精神

召开2006年经济工作会议

资9.1亿元；开发区全年实现增加值10亿元，同比增长40%；实现全口径税收1.5亿元，同比增长36%。文化产业园功能进一步完善。辽河美术馆和博物馆相继建成开馆，完善了城区功能，搭建了文化产业发展的平台。全国第六届工笔画大展、辽河文明探源美术作品展和宋雨桂国画精品展等一系列展览的成功举办，在国内产生较大影响。油田多种经营经济实现较快增长。全年油田多种经营企业实现工业产值38亿元，同比增长23.1%；实现工业销售产值35亿元，同比增长24.4%。

成功组织开展了纪念建党85周年和建区20周年成果展、摄影展、书画展、文艺演出等丰富多采的大型庆祝活动。科技、教育、文化、卫生、体育、人口和计划生育等各项事业协调发展。在辽宁省首届县（市）区生活质量排行榜评选活动中，兴隆台区名列城区第四，荣获省生活质量排行榜优秀县区称号。

阜新市党政考察团到我区考察

区纪委组织全区领导干部参观盘锦警示教育基地

兴隆台区委领导“八一”走访慰问部队

盘山县国土资源局

局长：赵雪冰

盘山县国土资源局于2002年9月正式挂牌办公。其主要职责是：

1. 贯彻执行国家和省、市有关土地管理方针、政策和法律、法规，拟订全县土地管理的有关规定，并负责组织实施。
2. 编制和实施县级国土规划、土地总体规划、其它国土资源专项规划及土地利用年度计划；指导、审核全县各级国土规划、土地利用总体规划和其它国土资源专项规划；参与报县政府审批和经县政府审批的城市总体规划的审核。
3. 监督全县国土资源系统行政执法和土地管理规划的执行情况；依法保护土地所有者和使用者的合法权益；组织查处重大违法案件，调处重大权属纠纷。
4. 贯彻落实国家耕地特殊保护和鼓励开发政策；实施农地用途管制；组织耕地保护，特别是基本农田保护；指导和监督全县未利用土地开发、土地整理、土地复垦和开发耕地工作，确保耕地总量动态平衡。
5. 组织全县土地资源调查、土地统计和动态监测；指导城乡地籍调查、土地确权、土地定级和登记工作。
6. 按规定组织或参与国有土地使用权出让、作价出资、转让、租赁、交易、授权经营和政府收购储备等项工作；指导全县农村集体非农土地使用权的流转管理。
7. 负责全县基准地价、标定地价的平测、审定评估机构从事土地评估的资格，确认土地使用权价格，承担报县政府审批和经县政府报市政府、省政府、国务院审批的各类建设用地的审查、报批工作。
8. 安排并监督、检查县财政拨付的国土资源经费专项经费及其它资金的使用情况。
9. 负责全县城乡土地初始地籍调查和变更地籍调查中的测绘工作，编绘全县地籍和宗地图。
10. 承办县政府交办的其它事项。

局领导班子

局领导参加研讨会

盘山县交通局

书记：张忠岩

局长：佟跃良

盘山县交通局成立于1975年12月，主要工作职能是：负责制定全县运输管理的具体实施细则和办法；负责编制车辆发展规划和道路发展规划；负责编制规费征收计划和实施细则并监督检查；负责对车辆维修网点的管理；负责整顿运输市场和促裁运输纠纷；负责车辆技术状况审验以及交通基础设施的建设。局党委下设两个党总支，13个党支部，独立党支部5个，共有党员275人。全局共有干部、职工1100人。下辖盘山县公路管理段、盘山县公路工程段、盘山县运输管理所、盘山县道桥一公司、二公司、国道305盘山收费站、盘山县三岔河大桥收费站、盘山县农拖养路费征稽所等8个单位。

2006年，在县委、县政府的正确领导下，局班子成员齐心协力、开拓进取，公路建设有了长足发展，实现了公路管理和养护工作法制化、专业化、科学化管理，养护县级以上公路310公里，其中，国省干线209公里，年末好路率完成94.6%，县级公路 101公里，年末好路率完成79%。交通基础设施建设完成国道 305庄林线大洼段路面改造工程3.4公里；县级公路甜石线工程2公里及过水路面两段共 832 米及大阳河中桥新建工程80米／座；村通工程修建总里程90.25公里；建设标准化村屯5个；新县城道路及绿化工程3.02公里。

局领导班子现场办公

盘山县粮食局

局长：贾殿武

局领导班子

盘山县粮食局下辖 10 个国有粮食购销企业，两个南北开发公司，资产总额 62264 万元，其主要职能是宏观调控粮食流通市场，支持国有粮食企业做强粮食经营。

2003 年，盘山县粮食局党委针对企业长期亏损的实际，经过全面分析论证，对 10 个国有粮食企业实行了目标管理承包责任制，打破了企业传统经营管理体制，解除了企业“等、靠、要”的经营管理思想，企业开始走向市场，自主经营，自负盈亏，结束了长期亏损的历史。2007 年，粮食局党委为了规避国有资产市场运作风险，对 10 个国有粮食企业重新实行了目标管理抵押承包责任制，在确保国有资产保值增值的前提下，做大做强粮食经营。而今，盘山县粮食局正立足长远，继续深化企业改革，逐步将 10 个国有粮食企业建设成现代企业制度下的新型粮食企业，增强企业市场功能，提高企业的市场竞争能力。

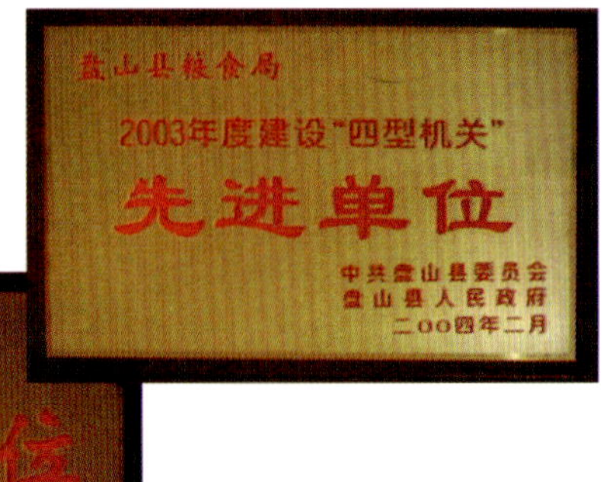

盘山县太平镇

党委书记：唐士宝

镇长：梁庆复

盘山县太平镇地处盘锦市西北部，距市区 6 公里。辖区面积 104 平方公里，辖 13 个行政村，总人口 2.6 万，耕地面积 6 万亩，并有镇办企业和个体私营企业 94 家。2006 年，太平镇党委、政府认真贯彻落实党的十六届五中、六中全会精神，以邓小平理论和“三个代表”重要思想为指导，落实科学发展观，以经济建设为中心，以构建和谐太平、建设社会主义新农村为目标，贯彻实施“一个加快、两个加大、三个提高、四个转移”的发展战略，实现了经济社会又好又快发展。全镇国内生产总值实现 2.87 亿元，社会总产值实现 10.96 亿元，税收收入实现 920 万元，固定资产投资 1.51 亿元，人均纯收入 5720 元。几年来，太平镇先后被农业部、国家农垦总局确定为“农业现代化建设示范区”、“科教兴农与可持续发展综合示范县（镇）”、“有机食品生产示范基地”，先后获得“全国农村创建文明村镇工作先进单位”、“全国群众体育工作先进单位”、“全国植树造林百家乡镇”、“辽宁省发展农村经济先进集体”、“全国文明村镇”、“辽宁乡镇综合发展水平 100 强”、“全国亿万农民健身活动先进镇”等殊荣 60 多项。

盘山县甜水乡

书记：李桂林

乡长：孙晓飞

甜水乡是盘锦市开放乡镇之一。位于盘锦市西北部，总面积86.36平方公里，居民4920户，人口14857人。全境地势平坦，气候湿润，雨量适中，四季分明。

2006年，实现社会总产值7.35亿元，其中，第一产业3.8亿元，第二产业2.4亿元，第三产业1.15亿元，农工人均收入5400元。

境内自然资源得天独厚。北部有储量丰富的地下天然矿泉水，南部有储量近16亿立方米的地下盐卤水。坑塘、河流星罗棋布，盛产河蟹、鱼虾，养殖面积8.5万亩。水稻种植5万亩，盐碱地大米质优味纯，是盘山县重点产粮区和商品粮基地之一。"甜水牌"香瓜，公兴生态有机猪享誉国内外，其品牌具有广阔的市场前景。

甜水乡交通、通讯十分便捷。京沈高速公路、沟海铁路、305国道穿境而过，秦沈电气化铁路"盘锦北站"设在辖区内，是一个理想的物流、客流集散地。信息网络完备，通讯设施先进，程控电话进入千家万户，是盘锦市率先进入电话乡之一。

工业生产势头强劲，以盘锦恒兴化工有限公司、盘锦恒昌纸业有限公司、甜水砖厂、柏氏米业为龙头的多家民营企业为甜水经济发展注入了生机和活力。

"十一五"期间，甜水乡将继续加大实施外向牵动战略的力度，招商引资，以盘锦北站经济开发区和工业园区为龙头，加快全乡经济、社会的全面发展，向文明、富庶的社会主义新农村迈进。

盘山县陈家乡

党委书记：赵恩会

乡长：王志学

陈家乡地处辽河下游右岸，位于盘山县东北部，区域面积125平方公里，耕地面积8万亩，坑塘2万亩，水资源丰富。下辖13个行政村，人口23200人，其中，农村人口17450人。共有党支部25个，党员616人。辖区内有企业37家，其中，规模企业3家。

2006年，全村社会总产值实现8.33亿元，同比增长26%。财政一般预算收入实现587万元，比上年增长37%。农民人均收入实现5560元，比上年增长11.2%。一是优化产业结构，促进农业增长。二是推进项目建设，招商引资有了新的突破。三是整治村屯环境，美化了村容村貌。四是兴办公益事业，造福人民群众

班子成员检查防汛工作

盘山县高升镇边东村

团结的领导班子

支部书记、村委会主任：张振国

边东村位于高升镇东侧，全村幅员面积 433 公顷，耕地面积 205 公顷，建设用地面积 60 公顷，总户数 886 户，总人口 2860 人，人均耕地面积 1.1 亩。

班子成员

2006 年，全村社会总产值实现 2.1 亿元，人均纯收入实现 6000 元，村集体收入实现 50 万元，居全镇乃至全县各村之首，曾多次被市、县评为小康建设示范村，被辽宁省评为精神文明建设先进单位和村屯建设文明单位。全年，在村屯整治上投入 1075 万元，其中，群众投资 130 万元，镇村投资 529 万元，县以上投资 416 万元，重点实施以下 7 项工程。一是黑色路面工程投资 120 万元，新修黑色路面 6 公里。二是院墙改造工程投资 212 万元，修标准院墙 12000 米。三是排水工程投资 45 万元，修 U 型水泥槽 12000 米。四是绿化工程投资 50 万元，植树 3000 株。五是旱厕改制工程投资 54 万元，改水冲厕所 360 户。六是可燃气工程投资 350 万元，建秸秆气化站一座。七是文化广场工程投资 220 万元，建占地面积 4400 平方米文化广场一座。

盘山县吴家乡

党委书记：董学春

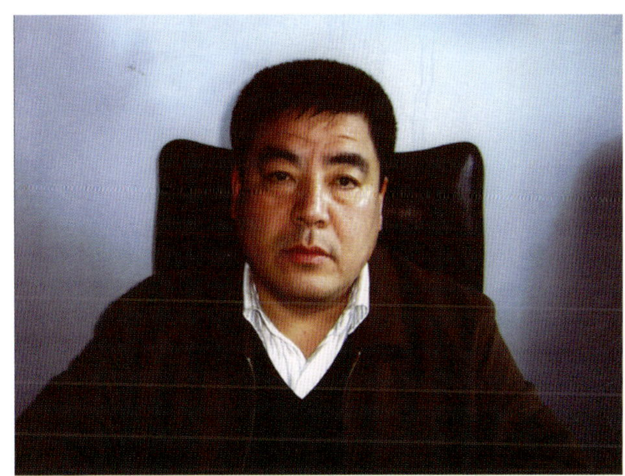

党委副书记、乡长：张志东

盘山县吴家乡位于盘锦市东郊。西邻兴隆台区新工街，南临辽河油田渤海工业区，北面环双台子河。这里交通便利，土地肥沃，气候温和，资源丰富。全乡辖区面积39．6平方公里，下辖8个行政村，总人口11780人。

长期以来，吴家人充分发挥区域优势、资源优势，大力实施“工业强乡、产业富民”的发展战略，积极进行招商引资，全力推进项目建设，发展壮大民营企业，努力加快园区建设，全乡民营企业已达到106家，并初步规划成4个工业区，形成了石油化工、建材、机械铸造、米业、家私等5大主导产业，使吴家乡的经济突飞猛进。

2006年，全乡社会总产值实现116985万元，其中，工业产值实现93625万元，上缴税金1620万元，财政收入520万元，人均收入5580元。人民的精神文化生活日益丰富，小城镇建设日新月益，新农村建设稳步推进，人民安居乐业，社会和谐稳定。

大洼县卫生局

局长：付宝奎

大洼县卫生局始建于 1973 年，坐落在大洼镇中心街，现有人员编制 18 人。几年来，县卫生局认真贯彻预防为主，中西医结合，依法行政的国家卫生大政方针，由原来的几所条件简陋、设备单一、技术人员层次较底的医疗卫生机构，变为现有 5 所县级、17 个乡镇级、283 家村级及 116 家个体医疗卫生机构。由过去的 10 几名初级医务人员发展到现有高级职称 25 人，中级 192 人，初级 600 余人的医技人员队伍。一是医疗卫生工作突飞猛进。二是预防保健工作成绩喜人。三是卫生工作稳步发展。全县广大医务工作者在新的历史时期，正在发挥自身的独特作用，为促进“培育文明大洼人，建设和谐新大洼”谱写着新篇章。

大洼县劳动和社会保障局

局长：赵兴思

局领导班子成员

大洼县劳动和社会保障局是县政府所属的行政部门。下辖劳动保险分局、劳动就业局、劳动监察大队、机关事业单位养老保险管理中心、农村社会基本养老保险管理中心、城镇职工基本医疗保险管理中心等 6 个单位，干部职工 140 余人。几年来，在局党组的正确领导下，全局上下团结一心，力争上游，开拓进取，不懈努力，年年出色完成市、县政府下达的各项指标。

2006 年被县政府评为“两个文明建设先进单位”。被市局评为“劳动就业工作”、“医疗扩面工作”先进单位。

大洼县农电局

DAWA XIAN NONGDIANJU

局长：李连举

党委书记：刘锡明

大洼县农电局始建于 1973 年，属国有电力企业。省、市农电系统直管单位，现坐落于大洼镇站前街，现有干部职工 611 人，有 66 千伏送电线路 17.71 公里、10 千伏配电线路 1112.75 公里，低压线路 1982.38 公里，10 千伏配电变压器 1906 台，66 千伏变电所 11 座，下辖 18 个供电营业所，担负着全县各乡镇的工农业生产和居民生活供电任务。

近年来，大洼县农电局认真贯彻落实省、市局和大洼县委、县政府的各项指示精神，坚持以“人民电业为人民”的宗旨，以“电能永恒、服务真诚”为服务理念，深化体制改革，努力践行“三个代表”重要思想，各项工作取得了明显成效。截止到 2006 年末，安全生产实现 1279 天无事故。连续 4 年被评为“市级文明单位”、连续 6 年被市政府评为“优秀纳税企业”、连续 4 年被评为“盘锦市综合治理先进单位”；2006 年被省委、省政府授予“省级文明单位”称号，行风建设实现了 11 连冠。16 个供电营业所被评为“省级规范化供电营业所”、一个供电营业所被评为国家级示范“窗口”。大洼县农电局全体干部职工将以“优质、方便、规范、真诚”的供电服务为方针，以“团结、诚信、廉政、高效”的敬业精神为大洼农电事业而不懈奋斗。

大洼人民广播电台

台长：胡良歧

大洼人民广播电台，为正科级事业单位，前身是大洼人民广播站，1986 年 12 月经国家广播电视部和省广播电视厅批准，正式更名为大洼人民广播电台，1987 年 5 月 1 日开始正式播音。

多年来，大洼人民广播电台党支部带领全台员工，紧紧围绕县委、县政府的中心工作，把握正确的舆论导向，搞好新闻宣传，发展广播事业，建设一流队伍，强化内部管理。在党的建设和精神文明建设中，积极开展保持共产党员先进性教育活动和培育文明广播人、建设和谐新电台活动，解放思想，开拓创新，再造广播事业新的辉煌。

团结的领导班子

《音乐在线》正在直播

直播新闻

《大洼新闻》工作现场

大洼县田庄台镇

党委书记：张永双

党委副书记、镇长：魏晓东

田庄台镇是大辽河下游发祥较早的历史文明古镇，位于盘锦市的南缘，东临大辽河，西至渤海，南距营口市 22 公里，北距大洼县城 21 公里，是盘锦市的东南门户。

自 2002 年以来，在县委、县政府的领导下，合乡并镇后的新一届田庄台镇镇委、镇政府紧紧围绕工作中心、明确主攻方向，坚持“围绕财政抓经济，围绕富民抓调整”的发展思路，按照“解决突出问题，化解各种矛盾，维护社会稳定”这一目标，带领全镇上下苦干实干，加快社会主义新农村建设步伐，形成了经济发展势头强劲，城镇面貌焕然一新，社会和谐稳定，人民安康乐业的良好局面。

PANJIN SHI DAWA SANJIAOZOU KAIFAQU
盘锦市大洼三角洲开发区

大洼三角洲开发区成立于1992年11月，位于盘锦市西南端，由辽河、双台子河入海冲积落淤而成。东临王家乡，西与大辽河、双台子河相望，南与古镇二界沟接壤，北靠亚洲最大苇海赵圈河苇场。

开发区辖区总面积89平方公里，种养植面积6．2万亩，人口1800人，年产值1．8亿元，人均收入1万元。土地资源丰富，生态环境极佳，区域特色鲜明，辽河的长河厚土和退海平原造就一方引人入胜的“宝地”，该区不仅远离人口密集市区，而且视野开阔，环境宜人，具有独天得厚的优势资源。

依据开放、向上和奋斗的理念，开发区进行整体规划，加速资源整合，突出特色优势，培育农业发展集群；依托盘锦市富星有限公司，大搞有机稻繁育基地；依托辽河油田，做强石油化工企业和配套工业；依托红海滩特色景观，做大旅游业。三角洲开发区的开发、建设和发展，使这里成为滨海大道经济带的重要支点，成为辽南与辽西地区沟通链接的结合点，成为在辽河入海口的一颗闪亮明珠。

大洼县第一人民医院

领导班子

院长：邓宪文

大洼县第一人民医院，是全县惟一的二级甲等医院，担负着全县人民的急救和医疗工作。

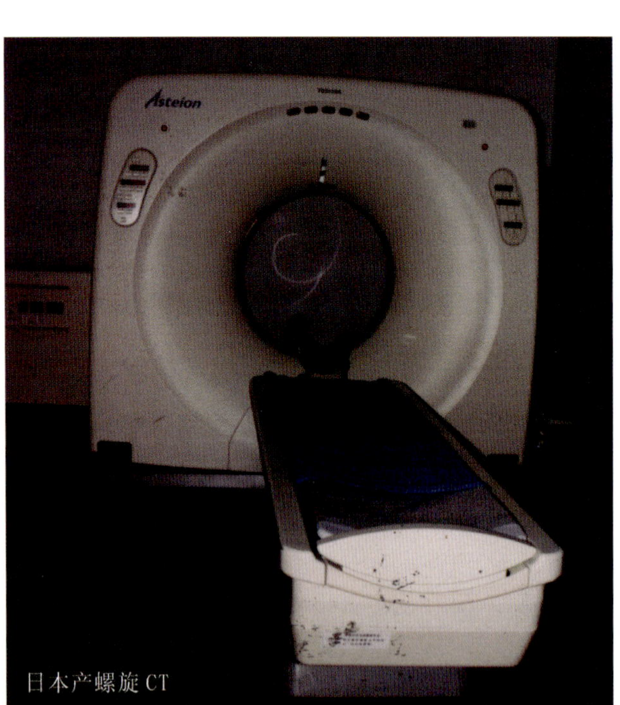

日本产螺旋 CT

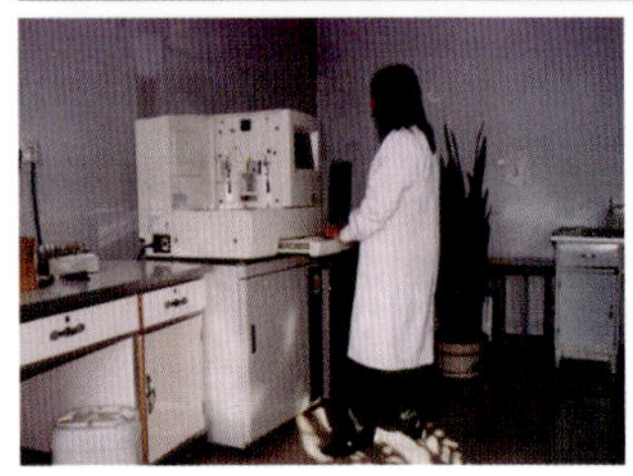

医院占地面积 3 万平方米，建筑面积 2.37 万平方米，固定资产 3416 万元，开设床位 350 张，现有正式职工 462 人，其中，具有高级职称的技术人员 30 人，中级职称 142 人，初级职称 197 人。

几年来，医院重视先进医疗设备的引进工作，自筹资金引进了日本产螺旋 CT、CR、彩超、脑彩超、B 超、动态心电图机、生化分析仪、C 型臂 X 光机、电子胃镜、电切镜、血液透析机、数字化胃肠机等大型设备。医院坚持以人为本，科技兴院，贯彻以病人为中心，以质量求生存的办院方针。以优良的技术，先进的设备，一流的服务，严格的管理，为全县人民的身体健康和经济建设保驾护航。

大洼县大洼镇

党委书记：王彦龙

镇长：黄文权

大洼镇位于大洼县的中心地带，是全县政治、文化和交通的中心。全镇面积 26 平方公里，人口 7 万人。辖 15 个社区，14 家事业单位。是集农、工、商、建为一体的综合性城镇。

2006 年，全镇国内生产总值完成 47110 万元，工业总产值完成 12.6 亿，固定资产完成 27000 万元，其中，项目投资 18950 万元，农户投资 1050 万元，其它投资 7000 万元。完成小额贷款 730 万元。社会消费品零售总额完成 13832 万元，劳务输出完成 5279 人次，财政一般预算收入完成 1400 万元，小额贷款 730 万元，农村人均纯收入达到 5626 元。

一是以工业园区为主的非公有制经济迅速发展壮大。二是农业产业结构调整步伐加快。三是城镇建设朝着北方生态园林城的目标迈进。四是第三产业发展速度加快。

未来的大洼镇，正以它雄厚的实力展示着未来的美好前景，7 万人民将用勤劳和智慧，在"十一五"规划的宏伟蓝图下，在社会主义新农村建设的伟大征程中，创造出更加卓越、瞩目的业绩。

大洼县王家乡

党委书记：罗福厚

新农村建设缩影

党委副书记、乡长：印喜伦

王家乡总面积 153 平方公里，人口 1.4 万，耕地面积 3.7 万亩。2006 年，全乡实现国内生产总值 29945 万元，财政一般预算收入实现 492 万元，固定资产投入完成 9020 万元，人均收入实现 5660 万元。王家乡有五大主导产业，即粮食产业、水产养殖业、畜禽养殖业、棚菜和埝埂经济，随着农村产业结构调整进程的加快，全乡五大主导产业齐头并进，逐步形成“优稻、扩渔、兴畜、增菜”的良好发展格局。全乡二、三产业比重逐步扩大，招商引资和项目建设取得巨大成就。近几年来，共引进 19 个项目，招商引资总额达到 13420 万元。全乡三产业主 260 多家，从业人员 2600 多人，年实现利税 100 多万元。

经济的发展，促进了社会各项事业的不断进步，办学条件得到明显改善，村容村貌发生巨大变化，8 个村全部实现村村通油路。全乡的社会保障、卫生、文化等各项事业得到了健康发展。王家乡人民正以饱满的热情，锐意进取的精神为建设和谐新王家贡献自己的力量。

乡领导深入各村调研农村发展

领导班子

DAWASIANTIANJIAZHEN

大洼县田家镇

发挥区位优势

昆仑大酒店

实现强镇富民

高家村花卉基地

小城镇建设

近年来，田家镇党委认真贯彻落实科学发展观，积极抢抓发展机遇，按照建设社会主义新农村的要求，立足于紧邻市中心区这一镇情，在更高层次上解放思想，在更大的范围内重新审视自己的定位，在更高的参照中确立发展目标，以更新的思维谋划发展思路，用新机制激活发展动力，用新举措提高发展速度。突出“抓发展、保稳定、争先进”三大主题，以“发展、和谐、强镇”为主线，大力实施“工业强镇、农业稳镇、三产兴镇、城建美镇”四大战略，提出并实施了构建“龙形”经济可持续发展框架，即以华润雪华啤酒（盘锦）有限公司为龙头，以辽河三角洲高新技术工业园区和盘锦食品工业循环示范区附区为龙身，以小城镇开发和改造为龙尾，以昆仑、生态园、大众宾馆和六大市场等第三产业体系为龙足，全镇经济社会驶入发展快车道。2006年，全镇生产总值实现89000万元，各项税收实现11343万元，财政一般预算收入实现5892万元，农民人均收入达到5830元。

大洼县粮食集团有限责任公司

大洼县粮食集团有限责任公司于2005年9月组建以来，在县委、县政府的正确领导下，在市、县粮食局的支持配合下，认真贯彻落实科学发展观和可持续发展战略，坚持与时俱进、开拓进取，经过全体股东的艰苦工作、积极进取，使公司的生产经营取得了较大的进步。一是全面落实粮食流通体制改革，彻底转变经营方式。按照国务院《关于进一步深化粮食流通体制改革的意见》（国务院〔2004〕17号）精神和省政府相关文件要求，公司对改革相关工作进行了深入贯彻落实。二是积极开拓粮食市场，搞活粮食经营。使粮食购销取得明显效益。机动灵活开拓市场有了新的突破。精心打造大米品牌，形成拳头产品，增加企业效益。三是全力争取政策支持，推动企业稳步发展。公司积极争取上级有关部门理解、支持，使国家储备粮指标在全县达到8万吨，省储备粮指标在全县达到4万吨。

董事长兼总经理：崔迪

"辽河三角洲"牌大米

大洼县二界沟镇

党委书记：郭树利

镇长：王军

2006年，二界沟镇党委、政府团结带领广大干部群众，紧紧围绕“农业兴镇、工业强镇、渔业立镇、生态建镇”的16字跨越式发展方针，全面推进新农村建设。全年实现GDP62700万元，同比增长19.3%。固定资产投资完成12120万元，招商引资6820万元，财政一般预算收入完成452万元，同比增长分别为42.6%、72%、121%。农民人均纯收入5630元，同比增加800元。一是加大农业产业结构调整、打好发展农村经济“一张牌”。二是以“两增”为第一要点，招商引资新上项目与做大存量企业势头较好。三是四项重点工作顺利推进。四是以“三个建设”为突破口，全力打造新乡镇。通过努力工作，2006年，镇党委被县委评为“先进党委”，镇政府被评为“大洼县法制宣传教育”先进集体、被市政府评为“平安镇”、被省命名为“文化先进镇”等荣誉称号。

董事长：刘燕

盘锦长发福水产有限公司

盘锦长发福水产有限公司成立于1992年，同时筹建长发福民俗博物馆、长发福米业有限公司，并以长发福老网铺的字号注册了“长发福”牌商标。开始了创业与探索的艰辛历程，艰苦的条件没有阻挡创业人的信念，长发福人用自己的行动，进一步明确了“用勤劳和汗水谱出来的是长发福美好的明天”。

2007中国（盘锦）稻交会长发福展台一角

盘锦长发福水产有限公司，下设水产加工厂、水产冷冻厂、食品厂，长期以来，长发福一直是以经营海蛰为主的水产企业。海蛰，学名水母，珍贵的海鲜生物，大自然赋予我们盘锦的这份珍贵的礼物，在我国南方热销了几百年的历史，已然成为了一种品食文化，而在我们北方却知之甚少，甚至在我们北方市场上根本看不到纯正的优质海蛰（棉蛰）。近几年来，盘锦长发福水产有限公司经过科学营养配方的实践，把海蛰加工成各种不同的系列产品。把最好的礼物——健康、营养送给我们北方人民，品尝纯正天然海蛰。

挖掘古渔雁的文明，是长发福企业成功的基石。长发福民俗博物馆已成为国家非物质文化遗产重点保护项目，盘锦渔雁文化传播的重要保护基地，已收藏多种海底文物、民俗用具一千多件，档案馆、民俗馆、铁锚馆、生活器皿馆，各种馆藏已经十分俱备，各馆专家题词鉴定也已完善。有形资产近千万元。社会效益、无形资产无法估计。

长发福秉承“求实守信、以商养文、以文兴也”的宗旨，明确了“脚踏实地、稳步发展”的企业方针，坚持以“高质量，高信誉”的发展经营理论，为企业创效益，为家乡求发展，为家乡创一流的奋斗目标逐渐发展壮大。

兴隆台区兴隆街道粮家村

粮家村坐落在双台子河南岸，地处城乡结合部，隶属于兴隆台区兴海街道。全村共有 9 个村民组，694 户、2460 人，现有耕地 1100 亩，驻地工业企业 2 家。近年来，粮家村认真贯彻和落实中央《关于健全和完善村务公开和民主管理制度的意见》，全村各方面呈现出政通人和、经济繁荣、安居乐业的景象。一是村务公开，做到全面真实，保障群众的知情权。二是民主决策，做到科学规范，保障群众的参与权。三是民主监督，做到求真务实，保障群众的监督权。四是民主管理，做到扎实有效，保障群众的切身利益。先后荣获省、市“五个好村党支部标兵”，市“先进集体、先进党支部”，区“先进单位、先进党支部”等荣誉称号。2003 年被市、区评为“安全文明村”。